吉林2021统计年鉴

JILIN

STATISTICAL YEARBOOK 2021

吉林2021
统计年鉴

JILIN
STATISTICAL YEARBOOK2021

吉 林 省 统 计 局
国家统计局吉林调查总队 编

COMPILED BY
JILIN PROVINCIAL BUREAU OF STATISTICS
SURVEY OFFICE OF THE NATIONAL BUREAU
OF STATISTICS IN JILIN

（总第35期 No.35）

中国统计出版社
China Statistics Press

图书在版编目（CIP）数据

吉林统计年鉴·2021 = Jilin Statistical Yearbook 2021：汉英对照 / 吉林省统计局，国家统计局吉林调查总队编．-- 北京：中国统计出版社，2021.11

ISBN 978-7-5037-9701-9

I. ①吉… II. ①吉… ②国… III. ①统计资料－吉林－2021－年鉴－汉、英 IV. ① C832.34-54

中国版本图书馆 CIP 数据核字 (2021) 第 222164 号

吉林统计年鉴—2021

作　　者／吉林省统计局　国家统计局吉林调查总队
责任编辑／钟钰
校　　对／王晓辉　刘冠群
装帧设计／董丽敏
出版发行／中国统计出版社有限公司
地　　址／北京市丰台区西三环南路甲 6 号
邮政编码／100073
电　　话／邮购（010）63376909　书店（010）68783171
网　　址／http://www.zgtjcbs.com
印　　刷／长春市和瑞图文制作有限公司
经　　销／新华书店
开　　本／890mm×1240mm　1/16
字　　数／1300 千字
印　　张／31.5
版　　别／2021 年 11 月第 1 版
版　　次／2021 年 11 月第 1 次印刷
定　　价／350.00 元　Price：350.00yuan(RMB)

本书附同版本 CD-ROM 一张，光盘内容以书面文字为准。

如有印装差错，由本社发行部调换。

《吉林统计年鉴—2021》编委会和编辑部

JILIN STATISTICAL YEARBOOK 2021 EDITORIAL BOARD AND EDITORIAL STAFF

编委会

EDITORIAL BOARD

编辑部

EDITORIAL DEPARTMENT

编 者 说 明 *PREFACE*

一、《吉林统计年鉴—2021》（中英文对照）是一部全面反映吉林省经济和社会发展情况的资料性年刊。本书收录了全省、各市（州）和县（市）2020年经济和社会各方面大量的统计数据。

二、全书内容分为19个部分，即1．综合；2．国民经济核算；3．人口；4．从业人员和职工工资；5．固定资产投资；6．对外经济贸易和旅游业；7．能源生产和消费；8．财政、金融和保险；9．价格指数；10．人民生活；11．市政公用事业；12．农业；13．工业；14．建筑业；15．交通运输和邮电通信业；16．批发零售贸易和餐饮业；17．教育、科技和文化事业；18．体育、卫生和其他事业；19．市（州）和县（市）概况。附录：主要统计指标解释。

三、资料中所使用的度量衡单位均采用国际统一标准计量单位。

四、本年鉴中部分数据合计数或相对数由于单位取舍不同而产生计算误差，均未作机械调整。

五、本年鉴中与经济普查有关的专业数据均根据第四次全国经济普查结果对历史数据进行修正。

六、本年鉴中的符号使用说明："空格"表示该项指标数据不详或无该项数据；"#"表示其中的主要项。

七、本年鉴在编辑、翻译过程中得到诸多单位和同志的大力支持，在此深表谢意。限于我们的水平，加之时间仓促，请各界人士在使用资料时如发现错误和不足，恳请提出批评指正。

I. *Jilin Statistical Yearbook 2021* is annual statistics publication, which cover very comprehensive data series for 2020 and some selected data series for historically important years in whole province, cities (prefecture) and counties and therefore, reflects various aspects of social and economic development.

II. The Content is Divided into 19 parts, i. e. l. Synthesis; 2. National Economic Accounting; 3. Population; 4. Employment and Wage; 5. Investment in Fixed Assets; 6. Foreign Economy Trade and Tourism; 7. Production and Consumption of Energy; 8. Public Finance, Banking and Insurance; 9. Price Indices; 10. People's Livelihood; 11. Urban Public Utilities; 12. Agriculture; 13. Industry; 14. Construction; 15. Transportation Postal and Telecommunications Services; 16. Wholesale, Retail Trade and Catering Services; 17. Education, Technology and Culture; 18. Sports, Public Health and Others; 19. General Survey of City (State) and County (City) . In the appendices listed: Explanatory Notes on Main Statistical Indicators.

Ⅲ. The units of measurement used in this book are internationally standard measurement units.

IV. In the yearbook some data total numbers or relative number because of units chosen differential Causing generating calculation error, no mechanical adjust.

Ⅴ. Historical data in this yearbook related to the economic census are revised according to the Fourth National Economic Census.

VI. Explanatory notes for notations used in this book: "blank" indicated that the index data not available or no dale; "# "of which: major item.

VII. We'd like to send our sincere acknowledgement various units and comrades for their vigorous assistances during the edition and translation of this yearbook. Due to our limited ability and the hasty time, faults and shortage are unavoidable. Any criticism or suggestion is appreciated.

CONTENTS
目录 >>>

统计资料
Statistical Data

【第一篇】 综合 Synthesis

【第二篇】 国民经济核算 National Economic Accounting

【第三篇】人口 Population

【第四篇】从业人员和职工工资 Employment and Wage

【第五篇】固定资产投资 Investment in Fixed Assets

【第六篇】对外经济贸易和旅游业 Foreign Economy Trade and Tourism

【第七篇】能源生产和消费 Production and Consumption of Energy

【第八篇】财政、金融和保险 Public Finance, Banking and Insurance

【第九篇】价格指数 Price Indices

【第十篇】人民生活 People's Livelihood

【第十一篇】 市政公用事业 Urban Public Utilities

【第十二篇】 农业 Agriculture

【第十三篇】工业 Industry

【第十四篇】建筑业 Construction

【第十五篇】交通运输和邮电通信业 Transportation Postal and Telecommunications Services

【第十六篇】批发零售贸易和餐饮业 Wholesale, Retail Trade and Catering Services

【第十七篇】教育、科技和文化事业 Education, Technology and Culture

【第十八篇】 体育、卫生和其他事业 Sports, Public Health and Others

【第十九篇】 市（州）和县（市）概况 General Survey of City (State) and County (City)

附录
Appendix

统计资料

STATISTICAL DATA

第一篇

CHAPTER ▶ 01

综　合

Synthesis

资料整理人员：

张　蕾　张　帆　王[illegible]彤　吴　璇

1-1 行政区划（2020年末）
Divisions of Administrative Areas (end of 2020)

单位:个 (unit)

地区 Region	县级合计 Regions at County Level	市辖区 Districts under the Jurisdiction of Cities	县级市 Cities at County Level	县 Counties	自治县 Autonomous Counties	乡镇级合计 Regions at Township Level	镇 Towns	乡 Towns	民族乡 Ethnic Township	街道 Street Communities
全省 Total	**60**	**21**	**20**	**16**	**3**	**951**	**426**	**153**	**28**	**344**
长春 Changchun	11	7	3	1		213	75	26	5	107
吉林 Jilin	9	4	4	1		144	56	16	4	68
四平 Siping	5	2	1	1	1	77	38	14	1	24
辽源 Liaoyuan	4	2		2		47	23	6	1	17
通化 Tonghua	7	2	2	3		104	61	11	6	26
白山 Baishan	6	2	1	2	1	65	41	6		18
松原 Songyuan	5	1	1	2	1	106	43	34	1	28
白城 Baicheng	5	1	2	2		101	38	27	8	28
延边 Yanbian	8		6	2		94	51	13	2	28

1-1 续表 continued

地区	Region	市辖区 District under the Jurisdiction of Cities		县级市 City at County Level		县 County		自治县 Autonomous Counties	
长春	Changchun	南关区	Nanguan	榆树市	Yushu	农安县	Nongan		
		宽城区	Kuancheng	德惠市	Dehui				
		朝阳区	Chaoyang	公主岭市	Gongzhuling				
		二道区	Erdao						
		绿园区	Lvyuan						
		双阳区	Shuangyang						
		九台区	Jiutai						
吉林	Jilin	昌邑区	Changyi	蛟河市	Jiaohe	永吉县	Yongji		
		龙潭区	Longtan	桦甸市	Huadian				
		船营区	Chuanying	舒兰市	Shulan				
		丰满区	Fengman	磐石市	Panshi				
四平	Siping	铁西区	Tiexi			梨树县	Lishu	伊通满族自治县	Yitong
		铁东区	Tiedong	双辽市	Shuangliao				
辽源	Liaoyuan	龙山区	Longshan			东丰县	Dongfeng		
		西安区	Xi'an			东辽县	Dongliao		
通化	Tonghua	东昌区	Dongchang	梅河口市	Meihekou	通化县	Tonghua		
		二道江区	Erdaojiang	集安市	Jian	辉南县	Huinan		
						柳河县	Liuhe		
白山	Baishan	浑江区	Hunjiang	临江市	Linjiang	抚松县	Fusong	长白朝鲜族自治县	Changbai
		江源区	Jiangyuan			靖宇县	Jingyu		
松原	Songyuan	宁江区	Ningjiang	扶余市	Fuyu	长岭县	Changling	前郭尔罗斯蒙古族自治县	Qianguo
						乾安县	Qianan		
白城	Baicheng	洮北区	Taobei	洮南市	Taonan	镇赉县	Zhenlai		
				大安市	Da'an	通榆县	Tongyu		
延边州	Yanbian			延吉市	Yanji	汪清县	Wangqing		
				图们市	Tumen	安图县	Antu		
				敦化市	Dunhua				
				珲春市	Hunchun				
				龙井市	Longjing				
				和龙市	Helong				

1－2 自然资源状况

Natural Resources and Conditions

项　　目	Item	2018	2019	2020
一、自然状况	**Natural Conditions**			
1.土地面积(万平方公里)	Land Area (10000 sq.km)	18.7	18.7	18.7
各类土地所占比重（%）	Composition of all Type Land (%)			
山 地	Mountains	36.0	36.0	36.0
丘 陵	Hills	5.8	5.8	5.8
平 原	Plains	30.0	30.0	30.0
台地及其他	Mesa and Others	28.2	28.2	28.2
2.气候	Climate			
全年平均气温（摄氏度）	Annual Average Temperature (℃)	5.8	6.7	6.3
年降水量（毫米）	Annual Precipitation (mm)	687.0	695.8	765.9
二、自然资源	**Natural Resources**			
1.林地	Forest Area			
林业用地面积（万公顷）	Area of Afforested Land (10000 hectares)	953.1	953.8	956.00
森林面积（万公顷）	Forest Area (10000 hectares)	826.8	829.8	843.15
灌木林地面积（万公顷）	Shrub Land (10000 hectares)	15.1	15.3	16.27
活立木总蓄积量（亿立方米）	Standing Stock Volume (100 million cu.m)	10.5	10.8	10.99
森林覆盖率（%）	Forest－coverage Rate (%)	44.6	44.8	45.04
2.水利	Water Resources			
水资源总量（亿立方米）	Total Water Resource Volume (100 million cu.m)	481.21	506.14	586.2
人均水资源量（立方米/人）	Per Capita Water Resources (cu.m/person)	1936.97	2067.97	2442.86
地表水资源量（亿立方米）	Surface Water Volume (100 million cu.m)	422.23	437.43	504.80
地下水资源量（亿立方米）	Underground Water Volume (100 million cu.m)	137.88	156.06	169.45
松花江流域（亿立方米）	Songhua River Basin (100 million cu.m)	332.81	352.40	411.24
辽河流域（亿立方米）	Liao River Basin (100 million cu.m)	17.85	42.79	30.97

1－3　主要城市平均气温（2020年）

Average Temperature of Major Cities（2020）

单位：摄氏度　　　　　　　　　　　　　　　　　　　　　　　　（℃）

地区 Region / 月份 Month		长春市 Changchun	吉林市 Jilin	四平市 Siping	辽源市 Liaoyuan	通化市 Tonghua	白山市 Baishan	松原市 Songyuan	白城市 Baicheng	延吉市 Yanji	长白山 Changbaishan
1月	Jan.	–12.5	–11.[illegible]	–15.1	–13.6	–10.1	–11.8	–15.4	–14.2	–9.4	–12.0
2月	Feb.	–7.8	–8.[illegible]	–7.7	–8.0	–6.5	–8.4	–9.4	–9.2	–6.8	–8.5
3月	Mar.	1.1	0.[illegible]	1.6	1.2	0.9	–0.9	0.6	0.5	0.4	–1.5
4月	Apr.	7.9	7.[illegible]	7.8	6.8	6.6	4.8	8.3	8.4	6.4	3.7
5月	May	15.9	15.[illegible]	16.2	15.5	14.6	13.4	16.0	16.3	14.2	12.6
6月	June	21.7	20.[illegible]	22.0	21.0	20.3	19.1	21.1	21.1	19.1	18.2
7月	July	25.0	24.[illegible]	24.5	23.9	23.0	21.8	25.3	26.0	21.5	20.5
8月	Aug.	23.2	23.[illegible]	23.0	22.7	23.1	22.2	22.4	21.5	23.3	21.5
9月	Sept.	16.3	16.[illegible]	16.5	16.0	15.8	14.5	16.7	15.7	16.0	13.5
10月	Oct.	7.8	8.1	7.4	6.4	6.7	5.2	7.9	7.3	7.4	5.6
11月	Nov.	–1.4	–0.3	–1.3	–1.4	0.2	–1.3	–1.8	–1.6	0.1	–1.7
12月	Dec.	–12.2	–1[illegible]	–12.2	–12.0	–10.3	–12.0	–13.5	–11.9	–9.3	–11.9

1-4 主要城市降水量（2020年）

Precipitation of Major Cities（2020）

单位：毫米　　　　Unit:（Millimeters）

月份 Month \ 地区 Region		长春市 Changchun	吉林市 Jilin	四平市 Siping	辽源市 Liaoyuan	通化市 Tonghua	白山市 Baishan	松原市 Songyuan	白城市 Baicheng	延吉市 Yanji	长白山 Changbaishan
1月	Jan.	5.0	6.1	4.5	2.4	3.1	6.7	5.6	0.5	8.5	13.4
2月	Feb.	3.6	14.7	6.3	8.0	48.3	56.4	2.1	0.9	23.8	43.5
3月	Mar.	13.4	18.8	16.4	15.0	23.3	36.3	5.4	2.4	27.2	54.4
4月	Apr.	20.4	29.8	4.9	20.5	24.0	21.8	10.9	27.3	11.4	37.8
5月	May	46.4	36.6	78.7	77.0	91.2	110.5	58.6	70.4	31.6	85.5
6月	June	49.5	85.9	64.3	95.5	67.4	74.8	102.1	147.7	76.5	46.0
7月	July	70.5	106.9	46.9	64.7	117.3	177.8	37.9	27.0	50.4	174.0
8月	Aug.	124.0	216.7	221.5	390.6	232.4	203.3	108.5	207.9	97.6	160.5
9月	Sept.	273.2	260.8	163.5	175.0	211.7	235.8	249.9	217.1	200.8	204.5
10月	Oct.	21.5	13.5	23.6	19.4	33.6	34.4	7.8	13.2	10.2	23.7
11月	Nov.	34.3	62.1	27.1	46.4	77.1	72.4	24.6	2.8	42.7	57.5
12月	Dec.	0.0	1.0	0.0	0.0	0.6	1.4	0.0	0.0	0.3	3.7

1－5 按国民经济行业大类分组的法人单位、产业活动单位数（2020年）

Number of Legal Entities,Establishment and Employed Person by Sector （2020）

指 标	Item	法人单位数（个）Number of Legal Entities(unit) 合计 Total	单产业法人单位 Single	多产业法人单位 Multiple	产业活动单位数（个）Number of Establish-ment(unit)
总计	**Total**	**237731**	**231902**	**5829**	**271966**
农、林、牧、渔业	**Agriculture、Forestry、Animal Husbandry and Fishery**	**34884**	**34793**	**91**	**35403**
农业	Farming	17269	17242	27	17337
林业	Forestry	1358	1326	32	1654
畜牧业	Animal Husbandry	7193	7173	20	7232
渔业	Fishery	482	482	0	485
农、林、牧、渔专业及辅助性活动	Professional and Support Activities for Agriculture, Forestry,Animal Husbandry and Fishery	8582	8570	12	8695
采矿业	**Mining**	**1063**	**1031**	**32**	**1147**
煤炭开采和洗选业	Mining and Washing of Coal	140	130	10	157
石油和天然气开采业	Extraction of Petroleum and Natural Gas	71	68	3	89
黑色金属矿采选业	Mining and Processing of Ferrous Metal Ores	129	124	5	131
有色金属矿采选业	Mining and Processing of Non-ferrous Metal Ores	106	104	2	112
非金属矿采选业	Mining and Processing of Nonmetal Ores	491	483	8	518
开采专业及辅助性活动	Mining Auxiliary Activities	101	97	4	113
其他采矿业	Mining of Other Ores	25	25	0	27
制造业	**Manufacturing**	**22457**	**22033**	**424**	**22928**
农副食品加工业	Processing of Food from Agricultural Products	3343	3255	88	3382
食品制造业	Manufacture of Foods	1112	1089	23	1135
酒、饮料和精制茶制造业	Wine, Beverage and Refined Tea Manufacturing	905	882	23	918
烟草制品业	Manufacture of Tobacco	6	6	0	8
纺织业	Manufacture of Textile	145	143	2	146
纺织服装、服饰业	Manufacture of Textile Wearing Apparel,Footwear and Caps	446	433	13	457
皮革、毛皮、羽毛及其制品和制鞋业	Manufacture of Leather,Fur,Feather and Related Products	67	66	1	69
木材加工和木、竹、藤、棕、草制品业	Processing of Timber,Manufacture of Wood, Bamboo,Rattan,Palm and Straw Products	1155	1145	10	1184
家具制造业	Manufacture of Furniture	339	338	1	343
造纸和纸制品业	Manufacture of Paper and Paper Products	295	293	2	298
印刷和记录媒介复制业	Printing Reproduction of Recording Media	612	600	12	633
文教、工美、体育和娱乐用品制造业	Manufacture of Articles for Culture, Education and Sport Activities	308	303	5	312
石油、煤炭及其他燃料加工业	Processing of Petroleum,Coal and Other Fuels	230	223	7	238
化学原料和化学制品制造业	Manufacture of Raw Chemical Materials and Chemical Products	1149	1128	21	1174
医药制造业	Manufacture of Medicines	983	954	29	989
化学纤维制造业	Manufacture of Chemical Fibers	44	43	1	44
橡胶和塑料制品业	Rubber and Plastic Products Industry	876	866	10	891
非金属矿物制品业	Manufacture of Non-metallic Mineral Products	2426	2384	42	2485
黑色金属冶炼和压延加工业	Smelting and Pressing of Ferrous Metals	121	118	3	122
有色金属冶炼和压延加工业	Smelting and Pressing of Non-ferrous Metals	98	95	3	98

1－5 续表 1 continued

指　　标	Item	法人单位数（个）Number of Legal Entities(unit)			产业活动单位数（个）Number of Establish-ment(unit)
		合计 Total	单产业法人单位 Single	多产业法人单位 Multiple	
金属制品业	Manufacture of Metal Products	1254	1241	13	1279
通用设备制造业	Manufacture of General PurPose Machinery	1609	1582	27	1646
专用设备制造业	Manufacture of Special Purpose Machinery	1372	1350	22	1394
汽车制造业	Automobile Manufacturing Industry	1516	1477	39	1584
铁路、船舶、航空航天和其他运输设备制造业	Railway, Marine, Aerospace and other Transportation Equipment Manufacturing Industry	177	174	3	185
电气机械和器材制造业	Manufacture of Electrical Machinery and Equipment	624	615	9	636
计算机、通信和其他电子设备制造业	Computer, Communications and other Electronic Equipment Manufacturing Industry	236	230	6	239
仪器仪表制造业	Instrument Manufacturing Industry	255	254	1	261
其他制造业	Other Manufacturing	254	253	1	258
废弃资源综合利用业	Comprehensive Utilization of Waste Resources	175	175	0	175
金属制品、机械和设备修理业	Metal Products, Machinery and Equipment Repair Industry	325	318	7	345
电力、热力、燃气及水生产和供应业	**Production and Supply of Electricity,Gas and Water**	**1757**	**1682**	**75**	**2251**
电力、热力生产和供应业	Production and Supply of Electric Power and Heat Power	1304	1260	44	1739
燃气生产和供应业	Production and Supply of Gas	162	144	18	187
水的生产和供应业	Production and Supply of Water	291	278	13	325
建筑业	**Construction**	**13888**	**13295**	**593**	**15085**
房屋建筑业	Housing Construction Industry	3147	2926	221	3584
土木工程建筑业	Civil Engineering Construction Industry	3052	2832	220	3489
建筑安装业	Construction Installation	2434	2357	77	2587
建筑装饰、装修和其他建筑业	Building Decoration and Other Constructions	5255	5180	75	5425
批发和零售业	**Wholesale and Retail Trades**	**55953**	**54801**	**1152**	**65481**
批发业	Wholesale Trade	24772	24442	330	25877
零售业	Retail Trade	31181	30359	822	39604
交通运输、仓储和邮政业	**Transport,Storage and Post**	**6869**	**6536**	**333**	**9043**
铁路运输业	Railway Transport	21	18	3	57
道路运输业	Road Transport	4407	4276	131	4708
水上运输业	Water Transport	20	19	1	22
航空运输业	Air Transport	33	30	3	45
管道运输业	Transport Via Pipeline	6	6	0	8
多式联运和运输代理业	Multimodal Transport and Other Transport Services	450	442	8	555
装卸搬运和仓储业	Loading,Unloading and Storage	1439	1400	39	1564
邮政业	Post Industry	493	345	148	2084
住宿和餐饮业	**Accommodation and Catering Industry**	**2770**	**2671**	**99**	**3328**
住宿业	Accommodation Industry	1030	997	33	1186
餐饮业	Catering Industry	1740	1674	66	2142
信息传输、软件和信息技术服务业	**Information Transmission, Software and Information Technology Services**	**6906**	**6794**	**112**	**8235**
电信、广播电视和卫星传输服务	Information Broadcast Television and Satellite Transmission Services	385	341	44	1312
互联网和相关服务	Internet and Related Services	1124	1111	13	1217
软件和信息技术服务业	Software and Information Technology Services	5397	5342	55	5706

1－5 续表 2 continued

指 标	Item	法人单位数（个） Number of Legal Entities(unit)			产业活动单位数（个） Number of Establishment(unit)
		合计 Total	单产业法人单位 Single	多产业法人单位 Multiple	
金融业	**Financial Intermediation**	**1376**	**993**	**383**	**7861**
货币金融服务	Monetary and Financial Services	739	544	195	4781
资本市场服务	Capital Market Service	209	204	5	456
保险业	Insurance Industry	302	123	179	2435
其他金融业	Other Finance	126	122	4	189
房地产业	**Real Estate**	**8140**	**7817**	**323**	**8754**
房地产业	Real Estate	8140	7817	323	8754
租赁和商务服务业	**Leasing and Business Services**	**19754**	**19310**	**444**	**21764**
租赁业	Leasing	2669	2657	12	2755
商务服务业	Business Services	17085	16653	432	19009
科学研究和技术服务业	**Scientific Research,Technical Service and Geologic Prospecting**	**10343**	**10088**	**255**	**11547**
研究和试验发展	Research and Experimental Development	1473	1457	16	1532
专业技术服务业	Professional Technical Services	5086	4886	200	5924
科技推广和应用服务业	Technology Promotion and Application Service Industry	3784	3745	39	4091
水利、环境和公共设施管理业	**Management of Water Conservancy, Environment and Public Facilities**	**1917**	**1881**	**36**	**2112**
水利管理业	Management of Water Conservancy	435	425	10	536
生态保护和环境治理业	Ecological Protection and Environmental Governance	213	210	3	244
公共设施管理业	Management of Public Facilities	1091	1069	22	1144
土地管理业	Management of Land	178	177	1	188
居民服务、修理和其他服务业	**Services to Households and Other Services**	**4648**	**4590**	**58**	**4835**
居民服务业	Services to Households	2067	2033	34	2157
机动车、电子产品和日用产品修理业	Motor Vehicle, Electronic Products and Daily Necessities Repair Industry	1615	1604	11	1685
其他服务业	Others Services	966	953	13	993
教育	**Education**	**8867**	**8446**	**421**	**10993**
教育	Education	8867	8446	421	10993
卫生和社会工作	**Health and Social Work**	**4432**	**4343**	**89**	**4982**
卫生	Health	2683	2600	83	3198
社会工作	Social Work	1749	1743	6	1784
文化、体育和娱乐业	**Culture,Sports and Entertainment**	**4278**	**4218**	**60**	**4593**
新闻和出版业	Journalism and Publishing Activities	130	129	1	137
广播、电视、电影和录音制作业	Radio,Television,Motion Picture and Audio-visual Programme Production	562	545	17	647
文化艺术业	Culture and Art Activities	1296	1287	9	1434
体育	Sports Activities	436	428	8	451
娱乐业	Entertainments	1854	1829	25	1924
公共管理、社会保障和社会组织	**Public Management Social Security and Social Organization**	**27429**	**26580**	**849**	**31624**
中国共产党机关	Organs of Communist Party of China	673	645	28	700
国家机构	Government Agencies	11102	10291	811	15179
人民政协、民主党派	People's Political Consultative Conference and Democratic Parties	135	134	1	137
社会保障	Social security	163	163	0	207
群众团体、社会团体和其他成员组织	Non-governmental Organizations,Social Organizations and Religion Organizations	4089	4081	8	4109
基层群众自治组织及其他组织	Grass Roots Self-Governing Organizations	11267	11266	1	11292

1-6 按地区、机构类型分组的全部法人单位数（2020年）

Number of Legal Entities by Region and Type of Institution（2020）

单位:个 （unit）

地　区	Region	法人单位 Corporative Unius	企业 Business	事业单位 Institutions	机关 Goverment	社会团体 Social Organization	农民专业合作社 Farmer's Specialized Cooperative	其他法人 Others
全　省	**Total**	**237731**	**166693**	**17499**	**5025**	**2702**	**28103**	**17709**
长春市	**Changchun**	**89282**	**71935**	**3720**	**981**	**800**	**7200**	**4646**
南关区	Nanguan	6548	5635	376	132	111	1	293
宽城区	Kuancheng	11683	10804	221	89	128	91	350
朝阳区	Chaoyang	9636	8457	379	98	129	100	473
二道区	Erdao	10056	9460	108	69	79	41	299
绿园区	Lvyuan	6353	5713	219	63	63	27	268
双阳区	Shuangyang	2438	1504	275	63	64	247	285
九台区	Jiutai	4675	2958	337	88	40	886	366
农安县	Nong' an	2378	1276	398	68	28	190	418
长春经济技术开发区	Economic-Technological Development Zone	6922	6558	134	23	45	1	161
长春净月高新技术产业开发区	Jingyue High Technology Industrial Development Zone	4611	4300	74	16	21	33	167
长春高新技术产业开发区	High Technology Industrial Development Zone	4368	4181	47	16	6	0	118
长春汽车经济技术开发区	Automobile Economic and Technological Development Zone	5854	5723	31	12	6	5	77
榆树市	Yushu	2532	1304	352	70	43	326	437
德惠市	Dehui	2900	1451	290	73	11	694	381
公主岭市	Gongzhuling	8328	2611	479	101	26	4558	553
吉林市	**Jilin**	**35521**	**25512**	**2276**	**750**	**336**	**3422**	**3225**
昌邑区	Changyi	3923	3053	232	89	35	51	463
龙潭区	Longtan	2811	1998	148	84	19	251	311
船营区	Chuanying	6325	5275	336	134	92	50	438
丰满区	Fengman	2623	2005	143	67	23	140	245
永吉县	Yongji	2468	1690	227	64	18	242	227
吉林经济开发区	Economic Development Zone	991	888	26	8	1	26	42
吉林高新技术产业开发区	High Technology Industrial Development Zone	2465	2295	64	13	4	14	75
吉林中国新加坡食品区	Singapore Food Zone	396	304	12	4	0	42	34
蛟河市	Jiaohe	2602	1446	216	71	40	427	402
桦甸市	Huadian	2836	1659	275	71	49	550	232
舒兰市	Shulan	3762	2095	260	75	17	936	379
磐石市	Panshi	4319	2804	337	70	38	693	377
四平市	**Siping**	**11608**	**6040**	**1331**	**391**	**85**	**2504**	**1257**
铁西区	Tiexi	2138	1346	380	116	29	138	129
铁东区	Tiedong	2327	1841	175	64	9	93	145
梨树县	Lishu	3344	1223	313	82	8	1297	421
伊通满族自治县	Yitong	1770	755	212	63	22	418	300
双辽市	Shuangliao	2029	875	251	66	17	558	262
辽源市	**Liaoyuan**	**10019**	**5933**	**1031**	**269**	**96**	**1963**	**727**
龙山区	Longshan	3122	2492	289	104	39	105	93
西安区	Xi' an	1193	938	67	42	14	77	55
东丰县	Dongfeng	2400	1064	384	61	31	563	297
东辽县	Dongliao	3304	1439	291	62	12	1218	282

1－6 续表 continued

单位：个 (unit)

地 区	Region	法人单位 Corporative Unius	企业 Business	事业单位 Institutions	机关 Goverment	社会团体 Social Organization	农民专业合作社 Farmer's Specialized Cooperative	其他法人 Other
通化市	**Tonghua**	**19824**	**12656**	**2053**	**558**	**293**	**2621**	**1643**
东昌区	Dongchang	3655	2875	402	146	66	73	93
二道江区	Erdaojiang	1278	943	112	54	15	95	59
通化县	Tonghua	2345	1295	332	65	26	387	240
辉南县	Huinan	2400	1320	303	62	48	443	224
柳河县	Liuhe	2838	1583	287	73	35	549	311
梅河口市	Meihekou	5383	3473	406	92	66	827	519
集安市	Ji' an	1925	1167	211	66	37	247	197
白山市	**Baishan**	**17020**	**11797**	**1683**	**445**	**234**	**1977**	**884**
浑江区	Hunjiang	4758	3645	392	128	67	359	167
江源区	Jiangyuan	1808	1234	197	58	27	173	119
抚松县	Fusong	4654	3515	287	66	43	539	204
靖宇县	Jingyu	2711	1689	277	66	29	514	136
长白朝鲜族自治县	Changbai	1081	563	250	58	26	88	96
临江市	Linjiang	2008	1151	280	69	42	304	162
松原市	**Songyuan**	**16638**	**7988**	**2039**	**486**	**195**	**4187**	**1743**
宁江区	Ningjiang	3803	2450	475	166	140	158	414
前郭尔罗斯蒙古族自治县	Qianguo	2889	1430	432	83	14	566	364
长岭县	Changling	2843	1101	434	73	17	961	257
乾安县	Qian' an	1738	937	208	66	9	309	209
吉林松原经济开发区	Songyuan Economic Development Zone of JiLin	823	722	46	19	1	8	27
扶余市	Fuyu	4542	1348	444	79	14	2185	472
白城市	**Baicheng**	**9033**	**5022**	**1579**	**469**	**101**	**675**	**1187**
洮北区	Taobei	1966	1025	398	138	37	133	235
镇赉县	Zhenlai	1633	889	253	75	13	231	172
通榆县	Tongyu	1596	778	325	91	27	144	231
吉林白城经济开发区	Baicheng Economic Development Zone of JiLin	344	243	65	16	0	3	17
洮南市	Taonan	1597	977	270	77	7	11	255
大安市	Da' an	1897	1110	268	72	17	153	277
延边朝鲜族自治州	**Yanbian**	**28786**	**19810**	**1787**	**676**	**562**	**3554**	**2397**
延吉市	Yanji	11146	9370	470	146	294	160	706
图们市	Tumen	910	547	83	57	5	115	103
敦化市	Dunhua	5532	3113	235	79	48	1581	476
珲春市	Hunchun	3695	2692	202	93	58	392	258
龙井市	Longjing	1621	1023	121	65	63	189	160
和龙市	Helong	1593	894	175	64	24	276	160
汪清县	Wangqing	2065	876	286	86	7	522	288
安图县	Antu	2224	1295	215	86	63	319	246

1－7　按登记注册类型分组的法人单位、产业活动单位数（2020年）

Number of Legal Entities,Establishment and Person Employed by Status of Registration（2020）

指　　标	Item	法人单位数（个）Number of Legal Entities(unit)			产业活动单位数（个）Number of Establish-ment(unit)
		合计 Total	单产业法人单位 Single	多产业法人单位 Multiple	
总计	**Total**	**237731**	**231902**	**5829**	**271966**
内资	**Domestic Investment**	**236927**	**231184**	**5743**	**269942**
国有	State-owned	24672	23156	1516	34068
集体	Collective -owned	1382	1306	76	1815
股份合作	Share Holding	175	154	21	527
联营	Joint Ownership	154	144	10	197
国有联营	State Joint Ownership	43	35	8	57
集体联营	Collective Joint Ownership	42	40	2	61
国有与集体联营	Joint State-collective	11	11		13
其他联营	Other Joint Owned	58	58		66
有限责任公司	Limited Liability Corporations	26089	25165	924	31585
国有独资公司	State Sole Funded Corporations	1068	966	102	1704
其他有限责任公司	Other Limited Liability Corporations	25021	24199	822	29881
股份有限公司	Share-holding Corporations Limited	2747	2361	386	8856
私营	Private	135337	132567	2770	145839
私营独资	Private Funded	14019	13881	138	14339
私营合伙	Private Partnership	876	871	5	912
私营有限责任公司	Private Limited Liability Corporations	118401	115866	2535	127987
私营股份有限公司	Private State-holding Corporations Ltd	2041	1949	92	2601
其他内资	Other Domestic	46371	46331	40	47055
港澳台商投资	**Funds from Hong Kong,Macao and Taiwan**	**218**	**204**	**14**	**425**
与港澳台商合资经营	Jointventure	81	74	7	106
与港澳台商合作经营	Cooperation	4	3	1	12
港澳台商独资	Sole-proprietorship	118	112	6	253
港澳台商投资股份有限公司	Hong Kong, Macao and Taiwan Funded Share-holding Corporations Ltd	10	10		21
其他港、澳、台商投资	Other Hong Kong,Macao and Taiwan Investment	5	5		33
外商投资	**Foreign Funded**	**586**	**514**	**72**	**1599**
中外合资经营	Joint Equity	224	196	28	299
中外合作经营	Cooperation	12	12		13
外资企业	Foreign Funded Enterprises	302	274	28	798
外商投资股份有限公司	Share-holding Corporations Ltd with Foreign Investment	29	13	16	410
其他外商投资	Other Foreign Investment	19	19		79

1-8 按三次产业、行业分组的全部法人单位数
Number of Legal Entities by Three Strata of Industry and Sector

单位：个　　　　(unit)

指标	Item	2018	2019	2020
总计	**Total**	**238531**	**212064**	**237731**
第一产业	**Primary Industry**	**27003**	**23952**	**26302**
农、林、牧、渔业	Agriculture,Forestry,Animal Husbandry and Fishery	27003	23952	26302
第二产业	**Secondary Industry**	**44626**	**33890**	**38739**
采矿业	Mining	1547	829	962
制造业	Manufacturing	29833	20207	22132
电力、热力、燃气及水生产和供应业	Production and Supply of Electricity,Gas and Water	2069	1588	1757
建筑业	Construction	11177	11266	13888
第三产业	**Tertiary Industry**	**166902**	**154222**	**172690**
农、林、牧、渔服务业及辅助性活动	Professional and Support Activities for Agriculture,Forestry,Animal Husbandry and Fishery	11179	8677	8582
开采专业及辅助性活动	Mining Auxiliary Activities	98	95	101
金属制品、机械和设备修理业	Metal Products,Machinery and Equipment Repair	189	294	325
批发和零售业	Wholesale Sale and Retail Trades	54949	46739	55953
交通运输、仓储和邮政业	Transport,Storage and Post	6870	5959	6869
住宿和餐饮业	Hotels and Catering Services	2772	2438	2770
信息传输、软件和信息技术服务业	Information Transmission, Software and Information Technology Services	5087	5987	6906
金融业	Financial Intermediation	2113	1280	1376
房地产业	Real Estate	7474	7282	8140
租赁和商务服务业	Leasing and Business Services	17426	16723	19754
科学研究和技术服务业	Scientific Research,Technical Service and Geologic Prospecting	8781	9169	10343
水利、环境和公共设施管理业	Management of Water Conservancy,Enviroment and Public Facilities	2040	1637	1917
居民服务、修理和其他服务业	Services to Households and Other Services	4738	4066	4648
教育	Education	6581	8276	8867
卫生和社会工作	Health and Social Work	4210	4302	4432
文化、体育和娱乐业	Culture,Sports and Entertainment	3805	3922	4278
公共管理、社会保障和社会组织	Public Management Social Security and Social Organization	28590	27376	27429

1－9 国民经济和社会发展总量与速度指标

指 标	Item	总量指标 Aggregate Data	
		1995	2000
人口与从业（万人）	**Population and Employment(10000persons)**		
年底总人口	Population at Year-end	2550.87	2681.70
男性人口	Male Population	1302.78	1372.80
女性人口	Female Population	948.09	1308.90
城镇人口	Urban Population		1331.80
乡村人口	Rural Population		1349.90
从业人员数	Number of Employed Persons	1270.77	1164.02
# 城镇就业	Urban Employment	622.70	523.00
宏观经济	**Macroeconomic Indicator**		
国民核算（亿元）	National Accounting(100 million yuan)		
地区生产总值	Gross Domestic Product	1137.23	1751.35
第一产业	Primary Industry	301.85	395.32
第二产业	Secondary Industry	475.22	675.73
第三产业	Tertiary Industry	360.16	680.30
人均地区生产总值（元）	GDP Per Capita(yuan)	4402	6646
固定资产投资（亿元）	**Investment in Fixed Assets(100 million yuan)**		
全社会固定资产投资	Total Investment in Fixed Assets(Excluding Rural Households)	341.85	586.86
# 固定资产投资（不含农户）	Investment in Fixed Assets	311.55	554.11
房地产开发投资	Investment in Real Estate Development	35.64	63.52
住宅投资	Residential Investment	21.36	39.98
财政（亿元）	**Public Finance(100 million yuan)**		
地方财政收入	Local Government Revenue	63.28	103.83
财政支出	Government Expenditure	120.90	260.67
物价总指数（上年=100）	**Price Indices(Preceding year=100)**		
商品零售价格总指数	General Retail Price Index	114.2	98.0
居民消费价格总指数	General Consumer Price Index	115.2	98.6
工业生产者购进价格指数	Producer Price Index for Industrial Products		106.8
工业生产者出厂价格指数	Purchasing Price Index for Industrial Producers		105.1
能源（万吨标准煤）	Energy(10000 TCE)		
能源生产总量	Total Energy Production	2512.9	1885.6
能源消费总量	Total Energy Consumption	3954.2	3527.7

注：1. 1995年底总人口为公安部门数字，其他年份为抽样调查人口数。
 2. 1998年以后从业人员和职工人数不包括离开本单位仍保留劳动关系的职工。

Note：1.Data in 1995 were from the reports of public security department,Data in other years were from the sample surveys on population.
 2.Data since 1998 on workers and staff refer to fully employed workers and staff.

Principal Aggregate Indicators on National Economic and Social Development and Growth Rates

2019	2020	速度指标（%）Indices and Growth Rates（%）				
		指数（2020年以下列各年为100）Index（2020 as percentage of the following years=100）			平均增长速度 Average Annual Growth Rate	
		1995	2000	2019	1996–2020	2001–2020
2447.52	2399.44	94.1	89.5	98.0	–0.2	–0.6
1230.70	1197.86	91.9	87.3	97.3	–0.3	–0.7
1216.82	1204.58	127.1	92.0	99.0	1.0	–0.4
1508.41	1503.01		112.9	99.6		0.6
939.11	896.43		66.4	95.5		–2.0
1286.00	1261.00	99.2	108.3	98.1	0.0	0.4
725.08	728.01	116.9	139.2	100.4	0.6	1.7
11726.81	12311.32	732.4	459.7	102.4	8.3	7.9
1287.32	1553.00	318.5	246.5	101.3	4.7	4.6
4134.82	4326.22	841.7	505.4	105.7	8.9	8.4
6304.68	6432.10	918.1	535.7	100.1	9.3	8.8
47554	50800	775.1	499.5	104.1	8.5	8.4
1315.52	1460.78	4098.7	2299.7	111.0	16.0	17.0
970.99	1047.87	4905.8	2621.0	107.9	16.8	17.7
1116.95	1085.00	1714.6	1045.0	97.1	12.0	12.4
3933.42	4127.17	3413.7	1583.3	104.9	15.2	14.8
102.1	100.7					
103.0	103.0					
99.2	98.7					
98.9	98.6					
2288.2	2349.3	93.5	124.6	102.7	–0.3	1.1
7132.2	7157.0	181.0	202.9	100.3	2.4	3.6

1－9 续表 1

指　　标	Item	总量指标 Aggregate Data	
		1995	2000
农业	**Agriculture**		
乡村劳动力（万人）	Rural Labor(10000 persons)	631.11	641.00
农林牧渔业总产值（亿元）	Gross Output Value of Agriculture,Forestry,Animal Husbandry and Fishery(100 million yuan)	490.28	609.37
主要农产品产量（万吨）	Output of Major Farm Products(10000 tons)		
粮食	Grain	1992.40	1638.00
玉米	Corn	1478.50	993.20
稻谷	Rice	296.90	374.80
大豆	Soya	89.70	140.60
薯类	Tuber	34.80	49.10
油料	Oil	25.55	38.96
肉类总产量	Total Meat Production	134.60	247.90
奶类	Milk	11.32	15.00
水产品	Aquatic Products	11.06	14.01
工业(规上企业)	**Industry(Above Designated Size)**		
利润总额（亿元）	Total Profit (100 million yuan)	-1.93	85.58
主要工业产品产量	Output of Major Industrial Products		
汽车（万辆）	Motor Vehicles(10000 units)	18.92	32.52
原煤（万吨）	Coal(10000 tons)	2644.31	1636.71
原油（万吨）	Crude Oil(10000 tons)	342.73	348.46
天然气（亿立方米）	Natural Gas(100 million cu.m)	1.83	2.05
发电量（亿千瓦小时）	Electricity(100 million kWh)	284.60	313.50
粗钢（万吨）	Steel(10000 tons)	115.93	159.31
钢材（万吨）	Steel Products(10000 tons)	88.21	141.70
水泥（万吨）	Cement(10000 tons)	678.46	758.90
建筑业	**Construction Industry**		
建筑业增加值（亿元）	Total Value added of Construction Enterprises(100 million yuan)	61.37	110.21
房屋建筑施工面积（万平方米）	Floor Space of Buildings Under Construction (10000 sq.m)	1311	2209
房屋建筑竣工面积（万平方米）	Floor Space of Buildings Completed (10000 sq.m)	755	1440
交通运输	**Transportation**		
货物周转量（亿吨公里）	Freight Ton-kilometers(100 million ton-km)	497.31	612.04
# 铁路	Railways	420.23	406.21
公路	Highways	76.00	85.64
水运	Waterways	1.07	0.27
旅客周转量（亿人公里）	Passenger-kilometers(100 million passerger-km)	177.11	206.67
# 铁路	Railways	125.52	129.52
公路	Highways	51.48	76.79
水运	Waterways	0.11	0.06
邮电通信业	**Post and Telecommunication Services**		
邮电业务总量（亿元）	Total Business Volume of Postal and Telecommunication Services (100 million yuan)	21.22	116.35
函件（万件）	Number of Letters (10000 Dcs)	15333	9500
报刊期发数（万份）	Number of Newspapers and Magazines Distributed(10000copies)	473	443
固定电话用户（万户）	Subscribers of Fixed Telephone (10000 Subscribers)	107.80	260.00
移动电话用户（万户）	Number of Mobile Telephone Subscribers (10000subscribers)	8.00	203.30
国内贸易	**Domestic Trade**		
社会消费品零售总额（亿元）	Total Retail Sales of Consumer Goods(100 million yuan)	456.24	671.27
对外经济贸易和旅游	**Foreign Economy Trade and Tourism**		
进出口总额（亿美元）	Total Value of Exports and Imports(USD100 million)	27.14	25.54

continued

2019	2020	速度指标（%）Indices and Growth Rates（%）				
		指数（2020年以下列各年为100）Index（2020 as percentage of the following years=100）			平均增长速度 Average Annual Growth Rate	
		1995	2000	2019	1996–2020	2001–2020
560.92	532.99	84.5	83.1	95.0	–0.7	–0.9
2442.73	2976.00	379.2	292.0	101.8	5.5	5.5
3877.93	3803.17	190.9	232.2	98.1	2.6	4.3
3045.30	2973.44	201.1	299.4	97.6	2.8	5.6
657.17	665.43	224.1	177.5	101.3	3.3	2.9
77.04	64.23	71.6	45.7	83.4	–1.3	–3.8
31.44	31.80	91.4	64.8	101.1	–0.4	–2.1
81.78	81.41	318.6	209.0	99.5	4.7	3.8
243.22	237.55	176.5	95.8	97.7	2.3	–0.2
39.97	39.31	347.3	262.1	98.3	5.1	4.9
23.66	24.18	218.6	172.6	102.2	3.2	2.8
743.99	573.99		670.7	77.2		10.0
291.15	265.46	1403.1	816.3	91.2	11.1	11.1
1217.02	1001.64	37.9	61.2	82.3	–3.8	–2.4
385.70	394.98	115.2	113.4	102.4	0.6	0.6
10.33	19.81	1082.5	966.3	191.8	10.0	12.0
871.76	944.67	331.9	301.3	108.4	4.9	5.7
1497.62	1525.61	1316.0	957.6	101.9	10.9	12.0
1544.24	1661.62	1883.7	1172.6	107.6	12.5	13.1
2057.26	1991.14	293.5	262.4	96.8	4.4	4.9
808.63	843.59	1374.6	765.4	104.3	11.1	10.7
7988	8447	644.3	382.4	105.7	7.7	6.9
2943	2892	383.0	200.8	98.3	5.5	3.5
1987.56	2047.57	411.7	334.5	103.0	5.8	6.2
537.96	570.24	135.7	140.4	106.0	1.2	1.7
1262.77	1294.81	1703.7	1511.9	102.5	12.0	14.5
0.06	0.00					
493.83	240.26	135.7	116.3	48.7	1.2	0.8
276.15	120.90	96.3	93.3	43.8	–0.1	–0.3
148.59	77.92	151.4	101.5	52.4	1.7	0.1
0.14	0.04	36.4	66.7	28.6	–4.0	–2.0
1863.86	2241.88	10564.9	1926.8	120.3	20.5	15.9
961	787	5.1	8.3	81.9	–11.2	–11.7
158	164	34.7	37.0	103.8	–4.1	–4.8
457.40	417.80	387.6	160.7	91.3	5.6	2.4
2897.60	2870.10	35876.3	1411.8	99.1	26.5	14.2
4212.93	3823.95	838.1	569.7	90.8	8.9	9.1
188.96	185.25	682.6	725.3	98.0	8.0	10.4

1－9 续表 2

指　　标	Item	总量指标 Aggregate Data	
		1995	2000
进口额	Total Imports	12.96	13.12
出口额	Total Exports	14.19	12.42
接待入境旅游人数（万人次）	Number of Overseas Visitors (10000 person-times)	15.61	27.27
教育、文化	**Education and Culture**		
教育	Education		
专任教师数（万人）	Full-time Teachers(10000 persons)		
普通高等学校	Institutions of Higher Education	1.50	1.75
高中阶段	High School		
初中阶段	Junior		
小学	Primary Schools	15.27	15.03
在校学生数（万人）	Students Enrollment(10000 persons)		
普通高等学校	Institutions of Higher Education	10.08	17.53
高中阶段	High School		
初中阶段	Junior		
小学	Primary Schools	269.03	241.59
文化	Culture		
出版数量	Publications		
图书（亿册）	Number of Books Published(100 million copies)	1.16	0.81
杂志（亿册）	Number of Magazines Issued(100 million copies)	0.52	0.55
报纸（亿份）	Number of Newspapers Issued(100 million copies)	4.79	5.53
科技	**Science and Technology**		
专利申请授权量（件）	Number of Patents Application Granted(piece)		
技术市场成交额（亿元）	Technology market turnover(100 million yuan)		
家庭、生活、卫生	**Family,People' s Livelihood and Health**		
城镇居民家庭平均每户人口（人）	Average Household Size in Urban Area(person)	3.21	3.12
农村居民家庭平均每户人口（人）	Average Household Size in Rural Area(person)	4.02	3.90
居住	Housing		
城镇人均居住面积（平方米）	Per Capita Floor Space of Urban Residents(sq.m)	8.92	11.24
农村人均居住面积（平方米）	Per Capita Floor Space of Rural Residents(sq.m)	16.07	17.72
生活	People's Livelihood		
城镇常住居民人均可支配收入（元）	Per Capita Annual Disposable Income of Urban Household(yuan)	3174.84	4810.00
农村常住居民人均可支配收入（元）	Per Capita Annual Disposable Income of Rural Household(yuan)	1609.60	2022.50
住户储蓄存款余额（亿元）	Outstanding Amount of Saving Deposits in Urban and Rural Areas(100 million yuan)	726.28	1515.84
职工工资总额（亿元）	Total Wages(100 million yuan)	221.00	265.00
城镇非私营就业人员平均工资（元）	Average Wages of Staff and Workers(yuan)	4430	7924
卫生	Health Care		
卫生机构（个）	Health Organization(unit)	3891	3323
医院与卫生院（个）	Number of Hospitals(unit)	1310	1293
卫生技术人员（万人）	Medical and Technical Personnel(10000persons)	13.42	13.20
# 医生	Doctors	5.61	5.97
医疗床位数（万张）	Number of Medical Beds(10000beds)	9.66	8.93
# 医院、卫生院	Hospital and Health Center	8.41	8.05
城市市政建设、灾害	**Urban Municipal Construction and Disaster**		
自来水全年供水总量（万立方米）	Total Annual Tap Water Supply(10000 cu.m)	146139	150924
城市排水管道长度（公里）	Urban Drainage Pipeline Length(km)	2962	3935
人工煤气供气量（万立方米）	Artificial Gas Supply(10000 cu.m)	28768	15508
生活清运垃圾（万吨）	Living Garbage Removal(10000 tons)	594	640
交通事故发生数（起）	Number of Traffic Accidents(unit)	5117	14091
交通事故损失（万元）	Loss of Traffic Accidents(10000 yuan)	1947	4548
农业受灾面积（万公顷）	Area of Agricultural Disaster(10000 hectares)	233	366

continued

2019	2020	速度指标（%）Indices and Growth Rates（%）				
		指数（2020年以下列各年为100）Index（2020 as percentage of the following years=100）			平均增长速度 Average Annual Growth Rate	
		1995	2000	2019	1996–2020	2001–2020
141.96	143.20	1104.9	1091.5	100.9	10.1	12.7
47.00	42.06	296.4	338.6	89.5	4.4	6.3
136.58	20.80	133.2	76.3	15.2	1.2	−1.3
4.03	4.14	276.0	236.6	102.7	4.1	4.4
5.14	6.38			124.1		
7.60	9.37			123.3		
8.95	8.83	57.8	58.7	98.7	−2.2	−2.6
70.01	72.70	721.2	414.7	103.8	8.2	7.4
53.63	54.73			102.1		
65.45	62.24			95.1		
118.57	118.75	44.1	49.2	100.2	−3.2	−3.5
2.73	2.73	235.3	337.0	100.0	3.5	6.3
0.20	0.39	75.0	70.9	195.0	−1.1	−1.7
6.44	5.74	119.8	103.8	89.1	0.7	0.2
15579	2395			15.4		
474	462			97.5		
2.60	2.56	79.8	82.1	98.5	−0.9	−1.0
2.97	2.87	71.4	73.6	96.6	−1.3	−1.5
30.90	31.46	352.7	279.9	101.8	5.2	5.3
29.70	30.27	188.4	170.8	101.9	2.6	2.7
32299.18	33395.70	1051.9	694.3	103.4	9.9	10.2
14936.05	16067.03	998.2	794.4	107.6	9.6	10.9
14442.35	16996.05	2340.2	1121.2	117.7	13.4	12.8
2052.00	2005.41	907.4	756.8	97.7	9.2	10.6
73813	77995	1760.6	984.3	105.7	12.2	12.1
22178	25626	658.6	771.2	115.5	7.8	10.8
1558	1573	120.1	121.7	101.0	0.7	1.0
18.83	21.21	158.0	160.7	112.6	1.8	2.4
7.87	8.51	151.7	142.5	108.1	1.7	1.8
17.06	17.31	179.2	193.8	101.5	2.4	3.4
16.24	16.52	196.4	205.2	101.7	2.7	3.7
107279	105173	72.0	69.7	98.0	−1.3	−1.8
12378	13552	457.5	344.4	109.5	6.3	6.4
3310	3158	11.0	20.4	95.4	−8.5	−7.6
483	464	78.1	72.5	96.1	−1.0	−1.6
6663	11780	230.2	83.6	176.8	3.4	−0.9
3249	4471	229.6	98.3	137.6	3.4	−0.1
54	120	51.5	32.8	222.6	−2.6	−5.4

1－10 吉林的一天

A Day of Jilin

指　　标	Item	2005	2010	2015	2018	2019	2020
每天创造的财富	**Daily Production**						
全省生产总值（亿元）	Gross Domestic Product（100 million yuan）	7.61	17.56	27.45	30.83	32.13	33.64
第一产业	Primary Industry	1.69	2.54	3.48	3.18	3.53	4.24
第二产业	Secondary Industry	2.75	6.81	10.51	11.10	11.33	11.82
#工业	# Industry	2.25	5.56	8.47	9.01	9.17	9.57
建筑业	Construction	0.50	1.25	2.10	2.15	2.22	2.30
第三产业	Tertiary Industry	3.17	8.21	13.45	16.55	17.27	17.57
地方财政收入	Government Revenue	0.57	1.65	3.37	3.40	3.06	2.96
财政支出（亿元）	Government Expenditure （100 million yuan）	1.73	4.90	8.81	10.38	10.78	11.28
粮豆薯（万吨）	Grain （10000 tons）						
水稻	# Rice	1.31	1.57	1.77	1.77	1.80	1.82
玉米	Corn	4.97	5.47	8.60	7.67	8.34	8.12
大豆	Soybean	0.42	0.30	0.14	0.15	0.19	0.18
高粱	Durra	0.18	0.18	0.23	0.21	0.13	0.11
薯类	Tuber	0.21	0.19	0.12	0.10	0.09	0.09
#马铃薯	Potato			0.11	0.10	0.08	0.08
油料（万吨）	Oil-bearing Crops （10000 tons）	0.15	0.21	0.25	0.24	0.22	0.22
园参（吨）	Garden Ginseng （ton）	87.95	77.26	73.97	98.90	84.38	88.52
肉类（万吨）	Meat （10000 tons）	0.85	0.65	0.70	0.69	0.67	0.65
牛奶（万吨）	Milk （10000 tons）	0.08	0.12	0.10	0.11	0.11	0.11
水产品（万吨）	Aquatic Products （10000 tons）	0.03	0.05	0.05	0.06	0.06	0.07
原煤（万吨）	Coal （10000 tons）	6.81	14.22	7.18	4.16	3.33	2.74
原油（万吨）	Crude Oil （10000 tons）	1.43	1.92	1.82	1.06	1.06	1.08
水泥（万吨）	Cement （10000 tons）	4.38	10.89	11.07	4.12	5.64	5.44
钢（万吨）	Steel （10000 tons）	1.26	2.27	2.92	3.30	4.10	4.17
成品钢材（万吨）	Steel Products （10000 tons）	1.31	2.40	3.16	3.56	4.23	4.54

1－10 续表 continued

指　　标	Item	2005	2010	2015	2018	2019	2020
汽车（辆）	Motor Vehicles (set)	1431	4587	6161	7712	7977	7253
天然气（万立方米）	Natural Gas (10000 cu.m)	147.95	374.64	531.51	504.89	282.90	541.37
发电量（亿千瓦时）	Electricity (100 million kWh)	1.13	1.63	1.95	2.25	2.39	2.58
每天消费量	**Daily Consumption**						
社会消费品零售总额（亿元）	Total Retail Sales of Consumer Goods (100 million yuan)	2.85	5.92	9.79	11.16	11.54	10.45
每天其他经济活动	**Other Daily Economic Activities**						
客运量（万人）	Passenger Traffic (10000 persons)	75.96	177.49	101.08	89.68	88.85	43.27
货运量（万吨）	Freight Traffic (10000 persons)	102.82	123.22	131.23	157.95	133.69	138.02
邮电业务总量（亿元）	Postal and Telecommunication Services(100 million yuan)	0.78	1.79	1.07	3.15	5.11	6.13
进出口额（万美元）	Total Value of Imports and Exports (USD 10000)	1788	4615	5188	5664	5177	5062
出口	Total Exports	676	1226	1275	1355	1288	1149
进口	Total Imports	1113	3389	3914	4310	3889	3912
国内旅游收入（亿元）	Income from Domestic Tourism (100 million yuan)	0.60	1.95	6.08	11.41	13.36	6.91
国际旅游外汇收入（万美元）	Foreign Exchange Earnings (USD 10000)	33	84	198	188	168	26
人口和社会活动	**Population and Social Activities**						
出生人口（人）	Birth Population (person)	586	595	443	436	432	319
死亡人口（人）	Death Population (person)	395	442	417	468	510	517
结婚（对）	Marriages (couple)	461	611	658	499	495	374
离婚（对）	Divorces (couple)	142	211	329	312	331	257
公共图书馆流通人次（万人次）	Circulation of Public Libraries (10000 person-times)	1.38	1.38	0.97	1.14	0.98	0.40
印刷图书（万册）	Printed Copies of Books (10000 copies)	35.01	61.97	67.92	65.02	74.89	74.47
印刷杂志（万册）	Printed Copies of Magazines (10000 copies)	18.88	30.41	23.10	15.58	13.75	10.60
印刷报纸（万份）	Printed Copies of Newspapers (10000 copies)	266.45	271.43	222.34	191.24	176.50	156.83
生活清运垃圾（万吨）	Living Garbage Removal (10000 tons)	1.59	1.37	1.34	1.29	1.32	1.27

1－11 国民经济主要比例关系
Proportions of National Economic Indicators

指　　标	Item	2019		2020	
		绝对数 Value	构成(%) Composition (%)	绝对数 Value	构成(%) Composition (%)
全部从业人员（万人）	Employment（10000 persons）	1286.00	100.0	1261.00	100.0
第一产业	Primary Industry	489.61	38.1	471.99	37.4
第二产业	Secondary Industry	194.18	15.1	184.00	14.6
第三产业	Tertiary Industry	602.21	46.8	605.01	48.0
地区生产总值（亿元）	Gross Domestic Products（100 million yuan）	11726.82	100.0	12311.32	100.0
第一产业	Primary Industry	1287.32	11.0	1553.00	12.6
第二产业	Secondary Industry	4134.82	35.3	4326.22	35.1
第三产业	Tertiary Industry	6304.68	53.8	6432.10	52.2
全社会固定资产投资（亿元）	Investment in Fixed Assets（100 million yuan）		100.0		100.0
建筑安装工程	Construction and Installation		73.5		71.0
设备、工器具购置	Purchase Equipment and Tools		10.6		9.4
其他费用	Others		15.9		19.6
农林牧渔业总产值（亿元）	Gross Output Value of Agriculture, Forestry,Animal Husbandry and Fishery（100 million yuan）	2442.73	100.0	2976.00	100.0
#农业	Farming	1014.12	41.5	1231.84	41.4
林业	Forestry	68.09	2.8	71.92	2.4
牧业	Animal Husbandry	1239.58	50.7	1547.38	52.0
渔业	Fishery	40.12	1.6	41.43	1.4
货运量（万吨）	Freight Transportation（10000 tons）	48797	100.0	50517	100.0
#铁路	Railways	5681	11.6	6574	13.0
公路	Highways	37217	76.3	38274	75.8
水运	Waterways	14		0	
客运量（万人）	Passenger Traffic（10000 persons）	32429	100.0	15837	100.0
#铁路	Railways	8623	26.6	3832	24.2
公路	Highways	22881	70.6	11438	72.2
民航	Civil Aviation	830	2.6	529	3.3
水运	Waterways	94	0.3	38	0.2
社会消费品零售总额（亿元）	Total Retail Sales of Consumer Goods（100 million yuan）	4212.93	100.0	3823.95	100.0
城镇	Urban	3772.79	89.6	3425.79	89.6
乡村	Rural	440.14	10.4	398.16	10.4
地方财政收入占地区生产总值的比重（%）	Proportion of Local Government Revenue to GDP（%）		9.5		9.3

第二篇

CHAPTER ▶ 02

国民经济核算

National Economic Accounting

资料整理人员：

王苡彤

2－1 历年地区生产总值

Gross Domestic Products

(按当年价格计算 Calculated at the current prices)

单位: 亿元 unit: 100 million yuan

年份 Year	地区生产总值 Gross Domestic Product	第一产业 Primary Industry	第二产业 Secondary Industry	工业 Industry	建筑业 Construction	第三产业 Tertiary Industry	人均生产总值（元） Per Capita GDP (yuan)
1978	81.98	23.98	42.96	40.34	2.62	15.04	381
1979	91.12	25.34	49.22	44.56	4.66	16.56	417
1980	98.59	27.24	52.24	47.42	4.82	19.11	445
1981	111.16	34.31	56.53	51.29	5.24	20.32	496
1982	121.67	38.40	60.36	54.21	6.15	22.91	538
1983	150.14	56.74	65.38	58.75	6.63	28.02	658
1984	174.39	60.04	80.46	72.10	8.36	33.89	760
1985	200.44	55.74	97.21	85.29	11.92	47.49	868
1986	227.15	64.35	104.30	91.28	13.02	58.50	977
1987	297.49	80.57	139.36	123.49	15.87	77.56	1269
1988	368.67	92.59	173.57	155.12	18.45	102.51	1559
1989	391.65	80.53	181.02	164.09	16.93	130.10	1636
1990	425.28	124.99	182.15	163.82	18.33	118.14	1746
1991	463.47	120.47	203.02	181.71	21.31	139.98	1878
1992	558.06	130.82	257.01	227.17	29.84	170.23	2246
1993	718.58	154.91	351.03	308.10	42.93	212.64	2826
1994	937.73	257.86	396.91	354.70	42.21	282.96	3657
1995	1137.23	301.85	475.22	413.85	61.37	360.16	4402
1996	1346.79	373.58	537.05	471.34	65.71	436.16	5178
1997	1464.34	365.34	566.97	495.10	71.87	532.03	5591
1998	1577.05	426.66	585.65	504.12	81.53	564.74	5983
1999	1672.96	420.44	654.52	552.34	102.18	598.00	6311
2000	1751.35	395.32	675.73	565.52	110.21	680.30	6646
2001	1900.85	405.34	747.51	624.73	122.78	748.00	7076
2002	2043.09	441.60	793.49	653.53	139.96	808.00	7581
2003	2141.03	486.71	805.72	660.12	145.60	848.60	7925
2004	2455.21	562.32	903.41	735.13	168.28	989.48	9073
2005	2776.53	618.67	1002.41	819.82	182.59	1155.45	10237
2006	3226.47	640.20	1097.19	904.40	192.79	1489.08	11864
2007	4080.34	755.22	1477.66	1255.08	222.58	1847.46	14966
2008	4834.68	863.56	1787.97	1474.79	313.18	2183.15	17696
2009	5434.84	888.62	2055.14	1705.03	350.11	2491.08	19858
2010	6410.48	928.43	2485.78	2029.61	456.17	2996.27	23370
2011	7734.64	1105.87	2931.42	2375.99	555.43	3697.35	28270
2012	8678.02	1195.63	3315.15	2649.66	665.49	4167.24	32005
2013	9427.89	1250.24	3572.13	2852.74	737.79	4605.52	35139
2014	9966.54	1270.21	3804.85	3065.01	759.60	4891.48	37539
2015	10018.00	1270.64	3837.76	3090.70	767.00	4909.60	38128
2016	10427.00	1130.05	3901.42	3148.21	773.51	5395.53	40259
2017	10922.00	1095.36	3995.45	3235.24	781.08	5831.19	42890
2018	11253.81	1160.71	4051.52	3287.16	785.56	6041.58	44925
2019	11726.82	1287.32	4134.82	3347.81	808.63	6304.68	47554
2020	12311.32	1553.00	4326.22	3501.19	843.59	6432.10	50800

注：1.2020年数据为初步核算数。
2.2011年以后人均生产总值数据按第七次人口普查数据修订。

Note: 1. Data of 2020 are preliminary accounting figures.
2.Data of Per Capita GDP since 2011 have been revised in accordance with the results of the Seventh National Population Census.

2-2 历年地区生产总值指数

Indices of Gross Domestic Product

(按可比价格计算，以1952年为100 Calculated at price,1952 = 100)

年份 Year	地区生产总值 Gross Domestic Product	第一产业 Primary Industry	第二产业 Secondary Industry	工业 Industry	建筑业 Construction	第三产业 Tertiary Industry	人均生产总值 Per Capita GDP
1978	426.4	144.1	1090.3	1117.7	730.5	440.8	212.5
1979	450.3	132.6	1205.9	1190.4	1296.6	486.2	221.0
1980	479.6	131.0	1303.6	1291.6	1344.6	539.7	232.3
1981	507.4	150.1	1327.1	1318.7	1339.2	562.4	243.2
1982	546.5	167.8	1386.8	1364.9	1534.7	619.2	259.3
1983	665.1	247.2	1482.5	1459.1	1651.3	733.8	313.0
1984	748.2	257.8	1743.4	1707.1	2032.8	856.3	349.9
1985	799.1	225.8	1966.6	1888.1	2677.2	1086.6	371.6
1986	857.4	235.5	2041.3	1971.2	2677.2	1284.4	395.8
1987	1018.6	271.5	2425.1	2361.5	2987.8	1576.0	467.0
1988	1180.6	280.5	2936.8	2933.0	2877.3	1881.7	536.6
1989	1151.1	232.0	2819.3	2871.4	2186.7	2133.8	516.7
1990	1190.2	317.1	2757.3	2799.6	2254.5	1931.1	525.0
1991	1260.4	317.1	2909.0	2900.4	2755.0	2178.3	549.2
1992	1414.2	322.8	3441.3	3387.7	3570.5	2465.8	611.8
1993	1593.8	347.7	4036.6	3963.6	4273.9	2709.9	683.4
1994	1748.4	382.5	4262.6	4252.9	4038.8	3143.5	743.5
1995	1918.0	401.6	4757.1	4750.5	4466.9	3476.7	809.7
1996	2176.9	467.9	5380.3	5429.8	4632.2	3890.4	912.5
1997	2372.8	466.0	5853.8	6010.8	4307.9	4532.3	988.2
1998	2588.7	528.0	6304.5	6431.6	4941.2	4908.5	1071.2
1999	2801.0	535.4	6985.4	7055.5	5969.0	5365.0	1159.0
2000	3058.7	519.3	7921.4	7958.6	7091.2	5960.5	1256.4
2001	3315.6	543.2	8681.9	8754.5	7665.6	6526.7	1336.8
2002	3547.7	577.4	9289.6	9288.5	8554.8	7009.7	1426.4
2003	3874.1	611.5	10422.9	10282.4	9855.1	7570.5	1553.3
2004	4222.8	660.4	11465.2	11413.5	10771.6	8221.6	1690.0
2005	4586.0	725.8	12313.6	12223.9	11708.7	8978.0	1832.0
2006	5081.3	756.3	13520.3	13568.5	12188.8	10342.7	2024.4
2007	5670.7	765.4	14818.2	14803.2	13395.5	12225.1	2253.2
2008	6351.2	838.1	16729.7	16624.0	15820.1	13716.6	2516.8
2009	7005.4	861.6	19038.4	18818.4	18398.8	15170.6	2771.0
2010	7734.0	893.5	21913.2	21810.5	20551.5	16551.1	3050.9
2011	8546.1	939.1	25003.0	25125.7	22401.1	18090.4	3380.4
2012	9306.7	988.9	27553.3	27713.6	24618.8	19700.4	3715.1
2013	10097.8	1028.5	29289.2	29792.1	25578.9	22025.0	4075.5
2014	10734.0	1075.8	31075.8	31609.4	27164.8	23566.8	4381.2
2015	11388.8	1126.4	32536.4	32905.4	29229.3	25381.4	4696.6
2016	12129.1	1170.3	34325.9	34748.1	30573.8	27411.9	5077.0
2017	12759.8	1208.9	35561.6	36624.5	29503.7	29303.3	5432.4
2018	13321.2	1233.1	36912.9	38455.7	29061.1	30885.7	5763.8
2019	13720.8	1263.9	37872.6	39647.8	29206.4	31904.9	6028.9
2020	14050.1	1280.3	40031.3	41987.0	30520.7	31936.8	6276.1

2-3 历年地区生产总值指数(上年=100)

Indices of Gross Domestic Product(preceding year=100)

年份 Year	地区生产总值 Gross Domestic Product	第一产业 Primary Industry	第二产业 Secondary Industry	工业 Industry	建筑业 Construction	第三产业 Tertiary Industry	人均生产总值 Per Capita GDP
1978	112.8	119.7	111.6	110.9	123.4	107.2	111.5
1979	105.6	92.0	110.6	106.5	177.5	110.3	104.0
1980	106.5	98.8	108.1	108.5	103.7	111.0	105.1
1981	105.8	114.6	101.8	102.1	99.6	104.2	104.7
1982	107.7	111.8	104.5	103.5	114.6	110.1	106.6
1983	121.7	147.3	106.9	106.9	107.6	118.5	120.7
1984	112.5	104.3	117.6	117.0	123.1	116.7	111.8
1985	106.8	87.6	112.8	110.6	131.7	126.9	106.2
1986	107.3	104.3	103.8	104.4	100.0	118.2	106.5
1987	118.8	115.3	118.8	119.8	111.6	122.7	118.0
1988	115.9	103.3	121.1	124.2	96.3	119.4	114.9
1989	97.5	82.7	96.0	97.9	76.0	113.4	96.3
1990	103.4	136.7	97.8	97.5	103.1	90.5	101.6
1991	105.9	100.0	105.5	103.6	122.2	112.8	104.6
1992	112.2	101.8	118.3	116.8	129.6	113.2	111.4
1993	112.7	107.7	117.3	117.0	119.7	109.9	111.7
1994	109.7	110.0	105.6	107.3	94.5	116.0	108.8
1995	109.7	105.0	111.6	111.7	110.6	110.6	108.9
1996	113.5	116.5	113.1	114.3	103.7	111.9	112.7
1997	109.0	99.6	108.8	110.7	93.0	116.5	108.3
1998	109.1	113.3	107.7	107.0	114.7	108.3	108.4
1999	108.2	101.4	110.8	109.7	120.8	109.3	108.2
2000	109.2	97.0	113.4	112.8	118.8	111.1	108.4
2001	108.4	104.6	109.6	110.0	108.1	109.5	106.4
2002	107.0	106.3	107.0	106.1	111.6	107.4	106.7
2003	109.2	105.9	112.2	110.7	115.2	108.0	108.9
2004	109.0	108.0	110.0	111.0	109.3	108.6	108.8
2005	108.6	109.9	107.4	107.1	108.7	109.2	108.4
2006	110.8	104.2	109.8	111.0	104.1	115.2	110.5
2007	111.6	101.2	109.6	109.1	109.9	118.2	111.3
2008	112.0	109.5	112.9	112.3	118.1	112.2	111.7
2009	110.3	102.8	113.8	113.2	116.3	110.6	110.1
2010	110.4	103.7	115.1	115.9	111.7	109.1	110.1
2011	110.5	105.1	114.1	115.2	109.0	109.3	110.8
2012	108.9	105.3	110.2	110.3	109.9	108.9	109.9
2013	108.5	104.0	106.3	107.5	103.9	111.8	109.7
2014	106.3	104.6	106.1	106.1	106.2	107.0	107.5
2015	106.1	104.7	104.7	104.1	107.6	107.7	107.2
2016	106.5	103.9	105.5	105.6	104.6	108.0	108.1
2017	105.2	103.3	103.6	105.4	96.5	106.9	107.0
2018	104.4	102.0	103.8	105.0	98.5	105.4	106.1
2019	103.0	102.5	102.6	103.1	100.5	103.3	104.6
2020	102.4	101.3	105.7	105.9	104.5	100.1	104.1

2－4 地区生产总值
Gross Domestic Product

单位: 亿元　　　　unit: 100 million yuan

指　　标	Item	2019	2020	2020年为2019年的%(按可比价计算) 2020as precentage of 2019 (calculated at constant price)
地区生产总值（当年价格）	**Gross Domestic Products(Current Price)**	**11726.82**	**12311.32**	**102.4**
农、林、牧、渔业	Agriculture、Forestry、Animal Husbandry and Fishery	1333.42	1600.55	101.3
工业	Industry	3347.81	3501.19	105.9
建筑业	Construction	808.63	843.59	104.5
批发和零售业	Wholesale and Retail Trade	759.11	733.49	95.7
交通运输、仓储和邮政业	Transport,Storage and Post	574.40	582.11	100.4
住宿和餐饮业	Hotels and Catering Services	192.61	159.98	81.3
金融业	Financial Intermediation	837.89	901.24	105.5
房地产业	Real Estate	778.83	809.37	98.4
其他服务业	Others	3094.12	3179.79	101.5
第一产业	**Primary Industry**	**1287.32**	**1553.00**	**101.3**
第二产业	**Secondary Industry**	**4134.82**	**4326.22**	**105.7**
第三产业	**Tertiary Industry**	**6304.68**	**6432.10**	**100.1**
人均生产总值(元)	**Per Capita GDP(yuan)**	**47554**	**50800**	**104.1**

2-5 三次产业贡献率

Share of the Contributions of the Three Strata of Industries to the Increase of the GDP

单位: %　　　　unit: (%)

年　份 Year	地区生产总值 Cross Domestic Product	第一产业 Primary Industry	第二产业 Secondary Industry	#工业 Industry	第三产业 Tertiary Industry
2001	100.0	12.3	44.1	38.1	43.6
2002	100.0	19.5	38.8	28.5	41.7
2003	100.0	13.9	51.7	37.7	34.4
2004	100.0	18.6	44.3	40.2	37.1
2005	100.0	23.9	34.6	27.6	41.5
2006	100.0	8.7	32.7	30.1	58.6
2007	100.0	2.2	29.7	23.3	68.1
2008	100.0	15.1	38.0	29.8	46.9
2009	100.0	5.1	47.4	37.2	47.5
2010	100.0	6.2	53.3	45.7	40.5
2011	100.0	7.0	51.8	45.7	41.2
2012	100.0	8.2	45.8	38.0	46.0
2013	100.0	6.2	29.9	29.4	63.9
2014	100.0	9.3	38.3	31.9	52.4
2015	100.0	9.6	30.3	22.1	60.1
2016	100.0	7.6	32.3	26.7	60.1
2017	100.0	7.9	26.2	31.8	65.9
2018	100.0	5.4	32.3	34.9	62.3
2019	100.0	10.1	33.3	32.4	56.6
2020	100.0	6.4	90.4	77.4	3.2

注：本表按可比价格计算。产业贡献率是各产业增加值增量与地区生产总值增量之比。
Note: Data in this table are calculated at constant prices.share of the three industries refers to the proportion of the increment of every industrial value added to the increment of GDP.

2-6 三次产业对地区生产总值增长的拉动

Pull Rate of the Three Strata of Industry to GDP Growth

单位: 百分点 unit:（Percentage Points）

年 份 Year	地区生产总值 Cross Domestic Product	第一产业 Primary Industry	第二产业 Secondary Industry	#工业 Industry	第三产业 Tertiary Industry
2001	8.4	1.0	3.7	3.2	3.7
2002	7.0	1.4	2.7	2.0	2.9
2003	9.2	1.3	4.8	3.5	3.1
2004	9.0	1.7	4.0	3.6	3.3
2005	8.6	2.1	3.0	2.4	3.5
2006	10.8	0.9	3.5	3.3	6.4
2007	11.6	0.3	3.4	2.7	7.9
2008	12.0	1.8	4.6	3.6	5.6
2009	10.3	0.5	4.9	3.8	4.9
2010	10.4	0.6	5.5	4.8	4.3
2011	10.5	0.7	5.4	4.8	4.4
2012	8.9	0.7	4.1	3.4	4.1
2013	8.5	0.5	2.5	2.5	5.5
2014	6.3	0.6	2.4	2.0	3.3
2015	6.1	0.6	1.8	1.3	3.7
2016	6.5	0.5	2.1	1.7	3.9
2017	5.2	0.4	1.4	1.7	3.4
2018	4.4	0.2	1.4	1.5	2.8
2019	3.0	0.3	1.0	1.0	1.7
2020	2.4	0.2	2.1	1.8	0.1

注：本表按可比价格计算。产业拉动率指地区生产总值增长速度与各产业贡献率之乘积。
Note：Data in this table are calculated at constant prices.Contribution of the three Strata of industries to GDP growth refers to the growth rate of GDP multiplying the contribution shares.

2－7　第三产业增加值构成
The Composition of the Added Value of the Tertiary Industry

单位: %　　　　unit: (%)

年　份 Year	第三产业 Tertiary Industry	交通运输仓储和邮政业 Transport, Storage and Post	批发和零售业 Wholesale and Retail Trades	住宿和餐饮业 Hotels and Catering Services	金融业 Financial Intermediation	房地产业 Real Estate	其他 Other
2004	100.0	19.4	20.5	3.5	8.6	9.3	38.7
2005	100.0	18.0	19.6	3.7	7.9	8.7	42.1
2006	100.0	15.9	16.9	4.9	9.8	9.2	43.3
2007	100.0	14.9	16.2	4.5	9.6	8.3	46.5
2008	100.0	14.5	16.1	4.0	8.7	8.4	48.3
2009	100.0	13.7	15.6	4.3	9.4	8.0	49.0
2010	100.0	12.5	15.2	4.0	8.2	7.1	53.0
2011	100.0	12.0	15.2	3.7	10.3	9.3	49.5
2012	100.0	11.6	14.5	3.8	12.1	10.7	47.3
2013	100.0	11.0	13.8	3.5	14.0	11.5	46.2
2014	100.0	10.5	13.6	3.3	13.9	12.6	46.1
2015	100.0	10.5	13.6	3.4	13.9	12.6	46.0
2016	100.0	10.0	13.1	3.3	13.6	12.5	47.5
2017	100.0	9.7	12.3	3.1	13.3	12.2	49.4
2018	100.0	9.6	12.1	3.1	12.9	12.1	50.2
2019	100.0	9.1	12.0	3.1	13.3	12.4	50.1
2020	100.0	9.1	11.4	2.5	14.0	12.6	50.4

2-8 第三产业增加值
The Added Value of the Tertiary Industry

单位: 亿元 unit:100 million yuan

年 份 Year	第三产业 Tertiary Industry	交通运输仓储和邮政业 Transport, Storage and Post	批发和零售业 Wholesale and Retail Trades	住宿和餐饮业 Hotels and Catering Services	金融业 Financial Intermediation	房地产业 Real Estate	其他 Other
2004	989.48	192.26	202.35	34.55	85.50	92.45	382.37
2005	1155.45	208.10	226.38	42.98	90.88	100.30	486.81
2006	1489.08	236.82	252.30	72.33	145.38	137.01	645.24
2007	1847.46	275.76	298.39	83.82	177.04	153.03	859.42
2008	2183.15	317.06	351.92	87.90	190.47	182.70	1053.10
2009	2491.08	341.76	389.49	108.21	233.89	200.14	1217.59
2010	2996.27	373.93	455.77	120.11	245.89	212.32	1588.25
2011	3697.35	442.35	560.78	136.17	382.55	342.23	1833.27
2012	4167.24	481.52	604.30	159.21	503.59	447.08	1971.54
2013	4605.52	506.30	636.97	160.33	643.09	528.45	2130.38
2014	4891.48	513.92	665.41	163.57	680.42	615.19	2252.97
2015	4909.60	516.36	666.72	168.73	683.11	618.57	2256.11
2016	5395.53	537.61	704.88	178.12	732.23	673.37	2569.32
2017	5831.19	563.68	717.77	181.06	774.59	711.80	2882.29
2018	6041.58	579.86	732.87	188.10	780.75	731.05	3028.95
2019	6304.68	574.40	759.11	192.61	837.89	778.83	3161.84
2020	6432.10	582.11	733.49	159.98	901.24	809.37	3245.91

第三篇

CHAPTER ▶ 03

人　口

Population

资料整理人员：

沈永生　　刘重阳

3－1　历年全省人口数及构成

Over the Years Population and Its Composition

单位：万人　　　　unit: 10000 persons

年　份 Year	年底总人口 Population	按性别分 By Sex		按城乡分 Grouped by Urban and Rural		占总人口的比重（%） Proportion(%)	
		男 Male	女 Female	城镇人口 Urban Population	乡村人口 Rural Population	男性人口 Male Population	城镇人口 Urban Population
1978	2149.3	1102.3	1047.0	659.5	1489.8	51.3	30.7
1979	2184.6	1119.0	1065.6	701.2	1483.4	51.2	32.1
1980	2210.7	1132.1	1078.6	723.3	1487.4	51.2	32.7
1981	2230.9	1141.4	1089.5	745.7	1485.2	51.2	33.4
1982	2257.6	1155.1	1102.5	763.7	1493.9	51.2	33.8
1983	2269.5	1162.3	1107.2	782.1	1487.4	51.2	34.5
1984	2284.5	1170.7	1113.8	802.6	1481.9	51.2	35.1
1985	2298.0	1177.4	1120.6	837.0	1461.0	51.2	36.4
1986	2315.3	1186.4	1128.9	857.0	1458.3	51.2	37.0
1987	2336.4	1196.9	1139.5	883.5	1452.9	51.2	37.8
1988	2357.4	1208.3	1149.1	908.7	1448.7	51.3	38.5
1989	2395.4	1228.2	1167.2	930.8	1464.6	51.3	38.9
1990	2440.2	1248.1	1192.1	951.9	1488.3	51.1	39.0
1991	2459.7	1258.5	1201.2	966.2	1493.5	51.2	39.3
1992	2474.0	1265.3	1208.7	985.4	1488.6	51.1	39.8
1993	2496.1	1276.0	1220.1	1021.2	1474.9	51.1	40.9
1994	2515.6	1285.9	1229.7	1050.4	1465.2	51.1	41.8
1995	2550.9	1302.8	1248.1	1077.8	1473.1	51.1	42.3
1996	2579.1	1315.5	1263.6	1094.5	1484.6	51.0	42.4
1997	2600.1	1324.6	1275.5	1115.9	1484.2	50.9	42.9
1998	2603.2	1325.6	1277.6	1122.9	1480.3	50.9	43.1
1999	2616.1	1331.6	1284.5	1131.9	1484.2	50.9	43.3
2000	2627.3	1336.5	1290.8	1143.0	1484.3	50.9	43.5
2001	2637.1	1340.8	1296.3	1154.7	1482.4	50.8	43.8
2002	2649.4	1346.9	1302.5	1177.8	1471.6	50.8	44.5
2003	2658.6	1350.5	1308.1	1195.4	1463.2	50.8	45.0
2004	2661.9	1352.0	1309.9	1202.4	1459.5	50.8	45.2
2005	2669.4	1355.0	1314.4	1206.3	1463.1	50.8	45.2
2006	2679.5	1359.1	1320.4	1208.8	1470.7	50.7	45.1
2007	2696.1	1366.0	1330.1	1215.9	1480.2	50.7	45.1
2008	2710.5	1372.8	1337.7	1224.8	1485.7	50.6	45.2
2009	2719.5	1376.1	1343.4	1226.8	1492.7	50.6	45.1
2010	2723.8	1377.7	1346.1	1242.1	1481.7	50.6	45.6
2011	2726.5	1377.9	1348.6	1309.1	1417.4	50.5	48.0
2012	2701.5	1363.4	1338.1	1266.7	1434.8	50.5	46.9
2013	2678.5	1352.2	1326.3	1258.4	1420.1	50.5	47.0
2014	2671.3	1346.5	1324.8	1247.8	1423.5	50.4	46.7
2015	2662.1	1341.2	1320.9	1289.0	1373.1	50.4	48.4
2016	2645.5	1332.7	1312.8	1303.7	1341.8	50.4	49.3
2017	2615.8	1315.3	1300.5	1297.3	1318.5	50.3	49.6
2018	2608.9	1311.1	1297.9	1284.2	1324.7	50.3	49.2
2019	2601.7	1306.8	1294.9	1279.8	1321.9	50.2	49.2
2020	2577.1	1292.4	1284.7	1266.5	1310.6	50.1	49.1

注：本表是公安部门年报数字。
Note: Data in this table are annual numbers from police departments.

3－2 全省人口情况

Basic Statistics on Population of Jilin

指　　标	Item	2010	2011	2012	2013	2014	2015	2016	2017	2018	2019	2020
总户数（万户）	Total Households(10000 households)	934.22	936.53	939.91	959.74	960.69	879.64	907.05	960.49	927.00	948.65	1025.40
户均人口（人/户）	Average Population(person/household)	2.94	2.91	2.87	2.78	2.75	2.97	2.83	2.63	2.68	2.58	2.34
总人口（万人）	Total Population(10000 Persons)	2746.60	2725.29	2697.55	2668.07	2641.89	2612.53	2566.96	2526.09	2484.35	2447.52	2399.44
男	Male	1391.39	1380.66	1376.45	1363.71	1335.25	1319.33	1295.87	1279.99	1256.96	1230.70	1197.86
女	Female	1355.21	1344.63	1321.10	1304.36	1306.64	1293.20	1271.09	1246.10	1227.39	1216.82	1201.58
性别比（女=100）	Sex Ratio(female=100)	102.67	102.68	104.19	104.55	102.19	102.02	101.95	102.72	102.41	101.14	99.69
城镇人口（万人）	Urban Population(10000 Persons)	1465.31	1455.30	1471.24	1487.18	1500.86	1505.86	1508.09	1508.33	1511.73	1508.41	1503.01
占总人口比重（%）	Percentage of the Total Population	53.35	53.40	54.54	55.74	56.81	57.64	58.75	59.71	60.85	61.63	62.64
乡村人口（万人）	Rural Population(10000 Persons)	1281.29	1269.99	1226.31	1180.89	1141.03	1106.67	1058.87	1017.76	972.62	939.11	896.43
占总人口比重（%）	Percentage of the Total Population	46.65	46.60	45.46	44.26	43.19	42.36	41.25	40.29	39.15	38.37	37.36
出生人口（万人）	Birth Population(10000 Persons)	21.73	19.83	22.14	20.76	21.32	16.29	19.29	18.15	15.91	15.76	11.66
人口出生率（‰）	Birth Rate（‰）	7.91	7.25	8.17	7.74	8.03	6.20	7.45	7.13	6.35	6.39	4.84
死亡人口（万人）	Death Population(10000 Persons)	16.15	15.15	14.77	13.87	17.12	15.23	15.42	17.76	17.01	18.62	18.93
人口死亡率（‰）	Death Rate（‰）	5.88	5.54	5.45	5.17	6.45	5.80	5.95	6.97	6.79	7.55	7.81
自然增长人口（万人）	Natural Growth Population(10000 Persons)	5.58	4.68	7.37	6.89	4.20	1.06	3.87	0.39	−1.10	−2.86	−7.27
人口自然增长率（‰）	Natural Growth Rate（‰）	2.03	1.71	2.72	2.57	1.58	0.40	1.49	0.15	−0.44	−1.16	−2.97

注：1.根据国际惯例，国家统计局根据2020年第七次全国人口普查和2010年第六次全国人口普查结果，对2011年至2019年各省常住人口主要数据进行了修订。

2.此表中2011年–2019年吉林省常住人口主要数据为修订后的结果，此前年鉴中相应数据均以此表为准。

Note: 1.Based on the results of the Seventh National Population Census in 2020 and the Sixth National Population Census in 2010, the National Bureau of Statistics has revised the main data on the permanent resident population of each province from 2011 to 2019 in accordance with international practice.

2.The main data of permanent resident population in Jilin Province from 2011 to 2019 in this table have been revised, and the corresponding data in the previous yearbook are subject to this table.

第四篇

CHAPTER ▶ 04

从业人员和职工工资

Employment and Wage

资料整理人员：

任秀玲　　刘重阳

4-1 全省就业人数

Number of Employed Persons

单位: 万人 unit:10000 persons

年份 Year	全部就业人数 Total	城镇就业人数 Urban	乡村就业人数 Rural	按三次产业分 By Three Industries		
				第一产业 Primary Industry	第二产业 Secondary Industry	第三产业 Tertiary Industry
2010	1563.98	689.00	874.98	676.59	313.60	573.79
2011	1524.99	692.58	832.41	651.88	296.96	576.15
2012	1489.99	697.09	792.90	628.98	281.63	579.38
2013	1457.00	701.65	755.35	607.09	267.14	582.77
2014	1427.01	706.83	720.18	586.53	253.68	586.80
2015	1399.00	712.23	686.77	566.90	241.00	591.10
2016	1367.99	715.27	652.72	546.24	228.22	593.53
2017	1339.00	718.46	620.54	526.54	216.20	596.26
2018	1314.01	723.02	590.99	508.58	205.24	600.19
2019	1286.00	725.08	560.92	489.61	194.18	602.21
2020	1261.00	728.01	532.99	471.99	184.00	605.01

注：1.根据国际惯例，国家统计局根据2020年第七次全国人口普查和2010年第六次全国人口普查结果，对2011年至2019年各省就业人口主要数据进行了修订。

2.此表中2011年-2019年吉林省就业人口主要数据为修订后的结果，此前年鉴中相应数据均以此表为准。

Note:1. Based on the results of the Seventh National Population Census in 2020 and the Sixth National Population Census in 2010, the National Bureau of Statistics has revised the main data on the employed persons of each province from 2011 to 2019 in accordance with international practice.

2.The main data of employed persons in Jilin Province from 2011 to 2019 in this table have been revised, and the corresponding data in the previous yearbook are subject to this table.

4-2 城镇非私营单位就业人员人数（2020年末）

Number of Employed Persons in Urban Non-Private Unit （end of 2020）

单位：人　　　　unit:person

指　　标	Item	单位就业人员 Number of Employed Persons	#女性 Female	在岗职工 Staff and Workers	其他就业人员 Other Type of Employed Persons
全　省	**Total**	**2577725**	**1059041**	**2380375**	**197350**
按经济类型分	Grouped by Ownership				
国有经济	State-owned Units	1171675	557354	1099442	72234
集体经济	Collective-owned Units	13498	5353	12651	846
其他经济	Others	1392552	496333	1268283	124269
内资	Domestic Investment	1235053	449486	1117076	117977
股份合作	Stock Cooperative	10516	5612	10208	308
联营	Joint Operation	6374	2490	6287	87
有限责任公司	Limited Liability Corporations	801158	254365	751999	49159
股份有限公司	Joint Stock Corporations	334190	140713	269229	64961
其他	Others	82816	46306	79354	3462
港澳台投资	Funds from Hong Kong,Macao and Taiwan	21955	8269	21874	81
外商投资	Foreign Investment	135544	38579	129333	6211
按企业、政府分	Grouped by Enterprises and Government				
#企业	Enterprises	1553625	541700	1416356	137270
政府	Government	984236	488962	927390	56846
按国民经济行业分	Grouped by Sector				
农、林、牧、渔业	Agriculture,Forestry,Animal Husbandry and Fishery	50682	10428	45011	5671
采矿业	Mining	73997	16123	69365	4632
制造业	Manufacturing	454459	129006	436837	17622
电力、热力、燃气及水的生产和供应业	Production and Supply of Power,Heat, Gas and Water	94853	20648	93641	1211
建筑业	Construction	133416	23120	119654	13762
批发和零售业	Wholesale and Retail Trades	93215	47614	90871	2344
交通运输、仓储和邮政业	Transport,Storage and Post	164966	36156	163239	1727
住宿和餐饮业	Hotels and Catering Services	19010	10600	18507	503
信息传输、软件和信息技术服务业	Information Transmission,Software Information Technology	44493	17350	43890	603
金融业	Financial Intermediation	211090	130998	133335	77755
房地产业	Real Estate	53830	22696	51458	2372
租赁和商务服务业	Leasing and Business Services	51205	16994	47981	3224
科学研究、技术服务业	Scientific Research and Technical Services	72531	25731	69485	3046
水利、环境和公共设施管理业	Management of Water Conservancy,Environment and Public Facilities	56924	20624	45059	11865
居民服务、修理和其他服务业	Service to Households,Repair and other Services	18388	10707	15431	2957
教育	Education	358857	231354	347855	11002
卫生和社会工作	Health and Social Work	212493	146768	201280	11213
文化、体育和娱乐业	Culture,Sports and Entertainment	29596	14219	28137	1459
公共管理、社会保障和社会组织	Public Management,Social Securities and Social Organizations	383720	127906	359339	24381
按产业分	Grouped by Industries				
第一产业	Primary Industry	50682	10428	45011	5671
第二产业	Secondary Industry	756724	188897	719497	37227
第三产业	Tertiary Industry	1770319	859715	1615868	154451

4-3 城镇非私营单位分细行业就业人员人数（2020年）

Number of Employed Person in Urban Non-Private in Detail （2020）

单位：人 unit:person

项　目	Item	合　计 Total	国　有 单　位 State-owned Units	城镇集体 单位 Urban Collective-owned Units	其他类型 单　位 Units of Other Types of Ownership
总　计	**Total**	**2577725**	**1171675**	**13498**	**1392552**
一、企业、政府分组	**Grouped by Enterprises and Government**				
企业	Enterprises	1553625	194338	11245	1348042
政府	Government	984236	970164	1648	12424
二、按国民经济行业分组	**Grouped by Sector**				
（一）农、林、牧、渔业	**Agriculture,Forestry,Animal Husbandry and Fishery**	**50682**	**34434**	**229**	**16019**
农　业	Farming	3061	1843	2	1216
林　业	Forestry	42343	27586	179	14578
畜牧业	Animal Husbandry	502	418		84
渔　业	Fishery	453	453		
农、林、牧、渔专业及辅助性活动	Agriculture,Forestry,Animal Husbandry and Fishery	4324	4134	48	141
（二）采　矿　业	**Mining**	**73997**	**1008**	**98**	**72891**
煤炭开采和洗选业	Mining and Washing of Coal	26661			26661
石油和天然气开采业	Extraction of Petroleum and Natural Gas	25857	961		24896
黑色金属矿采选业	Mining and Processing of Ferrous Metal Ores	2424			2424
有色金属矿采选业	Mining and Processing of Non-ferrous Metal Ores	5160	19		5141
非金属矿采选业	Mining and Processing of Non-metal Ores	690	28	98	564
开采专业及辅助性活动	Support Activities for Mining	13205			13205
其他采矿业	Mining of Others Ores				
（三）制　造　业	**Manufacturing**	**454459**	**24986**	**1382**	**428091**
农副食品加工业	Processing of Food from Agricultural Products	23300	115		23185
食品制造业	Manufacture of Foods	10703		7	10696
酒、饮料和精制茶制造业	Manufacture of Liquor,Beverages and Refined Tea	9539	15	7	9517
烟草制品业	Manufacture of Tobacco	3393			3393
纺织业	Manufacture of Textile	1874			1874
纺织服装、服饰业	Manufacture of Textile Wearing Apparel and Accessories	14518		32	14486
皮革、毛皮、羽毛及其制品和制鞋业	Manufacture of Leather,Fur,Feathers and Related Products and Footwear	681			681
木材加工和木、竹、藤、棕、草制品	Processing of Timber,Manufacture of Wood Bamboo Rattan,Palm and Straw Products	11613	179		11434
家具制造业	Manufacture of Furniture	776			776
造纸和纸制品业	Manufacture of Paper and Paper Products	2360			2360
印刷和记录媒介复制业	Printing and Reproduction of Recording Media	2860	122	554	2184

单位: 人　　　　4－3 续表1 continued　　　　unit:person

项　目	Item	合 计 Total	国有单位 State-owned Units	城镇单位 Urban Collective-owned Units	其他类型单位 Units of Other Types of Ownership
文教、工美、体育和娱乐用品制造业	Manufacture of Culture,Art,Sports and Entertainment Goods	704		3	701
石油、煤炭及其他燃料加工业	Petroleum Processing and Coking ,Processing of Nuclear Fuel	2661	81		2580
化学原料和化学制品制造业	Manufacture of Chemical Raw Material and Chemical Products	39580	3186	269	36125
医药制造业	Manufacture of Medicines	42054	176	58	41820
化学纤维制造业	Manufacture of Chemical Fiber	8712			8712
橡胶和塑料制品业	Manufacture of Rubber and Plastic	7256		29	7227
非金属矿物制品业	Manufacture of Non-metallic Mineral Products	11734	407	42	11285
黑色金属冶炼和压延加工业	Smelting and Pressing of Ferrous Metals	14903			14903
有色金属冶炼和压延加工业	Smelting and Pressing of Non-ferrous Metals	4720			4720
金属制品业	Manufacture of Metal Products	7362	746	96	6520
通用设备制造业	Manufacture of General Purpose Machinery	9511	3091	145	6275
专用设备制造业	Manufacture of Special Purpose Machinery	8864	1787	47	7030
汽车制造业	Manufacture of Automobiles	178290	14984		163306
铁路、船舶、航空航天和其他运输设备制造业	Manufacture of Railroads,Ships,Aerospace and other Transportation Facilities	19350			19350
电气机械和器材制造业	Manufacture of Electrical Machinery and Equipment	4323	1	21	4301
计算机、通信和其他电子设备制造业	Manufacture of Communication Equipment, Computer and Other Electronic Equipment	6669	54		6615
仪器仪表制造业	Instrument Manufacturing Industry	2365	17		2348
其他制造业	Other Manufacturing Industry	274	25	5	244
废弃资源综合利用业	Utilization of Waste Resources	1675			1675
金属制品、机械和设备修理业	Metal Products,Machinery and Equipment Repair	1837		68	1770
(四)电力、热力、燃气及水生产和供应业	**Production and Supply of Power , Heat,Gas and Water**	**94853**	**16598**	**281**	**77974**
电力、热力生产和供应业	Production and Supply of Electricity and Heat Power	72874	7073	22	65780
燃气生产和供应业	Production and Supply of Gas	5602	1500	7	4095
水的生产和供应业	Production and Supply of Water	16377	8025	252	8100
(五) 建筑业	**Construction**	**133416**	**4880**	**3258**	**125277**
房屋建筑业	Construction of Building	58758	536	1415	56807
土木工程建筑业	Construction of Civil Engineering	46569	4075	919	41575
建筑安装业	Construction Installation	18385	132	857	17396
建筑装饰、装修和其他建筑业	Construction Decoration and other Construction	9703	137	68	9499
(六)批发和零售业	**Wholesale and Retail Trades**	**93215**	**10074**	**555**	**82586**
批发业	Wholesale Trade	33794	7198	310	26286
零售业	Retail Trade	59421	2877	245	56299

4－3 续表 2 continued

单位: 人 unit:person

项　目	Item	合计 Total	国有单位 State-owned Units	城镇单位 Urban Collective-owned Units	其他类型单位 Units of Other Types of Ownership
（七）交通运输、仓储和邮政业	**Transport, Storage and Post**	**164966**	**27746**	**191**	**137029**
铁路运输业	Railway Transport	59193			59193
道路运输业	Road Transport	69309	10005	79	59226
水上运输业	Water Transport	32	32		0
航空运输业	Air Transport	2892	2618		274
管道运输业	Transport Via Pipeline	81			81
多式联运和运输代理业	Multimodal Transport and Other Transport Services	1696			1696
装卸搬运和仓储业	Loading, Unloading, Portage and Other Transport Services	12908	5761	100	7047
邮政业	Post	18855	9331	12	9512
（八）住宿和餐饮业	**Hotels and Catering Services**	**19010**	**5709**	**94**	**13207**
住宿业	Hotels	13092	5148	62	7882
餐饮业	Catering Services	5918	562	32	5325
（九）信息传输、软件和信息技术服务业	**Information Transmission,Software and Information Technology Services**	**44493**	**6591**	**6**	**37896**
电信、广播电视和卫星传输服务	Telecommunications,Broadcasting Television and Satellite Transmission Services	31698	6079	6	25613
互联网和相关服务	Internet and Related Services	1931	165		1766
软件和信息技术服务业	Software and Infomation Technology Services	10864	346		10517
（十）金融业	**Financial Intermediation**	**211090**	**24683**	**2925**	**183482**
货币金融服务业	Monetary and Financial Services	86802	16606	2925	67270
资本市场服务业	Capital Market Services	1551	143		1408
保险业	Insurance	122111	7696		114415
其他金融业	Other Financial Activities	627	238		389
（十一）房地产业	**Real Estate**	**53830**	**2959**	**217**	**50655**
房地产业	Real Estate	53830	2959	217	50655
（十二）租赁和商务服务业	**Leasing and Business Services**	**51205**	**12670**	**707**	**37828**
租赁业	Leasing	830	37	8	785
商务服务业	Business Services	50375	12633	699	37042
（十三）科学研究、技术服务业	**Scientific Research and Technical Service**	**72531**	**39370**	**691**	**32470**
研究和试验发展	Research and Experimental Development	13767	9334	33	4400
专业技术服务业	Professional Technical Services	48697	21940	658	26098
科技推广和应用服务业	Services of Science and Technology Popularization and Application	10068	8096		1972

4－3 续表3 continued

单位: 人 unit:person

项　　目	Item	合　计 Total	国有单位 State-owned Units	城镇单位 Urban Collective-owned Units	其他类型单位 Units of Other Types of Ownership
(十四)水利、环境和公共设施管理业	**Water Conservancy, Environment and Public Facilities Management**	**56924**	**45775**	**188**	**10961**
水利管理业	Water Conservancy Management	6772	5982		790
生态保护和环境治理业	Ecological Protection and Environmental Treatment Services	1499	1221		278
公共设施管理业	Public Facility Management	48305	38327	188	9791
土地管理业	Management of Land	348	246		102
(十五)居民服务、修理和其他服务业	**Household Services,Repairing and other Services**	**18388**	**3736**	**596**	**14056**
居民服务业	Service to Households	6327	2044	228	4056
机动车、电子产品和日用产品修理业	Motor Vehicle,Electronic Products and Household Products Repair Services	877	3	2	872
其他服务业	Other Services	11184	1689	366	9129
(十六)教育	**Education**	**358857**	**322390**	**1076**	**35391**
教育	Education	358857	322390	1076	35391
(十七)卫生和社会工作	**Health Care and Social Work**	**212493**	**185582**	**806**	**26105**
卫生	Health Care	202073	179342	611	22119
社会工作	Social Work	10420	6240	195	3985
(十八)文化、体育和娱乐业	**Culture,Sports and Entertainment**	**29596**	**21461**	**124**	**8011**
新闻和出版业	Journalism and Publishing Activities	4486	2868		1619
广播、电视、电影和影视录音制作业	Broadcasting、TV, Movies and Audiovisual Activities	10089	8374	17	1699
文化艺术业	Culture and Activities	9937	8179		1759
体育	Sports	3730	1542		2187
娱乐业	Entertainment	1354	498	107	749
(十九)公共管理、社会保障和社会组织	**Public Management,Social Securities and Social Organization**	**383720**	**381022**	**73**	**2625**
其中：中国共产党机关	Organs of Communist Party of China	14488	14488		
国家机构	Government Agencies	360588	358216	65	2307
人民政协、民主党派	People' s Political Consultative Conference and Democratic Parties	2110	2110		
社会保障	Social Securities	3884	3884		
群众社团、社会团体和其他成员组织	Non-Govermental Multitude Organization,Social Organizations and other	2513	2324	8	181

4-4 各地区城镇非私营单位就业人员人数、工资总额和平均工资（2020年末）
Number of Employed Person in Urban Non-Private Units at the end of the Year (2020)

单位: 人 unit:person

地区	Region	就业人数(人) Number of Employed Person(Person)	工资总额（万元） Total Wages (10000 yuan)	平均工资（元） Aerages Wages (yuan)
全省	**Total**	**2577725**	**20054142**	**77995**
长春	Changchun	1102433	9927692	90372
吉林	Jilin	338283	2376188	70375
四平	Siping	140544	907993	65015
辽源	Liaoyuan	77961	497828	63345
通化	Tonghua	182572	1139114	62359
白山	Baishan	136309	813910	59163
松原	Songyuan	194066	1414043	73950
白城	Baicheng	123533	761569	62001
延边	Yanbian	220080	1501091	68436

注：各地区相加不等于全省总计。
Note:The Sum of the data by region is not equal to the total.

4-5 城镇登记失业人员情况
Registered Unemployment Persons in Urban

单位: 人 unit:person

指标	Item	2017	2018	2019	2020
本期新登记的失业人数	Registered Unemployed Persons This Year	325567	351462	212708	256264
#女性	Female	155593	155629	96257	123858
#由就业转失业人数	Unemployed Persons from Employment	100762	83675	47139	78386
本期登记失业人员就业人数	Reemployed Persons This Year	304039	336089	221906	174362
期末实有登记失业人数	Actual Number of Registered Unemployed Persons	262691	268221	239081	206139
#女性	Female	106884	109748	109120	100336
#长期失业者	Unemployed Persons in Long－term	32471	28391	41082	101174
登记失业率（%）	Registered Unemployment Rate(%)	3.52	3.46	3.11	3.42

4-6 历年城镇非私营单位就业人员工资总额、平均工资和指数

Total Wages and Average Wages of Employed Persons in Urban Non-Private Units and Related Indices

年 份 Year	工资总额 (万元) Total Wages (10000yuan)	#国有单位 State-owned Units	#城镇集体 单 位 Urban Collective -owned Units	平均工资 (元) Average Wages (yuan)	#国有单位 State-owned Units	#城镇集体 单 位 Urban Collective -owned Units	平均实际工资 指 数 (以上年100) Average Real Wages Index (perceeding year=100)	#国有单位 State-owned Units
1978	214393	176392	38001	651	712	467		104.6
1979	234639	189914	44725	700	753	539	105.7	104.0
1980	275684	219028	56656	763	827	588	103.2	104.0
1981	298349	232138	66211	770	840	611	99.3	100.0
1982	323142	250121	73021	799	863	637	99.6	98.6
1983	340615	259049	81566	823	881	680	98.6	97.7
1984	393211	292467	100635	927	1008	751	108.8	110.5
1985	474432	352057	122217	1081	1175	880	105.7	105.7
1986	556845	417486	139173	1221	1333	974	106.6	107.0
1987	644136	484259	159616	1366	1491	1088	104.0	104.0
1988	789012	595701	192919	1630	1771	1311	99.2	98.7
1989	870776	662084	207837	1755	1914	1388	91.9	99.2
1990	951989	734882	215591	1888	2068	1456	102.6	103.0
1991	1063309	816534	243947	2045	2233	1596	101.4	101.1
1992	1220550	945410	264870	2308	2526	1759	104.2	105.7
1993	1423561	1109906	281071	2701	2974	1952	103.4	104.0
1994	1887916	1509813	314723	3666	3997	2568	110.2	109.1
1995	2210027	1809128	318902	4430	4803	3032	104.9	104.3
1996	2636962	2164775	364074	5370	5765	3752	112.6	111.9
1997	2745277	2214025	353209	5664	6017	3813	101.7	100.6
1998	2465545	1967822	268404	6551	6814	4778	116.6	114.1
1999	2532839	1969551	242057	7158	7368	5000	111.5	110.3
2000	2649607	2037696	234537	7924	8121	5501	112.2	111.8
2001	2775443	2102269	222532	8771	9043	5765	109.3	109.9
2002	3005549	2251039	209872	9990	10369	6411	114.5	115.2
2003	3215531	2298500	224936	11081	11124	8018	109.6	106.0
2004	3500716	2460166	192450	12431	12540	7504	107.8	108.3
2005	3774008	2597306	183772	14409	14566	8735	114.2	114.4
2006	4310888	2916500	192231	16583	17118	9787	113.5	115.9
2007	5287046	3612104	178673	20513	21688	11135	118.0	120.9
2008	6014107	4067347	186024	23486	24754	12761	108.9	108.6
2009	6781647	4406877	204827	26230	27523	14443	111.6	111.1
2010	7626800	4922713	228316	29399	30661	17060	108.1	107.4
2011	9190240	5721524	236846	34197	35216	25718	110.6	109.2
2012	11072962	6686141	273291	38407	39335	29506	109.6	109.0
2013	14766085	7900621	252572	42846	45618	34570	108.4	112.7
2014	15899035	8348348	250681	46516	49267	37351	106.4	105.9
2015	17186936	9247062	260430	51558	56032	40955	109.0	111.8
2016	18247620	10102911	274144	56098	62007	44026	107.1	108.9
2017	18989715	10835540	280820	61451	68132	51487	107.8	108.1
2018	19286193	9706066	210681	68533	70498	56418	109.2	101.3
2019	20516890	9463110	86273	73813	75317	59828	104.8	103.9
2020	20054142	9494530	95073	77995	81289	69727	103.6	105.8

注：①1998年以后为在岗职工情况。

②从2012年以后在岗职工平均工资调整为单位从业人员平均工资。

Note:①Data on total wages since 1998 refer to wages of fully employed staff and workers.

②Since 2012 the average wage of workers were changed into,the average wage for Personnel Unit.

4-7 城镇非私营单位就业人员工资总额、平均工资（2020年）

项　　目	Item	单位就业人员工资总额(万元) Total Wage Bill of Employed Persons (10000 yuan)
总计	**Total**	**20054142**
按经济类型分	Grouped by Ownership	
国有经济	State-owned Units	9494530
城镇集体经济	Urban Collective-owned Units	95073
其他经济	Others	10464540
内资	Domestic Investment	8826956
股份合作	Stock Cooperative	93550
联营	Joint Operation	34270
有限责任公司	Limited Liability Corporations	5387061
股份有限公司	Joint Stock Corporations	2734380
其他	Others	577695
港澳台商投资	Funds from Hong Kong,Macao and Taiwan	150962
外商投资	Foreign Investment	1486622
按企业、政府分	Grouped by Enterprises and Government	
#企业	Enterprises	12090779
政府	Government	7767563
按国民经济行业分	Grouped by Sector	
农、林、牧、渔业	Agriculture,Forestry,Animal Husbandry and Fishery	250411
采矿业	Mining	546328
制造业	Manufacturing	3926843
电力、热力、燃气及水的生产和供应业	Production and Supply of Electricity,Heat,Gas and Water	883917
建筑业	Construction	797339
批发和零售业	Wholesale and Retail Trades	596650
交通运输、仓储和邮政业	Transportation,Storage and Post	1346424
住宿和餐饮业	Hotels and Catering Services	77285
信息传输、软件和信息技术服务业	Information Transmission,Software and Information Technology	368173
金融业	Financial Intermediation	1715687
房地产业	Real Estate	292758
租赁和商务服务业	Leasing and Business Services	285912
科学研究、技术服务业	Scientific Research,Technical Services	662323
水利、环境和公共设施管理业	Management of Water Conservancy,Environment and Public Facilities	238453
居民服务、修理和其他服务业	Service to Households,Repair and other Services	70567
教育	Education	3055293
卫生和社会工作	Health Care and Social Work	1806482
文化、体育和娱乐业	Culture,Sports and Entertainment	198791
公共管理、社会保障和社会组织	Public Management,Social Security and Social Organization	2934505

Total Wage Bill and Average Wage of Employed Persons in Urban Non-Private Units (2020)

在岗职工工资总额 Total Wages of Staff and Workers	其他就业人员工资总额 Others	单位就业人员平均工资(元) Average Wage of Employed Persons (yuan)	#在岗职工平均工资 Average Wages of Staff and Workers
19302872	**751271**	**77995**	**81050**
9269932	224598	81289	84405
92324	2749	69727	72207
9940615	523924	75307	78239
8406220	420735	71656	75137
92194	1357	91492	93125
34022	248	53929	54265
5232512	154549	67012	69241
2489898	244482	82997	92704
557596	20099	70525	71188
150379	583	68296	68199
1384016	102606	109608	106702
11520728	570051	78121	81294
7603327	164236	78880	81857
229976	20435	48596	50757
537981	8347	72928	75100
3790828	136016	86711	86860
880072	3846	92983	93717
737675	59663	58156	60241
586885	9765	63830	64450
1341206	5218	81879	82410
75911	1375	40376	40608
365105	3068	81754	82209
1436191	279497	84591	110394
286116	6643	55239	56513
276061	9851	56213	57570
644543	17780	90778	92220
207159	31293	41663	45397
63754	6813	39095	41343
3009622	45672	85857	87122
1763325	43157	85195	87804
192971	5820	67641	69094
2877492	57013	76135	79682

4-8 城镇非私营单位分行业就业人员工资总额（2020年）

Total Wages of Employed Persons in Urban Non-Private Units by Sector （2020）

单位: 万元　　　　unit:10000 yuan

行业	Item	合计 Total	国有单位 State-owned Units	集体单位 Collective-owned Units	其他单位 Others
总计	**Total**	**20054142**	**9494530**	**95073**	**10464540**
农、林、牧、渔业	Agriculture,Forestry,Animal Husbandry and Fishery	250411	160778	581	89053
采矿业	Mining	546328	17103	325	528899
制造业	Manufacturing	3926843	295312	7739	3623792
电力、热力、燃气及水的生产和供应业	Production and Supply of Electricity,Heat,Gas and Water	883917	151080	1297	731541
建筑业	Construction	797339	28371	23509	745459
批发和零售业	Wholesale and Retail Trades	596650	97766	2131	496753
交通运输、仓储和邮政业	Transport,Storage and Post	1346424	195936	871	1149618
住宿和餐饮业	Hotels and Catering Services	77285	24408	271	52606
信息传输、软件和信息技术服务业	Information Transmission,Software Information Technology	368173	47908	11	320253
金融业	Financial Intermediation	1715687	236280	33616	1445791
房地产业	Real Estate	292758	20024	722	272012
租赁和商务服务业	Leasing and Business Services	285912	71213	3350	211349
科学研究、技术服务业	Scientific Research,Techrical Services	662323	346010	4669	311645
水利、环境和公共设施管理业	Management of Water Conservancy, Environment Protection and Public Facilities	238453	194815	433	43205
居民服务、修理和其他服务业	Service to Households Repairing and other Services	70567	22763	2799	45004
教育	Education	3055293	2862984	7748	184562
卫生和社会工作	Health Care and Social Work	1806482	1655456	4051	146975
文化、体育和娱乐业	Culture, Sports and Entertainment	198791	148635	531	49626
公共管理、社会保障和社会组织	Public Management,Social Security and Social Organization	2934505	2917687	422	16397

4－9 城镇非私营单位分细行业就业人员平均工资（2020年）

Average Wage of Employed Persons in Urban Non-Private Units by Sector in Detail（2020）

单位: 元 unit:yuan

项　　目	Item	就业人员 Employees	国有单位 State-owned Units	集体单位 Urban Collective-owned Units	其他类型单位 Units of Other Types of Ownership
总 计	**Total**	**77995**	**81289**	**69727**	**75307**
一、企业、政府分组	**Enterprises**				
企业		78121	93635	71208	75988
政府	Agencies and Organizations	78880	79001	64104	71388
二、按国民经济行业分组	**Grouped by Sector**				
（一）农、林、牧、渔业	**Agriculture,Forestry,Animal Husbandry and Fishery**	**48596**	**46056**	**29481**	**54224**
农 业	Farming	31711	24037	50500	43053
林 业	Forestry	49988	47334	24944	55195
畜牧业	Animal Husbandry	33294	31337		44761
渔 业	Fishery	26837	26837		
农、林、牧、渔专业及辅助性活动	Agriculture,Forestry,Animal Husbandry and Fishery	50798	50748	42500	54867
（二）采 矿 业	**Mining**	**72928**	**169006**	**36156**	**71655**
煤炭开采和洗选业	Mining and Washing of Coal	43568			43568
石油和天然气开采业	Extraction of Petroleum and Natural Gas	103296	174376		100585
黑色金属矿采选业	Mining and Processing of Ferrous Metal Ores	63435			63435
有色金属矿采选业	Mining and Processing of Non-ferrous Metal Ores	65453	53316		65498
非金属矿采选业	Mining and Processing of Non-metal Ores	27864	62429	36156	24769
开采专业及辅助性活动	Support Activities for Mining	78372			78372
其他采矿业	Mining of Others Ores				
（三）制 造 业	**Manufacturing**	**86711**	**133090**	**55029**	**84418**
农副食品加工业	Processing of Food from Agricultural Products	50769	81037		50630
食品制造业	Manufacture of Foods	45539		70000	45523
酒、饮料和精制茶制造业	Manufacture of Liquor,Beverages and Refined Tea	58801	28800	30000	58853
烟草制品业	Manufacture of Tobacco	165873			165873
纺织业	Manufacture of Textile	40724			40724
纺织服装、服饰业	Manufacture of Textile Wearing Apparel and Accessories	33691		30760	33697
皮革、毛皮、羽毛及其制品和制鞋业	Manufacture of Leather,Fur,Feathers and Related Products and Footwear	73387			73387
木材加工和木、竹、藤、棕、草制品业	Processing of Timber,Manufacture of Wood Bamboo Rattan,Palm and Straw Products	49613	30782		49920
家具制造业	Manufacture of Furniture	38267			38267
造纸和纸制品业	Manufacture of Paper and Paper Products	46327			46327
印刷和记录媒介复制业	Printing and Reproduction of Recording Media	49054	51758	48312	49094

4－9 续表 1 continued

项 目	Iten	就业人员 Employees	国有单位 State-owned Units	城镇单位 Urban Collective-Owned Units	其他类型单位 Units of Other Types of Ownership
文教、工美、体育和娱乐用品制造业	Manufacture of Culture,Art,Sports and Entertainment Goods	51393		34667	51468
石油、煤炭及其他燃料加工业	Petroleum Processing and Coking ,Processing of Nuclear Fuel	55041	60827		54886
化学原料和化学制品制造业	Manufacture of Chemical Raw Material and Chemical Products	86494	86874	89901	86434
医药制造业	Manufacture of Medicines	56824	71186	52793	56763
化学纤维制造业	Manufacture of Chemical Fiber	56138			56138
橡胶和塑料制品业	Manufacture of Rubber and Plastic	63860		30138	63998
非金属矿物制品业	Manufacture of Non-metallic Mineral Products	55469	73523	27444	54972
黑色金属冶炼和压延加工业	Smelting and Pressing of Ferrous Metals	61044			61044
有色金属冶炼和压延加工业	Smelting and Pressing of Non-ferrous Metals	62239			62239
金属制品业	Manufacture of Metal Products	67894	63809	80704	68150
通用设备制造业	Manufacture of General Purpose Machinery	63749	72355	45196	59826
专用设备制造业	Manufacture of Special Purpose Machinery	79789	138719	28677	66148
汽车制造业	Manufacture of Automobiles	118000	173010		113996
铁路、船舶、航空航天和其他运输设备制造业	Manufacture of Railroads,Ships,Aerospace and other Transportation Facilities	124696			124696
电气机械和器材制造业	Manufacture of Electrical Machinery and Equipment	71363	29000	32783	71582
计算机、通信和其他电子设备制造业	Manufacture of Communication Equipment, Computer and Other Electronic Equipment	67459	87344		67273
仪器仪表制造业	Instrument Manufacturing Industry	79656	51200		79841
其他制造业	Other Manufacturing Industry	51862	79640	60000	48999
废弃资源综合利用业	Utilization of Waste Resources	41109			41109
金属制品、机械和设备修理业	Metal Products,Machinery and Equipment Repair	52953		25644	53994
(四)电力、热力、燃气及水生产和供应业	**Production and Supply of Power , Heat,Gas and Water**	**92983**	**90881**	**45178**	**93606**
电力、热力生产和供应业	Production and Supply of Electricity and Heat Power	103042	130534	60308	100135
燃气生产和供应业	Production and Supply of Gas	67191	76317	17857	63969
水的生产和供应业	Production and Supply of Water	57384	59370	44382	55811
(五) 建筑业	**Construction**	**58156**	**62429**	**71522**	**57666**
房屋建筑业	Construction of Building	56542	36506	51095	56830
土木工程建筑业	Construction of Civil Engineering	58187	65665	92273	56721
建筑安装业	Construction Installation	61940	58508	83584	60902
建筑装饰、装修和其他建筑业	Construction Decoration and other Construction	61972	73459	60646	61800
(六)批发和零售业	**Wholesale and Retail Trades**	**63830**	**98617**	**39119**	**59838**
批发业	Wholesale Trade	87156	119514	33281	79044
零售业	Retail Trade	50527	44882	45996	50824

4－9 续表2 continued

项 目	Item	就业人员 Employees	国有单位 State-owned Units	城镇单位 Urban Collective-owned Units	其他类型单位 Units of Other Types of Ownership
(七) 交通运输、仓储和邮政业	**Transport, Storage and Post**	**81879**	**70560**	**45678**	**84233**
铁路运输业	Railway Transport	116136			116136
道路运输业	Road Transport	54130	45639	31304	55689
水上运输业	Water Transport	61625	61625		
航空运输业	Air Transport	116795	119991		84177
管道运输业	Transport Via Pipeline	141309			141309
多式联运和运输代理业	Multimodal Transport and Other Transport Services	55226			55226
装卸搬运和仓储业	Loading, Unloading, Portage and Other Transport Services	64190	52777	55549	72166
邮政业	Post	79699	94263	58333	65481
(八)住宿和餐饮业	**Hotels and Catering Services**	**40376**	**42269**	**29725**	**39626**
住宿业	Hotels	41095	42864	29305	40021
餐饮业	Catering Services	38758	36581	30500	39032
(九)信息传输、软件和信息技术服务业	**Information Transmission,Software and Information Technology Services**	**81754**	**71329**	**18333**	**83591**
电信、广播电视和卫星传输服务	Telecommunications,Broadcasting Television and Satellite Transmission Services	81084	71727	18333	83338
互联网和相关服务	Internet and Related Services	88406	63078		90885
软件和信息技术服务业	Software and Infomation Technology Services	82558	68237		83024
(十)金融业	**Financial Intermediation**	**84591**	**100773**	**112165**	**81971**
货币金融服务业	Monetary and Financial Services	130229	119303	112165	133744
资本市场服务业	Capital Market Services	205563	136394		212662
保险业	Insurance	47633	50560		47460
其他金融业	Other Financial Activities	122812	106834		132117
(十一)房地产业	**Real Estate**	**55239**	**68709**	**32982**	**54550**
房地产业	Real Estate	55239	68709	32982	54550
(十二)租赁和商务服务业	**Leasing and Business Services**	**56213**	**57196**	**46304**	**56078**
租赁业	Leasing	45850	141220	82500	40476
商务服务业	Business Services	56385	56919	45899	56409
(十三) 科学研究、技术服务业	**Scientific Research and Technical Service**	**90778**	**87072**	**67659**	**95794**
研究和试验发展	Research and Experimental Development	107245	120809	42806	78785
专业技术服务业	Professional Technical Services	89991	78169	69027	100488

4－9 续表 3 continued

项 目	Item	就业人员 Employees	国有单位 State-owned Units	城镇单位 Urban Collective-owned Units	其他类型单位 Units of Other Types of Ownership
科技推广和应用服务业	Services of Science and Technology Popularization and Application	72287	72769		70208
(十四)水利、环境和公共设施管理业	**Water Conservancy, Environment and Public Facilities Management**	**41663**	**42490**	**22894**	**38594**
水利管理业	Water Conservancy Management	65249	61552		93912
生态保护和环境治理业	Ecological Protection and Environmental Treatment Services	52808	53407		50007
公共设施管理业	Public Facility Management	37678	38868	22894	33425
土地管理业	Management of Land	76652	72499		86667
(十五)居民服务、修理和其他服务业	**Household Services,Repairing and other Services**	**39095**	**61383**	**42959**	**32873**
居民服务业	Service to Households	43501	54166	57013	37397
机动车、电子产品和日用产品修理业	Motor Vehicle,Electronic Products and Household Products Repair Services	41295	59750	36000	41223
其他服务业	Other Services	36348	70150	35288	29937
(十六)教育	**Education**	**85857**	**89232**	**71940**	**54388**
教育	Education	85857	89232	71940	54388
(十七)卫生和社会工作	**Health Care and Social Work**	**85195**	**89377**	**51184**	**56466**
卫生	Health Care	87453	90938	57828	59964
社会工作	Social Work	41372	44440	30610	37107
(十八)文化、体育和娱乐业	**Culture,Sports and Entertainment**	**67641**	**68648**	**42790**	**65181**
新闻和出版业	Journalism and Publishing Activities	71913	65652		83022
广播、电视、电影和影视录音制作业	Broadcasting、TV, Movies and Audiovisual Activities	65172	66669	79118	57456
文化艺术业	Culture and Activities	68117	71447		52589
体育	Sports	74133	72053		75911
娱乐业	Entertainment	53180	63594	37019	47496
(十九)公共管理、社会保障和社会组织	**Public Management,Social Securities and Social Organization**	**76135**	**76237**	**57753**	**61949**
其中：中国共产党机关	Organs of Communist Party of China	83392	83392		
国家机构	Government Agencies	75872	75949	57508	64337
人民政协、民主党派	People' s Political Consultative Conference and Democratic Parties	110505	110505		
社会保障	Social Securities	58876	58876		
群众社团、社会团体和其他成员组织	Non-Govermental Multitude Organization,Social Organizations and other	73136	74653	59750	55573

第五篇

CHAPTER ▶ 05

固定资产投资

Investment in Fixed Assets

资料整理人员：

秦一宁　　付瑞琦

5-1 固定资产投资（不含农户）主要指标情况（2020年）
Investment in Fixed Assets (Excluding Rural Household)（2020）

单位：%　　unit:（%）

指　　标	Item	增速 Growth Rate	占比 Proportion
投资完成额	Investment in Fixed Assets (Excluding Rural Household)	8.3	100.0
#民间投资	Non-Goverment Investment	9.8	50.7
#基础设施投资	Infrastructure	4.3	21.9
#工业投资	Industry	8.7	23.6
#制造业	Manufacturing	4.7	16.3
1.按产业分	By Three Strata of Industry		
第一产业	Primary Industry	68.3	2.1
第二产业	Secondary Industry	9.0	23.6
第三产业	Tertiary Industry	7.1	74.3
2.按控股情况分	By Holding Type and Region		
国有控股	State-holding	9.2	46.7
集体控股	Collective-holding	-28.0	1.2
私人控股	Private-holding	12.5	42.9
港澳台商控股	Hong Kong Macao and Taiwan-holding	-29.3	1.9
外商控股	Foreign-holding	8.4	1.0
其他控股	Others	2.6	6.3
3.按隶属关系分	By Jurisdiction of Management		
中央项目	Central Investment	-3.0	8.1
地方项目	Local Investment	9.5	91.9
4.按建设性质分	By Type of Construction		
#新建	New Construction	12.0	49.6
扩建	Expansion	-24.8	4.0
改建和技术改造	Reconstruction and Technical Transformation	1.8	6.4
5.按构成分	By Composition of Funds		
建筑安装工程	Construction and Installation	4.7	71.0
设备工器具购置	Purchase of Equipment and Instruments	-4.2	9.4
其他费用	Other Expenses	33.4	19.6

5-2　房地产开发投资主要指标
Main Indicators of Investment for Real Estate Development

指　　标	Item	2018	2019	2020
企业个数（个）	**Number of Enterprises(unit)**	**1702**	**1500**	**1540**
内资	Domestic Investment Enterprises	1682	1480	1522
#国有	State-owned Enterprises	3	7	4
集体	Collective-owned Enterprises			
股份有限公司	Joint Stock Corporations	82	1	59
港澳台投资	Funds from Hong Kong,Macao and Taiwan	14	13	11
外商投资	Foreign Funded	6	7	7
投资完成额（亿元）	**Total Value of Investment Completed(100 million yuan)**	**1169.01**	**1315.52**	**1460.78**
#住宅	Residential Buildings	839.52	970.99	1047.87
按构成分	**Grouped by Composition of Funds**			
#建筑安装工程	Construction and Installation	864.57	924.91	953.10
设备工器具购置	Purchase of Equipment and Instruments	13.88	23.22	13.73
本年实际到位资金（亿元）	**Actual Funds in Place this Year(100 million yuan)**	**1427.74**	**1585.86**	**1716.85**
国内贷款	Domestic Loans	65.50	56.16	83.27
利用外资	Foreign Investment	0.01	0.01	0.00
自筹资金	Self-raising Funds	663.55	649.20	990.53
其他投资	Others	698.67	880.50	643.05
本年购置土地面积（万平方米）	**Land Space Purchased This Year**	**773.55**	**494.92**	**485.12**
商品房销售情况	**Selling of Commercial Houses**			
房屋销售面积（万平方米）	Floor Space Commercial Buildings Sold(10000 sq.m)	2074.45	2122.34	1831.22
#住宅	Residential Buildings	1813.82	1873.99	1653.64
商品房销售额（亿元）	Total Sales of Commercial Buildings(100 million yuan)	1450.79	1581.47	1381.55

5-3 房地产开发企业从业人员数
Number of Employed Persons in Enterprises for Real Estate Development

单位: 人 unit:Person

年 份 Year	合计 Total	国有 State-owned Enterprises	集体 Collective-owned Enterprises	股份有限公司 Share-holding Corporations Ltd	港澳台商投资 Funds from Hong Kong, Macao and Taiwan	外商投资 Foreign Funded Enterprises	其他 Others
2001	14465	4263	659	7565	367	128	1483
2002	14392	2263	390	1454	342	265	9678
2003	15331	2191	82	1748	389	372	10549
2004	24708	6034	55	2732	600	785	14502
2005	22332	1865	77	2202	643	714	16831
2006	27223	1689	84	2174	762	702	21812
2007	30527	1338	153	2249	834	636	25317
2008	30590	1554	194	2109	700	412	25621
2009	29080	652	178	2237	633	257	25123
2010	29837	477	187	1793	651	265	26464
2011	39452	1087	256	18207	1157	297	18448
2012	39288	1003	117	20353	1249	286	16280
2013	38831	2453	322	20825	1263	306	13662
2014	40977	459	34	2310	1233	327	36614
2015	42040	652	11	2013	1486	270	37608
2016	46104	4424	10	1968	1066	250	38386
2017	43372	973	10	1896	774	227	39492
2018	39505	159		1937	667	268	36474
2019	34862	9		1543	662	228	32420
2020	30485	31		1196	576	396	28286

5-4 房地产开发完成投资额
Actually Completed Investment for Real Estate Development

单位: 万元 unit:10000 yuan

年 份 Year	本年完成投资额 Investment Completed This Year	按构成分 By Use of Funds			
		建筑安装工程 Construction and Installation	设备、工器具购置 Purchase of Equipment and Instruments	其他费用 Others	#土地购置 Land Purchase
2001	929705	772558	8363	148784	31445
2002	1167724	953827	8810	205087	79155
2003	1392394	1056394	15690	320310	188938
2004	1624782	1191700	16900	416182	246472
2005	1957345	1468893	14843	473609	243325
2006	3101571	2336393	8446	756732	386437
2007	4900844	3741480	18736	1140628	587676
2008	6408364	5141808	63314	1203242	608292
2009	7566737	6179246	36572	1350919	712958
2010	9210117	7434156	14156	1761805	1252993
2011	11953911	9245197	40122	2668592	1868331
2012	13100259	9942288	107268	3050703	2255877
2013	12524257	9982382	121506	2420369	1735697
2014	10301285	8219491	128112	1953682	1552022
2015	9242409	7170884	81093	1990432	1502936
2016	10167618	8295669	101198	1770751	1395225
2017	9101378	7435523	106422	1559433	1193018
2018	11690123	8645749	138840	2905534	2445628
2019	13155220	9249148	232178	3673894	3118043
2020	14607761	9531042	137340	4939379	4461553

5－5　房地产开发建设按工程用途分的投资额和新增固定资产

Actually Completed Investment for Real Estate Development by Use and Newly Increased Fixed Assets

单位: 万元　　unit:10000 yuan

年　份　Year	按工程用途分的投资额　By Use of Projects				新　增 固定资产 Newly Increased Fixed Assets
	住宅 Residential Buildings	办公楼 Office Buildings	商品营业用　房 Houses for Business Use	其他 Others	
2001	67[illegible]93	29180	167848	54384	803155
2002	79[illegible]63	36066	249163	83732	943180
2003	97[illegible]40	60698	291525	62431	967027
2004	113[illegible]36	63859	308426	112661	966120
2005	145[illegible]69	70410	330340	101726	834971
2006	241[illegible]88	90449	406237	190097	1462109
2007	398[illegible]67	72409	623715	224653	2147816
2008	534[illegible]26	93880	717163	253395	2783928
2009	605[illegible]27	153008	962807	398595	3220217
2010	731[illegible]69	138718	1160245	593885	5865131
2011	920[illegible]55	201628	1600637	943591	5907332
2012	987[illegible]38	313270	1789054	1120497	5655047
2013	911[illegible]50	418277	1935594	1055936	7635088
2014	732[illegible]87	301565	1867173	807860	5140347
2015	648[illegible]51	386251	1627431	740676	4950857
2016	710[illegible]48	417397	1893840	749433	4288724
2017	633[illegible]80	447702	1518017	800179	4466838
2018	839[illegible]81	531877	1748037	1015028	5332999
2019	970[illegible]42	485313	1639682	1320283	4057956
2020	1047[illegible]86	705208	1653191	1770676	3264544

5－6　房地产开发建设房屋施工面积

Floor Space of Buildings under Construction for Real Estate Development

单位: 平方米　　unit:sq.m

年　份　Year	施工房屋建筑面积 Floor Space of Buildings under Construction	#新开工 Started This Year	住宅 Residential Buildings	办公楼 Office Buildings	商业营业用　房 Houses for Business Use	其他 Others
2001	12572972	9952115	10047457	338612	1902865	284038
2002	14638817	10087551	10965950	403507	2845360	424000
2003	14377363	9602758	10807109	582657	2608218	379369
2004	15430259	10071186	11576669	745914	2626151	481525
2005	18899925	12861393	15252107	532375	2565886	549557
2006	28467199	21179229	23851539	611179	3343419	661062
2007	43700329	29328026	36559660	608497	5007037	1525135
2008	49213978	29449187	41488335	851454	4996421	1877768
2009	53693369	32623532	44389103	972208	5753849	2578209
2010	70694709	35253007	57588659	1046684	8104733	3954633
2011	91234149	49914466	72651099	1661309	11318643	5603098
2012	109357999	48267557	85125959	2072196	14708706	7451138
2013	121812769	37462431	93177664	3027171	16275329	9332605
2014	122684388	32575990	90670951	3497798	17593493	10922146
2015	115654727	20636601	82826622	4232641	17541676	11063788
2016	117973267	21159859	83059870	4737581	18405300	11770516
2017	118873322	19078760	83491926	4974064	18139797	12267535
2018	120795117	24779579	83981036	5322960	18606779	12884342
2019	124037278	29470050	86140344	5497490	17670376	14729068
2020	123406059	26623926	85241041	5818055	16468424	15878539

5-7　房地产开发建设房屋建筑面积和造价

Floor Space and Cost of Buildings Developed for Real Estate Development

年　份 Year	竣工房屋建筑面积(平方米) Floor Space of Buildings Completed (sq.m)	住 宅 Residential Buildings	办公楼 Office Buildings	商业营业用　房 Houses for Business Use	其　他 Others	竣工房屋造价（元/平方米） Cost of Buildings Completed (yuan/sq.m)	#住 宅 Residential Buidings
2001	6286898	4980687	109414	1029711	167086	1084	1046
2002	7558510	5935498	211244	1224620	187148	1149	1065
2003	7109851	5383728	189393	1350399	186331	1154	1073
2004	7102486	5724869	253866	932166	191585	1112	1005
2005	6227590	4961164	168280	945772	152374	1086	994
2006	9348495	7859107	351082	952419	185887	1201	1124
2007	12917989	11474601	159565	932381	351442	1155	1122
2008	15419556	13432087	238090	1363988	385391	1379	1342
2009	14696419	12935916	99233	1280236	381034	1442	1385
2010	20305160	16949615	127446	2245284	982815	1675	1622
2011	18789327	15482168	194511	2072842	1039806	2032	1979
2012	19278702	16135936	164300	2230670	747796	2002	1945
2013	22536496	17699470	256054	3075023	1505949	2225	2148
2014	15738605	13092601	112706	1725400	807898	2081	2038
2015	12873999	10007531	345720	1530929	989819	2391	2322
2016	13516462	10083717	181931	2132178	1118636	2322	2258
2017	14788454	10304598	587622	2438610	1457624	2271	2281
2018	15199622	11053665	735492	1862557	1547908	2334	2229
2019	12221689	8932745	358246	1437103	1493595	2743	2706
2020	9649356	6972943	450223	1215318	1010872	2783	2731

5-8　商品房屋销售情况

Selling of Commercial Buildings

年　份 Year	实际销售商品房屋面积(平方米) Floor Space Commercial Buildings Sold (sq.m)	住 宅 Residential Buidings	办公楼 Office Buildings	商业营业用　房 Houses for Business Use	其他 Others	商品房屋销售额(万元) Total Sale of Commercial Buildings Sold (10000 yuan)	#住 宅 Residential Buidings
2001	3851320	3378449	23162	437003	12706	597880	490070
2002	5182828	4326747	83260	724105	48716	862852	648388
2003	5011405	4363248	122582	460298	65277	788764	631448
2004	7016498	6010273	137436	774344	94445	1189469	930730
2005	7659092	6809214	147879	634788	67211	1443915	1184503
2006	9749103	8792384	214703	639662	102354	1959171	1634000
2007	12923870	11843969	94916	841107	143878	2955579	257830
2008	15838707	14357309	156715	1055241	269442	3971105	3444370
2009	19442978	17583736	97054	1391315	370873	5671879	4902250
2010	23821025	21053282	77461	2203046	487236	8686946	7359079
2011	24325555	21223389	99698	2390368	612100	10615628	8831622
2012	24524245	21594307	147547	2194900	587491	10169480	8368014
2013	22149634	19859455	212501	1573075	504603	9930394	8397317
2014	15817211	13878655	118308	1380355	439893	8085844	6676190
2015	14918487	13048225	178741	1292251	399270	8168691	6802577
2016	19192950	16307151	378692	1757264	749843	10295827	8064904
2017	18852075	16020643	511540	1761733	558159	11351765	9208487
2018	20744471	18138240	508286	1566493	531452	14507871	12319057
2019	21223373	18739917	356672	1501454	625330	15814708	13735355
2020	18312198	16536396	143376	1032670	599756	13815493	12382305

第六篇

CHAPTER ▶ 06

对外经济贸易和旅游业

Foreign Economy Trade and Tourism

资料整理人员：

詹长胜

6－1 历年进出口贸易总额
Total Value of Imports and Exports

年 份 Year	进出口总额（万美元） Total Imports and Exports (USD 10000)	出口总额 Total Exports	进口总额 Total Imports	进出口总额（万元） Total Imports and Exports (10000yuan)	出口总额 Total Exports	进口总额 Total Imports
1978	3704	2357	1347	6372	4055	2317
1979	6067	4413	1654	9683	6840	2843
1980	11108	6625	4483	16024	9344	6680
1981	17196	12896	4300	30093	22568	7525
1982	17753	13207	4546	34172	25422	8750
1983	21884	16661	5223	42833	32610	10223
1984	34046	24972	9074	75048	55046	20002
1985	55072	42712	12360	176295	136731	39564
1986	71716	52515	19201	266855	195408	71447
1987	63946	46766	17180	237981	174044	63937
1988	70766	53214	17552	263363	198041	65322
1989	94459	68447	26012	351538	254732	96806
1990	95272	75172	20100	449821	354920	94901
1991	134933	102707	32226	716204	545154	171050
1992	192278	130678	61600	1095985	744865	351120
1993	298100	161649	136451	2592173	1405643	1186530
1994	361209	202247	158962	3052216	1708987	1343229
1995	271474	141932	129542	2266997	1185231	1081766
1996	283725	150440	133285	2354918	1248652	1106266
1997	185442	93293	92149	1535460	772466	762994
1998	165282	74904	90378	1368224	620075	748149
1999	221698	101956	119742	1835549	844145	991404
2000	255396	124164	131232	2114168	1027830	1086338
2001	313330	146343	166987	2593307	1211222	1382085
2002	370724	176815	193909	3068394	1463351	1605043
2003	617230	216199	401031	5108627	1789414	3319213
2004	679326	171504	507822	5622442	1419453	4202989
2005	652837	246688	406149	5268525	1990821	3277704
2006	791407	299668	491739	6179860	2340018	3839842
2007	1029943	385819	644124	7523322	2818254	4705068
2008	1334065	477159	856906	9265215	3313917	5951298
2009	1174744	313154	861590	8024676	2139155	5885521
2010	1684637	447640	1236997	11404150	3030299	8373851
2011	2204742	499848	1704894	14239988	3228418	11011570
2012	2457171	598269	1858902	15510892	3776573	11734319
2013	2585254	675701	1909553	16010995	4184751	11826244
2014	2637817	577771	2060045	16248195	3549578	12698617
2015	1893841	465382	1428458	11761751	2886332	8875419
2016	1844246	420568	1423678	12169092	2774005	9395086
2017	1852995	442764	1410232	12541487	2999242	9542245
2018	2067443	494435	1573008	13627960	3258122	10369838
2019	1889578	470002	1419576	13021727	3239768	9781960
2020	1852518	420566	1431952	12801224	2907997	9893228

注：本表1978–1996年为外贸部门统计数，进出口总额中未包括口岸代理进口数。从1997年开始为海关统计数。
Note：Data were obtained from the department of foreign trade during 1978 – 1996, and data have been obtained from the customs since 1997.

6－2　海关主要商品出口总值（2020年）

Total Value of Main Exports Commodities（2020）

单位: 万元　　　　unit:10000 yuan

品　　名	Item	数量 Volume	金额 Value
出口贸易总值	**Total Exports Value**		**2907997**
#肉及杂碎（吨）	Meat and Offal（tons）	815	2538
水海产品（吨）	Aquatic and Seawater Products（ton）	30280	87048
酒类及饮料	Alcohol and Beverage		32937
鲜或冷藏蔬菜（吨）	Fresh or Frozen Vegetables (tons)	6621	4835
中药材及中式成药（吨）	Chinese Herbal medicine and Chinese Medicine（ton）	2058	13618
蔬菜（吨）	Vegetables（ton）	33607	24565
鲜、干水果及坚果（吨）	Fresh、Dry Fruits and Nuts（ton）	9958	123324
粮食（吨）	Grain（ton）	70303	53023
汽车（包含底盘）（辆）	Motor Vehicles (Including Chassis) (units)	11683	142317
汽车零配件	Parts of Motor Vehicles		178661
稀土及制品（千克）	Rare Earth and Products(kilogram)	2148	2379
基本有机化学品	Basic Organic Chemicals		124549
医药材及药品（吨）	Pharmaceutical Products（ton）	16530	140440
肥料（吨）	Fertilizer（ton）	14675	2896
塑料制品	Plastic Products		33254
新的充气橡胶轮胎（吨）	New Rubber Tyres（ton）	3720	11457
箱包及类似容器（吨）	Suitcase and Similar Packages（ton）	232	5383
化学纤维纺织原料（吨）	Chemical Fiber Textile Raw Materials(ton)	27271	29151
胶合板及类似多层板(万立方米）	Veneer and Similar Products (10000 cu.m.)	10155	201795
家用或装饰用木制品（吨）	Wood for Household and Decoration（ton）	8709	15056
纸浆、纸及其制品（吨）	Pulp,Paper and Its Products (ton)	2749	3767
纺织纱线、织物及制品	Textile Yarn,Fabrics and Products		136375
服装及衣着附件	Clothing and Garment		79333
鞋靴（双）	Shoes（pairs）	294416	3211
玻璃及其制品	Glass Products		23736
通用机械设备	General Machinery Equipment		64658
钢材（吨）	Steels（ton）	33936	13533
未锻造的铝及铝材（吨）	Unwrought Aluminum and Rolled Aluminum（ton）	5507	17071
手用或机用工具（吨）	Hand Tools or Machine（ton）	6658	22414
机床（台）	Machine Tools (sets)	955	829
自动数据处理设备及其部件	Automatic Data Processing Equipment and Parts		866
变压器（个）	Transformer (set)	106213	643
压缩机（万台）	Compressor (10000 sets)	45	53753
电视摄像机，数字照相机及视频摄录一体机(台)	Television (sets)	84918	5478
二极管及类似半导体器件（百万个）	Diode and Similar Semiconductor (million units)	315	11362
机电产品	Mechanical and Electrical Products		1150640
高新技术产品	High and New-tech Products		233444
文化产品	Cultural Products		26937

6－3　海关主要商品进口总值（2020年）

Total Value of Main Imports Commodities（2020）

单位: 万元　　unit:10000 yuan

品　　名	Item	数量 Volume	金额 Value
进口贸易总值	**Total Value of Imports**		**9893228**
#水海产品(吨）	Aquatic and Seawater Products (ton)	48927	149889
冻鱼（吨）	Frozen Fish (ton)	41271	37717
鲜、干水果及坚果（吨）	Fresh Dry Fruits and Nuts (ton)	10227	49402
粮食（吨）	Grain (ton)	1110515	289178
酒类及饮料	Alcohol and Beverage		10253
金属矿及矿砂（万吨）	Metallic Ore and Ore Sand (10000 tons)	65	325692
铁矿砂及其精矿（万吨）	Iron Ores and Concentrates (10000 tons)	40	29410
铜矿砂及其精矿（万吨）	Copper Sand and Concentrates (10000 tons)	24	284426
煤及褐煤（吨）	Coal and Lignite (ton)	4507224	172906
成品油（吨）	Refined oil (ton)	3526	5484
初级形状的塑料（吨）	Primary Shape Plastic (ton)	52855	65444
塑料制品	Plastic Products		81748
基本有机化学品	Basic Organic Chemicals		44375
天然及合成橡胶(包括乳胶)（吨）	Natural and Synthetic Rubber (Including Emulsion) (ton)	4626	7039
原木（万立方米）	Timber (10000 cu.m.)	3976	7223
锯材（万立方米）	Wood Sawn (10000 cu.m.)	6930	14469
纸浆（吨）	Pulp (ton)	121946	55511
纺织纱线.织物及制品	Textile Yarn,Fabrics and Products		47874
钢材（吨）	Steel (ton)	107512	80714
机械基础件	Mechanical Foundation		172156
通用机械设备	General Machinery Equipments		120058
泵（万台）	Pump (10000 sets)	53	4817
压缩机（万台）	Compressor (10000 sets)	15	12813
分离设备	Separation Equipment		36199
机床（台）	Machine Tools (sets)	165	34923
自动数据处理设备及其零部件	ADPE and Its Parts		3975
半导体制造设备（台）	Semiconductor Manufacturing Equipment (set)	22	8310
电气控制装置	Electrical Control Gear		422527
阀门及类似装置（万套）	Valve and Similar Devices (10000 sets)	974	22285
电工器材	Electrical Appliances		746962
蓄电池（万个）	Electric Accumulators (10000 sets)	43	76575
电视摄像机.数字照相机及视频摄录一体机（台）	Television Cameras,Digital Cameras and Camcorder (set)	800666	76488
生命科学技术	Life Science and Technology		85506
光电技术	Photoelectric Technology		76795
计算机集成制造技术	CIM Technology		286317
电容器（万个）	Capacitor (ton)	13	16436
材料技术	Materials Technology		12308
印刷电路（万块）	Printed Circuit (10000 Pieces)	636	5686
二极管及类似半导体器件（百万个）	Diode and Similar Semiconductor (10000 sets)	1552	26946
集成电路（百万个）	Integrated Circuit (10000 sets)	359	122493
电线和电缆（吨）	Wire and Cable (ton)	1918	30326
汽车（包含底盘）（辆）	Motor Vehicles (Inoluding Chassis) (units)	49105	1486425
汽车零配件	Parts of Motor Vehicles		3188595
医疗仪器及器械	Medical Instruments and Appliances		11141
计量检测分析自控仪器及器具	Measurement Analysis of the Control Instrument and Appliances		569617
机电产品	Mechanical and Electrical Products		8116581
高新技术产品	High and New-tech Products		1672229
文化产品	Cultural Products		78689

6－4 全部企业按贸易方式分进出口总值表（2020年）

Total Value of Imports and Exports by Trade Mode（2020）

单位: 万元　　　　unit:10000 yuan

指标	Item	进出口总值 Total Imports and Exports	出口总值 Total Exports	进口总值 Total Imports
进出口贸易总值	**Total Value of Imports and Exports**	**12801224**	**2907997**	**9893228**
一般贸易	General Trade	11540174	2090499	9449675
国家间、国际组织无偿援助和赠送的物资	Donation of International Associations			
华侨、港澳同胞、外籍华人捐赠物资	Donation of Overseas Chinese	1248	96	1152
加工贸易	Processing Trade	968880	755027	213853
补偿贸易	Compensation Trade			
来料加工装配贸易	Processing and Assembled Trade	70800	34758	36042
进料加工贸易	Processing Trade for Imported Material	898080	720268	177811
寄售、代销贸易	Sale by Consignment			
边境小额贸易	Small Trade on Border	15770	3179	12591
加工贸易进口设备	Imported Equipment for Processing Trade			
对外承包工程出口货物	Exported Goods on Contracted Projects	3919	3919	
租赁贸易	Leasehold Trade			
外商投资企业作为投资进口的设备、物品	Imported Equipment used as Investment by Foreign Funded Enterprises	2662		2662
出料加工贸易	Processing Trade for Exported Materials	13573	7310	6264
易货贸易	Barker Trade			
免税外汇商品	Tax-free Foreign Exchange Commodities			
保税监管场所进出境货物	Importing Goods in Bonded Supervision Places	53220	10951	42269
海关特殊监管区域物流货物	Goods in the Areas under Special Customs Supervision	122618	20050	102568
海关特殊监管区域进口设备	Imported Equipment in the Areas under Special Customs Supervision	214		214
其它	Others	78947	16966	61981

6－5 全部企业按主要国家（地区）分进出口总值表（2020年）

Total Value of Imports and Exports of All Enterprises by Major Countries（regions）（2020）

单位: 万元　　　　unit:10000 yuan

国　别（地区）	Country (Region)	进出口总值 Total Exports and Imports	出口总额 Total Exports	进口总额 Total Imports
进出口贸易总值	**Total Value of Imports and Exports**	**12801224**	**2907997**	**9893228**
亚洲	**Asia**	**3184674**	**1266993**	**1917680**
# 柬埔寨	Cambodia	1395	1280	115
中国香港	Hong Kong, China	28190	27750	441
印度	India	169304	150140	19164
印度尼西亚	Indonesia	116354	82827	33527
伊朗	Iran	23326	23326	
伊拉克	Iraq	2663	2663	
以色列	Israel	67712	54807	12905
日本	Japan	1302376	219352	1083024
约旦	Jordan	2487	2486	
马来西亚	Malaysia	71918	27538	44380
巴基斯坦	Pakistan	34870	33123	1747
菲律宾	Philippines	84908	52134	32774
沙特阿拉伯	Saudi Arabia	30216	28574	1642
新加坡	Singapore	49232	29167	20064
韩国	South Korea	511021	289994	221027
叙利亚	Syria	298	298	
泰国	Thailand	260437	73523	186913
土耳其	Turkey	40438	23584	16854
阿拉伯联合酋长国	United Arab Emirates	13460	12382	1079
越南	Vietnam	49968	42629	7339
中国台湾	Taiwan,China	122676	35010	87666
哈萨克	Kazakstan	7535	5688	1847
非洲	**Africa**	**146592**	**101258**	**45334**
# 阿尔及利亚	Algeria	1525	1525	
埃及	Egypt	5801	5800	
埃塞俄比亚	Ethiopia	2484	167	2317
加纳	Ghana	2524	2524	
尼日利亚	Nigeria	6800	6119	681
南非（阿扎尼亚）	South Africa	39864	38926	937
苏丹	Sudan	183	183	

6－5 续表

单位: 万元

unit:10000 yuan

国　　别（地区）	Country (Region)	进出口总值 Total Exports and Imports	出口总额 Total Exports	进口总额 Total Imports
欧洲	**Europe**	**7539800**	**968975**	**6570826**
# 比利时	Belgium	167874	68402	99472
丹麦	Denmark	14894	5627	9267
英国	UK	119480	97748	21733
德国	Germany	3050806	251454	2799352
法国	France	276763	44715	232048
爱尔兰	Ireland	29753	27235	2518
意大利	Italy	174921	68789	106132
卢森堡	Luxemburg	891	2	889
荷兰	Netherland	119367	88682	30685
西班牙	Spain	135823	48855	86968
奥地利	Austria	69337	3411	65926
匈牙利	Hungary	557308	4508	552801
挪威	Norway	12680	1585	11095
波兰	Poland	198128	22939	175189
瑞典	Sweden	37291	8418	28873
瑞士	Switzerland	48439	3293	45147
俄罗斯	Russia	577555	169603	407952
乌克兰	Ukraine	23658	4015	19643
捷克共和国	Czech	498179	9032	489148
拉丁美洲	**Latin America**	**1192102**	**124224**	**1067879**
# 阿根廷	Argentina	4458	2843	1615
巴西	Brazil	325672	18058	307614
墨西哥	Mexico	652878	74279	578599
委内瑞拉	Venezuela	804	804	
北美洲	**North America**	**513876**	**268416**	**245460**
加拿大	Canada	65969	46594	19375
美国	USA	447907	221822	226085
大洋洲	**Oceanic and Pacific Islands**	**212715**	**178132**	**34583**
# 澳大利亚	Australia	202701	172223	30478
国别不详的或联合国组织	**UN or other**	**11465**		**11465**
东盟组织	**ASEAN**	**645142**	**319948**	**325194**
欧盟组织	**European Union**	**6714899**	**685219**	**6029681**
一带一路沿线国家	**Countries Along the Belt and Road**	**3813167**	**926439**	**2886729**

6－6 国外经济合作情况

Economic Cooperation with Foreign Countries

指　　标	Item	新签合同（万美元）New Contracted (10000 USD)			实际完成（万美元）Actual Finished (10000 USD)		
		2018	2019	2020	2018	2019	2020
合计	**Total**	**78919**	**70035**	**106161**	**49755**	**57539**	**52537**
对外承包工程	Contracted Projects	49424	39666	94697	30444	33302	28773
对外劳务工程	Labor Cooperation	29495	30369	11464	19311	24237	23764

6－7 旅游事业发展情况（一）

Development of Tourism（One）

年　份 Year	星级饭店总数（个）Total Number of Star-ranked Hotels (unit)	入境旅游人数（万人次）Number of International Tourists (10 000 person－times)	#外国人 Foreigners	国际旅游外汇收入（万美元）Foreign Exchange Earning From Tourism (10 000 USD)	国内旅游人次（万人次）Number of Domestic Tourists (10 000 person－times)	国内旅游收入（亿元）Earning from Domestic Tourism (100 million yuan)	国内旅游人均花费（元）Domestic Tourism Spending Per Capita (yuan)
1981	135						
1982	130						
1983	130						
1984	156						
1985		2.4	1.0	165		0.13	
1986		3.1	1.6	235		0.12	
1987		3.6	1.5	255		0.20	
1988		4.2	1.8	380		0.32	
1989	23	2.5	1.2	335		0.33	
1990	27	4.6	3.0	610		0.44	
1991	33	6.2	3.6	859		0.78	
1992	35	8.4	5.3	1106		2.55	
1993	38	7.9	5.6	1110		2.76	
1994	48	10.7	9.3	2488			
1995	52	15.6	14.5	4148			
1996	72	18.8	17.6	5310			
1997	73	20.0	18.1	5935	1240	16.71	135
1998	86	13.1	11.6	3783	1317	26.61	202
1999	95	15.9	14.1	4483	1463	34.90	239
2000	151	22.3	19.2	5804	1809	51.94	287
2001	151	27.2	23.7	7579	2225	77.39	348
2002	172	29.4	25.9	8700	2455	108.17	441
2003	182	21.2	18.5	6638	2331	136.22	584
2004	176	32.4	27.7	9600	2588	175.92	680
2005	198	37.3	30.7	11953	2851	219.34	769
2006	210	44.9	36.8	14244	3193	264.00	827
2007	216	54.4	44.2	17931	3704	336.51	909
2008	236	61.7	52.5	21144	4497	436.10	970
2009	231	68.1	58.3	24294	5433	564.10	1038
2010	223	82.0	72.2	30492	6409	712.39	1112
2011	208	99.3	85.5	38528	7542	904.29	1199
2012	228	118.3	100.9	49477	8854	1146.89	1295
2013	223	127.4	110.5	57053	10242	1441.64	1408
2014	218	137.7	119.9	67538	12004	1766.55	1472
2015	215	148.1	129.2	72414	13983	2220.73	1588
2016	193	162.0	142.2	79121	16417	2845.94	1734
2017	176	148.4	128.3	76579	19093	3456.50	1810
2018	147	143.8	123.8	68585	22013	4165.60	1892
2019	98	137.0	121.0	61496	24696	4877.89	1975
2020	105	20.8	16.9	9692	15321	2528.10	1650

6－8　旅游事业发展情况（二）
Development of Tourism（Two）

指　　标	Item	2018	2019	2020
入境旅游者人数（人次）	Total Number of International Tourists (person－time)	1437543	1365800	208285
外国人	Foreigners	1238441	1211100	169071
港澳同胞	From Hong Kong and Macao	112146	100800	31763
台湾同胞	From Taiwan	86956	53900	7451
海外旅游者人天数（人天）	Intenational Tourists Person-Day(person－day)	4097910	3837954	568811
外国人	Foreigners	3612338	3382293	466890
港澳同胞	From Hong Kong and Macao	277953	289931	83236
台湾同胞	From Taiwan	207619	165730	18685
国际旅游外汇收入（万美元）	Foreign Exchange Earnings from Tourism(10000 USD)	68584.55	61495.88	9691.66
国内旅游人数（万人次）	Total Number of Domestic Tourists(10000 person－times)	22012.64	24696.43	15321.40
国内旅游收入（亿元）	Earnings from Domestic Tourism(100 million yuan)	4165.60	4877.89	2528.10
旅游接待总人数（万人次）	Total Number of Tourists(10000 person－times)	22156.39	24833.01	15342.23
旅游总收入（亿元）	Total Income of Tourism(100 million yuan)	4210.87	4920.38	2534.59

注：海外旅游者人数及人天数中的外国人包括华侨数。
Note：The data of international tourists include overseas Chinese.

6－9　各地区旅游情况
Tourism Situation by Region

地　区	Region	2019				2020			
		国内旅游人数（万人次） Number of Domestic Tourists(10000 Person-time)	入境人数（万人次） Number of Oversea Visitors Arrivals (10000 Person-time)	国内旅游收入（亿元） Earnings from Domestic Tourism(100 million yuan)	旅游外汇收入（万美元） Exchange Earnings from Tourism (10000 USD)	国内旅游人数（万人次） Number of Domestic Tourists(10000 Person-time)	入境人数（万人次） Number of Oversea Visitors Arrivals (10000 Person-time)	国内旅游收入（亿元） Earnings from Domestic Tourism(100 million yuan)	旅游外汇收入（万美元） Exchange Earnings from Tourism (10000 USD)
全　省	**Total**	**2469[illegible].4**	**136.58**	**4877.89**	**61495.88**	**15321.40**	**20.83**	**2528.10**	**9691.66**
长　春	Changchun	101[illegible].8	41.65	2172.24	22874.04	7223.48	14.77	1376.78	6865.01
吉　林	Jilin	[illegible]3[illegible]4.8	12.24	1184.42	4344.99	3729.87	1.31	547.16	511.95
四　平	Siping	5[illegible].1	0.22	26.29	39.03	373.15	0.01	61.57	2.43
辽　源	Liaoyuan	3[illegible]1.9	0.29	66.63	122.00	288.30	0.02	29.36	2.00
通　化	Tonghua	[illegible]7[illegible]7.5	17.02	308.15	3787.00	1004.03	0.85	66.80	168.90
白　山	Baishan	[illegible]2[illegible]1.6	5.53	197.37	2260.00	476.44	0.15	79.90	102.00
松　原	Songyuan	10[illegible].4	2.75	179.05	1420.00	651.44	0.91	76.26	607.77
白　城	Baicheng	5[illegible]9.7	0.31	95.38	114.11	153.60	0.00	26.72	
延　边	Yanbian	26[illegible]4.8	56.58	537.47	26534.71	788.79	2.29	97.24	1252.60
长白山	Changbaishan	5[illegible]0.0	29.80	48.80	10600.00	175.00	0.51	15.70	179.00
梅河口	Meihekou					501.30	0.0021	50.01	0.56

注：延边数据2019年包含长白山，202[illegible]年不包含长白山。
Note：Datas of Yanbian include those of Changbai Mountain .

6－10　按国别分入境旅游人数

Number of Oversea Visitor by Country Region

国　　家	Countries (Region)	2015	2016	2017	2018	2019	2020
入境旅游人数（人次）	**Number of Oversea Visitor Arrivals(person－time)**	**1480994**	**1619530**	**1484300**	**1437543**	**1365800**	**208285**
外国人	Foreigners	1292095	1421729	1283400	1238441	1211100	169071
# 日本	Japan	47508	55445	113203	54053	61930	9904
韩国	South Korea	786576	853083	589879	598775	650149	40706
菲律宾	Philippines	4049	4191	5015	9483	11556	4179
新加坡	Singapore	45360	49670	22221	38512	27182	5787
英国	United Kingdom	10829	11437	16045	34629	17528	10012
德国	Germany	56049	61953	89886	45915	44399	13484
俄罗斯	Russia	248802	187979	296462	281446	222806	13238
加拿大	Canada	10825	11505	11999	19471	7931	1485
美国	United States	15809	18104	25792	34629	46475	28932
港澳同胞	Form Hong Kong, Macao	105653	111713	114960	112146	100800	31763
台湾同胞	From Taiwan	83246	86088	85940	86956	53900	7451

[illegible]－11 国内游客出游方式构成表

Composition of Domestic Tourists Travel Mode

单位: %　　　　　　　　　　　　　　　　　　　　　　　　　　　　　　　　unit:%

年份 year	单位组织 Organized by Own Company	家庭或与亲朋结伴 With Family or Friends	旅行社组织 Organized by Travel Agency	个人旅行 Personal Travel	自驾游 Self-driving	其他 Others
2001	25.1[illegible]	23.26	7.35	19.85		24.41
2002	24.5[illegible]	23.84	8.56	18.51		24.57
2003	24.9[illegible]	23.67	8.69	21.19		21.47
2004	23.8[illegible]	22.50	5.69	22.29		25.66
2005	25.4[illegible]	24.32	11.73	20.97		17.52
2006	22.8[illegible]	26.71	9.73	22.96		17.79
2007	19.0[illegible]	25.70	7.80	24.50		23.00
2008	18.7[illegible]	26.30	6.60	26.70		21.70
2009	19.[illegible]	26.00	6.00	22.00		27.00
2010	22.[illegible]	27.00	5.00	22.00		24.00
2011	2[illegible].[illegible]	27.00	7.00	24.00		22.00
2012	22.[illegible]	28.00	11.00	18.00		21.00
2013	21.[illegible]	28.90	12.50	19.90		17.70
2014	20.[illegible]	37.60	9.90	16.70		15.10
2015	9.[illegible]	36.90	18.20	18.90		16.10
2016	10.[illegible]	19.40	11.10	25.60	21.30	12.00
2017	9.[illegible]	17.90	10.09	16.60	37.10	9.01
2018	8.[illegible]	26.30	12.00	10.60	38.80	4.20
2019	6.[illegible]	32.50	9.70	6.80	40.80	3.70
2020	3.[illegible]	33.50	4.00	11.80	41.80	5.40

第七篇

CHAPTER ▶ 07

能源生产和消费

Production and Consumption of Energy

资料整理人员：

刘　冰

7－1 历年能源生产总量及构成
Total Production of Energy and Its Composition

年 份 Year	能源生产总量（万吨标准煤） Total Energy Production (10 000 tons of SCE)	占能源生产总量的比重（%） As Percentage of Total Energy Production			
		#原 煤 Coal	原 油 Crude Oil	天然气 Natural Gas	一次电力 Primary Electricity
1978	1635.6	81.0	16.2		2.8
1979	1689.4	79.2	15.8	1.2	3.9
1980	1530.3	75.9	16.5	2.0	5.6
1981	1493.2	74.4	15.6	0.8	9.1
1982	1538.5	79.1	15.8	0.7	4.3
1983	1637.2	77.8	15.5	0.7	6.0
1984	1787.6	76.9	15.3	0.5	7.3
1985	1947.2	76.3	15.6	0.5	7.5
1986	2142.2	71.0	15.8	0.6	12.6
1987	2201.6	68.4	18.6	0.6	12.4
1988	2292.4	69.4	19.6	0.6	10.4
1989	2369.9	73.5	20.6	0.6	5.3
1990	2572.3	72.5	19.8	0.5	7.2
1991	2593.3	70.5	18.9	0.6	10.0
1992	2259.4	71.2	21.8	1.0	6.0
1993	2248.7	69.3	21.5	1.2	8.0
1994	2311.1	68.8	20.5	1.0	9.6
1995	2512.9	67.6	19.5	0.9	12.0
1996	2452.0	68.2	21.8	1.0	9.0
1997	2499.5	68.8	23.2	1.4	6.6
1998	2134.6	64.2	26.6	1.6	2.3
1999	1969.9	62.9	26.0	1.9	9.2
2000	1885.6	61.4	26.4	2.0	10.3
2001	1956.7	57.8	28.4	1.9	11.9
2002	2109.5	61.5	28.6	1.4	8.5
2003	2205.3	65.6	30.9	1.4	2.1
2004	2458.9	67.3	28.0	1.9	2.9
2005	2574.3	62.7	30.6	2.8	3.8
2006	2879.2	65.0	30.8	1.1	2.3
2007	3146.9	67.9	28.2	1.0	2.5
2008	3584.8	67.4	26.9	2.5	2.2
2009	4192.9	70.2	21.5	5.0	2.5
2010	4790.8	70.0	20.9	4.9	3.5
2011	5083.7	70.7	20.8	5.1	2.8
2012	5710.8	71.2	20.3	5.3	2.7
2013	3763.3	47.9	26.7	8.4	14.0
2014	3634.1	49.8	26.1	8.2	12.3
2015	3234.7	45.4	29.4	8.4	10.4
2016	2762.7	34.1	32.2	9.5	16.6
2017	2538.1	37.9	23.5	9.8	20.4
2018	2396.8	34.3	23.1	9.7	24.9
2019	2288.2	27.7	24.1	11.2	27.6
2020	2349.3	20.2	24.6	11.2	32.6

注：2013年以后能源生产总量和能源结构是按等价值计算的，以前年份是按当量值计算的；受四经普影响，2015年以后数据有调整。
Note: After 2013,total energy production and energy structure are calculated according to the value of heat value equivalent.Data since 2015 are adjusted according to the 4th National Economic Census.

7-2 历年能源消费总量及构成
Total Consumption of Energy and Its Composition

年 份 Year	能源消费总量 （万吨标准煤） Total Energy Consumption (10 000 tons of SCE)	占能源消费总量的比重（%） As Percentage of Total Energy Consumption			
		#煤品燃料 Coal fuel	油品燃料 Oil fuel	天然气 Natural Gas	一次电力 Primary Electricity
1978	1661.4	70.4	26.7		2.9
1979	1741.2	72.5	25.5		3.9
1980	1930.2	73.4	21.3	1.9	3.9
1981	1819.5	72.7	22.1	0.5	5.4
1982	2117.3	76.2	18.4	0.6	3.0
1983	2313.0	73.0	18.5	0.5	4.0
1984	2495.5	74.0	20.9	0.4	5.0
1985	2658.3	74.1	19.3	0.4	5.2
1986	2772.1	71.5	19.4	0.4	9.0
1987	3080.9	71.9	17.2	0.4	8.3
1988	3283.3	74.0	18.1	0.4	6.7
1989	3392.7	77.1	18.3	0.4	3.5
1990	3523.4	63.5	16.8	0.3	19.3
1991	3572.8	64.4	15.5	0.4	19.7
1992	3614.6	63.6	15.8	0.5	20.1
1993	3793.8	65.1	15.1	0.6	19.3
1994	3856.5	64.4	13.8	0.6	21.2
1995	3954.2	62.2	14.7	0.5	22.6
1996	4032.7	62.6	15.0	0.5	21.9
1997	4177.2	58.8	18.1	0.7	22.4
1998	3626.8	54.9	20.7	0.9	23.6
1999	3693.2	53.2	21.1	0.8	24.9
2000	3527.7	53.0	20.9	0.8	25.3
2001	3712.7	53.7	19.9	0.7	25.6
2002	4209.0	56.2	18.5	0.7	24.7
2003	4468.8	73.8	22.4	2.1	1.0
2004	4778.7	75.6	20.5	2.2	1.5
2005	5258.5	76.5	20.9	1.9	1.8
2006	5871.5	77.7	19.3	1.7	1.1
2007	6465.9	76.1	19.4	2.0	1.2
2008	7100.1	77.7	16.9	2.5	1.1
2009	7553.4	78.7	16.0	2.8	1.4
2010	8172.8	77.9	17.8	2.9	2.1
2011	8886.9	78.2	16.6	2.9	1.6
2012	9028.3	77.3	15.9	3.4	1.7
2013	8645.4	71.8	17.0	3.7	6.1
2014	8559.8	71.7	17.0	3.5	5.2
2015	7020.1	69.3	19.7	3.9	4.8
2016	6885.7	67.4	20.6	4.4	6.7
2017	6881.4	65.8	21.3	4.8	7.5
2018	7000.4	65.6	20.9	5.4	8.5
2019	7132.2	66.8	20.4	5.4	8.9
2020	7185.7	66.8	19.9	5.8	10.7

注：①2013年能耗总量按全国第三次经济普查数据重新进行了调整；受四经普影响，2015年以后数据有调整。
②2013年以后能源消费总量和能源结构是按等价值计算的，以前年份是按当量值计算的。

Note: ①The total amount of energy consumed in 2013 was adjusted according to the third national economic census data.Data since 2015 are adjusted according to the 4th National Economic Census.
②After 2013,the total energy consumption and energy structure are calculated according to the value of heat value equivalent.

7－3 分行业能源品种消费（实物量）（2020年）

行　　业	Item	原　煤 (万吨) Raw Coal (10000tons)
消费总计	**Total Consumption**	**8088.17**
一、农、林、牧、渔业	Agriculture,Forestry,Animal Husbandry and Fishery	26.45
二、工业合计	Industry	7800.49
轻工业	Light Industry	563.65
重工业	Heavy Industry	7236.84
（一）采矿业	Mining	228.63
煤炭开采和洗选业	Mining and Washing of Coal	215.47
石油和天然气开采业	Extraction of Petroleum and Natural Gas	0.46
黑色金属矿采选业	Mining and Processing of Ferrous Metal Ores	4.72
有色金属矿采选业	Mining and Processing of Non–ferrous Metal Ores	1.91
非金属矿采选业	Mining and Processing of Nonmetal Ores	5.52
开采辅助活动	Mining Support Activities	0.55
其他采矿业	Mining of Other Ores	
（二）制造业	Manufacturing	1474.13
农副食品加工业	Processing of Food from Agricultural Products	162.13
食品制造业	Manufacture of Foods	149.21
酒、饮料和精制茶制造业	Manufacture of Liquor,Beverages and Refined Tea	96.32
烟草制品业	Manufacture of Tobacco	
纺织业	Manufacture of Textile	0.34
纺织服装、服饰业	Manufacture of Textile and Apparel	
皮革、毛皮、羽毛及其制品和制鞋业	Manufacture of Leather,Fur,Feathers and Footwear Industry	0.11
木材加工及木、竹、藤、棕、草制品业	Manufacture of Articles for Processing of Timber,Manufacture of Wood,Bamboo,Rattan,Palm and Straw Products	2.90
家具制造业	Manufacture of Furniture	0.14
造纸及纸制品业	Manufacture of Paper and Paper Products	19.55
印刷和记录媒介复制业	Printing,Reproduction of Recording Media	0.08
文教、工美、体育和娱乐用品制造业	Manufacture of Articles for Culture Education,Art,Sports and Entertainment Goods Industry	0.34
石油加工、炼焦和核燃料加工业	Processing of Petroleum,Coking,Processing of Nuclear Fuel	1.13
化学原料和化学制品制造业	Manufacture of Raw Chemical Materials and Chemical Products	308.96
医药制造业	Manufacture of Medicines	40.32
化学纤维制造业	Manufacture Chemical Fibers	93.14
橡胶和塑料制品业	Manufacture of Rubber and Plastic	2.45
非金属矿物制品业	Manufacture of Non－metallic Mineral Products	326.39
黑色金属冶炼和压延加工业	Smelting and Pressing of Ferrous Metals	197.38

Total Consumption of Energy by Sector (Actual Quantity) (2020)

煤制品 (万吨) Coal Products (10000tons)	焦 炭 (万吨) Coke (10000tons)	焦炉煤气 (亿立方米) Coal Oven Gas (100 million cu.m)	原 油 (万吨) Crude Oil (10000tons)	汽 油 (万吨) Gasoline (10000tons)	煤 油 (万吨) Kerosene (10000tons)
0.63	**6[illegible].56**	**13.87**	**970.25**	**174.35**	**28.35**
	1.58			28.48	
0.63	[illegible]7.98	12.97	970.25	8.90	0.01
0.61	[illegible]0.73			1.80	0.01
0.02	[illegible]7.25	12.97	970.25	7.10	
	[illegible]1.50		9.64	1.45	
				0.04	
			9.64	0.98	
	[illegible]1.50			0.01	
				0.04	
				0.03	
				0.35	
0.61	[illegible]6.48	12.97	959.56	6.82	0.01
				0.95	0.01
				0.06	
				0.04	
				0.02	
				0.06	
				0.01	
				0.01	
				0.02	
			71.87	0.02	
			887.39	0.67	
0.61	[illegible]0.62			0.68	
				0.03	
	[illegible]2.98	1.07	0.30	0.34	
	[illegible]8.03	11.90		0.02	

7－3 续表 1

行　　业	Item	原　煤 (万吨) Raw Coal (10000tons)
有色金属冶炼和压延加工业	Smelting and Pressing of Non-ferrous Metals	10.97
金属制品业	Manufacture of Metal Products	12.50
通用设备制造业	Manufacture of General Purpose Machinery	9.68
专用设备制造业	Manufacture of Special Purpose Machinery	0.27
汽车制造业	Manufacture of Automobiles	28.49
铁路、船舶、航空航天和其他运输设备制造业	Manufacture of Railway,Ship,Aerospace and Other Transport Equipment	8.96
电气机械和器材制造业	Manufacture of Electrical Machinery and Equipment	0.15
通信设备、计算机和其他电子设备制造业	Manufacture of Communication Equipment,Computers and Other Electronic Equipment	
仪器仪表制造业	Manufacture of Measuring Instrument	
其他制造业	Other Manufacturing	1.97
废弃资源综合利用业	Waste Resources Utilization Industry	0.13
金属制品、机械和设备修理业	Metal Products,Machinery and Equipment Repair Industry	0.12
（三）电力、热力、燃气及水的生产和供应业	Production and Supply of Electricity,Gas and Water	6097.73
电力、热力的生产和供应业	Production and Supply of Electric Power and Heat Power	6097.67
燃气生产和供应业	Production and Supply of Gas	
水的生产和供应业	Production and Supply of Water	0.06
三、建筑业	Construction	1.30
房屋和土木工程建筑业	Construction of Building and Civil Engineering	0.55
建筑安装业	Construction Installation	0.62
建筑装饰业	Construction Decoration	0.09
其它建筑业	Other Construction	0.04
四、交通运输储运业和邮政业	Transport,Storage and Post	3.58
铁路运输业	Railway Transport	0.73
道路运输业	Road Transport	
水上运输业	Water Transport	
航空运输业	Air Transport	2.80
管道运输业	Transport Via Pipeline	
装卸搬运及其他运输服务业	Loading,Unloading,Portage and Other Transport Services	
仓储业	Storage	0.05
邮政业	Post	
五、批发、零售业和住宿、餐饮业	Wholesale,Retail Trades,Hotels and Catering Services	1.55
六、其他行业	Others	107.67
七、城乡居民生活	Residential Comsumption	147.13

continued

煤制品 (万吨) Coal Products (10000tons)	焦　炭 (万吨) Coke (10000tons)	焦炉煤气 (亿立方米) Coal Oven Gas (100 million cu.m)	原　油 (万吨) Crude Oil (10000tons)	汽　油 (万吨) Gasoline (10000tons)	煤　油 (万吨) Kerosene (10000tons)
	0.98			0.02	
	0.12			0.20	
	1.82			0.05	
	0.15			0.09	
	1.58			3.35	
				0.06	
	0.01			0.06	
				0.01	
				0.01	
	0.11			0.01	
	0.08			0.01	
				0.02	
0.02			1.05	0.63	
			1.05	0.54	
				0.03	
0.02				0.06	
				15.37	
				9.71	
				2.98	
				1.88	
				0.80	
				43.09	28.34
				0.12	
				33.70	
				0.27	
				0.33	28.34
				0.35	
				3.34	
				4.98	
				9.99	
				47.34	
		0.90		21.18	

行　业	Item	柴 油 （万吨） Diesel Oil (10000tons)
消费总计	**Total Consumption**	**341.79**
一、农、林、牧、渔业	Agriculture,Forestry,Animal Husbandry and Fishery	36.57
二、工业合计	Industry	26.33
轻工业	Light Industry	3.23
重工业	Heavy Industry	23.10
（一）采矿业	Mining	9.62
煤炭开采和洗选业	Mining and Washing of Coal	0.66
石油和天然气开采业	Extraction of Petroleum and Natural Gas	1.91
黑色金属矿采选业	Mining and Processing of Ferrous Metal Ores	0.99
有色金属矿采选业	Mining and Processing of Non–ferrous Metal Ores	1.60
非金属矿采选业	Mining and Processing of Nonmetal Ores	1.37
开采辅助活动	Mining Support Activities	3.09
其他采矿业	Mining of Other Ores	
（二）制造业	Manufacturing	15.34
农副食品加工业	Processing of Food from Agricultural Products	1.42
食品制造业	Manufacture of Foods	0.07
酒、饮料和精制茶制造业	Manufacture of Liquor,Beverages and Refined Tea	0.56
烟草制品业	Manufacture of Tobacco	0.07
纺织业	Manufacture of Textile	0.06
纺织服装、服饰业	Manufacture of Textile and Apparel	0.07
皮革、毛皮、羽毛及其制品和制鞋业	Manufacture of Leather,Fur,Feathers and Footwear Industry	
木材加工及木、竹、藤、棕、草制品业	Manufacture of Articles for Processing of Timber,Manufacture of Wood,Bamboo,Rattan,Palm and Straw Products	0.34
家具制造业	Manufacture of Furniture	0.06
造纸及纸制品业	Manufacture of Paper and Paper Products	0.18
印刷和记录媒介复制业	Printing,Reproduction of Recording Media	0.31
文教、工美、体育和娱乐用品制造业	Manufacture of Articles for Culture Education,Art,Sports and Entertainment Goods Industry	
石油加工、炼焦和核燃料加工业	Processing of Petroleum,Coking,Processing of Nuclear Fuel	0.17
化学原料和化学制品制造业	Manufacture of Raw Chemical Materials and Chemical Products	0.85
医药制造业	Manufacture of Medicines	0.19
化学纤维制造业	Manufacture Chemical Fibers	0.19
橡胶和塑料制品业	Manufacture of Rubber and Plastic	0.03
非金属矿物制品业	Manufacture of Non – metallic Mineral Products	4.78
黑色金属冶炼和压延加工业	Smelting and Pressing of Ferrous Metals	0.51

continued

燃料油（万吨）Fuel Oil (10000tons)	液化石油气（万吨）Liquefied Petroleum Gas (10000tons)	炼厂干气（万吨）Refinery Dry Gas (10000tons)	其它石油制品（万吨）Other Petroleum Products (10000tons)	天然气（亿立方米）Natural Gas (100 million cu.m)	热力（万百万千焦）Heat Power (10 billion kilo-joule)	电力（亿千瓦时）Electric Power (100 million kWh)
32.52	**26.09**	**34.90**	**216.77**	**31.67**	**33795.85**	**805.40**
						22.90
32.52	6.50	34.90	216.77	13.52	17153.48	468.72
0.72	0.76		0.88	1.26	8644.10	49.64
31.80	5.74	34.90	215.89	12.26	8509.38	419.08
0.01	0.06			3.17	1459.25	32.80
					1413.72	4.83
				3.15	25.50	16.10
					20.03	4.29
						6.92
0.01	0.06					0.46
				0.02		0.20
32.43	6.44	34.90	216.77	9.14	15020.30	247.70
0.15	0.23		0.06	0.25	2329.57	17.28
0.11	0.16			0.17	759.19	3.43
0.09				0.14	1606.52	8.65
				0.04	5.29	0.40
					10.05	1.15
				0.01	144.10	0.60
						0.05
0.01				0.01	0.37	0.99
					0.24	0.13
				0.09	314.24	4.20
	0.13				103.14	0.32
				0.01		0.11
	5.26				5.74	3.87
31.09		34.90	211.40	4.29	4627.55	42.08
0.26	0.12			0.52	2086.46	8.07
				0.03	1239.74	5.17
0.03	0.04		1.02	0.10	119.26	4.52
0.12	0.12		2.45	0.89	589.53	29.57
				0.10	253.36	49.12

7－3 续表 3

行　　业	Item	柴　油（万吨）Diesel Oil1 (10000tons)
有色金属冶炼和压延加工业	Smelting and Pressing of Non-ferrous Metals	0.54
金属制品业	Manufacture of Metal Products	0.32
通用设备制造业	Manufacture of General Purpose Machinery	0.29
专用设备制造业	Manufacture of Special Purpose Machinery	0.32
汽车制造业	Manufacture of Automobiles	3.26
铁路、船舶、航空航天和其他运输设备制造业	Manufacture of Railway,Ship,Aerospace and Other Transport Equipment	0.34
电气机械和器材制造业	Manufacture of Electrical Machinery and Equipment	0.11
通信设备、计算机和其他电子设备制造业	Manufacture of Communication Equipment,Computers and Other Electronic Equipment	
仪器仪表制造业	Manufacture of Measuring Instrument	
其他制造业	Other Manufacturing	0.05
废弃资源综合利用业	Waste Resources Utilization Industry	0.13
金属制品、机械和设备修理业	Metal Products,Machinery and Equipment Repair Industry	0.12
（三）电力、热力、燃气及水的生产和供应业	Production and Supply of Electricity,Gas and Water	1.37
电力、热力的生产和供应业	Production and Supply of Electric Power and Heat Power	0.93
燃气生产和供应业	Production and Supply of Gas	0.21
水的生产和供应业	Production and Supply of Water	0.23
三、建筑业	Construction	27.52
房屋和土木工程建筑业	Construction of Building and Civil Engineering	2.75
建筑安装业	Construction Installation	20.08
建筑装饰业	Construction Decoration	2.31
其它建筑业	Other Construction	2.38
四、交通运输储运业和邮政业	Transport,Storage and Post	217.62
铁路运输业	Railway Transport	15.35
道路运输业	Road Transport	184.43
水上运输业	Water Transport	0.12
航空运输业	Air Transport	0.24
管道运输业	Transport Via Pipeline	
装卸搬运及其他运输服务业	Loading,Unloading,Portage and Other Transport Services	2.04
仓储业	Storage	10.84
邮政业	Post	4.60
五、批发、零售业和住宿、餐饮业	Wholesale,Retail Trades,Hotels and Catering Services	3.62
六、其他行业	Others	16.59
七、城乡居民生活	Residential Comsumption	13.54

continued

燃料油（万吨） Fuel Oil (10000tons)	液化石油气（万吨） Liquified Petroleum Gas (10000tons)	炼厂干气（万吨） Refinery Dry Gas (10000tons)	其它石油制品（万吨） Other Petroleum Products (10000tons)	天然气（亿立方米） Natural Gas (100 million cu.m)	热力（万百万千焦） Heat Power (10 billion kilo-joule)	电力（亿千瓦时） Electric Power (100 million kWh)
	0.04			0.18	18.68	6.11
0.11				0.17	5.88	2.49
0.12	0.06			0.03	0.05	1.01
0.02				0.02	0.84	1.49
0.14	0.13			1.89	619.98	52.54
0.01				0.14	102.84	1.76
					0.70	0.45
				0.06	5.09	1.61
						0.13
0.11	0.09		0.82		45.56	0.08
0.01	0.01				0.89	0.28
0.05	0.02		1.02		25.44	0.04
0.08				1.21	673.93	188.22
0.08				0.19	628.12	182.54
				1.02		2.03
					45.81	3.65
	0.47			0.51	1160.50	11.07
	0.11				277.74	6.60
	0.07				80.72	2.15
	0.23			0.16	686.81	0.23
	0.06			0.35	115.23	2.09
	4.55			6.89	1595.90	29.12
	0.02			0.08	308.25	15.18
	3.35			2.37	392.35	4.83
	0.02				87.06	0.57
					69.23	3.17
	0.63			2.73	341.69	0.24
	0.35			0.22	65.43	
	0.1[illegible]			1.21	233.87	4.66
	0.0[illegible]			0.28	98.02	0.47
	1.5[illegible]			1.55	1598.59	45.96
	[illegible].8[illegible]			2.32	3660.46	86.48
	9.2[illegible]			6.88	8626.92	141.15

7-4 地区能源平衡表（实物量）（2020年）

指　　标	Item	原　煤 (万吨) Raw Coal (10000tons)
一、可供本地区消费能源量	Total Energy Available for Consumption	8088.17
（一）年初库存量	Inventories at Beginning	877.57
（二）一次能源生产量	Primary Energy Output	1040.16
（三）外省（区、市）调入量	Allocation from Outside	6859.27
（四）进口量	Imports	443.30
（五）我轮机在外国加油量	Refuelling Abroad for Our Ships and Planes	
（六）本省（区、市）调出量（-）	Allocation from Inside	-196.05
（七）出口量（-）	Exports	-0.15
（八）外轮、机在我国加油量（-）	Refuelling in China for Foreign Ships and Planes	
（九）年末库存量（-）	Inventories at the end	-935.93
二、加工转换投入（-）产出（+）量	Output and Input in Processing and Transformation	-6768.32
（一）火力发电	Thermal Power	-3951.94
（二）供热	Heating	-2607.28
（三）煤炭洗选	Washing Coal	-209.10
（四）炼焦	Coking	
（五）炼油及煤制油	Petroleum Refining	
其中：油品再投入量（-）	Reinput for Oil	
（六）制气	Gas Production	
其中：焦炭再投入量（-）	Reinput for Coke	
（七）天然气液化	Natural Gas Liquefaction	
（八）煤制品加工	Coal Products Processing	
（九）回收能	Recycled Energy	
三、损失量	Energy Losses	
其中：运输和输配损失	Losses for Transportation and Transmission	
四、终端消费量	End-use Consumption	1319.85
（一）第一产业	Primary Industry	26.45
1. 农、林、牧、渔业	Agriculture,Forestry,Animal Husbandry and Fishery	26.45
（二）第二产业	Secondary Industry	1033.47
1. 工业	Industry	1032.17
#用作原料.材料	As Material	43.17
2.建筑业	Construction	1.30
（三）第三产业	Tertiary Industry	112.80
1. 交通运输、仓储及邮政业	Transport,Storage and Post	3.58
2. 批发、零售和住宿、餐饮业	Wholesale,Retail Trade,Hotels and Catering Services	1.55
3. 其他	Others	107.67
（四）生活消费	Residential Consumption	147.13
1. 城镇	Urban	7.38
2.乡村	Rural	139.75
五、平衡差额（+、-）	Balance	
六、消费量合计	Total Consumption	8088.17

注：本表数据与GDP核算数据有关。
Note: Data in this table is in accordance with that of GDP.

Energy Balance Sheet（Actual Quantity）（2020）

洗精煤 (万吨) Washed Coal (10000tons)	煤制品 (万吨) Coal Products (10000tons)	焦炭 (万吨) Coke (10000tons)	焦炉煤气 (万吨) Coal Oven Gas (10000tons)	原油 (万吨) Crude Oil (10000tons)	汽油 (万吨) Gasoline (10000tons)	煤油 (万吨) Kerosene (10000tons)
439.82	0.63	300.91		970.25	−35.58	−2.42
52.72	0.84	48.23		41.57	12.23	1.18
				404.41		
435.79	2.99	308.68		557.30	173.89	28.00
						0.35
−16.61	−3.14	−39.28		−11.81	−212.52	−31.16
−32.08	−0.06	−16.72		−21.22	−9.18	−0.79
−439.82		368.65	13.35	−954.96	209.91	30.77
			−0.52			
					−0.02	
43.64						
−483.46		368.65	13.87			
				−954.96	209.93	30.77
	0.63	669.56	13.35	15.29	174.33	28.35
		1.58			28.48	
		1.58			28.48	
	0.63	667.98	12.45	15.29	24.25	0.01
	0.63	667.98	12.45	15.29	8.88	0.01
					0.06	0.00
					15.37	
					100.42	28.34
					43.09	28.34
					9.99	
					47.34	
			0.90		21.18	
			0.80		11.25	
			0.10		9.93	
483.46	0.63	669.56	13.87	970.25	174.35	28.35

7－4 续表

指　　标	Item	柴　油（万吨）Diesel Oil (10000tons)
一、可供本地区消费能源量	Total Energy Available for Consumption	79.91
（一）年初库存量	Inventories at Beginning	21.46
（二）一次能源生产量	Primary Energy Output	
（三）外省（区、市）调入量	Allocation from Outside	359.25
（四）进口量	Imports	
（五）我轮机在外国加油量	Refuelling Abroad for Our Ships and Planes	
（六）本省（区、市）调出量（－）	Allocation from Inside	−283.55
（七）出口量（－）	Exports	
（八）外轮、机在我国加油量（－）	Refuelling in China for Foreign Ships and Planes	
（九）年末库存量（－）	Inventories at the end	−17.25
二、加工转换投入（－）产出（＋）量	Output and Input in Processing and Transformation	261.42
（一）火力发电	Thermal Power	−0.36
（二）供热	Heating	−0.10
（三）煤炭洗选	Washing Coal	
（四）炼焦	Coking	
（五）炼油及煤制油	Petroleum Refining	261.88
其中：油品再投入量（－）	Reinput for Oil	
（六）制气	Gas Production	
其中：焦炭再投入量（－）	Reinput for Coke	
（七）天然气液化	Natural Gas Liquefaction	
（八）煤制品加工	Coal Products Processing	
（九）回收能	Recycled Energy	
三、损失量	Energy Losses	
其中：运输和输配损失	Losses for Transportation and Transmission	
四、终端消费量	End-use Consumption	341.33
（一）第一产业	Primary Industry	36.57
1. 农、林、牧、渔业	Agriculture,Forestry,Animal Husbandry and Fishery	36.57
（二）第二产业	Secondary Industry	53.39
1. 工业	Industry	25.87
其中：用作原料、材料	As Material	0.17
2.建筑业	Construction	27.52
（三）第三产业	Tertiary Industry	237.83
1. 交通运输、仓储及邮政业	Transport,Storage and Post	217.62
2. 批发、零售和住宿、餐饮业	Wholesale,Retail Trade,Hotels and Catering Services	3.62
3. 其他	Others	16.59
（四）生活消费	Residential Consumption	13.54
1. 城镇	Urban	0.83
2. 乡村	Rural	12.71
五、平衡差额（＋、－）	Balance	
六、消费量合计	Total Consumption	341.79

continued

燃料油（万吨）Fuel Oil (10000tons)	液化石油气（万吨）Liquefied Petroleum Gas (10000tons)	炼厂干气（万吨）Refinery Dry Gas (10000tons)	其它石油制品（万吨）Other Petroleum Products (10000tons)	天然气（万吨）Natural Gas (10000tons)	热力（万百万千焦）Heat Power (10 billion kilo-joule)	电力（亿千瓦时）Electric Power (1000 million kWh)
-0.17	2.71		-22.93	34.23	-64.99	55.19
1.29			0.74	0.02		
				19.81		268.62
0.30	10.24			14.58		140.51
-0.53	-6.46		-21.47		-64.99	-353.94
-1.23	-1.07		-2.20	-0.18		
24.50	18.12	34.90	209.56	-3.50	33082.72	750.21
-2.15				-0.02	-778.12	750.21
-6.04				-0.53	32502.44	
32.69	23.38	34.90	239.70			
	-5.26		-30.14			
				-2.95		
					1358.40	
					3600.50	49.12
					229.34	49.12
24.33	20.83	34.90	186.63	30.73	29417.23	756.28
						22.90
						22.90
24.33	1.71	34.90	186.63	13.09	14164.70	430.67
24.33	1.24	34.90	186.63	12.58	13004.20	419.60
21.18	0.02		179.40	0.77		
	0.47			0.51	1160.50	11.07
	9.91			10.76	6625.61	161.56
	4.55			6.89	1366.56	29.12
	1.52			1.55	1598.59	45.96
	3.84			2.32	3660.46	86.48
	9.21			6.88	8626.92	141.15
	3.08			6.47	7532.15	94.97
	6.13			0.41	1094.77	46.18
32.52	26.09	34.90	216.77	31.67	33795.85	805.40

7-5 地区能源平衡表（标准量）（2020年）

单位: 万吨标准煤

指　　标	Item	原　煤 Raw Coal
一、可供本地区消费能源量	Total Energy Available for Consumption	4097.24
（一）年初库存量	Inventories at Beginning	507.79
（二）一次能源生产量	Primary Energy Output	475.54
（三）外省（区、市）调入量	Allocation from Outside	3491.66
（四）进口量	Imports	222.93
（五）我轮机在外国加油量	Refuelling Abroad for Our Ships and Planes	
（六）本省（区、市）调出量（-）	Allocation from Inside	-85.45
（七）出口量（-）	Exports	
（八）外轮、机在我国加油量（-）	Refuelling in China for Foreign Ships and Planes	
（九）年末库存量（-）	Inventories at the end	-515.23
二、加工转换投入（-）产出（+）量	Output and Input in Processing and Transformation	-3394.64
（一）火力发电	Thermal Power	-1865.84
（二）供热	Heating	-1409.72
（三）煤炭洗选	Washing Coal	-119.08
（四）炼焦	Coking	
（五）炼油及煤制油	Petroleum Refining	
其中：油品再投入量（-）	Reinput for Oil	
（六）制气	Gas Production	
其中：焦炭再投入量（-）	Reinput for Coke	
（七）天然气液化	Natural Gas Liquefaction	
（八）煤制品加工	Coal Products Processing	
（九）回收能	Recycled Energy	
三、损失量	Energy Losses	
其中：运输和输配损失	Losses for Transportation and Transmission	
四、终端消费量	End-use Consumption	702.60
（一）第一产业	Primary Industry	10.93
1. 农、林、牧、渔业	Agriculture,Forestry,Animal Husbandry and Fishery	10.93
（二）第二产业	Secondary Industry	583.88
1. 工业	Industry	583.34
其中：用作原料、材料	As Material	18.72
2.建筑业	Construction	0.54
（三）第三产业	Tertiary Industry	46.98
1. 交通运输、仓储及邮政业	Transport,Storage and Post	1.83
2. 批发、零售和住宿、餐饮业	Wholesale,Retail Trade,Hotels and Catering Services	0.64
3. 其他	Others	44.51
（四）生活消费	Residential Consumption	60.82
1. 城镇	Urban	3.05
2.乡村	Rural	57.77
五、平衡差额（+、-）	Balance	
六、消费量合计	Total Consumption	

注：本表数据与GDP核算数据有关。
Note: Data in this table is in accordance with that of GDP.

Energy Balance Sheet（Standard Quantity）（2020）

unit:10000tons of SCE

洗精煤 Washed Coal	煤制品 Coal Products	焦 炭 Coke	焦炉煤气 Coal Oven Gas	原 油 Crude Oil	汽 油 Gasoline	煤 油 Kerosene
417.45	0.40	329.21		1386.10	-52.35	-3.56
50.51	0.43	46.63		59.39	18.00	1.74
				577.74		
413.48		298.74		796.16	255.86	41.20
						0.51
-15.80				-16.87	-312.70	-45.85
-30.74	-0.03	-16.17		-30.31	-13.51	-1.16
-417.45		348.67	76.28	-1364.26	308.86	45.27
			-2.97			
					-0.03	
35.46						
-452.91		348.67	79.25			
				-1364.26	308.89	45.27
	0.40	677.88	76.28	21.84	256.51	41.71
		1.60			41.91	
		1.60			41.91	
	0.40	676.28	71.14	21.84	35.68	0.01
	0.40	676.28	71.14	21.84	13.07	0.01
					0.09	0.00
					22.62	
					147.76	41.70
					63.40	41.70
					14.70	
					69.66	
			5.14		31.16	
			4.57		16.55	
			0.57		14.61	

7－5 续表

单位: 万吨标准煤

指　　标	Item	柴 油 Diesel Oil
一、可供本地区消费能源量	Total Energy Available for Consumption	116.44
（一）年初库存量	Inventories at Beginning	31.27
（二）一次能源生产量	Primary Energy Output	
（三）外省（区、市）调入量	Allocation from Outside	523.46
（四）进口量	Imports	
（五）我轮机在外国加油量	Refuelling Abroad for Our Ships and Planes	
（六）本省（区、市）调出量（－）	Allocation from Inside	–413.16
（七）出口量（－）	Exports	
（八）外轮、机在我国加油量（－）	Refuelling in China for Foreign Ships and Planes	
（九）年末库存量（－）	Inventories at the end	–25.13
二、加工转换投入（－）产出（＋）量	Output and Input in Processing and Transformation	380.92
（一）火力发电	Thermal Power	–0.52
（二）供热	Heating	–0.15
（三）煤炭洗选	Washing Coal	
（四）炼焦	Coking	
（五）炼油及煤制油	Petroleum Refining	381.59
其中：油品再投入量(–)	Reinput for Oil	
（六）制气	Gas Production	
其中：焦炭再投入量（－）	Reinput for Coke	
（七）天然气液化	Natural Gas Liquefaction	
（八）煤制品加工	Coal Products Processing	
（九）回收能	Recycled Energy	
三、损失量	Energy Losses	
其中：运输和输配损失	Losses for Transportation and Transmission	
四、终端消费量	End–use Consumption	497.35
（一）第一产业	Primary Industry	53.29
1. 农、林、牧、渔业	Agriculture,Forestry,Animal Husbandry and Fishery	53.29
（二）第二产业	Secondary Industry	77.79
1. 工业	Industry	37.70
其中：用作原料、材料	As Material	0.25
2.建筑业	Construction	40.10
（三）第三产业	Tertiary Industry	346.54
1. 交通运输、仓储及邮政业	Transport,Storage and Post	317.09
2. 批发、零售和住宿、餐饮业	Wholesale,Retail Trade,Hotels and Catering Services	5.27
3. 其他	Others	24.17
（四）生活消费	Residential Consumption	19.73
1. 城镇	Urban	1.21
2. 乡村	Rural	18.52
五、平衡差额（＋、－）	Balance	
六、消费量合计	Total Consumption	

continued

unit:10000tons of SCE

燃料油 Fuel Oil	液化石油气 Liquefied Petroleum Gas	炼厂干气 Refinery Dry Gas	其它石油制品 Other Petroleum Products	天然气 Natural Gas	热力 Heat Power	电力（当量值）Electric Power（Equivalent Value）
-0.24	4.65		-32.11	445.11	-2.22	67.83
1.84			1.04	0.25		
				263.47		330.13
0.43	17.55			183.64		172.69
-0.76	-11.07		-30.06		-2.22	-434.99
-1.76	-1.83		-3.08	-2.25		
35.00	31.06	54.84	293.38	-42.69	1128.12	922.01
-3.07				-0.25	-26.53	922.01
-8.63				-7.05	1108.33	
46.70	40.08	54.84	335.58			
	-9.02		-42.20			
				-35.40		
					46.32	
					122.78	60.37
					7.82	60.37
34.76	35.71	54.84	261.28	402.42	1003.13	929.47
						28.14
						28.14
34.76	2.93	54.84	261.28	171.42	483.02	529.29
34.76	2.13	54.84	261.28	164.74	443.44	515.69
30.26	0.03		251.16	10.08		
	0.81			6.68	39.57	13.61
	16.99			140.91	225.93	198.56
	7.80			90.23	46.60	35.79
	2.61			20.30	54.51	56.48
	6.58			30.38	124.82	106.28
	15.79			90.10	294.18	173.47
	5.28			84.73	256.85	116.72
	10.51			5.37	37.33	56.76

7-6 分行业能源终端消费（实物量）（2020年）

行　业	Item	原　煤 (万吨) Raw Coal (10000tons)
消费总计	**Total Consumption**	**1319.85**
一、农、林、牧、渔业	Agriculture,Forestry,Animal Husbandry and Fishery	26.45
二、工业合计	Industry	1032.17
轻工业	Light Industry	333.84
重工业	Heavy Industry	698.33
（一）采矿业	Mining	19.53
煤炭开采和洗选业	Mining and Washing of Coal	6.37
石油和天然气开采业	Extraction of Petroleum and Natural Gas	0.46
黑色金属矿采选业	Mining and Processing of Ferrous Metal Ores	4.72
有色金属矿采选业	Mining and Processing of Non-ferrous Metal Ores	1.91
非金属矿采选业	Mining and Processing of Nonmetal Ores	5.52
开采辅助活动	Mining Support Activities	0.55
其他采矿业	Mining of Other Ores	
（二）制造业	Manufacturing	1004.00
农副食品加工业	Processing of Food from Agricultural Products	64.48
食品制造业	Manufacture of Foods	148.05
酒、饮料和精制茶制造业	Manufacture of Liquor,Beverages and Refined Tea	62.86
烟草制品业	Manufacture of Tobacco	
纺织业	Manufacture of Textile	0.34
纺织服装、服饰业	Manufacture of Textile and Apparel	
皮革、毛皮、羽毛及其制品和制鞋业	Manufacture of Leather,Fur,Feathers and Footwear Industry	0.11
木材加工及木、竹、藤、棕、草制品业	Manufacture of Articles for Processing of Timber,Manufacture of Wood,Bamboo,Rattan,Palm and Straw Products	2.90
家具制造业	Manufacture of Furniture	0.14
造纸及纸制品业	Manufacture of Paper and Paper Products	16.99
印刷和记录媒介复制业	Printing,Reproduction of Recording Media	0.08
文教、工美、体育和娱乐用品制造业	Manufacture of Articles for Culture Education,Art,Sports and Entertainment Goods Industry	0.34
石油加工、炼焦和核燃料加工业	Processing of Petroleum,Coking,Processing of Nuclear Fuel	1.13
化学原料和化学制品制造业	Manufacture of Raw Chemical Materials and Chemical Products	93.81
医药制造业	Manufacture of Medicines	40.32
化学纤维制造业	Manufacture Chemical Fibers	
橡胶和塑料制品业	Manufacture of Rubber and Plastic	2.45
非金属矿物制品业	Manufacture of Non－metallic Mineral Products	326.39
黑色金属冶炼和压延加工业	Smelting and Pressing of Ferrous Metals	197.38

End-use Energy Consumption by Sector (Actual Quantity) (2020)

煤制品 (万吨) Coal Products (10000tons)	焦炭 (万吨) Coke (10000tons)	焦炉煤气 (亿立方米) Coal Oven Gas (100 million cu.m)	原油 (万吨) Crude Oil (10000tons)	汽油 (万吨) Gasoline (10000tons)	煤油 (万吨) Kerosene (10000tons)
0.63	**[illegible]9.56**	**13.35**	**15.29**	**174.33**	**28.35**
	1.58			28.48	
0.63	[illegible]7.98	12.45	15.29	8.88	0.01
0.61	0.70			1.80	0.01
0.02	[illegible]7.28	12.45	15.29	7.08	
	[illegible]1.50		9.64	1.45	
				0.04	
			9.64	0.98	
	[illegible]1.50			0.01	
				0.04	
				0.03	
				0.35	
0.61	[illegible]56.48	12.45	4.60	6.82	0.01
				0.95	0.01
				0.06	
				0.04	
				0.02	
				0.06	
				0.01	
				0.01	
				0.02	
				0.02	
			4.30	0.67	
0.61	0.62			0.68	
				0.03	
	2.98	1.07	0.30	0.34	
	[illegible]48.03	11.38		0.02	

7-6 续表 1

行　　业	Item	原　煤 (万吨) Raw Coal (10000tons)
有色金属冶炼和压延加工业	Smelting and Pressing of Non-ferrous Metals	10.97
金属制品业	Manufacture of Metal Products	12.50
通用设备制造业	Manufacture of General Purpose Machinery	9.68
专用设备制造业	Manufacture of Special Purpose Machinery	0.27
汽车制造业	Manufacture of Automobiles	1.48
铁路、船舶、航空航天和其他运输设备制造业	Manufacture of Railway,Ship,Aerospace and Other Transport Equipment	8.96
电气机械和器材制造业	Manufacture of Electrical Machinery and Equipment	0.15
通信设备、计算机和其他电子设备制造业	Manufacture of Communication Equipment,Computers and Other Electronic Equipment	
仪器仪表制造业	Manufacture of Measuring Instrument	
其他制造业	Other Manufacturing	1.97
废弃资源综合利用业	Waste Resources Utilization Industry	0.13
金属制品、机械和设备修理业	Metal Products,Machinery and Equipment Repair Industry	0.12
（三）电力、热力、燃气及水的生产和供应业	Production and Supply of Electricity,Gas and Water	8.64
电力、热力的生产和供应业	Production and Supply of Electric Power and Heat Power	8.58
燃气生产和供应业	Production and Supply of Gas	
水的生产和供应业	Production and Supply of Water	0.06
三、建筑业	Construction	1.30
房屋和土木工程建筑业	Construction of Building and Civil Engineering	0.55
建筑安装业	Construction Installation	0.62
建筑装饰业	Construction Decoration	0.09
其它建筑业	Other Construction	0.04
四、交通运输储运业和邮政业	Transport,Storage and Post	3.58
铁路运输业	Railway Transport	0.73
道路运输业	Road Transport	
水上运输业	Water Transport	
航空运输业	Air Transport	2.80
管道运输业	Transport Via Pipeline	
装卸搬运及其他运输服务业	Loading,Unloading,Portage and Other Transport Services	
仓储业	Storage	0.05
邮政业	Post	
五、批发、零售业和住宿、餐饮业	Wholesale,Retail Trades,Hotels and Catering Services	1.55
六、其他行业	Others	107.67
七、城乡居民生活	Residential Consumption	147.13

continued

煤制品 (万吨) Coal Products (10000tons)	焦　炭 (万吨) Coke (10000tons)	焦炉煤气 (亿立方米) Coal Oven Gas (100 million cu.m)	原　油 (万吨) Crude Oil (10000tons)	汽　油 (万吨) Gasoline (10000tons)	煤　油 (万吨) Kerosene (10000tons)
	0.98			0.02	
	0.12			0.20	
	1.82			0.05	
	0.15			0.09	
	1.58			3.35	
				0.06	
	0.01			0.06	
				0.01	
				0.01	
	0.11			0.01	
	0.08			0.01	
				0.02	
0.02			1.05	0.61	
			1.05	0.52	
				0.03	
0.02				0.06	
				15.37	
				9.71	
				2.98	
				1.88	
				0.80	
				43.09	28.34
				0.12	
				33.70	
				0.27	
				0.33	28.34
				0.35	
				3.34	
				4.98	
				9.99	
				47.34	
		0.90		21.18	

7-6 续表 2

行 业	Item	柴 油（万吨）Diesel Oil (10000tons)
消费总计	**Total Consumption**	**341.33**
一、农、林、牧、渔业	Agriculture,Forestry,Animal Husbandry and Fishery	36.57
二、工业合计	Industry	25.87
轻工业	Light Industry	3.31
重工业	Heavy Industry	22.56
（一）采矿业	Mining	9.62
煤炭开采和洗选业	Mining and Washing of Coal	0.66
石油和天然气开采业	Extraction of Petroleum and Natural Gas	1.91
黑色金属矿采选业	Mining and Processing of Ferrous Metal Ores	0.99
有色金属矿采选业	Mining and Processing of Non-ferrous Metal Ores	1.60
非金属矿采选业	Mining and Processing of Nonmetal Ores	1.37
开采辅助活动	Mining Support Activities	3.09
其他采矿业	Mining of Other Ores	
（二）制造业	Manufacturing	15.31
农副食品加工业	Processing of Food from Agricultural Products	1.42
食品制造业	Manufacture of Foods	0.07
酒、饮料和精制茶制造业	Manufacture of Liquor,Beverages and Refined Tea	0.56
烟草制品业	Manufacture of Tobacco	0.07
纺织业	Manufacture of Textile	0.06
纺织服装、服饰业	Manufacture of Textile and Apparel	0.07
皮革、毛皮、羽毛及其制品和制鞋业	Manufacture of Leather,Fur,Feathers and Footwear Industry	
木材加工及木、竹、藤、棕、草制品业	Manufacture of Articles for Processing of Timber,Manufacture of Wood,Bamboo,Rattan,Palm and Straw Products	0.34
家具制造业	Manufacture of Furniture	0.06
造纸及纸制品业	Manufacture of Paper and Paper Products	0.18
印刷和记录媒介复制业	Printing,Reproduction of Recording Media	0.31
文教、工美、体育和娱乐用品制造业	Manufacture of Articles for Culture Education,Art,Sports and Entertainment Goods Industry	
石油加工、炼焦和核燃料加工业	Processing of Petroleum,Coking,Processing of Nuclear Fuel	0.17
化学原料和化学制品制造业	Manufacture of Raw Chemical Materials and Chemical Products	0.82
医药制造业	Manufacture of Medicines	0.19
化学纤维制造业	Manufacture Chemical Fibers	0.19
橡胶和塑料制品业	Manufacture of Rubber and Plastic	0.03
非金属矿物制品业	Manufacture of Non－metallic Mineral Products	4.78
黑色金属冶炼和压延加工业	Smelting and Pressing of Ferrous Metals	0.51

continued

燃料油（万吨）Fuel Oil (10000tons)	液化石油气（万吨）Liquefied Petroleum Gas (10000tons)	炼厂干气（万吨）Refinery Dry Gas (10000tons)	其它石油制品（万吨）Other Petroleum Products (10000tons)	天然气（亿立方米）Natural Gas (100 million cu.m)	热力（万百万千焦）Heat Power (10 billion kilo-joule)	电力（亿千瓦时）Electric Power (100 million kWh)
24.33	**20.83**	**34.90**	**186.63**	**30.73**	**29417.23**	**756.28**
						22.90
24.33	1.24	34.90	186.63	12.58	13004.20	419.60
0.62	0.68		0.06	1.26	7485.42	49.84
23.71	0.56	34.90	186.57	11.32	5518.78	369.76
0.01	0.06			3.17	0.29	32.80
						4.83
				3.15	0.29	16.10
						4.29
						6.92
0.01	0.06					0.46
				0.02		0.20
24.32	1.18	34.90	186.63	8.70	12836.33	247.70
0.15	0.23		0.06	0.25	1351.96	17.28
0.11	0.16			0.17	759.19	3.43
0.09				0.14	1600.63	8.65
				0.04	5.29	0.40
					10.05	1.15
				0.01	144.10	0.60
						0.05
0.01				0.01	0.37	0.99
					0.24	0.13
				0.09	259.49	4.20
	0.13				103.14	0.32
				0.01		0.11
					5.74	3.87
22.98		34.90	181.26	3.86	4333.24	42.08
0.26	0.15			0.52	2086.46	8.07
				0.03	1163.98	5.17
0.03	0.04		1.02	0.10	119.26	4.52
0.12	0.12		2.45	0.89	125.78	29.57
				0.10	0.08	49.12

7－6 续表 3

行　　业	Item	柴　油 （万吨） Diesel Oil1 (10000tons)
有色金属冶炼和压延加工业	Smelting and Pressing of Non-ferrous Metals	0.54
金属制品业	Manufacture of Metal Products	0.32
通用设备制造业	Manufacture of General Purpose Machinery	0.29
专用设备制造业	Manufacture of Special Purpose Machinery	0.32
汽车制造业	Manufacture of Automobiles	3.26
铁路、船舶、航空航天和其他运输设备制造业	Manufacture of Railway,Ship,Aerospace and Other Transport Equipment	0.34
电气机械和器材制造业	Manufacture of Electrical Machinery and Equipment	0.11
通信设备、计算机和其他电子设备制造业	Manufacture of Communication Equipment,Computers and Other Electronic Equipment	
仪器仪表制造业	Manufacture of Measuring Instrument	
其他制造业	Other Manufacturing	0.05
废弃资源综合利用业	Waste Resources Utilization Industry	0.13
金属制品、机械和设备修理业	Metal Products,Machinery and Equipment Repair Industry	0.12
（三）电力、热力、燃气及水的生产和供应业	Production and Supply of Electricity,Gas and Water	0.94
电力、热力的生产和供应业	Production and Supply of Electric Power and Heat Power	0.50
燃气生产和供应业	Production and Supply of Gas	0.21
水的生产和供应业	Production and Supply of Water	0.23
三、建筑业	Construction	27.52
房屋和土木工程建筑业	Construction of Building and Civil Engineering	2.75
建筑安装业	Construction Installation	20.08
建筑装饰业	Construction Decoration	2.31
其它建筑业	Other Construction	2.38
四、交通运输储运业和邮政业	Transport,Storage and Post	217.62
铁路运输业	Railway Transport	15.35
道路运输业	Road Transport	184.43
水上运输业	Water Transport	0.12
航空运输业	Air Transport	0.24
管道运输业	Transport Via Pipeline	
装卸搬运及其他运输服务业	Loading,Unloading,Portage and Other Transport Services	2.04
仓储业	Storage	10.84
邮政业	Post	4.60
五、批发、零售业和住宿、餐饮业	Wholesale,Retail Trades,Hotels and Catering Services	3.62
六、其他行业	Others	16.59
七、城乡居民生活	Residential Consumption	13.54

continued

燃料油（万吨）Fuel Oil (10000tons)	液化石油气（万吨）Liquified Petroleum Gas (10000tons)	炼厂干气（万吨）Refinery Dry Gas (10000tons)	其它石油制品（万吨）Other Petroleum Products (10000tons)	天然气（亿立方米）Natural Gas (100 million cu.m)	热力（万百万千焦）Heat Power (10 billion kilo-joule)	电力（亿千瓦时）Electric Power (100 million kWh)
	0.04			0.18	18.68	6.11
0.11				0.17	5.88	2.49
0.12	0.06			0.03	0.05	1.01
0.02				0.02	0.84	1.49
0.14	0.13			1.88	619.98	52.54
0.01				0.14	44.22	1.76
					0.70	0.45
				0.06	5.09	1.61
						0.13
0.11	0.09		0.82		45.56	0.08
0.01	0.01				0.89	0.28
0.05	0.02		1.02		25.44	0.04
				0.71	167.58	139.10
				0.08	121.77	133.42
				0.63		2.03
					45.81	3.65
	0.47			0.51	1160.50	11.07
	0.11				277.74	6.60
	0.07				80.72	2.15
	0.23			0.16	686.81	0.23
	0.06			0.35	115.23	2.09
	4.55			6.89	1366.56	29.12
	0.02			0.08	308.25	15.18
	3.35			2.37	392.35	4.83
	0.02				87.06	0.57
					69.23	3.17
	0.63			2.73	112.35	0.24
	0.35			0.22	65.43	
	0.11			1.21	233.87	4.66
	0.07			0.28	98.02	0.47
	1.52			1.55	1598.59	45.96
	3.84			2.32	3660.46	86.48
	9.22			6.88	8626.92	141.15

7－7　分行业能源终端消费（标准量）（2020年）

单位：万吨标准煤

指　　标	Item	原　煤 Raw Coal
消费总计	**Total Consumption**	**702.60**
一、农、林、牧、渔业	Agriculture,Forestry,Animal Husbandry and Fishery	10.93
二、工业合计	Industry	583.34
轻工业	Light Industry	150.50
重工业	Heavy Industry	432.83
（一）采矿业	Mining	13.07
煤炭开采和洗选业	Mining and Washing of Coal	2.69
石油和天然气开采业	Extraction of Petroleum and Natural Gas	0.28
黑色金属矿采选业	Mining and Processing of Ferrous Metal Ores	3.98
有色金属矿采选业	Mining and Processing of Non–ferrous Metal Ores	0.99
非金属矿采选业	Mining and Processing of Nonmetal Ores	4.79
开采辅助活动	Mining Support Activities	0.33
其他采矿业	Mining of Other Ores	
（二）制造业	Manufacturing	565.58
农副食品加工业	Processing of Food from Agricultural Products	29.80
食品制造业	Manufacture of Foods	62.64
酒、饮料和精制茶制造业	Manufacture of Liquor,Beverages and Refined Tea	26.55
烟草制品业	Manufacture of Tobacco	
纺织业	Manufacture of Textile	0.21
纺织服装、服饰业	Manufacture of Textile and Apparel	
皮革、毛皮、羽毛及其制品和制鞋业	Manufacture of Leather,Fur,Feathers and Footwear Industry	0.05
木材加工及木、竹、藤、棕、草制品业	Manufacture of Articles for Processing of Timber,Manufacture of Wood,Bamboo,Rattan,Palm and Straw Products	1.75
家具制造业	Manufacture of Furniture	0.07
造纸及纸制品业	Manufacture of Paper and Paper Products	8.07
印刷和记录媒介复制业	Printing,Reproduction of Recording Media	0.05
文教、工美、体育和娱乐用品制造业	Manufacture of Articles for Culture Education,Art,Sports and Entertainment Goods Industry	0.21
石油加工、炼焦和核燃料加工业	Processing of Petroleum,Coking,Processing of Nuclear Fuel	0.68
化学原料和化学制品制造业	Manufacture of Raw Chemical Materials and Chemical Products	41.51
医药制造业	Manufacture of Medicines	22.81
化学纤维制造业	Manufacture Chemical Fibers	
橡胶和塑料制品业	Manufacture of Rubber and Plastic	1.11
非金属矿物制品业	Manufacture of Non－metallic Mineral Products	197.71
黑色金属冶炼和压延加工业	Smelting and Pressing of Ferrous Metals	149.32

End-use Energy Consumption by Sector (Standard Quantity) (2020)

unit:10000tons of SCE

煤制品 Coal Products	焦 炭 Coke	焦炉煤气 Coal Oven Gas	原 油 Crude Oil	汽 油 Gasoline	煤 油 Kerosene
0.40	**577.88**	**76.28**	**21.84**	**256.50**	**41.71**
	1.60			41.91	
0.40	576.28	71.14	21.84	13.06	0.01
0.39	0.71			2.65	0.01
0.01	575.57	71.14	21.84	10.41	
	11.64		13.77	2.13	
				0.06	
			13.77	1.44	
	11.64			0.01	
				0.06	
				0.04	
				0.51	
0.39	564.63	71.14	6.57	10.03	0.01
				1.40	0.01
				0.09	
				0.06	
				0.03	
				0.09	
				0.01	
				0.01	
				0.03	
				0.03	
			6.14	0.99	
0.39	0.63			1.00	
				0.04	
	3.02	6.11	0.43	0.50	
	556.08	65.03		0.03	

7－7 续表 1

单位：万吨标准煤

行　　业	Item	原　煤 Raw Coal
有色金属冶炼和压延加工业	Smelting and Pressing of Non-ferrous Metals	6.65
金属制品业	Manufacture of Metal Products	5.97
通用设备制造业	Manufacture of General Purpose Machinery	4.66
专用设备制造业	Manufacture of Special Purpose Machinery	0.16
汽车制造业	Manufacture of Automobiles	0.84
铁路、船舶、航空航天和其他运输设备制造业	Manufacture of Railway,Ship,Aerospace and Other Transport Equipment	3.71
电气机械和器材制造业	Manufacture of Electrical Machinery and Equipment	0.09
通信设备、计算机和其他电子设备制造业	Manufacture of Communication Equipment,Computers and Other Electronic Equipment	
仪器仪表制造业	Manufacture of Measuring Instrument	
其他制造业	Other Manufacturing	0.87
废弃资源综合利用业	Waste Resources Utilization Industry	0.06
金属制品、机械和设备修理业	Metal Products,Machinery and Equipment Repair Industry	0.05
（三）电力、热力、燃气及水的生产和供应业	Production and Supply of Electricity,Gas and Water	4.69
电力、热力的生产和供应业	Production and Supply of Electric Power and Heat Power	4.64
燃气生产和供应业	Production and Supply of Gas	
水的生产和供应业	Production and Supply of Water	0.04
三、建筑业	Construction	0.54
房屋和土木工程建筑业	Construction of Building and Civil Engineering	0.23
建筑安装业	Construction Installation	0.26
建筑装饰业	Construction Decoration	0.04
其它建筑业	Other Construction	0.02
四、交通运输储运业和邮政业	Transport,Storage and Post	1.83
铁路运输业	Railway Transport	0.65
道路运输业	Road Transport	
水上运输业	Water Transport	
航空运输业	Air Transport	1.16
管道运输业	Transport Via Pipeline	
装卸搬运及其他运输服务业	Loading,Unloading,Portage and Other Transport Services	
仓储业	Storage	0.02
邮政业	Post	
五、批发、零售业和住宿、餐饮业	Wholesale,Retail Trades,Hotels and Catering Services	0.64
六、其他行业	Others	44.51
七、城乡居民生活	Residential Consumption	60.82

continued

unit:10000tons of SCE

煤制品 Coal Products	焦　炭 Coke	焦炉煤气 Coal Oven Gas	原　油 Crude Oil	汽　油 Gasoline	煤　油 Kerosene
	0.99			0.03	
	0.12			0.29	
	1.84			0.07	
	0.15			0.13	
	1.60			4.93	
				0.09	
	0.01			0.09	
				0.01	
				0.01	
	0.11			0.01	
	0.08			0.01	
				0.03	
0.01			1.50	0.89	
			1.50	0.76	
				0.04	
0.01				0.09	
				22.62	
				14.29	
				4.38	
				2.77	
				1.18	
				63.40	41.70
				0.18	
				49.59	
				0.40	
				0.49	41.70
				0.51	
				4.91	
				7.33	
				14.70	
				69.66	
		5.14		31.16	

单位: 万吨标准煤

7－7 续表 2

行　　业	Item	柴　油 Diesel Oil
消费总计	**Total Consumption**	**497.35**
一、农、林、牧、渔业	Agriculture,Forestry,Animal Husbandry and Fishery	53.29
二、工业合计	Industry	37.70
轻工业	Light Industry	4.82
重工业	Heavy Industry	32.87
（一）采矿业	Mining	14.02
煤炭开采和洗选业	Mining and Washing of Coal	0.96
石油和天然气开采业	Extraction of Petroleum and Natural Gas	2.78
黑色金属矿采选业	Mining and Processing of Ferrous Metal Ores	1.44
有色金属矿采选业	Mining and Processing of Non-ferrous Metal Ores	2.33
非金属矿采选业	Mining and Processing of Nonmetal Ores	2.00
开采辅助活动	Mining Support Activities	4.50
其他采矿业	Mining of Other Ores	
（二）制造业	Manufacturing	22.31
农副食品加工业	Processing of Food from Agricultural Products	2.07
食品制造业	Manufacture of Foods	0.10
酒、饮料和精制茶制造业	Manufacture of Liquor,Beverages and Refined Tea	0.82
烟草制品业	Manufacture of Tobacco	0.10
纺织业	Manufacture of Textile	0.09
纺织服装、服饰业	Manufacture of Textile and Apparel	0.10
皮革、毛皮、羽毛及其制品和制鞋业	Manufacture of Leather,Fur,Feathers and Footwear Industry	
木材加工及木、竹、藤、棕、草制品业	Manufacture of Articles for Processing of Timber,Manufacture of Wood,Bamboo,Rattan,Palm and Straw Products	0.50
家具制造业	Manufacture of Furniture	0.09
造纸及纸制品业	Manufacture of Paper and Paper Products	0.26
印刷和记录媒介复制业	Printing,Reproduction of Recording Media	0.45
文教、工美、体育和娱乐用品制造业	Manufacture of Articles for Culture Education,Art,Sports and Entertainment Goods Industry	
石油加工、炼焦和核燃料加工业	Processing of Petroleum,Coking,Processing of Nuclear Fuel	0.25
化学原料和化学制品制造业	Manufacture of Raw Chemical Materials and Chemical Products	1.19
医药制造业	Manufacture of Medicines	0.28
化学纤维制造业	Manufacture Chemical Fibers	0.28
橡胶和塑料制品业	Manufacture of Rubber and Plastic	0.04
非金属矿物制品业	Manufacture of Non－metallic Mineral Products	6.96
黑色金属冶炼和压延加工业	Smelting and Pressing of Ferrous Metals	0.74

continued

unit:10000tons of SCE

燃料油 Fuel Oil	液化石油气 Liquefied Petroleum Gas	炼厂干气 Refinery Dry Gas	其它石油制品 Other Petroleum Products	天然气 Natural Gas	热力 Heat Power	电力 （当量值） Electric Power (Equivalent Value)
34.76	**35.71**	**54.84**	**261.28**	**402.42**	**1003.13**	**929.47**
						28.14
34.76	2.13	54.84	261.28	164.74	443.44	515.69
0.89	1.17		0.08	16.50	255.25	61.25
33.87	0.96	54.84	261.20	148.24	188.19	454.44
0.01	0.10			41.51	0.01	40.31
						5.94
				41.25	0.01	19.79
						5.27
						8.50
0.01	0.10					0.57
				0.26		0.25
34.74	2.02	54.84	261.28	113.93	437.72	304.42
0.21	0.39		0.08	3.27	46.10	21.24
0.16	0.27			2.23	25.89	4.22
0.13				1.83	54.58	10.63
				0.52	0.18	0.49
					0.34	1.41
				0.13	4.91	0.74
						0.06
0.01				0.13	0.01	1.22
					0.01	0.16
				1.18	8.85	5.16
	0.22				3.52	0.39
				0.13		0.14
					0.20	4.76
32.83		54.84	253.76	50.55	147.76	51.72
0.37	0.26			6.81	71.15	9.92
				0.39	39.69	6.35
0.04	0.07		1.43	1.31	4.07	5.56
0.17	0.21		3.43	11.65	4.29	36.34
				1.31		60.37

单位: 万吨标准煤

7－7 续表 3

行　　业	Item	柴 油 Diesel Oil1
有色金属冶炼和压延加工业	Smelting and Pressing of Non−ferrous Metals	0.79
金属制品业	Manufacture of Metal Products	0.47
通用设备制造业	Manufacture of General Purpose Machinery	0.42
专用设备制造业	Manufacture of Special Purpose Machinery	0.47
汽车制造业	Manufacture of Automobiles	4.75
铁路、船舶、航空航天和其他运输设备制造业	Manufacture of Railway,Ship,Aerospace and Other Transport Equipment	0.50
电气机械和器材制造业	Manufacture of Electrical Machinery and Equipment	0.16
通信设备、计算机和其他电子设备制造业	Manufacture of Communication Equipment,Computers and Other Electronic Equipment	
仪器仪表制造业	Manufacture of Measuring Instrument	
其他制造业	Other Manufacturing	0.07
废弃资源综合利用业	Waste Resources Utilization Industry	0.19
金属制品、机械和设备修理业	Metal Products,Machinery and Equipment Repair Industry	0.17
（三）电力、热力、燃气及水的生产和供应业	Production and Supply of Electricity,Gas and Water	1.37
电力、热力的生产和供应业	Production and Supply of Electric Power and Heat Power	0.73
燃气生产和供应业	Production and Supply of Gas	0.31
水的生产和供应业	Production and Supply of Water	0.34
三、建筑业	Construction	40.10
房屋和土木工程建筑业	Construction of Building and Civil Engineering	4.01
建筑安装业	Construction Installation	29.26
建筑装饰业	Construction Decoration	3.37
其它建筑业	Other Construction	3.47
四、交通运输储运业和邮政业	Transport,Storage and Post	317.09
铁路运输业	Railway Transport	22.37
道路运输业	Road Transport	268.73
水上运输业	Water Transport	0.17
航空运输业	Air Transport	0.35
管道运输业	Transport Via Pipeline	
装卸搬运及其他运输服务业	Loading,Unloading,Portage and Other Transport Services	2.97
仓储业	Storage	15.79
邮政业	Post	6.70
五、批发、零售业和住宿、餐饮业	Wholesale,Retail Trades,Hotels and Catering Services	5.27
六、其他行业	Others	24.17
七、城乡居民生活	Residential Consumption	19.73

continued

unit:10000tons of SCE

燃料油 Fuel Oil	液化石油气 Liquified Petroleum Gas	炼厂干气 Refinery Dry Gas	其它石油制品 Other Petroleum Products	天然气 Natural Gas	热力 Heat Power	电力（当量值） Electric Power (Equivalent Value)
	0.07			2.36	0.64	7.51
0.16				2.23	0.20	3.06
0.17	0.10			0.39		1.24
0.03				0.26	0.03	1.83
0.20	0.22			24.62	21.14	64.57
0.01				1.83	1.51	2.16
					0.02	0.55
				0.79	0.17	1.98
						0.16
0.16	0.15		1.15		1.55	0.10
0.01	0.02				0.03	0.34
0.07	0.03		1.43		0.87	0.05
				9.30	5.71	170.95
				1.05	4.15	163.97
				8.25		2.49
					1.56	4.49
	0.81			6.68	39.57	13.61
	0.19				9.47	8.11
	0.12				2.75	2.64
	0.39			2.10	23.42	0.28
	0.10			4.58	3.93	2.57
	7.80			90.23	46.60	35.79
	0.03			1.09	10.51	18.66
	5.74			31.00	13.38	5.94
	0.03				2.97	0.70
					2.36	3.90
	1.08			35.75	3.83	0.29
	0.60			2.88	2.23	
	0.19			15.85	7.97	5.73
	0.12			3.67	3.34	0.58
	2.61			20.30	54.51	56.48
	6.58			30.38	124.82	106.28
	15.79			90.10	294.18	173.47

7-8 综合能源平衡表（标准量）

Overall Energy Balance Sheet （Standard Quantity）

单位: 万吨标准煤　　unit:10000tons of SCE

指　　标	Item	2019		2020	
		（当量值）Equivalent Value	（等价值）Equipollence	（当量值）Equivalent Value	（等价值）Equipollence
一、可供本地区消费能源量	Total Energy Available for Consumption	7009.66	7132.15	7096.31	7185.73
（一）年初库存量	Inventories at Beginning	628.09	628.09	737.75	737.75
（二）一次能源生产量	Primary Energy Output	1928.51	2288.16	1914.03	2349.26
（三）外省（区、市）调入量	Allocation from Outside	6527.48	6789.34	6366.57	6594.23
（四）进口量	Imports	124.45	124.45	223.45	223.45
（五）我轮机在外国加油量	Refuelling Abroad for Our Ships and Planes				
（六）本省（区、市）调出量（-）	Allocation from Inside	-1405.21	-1904.22	-1493.02	-2066.49
（七）出口量（-）	Exports	-79.29	-79.29		
（八）外轮、机在我国加油量（-）	Refuelling in China for Foreign Ships and Planes				
（九）年末库存量（-）	Inventories at the end	-714.37	-714.37	-652.47	-652.47
二、加工转换投入（-）产出（+）量	Output and Input in Processing and Transformation	-1201.70	-55.06	-1305.64	-90.12
（一）火力发电	Thermal Power	-1146.63		-1215.52	
（二）供热	Heating	-298.56	-298.56	-342.86	-342.86
（三）煤炭洗选	Washing Coal	-19.18	-19.18	-19.65	-19.65
（四）炼焦	Coking	-7.28	-7.28	-8.80	-8.80
（五）炼油及煤制油	Petroleum Refining	-2.07	-2.07	7.16	7.16
其中：油品再投入量(-)	Reinput for Oil	-47.26	-47.26	-51.21	-51.21
（六）制气	Gas Production				
其中：焦炭再投入量（-）	Reinput for Coke				
（七）天然气液化	Natural Gas Liquefaction	-2.20	-2.20	-3.63	-3.63
（八）煤制品加工	Coal Products Processing				
（九）回收能	Recycled Energy	321.49	321.49	328.87	328.87
三、损失量	Energy Losses	164.84	242.98	183.15	262.73
其中：运输和输配损失	Losses for Transportation and Transmission	66.87	145.02	68.19	147.78
四、终端消费量	End-use Consumption	5643.14	6834.14	5607.53	6832.88
（一）第一产业	Primary Industry	149.68	181.03	146.29	183.39
1. 农、林、牧、渔业	Agriculture,Forestry,Animal Husbandry and Fishery	149.68	181.03	146.29	183.39
（二）第二产业	Secondary Industry	3633.68	4320.63	3578.70	4276.49
1. 工业	Industry	3507.26	4177.36	3451.36	4131.22
其中：用作原料、材料	As Material	457.86	457.86	474.86	474.86
2.建筑业	Construction	126.42	143.27	127.34	145.28
（三）第三产业	Tertiary Industry	1181.82	1446.33	1187.56	1449.32
1. 交通运输、仓储及邮政业	Transport,Storage and Post	607.38	657.18	612.09	659.27
2. 批发、零售和住宿、餐饮业	Wholesale,Retail Trade,Hotels and Catering Services	170.93	246.47	156.38	230.85
3. 其他	Others	403.51	542.68	419.09	559.20
（四）生活消费	Residential Consumption	677.96	886.15	694.98	923.68
1. 城镇	Urban	477.40	617.33	488.96	642.83
2. 乡村	Rural	200.56	268.82	206.02	280.85
五、平衡差额（+、-）	Balance	-0.02	-0.03	0.00	0.00
六、消费量合计	Total Consumption	7009.68	7132.19	7096.31	7185.73

注：本表数据与GDP核算数据有关。
Note: Data in this table is in accordance with that of GDP.

7-9 煤炭能源平衡表

Coal Balance Sheet

单位：（实物量）万吨、（标准量）万吨标准煤

unit:(Actual Quantity)10000tons, (Standard Quantity)10000tons of SCE

指 标	Item	2019		2020	
		（实物量）Actual Quantity	（标准量）Standard Quantity	（实物量）Actual Quantity	（标准量）Standard Quantity
一、可供本地区消费能源量	Total Energy Available for Consumption	8730.65	4464.51	8489.19	4486.97
（一）年初库存量	Inventories at Beginning	891.21	501.26	945.66	567.22
（二）一次能源生产量	Primary Energy Output	1255.60	632.92	1040.16	475.54
（三）外省（区、市）调入量	Allocation from Outside	7632.86	3929.62	7325.41	3926.67
（四）进口量	Imports	195.78	123.82	443.30	222.93
（五）我轮机在外国加油量	Refuelling Abroad for Our Ships and Planes				
（六）本省（区、市）调出量（-）	Allocation from Inside	-299.14	-178.77	-289.78	-155.11
（七）出口量（-）	Exports			-0.15	
（八）外轮、机在我国加油量（-）	Refuelling in China for Foreign Ships and Planes				
（九）年末库存量（-）	Inventories at the end	-945.66	-544.34	-975.41	-550.28
二、加工转换投入（-）产出（+）量	Output and Input in Processing and Transformation	-7002.58	-3531.04	-7129.90	-3753.91
（一）火力发电	Thermal Power	-4025.81	-1809.68	-3951.94	-1865.84
（二）供热	Heating	-2423.91	-1284.20	-2617.80	-1415.52
（三）煤炭洗选	Washing Coal	-108.02	-19.18	-76.70	-19.65
（四）炼焦	Coking	-444.84	-417.97	-483.46	-452.91
（五）炼油及煤制油	Petroleum Refining				
其中：油品再投入量(-)	Reinput for Oil				
（六）制气	Gas Production				
其中：焦炭再投入量（-）	Reinput for Coke				
（七）天然气液化	Natural Gas Liquefaction				
（八）煤制品加工	Coal Products Processing				
（九）回收能	Recycled Energy				
三、损失量	Energy Losses				
其中：运输和输配损失	Losses for Transportation and Transmission				
四、终端消费量	End-use Consumption	1728.07	933.47	1359.29	733.06
（一）第一产业	Primary Industry	52.01	26.21	39.90	21.35
1. 农、林、牧、渔业	Agriculture,Forestry,Animal Husbandry and Fishery	52.01	26.21	39.90	21.35
（二）第二产业	Secondary Industry	1337.04	748.53	1052.39	598.44
1. 工业	Industry	1330.94	744.91	1047.71	595.29
其中：用作原料、材料	As Material	40.46	18.63	43.17	18.72
2.建筑业	Construction	6.10	3.62	4.68	3.16
（三）第三产业	Tertiary Industry	150.48	73.31	119.87	52.45
1. 交通运输、仓储及邮政业	Transport,Storage and Post	20.05	11.27	9.39	6.33
2. 批发、零售和住宿、餐饮业	Wholesale,Retail Trade,Hotels and Catering Services	4.13	2.16	2.81	1.62
3. 其他	Others	126.30	59.89	107.67	44.51
（四）生活消费	Residential Consumption	188.54	85.42	147.13	60.82
1. 城镇	Urban	37.16	16.84	7.38	3.05
2. 乡村	Rural	151.38	68.58	139.75	57.77
五、平衡差额（+、-）	Balance				
六、消费量合计	Total Consumption	8730.65		8489.19	

注：本表数据与GDP核算数据有关。
Note: Data in this table is in accordance with that of GDP.

7-10 石油能源平衡表

Petroleum Balance Sheet

单位：（实物量）万吨、（标准量）万吨标准煤

unit:(Actual Quantity)10000tons, (Standard Quantity)10000tons of SCE

指标	Item	2019		2020	
		（实物量）Actual Quantity	（标准量）Standard Quantity	（实物量）Actual Quantity	（标准量）Standard Quantity
一、可供本地区消费能源量	Total Energy Available for Consumption	1011.41	1454.35	992.74	1428.17
（一）年初库存量	Inventories at Beginning	73.24	105.77	82.18	118.58
（二）一次能源生产量	Primary Energy Output	385.70	551.01	404.41	577.74
（三）外省（区、市）调入量	Allocation from Outside	1208.35	1745.83	1150.99	1667.10
（四）进口量	Imports	0.43	0.63	0.35	0.51
（五）我轮机在外国加油量	Refuelling Abroad for Our Ships and Planes				
（六）本省（区、市）调出量（-）	Allocation from Inside	-573.99	-830.34	-589.05	-854.41
（七）出口量（-）	Exports	-0.14	-0.20		
（八）外轮、机在我国加油量（-）	Refuelling in China for Foreign Ships and Planes				
（九）年末库存量（-）	Inventories at the end	-82.18	-118.36	-56.14	-81.35
二、加工转换投入（-）产出（+）量	Output and Input in Processing and Transformation	-60.58	-60.92	-54.58	-56.45
（一）火力发电	Thermal Power	-2.71	-3.88	-2.51	-3.60
（二）供热	Heating	-5.39	-7.70	-6.16	-8.80
（三）煤炭洗选	Washing Coal				
（四）炼焦	Coking				
（五）炼油及煤制油	Petroleum Refining	-18.72	-2.07	-10.51	7.16
其中：油品再投入量(-)	Reinput for Oil	-33.76	-47.26	-35.40	-51.21
（六）制气	Gas Production				
其中：焦炭再投入量（-）	Reinput for Coke				
（七）天然气液化	Natural Gas Liquefaction				
（八）煤制品加工	Coal Products Processing				
（九）回收能	Recycled Energy				
三、损失量	Energy Losses				
其中：运输和输配损失	Losses for Transportation and Transmission				
四、终端消费量	End-use Consumption	950.83	1393.43	938.16	1371.72
（一）第一产业	Primary Industry	57.58	84.43	65.05	95.19
1. 农、林、牧、渔业	Agriculture,Forestry,Animal Husbandry and Fishery	57.58	84.43	65.05	95.19
（二）第二产业	Secondary Industry	452.31	659.07	452.68	656.85
1. 工业	Industry	403.93	588.20	409.32	593.33
其中：用作原料、材料	As Material	296.37	427.54	310.43	446.06
2.建筑业	Construction	48.38	70.87	43.36	63.52
（三）第三产业	Tertiary Industry	388.98	569.93	376.50	552.99
1. 交通运输、仓储及邮政业	Transport,Storage and Post	302.53	442.05	293.60	430.00
2. 批发、零售和住宿、餐饮业	Wholesale,Retail Trade,Hotels and Catering Services	25.88	38.12	15.13	22.58
3. 其他	Others	60.57	89.76	67.77	100.41
（四）生活消费	Residential Consumption	51.96	79.99	43.93	66.68
1. 城镇	Urban	27.19	42.27	15.16	23.04
2. 乡村	Rural	24.77	37.72	28.77	43.64
五、平衡差额（+、-）	Balance				
六、消费量合计	Total Consumption	1011.41		992.74	

注：本表数据与GDP核算数据有关。

Note: Data in this table is in accordance with that of GDP.

7-11　电力能源平衡表（等价值）

Electrical Energy Balance Sheet(equivalent)

单位：（实物量）亿千瓦时、（标准量）万吨标准煤　　unit:(Actual Quantity)100 million kWh, (Standard Quantity)10000tons of SCE

指　　标	Item	2019		2020	
		（实物量）Actual Quantity	（标准量）Standard Quantity	（实物量）Actual Quantity	（标准量）Standard Quantity
一、可供本地区消费能源量	Total Energy Available for Consumption	75.32	215.06	55.19	157.25
（一）年初库存量	Inventories at Beginning				
（二）一次能源生产量	Primary Energy Output	221.14	631.43	268.62	765.36
（三）外省（区、市）调入量	Allocation from Outside	161.01	459.74	140.51	400.35
（四）进口量	Imports				
（五）我轮机在外国加油量	Refuelling Abroad for Our Ships and Planes				
（六）本省（区、市）调出量（-）	Allocation from Inside	-306.83	-876.10	-353.94	-1008.46
（七）出口量（-）	Exports				
（八）外轮、机在我国加油量（-）	Refuelling in China for Foreign Ships and Planes				
（九）年末库存量（-）	Inventories at the end				
二、加工转换投入（-）产出（+）量	Output and Input in Processing and Transformation	705.04	2013.13	750.21	2137.53
（一）火力发电	Thermal Power	705.04	2013.13	750.21	2137.53
（二）供热	Heating				
（三）煤炭洗选	Washing Coal				
（四）炼焦	Coking				
（五）炼油及煤制油	Petroleum Refining				
其中：油品再投入量(-)	Reinput for Oil				
（六）制气	Gas Production				
其中：焦炭再投入量（-）	Reinput for Coke				
（七）天然气液化	Natural Gas Liquefaction				
（八）煤制品加工	Coal Products Processing				
（九）回收能	Recycled Energy				
三、损失量	Energy Losses	48.05	137.20	49.12	139.95
其中：运输和输配损失	Losses for Transportation and Transmission	48.05	137.20	49.12	139.95
四、终端消费量	End-use Consumption	732.32	2091.02	756.28	2154.82
（一）第一产业	Primary Industry	19.28	55.05	22.90	65.25
1. 农、林、牧、渔业	Agriculture,Forestry,Animal Husbandry and Fishery	19.28	55.05	22.90	65.25
（二）第二产业	Secondary Industry	422.39	1206.07	430.67	1227.08
1. 工业	Industry	412.03	1176.49	419.60	1195.54
其中：用作原料、材料	As Material				
2.建筑业	Construction	10.36	29.58	11.07	31.54
（三）第三产业	Tertiary Industry	162.64	464.39	161.56	460.32
1. 交通运输、仓储及邮政业	Transport,Storage and Post	30.62	87.43	29.12	82.97
2. 批发、零售和住宿、餐饮业	Wholesale,Retail Trade,Hotels and Catering Services	46.45	132.63	45.96	130.95
3. 其他	Others	85.57	244.33	86.48	246.40
（四）生活消费	Residential Consumption	128.01	365.51	141.15	402.17
1. 城镇	Urban	86.04	245.67	94.97	270.59
2. 乡村	Rural	41.97	119.84	46.18	131.58
五、平衡差额（+、-）	Balance	-0.01	-0.03		
六、消费量合计	Total Consumption	780.37		805.40	

注：本表数据与GDP核算数据有关。
Note: Data in this table is in accordance with that of GDP.

第八篇

CHAPTER ▶ 08

财政、金融和保险

Public Finance, Banking and Insurance

资料整理人员：

许　赓

8－1　历年财政收支额

Government Revenue and Expenditure

单位：亿元　　　　unit:100 million yuan

年　份 Year	一般预算收入 General Budgetary Revenue	#增值税 Value-added Tax	#营业税 Business Tax	#企业所得税 Corporate Income Tax	一般预算支出 General Budgetary Expenditure	#农业支出 Agriculture	#文教科卫事业费 Culture, Education Science & Public Health	#行政管理费 Administration Expenditure	#社会保障补助支出 Subsidies to Social Security Programs
1978	16.41				16.35	1.89	3.02	1.25	
1979	12.65				17.88	2.36	3.40	1.50	
1980	14.39				17.32	2.45	4.32	1.70	
1981	10.72				15.87	2.18	4.94	1.76	
1982	11.97				17.30	2.35	5.72	2.06	
1983	14.12				19.41	2.31	6.51	2.44	
1984	15.22				23.34	2.66	7.56	3.09	
1985	21.67				34.50	3.03	9.15	2.99	
1986	29.52				50.12	4.24	11.02	3.69	
1987	37.52				53.23	3.71	11.25	4.22	
1988	43.32				61.26	3.95	13.36	4.99	
1989	49.40				67.14	5.22	15.02	5.81	
1990	50.68				71.67	4.94	16.25	6.50	
1991	62.46				79.12	5.12	17.43	5.77	
1992	56.99				80.02	5.82	20.10	7.33	
1993	79.82				103.11	6.89	23.56	9.06	
1994	51.27				104.59	7.86	31.89	10.87	
1995	63.28				120.90	9.16	35.04	12.04	
1996	76.40				145.53	8.90	40.48	14.05	
1997	82.85	17.43	20.92	8.10	167.75	10.86	43.15	14.65	
1998	93.64	18.31	23.51	7.20	190.10	15.34	43.15	14.72	9.11
1999	101.28	18.89	23.84	10.41	234.62	13.07	49.67	15.76	19.27
2000	103.83	20.41	25.55	14.28	260.67	16.59	53.04	18.01	19.26
2001	121.10	24.20	28.03	20.68	326.43	19.63	64.52	22.38	28.91
2002	131.49	27.44	30.54	14.22	362.62	22.73	73.72	26.52	38.77
2003	154.00	30.69	35.02	11.80	409.23	22.76	82.39	31.23	49.56
2004	166.28	32.19	40.78	12.36	507.78	37.00	93.23	36.75	79.34
2005	207.15	39.53	47.59	13.91	631.12	42.60	112.44	45.13	104.89
2006	245.20	42.97	59.69	17.88	718.36	54.36	139.53	56.71	81.82
2007	320.69	52.92	75.86	29.41	883.76	80.07	144.41	141.66	154.37
2008	422.80	53.58	93.96	42.59	1180.12	107.34	188.03	174.25	199.86
2009	487.09	56.57	117.41	49.20	1479.21	204.45	216.99	182.67	250.44
2010	602.41	[illegible]8.15	145.97	60.82	1787.25	238.94	250.20	198.04	253.36
2011	850.10	[illegible]2.78	189.30	90.59	2201.74	255.57	529.12	231.40	298.99
2012	1041.25	[illegible]2.68	218.12	111.21	2471.20	291.30	683.85	249.38	304.00
2013	1156.96	[illegible]9.58	245.09	121.86	2744.81	318.26	697.37	267.31	360.13
2014	1203.38	[illegible]9.78	228.78	143.22	2913.25	308.68	711.15	253.50	390.20
2015	1229.35	[illegible]4.43	242.05	134.92	3217.10	408.61	837.79	247.13	462.28
2016	1263.78	[illegible]7.88	111.44	134.01	3586.09	550.50	886.36	260.91	497.59
2017	1210.91	[illegible]1.40		144.61	3725.72	554.77	904.84	294.50	550.80
2018	1240.89	[illegible]4.12		146.54	3789.59	537.55	906.37	308.88	634.10
2019	1116.95	[illegible]8.30		128.79	3933.42	564.35	893.16	302.52	687.78
2020	1085.02	[illegible]6.50		127.55	4127.17	577.76	938.76	321.44	818.75

8－2 历年银行各项存款和各项贷款余额

Balance of Deposits and Loans of National Banking System

单位: 亿元　　　　unit:100 million yuan

年份 Year	各项存款合计 Total Deposits	#单位存款 Corporate Deposits	#个人储蓄存款 Personal Savings Deposits	各项贷款合计 Total Loans	#短期贷款 Short-term Loans	#中长期贷款 Medium and long Term Loans
1978	24.94	5.95	5.86	61.16		
1979	23.97	7.95	7.62	66.15		
1980	30.87	10.28	10.64	75.70		
1981	36.98	10.97	14.56	92.68		
1982	42.62	12.88	18.91	107.05		
1983	56.63	16.26	25.28	124.31		
1984	71.65	23.37	34.23	154.79		
1985	86.42	32.45	43.97	159.79		
1986	118.07	41.91	58.36	246.30		
1987	147.43	50.85	83.20	285.52		
1988	178.27	54.91	109.49	331.69		
1989	203.75	47.08	141.26	384.41		
1990	252.15	53.79	196.59	507.01		
1991	315.13	67.37	253.28	629.01		
1992	408.87	98.35	315.42	762.00		
1993	494.57	112.91	389.44	934.88		
1994	611.26	152.61	535.56	1099.77		
1995	791.15	180.78	726.28	1302.76		
1996	1037.83	241.38	955.48	1608.84		
1997	1206.82	322.94	1071.33	1913.61		
1998	1345.52	304.60	1211.83	2118.79		
1999	1928.25	419.92	1328.91	2580.41		
2000	2236.71	535.41	1515.84	2651.19		
2001	2484.23	589.21	1796.90	2828.25		
2002	2878.28	693.79	2019.40	3057.70		
2003	3307.25	760.50	2161.40	3288.87		
2004	3683.50	804.94	2405.60	3435.03		
2005	4270.49	877.66	2798.10	3332.93		
2006	4963.71	1039.56	3107.50	3870.33		
2007	5318.59	1342.70	3186.80	4306.01		
2008	6362.48	1528.21	3923.14	4835.89		
2009	8318.00	2327.78	4614.39	6234.66		
2010	9606.70	2753.18	5147.26	7205.94	2809.74	4283.63
2011	10874.19	4524.72	5835.32	8126.17	2913.34	5024.79
2012	12706.13	5204.67	6875.10	9155.60	3288.59	5614.24
2013	14781.42	6192.36	7745.33	10696.52	3946.28	6486.06
2014	16400.10	6982.72	8556.71	12587.26	4844.84	7417.34
2015	18499.59	4859.93	9543.80	15203.11	6053.56	8395.86
2016	21003.90	6019.21	10553.35	17141.06	7057.00	9321.20
2017	21562.67	5530.45	11506.00	17959.69	7184.57	10288.75
2018	21926.98	5083.73	12520.78	18956.37	6885.92	11591.60
2019	24019.43	5154.91	14442.35	20863.60	6945.12	13220.33
2020	27119.76	5631.19	16996.05	22739.82	6811.50	15071.26

注：1.银行各项存款和各项贷款均不含外币。
　　2.从2015年起个人储蓄存款为住户存款，单位存款为非金融企业存款。

Note:①All bank deposits and Loans excluding foreign currency.
　　②Personal Savings Deposits Were Those of Household Since 2015.

8-3 分项目财政收入
Local Government Revenue by Item

单位: 万元 unit:10000 yuan

项　　目	Item	2018	2019	2020
地方级财政收入	**Local Revenue**	**12408892**	**11169457**	**10850228**
一、税收收入	**Tax Revenue**	**8917538**	**7979776**	**7719465**
增值税	Value Added Tax	3641216	3282985	2865015
营业税	Business Tax			
企业所得税	Corporate Income Tax	1465394	1287944	1275530
个人所得税	Individual Income Tax	503734	336833	330738
资源税	Resource Tax	108188	104481	86803
城市维护建设税	Urban Maintenance and Construction Tax	675116	603775	580692
房产税	Real Estates Tax	356279	344027	290226
印花税	Stamp Tax	152860	150109	165665
城镇土地使用税	Urban Land Use Tax	305424	264715	224608
土地增值税	Land Appreciation Tax	434054	377851	388979
车船使用税	Tax on Vehicles and Boat Operation	181767	188013	206020
耕地占用税	Farm Land Occupation Tax	183389	123915	208105
契税	Deed Tax	891422	882507	1073044
烟叶税	Tobacco Leaf Tax	5247	5278	4458
环境保护税	Environmental Protection Tax	13448	15580	14822
其他税收收入	Others		11763	4760
二、非税收入	**Non-tax Revenue**	**3491354**	**3189681**	**3130763**
国有资产经营收益	State-owned Assets Profit	131424	79326	37229
行政性收费收入	Income from Administrative Fees	796611	799138	878419
罚没收入	Penalty and Confiscate Income	389708	451334	427882
专项收入	Special Project Income	944269	796676	747884
国有资源(资产)有偿使用收入	Income from Use of State-owned Resources(Assets)	1010405	832627	843379
其他收入	Other Income	218937	230580	195970

8-4 地方项目公共财政支出
Local Government Expenditure by Item

单位: 万元　　　　unit:10000 yuan

项　目	Item	2018	2019	2020
支出总计	**Total Expenditure**	**37895894**	**39334231**	**41271714**
一般公共服务	Expenditure for General Public Services	3088837	3025179	3214433
国防	Expenditure for National Defense	52897	38715	44144
公共安全	Expenditure for Public Security	2184806	2222086	2297040
教育	Expenditure for Education	5138182	5005285	5266909
科学技术	Expenditure for Science and Technology	410991	391824	399397
文化体育与传媒	Expenditure for Culture,Sport and Media	702381	717526	719214
社会保障和就业	Expenditure for Social Security and Employment	6340980	6877813	8187534
医疗卫生与计划生育	Health and Family Planning	2812160	2816938	3002032
节能环保	Energy saving and Environmental protection	1207852	1479673	1315335
城乡社区事务	Expenditure for Urban and Rural Community Affairs	3751738	3300765	3665871
农林水事务	Expenditure for Agriculture,Forestry,Water Affairs	5375508	5643475	5777616
交通运输	Expenditure for Transportation	2325027	3144481	2742175
资源勘探电力信息等事务	Resource Exploration Power Information	810679	710251	649351
商业服务业等事务	Commerce and Services	261992	132528	163661
金融监管等事务支出	Expenditure on Financial Supervision	172921	450254	68555
援助其他地区支出	Aid in other Areas	35349	29243	29680
国土资源气象等事务	Land Resources Meteorology	586604	409844	386734
住房保障支出	Housing Security Expenditure	1244266	1246235	1490960
粮油物资储备事务	Grain and Oil Material Reserve	375302	361123	379710
国债还本付息支出	Debt Servicing Expenses	837760	1001068	1111201
债务发行费用支出	Expenditure for Issuing Debts	5762	4283	7567
其他支出	Other Expenditures	173900	325642	352595

8－5　分级地方公共财政收入

Government Budgetary Revenue by Level

单位: 万元　　　　　　　　　　　　　　　　　　unit:10000 yuan

项　　目	Item	2018	2019	2020
收入合计	**Total Revenue**	**12408892**	**11169457**	**10850228**
省　级	Province	3702538	2997887	2790246
地　级	Prefecture	5152941	4757078	4578804
县　级	County	3399780	3257690	3302007
乡镇级	Township	153633	156802	179171
一、税收收入	**Tax Revenue**	**8917538**	**7979776**	**7719465**
省　级	Province	2645051	2321447	2120539
地　级	Prefecture	3814237	3400608	3375023
县　级	County	2311879	2107802	2052958
乡镇级	Township	146371	149919	170945
增值税	**Value Added Tax**	**3641216**	**3282985**	**2865015**
省　级	Province	1821434	1630341	1441221
地　级	Prefecture	1119823	1006927	867124
县　级	County	647543	597456	512843
乡镇级	Township	52416	48261	43827
企业所得税	**Corporate Income Tax**	**1465394**	**1287944**	**1275530**
省　级	Province	612745	541351	536264
地　级	Prefecture	570293	499178	500222
县　级	County	266791	233590	226957
乡镇级	Township	15565	13825	12087
个人所得税	**Individual Income Tax**	**503734**	**336833**	**330738**
省　级	Province	201494	134732	132295
地　级	Prefecture	179231	114186	116265
县　级	County	118364	84158	78038
乡镇级	Township	4645	3757	4140
二、非税收收入	**Non-tax Revenue**	**3491354**	**3189681**	**3130763**
省　级	Province	1057487	676440	669707
地　级	Prefecture	1338704	1356470	1203781
县　级	County	1087901	1149888	1249049
乡镇级	Township	7262	6883	8226

8-6 分级公共财政支出

Public Finance Expenditure by Level

单位: 万元 unit:10000 yuan

项目	Item	2018	2019	2020
支出合计	**Total Expenditure**	**37895894**	**39334231**	**41271714**
省级	Province	6758992	7690584	7247224
地级	Prefecture	9615940	9874824	9679217
县级	County	19980859	20157152	22636068
乡镇级	Township	1540103	1611671	1709205
# **一般公共服务**	**Expenditure for General Public Services**	**3088837**	**3025179**	**3214433**
省级	Province	597023	436445	466121
地级	Prefecture	892167	966339	936657
县级	County	1281683	1301008	1471170
乡镇级	Township	317964	321387	340485
# **教育**	**Education**	**5138182**	**5005285**	**5266909**
省级	Province	1164290	1026644	1027761
地级	Prefecture	877659	850208	890256
县级	County	3068842	3087722	3307900
乡镇级	Township	27391	40711	40992
# **科学技术**	**Science and Technology**	**410991**	**391824**	**399397**
省级	Province	178775	185875	141213
地级	Prefecture	159110	139555	171314
县级	County	73106	66293	85209
乡镇级	Township		101	1661
# **社会保障和就业**	**Social Security and Employment**	**6340980**	**6877813**	**8187534**
省级	Province	464615	763094	1185765
地级	Prefecture	1750499	1821434	2038464
县级	County	4034971	4219612	4883568
乡镇级	Township	90895	73673	79737
# **医疗卫生与计划生育**	**Health and family Planning**	**2812160**	**2816938**	**3002032**
省级	Province	308689	291152	300085
地级	Prefecture	636547	599025	652198
县级	County	1846759	1894749	2011865
乡镇级	Township	20165	32012	37884
# **节能环保**	**Energy Saving and environmental protection**	**1207852**	**1479673**	**1315335**
省级	Province	261858	207461	366611
地级	Prefecture	401825	554181	335410
县级	County	505621	667795	550876
乡镇级	Township	38548	50236	62438
# **农林水**	**Agricultural and forestry water**	**5375508**	**5643475**	**5777616**
省级	Province	461685	508726	289836
地级	Prefecture	493676	457974	350020
县级	County	3575640	3852172	4245740
乡镇级	Township	844507	824603	892020

8-7 农合机构本外币存贷款年末余额

Balance of Deposits and Loans of Agriculture Financial Institution at Year-end

单位: 亿元　　　　unit:100 million yuan

项　目	Item	2018	2019	2020
各项存款	Total Deposits	4189.33	4699.37	5566.64
企事业单位存款	Deposits of Enterprises	1265.34	1164.78	1212.34
各项贷款	Total Loans	2926.07	3175.41	3820.48
#短期贷款	Short-term Loans	1324.25	1407.14	1622.20
中长期贷款	Medium and Long Term Loans	1558.21	1735.02	2156.62

8-8 保险业务主要指标

Main Indicators of Insurance Business

单位: 万元　　　　unit:10000 yuan

项　目	Item	2015	2016	2017	2018	2019	2020
保费收入	**Premium Income**	**4313184**	**5571188**	**6413934**	**6298934**	**6793706**	**6613310**
企业财产保险	Enterprise Property Insurance	54648	56467	55368	62708	69401	74179
家庭财产保险	Family Property Insurance	7056	6195	6506	7613	7814	10298
机动车辆保险	Motor Vehicle Insurance	904152	1011862	1162007	1226233	1258330	1167277
货物运输保险	Freight Transport Insurance	26095	24009	29008	33598	34423	35523
工程保险	Engineering Insurance	4988	7668	10477	9962	12554	15255
责任保险	Liability Insurance	36741	35259	53248	72040	69035	76013
保证保险	Guarantee Insurance	47857	29999	53648	106647	151286	137647
农业保险	Agriculture Insurance	110768	148285	172547	202425	227941	269335
人寿保险	Life Insurance	2707838	3706150	4114143	3483375	3483783	3198238
意外伤害险	Accident Injury Insurance	62943	74624	92932	115998	139669	152677
健康险	Health Insurance	336737	458127	653548	965427	1332193	1464325
其他	Others	13362	12543	10504	12907	7278	12542
赔款与给付	**Compensation and Payment**	**1263828**	**1612230**	**1751055**	**1921698**	**2068163**	**2069932**
企业财产保险	Enterprise Property Insurance	15624	22237	41184	28837	30307	29493
家庭财产保险	Family Property Insurance	3276	3758	4380	4327	3888	3440
机动车辆保险	Motor Vehicle Insurance	467048	535737	603549	623515	641062	590077
货物运输保险	Freight Transport Insurance	16614	18751	17247	21624	34886	26085
工程保险	Engineering Insurance	3492	4385	6261	7693	11281	5366
责任保险	Liability Insurance	13451	16125	20914	28549	39877	42602
保证保险	Guarantee Insurance	12412	17731	17515	26406	52198	90732
农业保险	Agriculture Insurance	72400	100402	103240	101221	134510	171849
人寿保险	Life Insurance	527034	727338	697538	687829	584477	584246
意外伤害险	Accident Injury Insurance	14475	17525	21674	29843	28762	31054
健康险	Health Insurance	107969	138651	210055	355831	494023	487047
其他	Others	10035	9589	7497	6022	12891	7941

8－9　金融机构人员数

Number of Personnel in Financial Institutions

单位: 人　　　　unit:person

项　　目	Item	2018	2019	2020
金融机构合计	**Total Financial Institutions**	**99298**	**98397**	**95955**
国有商业银行	**State－owned Commercial Bank**	**40019**	**38678**	**37425**
工商银行	Industrial and Commercial Bank	11736	11200	10710
农业银行	Agricultural Bank	11633	10922	10360
中国银行	Bank of China	6008	5932	5802
建设银行	Construction Bank	8719	8657	8606
交通银行	Bank of Communications	1923	1967	1947
政策性银行及国家开发银行合计	**Policy Banks and National Development Bank**	**1878**	**1833**	**1846**
国家开发银行	National Development Bank	177	184	187
中国进出口银行	The Export–Import Bank of China	54	57	59
中国农业发展银行	Agricultural Development Bank	1647	1592	1600
股份制商业银行合计	**Shareholding Bank**	**4320**	**4322**	**4432**
中信银行	China Citic Bank	474	477	477
中国光大银行	China Ever bright Bank	900	903	912
招商银行	China Merchants Ban	652	665	673
上海浦东发展银行	ShangHai Pudong Development Bank	459	449	470
中国民生银行	China Minsheng Bank	536	551	540
华夏银行	Huaxia Bank	435	425	393
兴业银行	Industrial Bank	658	630	660
渤海银行	China Bohai Bank	79	87	96
广东发展银行	China Guangfa Bank	127	135	211
城市商业银行	**City Commercial Bank**	**9790**	**9619**	**9660**
民营银行	**Private Bank**	**284**	**302**	**303**
农村金融机构合计	**Rural Financial Institutions**	**31909**	**32426**	**30899**
农村信用社	Rural Credit Cooperative	5583	5193	4976
农村商业银行	Rural Commercial Bank	21260	21725	20202
农村合作银行	Rural Cooperative Bank			
村镇银行	Village Bank	5010	5451	5636
贷款公司	Loan Company	9	9	39
农村资金互助社	Rural Mutual Cooperatives	47	48	46
非银行金融机构合计	**Non–bank Financial Institutions**	**676**	**742**	**797**
企业集团财务公司	Financial Enterprise Group Company	202	230	284
信托公司	Trust Company	203	177	171
金融租赁公司	Financial Leasing Company	34	40	39
汽车金融公司	Auto Finance Company	237	295	303
邮政储蓄银行	**Postal Savings Bank**	**10192**	**10238**	**10351**
资产管理公司	**Assets Supervision Corporation**	**181**	**180**	**188**
外资金融机构	**Foreign Financial Institutions**	**49**	**57**	**54**

8-10 保险公司机构数（2020年）

Number of Institutions of Insurance Company（2020）

项目	Item	保险公司机构数(个) Number of Institutions (uint)	总公司 Head Offices	省级分公司 Branch Company of Province Level	地市级中心支公司 City Center Branch	地市级以下支公司 Branch Company of Prefecture and City Level	营销服务部 Services Department of Marketing
合计	**Total**	**1923**	**3**	**38**	**228**	**792**	**862**
中国人民财产保险股份有限公司吉林省分公司	Jilin branch of PICC Property Insurance Co.Ltd.	501		1	9	77	414
中国太平洋财产保险股份有限公司吉林省分公司	Jilin Branch of China Pacific Property Insurance Co.Ltd.	60		1	9	50	
中国平安财产保险股份有限公司吉林分公司	Jilin Branch of Ping An Property Insurance Company of China,Ltd.	54		1	9	40	4
天安财产保险股份有限公司吉林省分公司	Jilin Branch of Tian An Insurance Co.Ltd.	38		1	7	16	14
安华农业保险股份有限公司吉林省分公司	Jilin Branch of Anhua Agricultural Insurance Co.Ltd.	79	1	1	9	52	16
中国大地财产保险股份有限公司吉林分公司	Jilin Branch of China Continent Property Insurance Co.Ltd.	53		1	9	24	19
大家财产保险股份有限公司吉林分公司	Jilin Branch of Da Jia Property Co.Ltd.	55		1	9	14	31
都邦财产保险股份有限公司吉林分公司	Jilin Branch of Dubang Insurance Co.Ltd.	11	1	1	6	2	1
阳光财产保险股份有限公司吉林省分公司	Jilin Branch of Sunshine Property Insurance Co.Ltd.	63		1	10	52	
华安财产保险股份有限公司吉林分公司	Jilin Branch of Hua'an Property Insurance Co.Ltd.	5		1	4		
中航安盟财产保险有限公司吉林省分公司	Jilin Branch of AVIC Groupama Property Insurance Co.Ltd.	45		1	7	21	16
中国人寿财产保险股份有限公司吉林省分公司	Jilin Branch of China Life Property Insurance Co.Ltd.	59		1	9	49	
鑫安汽车保险股份有限公司吉林分公司	Jilin Branch of Xin An Automobile Insurance Co.Ltd.	2	1	1			
中华联合财产保险股份有限公司吉林分公司	Jilin Branch of China United Property Insurance Co.Ltd.	43		1	9	33	
华泰财产保险有限公司吉林分公司	Jilin Branch of Hua Tai Property Insurance Co.Ltd.	3		1	2		
太平财产保险有限公司吉林分公司	Jilin Branch of Taiping Property Insurance Co.Ltd.	5		1	4		
永诚财产保险股份有限公司吉林分公司	Jilin Branch of Yongcheng Property Insurance Co.Ltd.	2		1	1		
英大泰和财产保险股份有限公司吉林分公司	Jilin Branch of Yingda Taihe Property Insurance Co.Ltd.	1		1			
中国人寿保险股份有限公司吉林省分公司	Jilin Branch of China Life Insurance Co.Ltd.	348		1	9	68	270
中国太平洋人寿保险股份有限公司吉林省分公司	Jilin Branch of China Pacific Life Insurance Co.Ltd.	57		1	9	42	5
中国平安人寿保险股份有限公司吉林分公司	Jilin Branch of China Ping An Life Insurance Co.Ltd.	74		1	8	23	42
新华人寿保险股份有限公司吉林分公司	Jilin Branch of Xinhua Life Insurance Co.Ltd.	46		1	9	29	7
泰康人寿保险股份有限公司吉林分公司	Jilin Branch of Taikang Life Insurance Co.Ltd.	54		1	8	37	8
中国人民人寿保险股份有限公司吉林省分公司	Jilin Branch of PICC Life Insurance Co.Ltd.	62		1	9	49	3
太平人寿保险有限公司吉林分公司	Jilin Branch of Taiping Life Insurance Co.Ltd.	43		1	9	32	1
富德生命人寿保险股份有限公司吉林分公司	Jilin Branch of Fude Sino Life Insurance Co.Ltd.	37		1	9	25	2
平安养老保险股份有限公司吉林分公司	Jilin Branch of Ping An Endowment Insurance Co.Ltd.	3		1	2		
合众人寿保险股份有限公司吉林分公司	Jilin Branch of Union Life Insurance Co.Ltd.	10		1	5	3	1
中国人民健康保险股份有限公司吉林分公司	Jilin Branch of PICC Health Insurance Co.Ltd.	7		1	6		
英大泰和人寿保险股份有限公司吉林分公司	Jilin Branch of Yingda Taihe Life Insurance Co.Ltd.	13		1	4		8
阳光人寿保险股份有限公司吉林分公司	Jilin Branch of Sunshine Life Insurance Co.Ltd.	32		1	7	24	
大家人寿保险股份有限公司吉林分公司	Jilin Branch of Dajia Insurance Co.Ltd.	7		1	6		
百年人寿保险股份有限公司吉林分公司	Jilin Branch of Aeon Life Insurance Co.Ltd.	15		1	4	10	
天安人寿保险股份有限公司吉林分公司	Jilin Branch of Tian An Life Insurance Co.Ltd.	29		1	8	20	
泰康养老保险股份有限公司吉林分公司	Jilin Branch of Taikang Endowment Insurance Co.Ltd.	2		1	1		
太平养老保险股份有限公司吉林分公司	Jilin Branch of Taiping Endowment Insurance Co.Ltd.	1		1			
中邮人寿保险股份有限公司吉林分公司	Jilin Branch of China Post Life Insurance Co.Ltd.	1		1			
建信人寿保险股份有限公司吉林分公司	Jilin Branch of CCB Life Insurance Co.Ltd.	3		1	2		

第九篇

CHAPTER ▶ 09

价格指数

Price Indices

资料整理人员：

梁维维　　郭　蕊　　于　博

9-1 各种价格指数
Various Price Indices

（上年=100） (Preceding year=100)

年 份 Year	居民消费价格指数 Consumer Price Index	城市居民 Urban Areas	农村居民 Rural Areas	商品零售价格指数 Retail Price Index	工业生产者出厂价格指数 Producer Price Index for Industrial Products	工业生产者购进价格指数 Purchasing Price Index for Industrial Producers	农业生产资料价格指数 Price Index for means of Agricultural Production	固定资产投资价格指数 Price Index for Investment in Fixed Assets	建筑安装工程总价格指数 Price Index of Construction and Installation
1978	100.1	100.1	100.3	100.2					
1979	101.7	101.7	101.1	101.2					
1980	105.6	108.6	104.9	106.3					
1981	101.6	101.6	101.2	101.7					
1982	104.2	104.2	101.9	103.0					
1983	104.5	103.0	101.7	102.6					
1984	103.5	103.6	103.3	104.2					
1985	110.3	110.3	107.9	109.7					
1986	106.0	106.0	105.1	105.4					
1987	107.6	108.0	105.3	107.5					
1988	120.3	121.6	117.1	119.9					
1989	117.2	116.9	119.3	116.9					
1990	104.9	103.9	108.2	103.9					
1991	106.8	107.1	105.2	105.1					
1992	108.0	109.3	103.9	107.1				116.4	
1993	112.6	113.2	108.8	111.3				128.8	
1994	120.6	123.2	117.1	119.9				107.3	
1995	115.2	115.1	115.6	114.2				109.6	
1996	107.2	107.7	105.8	105.1				102.9	
1997	103.7	103.7	103.7	101.8	101.4	103.9		104.4	106.4
1998	99.2	99.3	99.0	97.9	97.0	96.5		100.8	101.2
1999	98.0	97.9	98.6	96.7	100.1	97.7		102.2	106.1
2000	98.6	98.3	99.6	98.0	105.1	106.8		102.0	103.2
2001	101.3	101.5	100.5	100.9	100.3	101.8		101.1	102.6
2002	99.5	99.2	100.3	99.0	98.6	97.8		101.2	101.9
2003	101.2	101.1	101.5	100.5	102.5	104.8	101.0	101.1	102.3
2004	104.1	103.6	105.1	103.5	105.0	110.5	106.3	104.1	105.6
2005	101.5	101.4	101.9	101.1	104.3	107.0	109.2	102.0	102.5
2006	101.4	101.2	102.0	101.5	101.7	103.8	97.2	102.2	103.0
2007	104.8	104.4	106.1	103.3	102.7	105.2	106.0	103.9	105.2
2008	105.1	105.1	105.3	106.2	104.9	111.3	127.3	107.3	110.7
2009	100.1	99.9	100.7	99.3	96.1	95.3	96.4	99.4	99.4
2010	103.7	103.4	104.1	104.1	105.2	108.6	99.1	102.4	103.4
2011	105.2	105.2	105.4	104.9	105.4	106.1	111.4	105.6	105.6
2012	102.5	102.5	102.4	101.7	99.1	99.3	106.8	100.4	100.4
2013	102.9	102.9	102.9	101.6	98.7	99.4	100.8	100.0	100.0
2014	102.0	102.1	101.5	101.2	99.1	99.2	95.1	100.2	100.4
2015	101.7	101.7	101.6	99.8	95.3	96.6	100.2	97.6	96.3
2016	101.6	101.5	101.9	101.3	98.4	97.8	97.4	98.7	98.6
2017	101.6	101.5	101.8	101.4	103.1	103.4	97.9	104.7	107.4
2018	102.1	102.0	102.3	102.4	102.8	103.5	103.7	104.6	107.8
2019	103.0	102.8	103.4	102.1	98.9	99.2	108.3	102.6	102.4
2020	102.3	102.0	103.1	100.7	98.6	98.7	100.0		

9-2 商品零售价格分类指数（2020年）
Retail Price Indices by Category（2020）

（上年=100）　　　　（Preceding year=100）

项　目	Item	全省 Total	城市 Urban	农村 Rural
商品零售价格指数	**General Retail Price Index**	**100.7**	**100.6**	**101.8**
食品	**Food**	**107.9**	**107.7**	**109.1**
粮食	Grain	100.9	100.8	101.7
薯类	Tubers	104.8	104.0	111.3
豆类	Beans	106.9	106.7	108.9
食用油	Edible oil	106.2	106.2	106.0
菜	Vegetables	106.8	106.4	110.2
畜肉类	Livestock meat	132.6	132.3	134.6
禽肉类	Poultry Meat	102.2	102.8	96.7
水产品	Aquatic Products	104.7	104.8	104.3
蛋类	Eggs	89.4	89.4	89.9
奶类	Milk	102.3	102.5	101.1
干鲜瓜果类	Dried and Fresh Melons and Fruits	92.1	91.6	95.7
糖果糕点类	Confectionery	100.9	101.0	100.3
#食　糖	Sugar	100.6	100.6	100.8
调味品	Flavoring	101.8	101.7	102.6
其他食品类	Other Food Products	102.8	103.0	100.6
在外餐饮	Dining out	105.0	104.7	107.1
饮料、烟酒	**Beverage,Tobacco and Liquor**	**101.2**	**101.3**	**100.2**
茶及饮料	Tea and Beverage	100.8	100.9	100.1
烟草	Tobacco	100.3	100.3	100.0
酒类	Liquor	102.4	102.7	100.4
服装、鞋帽	**Garments,Shoes and Hats**	**99.0**	**98.8**	**100.8**
服装	Garments	99.6	99.5	100.5
鞋帽袜	Footgear and Hats	97.3	96.7	101.8
其他衣着配件	Other Clothing accessories	99.3	99.2	100.1
纺织品	**Textiles**	**100.5**	**100.5**	**100.5**
服装材料	Clothing Material	100.4	100.6	98.9
床上用品	Bed Articles	100.6	100.5	100.9
家用电器及音像器材	**Household Appliances and Music and Video Equipment**	**98.7**	**98.5**	**99.9**
家庭设备	Household Facilities	99.4	99.2	100.8

9－2 续表 Continued

项　目	Item	全省 Total	城市 Urban	农村 Rural
文娱用耐用消费品	Durable Consumer Goods for Recreational Use	97.8	97.7	98.7
专业音像器材	Audio and Video Equipment	95.8	96.0	94.3
文化办公用品	**Cultural and Office Appliances**	**100.8**	**100.9**	**99.7**
日用品	**Articles for Daily Use**	**100.1**	**100.0**	**100.9**
日用百货	General Merchandise for Daily Use	101.4	101.5	100.7
清洗用品	Cleaning Supplies	99.0	98.6	101.7
其他日用品	Others	99.6	99.4	100.7
体育娱乐用品	**Sports and Recreation Articles**	**100.8**	**100.8**	**100.8**
体育户外用品	Sports Outdoor Goods	100.2	100.1	101.0
娱乐用品	Amusement Goods	100.9	100.9	100.7
交通、通信用品	**Transportation and Communication Articles**	**96.3**	**95.9**	**99.5**
交通运输机械	Transportation Facility	97.9	97.9	98.0
通信器材	Communication Facility	94.0	93.0	101.6
家具	**Furniture**	**101.6**	**101.5**	**102.2**
化妆品	**Cosmetics**	101.6	101.6	101.4
金银饰品	**Gold,Silver Ornaments**	**120.1**	**120.3**	**118.5**
中西药品及医疗保健用品	**Traditional Chinese and Western Medicines and Health Care Articles**	**100.3**	**100.1**	**102.0**
医疗卫生器具	Medical Sanitation	101.6	101.4	103.7
中药	Traditional Chinese Medicine	102.4	102.4	102.7
西药	Western Medicine	99.2	98.8	101.9
保健器具及用品	Health Care Appliances and Articles	100.2	100.2	100.2
书报杂志及电子出版物	**Books,Newspapers,Magazines and Electronic Publications**	**102.7**	**102.8**	**101.8**
教材及参考书	Teaching Materials and Reference Books	103.3	103.6	101.3
书报杂志	Books, Newspapers and Magazines	103.1	102.9	104.2
计算机办公软件	Computer Office Software	98.4	98.4	98.3
燃料	**Fuels**	**90.9**	**90.9**	**90.5**
煤炭及制品	Coal and Related Products	97.6	97.5	98.4
石油及制品	Petroleum and Related Products	89.6	89.7	89.3
建筑材料及五金电料	**Building Materials and Hardware**	**100.2**	**100.2**	**100.0**
建筑装潢材料	Building Decoration Materials	99.7	99.7	99.9
五金水暖	Hardware	101.9	102.1	100.3

9－3 居民消费价格分类指数（2020年）

Consumer Price Indices by Category（2020）

（上年=100） （preceding year=100）

项 目	Item	全省 Total	城市 Urban Indices	农村 Rural Indices
居民消费价格总指数	**General Consumer Price Index**	**102.3**	**102.0**	**103.1**
服务价格指数	**Services Price Index**	**100.9**	**100.8**	**101.0**
食品烟酒	**Food Liquor and Tobacco**	**107.5**	**106.8**	**109.4**
食品	Food	109.0	108.0	111.5
粮食	Grain	100.8	100.6	101.0
菜	Vegetables	107.2	106.5	109.8
#鲜 菜	Fresh Vegetables	107.7	107.0	110.4
畜肉类	Livestock Meat	135.9	132.7	143.4
禽肉类	Meat of Poultry	100.8	101.8	97.2
水产品	Aquatic Products	105.7	104.4	110.5
干鲜瓜果类	Dried Fresh melon and Fruit	92.3	91.7	94.2
#鲜 瓜 果	Fresh Fruits and Melons	90.1	88.8	93.3
其他食品类	Other Food Products	102.3	103.1	100.7
烟酒	Tobacco and Liquor	100.6	101.0	100.1
衣着	**Clothing**	**99.4**	**99.1**	**100.5**
居住	**Residence**	**99.8**	**99.7**	**100.2**
租赁房房租	Rent of Rental Housing	98.0	97.5	102.1
住房保养维修及管理	Maintenance and Management of housing	100.3	99.8	100.9
水电燃料	Water Electricity and fuel	99.0	99.3	97.9
自有住房	Private Housing	100.4	100.1	100.9
生活用品及服务	**Supplies and Services**	**100.8**	**100.8**	**100.7**
家具	Furniture	101.5	101.4	102.1
室内装饰品	Upholstery	99.9	99.9	99.8
家用器具	Furniture Appliance	99.5	99.2	100.3
#床上用品	Bedding	100.4	100.3	100.7
家庭日用杂品	Household groceries	100.4	100.3	100.7
交通和通信	**Transportation and Communication**	**96.5**	**96.4**	**96.6**
交通	Transportation	95.7	96.0	95.0
#车辆修理与保养	Vehicle Repair and Maintenance	102.6	101.9	103.8
通信	Communication	97.9	97.2	99.8
#通信服务	Communication Service	98.9	99.0	98.9
教育文化和娱乐	**Education Culture and Entertainment**	**101.4**	**101.7**	**100.4**
学前教育	Preschool Education	103.1	102.2	105.6
文化娱乐	Cultural Entertainment	101.9	102.2	100.1
医疗保健	**Health Care**	**101.8**	**101.5**	**102.5**
医疗服务	Medical Service	102.5	102.5	102.4
其他用品和服务	**Other Supplies and Services**	**104.2**	**104.5**	**103.2**
其他用品类	Other Items	110.5	111.0	109.0
其他服务类	Other Service	99.1	99.1	99.3

9－4 固定资产投资价格指数
Price Indices of Investment in Fixed Assets

（上年=100）　　　　　　　　　　　　　　　　　　　　　　　　　　（preceding year=100）

年份 Year	总指数 General Index	建筑安装工程 Construction and Installation	设备、工器具购置 Purchase of Equipments and Instruments	其他费用 Other Expenses
1992	116.4	119.4	110.1	110.1
1993	128.8	141.7	116.2	116.2
1994	107.3	108.0	109.3	109.3
1995	109.6	106.8	112.1	112.1
1996	102.9	105.7	98.4	98.4
1997	104.4	106.4	101.1	101.1
1998	100.8	101.2	100.1	100.1
1999	102.2	106.1	100.1	100.1
2000	102.0	103.2	99.4	99.4
2001	101.1	102.6	98.5	98.5
2002	101.2	101.9	98.6	98.6
2003	101.1	102.3	98.1	98.1
2004	104.1	105.6	101.1	101.1
2005	102.0	102.5	100.1	100.1
2006	102.2	103.0	100.5	100.5
2007	103.9	105.2	99.9	99.9
2008	107.3	110.7	100.4	100.4
2009	99.4	99.4	98.1	101.7
2010	102.4	103.4	99.9	104.8
2011	105.6	105.6	100.9	104.2
2012	100.4	100.4	99.0	102.4
2013	100.0	100.0	99.1	100.6
2014	100.2	100.4	99.7	100.6
2015	97.6	96.3	99.3	100.1
2016	98.7	98.6	98.7	100.0
2017	104.7	107.4	100.6	100.5
2018	104.6	107.8	100.8	100.9
2019	102.6	102.4	100.7	105.6
2020				

9－5 主要原材料、燃料、动力购进价格指数
Main Purchasing Price Indices of Raw Materials,Fuels and Power

（上年=100）　　　　　　　　　　　　　　　　　　　　　　　　　　（preceding year=100）

类别	Item	2018	2019	2020
全部原材料	**General Price Indices**	**103.5**	**99.2**	**98.7**
燃料、动力类	Fuel and Power	108.4	97.5	90.9
黑色金属材料类	Ferrous Metals	104.8	101.6	100.5
# 钢材	Steel	104.1	99.2	99.2
其它	Others	105.8	105.0	102.3
有色金属材料及电线类	Nonferrous Metals and Wire	102.2	98.8	98.4
化工原料类	Raw Chemical Materials	103.8	95.9	96.0
木材及纸浆类	Timber and Paper Pulp	104.1	99.1	99.1
建筑材料及非金属类	Building Materials and Nonmetal Minerals	107.8	99.8	97.6
其它工业原材料及半成品类	Other Industrial Materials and Semi-finished Products	100.4	99.1	100.7
农副产品类	Agriculture Products	101.3	103.4	107.0
纺织原料类	Textile Materials	101.7	100.1	97.0

9-6 工业生产者出厂价格指数

Producer Price Indices of Industrial Products by Category

（上年=100） (preceding year=100)

类别	Item	2018	2019	2020
全部工业品	**Total Industry Products**	**102.8**	**98.9**	**98.6**
轻工业	Light Industry	101.4	101.6	101.0
以农产品为原料	Using Farm Products as Raw Materials	101.6	102.0	101.3
以非农产品为原料	Using Non-farm Products as Raw Materials	100.5	99.0	99.0
重工业	Heavy Industry	103.2	98.1	97.9
采掘	Mining and Quarrying	113.0	98.4	84.2
原料	Raw Materials	104.3	96.6	96.2
加工	Processing	101.5	98.5	100.0
生产资料	Means of Production	104.4	97.8	96.9
采掘	Mining and Quarrying	113.0	98.4	84.2
原材料	Raw Materials	104.5	96.4	95.9
加工	Processing	102.6	98.3	99.6
生活资料	Consumer Goods	100.4	100.5	101.0
食品	Food	100.7	102.5	101.1
衣着	Clothing	99.8	99.6	100.6
一般日用品	Articles for Daily Use	101.0	99.7	102.3
耐用消费品	Durable Consumer Goods	100.0	98.0	100.7
按工业部门分	Grouped by Sector			
冶金工业	Metallurgical Industry	107.0	100.6	101.5
电力工业	Power Industry	100.5	100.1	99.7
煤炭及炼焦工业	Coal and Coke Industry	107.5	100.5	101.5
石油工业	Petroleum Industry	116.4	95.4	73.9
化学工业	Chemical Industry	102.4	98.1	98.5
机械工业	Machine Manufacturing Industry	99.9	98.8	100.4
建筑材料工业	Building Materials Industry	103.1	93.7	97.4
森林工业	Timber Industry	101.7	100.7	100.3
食品工业	Food Industry	101.3	102.5	101.5
纺织工业	Textile Industry	102.3	99.5	96.6
缝纫工业	Tailoring Industry	100.5	99.9	100.5
皮革工业	Leather Industry	94.8	97.9	101.3
造纸工业	Paper Industry	104.8	97.2	98.8
文教艺术用品工业	Cultural, Educational and Handicraft Articles	100.5	100.2	99.7
其它工业	Others	116.8	87.1	93.5

9－7 工业生产者购进价格分类指数

Producer Price Indices for Industrial Producer by Category

（上年=100） (preceding year=100)

年 份 Year	总指数 General Index	燃料、动力类 Fuel, Power	黑色金属材料类 Ferrous Metal	有色金属材料及电线类 Non ferrous Metals and wires	化 工原料类 Raw Chemical Material	木材及纸浆类 Wood and Pulp	建筑材料及非金属类 Building Materials and Non metals	农 副产品类 Agricultural Products	纺 织原料类 Textile Materials
2003	104.8	105.[illegible]	105.2	103.0	102.9	101.8	97.4	106.1	106.4
2004	110.5	107.[illegible]	120.3	112.6	111.2	105.7	101.4	111.0	108.7
2005	107.0	115.[illegible]	108.8	108.1	106.1	107.1	101.2	101.4	99.5
2006	103.8	108.[illegible]	98.8	118.5	101.8	102.3	101.3	101.1	100.9
2007	105.2	103.[illegible]	103.7	111.6	109.1	103.1	102.8	108.0	101.5
2008	111.3	112.[illegible]	116.2	100.2	109.1	103.1	106.6	113.4	104.5
2009	95.3	95.[illegible]	91.3	88.6	90.8	93.0	102.2	97.2	100.1
2010	108.6	113.[illegible]	105.0	113.9	114.1	105.6	103.9	106.4	105.2
2011	106.1	111.[illegible]	105.7	103.5	106.8	108.0	102.4	109.3	106.5
2012	99.3	98.[illegible]	94.9	98.6	99.4	102.6	104.2	100.3	100.7
2013	99.4	98.[illegible]	97.6	97.2	99.9	100.8	99.8	99.9	100.3
2014	99.2	98.[illegible]	97.7	97.9	99.1	100.5	99.7	99.8	100.3
2015	96.6	86.[illegible]	94.3	97.4	98.7	100.3	101.3	99.9	100.1
2016	97.8	95.[illegible]	96.6	98.7	96.9	100.0	98.5	97.9	96.6
2017	103.4	110.[illegible]	106.5	105.7	105.3	102.6	102.9	97.8	101.4
2018	103.5	108.[illegible]	104.8	102.2	103.8	104.1	107.8	101.3	101.7
2019	99.2	97.[illegible]	101.6	98.8	95.9	99.1	99.8	103.4	100.1
2020	98.7	90.[illegible]	100.5	98.4	96.0	99.1	97.6	107.0	97.0

9－8 农业生产资料价格分类指数

Price Indices for Means of Agricultural Production by Category

（上年=100） (preceding year=100)

年 份 Year	总指数 General Index	农用手工工具 Farm hand tools	饲 料 Feeding	仔畜幼禽及产品畜 Young Poultry and livestock Products	半机械化农具 Semi-mechanized farm tools	机械化农具 Mechanized farm tools	化学肥料 Chemical Fertilizer	农药及农药械 Pesticide	农用机油 Agricultural Oil	其他农业生产资料 Other Means for Agricultural Production	农业生产服务 Agricultural Production Service
2003	101.0	101.0	100.8	99.2	94.7	93.3	104.1	98.0	111.3	89.5	
2004	106.3	102.8	102.1	115.2	97.1	98.7	107.0	100.6	102.1	109.8	
2005	109.2	98.8	107.2	104.9	107.8	104.2	115.4	103.5	105.4	104.9	
2006	97.2	106.1	94.8	84.0	105.7	100.3	95.7	97.1	110.7	106.3	100.0
2007	106.0	99.1	115.6	142.0	112.6	100.4	102.8	102.2	106.0	101.5	115.0
2008	127.3	101.2	111.0	154.0	105.2	107.3	145.8	106.4	111.9	115.9	103.4
2009	96.4	106.7	101.5	86.9	104.9	104.0	87.7	95.6	98.5	110.2	113.4
2010	99.1	100.9	103.9	97.9	99.8	99.8	92.8	98.4	110.4	101.8	112.8
2011	111.4	109.3	108.8	124.8	100.6	103.9	115.3	99.7	113.0	107.6	107.1
2012	106.8	104.7	107.8	106.9	99.8	102.4	107.6	107.9	103.3	101.7	117.0
2013	100.8	101.9	105.7	102.5	100.7	100.7	96.3	104.7	101.9	101.3	105.8
2014	95.1	100.0	102.8	93.0	100.1	100.3	87.3	100.8	96.8	96.4	103.0
2015	100.2	99.6	105.1	114.5	99.9	100.2	100.8	99.7	82.2	96.2	102.7
2016	97.4	98.2	90.9	127.8	99.7	102.8	91.3	99.2	95.1	97.9	100.6
2017	97.9	102.2	93.0	92.6	103.5	105.2	95.9	99.9	112.1	96.3	98.0
2018	103.7	102.2	105.3	99.5	100.0	100.7	107.9	102.7	112.5	97.3	100.5
2019	108.3	100.5	104.0	205.9	100.7	101.0	104.5	100.4	94.7	99.1	100.8
2020	100.0	100.0	101.6	109.3	100.1	101.8	96.6	101.1	86.4	99.0	100.6

注：仔畜幼禽及产品畜，2015年以前为"产品畜"。

Note: Young poultry and livestock products were product stock before 2015.

9－9 农产品生产者价格指数

Producer Price Indices for Farm Products

（上年=100） （preceding year=100）

指 标	Item	2018	2019	2020
合计	**Total**	**106.1**	**108.7**	**117.1**
农业产品	Farm Products	**110.5**	**101.1**	**112.0**
谷物	Grain	112.5	101.6	111.4
稻谷	Rice	100.0	94.3	102.8
玉米	Corn	116.1	103.9	113.6
油料	Oil-bearing Crops	92.8	99.3	110.7
豆类	Bean	98.2	99.8	117.4
大豆	Soybean	97.7	101.5	127.4
蔬菜及食用菌	Vegetables and edible fungus	108.1	96.3	
蔬菜	Vegetables	109.1	97.0	110.1
水果及坚果类	Fruits and nuts	122.8	98.9	
水果	Fruits	122.8	98.9	121.4
林业产品	**Forestry Products**	**108.2**	**99.5**	**100.3**
饲养动物及其产品	**Raised Animals and Related Products**	**93.0**	**131.8**	**132.9**
活牲畜	Live stock	88.2	142.0	
猪	Pig	79.8	155.3	163.5
牛	Cattle	106.1	110.8	118.2
羊	Sheep	112.6	118.7	107.3
活家禽	Live Poultry	103.0	106.5	92.5
畜禽产品	Animal Products	109.9	100.4	
生奶	Raw milk	99.3	103.5	93.9
禽蛋	Eggs	110.5	100.2	84.0
渔业产品	**Fishery Products**	**94.1**	**97.0**	**109.6**
淡水养殖产品	Freshwater Artificially Cultured Products	94.1	97.0	109.6

第十篇

CHAPTER ▶ 10

人民生活

People's Livelihood

资料整理人员：

王　阔

10－1 人民生活基本情况（一）
Basic Situation of People's Life（1）

单位：元　　　　unit: yuan

年份 Year	城镇居民家庭平均每人全年 Urban Households Per Capita Annual				农村居民家庭平均每人全年 Rural Households Per Capita Annual				城镇居民家庭恩格尔系数(%) Engle's Coefficient of Urban Households (%)	农村居民家庭恩格尔系数(%) Engle's Coefficient of Rural Households (%)
	可支配收入 Disposable Income		消费支出 Living Expenditure	#食品 Food	可支配收入 Disposable Income		生活性消费支出 Living Expenditure	#食品 Food		
	绝对数 Absolute Figures	指数 Index (1978=100)			绝对数 Absolute Figures	指数 Index (1978=100)				
1978	290.20				181.65	100.0			59.3	
1979					222.50	122.5	193.83	130.90		67.5
1980	369.50				237.20	130.5	216.25	140.07	59.2	65.3
1981	401.00				293.34	161.5	246.08	152.40		61.9
1982	431.00				333.09	183.4	253.44	159.37		62.9
1983	451.31	155.5	392.40	224.71	462.50	254.6	274.98	174.23		63.4
1984	499.15	172.0	424.99	244.21	486.80	268.0	320.81	203.09		63.3
1985	607.50	209.3	554.15	303.19	413.74	227.7	364.47	199.48	54.7	56.5
1986	755.46	206.3	661.92	355.44	456.70	251.4	388.77	214.66		55.2
1987	851.64	293.5	715.20	390.00	523.09	288.0	441.60	239.54		54.2
1988	987.12	340.2	901.08	455.16	627.54	345.5	516.36	275.63		53.4
1989	1109.34	382.3	967.44	511.20	623.96	343.5	562.78	313.59		55.7
1990	1230.10	423.9	1053.96	552.60	717.30	394.8	585.71	332.27	52.4	56.7
1991	1395.36	480.8	1193.88	638.16	748.33	411.8	648.41	366.51	53.4	56.5
1992	1636.92	564.1	1374.72	690.72	807.41	444.4	643.13	381.53	50.2	59.3
1993	1953.12	673.0	1596.00	780.24	891.61	490.8	670.02	406.24	48.9	60.6
1994	2561.04	882.5	2096.40	1034.52	1271.63	699.8	853.73	532.47	49.3	62.4
1995	3174.84	1094.0	2598.00	1330.44	1609.61	885.8	1494.62	841.85	51.2	56.3
1996	3805.61	1311.4	3037.32	1438.92	2125.56	1169.8	1513.19	803.38	47.4	53.1
1997	4190.61	1444.0	3408.00	1600.68	2186.29	1203.2	1623.83	895.12	47.0	57.0
1998	4206.64	1449.6	3449.76	1585.44	2383.60	1311.8	1471.46	799.69	46.0	54.0
1999	4480.00	1543.8	3661.68	1561.92	2260.60	1244.1	1347.91	719.27	42.7	53.0
2000	4810.00	1657.7	4020.84	1582.68	2022.50	1113.1	1553.35	705.39	39.4	45.0
2001	5340.50	1840.3	4337.28	1650.96	2182.20	1201.0	1661.69	757.90	38.1	45.0
2002	6260.20	2157.2	4973.88	1809.48	2360.80	1299.3	1685.74	743.07	36.4	44.1
2003	7005.12	2413.9	5492.04	1957.92	2530.40	1392.6	1815.57	799.16	35.7	44.0
2004	7840.60	2701.8	6068.99	2180.09	3000.40	1652.1	1971.21	899.00	35.9	45.6
2005	8690.62	2995.1	6794.71	2356.00	3263.99	1796.9	2305.98	1003.22	34.7	43.5
2006	9775.07	3368.4	7352.64	2457.21	3641.13	2004.5	2700.66	1082.28	33.4	40.1
2007	11285.52	3888.9	8560.30	2842.68	4189.90	2306.0	3064.38	1240.50	33.2	40.0
2008	12829.45	4420.9	9729.05	3307.14	4932.74	2715.5	3443.24	1362.44	34.0	39.6
2009	14006.27	4826.4	10914.44	3637.32	5265.91	2898.9	3902.90	1371.12	33.3	35.1
2010	15411.47	5310.6	11679.04	3767.85	6237.44	3433.9	4147.36	1523.32	32.3	36.7
2011	17796.57	6132.5	13010.63	4252.85	7509.95	4134.3	5305.80	1872.10	32.7	35.3
2012	20208.04	6963.5	14613.53	4635.27	8598.17	4733.4	6186.17	2268.76	31.7	36.7
2013	22274.60	7675.6	15932.31	4658.13	9621.21	5296.6	7379.71	2438.49	29.2	33.0
2014	23217.82	8000.6	17156.14	4478.53	10780.12	5934.6	8139.82	2411.25	26.1	29.6
2015	24900.86	8580.6	17972.62	4640.58	11326.17	6235.2	8783.31	2550.80	25.8	29.0
2016	26530.42	9142.1	19166.38	4957.05	12122.94	6673.8	9521.40	2721.87	26.0	28.6
2017	28318.75	9758.4	20051.24	5168.68	12950.44	7129.3	10279.40	2903.20	25.8	28.2
2018	30171.94	10396.9	22393.71	5563.85	13748.17	7568.5	10826.24	3010.22	24.8	27.8
2019	32299.18	11130.0	23394.28	5841.36	14936.05	8220.2	11456.59	3224.52	25.0	28.1
2020	33395.70	11508.4	21623.22	6040.79	16067.03	8812.1	11863.56	3730.52	27.9	31.4

注：2014年城乡消费支出中食品包含烟酒。
从2013年起，农村居民人均纯收入改为农村居民人均可支配收入（以下同）。

Notes: The food in Living Expenditure in 2014 contains alcohol and tobacco.
Since 2013,the Per Capita net Income of Rural Residents has Changed to the Per Capita Disposable(The same applies to the tables following).

10－2 人民生活基本情况（二）
Basic Situation of People's Life（2）

年 份 Year	人均现住房建筑面积（平方米） Per Capita Living Space (sq.m)		职工平均工资 Average Wages of Staff and Workers		住户储蓄存款（含外币）(亿元) Personal Savings Deposits (Including foreign currency) (100 million yuan)	人均储蓄余额(元) Per Capita Savings Deposit(yuan)
	城镇 Urban	农村 Rural	绝对数(元) Value (yuan)	指数 Index(1978=100)		
1978		7.80	651	100.0	5.86	27
1979		9.17	700	107.5	7.62	35
1980		9.00	763	117.2	10.64	48
1981		9.89	770	118.3	14.56	65
1982		10.05	799	122.7	18.91	84
1983		9.93	823	126.4	25.28	111
1984		12.42	927	142.4	34.23	150
1985	4.60	11.42	1081	166.1	43.96	191
1986	4.90	11.99	1221	187.6	58.36	252
1987	5.20	12.87	1366	209.8	83.20	356
1988	5.30	13.04	1630	250.4	109.49	464
1989	5.50	13.12	1755	269.6	141.26	590
1990	5.60	13.42	1888	290.0	196.59	806
1991	5.70	13.87	2045	314.1	253.28	1030
1992	5.95	14.19	2308	354.5	315.42	1275
1993	6.20	15.96	2701	414.9	389.44	1560
1994	6.50	16.06	3666	563.1	535.55	2129
1995	6.90	16.07	4430	680.5	726.28	2847
1996	7.21	16.51	5370	824.9	955.48	3705
1997	7.70	18.64	5664	870.0	1071.33	4077
1998	8.10	17.52	6551	1006.3	1211.83	4584
1999	8.71	18.47	7158	1099.5	1328.90	5000
2000	9.14	17.72	7924	1217.2	1515.80	5652
2001	13.41	17.10	8771	1347.3	1797.00	6652
2002	15.88	17.57	9990	1534.6	2019.40	7481
2003	16.27	19.75	11081	1702.2	2161.40	8007
2004	18.55	19.78	12431	1909.5	2405.60	8882
2005	19.47	20.10	14409	2213.4	2798.06	10302
2006	19.88	20.68	16583	2547.3	3107.50	11427
2007	21.13	21.21	20513	3151.0	3186.80	11689
2008	27.22	21.94	23486	3607.7	3923.10	14359
2009	28.06	22.79	26230	4029.2	4614.40	16860
2010	29.03	22.88	29399	4516.0	5147.26	18767
2011	29.31	24.40	34197	5253.0	5835.32	21234
2012	29.09	24.71	38407	5899.7	6875.10	25356
2013	28.27	23.47	42846	6581.6	7803.80	29088
2014	28.15	26.20	46516	7145.3	8618.85	32463
2015	28.60	26.95	51558	7919.8	9633.76	36669
2016	28.70	28.30	56098	8617.2	10666.06	41186
2017	29.00	28.95	61451	9439.5	11612.82	45603
2018	30.60	28.66	68533	10527.3	12623.93	50391
2019	30.90	29.70	73813	11338.4	14540.01	58963
2020	31.46	30.27	77995	11980.8	17092.35	70528

注：①2011年以前为城市人均居住面积，2012年以后为城镇人均居住面积。
②从2012年职工平均工资为就业人员平均工资。
③个人储蓄存款，从2013年起含外币。
④个人储蓄存款从2015年起为住户存款。

Notes: ①Before 2011, per capita living area is urban per capita living area.
②The average wage of workers is the average wages of employees from 2012.
③Personal savings deposits, from 2013 include foreign currency.
④Personal savings deposits,from 2015 are household deposits.

10－3　城镇居民家庭基本情况
Basic Situation of Urban Households

指　　标	Item	2018	2019	2020
调查户数（户）	Number of Households Surveyed (Household)	2860	2860	2860
平均每户家庭人口数（人）	The Average Family Population (person)	2.61	2.60	2.56
平均每户就业人口数（人）	The Average Employment Population (person)	1.27	1.25	1.16
平均每户就业面（%）	Average Employment per Household (%)	48.66	48.08	45.31
平均每一就业者负担人数（含就业者本人）（人）	The Average Number of Employees per Job (including the employed person) (person)	2.06	2.08	2.21
平均每人可支配收入（元）	Average Disposable Income Per Capita (yuan)	30172	32299.18	33396
平均每人消费支出（元）	Per Capita Consumption Expenditure (yuan)	22394	23394.28	21623

10－4　城镇居民人均可支配收入及总支出
Per Capita Disposable Income and Expenditure of Urban Households

单位：元　　unit: yuan

指　　标	Item	2018	2019	2020
一、可支配收入	**Disposable Income**	**30171.94**	**32299.18**	**33395.70**
（一）工资性收入	Wage Income	18978.25	20570.49	20990.93
（二）经营净收入	Net Operating Income	2789.49	2857.66	2987.40
（三）财产净收入	Net Income of Property	1603.65	1636.18	1602.97
（四）转移净收入	Transfer Net Income	6800.55	7234.85	7814.41
二、非收入所得	**Non Income**	**1551.81**	**3153.01**	**1539.67**
三、借贷性所得	**Borrowing Income**	**1032.63**	**1783.44**	**964.50**
四、总支出	**Total Expenditure**	**34019.06**	**39099.30**	**33591.95**
（一）消费支出	Consumption Expenditure	22393.71	23394.28	21623.22
（二）生产经营费用支出	Production and Operating Expenses	3534.86	4083.76	3284.54
（三）财产性支出	Property Expenses	153.15	134.71	157.30
（四）转移性支出	Transfer Expenditure	2065.92	2345.62	2403.37
（五）部分商业保险支出	Part of the Commercial Insurance Expenditure	357.28	309.61	318.79
（六）购置资产及非经常性转移支出	Acquisition of Assets and Non Recurrent Transfer Expenses	4029.98	7177.76	4133.99
（七）借贷性支出	Borrowing Expenses	1484.17	1653.56	1670.74

10－5　城镇居民人均消费总支出和借贷支出

Per Capita Consumption Expenditure and Borrowing Expenses of Urban Households

单位：元　　　　unit: yuan

指　　标	Item	2018	2019	2020
总支出	**Total Expenditure**	**34019.06**	**39099.30**	**33591.95**
一、消费支出	Consumption Expenditure	22393.71	23394.28	21623.22
二、生产经营费用支出	Production and Operating Expenses	3534.86	4083.76	3284.54
（一）第一产业经营费用支出	First Industry Operating Expenses	741.75	774.08	788.62
（二）第二产业经营费用支出	Second Industry Operating Expenses	168.35	93.95	80.45
（三）第三产业经营费用支出	Third Industry Operating Expenses	2624.76	3215.73	2415.47
三、财产性支出	Property Expenses	153.15	134.71	157.30
（一）生活贷款利息支出	Interest Expense of Living Loan	148.24	129.89	151.35
（二）其他财产性支出	Other Property Expenses	4.91	4.82	5.96
四、转移性支出	Transfer Expenditure	2065.92	2345.62	2403.37
（一）个人所得税	Individual Income Tax	166.45	114.84	109.02
（二）社会保障支出	Social Security Expenditure	1584.03	1918.46	2057.07
1.个人缴纳的养老保险	Personal Payment of Pension Insurance	1166.31	1427.05	1434.92
2.个人缴纳的医疗保险	Personal Payment of Medical Insurance	336.01	383.31	488.80
3.个人缴纳的失业保险	Unemployment Insurance for Individuals	38.89	42.43	46.25
4.其他社会保障支出	Other Social Security Expenses	42.82	65.68	87.11
1.城镇外来从业人员寄给家人的支出	Urban Migrant Workers Sent to the Family Expenses			
2.农村外来从业人员寄给家人的支出	Rural Migrant Workers Sent to the Family Expenses			
（三）外来从业人员寄给家人的支出	Employees Sent to the Family Expenses	4.06	3.34	2.09
（四）赡养支出	Maintenance Expenses	176.65	200.07	148.19
（五）其他转移性支出	Other Transfer Expenditure	134.72	108.91	87.00
五、部分商业保险支出	Part of the Commercial Insurance Expenses	357.28	309.61	318.79
（一）意外伤害保险	Accident Insurance	17.66	20.54	17.12
（二）商业医疗保险（含大病保险）	Commercial Health Insurance(Including Serious illness Insurance)	211.87	182.45	209.82
（三）其他非储蓄性商业保险	Other Non Savings Commercial Insurance	32.01	37.89	36.94
（四）其他储蓄性商业保险	Other Savings Commercial Insurance	95.74	68.74	54.91
六、购置资产及非经常性转移支出	Purchase of Assets and Transfer of Non-recurring Expenses	4029.98	7177.76	4133.99
（一）购置资产支出	Asset Acquisition Expenses	1320.78	4620.43	2055.38
（二）非经常性转移支出	Non-recurrent Expenditure Transfers	2709.19	2557.33	2078.61
七、借贷性支出	Loan Expenditures	1484.17	1653.56	1670.74
（一）存入储蓄款	Saving Deposit	28.25	24.02	38.02
（二）借出款	Loan	158.74	34.66	12.52
（三）归还借款	Return Loan	131.46	95.58	71.25
（四）购买有价证券	Purchase of Securities	37.96	13.57	36.22
（五）其他投资支出	Other Investment Spending	4.16	13.72	9.11
（六）归还住房贷款	Return of Housing Loan	947.29	1245.47	1388.35
（七）归还汽车贷款	Return of Auto Loan	120.22	170.37	83.41
（八）归还教育贷款	Return of Education Loan	0.00	0.00	2.48
（九）归还其他贷款	Return other Loan	50.45	50.07	28.36
（十）其他借贷支出	Other Borrowing Cost	5.63	6.10	1.03

10－6 城镇居民人均消费支出

Per Capita Consumption Expenditure of Urban Households

单位：元 unit: yuan

指　　标	Item	2018	2019	2020
消费支出	**Consumer Spending**	**22393.71**	**23394.28**	**21623.22**
一、食品烟酒	**Food,Alcohol and Tobacco**	**5563.85**	**5841.36**	**6040.79**
（一）食品	Food	3715.86	3776.03	4355.34
1.谷物	Corn	482.16	450.24	504.87
2.薯类	Potato	60.27	64.14	72.19
3.豆类	Beans	64.32	66.51	74.70
4.食用油	Edible Oil	141.54	127.51	153.45
5.蔬菜和食用菌	Vegetables and Edible Fungi	485.44	478.83	537.41
6.肉类	Meat	743.62	776.28	1151.78
7.禽类	Poultry	113.88	142.89	177.19
8.水产品	Aquatic Product	255.21	288.72	286.46
9.蛋类	Eggs	104.79	114.89	127.45
10.奶类	Milk	242.52	223.48	234.90
11.干鲜瓜果类	Dry and Fresh Fruits	641.02	704.03	682.95
12.糖果糕点类	Confectionery	137.17	142.51	141.74
13.其他食品	Other Foods	243.91	196.03	210.24
（二）烟酒	Tobacco and Wine	417.76	444.50	439.09
（三）饮料	Beverage	118.38	140.07	135.10
（四）饮食服务	Catering Services	1311.85	1480.77	1111.26
二、衣着	**Clothing**	**2023.24**	**1979.22**	**1749.73**
三、居住	**Residence**	**4417.20**	**4571.20**	**4597.21**
（一）租赁房房租	Rental Housing Rent	203.16	184.74	159.28

单位：元 10－6 续表 continued unit: yuan

指　　标	Item	2018	2019	2020
（二）住房维修及管理	Housing Maintenance and Management	540.73	523.23	458.80
（三）水电燃料及其他	Water and Electricity of Fuel and Others	1304.42	1295.58	1282.01
（四）自有住房折算租金	Converted Rent of Private Housing	2368.89	2567.66	2697.12
四、生活用品及服务	**Supplies and Services**	**1301.65**	**1358.35**	**1236.46**
（一）家具及室内装饰品	Furniture and Interior Decorations	154.40	170.09	153.91
（二）家用器具	Home Appliances	311.76	348.31	261.58
（三）家用纺织品	Home Textile	115.00	112.54	104.19
（四）家庭日用杂品	The Family Daily Sundry Goods	293.14	277.03	285.11
（五）个人用品	Personal Belongings	340.42	363.53	371.29
（六）家庭服务	Domestic Service	86.92	86.85	60.38
五、交通和通信	**Transportation Communication**	**3057.56**	**3174.89**	**2770.24**
（一）交通	Transportation	2189.61	2418.00	2004.21
（二）通信	Communication	867.95	756.89	766.04
六、教育文化娱乐	**Educational Entertainment**	**2830.80**	**3147.66**	**2187.69**
（一）教育	Education	1827.09	2167.24	1592.91
（二）文化娱乐	Entertainment	1003.71	980.42	594.78
七、医疗保健	**Medical Care**	**2469.24**	**2525.25**	**2396.44**
（一）医疗器具及药品	Medical Equipment and Drugs	914.83	895.83	930.88
（二）医疗服务	Medical Service	1554.41	1629.42	1465.56
八、其他用品和服务	**Other Goods and Services**	**730.17**	**796.34**	**644.65**
（一）其他用品	Other Goods	364.32	335.69	287.75
（二）其他服务	Other Services	365.85	460.65	356.91

10－7 城镇居民人均购买的主要食品数量

Per Capita Purchasing of Major Foods of Urban Households

单位：千克　　unit: kg

指　　标	Item	2018	2019	2020
谷　物	Corn	103.78	103.69	114.40
薯　类	Tuber	3.58	4.02	4.19
豆　类	Beans	9.19	10.60	11.10
食用油	Edible Oil	10.67	9.89	11.18
其中：食用植物油	Edible Vegetable Oil	10.56	9.78	11.09
蔬菜和食用菌	Vegetables and Edible Fungi	96.85	104.22	106.53
猪　肉	Pork	16.30	15.37	15.43
牛　肉	Beef	3.35	3.63	4.17
羊　肉	Mutton	0.96	0.89	1.20
禽　类	Poultry	4.89	5.91	7.13
水产品	Aquatic Product	9.97	12.14	12.34
蛋　类	Eggs	10.79	12.15	15.31
奶　类	Milk	14.10	14.89	15.91
干鲜瓜果类	Dry and Fresh Fruits	67.11	79.34	77.41
糖果糕点类	Confectionery	7.11	8.11	7.90

10－8 城镇居民平均每百户年末耐用消费品拥有量
Major Durable Consumer Goods Owned Per 100 Urban Households at Year-end

指　标	Item	2018	2019	2020
家用汽车（辆）	Automobile(unit)	34	36	36
洗碗机（台）	Dishwasher(set)	1	1	1
固定电话（部）	Telephone(unit)	16	13	10
移动电话（部）	Mobile Telephone(unit)	227	229	231
其中：接入互联网	Internet Accessed	177	179	215
计算机	Computer	65	65	65
其中：接入互联网	Internet Accessed	56	65	52
电冰箱（柜）（台）	Refrigerator(set)	99	99	101
彩色电视机（台）	Color TV set(set)	100	101	101
中高档乐器（架）	Other Medium and High Grade Musical Instrument(set)	4	5	6
照相机（架）	Camera(set)	14	13	14
洗衣机（台）	Washing Machine(set)	97	99	98

10－9 城镇居民家庭居住情况

Residential Situation of Urban Residents

项　　目	Item	2018	2019	2020
现住房建筑面积（平方米）	**Housing Construction Area (sq.m)**	**30.60**	**30.89**	**31.46**
使用面积（平方米）	Useable Area (sq.m)			
本住户居住空间样式(%)	The Style of Residential Space (%)	100.00	100.00	100.00
单栋楼房	Pavilions Buildings	2.54	1.08	0.94
单栋平房	Pavilions Bungalow	8.35	7.04	6.94
四居室及以上单元房	Four Bedrooms and More than Four Bedrooms	0.98	1.07	1.07
三居室单元房	Three-bedroom Units	12.13	12.58	12.50
二居室单元房	Two Bedroom Flat	65.10	67.28	67.54
一居室单元房	One bedroom flat	10.33	10.51	10.58
筒子楼或连片平房	Tube-shaped Apartment or Shall Bungalow	0.36	0.40	0.39
其他	Other	0.21	0.04	0.04
现住房房屋来源(%)	**Housing Source of Housing (%)**	**100.00**	**100.00**	**100.00**
租赁公房	Public House Leasing	1.64	1.59	1.52
租赁私房	Rent of Privately Owned Houses	4.50	4.01	3.74
自建住房	Spontaneous Housing	5.89	5.87	5.79
购买商品房	Purchase of Commercial Housing	68.25	68.90	69.57
购买房改住房	Reform House Buying	5.99	5.55	5.71
购买保障性住房	Affordable House Buying	1.77	1.56	1.15
拆迁安置房	Resettlement Housing	8.21	8.43	8.45
继承或获赠住房	Inheriting or Receiving House	0.98	0.94	0.89
免费借用房	Free Housing	2.08	2.61	2.66
雇主提供免费住房	Employer Free Housing	0.13	0.09	0.12
其他来源	Other Sources	0.56	0.45	0.38
住宅有管道供水情况(%)	**Residential Pipe Water Supply (%)**	**100.00**		
管道供水入户	Pipe Water Supply	96.17		
管道供水至公共取水点	Pipe Water Supply to Public Water Intake Point	0.23		

10－9 续表 continued

指　　标	Item	2018	2019	2020
没有管道设施	No Pipeline Facilities	3.61		
住户厕所类型(%)	**Household Toilet Type (%)**	**100.00**	**100.00**	**100.00**
水冲式卫生厕所	Water Flush Toilet	91.99	93.11	93.07
水冲式非卫生厕所	Non Sanitary Water Flush Toilet	0.48	2.42	2.23
卫生旱厕	Sanitary Dry Lavatory	1.34	0.78	0.82
普通旱厕	General Dry Lavatory	6.13	3.70	3.79
无厕所	No Toilet	0.06	0.00	0.08
住户厕所使用情况(%)	**Household Toilet Usage (%)**	**100.00**	**100.00**	**100.00**
本住户独用	The Sole Use of this Household	99.11	99.23	99.24
几户合用	Several Households Apply	0.51	0.56	0.55
公用厕所	Public Lavatories	0.38	0.21	0.20
住户洗澡设施情况(%)	**Household Bathing Facilities (%)**	**100.00**	**100.00**	**100.00**
统一供热水	Unified Supply of Hot Water	5.26	3.18	3.01
家庭自装热水器	Home Self Heater	71.46	75.56	75.91
其他	Other	1.27	0.73	0.69
无洗澡设施	No Bathing Facilities	22.01	20.53	20.40
住户主要取暖设备状况(%)	**Household Main Heating Equipment Status (%)**	**100.00**	**100.00**	**100.00**
由市政或小区集中供暖	Central Heating by Municipal or District	91.00	90.75	91.17
自行供暖	Self Heating	7.00	7.05	6.60
无取暖设备	No Heating Equipment	2.00	2.20	2.23
主要炊用能源状况(%)	**The Main Cooking Energy Status (%)**	**100.00**	**100.00**	**100.00**
柴草	Firewood	4.00	3.97	2.38
煤炭	Coal	0.52	0.43	0.40
罐装液化石油气	Liquefied Petroleum Gas	28.47	27.24	30.32
管道液化石油气	Pipeline Liquefied Petroleum Gas	1.48	0.79	0.22
管道煤气	Pipeline Coal Gas	2.49	2.94	2.46
管道天然气	Pipeline Gas	46.45	47.53	48.57
电	Electricity	16.05	16.88	15.55
其他	Other	0.17	0.00	0.00
无炊用行为	No Cooking Behavior	0.37	0.22	0.10

10－10 各地区城镇常住居民人均可支配收入
Per Capita Disposable Income of Urban Households by Regions

单位：元 unit：yuan

地 区	Region	2015	2016	2017	2018	2019	2020
全 省	**Total**	**24901**	**26530**	**28319**	**30172**	**32299**	**33396**
长 春	Changchun	25462	27195	29044	31164	33377	34560
吉 林	Jilin	23918	25520	27179	28538	30140	31027
四 平	Siping	22231	23707	25295	26509	28290	29288
辽 源	Liaoyuan	22297	23725	25267	26328	28224	29191
通 化	Tonghua	22380	23929	25460	26886	28394	29397
白 山	Baishan	19879	21270	22674	23694	25648	26736
松 原	Songyuan	22392	23947	25480	26703	28423	29542
白 城	Baicheng	19820	21090	22461	23539	25631	26668
延 边	Yanbian	21734	23276	24766	26316	28158	28872

10－11 各地区农村常住居民人均可支配收入
Per Capita Disposable Income of Rural Households by Regions

单位：元 unit：yuan

地 区	Region	2015	2016	2017	2018	2019	2020
全 省	**Total**	**11326**	**12123**	**12950**	**13748**	**14936**	**16067**
长 春	Changchun	11749	12576	13431	14237	15455	16636
吉 林	Jilin	11495	12285	13096	13895	14883	16035
四 平	Siping	11281	12063	12871	13643	14803	15890
辽 源	Liaoyuan	10973	11767	12555	13346	14467	15552
通 化	Tonghua	10117	10877	11660	12430	13497	14523
白 山	Baishan	9090	9775	10469	11160	12093	12993
松 原	Songyuan	9561	10258	10976	11678	12802	13766
白 城	Baicheng	7751	8387	9024	9908	11216	12205
延 边	Yanbian	8965	9675	10401	11129	12520	13585

注：2014年农民人均纯收入改为农村常住居民人均可支配收入。
Note: Since 2014 per capita net income households were changed into per capita disposable income of rural households.

10－12 农村居民家庭基本情况
Basic Situation of Rural Households

指　　标	Item	2018	2019	2020
调查户数（户）	Number of Households Survey(household)	1940	1940	1940
常住人口（人）	Permanent Population in the Household Surveyed(person)	5870	5770	5622
平均每户常住人口（人）	Average Permanent Resident Population per Household(person)	3.03	2.97	2.87
平均每户整、半劳动力（人）	Average Full/Semi Labour Force per Households(person)	2.21	2.20	2.21
平均每个劳动力负担人口（人）	Average Number of Dependents per Laborer Force(person)	1.37	1.35	1.30
人均可支配收入（元）	Disposable Income per Capita (yuan)	13748	14936	16067
人均总收入（元）	Total Revenue per Capita (yuan)	24073	26645	29160
人均现住房建筑面积（平方米）	Per Capita Housing Construction area(sq.m)	28.66	29.68	30.27
新建（购）住房面积（人均）（平方米）	Floor Space of Newly Built(Per capita)(sq.m)	0.39		

10－13　农村居民人均可支配收入

Per Capita Income of Rural Households

单位：元　　　　unit: yuan

指　　标	Item	2018	2019	2020
可支配收入	**Disposable Income**	**13748.17**	**14936.05**	**16067.03**
一、工资性收入	**Wage Income**	**3521.49**	**3933.16**	**4018.81**
二、经营净收入	**Net Business Income**	**7756.24**	**8264.27**	**9141.07**
（一）第一产业经营净收入	Net Income of the First Industry	7043.40	7611.40	8477.88
1.农业	Agriculture	5973.71	6640.99	7308.04
2.林业	Forestry	346.69	247.06	224.18
3.牧业	Animal Husbandry	726.85	721.58	945.63
4.渔业	Fishery Industry	−3.84	1.77	0.03
（二）第二产业经营净收入	Net Income of Second Industry	83.90	41.84	41.38
1.采矿业	Mining	−0.48	−0.42	−0.15
2.制造业	Manufacturing Industry	40.30	16.02	9.96
3.电力、热力、燃气及水生产和供应业	Electricity, Heat, Gas and Water Production and Supply Industry	2.00	5.45	5.91
4.建筑业	Construction Industry	42.09	20.80	25.67
（三）第三产业经营净收入	Net Income of Tertiary Industry	628.94	611.03	621.81
1.批发和零售业	Wholesale and Retail	284.08	301.00	313.77
2.交通运输、仓储和邮政业	Transportation, Storage and Post	71.65	146.13	124.64
3.住宿和餐饮业	Hotels and Catering Services	49.35	−4.24	−10.43
4.房地产业	Real Estate	0.00	−1.70	0.00
5.租赁和商务服务业	Leasing and Business Services	2.28	0.60	1.01
6.居民服务、修理和其他服务业	Resident Services, Repairs and Other Services	56.44	56.40	63.53
7.其他	Other	35.24	29.63	41.75

10－13 续表 continued

单位：元　　unit: yuan

指　　标	Item	2018	2019	2020
8.农林牧渔服务业	Agricultural Services Industry	129.90	83.21	87.54
三、财产净收入	**Net income of property**	**256.55**	**307.18**	**364.53**
（一）利息净收入	Net Interest Income	12.00	9.08	18.89
（二）红利收入	Dividend Income	5.91	8.20	8.90
（三）储蓄性保险净收益	Net Income of Savings Insurance	1.64	0.42	1.81
（四）转让承包土地经营权租金净收入	Net Income of the Transfer of Contracted Land Management Right	195.30	283.06	318.34
（五）出租房屋财产性收入	Rental Housing Property Income	4.63	3.53	5.19
（六）出租机械、专利、版权等资产性收入	Rental Revenue Machinery, Patents, Copyright and Other Assets	27.74	5.57	9.42
（七）其他财产净收入	Other Property net Income	9.32	−2.67	1.97
（八）房屋虚拟租金	Virtual House Rent			
四、转移净收入	**Net Transfer Income**	**2213.89**	**2431.44**	**2542.62**
（一）转移性收入	Transfer Income	2639.65	2862.33	3113.69
1.养老金或离退休金	Pensions	616.20	781.29	975.63
2.社会救济和补助	Social Relief and Subsidies	102.14	107.83	117.53
3.政策性生活补贴	Policy Oriented Living Subsidy	26.15	8.10	13.22
4.报销医疗费	Reimbursement of Medical Expenses	194.28	205.32	193.46
5.家庭外出从业人员寄回带回收入	The Income of Sending Back and Bring Back From Family Worker Goes Out	289.06	366.48	414.45
6.赡养收入	Support Income	180.71	210.08	221.77
7.其他经常转移收入	Other Often Transfer Income	16.30	15.93	9.74
8.从政府和组织得到的实物产品和服务折价	Discounts on Physical Products and Services Received from the Government and Organizations	6.53	4.50	5.15
9.现金政策性惠农补贴	The Policy of Agricultural Subsidies Cash	1208.27	1162.80	1162.75
（二）转移性支出	Transfer Expenditure	425.75	430.89	571.07
1.个人所得税	Personal Income Tax	2.74	1.56	2.44
2.社会保障支出	Social Security Contribution	301.73	340.75	492.55
3.外来从业人员寄给家人的支出	Migrant Workers Sent to the Family		1.95	3.53
4.赡养支出	Maintenance Expenses	74.89	57.55	53.68
5.其他转移性支出	Other Transfer Expenses	45.12	29.08	18.87

10－14 农村居民人均消费支出
Per Capita Expenditure of Rural Households

单位：元　　unit: yuan

指　标	Item	2018	2019	2020
总支出	**Aggregate Expenditure**	**25076.31**	**26564.27**	**28082.91**
一、消费支出	**Consumer Expenditure**	**10826.24**	**11456.59**	**11863.56**
（一）食品烟酒	Food Alcohol and Tobacco	3010.22	3224.52	3730.52
（二）衣着	Dress	628.41	694.49	716.41
（三）居住	Living	1917.17	1833.74	1992.68
（四）生活用品及服务	Daily Necessities and Services	405.60	438.09	488.91
（五）交通通信	Traffic Communication	1770.53	1700.72	1899.25
（六）教育文化娱乐	Educational Entertainment	1411.03	1551.66	1177.44
（七）医疗保健	Medical Care	1450.87	1736.94	1568.50
（八）其他用品和服务	Other Supplies and Services	232.42	276.43	289.85
二、生产经营费用支出	**Production and Operating Expenses**	**8968.41**	**10250.08**	**11374.01**
（一）第一产业经营费用支出	First Industry Operating Expenses	7771.39	8724.49	9918.74
1.农业	Agriculture	5505.86	5434.47	6034.50
2.林业	Forestry	42.94	28.42	39.63
3.牧业	Animal Husbandry	2216.14	3228.55	3835.41
4.渔业	Fishery Industry	6.45	33.05	9.19
（二）第二产业经营费用支出	Second Industrial Operating Expenses	47.34	52.73	50.77
1.采矿业	Mining	0.23	0.28	0.15
2.制造业	Manufacturing Industry	24.50	39.79	33.71
3.电力、热力、燃气及水生产和供应业	Electricity, Heat, Gas and Water Production and Supply Industry	8.95	2.48	7.84
4.建筑业	Construction Industry	13.66	10.17	9.06
（三）第三产业经营费用支出	Third Industrial Operating Expenses	1149.68	1472.87	1404.50
1.批发和零售业	Wholesale and Retail	710.68	1075.78	1036.04
2.交通运输、仓储和邮政业	Transportation, Storage and Postal Services	198.22	180.09	175.34
3.住宿和餐饮业	Accommodation and Catering	51.98	67.37	60.50
4.房地产业	Realty Industry	0.00	1.70	0.00
5.租赁和商务服务业	Leasing and Business Services	4.23	0.04	0.04
6.居民服务、修理和其他服务业	Resident Services, Repairs and Other Services	42.06	37.68	29.14
7.其他	Other	42.88	48.90	44.66
8.农林牧渔服务业	Agricultural Services Industry	99.65	61.31	58.78
三、财产性支出	**Property Expenses**	**32.82**	**27.60**	**13.88**
四、转移性支出	**Transfer Expenditure**	**425.75**	**430.89**	**571.07**
五、部分商业保险支出	**Part of Commercial Insurance Expenses**	**155.44**	**147.89**	**155.41**
六、购置资产及非经常性转移支出	**Acquisition of Assets and Non Recurrent Transfer Expenses**	**3724.88**	**3402.57**	**3243.58**
七、借贷性支出	**Borrowing Expenses**	**942.76**	**848.64**	**861.39**

10－15 农村居民人均生活消费支出

Per Capita Consumption Expenditure of Rural Households

单位：元 unit: yuan

指　　标	Item	2018	2019	2020
生活消费支出	**Consumer Expenditure**	**10826.24**	**11456.59**	**11863.56**
一、食品烟酒	**Food, Liquor and Tobacco**	**3010.22**	**3224.52**	**3730.52**
（一）食品	Food	2292.31	2364.90	2853.64
1.谷物	Corn	485.73	484.38	573.56
2.薯类	Tubers	48.93	63.34	95.80
3.豆类	Beans	64.35	76.51	82.17
4.食用油	Edible Oil	118.93	114.98	294.69
5.蔬菜和食用菌	Vegetables and Edible Fungi	235.30	250.32	315.93
6.肉类	Meat	543.49	521.08	586.17
7.禽类	Poultry	67.86	87.56	108.56
8.水产品	Aquatic Product	91.47	109.49	121.67
9.蛋类	Eggs	76.65	83.22	88.62
10.奶类	Milk	88.51	75.60	70.19
11.干鲜瓜果类	Dry and Fresh Fruits	246.58	277.78	282.45
12.糖果糕点类	Confectionery	50.43	57.78	61.81
13.其他食品	Other Foods	174.09	162.85	172.01
（二）烟酒	Tobacco and Liquor	434.36	484.02	517.39
1.烟草	Tobacco	291.55	333.93	368.77
2.酒类	Liquor	142.81	150.09	148.62
（三）饮料	Beverage	43.21	57.22	61.35
（四）饮食服务	Catering Services Industry	240.33	318.37	298.14
1.食堂用餐	Canteen	16.91	31.21	31.36
2.其他在外饮食	Others Dining Out	213.91	278.07	259.55
3.食品加工服务费	Food Processing Service Charge	9.51	9.09	7.23
二、衣着	**Clothing**	**628.41**	**694.49**	**716.41**
（一）衣类	Garments	469.36	521.16	536.60
（二）鞋类	Footwear	159.05	173.32	179.81
三、居住	**Residence**	**1917.17**	**1833.74**	**1992.68**
（一）租赁房房租	Rental Housing Rent	48.38	60.19	63.13
（二）住房维修及管理	Housing Maintenance and Management	328.32	270.54	304.18
（三）水电燃料及其他	Water Electricity Fuel and Others	778.65	678.90	753.19
（四）自有住房折算租金	Converted Rent of Private Housing	761.83	824.12	872.19
四、生活用品及服务	**Supplies and Services**	**405.60**	**438.09**	**488.91**
（一）家具及室内装饰品	Furniture and Interior Decorations	35.33	32.65	40.66
（二）家用器具	Home Appliances	88.59	95.47	101.25

10－15 续表 1 continued

单位：元 unit: yuan

指 标	Item	2018	2019	2020
（三）家用纺织品	Home Textile	29.45	35.36	40.05
（四）家庭日用杂品	The Family Daily Sundry Goods	170.44	174.87	186.36
（五）个人用品	Personal Belongings	74.83	92.63	111.16
（六）家庭服务	Domestic Service	6.97	7.11	9.43
五、交通通信	**Transportation Communication**	**1770.53**	**1700.72**	**1899.25**
（一）交通	Transportation	1278.66	1213.43	1376.74
1.交通工具	Transportation	495.52	400.04	642.08
2.交通费	Transportation Costs	198.77	207.88	146.13
3.交通工具用燃料	Fuel for Transportation	329.23	357.86	306.43
4.交通工具使用及维修	Transportation and Maintenance	255.15	247.65	282.10
#车辆保险支出	#Vehicle Insurance Expenses	85.84	69.78	113.39
（二）通信	Communication	491.86	487.29	522.51
1.通信工具	Communication Tools	203.16	199.67	205.18
2.通信服务	Communication Services	288.70	287.61	317.33
六、教育文化娱乐	**Educational Entertainment**	**1411.03**	**1551.66**	**1177.44**
（一）教育	Education	1138.84	1283.60	950.12
1.学前教育	Preschool Education	89.66	95.65	36.94
2.小学教育	Primary Education	154.44	158.06	111.58
3.初中教育	Junior High School Education	238.56	255.41	153.19
4.高中教育	Senior High School Education	234.12	294.83	273.61
5.中专职高教育	Secondary Vocational Education	40.60	31.99	14.67
6.大专及以上教育	Junior College and Above	345.69	402.31	336.87
7.成人教育	Adult Education	35.77	45.35	23.25
（二）文化娱乐	Entertainment	272.18	268.06	227.32
1.文娱耐用消费品	Entertainment Durable Consumer Goods	65.08	53.86	60.69
2.其他文娱用品	Other Recreational Articles	108.08	133.78	117.55
3.文化娱乐服务	Cultural Entertainment Service	99.03	80.42	49.07
七、医疗保健	**Medical Care**	**1450.87**	**1736.94**	**1568.50**
（一）医疗器具及药品	Medical Equipment and Drugs	500.85	540.46	538.37
（二）医疗服务	Medical Service	950.02	1196.49	1030.13
1.门诊总费用	Total Outpatient Service	398.72	404.79	356.12
2.住院总费用	Total Hospitalization Expenses	551.31	791.70	674.01
八、其他用品和服务	**Other Goods and Services**	**232.42**	276.43	289.85
（一）其他用品	Other Goods	147.19	166.21	181.69
（二）其他服务	Other Services	85.23	110.22	108.16

10－16 农村居民人均现金支出

Per Capita Cash Expenditure of Rural Households

单位：元 unit: yuan

指　　标	Item	2018	2019	2020
现金支出	**Cash Expenditure**	**23198.63**	**24623.32**	**25808.82**
一、现金消费支出	**Cash Consumption Expenditure**	**9188.65**	**9824.98**	**9954.03**
二、生产经营现金费用支出	**Production and Operating Cash Expense**	**8728.33**	**9940.75**	**11009.46**
（一）第一产业经营现金费用支出	First Industry Operating Cash Expense	7531.31	8415.15	9554.18
1.农业	Agriculture	5472.73	5409.87	6010.14
2.林业	Forestry	42.94	28.42	39.63
3.牧业	Animal Husbandry	2009.31	2944.98	3496.71
4.渔业	Fishery	6.33	31.89	7.70
（二）第二产业经营现金费用支出	Second Industry Operating Cash Expense	47.34	52.73	50.77
1.采矿业	Mining	0.23	0.28	0.15
2.制造业	Manufacturing Industry	24.50	39.79	33.71
3.电力、热力、燃气及水生产和供应业	Electricity, Heat, Gas and Water Production and Supply Industry	8.95	2.48	7.84
4.建筑业	Construction Industry	13.66	10.17	9.06
（三）第三产业经营现金费用支出	Tertiary Industry Operating Cash Expense	1149.68	1472.87	1404.50
1.批发和零售业	Wholesale and Retail	710.68	1075.78	1036.04
2.交通运输、仓储和邮政业	Transportation, Storage and Post	198.22	180.09	175.34
3.住宿和餐饮业	Hotels and Catering	51.98	67.37	60.50
4.房地产业	Real Estate	0.00	1.70	0.00
5.租赁和商务服务业	Leasing and Business Services	4.23	0.04	0.04
6.居民服务、修理和其他服务业	Resident Services, Repairs and Other Services	42.06	37.68	29.14
7.其他	Other	42.88	48.90	44.66
8.农林牧渔服务业	Agricultural Services Industry	99.65	61.31	58.78
三、现金财产性支出	**Cash and Property Expenses**	**32.82**	**27.60**	**13.88**
（一）生活贷款利息支出	Interest Expense of Life Loan	27.75	19.71	6.79
（二）其他财产性支出	Other Property Expenses	5.07	7.88	7.09
四、现金转移性支出	**Cash Transfer Expenses**	**425.75**	**430.89**	**571.07**
（一）个人所得税	Personal Income Tax	2.74	1.56	2.44
（二）社会保障支出	Social Security Contribution	301.73	340.75	492.55
（三）外来从业人员寄给家人的支出	Migrant Workers Sent to the Family	1.28	1.95	3.95
（四）赡养支出	Maintenance Expenses	74.89	57.55	53.68
（五）其他转移性支出	Other transfer Expenses	45.12	29.08	18.87
五、部分商业保险支出	**Part of Commercial Insurance Expenses**	**155.44**	**147.89**	**155.41**
（一）意外伤害保险	Accident Insurance	11.76	8.20	12.19
（二）商业医疗保险（含大病保险）	Commercial Medical Insurance (Including Serious Illness Insurance)	76.87	102.87	85.68
（三）其他非储蓄性商业保险	Other Non Savings Commercial Insurance	25.82	21.44	36.29
（四）其他储蓄性商业保险	Other Savings Commercial Insurance	41.00	15.38	21.25
六、购置资产及非经常性转移支出	**Acquisition of Assets and Non Recurrent Transfer Expenses**	**3724.88**	**3402.57**	**3243.58**
（一）购置资产支出	Purchase of Assets	1425.51	1009.64	1284.48
（二）非经常性转移支出	Non Recurrent Expenditure	2299.37	2392.93	1959.11
七、借贷性支出	**Borrowing Expenses**	**942.76**	**848.64**	**861.39**
（一）存入储蓄款	Deposit Savings	12.68	18.40	40.92
（二）借出款	Loan	46.75	32.20	14.99
（三）归还借款	Return of Borrowing	599.31	462.89	485.46
（四）购买有价证券	Purchase of Securities	1.06	0.00	0.00
（五）其他投资支出	Other Investment Expenses	0.60	13.28	9.51
（六）归还住房贷款	Repayment of Housing Loans	65.03	97.98	117.18
（七）归还汽车贷款	Repayment of Auto Loan	35.31	17.01	21.23
（八）归还教育贷款	Repayment of Educational Loans	2.21	0.00	0.00
（九）归还其他贷款	Repayment of Other Loans	176.80	185.98	166.50
（十）其他借贷支出	Other Borrowing Expenses	3.00	20.91	5.60

10－17　农村居民人均现金收入

Per Capita Cash Income of Rural Household

单位：元　　unit: yuan

指　　标	Item	2018	2019	2020
现金收入（未扣除生产费用）	**Cash Income (Excluding Production Costs)**	**21390.93**	**23610.03**	**26959.97**
一、现金工资性收入	**Wage Cash Income**	**3506.16**	**3928.39**	**4011.81**
二、现金经营性收入	**Operating Cash Income**	**15156.56**	**16694.35**	**19654.66**
（一）第一产业现金经营收入	First Industry Cash Operating Income	13133.66	14358.97	17398.93
1.农业	Agriculture	10100.85	10191.96	12481.18
2.林业	Forestry	46.85	37.12	15.31
3.牧业	Animal Husbandry	2983.04	4094.50	4892.53
4.渔业	Fishery Industry	2.93	35.38	9.91
（二）第二产业现金经营收入	Second Industrial Cash Operating Income	137.88	97.79	94.78
1.采矿业	Mining		0.17	0.00
2.制造业	Manufacturing Industry	66.51	57.01	44.74
3.电力、热力、燃气及水生产和供应业	Electricity, Heat, Gas and Water Production and Supply Industry	10.95	8.78	13.94
4.建筑业	Construction Industry	60.42	31.82	36.10
（三）第三产业现金经营收入	Tertiary Industrial Cash Operating Income	1885.01	2237.59	2160.95
1.批发和零售业	Wholesale and Retail	1035.94	1422.78	1403.37
2.交通运输、仓储和邮政业	Transportation, Storage and Post	299.43	359.59	335.91
3.住宿和餐饮业	Hotels and Catering	111.02	76.70	64.28
4.房地产业	Real Estate			0.00
5.租赁和商务服务业	Leasing and Business Services	6.74	0.81	1.22
6.居民服务、修理和其他服务业	Resident Services, Repairs and Other Services	108.01	101.79	97.68
7.其他行业	Other	84.13	81.03	88.73
8.农林牧渔服务业	Agricultural Services Industry	239.75	194.88	169.77
三、现金财产性收入	**Property Cash Income**	**289.37**	**334.78**	**378.40**
（一）利息收入	Interest Income	39.75	28.79	25.68
（二）红利收入	Dividend Income	5.91	8.20	8.90
（三）储蓄性保险收益	Income of Savings Insurance	1.64	0.42	1.81
（四）转让承包土地经营权租金收入	Income of the Transfer of Contracted Land Management Right	195.30	283.06	318.34
（五）出租房屋财产性净收入	Rental Housing Property Income	4.63	3.53	5.19
（六）出租机械、专利、版权等资产的净收入	Rental Machinery, Patents, Copyright and Other Assets of the Revenue	27.74	5.57	9.42
（七）其他财产性收入	Other Property Income	14.39	5.21	9.06
四、现金转移性收入	**Transfer Cash Income**	**2438.84**	**2652.51**	**2915.09**
（一）养老金或离退休金	Pensions	616.20	781.29	975.63
（二）社会救济和补助	Social Relief and Subsidies	102.14	107.83	117.53
（三）政策性生活补贴	Policy Oriented Living Subsidy	26.15	8.10	13.22
（四）家庭外出从业人员寄回带回收入	Migrant Workers Sent to the Family	289.06	366.48	414.45
（五）赡养收入	Support Income	180.71	210.08	221.77
（六）其他转移性收入	Other Transfer Income	16.30	15.93	9.74
（七）现金政策性惠农补贴	The Policy of Agricultural Subsidies Cash	1208.27	1162.80	1162.75

10－18　农村居民平均每百户年末耐用消费品拥有量
Durable Consumer Goods Owned Per 100 Rural Household at the Year-end

指　　标	Item	2018	2019	2020
家用汽车(辆）	Automobile (Unit)	23.32	24.95	26.78
摩托车（辆）	Motorcycle (Unit)	59.58	51.19	52.28
助力车（台）	Booster Car (Unit)	19.98	23.05	26.77
洗衣机（台）	Washing Machine (set)	91.78	92.22	92.41
电冰箱（柜）（台）	Refrigerator (set)	95.54	96.59	97.47
微波炉（台）	Microwave Oven (Set)	7.70	8.47	8.62
彩色电视机（台）	Color TV Sets (Set)	104.46	104.65	104.93
#接入有线电视（台）	Access to Cable TV (Set)	57.82		
空调（台）	Air Conditioner (Set)	0.94	1.33	1.60
热水器（台）	Water Heater (Set)	11.76	13.04	14.11
#太阳能热水器（台）	Solar Water Heater (Set)	4.99		
洗碗机（台）	Dishwasher (Set)	0.05	0.11	0.00
排油烟机（台）	Exhaust Fan (Set)	11.95	13.57	14.36
固定电话（部）	Telephone(Set)	11.14	7.33	6.32
移动电话（部）	Mobile Phone (Set)	246.30	247.37	245.70
#接入互联网（部）	Access to the Internet(Set)	153.78	166.25	212.32
计算机（台）	Computer (Set)	28.76	27.37	27.39
#接入互联网（台）	Access to the Internet (Set)	21.37	18.92	19.64
照相机（台）	Camera (Set)	1.14	1.19	1.21
中高档乐器（架）	Middle Grade Musical Instruments (Set)	0.24	0.37	0.38
健身器材（台）	Fitness Equipment (Set)	0.23	0.32	0.42

10－19　农村居民人均主要食品消费量
Per Capita Consumption of Major Foods of Rural Households

指　　标	Item	2018	2019	2020
谷物(公斤）	Corn(kg.)	137.57	149.68	173.84
薯类（公斤）	Tuber (kg.)	3.44	3.73	4.57
豆类（公斤）	Beans (kg.)	11.39	14.85	14.32
食用油（公斤）	Edible oil (kg.)	10.86	10.94	11.17
蔬菜和食用菌（公斤）	Vegetables and Edible Fungi(kg.)	86.63	85.54	104.51
肉类（公斤）	Meat (kg.)	25.10	21.93	15.15
猪肉	Pork	21.99	18.40	12.71
牛肉	Beef	0.94	1.05	0.95
羊肉	Mutton	0.30	0.35	0.25
其他肉类及制品	Other Meats and Products	1.87	2.13	1.24
禽类（公斤）	Poultry (kg.)	4.86	5.26	7.04
水产品（公斤）	Aquatic Product (kg.)	5.51	7.11	7.60
蛋类（公斤）	Eggs (kg.)	9.24	9.75	12.23
奶类（公斤）	Milk (kg.)	5.02	5.72	6.07
干鲜瓜果类（公斤）	Dry and Fresh Fruits and Melons (kg.)	37.74	44.24	47.05
糖果糕点类（公斤）	Confectionery(kg.)	3.73	4.88	5.23
其他食品（元）	Other Food (yuan)	174.09	158.26	167.57
饮料（元）	Drinks(yuan)	43.21	57.22	61.35
烟酒（元）	Alcohol(yuan)	434.36	484.02	517.39
饮食服务（元）	Food Service(yuan)	240.33	318.37	298.14

10－20　农村居民每百户拥有主要农业生产性固定资产数量
100 Rural Household Major Productive Fixed Assets Owned Per

项　　目	Item	2018	2019	2020
大中型农用拖拉机（台）	Large and Medium Sized Agricultural Tractors (unit)	20.62	18.81	19.69
小型农用拖拉机（台）	Small Farm Tractor (unit)	60.98	63.49	58.68
农用排灌动力机械（台）	Agricultural Irrigation Drainage Machinery (unit)	1.73	1.71	1.45
插秧机（台）	Rice Transplanter (unit)	3.13	2.71	3.37
收割机（台）	Harvester (unit)	6.93	7.38	7.82
脱粒机（台）	Threshing Machine (set)	3.10	2.97	3.86
役畜（头）	Draft Animal (head)	10.46		
产品畜（头）	Commodity Animal Products (head)	379.83	381.17	331.93

10－21　农村居民家庭平均居住情况
Rural Residents Living Situation

项　　目	Item	2018	2019	2020
现住房建筑面积(平方米)	**Housing Construction Area (sq.m)**	**28.66**	**29.68**	**30.27**
期末拥有房屋情况	Housing Situation at year-end			
期末拥有房屋面积（平方米）	House Area Owned (sq.m)	28.90		
期末拥有房屋价值（万元）	Value of House Owned (1000yuan)	2.75		
期末拥有房屋市场价月租金（元）	Rent of House Owned at Market Price（yuan)	66.03		
期内新购住房情况	Purchasing New House this year			
期内新购住房建筑面积（平方米）	Construction Area of New Purchasing House (sq.m)	0.24		
新购住房总金额（万元）	Value of New Purchasing House (10000 yuan)	0.10		
期内新建住房情况	New Constructed House this year			
期内新建住房竣工建筑面积（平方米）	New Completed House Construction Area Construction Area(sq.m)	0.15	0.11	0.11
新建住房总费用（万元）	Expenses of New Constructed House (10000 yuan)	0.01	0.01	0.01

第十一篇

CHAPTER ▶ 11

市政公用事业

Urban Public Utilities

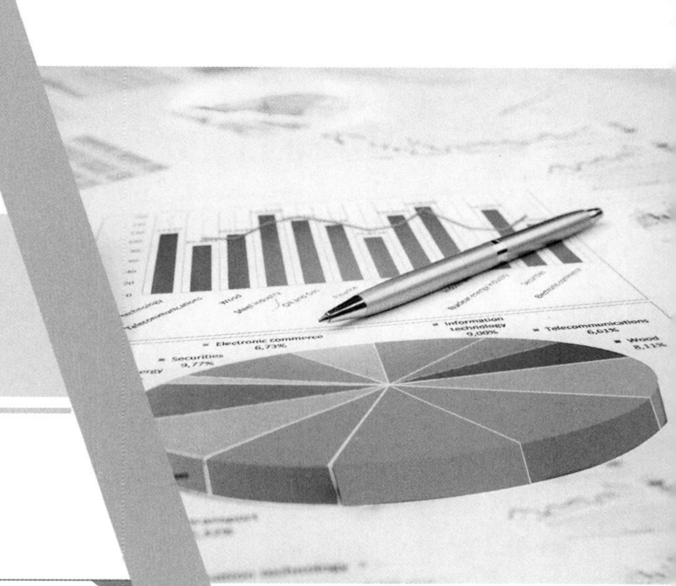

资料整理人员：

王　辉

11－1　市政公用事业基本情况
Basic Statistics on Municipal Public Utilities

指　　标	Item	2018	2019	2020
自来水全年供水总量（万立方米）	Annual Volume of Tap Water Supply(10000 cu.m)	105505	107279	105173
# 居民家庭用水量	Water Consumption for Residential Use	31504	33442	36038
人均日生活用水（升）	Per Capita Daily Consumption of Tap Water for Residential Use(unit)	118	121	122
用水普及率（%）	Percentage of Population with Access to Tap Water(%)	94	95	96
年末实有道路长度（公里）	Length of Paved Roads at Year-end(km)	9220	9467	10952
年末实有道路面积（万平方米）	Area of Paved Roads(10000 sq.m)	16831	17270	19116
排水管道长度（公里）	Length of Sewage Pipelines(km)	11601	12378	13552
人工煤气全年供气量（万立方米）	Annual Artificial Coal Gas Supply(10000 cu.m)	3426	3310	3158
# 家庭用量	Consumption of Artificial Coal Gas for Residential Use	2600	2507	2031
煤气管道长度（公里）	Length of Gas Pipelines(km)	345	348	347
液化气全年供气量（吨）	Annual Supply of LPG(ton)	157114	147208	141174
# 家庭用量	Residential Consumption of Liquefied Petroleum Gas for Residential Use	778805	51377	44377
燃气普及率（%）	Percentage of Population with Access to Gas(%)	93	92	93
集中供热总量（万吉焦）	Total Volume of Centralized Heating(10000 GJ)	27920	27466	28555
集中供热面积（万平方米）	Area of Centralized Heating(10000 sq.m)	62633	64619	67591
绿化覆盖面积（公顷）	Green Coverage Areas(hectare)	57921	100478	104385
公园、动物园个数（个）	Number of Parks and Zoos(unit)	344	356	377
公园、动物园面积（公顷）	Area of Parks and Zoos(hectare)	13298	12687	12730
生活垃圾清运量（万吨）	Volume of Garbage Disposal(10000 ton)	471	483	464

11－2　城市建设用地（2020年）
City Construction Land（2020）

单位：平方公里　　　　unit: sq.km

城　市	City	建成区面积 Area of Built Districts(sq.km)	城市现状建设用地面积 Area of Land Used for Urban Construction(sq.km)	本年征用土地面积 Requisition Land Area (sq.km)
全省	**Total**	**1565.85**	**2397.01**	**40.75**
长春	Changchun	606.73	998.90	26.51
长春市	Changchun	550.96	908.73	26.06
榆树市	Yushu	23.48	47.29	
德惠市	Dehui	32.29	42.88	0.45
吉林	Jilin	267.20	313.63	1.60
吉林市	Jilin	195.92	215.00	
蛟河市	Jiaohe	18.50	27.50	0.19
桦甸市	Huadian	19.50	20.00	
舒兰市	Shulan	9.48	23.66	1.23
磐石市	Panshi	23.80	27.47	0.18
四平	Siping	87.01	155.30	1.73
四平市	Siping	64.54	119.00	1.73
双辽市	Shuangliao	22.47	36.30	
辽源	Liaoyuan	50.23	136.00	1.04
辽源市	Liaoyuan	50.23	136.00	1.04
通化	Tonghua	67.24	82.71	1.16
通化市	Tonghua	58.53	69.92	1.12
集安市	Ji' an	8.71	12.79	0.04
白山	Baishan	57.88	79.77	
白山市	Baishan	47.83	64.58	
临江市	Linjiang	10.05	15.19	
松原	Songyuan	70.02	91.34	0.94
松原市	Songyuan	53.52	70.00	0.58
扶余市	Fuyu	16.50	21.34	0.36
白城	Baicheng	91.98	129.50	0.20
白城市	Baicheng	46.91	67.50	0.05
洮南市	Taonan	26.55	37.00	
大安市	Da' an	18.52	25.00	0.15
延边朝鲜族自治州	Yanbian	160.57	274.45	4.35
延吉市	Yanji	62.00	83.93	1.37
图们市	Tumen	11.29	14.37	0.09
敦化市	Dunhua	34.34	50.88	0.13
珲春市	Hunchun	25.91	81.75	0.58
龙井市	Longjing	14.48	28.77	2.18
和龙市	Helong	12.55	14.75	
公主岭市	Gongzhuling	35.00	47.00	1.10
梅河口市	Meihekou	36.49	48.00	1.92
长白山	Changbaishan	35.50	40.41	0.20

11－3 城市供水（2020年）

Tap Water Supply in City（2020）

城　市	City	综合生产能力（万立方米/日）Production Capacity of Tap Water Supply (10000cu.m/day)	供水管道长度（公里）Length of Water Supply Pipelines (km)	全年供水总量(万立方米) Annual Volume of Tap Water Supply (10000cu.m)	#生活用水 For Residential Use	#生产用水 For Productive Use	用水人口（万人）Number of Residents with Access to Tap Water (10000 persons)	人均日生活用水量(升) Per Capita Daily Consumption of Tap Water for Residential Use (litre)
全　省	**Total**	**655.63**	**16877.97**	**105173.30**	**36038.35**	**24572.74**	**1162.97**	**121.79**
长春	Changchun	141.71	7151.07	40922.38	15952.77	4863.87	496.91	141.98
长春市	Changchun	133.85	6400.93	38899.99	14956.48	4693.65	446.27	150.13
榆树市	Yushu	4.56	238.59	1123.95	537.12	70.22	26.94	66.05
德惠市	Dehui	3.30	511.55	898.44	459.17	100.00	23.70	74.78
吉林	Jilin	306.49	2303.18	23351.09	6472.57	11647.55	176.13	108.11
吉林市	Jilin	290.50	1409.80	20420.00	4811.00	11398.00	125.44	111.52
蛟河市	Jiaohe	4.10	469.59	630.56	295.50	43.41	14.50	65.97
桦甸市	Huadian	6.49	140.00	610.53	379.00	83.04	12.80	94.63
舒兰市	Shulan	2.80	128.09	741.00	327.07	23.10	12.80	75.46
磐石市	Panshi	2.60	155.70	949.00	660.00	100.00	10.59	181.10
四平	Siping	26.10	1444.74	7031.85	2122.45	2741.25	65.26	123.59
四平市	Siping	15.48	1304.24	4277.32	1830.98	612.92	53.54	126.24
双辽市	Shuangliao	10.62	140.50	2754.53	291.47	2128.33	11.72	111.47
辽源	Liaoyuan	15.41	523.88	2731.61	895.29	496.51	41.64	74.90
辽源市	Liaoyuan	15.41	523.88	2731.61	895.29	496.51	41.64	74.90
通化	Tonghua	19.52	805.52	4410.80	1397.40	422.34	52.48	92.66
通化市	Tonghua	16.50	647.97	3503.00	1213.40	307.34	45.06	90.11
集安市	Ji' an	3.02	157.55	907.80	184.00	115.00	7.42	108.11
白山	Baishan	20.70	547.58	3369.31	1250.17	729.91	48.13	79.79
白山市	Baishan	13.00	422.58	2952.31	1032.17	661.91	39.13	81.39
临江市	Linjiang	7.70	125.00	417.00	218.00	68.00	9.00	72.82
松原	Songyuan	26.67	445.85	5356.09	1406.31	1127.59	58.79	111.41
松原市	Songyuan	24.82	394.25	4851.09	1188.31	1020.59	46.69	122.97
扶余市	Fuyu	1.85	51.60	505.00	218.00	107.00	12.10	66.79
白城	Baicheng	16.33	805.04	3659.59	1370.90	612.26	47.39	114.69
白城市	Baicheng	11.00	482.00	2313.58	897.56	256.65	25.50	123.39
洮南市	Taonan	2.95	161.34	825.98	205.00	189.16	11.50	132.48
大安市	Da' an	2.38	161.70	520.03	268.34	166.45	10.39	73.68
延边朝鲜族自治州	Yanbian	51.40	1595.80	9486.81	3691.16	1147.79	118.86	104.64
延吉市	Yanji	23.00	546.58	4620.74	1955.78	681.97	52.00	118.47
图们市	Tumen	1.45	195.45	426.00	189.81	70.32	6.80	95.26
敦化市	Dunhua	8.45	178.51	1221.30	555.00	149.30	19.90	101.74
珲春市	Hunchun	10.00	349.89	1607.10	519.40		22.70	89.02
龙井市	Longjing	4.50	128.90	703.00	274.50	128.20	8.71	105.51
和龙市	Helong	4.00	196.47	908.67	196.67	118.00	8.75	75.98
公主岭市	Gongzhuling	6.01	307.81	2010.30	462.72	515.86	17.93	107.40
梅河口市	Meihekou	20.00	389.00	1845.49	807.55	214.00	34.20	104.58
长白山	Changbaishan	5.29	558.50	997.98	209.06	53.81	5.25	426.72

11－4 城市市政设施（2020年）
Level of Public Facilities in City（2020）

城 市	City	年末实有道路长度(公里) Length of Paved Roads at Year-end(km)	年末实有道路面积(万平方米) Area of Paved Roads (10000sq.m)	城市桥梁(座) Number of Bridges(unit)	城市排水管道长度(公里) Length of Sewage Pipelines(km)	城市污水日处理能力(万立方米) Daily Sewage Disposal Capacity (10000cu.m)	城市道路照明灯(盏) Urban Road Lights (unit)
全 省	**Total**	**10952.30**	**19116.00**	**966**	**13551.91**	**444.95**	**548217**
长春	Changchun	4355.99	8482.30	356	6461.68	191.25	201023
长春市	Changchun	4010.10	7947.02	348	6123.77	182.25	189625
榆树市	Yushu	131.21	254.62	5	167.98	6.00	6362
德惠市	Dehui	214.68	280.66	3	169.93	3.00	5036
吉林	Jilin	2716.70	3715.95	179	1659.45	85.50	118914
吉林市	Jilin	2146.88	2959.00	98	1124.31	73.50	48015
蛟河市	Jiaohe	169.30	157.64		147.03	4.00	5807
桦甸市	Huadian	161.38	189.95	14	145.81	3.00	7482
舒兰市	Shulan	133.23	126.89	37	85.41	2.00	50768
磐石市	Panshi	105.91	282.47	30	156.89	3.00	6842
四平	Siping	542.09	822.14	23	516.03	20.50	33782
四平市	Siping	449.03	716.00	20	377.00	18.00	31000
双辽市	Shuangliao	93.06	106.14	3	139.03	2.50	2782
辽源	Liaoyuan	189.50	456.98	83	365.00	16.00	10115
辽源市	Liaoyuan	189.50	456.98	83	365.00	16.00	10115
通化	Tonghua	367.92	554.87	61	333.60	13.70	14922
通化市	Tonghua	301.15	431.66	57	262.00	11.20	12712
集安市	Ji' an	66.77	123.21	4	71.60	2.50	2210
白山	Baishan	362.66	559.23	73	325.63	11.50	27163
白山市	Baishan	277.31	446.71	59	218.17	9.00	20125
临江市	Linjiang	85.35	112.52	14	107.46	2.50	7038
松原	Songyuan	418.62	933.77	22	664.26	28.00	29271
松原市	Songyuan	324.40	750.67	14	554.22	25.00	25644
扶余市	Fuyu	94.22	183.10	8	110.04	3.00	3627
白城	Baicheng	457.36	831.96	34	741.20	15.00	29516
白城市	Baicheng	222.43	385.31	28	361.18	8.00	15073
洮南市	Taonan	96.00	185.61	2	194.00	3.00	5482
大安市	Da' an	138.93	261.04	4	186.02	4.00	8961
延边朝鲜族自治州	Yanbian	964.99	1621.20	63	1618.83	45.50	54490
延吉市	Yanji	233.11	642.12	20	869.00	20.00	12202
图们市	Tumen	54.87	103.07	13	69.71	3.00	3132
敦化市	Dunhua	270.34	363.61	4	275.45	10.00	13861
珲春市	Hunchun	259.77	319.74	9	198.74	6.00	10902
龙井市	Longjing	89.22	102.48	5	100.44	2.50	6593
和龙市	Helong	57.68	90.18	12	105.49	4.00	7800
公主岭市	Gongzhuling	229.21	391.73	33	401.50	11.50	13983
梅河口市	Meihekou	235.76	592.16	28	243.29	5.00	7322
长白山	Changbaishan	111.50	153.71	11	221.44	1.50	7716

11－5 城市绿地和园林（2020年）

Basic Statistics on Parks and Green Areas in Cities（2020）

城　市	City	绿地面积（公顷）Area of Green Land (hectare)	#公园绿地 Park Green Areas	公 园（个）Number of Parks(unit)	公园面积（公顷）Area of Parks (hectare)	建成区绿化面积（公顷）Green Coverage Area of Built Districts (hectare)
全　省	**Total**	**92571.36**	**15736.49**	**377**	**12729.85**	**63254.29**
长春	Changchun	46274.22	6279.93	160	5354.15	24856.58
长春市	Changchun	44281.37	5917.43	151	5175.15	23034.84
榆树市	Yushu	964.13	136.30	3	49.00	668.05
德惠市	Dehui	1028.72	226.20	6	130.00	1153.69
吉林	Jilin	9964.11	2529.32	34	1496.66	11123.35
吉林市	Jilin	7465.34	1754.40	12	1142.60	8434.44
蛟河市	Jiaohe	559.51	90.86	8	90.86	609.97
桦甸市	Huadian	635.36	345.16	3	42.10	834.98
舒兰市	Shulan	501.70	177.90	2	136.10	325.16
磐石市	Panshi	802.20	161.00	9	85.00	918.80
四平	Siping	3061.44	716.67	12	623.02	3396.70
四平市	Siping	2175.29	553.10	9	454.24	2441.20
双辽市	Shuangliao	886.15	163.57	3	168.78	955.50
辽源	Liaoyuan	1710.81	526.78	32	499.09	1911.25
辽源市	Liaoyuan	1710.81	526.78	32	499.09	1911.25
通化	Tonghua	2524.11	824.30	27	797.80	2852.88
通化市	Tonghua	2177.30	687.55	18	661.05	2454.16
集安市	Ji'an	346.81	136.75	9	136.75	398.72
白山	Baishan	11602.96	613.59	15	450.09	2047.40
白山市	Baishan	11244.96	380.59	11	296.09	1644.40
临江市	Linjiang	358.00	233.00	4	154.00	403.00
松原	Songyuan	2916.86	763.80	15	669.00	2844.42
松原市	Songyuan	2341.96	608.00	14	648.00	2194.32
扶余市	Fuyu	574.90	155.80	1	21.00	650.10
白城	Baicheng	3299.89	677.68	16	644.50	3501.91
白城市	Baicheng	1638.38	265.53	9	221.50	1769.00
洮南市	Taonan	927.58	125.46	4	83.90	995.41
大安市	Da'an	733.93	286.69	3	339.10	737.50
延边朝鲜族自治州	Yanbian	6015.86	1639.52	36	915.64	6210.80
延吉市	Yanji	2348.80	709.78	5	207.20	2359.80
图们市	Tumen	352.75	97.69	6	97.69	389.75
敦化市	Dunhua	1385.80	356.00	13	356.00	1458.00
珲春市	Hunchun	1041.14	260.53	3	190.45	1008.11
龙井市	Longjing	457.99	116.56	7	8.00	500.99
和龙市	Helong	429.38	98.96	2	56.30	494.15
公主岭市	Gongzhuling	692.90	72.90	2	34.70	715.00
梅河口市	Meihekou	1626.00	572.00	8	393.50	1628.00
长白山	Changbaishan	2882.20	520.00	20	851.70	2166.00

11－6　城市市容环境卫生（2020年）
Basic Statistics on Urban Sanitation in Cities（2020）

城　市	City	清扫保洁面积(万平方米) Area Under Cleaning Program (10000 sq.m)	生活垃圾清运量（万吨） Volume of Garbage Disposal (10000tons)	市容环卫专用车辆设备总数(台) Number of Special Vehicles for Environmental Sanitation(unit)	公厕数量（座） Number of Public Lavatories (unit)	#三级以上 Third Grade and Above
全省	**Total**	18410	464	8003	4319	3507
长春	Changchun	7577	213	4021	2493	2365
长春市	Changchun	6975	187	3762	2288	2209
榆树市	Yushu	248	13	123	110	89
德惠市	Dehui	354	13	136	95	67
吉林	Jilin	2988	65	1104	433	292
吉林市	Jilin	2138	44	881	316	202
蛟河市	Jiaohe	208	6	43	25	25
桦甸市	Huadian	190	6	45	16	16
舒兰市	Shulan	243	4	46	49	49
磐石市	Panshi	209	4	89	27	
四平	Siping	1363	21	272	224	201
四平市	Siping	1003	17	213	164	164
双辽市	Shuangliao	360	4	59	60	37
辽源	Liaoyuan	343	14	61	159	63
辽源市	Liaoyuan	343	14	61	159	63
通化	Tonghua	684	17	364	145	99
通化市	Tonghua	561	14	302	109	63
集安市	Ji' an	123	3	62	36	36
白山	Baishan	542	13	241	89	18
白山市	Baishan	410	10	173	82	15
临江市	Linjiang	132	3	68	7	3
松原	Songyuan	981	24	356	125	69
松原市	Songyuan	751	18	276	93	69
扶余市	Fuyu	230	6	80	32	
白城	Baicheng	1467	31	573	121	87
白城市	Baicheng	779	12	490	39	23
洮南市	Taonan	433	12	52	34	24
大安市	Da' an	255	7	31	48	40
延边朝鲜族自治州	Yanbian	1097	49	487	307	160
延吉市	Yanji	297	23	153	72	66
图们市	Tumen	110	3	75	56	
敦化市	Dunhua	304	11	42	52	52
珲春市	Hunchun	254	8	124	48	22
龙井市	Longjing	32	2	47	64	14
和龙市	Helong	100	2	46	15	6
公主岭市	Gongzhuling	533	8	173	76	32
梅河口市	Meihekou	633	8	252	104	82
长白山	Changbaishan	202	2	99	43	39

11 - 7 城市设施水平（2020年）
Level of Public Facilities in City（2020）

城 市	City	用水普及率(%) Urban Water Coverage Rate (%)	燃气普及率(%) City Gas Coverage Rate (%)	建成区供水管道密度(公里/平方公里) Density of Sewer Pipelines (km/sq.km)	人均城市道路面积(平方米) Per Capita Area of Paved Roads (sq.m)	人均公园绿地面积(平方米) Per Capita Public Green Areas (sq.m)	建成区绿地率(%) Green Space Rate of Built District (%)
全省	**Total**	**95.60**	**92.93**	**9.96**	**15.71**	**12.94**	**35.68**
长春	Changchun	94.19	92.48	10.69	16.08	11.90	36.03
长春市	Changchun	94.33	93.97	10.41	16.80	12.51	36.80
榆树市	Yushu	90.86	88.50	10.16	8.59	4.60	25.51
德惠市	Dehui	95.56	68.83	15.84	11.32	9.12	30.62
吉林	Jilin	98.62	97.42	8.56	20.81	14.16	36.43
吉林市	Jilin	98.80	99.55	7.20	23.31	13.82	38.10
蛟河市	Jiaohe	100.00	90.28	25.38	10.87	6.27	30.24
桦甸市	Huadian	96.02	95.20	6.31	14.25	25.89	32.31
舒兰市	Shulan	98.46	98.46	13.51	9.76	13.68	29.20
磐石市	Panshi	98.06	83.43	6.54	26.15	14.91	33.71
四平	Siping	98.98	93.90	15.06	12.47	10.87	35.18
四平市	Siping	98.76	97.58	18.13	13.21	10.20	33.70
双辽市	Shuangliao	100.00	76.88	6.25	9.06	13.96	39.44
辽源	Liaoyuan	95.94	97.19	10.43	10.53	12.14	34.06
辽源市	Liaoyuan	95.94	97.19	10.43	10.53	12.14	34.06
通化	Tonghua	93.90	97.57	11.98	9.93	14.75	37.54
通化市	Tonghua	93.56	98.11	11.07	8.96	14.28	37.20
集安市	Ji' an	95.99	94.18	18.09	15.94	17.69	39.82
白山	Baishan	94.69	93.78	8.86	11.00	12.07	31.32
白山市	Baishan	94.79	95.74	8.84	10.82	9.22	30.56
临江市	Linjiang	94.24	85.34	8.96	11.78	24.40	34.93
松原	Songyuan	96.69	95.12	4.45	15.36	12.56	35.69
松原市	Songyuan	96.27	97.38	4.86	15.48	12.54	36.03
扶余市	Fuyu	98.37	86.18	3.10	14.89	12.67	34.60
白城	Baicheng	91.91	77.48	8.40	16.14	13.14	33.50
白城市	Baicheng	95.29	92.49	10.27	14.40	9.92	32.81
洮南市	Taonan	79.86	36.25	6.08	12.89	8.71	32.75
大安市	Da' an	99.90	95.96	7.00	25.10	27.57	36.35
延边朝鲜族自治州	Yanbian	95.62	88.68	9.71	13.04	13.19	35.23
延吉市	Yanji	93.19	93.19	8.82	11.51	12.72	36.00
图们市	Tumen	95.77	90.85	17.31	14.52	13.76	31.24
敦化市	Dunhua	99.10	91.88	4.26	18.11	17.73	38.90
珲春市	Hunchun	99.52	84.48	13.50	14.02	11.42	33.60
龙井市	Longjing	97.10	84.84	8.56	11.42	12.99	30.80
和龙市	Helong	91.72	67.61	15.65	9.45	10.37	33.51
公主岭市	Gongzhuling	98.73	89.15	8.74	21.57	4.01	19.31
梅河口市	Meihekou	99.94	96.43	5.73	17.30	16.72	39.63
长白山	Changbaishan	100.00	97.14	14.31	29.28	99.05	50.99

11－8 城市集中供热情况
Basic Statistics on Heating in City

指 标	Item	2018	2019	2020
供热能力	**Heating Capacity**			
蒸汽(吨/小时）	Steam（ton/hour)	2110	1767	1958
热水（兆瓦）	Hot Water(MW)	45107	46151	46265
供热总量	**Quantity of Heat Supplied**			
蒸汽（万吉焦）	Steam(10000 GJ)	1545	1015	1073
热水（万吉焦）	Hot Water(10000 GJ)	45107	26451	27481
管道长度	**Length of Pipelines**	**27748**	**29971**	**31996**
供热面积（万平方米）	**Area of Centralized Heating(10000 sq.m)**	**62633**	**64619**	**67591**

11－9 城市燃气用气户数和供气总量
Number of City Gas Users and Total Gas Supply

指 标	Item	用气户数（户）Gas Users（household）			供气总量（万立方米）Total Gas Supply（10000cu.m）		
		2018	2019	2020	2018	2019	2020
液化石油气	Liquefied Petroleum Gas	864001	798111	753758	157114	147208	141174
# 家庭用量	Residential Use	778805	719640	663324	59795	51377	44377
天然气	Natural Gas	3554647	3825522	4051499	174481	209125	214186
# 家庭用量	Residential Use	3511658	3763382	3977033	35488	38046	41805
煤气	Coal Gas	159000	162000	165000	3426	3310	3158
# 家庭用量	Residential Use	158280	161085	164085	2600	2507	2031

11－10 城市环境卫生情况

Basic Statistics on Urban Sanitation

指　标	Item	2018	2019	2020
实际清扫面积(万平方米)	Actually Cleaning Areas(10000 sq.m)	17910	18155	18410
生活垃圾清运量（万吨）	Volume of Garbage Disposal(10000 ton)	471	483	464
环境卫生设施	**Environment Sanitation Equipment**			
公共厕所（座）	Public Lavatories(unit)	3828	4427	4319
垃圾无害化处理厂（座）	Garbage Innocuous Disposal Plant(unit)	30	30	34
垃圾无害化处理能力（吨/日）	Capacity of Garbage Innocuous Disposal(ton/day)	15234	17130	18925

11－11 城市燃气设备能力

Capacity of City Gas Facilities

指　标	Item	2018	2019	2020
液化石油气	**Liquefied Petroleum Gas**			
储气能力(吨)	Capacity of Gas Tank(ton)	18873	19283	19282
天然气	**Natural Gas**			
储气能力（万立方米）	Capacity of Gas Tank(10000 cu.m)	867	901	929
管道长度（公里）	Length of Pipelines(km)	10979	13137	13892
煤气	**Coal Gas**			
储气能力（万立方米）	Capacity of Gas Tank(10000 cu.m)	9	9	9
管道长度（公里）	Length of Pipelines(km)	345	348	347

第十二篇

CHAPTER ▶ 12

农　业

Agriculture

资料整理人员：

吴　璇

12－1 农村基本情况

Basic Statistics Rural Area

年 份 Year	村民委员会（个） Number of Village's Committees(unit)	乡村总户数(万户) Number of Rural Households (10000 households)	乡村人口数（万人） Rural Population (10000 persons)	乡村劳动力资源（万人） Rural Labour Resources (10000 persons)	乡村劳动力（万人） Rural Labour Force (10000 persons)	男劳动力 Male	女劳动力 Female
1978	9733	295.20	1481.50				
1979	9907	299.65	1477.64				
1980	10104	303.90	1477.70				
1981	10146	310.10	1480.40				
1982	10163	315.00	1479.50				
1983	10126	314.20	1477.50				
1984	10162	317.10	1479.30				
1985	10144	317.84	1464.15				
1986	10163	317.70	1449.97				
1987	10190	320.58	1446.91				
1988	10299	325.26	1447.35				
1989	10273	331.46	1453.58				
1990	10300	340.93	1465.79				
1991	10297	344.02	1475.71				
1992	10288	347.76	1477.36				
1993	10305	348.35	1466.15				
1994	10299	348.40	1445.04				
1995	10234	348.82	1434.54				
1996	10139	351.10	1436.90				
1997	10112	353.99	1430.00				
1998	10121	357.82	1433.05				
1999	10133	364.35	1442.03				
2000	10107	370.01	1440.47				
2001	10005	369.80	1433.00				
2002	9850	376.05	1443.46				
2003	9569	377.91	1439.40				
2004	9365	381.84	1440.08				
2005	9375	383.69	1443.62				
2006	9335	390.67	1443.31				
2007	9317	394.79	1454.96				
2008	9321	399.08	1460.28				
2009	9316	402.84	1470.82	815.63	723.15	408.11	315.04
2010	9319	411.31	1476.02	825.69	733.78	414.59	319.19
2011	9314	416.91	1489.82	848.57	748.50	415.75	332.75
2012	9314	420.42	1491.76	846.16	751.41	417.91	333.50
2013	9313	422.59	1495.78	853.37	756.33	419.93	336.40
2014	9302	426.87	1497.38	855.96	757.95	422.34	335.61
2015	9270	428.18	1492.15	860.84	760.62	423.35	337.27
2016	9313	424.88	1475.38	853.15	752.26	419.79	332.47
2017	9307	425.46	1467.91	840.31	741.86	413.46	328.40
2018	9303	426.22	1460.63	832.46	729.82	407.09	322.73
2019	9322	426.01	1446.00	816.41	716.17	399.74	316.43
2020	9327	426.83	1384.13	794.03	696.68	387.02	309.66

12－2　农业生产条件
Agricultural Production Conditions

项　　目	Item	2018	2019	2020
一、主要农业机械拥有量	**Main agricultural machinery**			
农业机械总动力（万千瓦）	Total Power of agricultural machinery (10000 kW)	3462.4	3656.1	3896.9
大中型拖拉机（混合台）	Large and medium tractors (mixed platform)	315946	341000	384688
小型拖拉机（台）	Small tractors (set)	901479	890423	879185
大中型机引农具（台）	Large and medium-sized machine dragger (set)	122258	95845	108297
谷物联合收割机（台）	Combine harvesters(set)	91073	101078	113302
机动脱粒机（台）	Motorized threshing machine (set)	159265	161512	156708
水稻插秧机(台)	The automatic rice transplanter (set)	90630	98574	106743
粮食加工机械（台）	Grain processing machinery (set)	122278	123213	122567
油料加工机械（台）	Oil processing machinery (set)	10570	10757	10797
二、农业机械作业面积	**Agricultural machinery operating area**			
机耕面积（千公顷）	Plowing area (1000 hectares)	4935.6	4783.2	4692.2
机播面积（千公顷）	Sowing area (1000 hectares)	5448.8	5506.2	5599.4
机收面积(千公顷)	Machine area (1000 hectares)	4564.6	4822.6	5048.0
三、农村用电量	**Rural power consumption**			
农村用电量（万千瓦小时）	Rural power consumption (10000 kWh)	548539	548765	565596
每公顷用电量（千瓦时）	Electricity per hectare (kWh)	902.1	897.1	919.5
四、农田水利	**Irrigation and water conservancy**			
农用排灌机械（台）	Agricultural irrigation and drainage machinery (set)	465546	461446	457300
农用水泵(台)	Farm water pump (stage)	604313	609154	612170
有效灌溉面积(千公顷)	Effective irrigation area (thousand ha)	1922.2	1938.2	1934.1
机电灌溉面积(千公顷)	Electromechanical irrigation area (thousand hectares)	1137.8	1224.3	1236.2
占有效灌溉面积(%)	Account for effective irrigation area (%)	59.2	63.2	63.9
五、化肥施用量	**Consumption of Chemical Fertilizer**			
化肥施用量（实物量）（万吨	Consumption of Chemical Fertilizer(10000 tons)	423.96	414.99	407.89
#氮肥(万吨)	Nitrogenous Fertilizer(10000 tons)	139.79	127.75	119.89
#磷肥(万吨)	Phosphatic Fertilizer(10000 tons)	39.34	36.66	35.53
#钾肥(万吨)	Potassic Fertilizer(10000 tons)	28.03	26.36	25.26
#复合肥(万吨)	Compound Fertilizer(10000 tons)	216.81	224.22	227.22
每公顷化肥施用量（公斤）	Consumption of Chemical Fertilizer Per Hectare(kg)	697	678	663

注：2018年大中型拖拉机、小型拖拉机、大中型机引农具指标范围有变化。
Note: The coverage of large and medium sized tractors,small-sized tractors and large and medium-sized machine dragger is changed in 2018.

12－3　各地区设施农业生产情况（2020年）
Facilities Agricultural Production by Region（2020）

单位：公顷、吨　　unit:ha.ton

地区 Region		一、蔬菜 Vegetables		二、瓜果类 Fruits		三、花卉苗木 Flowers and Nursery Stock	四、食用菌 Edible Fungus		五、其他作物 Others
		种植面积 Sown Area	产量 Output	种植面积 Sown Area	产量 Output	种植面积 Sown Area	种植面积 Sown Area	产量 Output	种植面积 Sown Area
全　省	**Total**	**16967**	**686402**	**4191**	**105581**	**183**	**772**	**18090**	**1686**
长　春	Changchun	5774	243606	1239	33533	92	64	2962	41
吉　林	Jilin	1311	47323	126	3470	13	193	3198	9
四　平	Siping	3448	187631	437	20598	1	41	289	60
辽　源	Liaoyuan	217	5352	70	1829	2	58	2308	50
通　化	Tonghua	555	18465	77	1755	13	18	463	7
白　山	Baishan	292	13165	117	3551	9	26	859	43
松　原	Songyuan	2668	100503	368	14481	1	12	372	97
白　城	Baicheng	1638	39736	1642	24908	38	5	251	1320
延　边	Yanbian	928	26256	97	509	9	331	5226	40
长白山	Changbaishan			1	8				
梅河口	Meihekou	135	4365	18	940	5	24	2162	19

12－4　特种作物生产情况
Special Crop Production

指　标	Item	播种面积（公顷） Sown Area(ha)			产量（吨） Yield(ton)		
		2018	2019	2020	2018	2019	2020
人参	Ginseng	9801	11182	11272	36103	30786	32443
甘草	Licorice	26	50	34	32	30	35
枸杞	Chinese Wolfberry	111	142	88	139	133	92

指　标	Item	产量（吨）Yield(ton)		
		2018	2019	2020
食用菌	Edible Fungus	68807	70891	70819
#黑木耳	Black Fungus	47440	47501	51961
香菇	Mushrooms	1721	1211	775
蘑菇类	Mushroom	16167	17820	17527

12－5 历年农林牧渔业总产值和指数

Gross Output Value and Index of Agriculture Forestry, Animal Husbandry and Fishery over the Years

年 份 Year	农林牧渔总产值（亿元） Gross Output Value of Agriculture, Forestry, Animal Husbandry and Fishery （100million yuan）					指数（1949=100） Indices of Agriculture, Forestry Animal Husbandry and Fishery（1949=100）				
	总产值 Total	农业 Farming	林业 Forestry	牧业 Animal Husbandry	渔业 Fishery	总产值 Total	农业 Farming	林业 Forestry	牧业 Animal Husbandry	渔业 Fishery
1978	37.78	32.23	0.87	4.61	0.08	289.2	293.8	4225.7	190.9	288.6
1979	42.02	34.99	1.13	5.80	0.08	279.5	276.4	4703.3	214.0	234.6
1980	47.47	35.56	2.47	9.39	0.05	290.8	277.8	7851.3	241.3	246.5
1981	56.89	44.81	0.20	9.97	0.15	311.2	299.8	8486.6	245.4	383.6
1982	60.58	48.95	2.54	8.83	0.26	329.2	314.6	9022.4	268.9	449.8
1983	78.11	65.42	2.10	10.28	0.31	425.2	433.4	9070.9	260.1	521.4
1984	88.99	72.81	3.55	12.23	0.39	469.7	476.3	10585.0	291.1	625.1
1985	85.89	63.91	3.32	18.12	0.55	432.2	407.4	10760.2	385.1	862.8
1986	98.43	76.07	2.94	18.58	0.84	451.0	433.8	9360.2	382.2	1104.9
1987	120.81	93.14	2.93	23.45	1.28	516.1	515.4	8891.9	374.1	1333.3
1988	140.91	106.41	2.84	29.50	2.17	543.8	534.9	8928.8	429.9	1719.5
1989	133.79	91.52	3.46	36.25	2.56	480.4	447.8	8914.9	469.5	1920.4
1990	189.09	140.67	4.19	41.42	2.81	608.4	599.8	7682.6	497.2	2108.7
1991	188.38	135.74	4.42	45.16	3.06	605.1	580.1	7781.2	540.9	2336.9
1992	204.39	146.00	5.10	50.02	3.27	622.8	588.1	7782.7	586.1	2458.2
1993	243.95	174.63	5.10	60.35	3.86	685.2	640.8	7547.9	671.8	2859.0
1994	405.48	270.81	8.54	120.14	5.99	755.3	664.3	7994.5	876.6	3061.3
1995	490.28	301.44	8.28	173.32	7.24	800.2	646.9	7421.2	1117.0	3229.4
1996	581.04	363.68	7.57	201.99	7.80	953.2	760.9	7010.5	1382.8	3544.5
1997	565.54	315.45	7.99	233.39	8.71	932.8	656.4	7564.2	1616.7	3869.7
1998	666.48	394.86	8.08	254.11	9.43	1080.0	825.4	7870.2	1680.4	4150.2
1999	675.30	388.40	10.45	266.84	9.61	1101.0	818.1	9993.9	1766.7	4231.6
2000	609.37	320.27	11.38	268.72	9.00	1039.4	705.2	10243.8	1869.8	4150.2
2001	691.83	405.40	13.83	263.24	9.36	1195.7	787.1	12742.2	2194.6	6184.6
2002	734.21	410.22	33.91	271.13	10.83	1352.8	892.0	29981.7	2276.1	7242.5
2003	792.14	438.34	33.77	298.44	13.56	1438.0	936.4	30731.3	2471.5	7649.4
2004	940.67	486.23	32.85	399.06	13.44	1551.6	1015.3	28232.8	2666.8	7974.9
2005	1050.49	518.13	39.90	467.59	14.87	1733.1	1077.8	33110.5	3151.9	8777.2
2006	1111.49	586.52	44.35	449.20	17.48	1760.8	1160.9	32482.6	2963.6	10005.1
2007	1329.16	627.08	47.69	621.01	18.39	1782.4	1137.3	29134.1	3152.3	10589.9
2008	1542.77	715.78	52.52	735.85	21.52	1961.1	1309.7	28153.9	3335.8	11770.4
2009	1619.53	726.02	55.01	770.90	21.92	2064.6	1284.6	31199.1	3687.7	13175.7
2010	1688.90	791.33	62.38	758.93	23.14	2138.9	1365.5	32727.9	3704.5	13265.4
2011	2029.86	910.43	73.03	958.64	27.76	2249.1	1464.7	34673.3	3799.8	13953.1
2012	2181.92	1017.33	85.55	985.75	29.78	2381.3	1532.2	35734.9	4070.7	14534.1
2013	2276.40	1075.44	83.63	1021.62	31.32	2465.1	1624.2	37993.0	4103.2	14969.5
2014	2302.04	1118.55	87.01	995.65	33.43	2566.7	1730.8	39513.6	4153.1	16938.5
2015	2292.97	1114.70	87.42	990.92	31.77	2677.0	1812.8	43635.9	4291.5	17399.0
2016	2167.89	948.98	72.64	1033.40	40.25	2761.9	1859.2	36982.4	4492.2	21875.1
2017	2064.29	895.83	69.38	982.37	41.72	2851.2	1989.3	34987.0	4514.9	22602.4
2018	2184.34	992.96	73.28	1001.64	39.02	2913.7	2044.1	32288.4	4638.1	21635.2
2019	2442.73	1014.12	68.09	1239.58	40.12	2980.7	2156.5	30512.5	4624.2	22219.4
2020	2976.00	1231.84	71.92	1547.38	41.43	3034.6	2221.7	34299.9	4631.2	22861.1

注：本表绝对数按当年价格计算，指数按可比价格。2003年起总产值包括农林牧渔专业及辅助性活动产值。2007–2017年数据为根据第三次全国农业普查修正数据。

Note: Data in value terms in this table are calculated at current prices,while the indices are calculated at constant prices, since 2003,gross output value includes the services in support of agriculture,forestry,animal husbandry and fishery.Date of 2007–2017in this table were revised according to the result of the Third National Agriculture Census.

12－6 农林牧渔业分项产值

Output Value of Subentries of Agricultural and Forestry and Animal Husbandry and Fishery

单位：万元　　unit: 10000yuan

指　　标	Item	2019	2020	2020年为2019年的%(按可比价计算) 2020 as Percentage of 2019 (calculated at constant price)
农林牧渔业总产值	**Gross output value of agriculture , Forestry, Animal Husbandry and fishery**	**24427256**	**29759983**	**101.8**
一、农业产值	Total Value of Agriculture Production	10141184	12318446	103.0
（一）谷物及其他作物	Cereals and other Crops	7812814	9042911	98.3
（二）蔬菜、食用菌及花卉盆景园艺产品	Vegetable Horticultural Crops	1505956	1959788	103.6
（三）水果、坚果、茶、饮料和香料	Fruit, Nuts, Beverage Crops	502445	636598	102.8
（四）中草药材	Traditional Chinese Medicinal Materials	319970	679149	215.9
二、林业产值	Forestry Output Value	680914	719197	112.4
（一）林木的培育和种植	Cultivation and Cultivation of Forest Trees	329280	404136	120.2
（二）竹木采运	Wood Harvesting	143503	159806	111.4
（三）林产品	Forest Product	208131	155255	100.8
三、牧业产值	Animal Husbandry Output Value	12395837	15473787	100.2
（一）牲畜饲养	Livestock Breeding	5062553	5538353	93.5
（二）猪的饲养	Swine Rearing	3318268	5972268	104.1
（三）家禽饲养	Poultry Rearing	3691504	3661825	106.3
（四）狩猎和捕捉动物	Hunting and Catching Animals			
（五）其他畜牧业	Other Animal Husbandry	323512	301340	93.1
四、渔业产值	Fishery Output Value	401224	414257	102.9
五、农林牧渔专业及辅助性活动产值	Output Value of Professional and Support Services for agriculture forestry,animal husbandary and fishery	808097	834297	102.5

12－7 农作物播种面积

Crop Sown Area of Farm Crops

单位：千公顷 unit: 1000ha

年份 Year	农作物总播种面积 Total Sown Area of Crops	粮食播种面积 Grain Sown Area	谷物 Grain	#稻谷 Rice	#玉米 Corn	#高粱 Sorghum	大豆 Soybean	薯类 Tuber	#马铃薯 Potato	油料 Oil Bearing Crops
1978	4053.1	3603.1	3019.1	278.1	1520.1	281.9	584.4			106.2
1979	4060.5	3600.1	3023.5	260.5	1595.6	281.9	576.5			118.9
1980	4057.0	3524.3	2967.8	252.5	1681.9	234.0	556.5			186.3
1981	4074.8	3509.3	2904.0	253.7	1551.3	275.5	605.3			232.3
1982	4065.6	3555.2	2968.2	260.4	1605.5	313.1	587.0			192.5
1983	4069.6	3586.5	3086.7	266.4	1714.9	302.7	499.7			175.3
1984	4079.8	3501.7	3104.6	284.7	1854.8	276.2	397.1			288.1
1985	4063.9	3283.5	2805.3	322.5	1679.6	199.8	478.1			437.4
1986	4036.8	3469.5	2980.4	348.5	1989.9	163.9	489.1			272.8
1987	4036.9	3485.7	2999.6	367.5	2122.2	135.4	486.1			241.4
1988	4035.2	3422.5	2877.6	379.6	1987.3	152.5	544.9			248.7
1989	4021.4	3430.9	2893.6	389.7	1983.1	150.3	537.3			232.7
1990	4039.8	3525.9	3062.1	418.4	2219.1	124.3	463.8			200.9
1991	4065.9	3542.0	3110.8	433.4	2280.1	107.5	431.2			187.5
1992	4048.7	3536.9	3099.4	442.4	2234.0	118.3	437.5			154.1
1993	4050.7	3526.7	2832.1	427.7	2039.0	140.6	543.6			153.0
1994	4059.6	3566.7	2870.1	416.5	2100.2	159.9	504.9			154.0
1995	4059.8	3576.9	3051.3	424.1	2344.1	128.4	378.6			151.0
1996	4063.0	3624.5	3198.5	434.1	2481.3	150.3	296.1			119.0
1997	4067.4	3592.1	3133.1	453.1	2454.2	111.5	309.6			112.4
1998	4061.6	3567.2	3104.7	459.0	2421.3	99.9	304.3			121.9
1999	4064.3	3513.4	3074.6	465.2	2375.5	113.6	278.3			165.8
2000	4065.6	3357.1	2567.2	483.9	1821.1	121.8	538.9	123.4		271.9
2001	4045.7	3357.2	2614.2	465.4	1927.2	99.0	476.8	112.5		234.0
2002	4687.7	4037.6	3385.5	666.1	2579.5	90.0	415.0			257.8
2003	4717.1	4013.8	3318.5	541.0	2627.2	95.2	430.0			301.8
2004	4904.0	4312.1	3562.0	600.1	2901.5	53.6	525.9			222.1
2005	4953.1	4294.5	3554.4	654.0	2775.2	85.2	504.8			288.5
2006	4984.6	4325.5	3582.0	664.0	2805.9	80.2	448.4			287.8
2007	5036.0	4472.9	3780.3	671.5	2885.4	155.9	429.5	98.9	92.7	248.3
2008	5077.8	4555.3	3830.6	665.5	2987.6	136.4	461.4	92.3	87.5	221.3
2009	5091.1	4560.9	3842.7	667.5	3029.5	95.2	462.6	105.3	97.5	258.5
2010	5258.9	4676.7	4038.1	680.2	3214.9	99.3	399.2	82.5	78.6	329.3
2011	5297.2	4766.4	4185.6	697.7	3340.2	98.3	328.7	77.7	72.5	271.8
2012	5432.0	4891.3	4425.3	711.6	3534.2	130.1	257.2	70.5	65.1	301.8
2013	5632.9	5132.1	4695.9	739.4	3808.2	117.8	240.6	68.9	63.4	319.7
2014	5890.5	5411.7	4979.4	757.0	4062.7	118.9	242.8	68.2	60.9	314.3
2015	5997.9	5534.1	5165.1	778.8	4251.1	95.3	181.9	65.3	61.1	324.3
2016	6063.3	5542.4	5193.3	800.2	4242.0	105.7	187.5	61.3	59.1	390.0
2017	6086.2	5543.9	5152.9	820.8	4164.0	117.7	220.2	62.1	60.1	408.7
2018	6080.9	5599.7	5209.9	839.7	4231.5	107.1	279.2	46.3	44.3	280.8
2019	6117.0	5644.9	5194.1	840.4	4219.6	80.8	345.0	47.0	45.6	257.4
2020	6151.0	5681.8	5243.7	837.1	4287.2	63.1	321.1	44.4	41.5	256.3

注：2007-2017年数据为根据第三次全国农业普查修正数据。
Note: Data of 2007-2017 were revised according to the result of the Third National Agricultural Census.

12－8　主要农产品产量
Main Farm Output

单位：万吨　　　　unit: 10000 tons

年份 Year	粮食 Grain	谷物 Grain	#稻谷 Unhusked Rice	#小麦 Wheat	#玉米 Corn	豆类 Beans	薯类 Tuber
1978	914.70		121.15	19.89	489.49		
1980	859.60		107.40	16.80	506.90		
1985	1225.26		183.66	10.33	793.13		
1990	2046.52		289.42	12.75	1529.55		
1995	1992.40	1867.90	296.90	19.10	1478.50	89.70	34.80
1996	2326.60	2211.90	347.40	20.60	1753.40	74.90	39.80
1997	1808.30	1707.20	376.20	13.00	1260.30	73.70	27.40
1998	2506.00	2368.60	385.50	10.60	1924.70	88.10	49.30
1999	2305.60	2184.20	405.90	16.10	1692.60	74.20	47.20
2000	1638.00	1448.30	374.80	16.30	993.20	140.60	49.10
2001	1953.40	1775.57	371.20	11.58	1328.40	134.18	43.65
2002	2214.80	1988.12	370.00	7.94	1540.00	184.96	41.72
2003	2259.60	2015.60	318.20	6.00	1615.30	191.10	52.90
2004	2510.00	2285.36	437.62	3.37	1810.00	166.91	57.73
2005	2581.21	2371.48	478.00	2.68	1815.00	152.83	75.89
2006	2720.00	2531.00	493.00	3.00	1984.00	150.00	39.00
2007	2437.99	2320.23	501.24	1.61	1779.98	93.40	24.37
2008	2896.41	2760.01	584.94	1.94	2129.39	108.17	28.23
2009	2479.35	2346.14	510.48	1.13	1804.22	103.88	29.33
2010	2790.72	2611.43	574.14	1.46	1994.67	109.99	69.31
2011	3231.79	3076.01	629.26	1.64	2392.76	106.50	49.28
2012	3450.21	3332.33	539.90	1.26	2714.99	56.31	61.57
2013	3763.30	3659.91	573.09		2980.93	61.94	41.45
2014	3800.06	3703.56	595.39	1.56	3004.17	54.89	41.61
2015	3974.10	3879.27	644.26	0.14	3138.77	50.25	44.58
2016	4150.70	4054.15	670.45	0.15	3286.28	55.00	41.55
2017	4154.00	4043.97	684.43	0.15	3250.78	67.08	42.95
2018	3632.74	3533.81	646.32	0.04	2799.88	62.75	36.18
2019	3877.93	3769.45	657.17	1.11	3045.30	77.04	31.44
2020	3803.17	3698.55	665.43	1.67	2973.44	72.82	31.80

注：薯类为折粮数据；2007-2017年数据为根据全国第三次农业普查修正数据。
Note: The output of tubers are converted into that of grain.Data from 2007to 2017 were revised according to the result of the Third National Agricultural Census.

单位：万吨

12－8 续表 Continued

unit: 10000 tons

年 份 Year	油料 Oil Bearing Crops	麻类 Fiber Crops	甜菜 Beet	烟叶 Tobacco	人参 Ginseng	蔬菜 Vegetables	园林水果 Fruits
1978	12.29	1.26	45.13	2.48	0.16	351.04	5.65
1980	26.60	1.56	117.66	1.54	0.22	302.94	4.45
1985	48.36	1.27	87.69	3.79	0.52	329.29	6.59
1990	46.74	0.38	116.40	5.41	1.92	450.16	13.33
1995	25.55	0.25	83.64	3.07	1.35	530.55	27.97
1996	21.70	0.18	70.21	5.79	1.41	587.59	31.06
1997	15.93	0.10	32.90	7.21	1.30	642.43	37.49
1998	21.28	0.05	55.56	4.26	1.37	736.87	45.54
1999	31.40	0.10	25.80	4.90	1.50	822.60	49.60
2000	38.96	0.12	44.39	5.99	1.65	836.43	48.62
2001	34.34	0.33	69.44	4.88	2.02	777.84	200.79
2002	46.12	0.83	76.18	5.13	1.99	859.44	80.27
2003	57.13	0.37	7.02	5.01	2.51	881.01	59.38
2004	38.10	0.30	3.55	5.40	2.51	699.89	68.30
2005	54.45	0.61	7.35	5.97	3.21	832.56	66.20
2006	58.37	0.12	11.08	7.04	2.87	814.00	67.95
2007	29.30	0.05	4.77	2.85	3.13	968.57	59.58
2008	54.03	0.25	22.07	5.72	3.58	886.63	53.94
2009	53.63	0.05	5.75	5.45	2.75	872.72	47.45
2010	76.53	0.02	6.41	5.55	2.82	792.95	44.71
2011	77.14	0.02	12.83	5.19	3.69	599.01	37.91
2012	91.40	0.01	15.75	5.46	3.28	536.59	34.03
2013	97.12	0.00	4.45	3.81	3.22	482.89	31.70
2014	101.14	0.00	4.35	3.18	2.89	422.08	27.70
2015	92.08	0.00	0.85	2.45	2.70	380.23	22.84
2016	109.30	0.00	0.88	2.05	3.14	348.01	17.26
2017	128.48	0.01	2.59	1.79	3.01	356.64	17.19
2018	87.53		2.52	2.72	3.61	438.15	24.32
2019	81.78	0.02	2.92	2.44	3.08	445.39	26.25
2020	81.41	0.09	4.15	2.26	3.24	464.87	26.46

12－9　主要畜牧业产品产量和大牲畜饲养量

Output of Major Animal Husbandry Products and Number of Large Livestock

年 份 Year	大牲畜年底头数(万头) Number of large livestock (10000heads)	肉类(万吨) Meat (10000tons)	猪肉 Pork	牛肉 Beef	羊肉 Mutton	奶类(万吨) Milk (10000tons)	牛奶 Cow Milk	禽蛋(万吨) Poultry Eggs (10000 tons)
1978	231.62	15.64	15.13	0.34	0.17	2.02		
1979	234.27	21.30				2.78		
1980	236.76	24.57	23.63	0.76	0.18	3.07		
1981	231.83	25.11				3.10		
1982	234.44	28.29				3.47		
1983	245.71	26.33				3.82		
1984	279.59	26.22				4.91		
1985	294.59	32.02	28.53	1.08	0.31	7.43		
1986	284.89	37.46				8.01		
1987	274.52	38.09				8.52		
1988	281.90	41.02				9.47		
1989	292.17	45.07				11.06		
1990	309.07	51.79	38.94	3.63	0.81	12.11		
1991	318.55	56.97				12.66		
1992	341.12	64.04				11.32		
1993	359.26	76.66				9.80		
1994	424.03	101.00	61.75	11.62	1.40	10.89		
1995	498.66	134.60	77.30	17.49	1.87	11.32		
1996	572.20	184.50	102.52	25.74	2.59	8.63		
1997	602.96	211.50	115.00	32.00	3.00	9.89		
1998	494.80	223.71	117.20	28.30	2.60	13.35		
1999	522.10	236.40	121.50	31.30	3.10	14.54		
2000	539.80	247.90	127.10	33.50	3.20	15.00		
2001	551.00	258.20	134.00	35.20	3.40	16.44		
2002	560.39	263.50	134.90	37.00	3.50	18.89		
2003	599.41	275.00	135.10	46.20	3.80	23.28		
2004	615.20	288.00	143.00	49.00	4.00	26.00		
2005	634.94	310.00	158.00	51.00	4.20	30.00		
2006	571.09	237.54	109.39	45.02	4.13	32.24		
2007	585.86	230.88	96.10	46.49	4.41	32.95		
2008	483.95	222.91	111.16	38.13	3.52	27.10		
2009	474.98	226.90	112.12	38.96	3.67	30.34		
2010	437.63	235.85	118.37	39.35	3.86	30.78		
2011	393.11	239.75	120.12	38.57	3.95	31.63		
2012	381.50	255.60	130.29	39.03	4.14	34.13		
2013	371.53	258.51	133.39	38.19	4.31	33.20		
2014	352.86	256.06	136.93	38.09	4.58	34.15	33.62	110.71
2015	355.72	255.07	132.27	37.68	4.89	36.20	35.68	122.38
2016	327.61	255.47	126.59	37.21	4.92	36.56	36.04	132.46
2017	342.05	256.13	136.14	38.03	4.87	34.41	33.98	120.98
2018	330.70	253.60	126.99	40.66	4.62	39.01	38.83	117.11
2019	338.43	243.22	108.28	41.86	4.73	39.97	39.90	121.53
2020	297.79	237.55	105.03	38.70	5.19	39.31	39.26	121.95

注：2007-2017年数据为根据全国第三次农业普查修正数据。

Note：Data of 2007-2017 were revised according to the result of the Third National Agricultural Censes.

12－10　主要农作物播种面积和产量
Main Crop Acreage and Yield

项　目	Item	2018			2019			2020		
		播种面积（千公顷）Total Sown Area (1000 ha)	总产量（万吨）Output (10000 tons)	单产（公斤/公顷）Yield Per Unit Area (kg/ha)	播种面积（千公顷）Total Sown Area (1000 ha)	总产量（万吨）Output (10000 tons)	单产（公斤/公顷）Yield Per Unit Area (kg/ha)	播种面积（千公顷）Total Sown Area (1000 ha)	总产量（万吨）Output (10000 tons)	单产（公斤/公顷）Yield Per Unit Area (kg/ha)
粮食作物合计	Total of Grain Crops	5[illegible]9.72	3632.74	6487.36	5644.93	3877.93	6869.76	5681.78	3803.17	6693.62
谷物	Cereal	5[illegible]09.85	3533.81	6782.94	5194.10	3769.45	7257.18	5243.71	3698.55	7053.31
# 稻谷	Rice	[illegible]9.71	646.32	7696.94	840.39	657.17	7819.82	837.14	665.43	7948.85
小麦	Wheat	1.20	0.04	333.33	2.94	1.11	3775.51	4.76	1.67	3508.40
玉米	Corn	4[illegible]1.47	2799.88	6616.80	4219.61	3045.30	7217.02	4287.24	2973.44	6935.56
高粱	Grain Sorghum	[illegible]07.12	75.25	7024.83	80.77	48.42	5994.80	63.11	39.79	6304.86
豆类	Beans	[illegible]3.52	62.75	1826.68	403.82	77.04	1907.78	393.67	72.82	1849.77
# 大豆	Soy	[illegible]9.24	55.14	1974.65	345.00	70.12	2032.46	321.13	64.23	2000.12
薯类	Tuber	[illegible]6.34	36.18	7807.51	47.01	31.44	6687.94	44.40	31.80	7162.16
# 马铃薯	Potato	[illegible]4.33	35.33	7969.77	45.57	30.70	6736.89	41.52	30.26	7287.09
油料	Oil－bearing Crops	[illegible]0.79	87.53	3117.13	257.38	81.78	3177.62	256.35	81.41	3175.82
# 葵花籽	Sunflower Seeds	[illegible]8.73	6.02	2093.87	14.31	3.47	2423.54	9.78	2.01	2058.90
烟叶	Tobacco Crops	9.89	2.72	2750.86	8.54	2.44	2863.62	8.63	2.26	2616.42
# 烤烟	Flue－cured Tobacco	6.08	1.54	2532.59	4.87	1.24	2545.51	4.40	0.94	2142.35
蔬菜	Vegetables	1[illegible]0.90	438.15	39510.36	121.45	445.39	36672.15	126.65	464.87	36705.88
瓜果类水果	Fruits	40.49	122.47	30246.75	43.82	127.70	29143.91	36.20	120.09	33172.76

注：1.粮食作物及相关指标播种面积和产量为抽样调查数；2.此表薯类为折粮产量；
3.此表蔬菜产量含食用菌。

Note：①The grain crop, corn, rice sown area and yield are from the sample survey .
② Potato yields in this table are converted in to those of grain. ③ Vegetables yields include edible fungus in this table.

12－11　林业、渔业和其他畜牧业生产情况
Output of Forestry,Fishery and Other Livestock Production

项　　目	Item	2018	2019	2020
造林面积（千公顷）	Area of Afforestation(1000ha)	48.26	24.59	37.57
# 用 材 林	Commercial Forest	16.06	1.45	4.34
经 济 林	Economic Forest	3.84	0.93	4.36
防 护 林	Shelter Forest	28.31	22.21	28.80
年末实有育苗面积（千公顷）	Area of grow seedings at Year-end (1000ha)	11.69	10.28	12.83
水产品产量（吨）	Output of Aquatic Products(ton)	234090	236626	241810
# 养殖产量	Output of Cultured	214790	217501	222985
养殖面积（千公顷）	Areas of Cultured(1000ha)	325.49	330.20	298.6
园林水果产量（吨）	Output of Fruits(ton)	243175	262504	264589
年末果园面积（千公顷）	Area of Orchards at Year-end (1000ha)	24.28	26.49	27.11
绵羊毛（吨）	Sheep Wool(ton)	11430	9550	8526
# 细羊毛	Fine Wool(ton)	4728	3175	2585
蚕茧产量（吨）	Output of Silkworm Cocoons(ton)	3598	2629	2357
蜂蜜产量（吨）	Honey(ton)	11498	11651	12079
鹿茸产量（公斤）	Pilose Antler(kg)	409219	360975	472467

注：本表造林面积为人工造林面积。
Note:Afforestation area is artificial afforestation area.

12－12　畜牧业生产情况
Livestock Production

项　　目	Item	2018	2019	2020
猪年末头数(万头)	Hogs (year-end)(10000 heads)	870.40	792.83	899.07
# 能繁殖母猪	Fertile Female Hogs	94.10	85.23	99.83
牛年末头数（万头）	Cattle and Buffaloes (year-end) (10000 heads)	325.29	331.48	285.48
# 奶牛	#Cows	15.10	15.29	15.01
羊年末只数(万只)	Sheep and Goats (year – end) (10000 heads)	396.59	402.35	457.35
# 山 羊	Goats	54.28	54.46	59.46
# 绵 羊	Sheep	342.31	347.89	397.89
家禽年末只数(万只)	Poultry (year-end) (10000 heads)	16233.38	17363.38	17426.38
马年末匹数（万头）	Horses (year-end) (10000 heads)	2.80	3.58	4.61
驴年末头数（万头）	Donkeys (year-end) (10000 heads)	2.33	2.96	3.90
骡年末头数（万头）	Mules (year-end)(10000 heads)	0.27	0.41	0.53
鹿年末只数(万只)	Deer (year – end) (10000 heads)	45.41	45.77	48.56
肉猪出栏头数(万头)	Slaughtered Fattened Hogs (10000 heads)	1570.42	1361.06	1321.59
牛出栏头数(万头)	Slaughtered Cattle and Buffaloes (10000 heads)	249.56	258.71	238.72
羊出栏只数(万只)	Slaughtered Sheep and Goats (10000 heads)	383.02	392.77	432.30
家禽出栏只数（万只）	Slaughtered Poultry (10000 heads)	45062.26	48804.60	48959.81

12－13 农业自然灾害受灾情况
Agricultural Natural Disaster Situation

指　　标	Item	2018	2019	2020
受灾面积（万公顷）	**Disaster Areas (10000ha)**	**133.3**	**53.6**	**120.4**
#旱　灾	Drought	109.9		12.7
洪涝灾	Flood	1.7	28.6	4.0
风雹灾	Wind and Hail	16.3	12.5	7.0
绝收面积（万公顷）	**Areas Affected(10000ha)**	**13.5**	**6.4**	**7.0**
#旱　灾	Drought	10.7		3.1
洪涝灾	Flood	0.1	4.6	0.5
风雹灾	Wind and Hail	1.7	1.4	0.4
受灾人口(万人)	Disaster Population(10000persons)	386	178	475
转移安置人口(人)	Population Arranged(person)	30484	59282	36098
倒损房屋(间)	Houses Damaged and Collapsed(room)	24865	27704	19424
其中：倒塌房屋	Houses Collapsed	22	544	1283
直接经济损失(亿元)	Direct Economic Losses (100million yuan)	89.3	51.7	79.1

注：原“损毁房屋（间）”更改为“倒损房屋（间）”。
Note: The coverage of houses damaged is changed into houses damaged and collapsed.

第十三篇

CHAPTER ▶ 13

工 业

Industry

资料整理人员：

史晓强　侯　丹　韩　檬

13－1 规模以上工业企业主要指标（2020年）

单位：万元

项目	Item	企业单位数(个) Number of Enterprises (unit)	#亏损企业 Loss－making Enterprises
总计	**Total**	**3043**	**789**
在总计中:1国有企业	State-owned Enterprises	45	17
2集体企业	Collective-owned Enterprises	7	1
3股份合作制企业	Cooperative Enterprises	3	
4股份制企业	Share-holding Enterprises	2708	704
5外商及港澳台投资企业	Enterprises with funds from Hong Kong,Macao,Taiwan and Foreign Countries	248	60
6其它企业	Others	32	7
在总计中:亏损企业	Loss	789	789
在总计中:国有控股企业	State-holding	338	109
其中:亏损企业	Loss	109	109
其中:中央企业	Central Enterprises	27	27
在总计中:新建企业	Newly-built Enterprises	36	12
在总计中:大中型工业	Large and medium-sized Enterprises	445	112
其中:国有控股企业	State-holding	117	45
其中:亏损企业	Loss	45	45
在总计中:1国有控股	State-holding	338	109
2集体控股	Collective-holding	49	9
3私人控股	Private-holding	2268	570
4港澳台商控股	Hong Kong,Macao and Taiwan-holding	49	19
5外商控股	Foreign-holding	129	30
6其他	Others	210	52
在总计中:轻工业	Light Industry	1204	321
重工业	Heavy Industry	1839	468
在总计中:大型企业	Large-sized Enterprises	68	20
中型企业	Medium-sized Enterprises	377	92
小型企业	Small-sized Enterprises	2176	586
微型企业	Mini-sized Enterprises	422	91
在总计中:中央企业	Central Enterprises	118	29
地方企业	Local Enterprises	2925	760
在总计中:民营工业	Private industry	2527	631
在总计中:非公有工业	Non state-owned industry	2656	671

Main Indicators of Industrial Enterprises above Designated Size（2020）

unit: 10000 yuan

产成品 Finished Goods	资产总计 Total Assets	流动资产合计 Total Current Assets	应收帐款 Account Receivable	负债合计 Total Liabilities
5083992	**172920308**	**74613332**	**15629244**	**91396137**
167654	31139046	8968824	911271	7407939
1384	60225	49872	13520	14298
754	11233	9543	5461	6559
3083651	107740253	48287086	10929388	62708350
1821404	33097608	16998971	3724302	20602290
9146	871943	299037	45302	656702
1214105	73059651	23308514	3614830	39478176
2289573	98225832	35291102	5678365	48324805
351402	50359327	12676462	1664596	21843493
198274	39819602	9180507	1208008	13768931
32063	1713894	950292	431137	1701622
3396664	130191906	53125430	9916268	64458912
2148852	87798773	31562089	4463258	41411135
328589	47300798	11666182	1478630	19420651
2289573	98225832	35291102	5678365	48324805
122427	5617192	2094638	320863	1369351
1832074	41621805	22834841	5177891	25081690
129123	3645507	1767889	499993	2891366
276096	9394828	6141358	2600161	5761412
434700	14415144	6483504	1351970	7967514
1419809	34246080	17871669	3196346	17485475
3664184	138674227	56741664	12432898	73910662
2277079	93439700	35091692	5136812	42327885
1119585	36752206	18033738	4779456	22131027
1604511	36499410	19366897	5044586	22295589
82817	6228992	2121006	668389	4641636
1832915	75645090	26533446	4166735	34217337
3251078	97275218	48079886	11462508	57178800
2389201	61654141	31412983	6850724	34418554
2671993	69077284	37227592	9630015	41701981

单位：万元

13－1 续表 1

项　　目	Item	所有者权益合计 Total Owners' Equities	营业收入 Business Revenue
总计	**Total**	**81268284**	**132259662**
在总计中:1国有企业	State-owned Enterprises	23731107	6614936
2集体企业	Collective-owned Enterprises	45927	31726
3股份合作制企业	Cooperative Enterprises	4674	8568
4股份制企业	Share-holding Enterprises	44777145	71543497
5外商及港澳台投资企业	Enterprises with funds from Hong Kong,Macao,Taiwan and Foreign Countries	12494947	53634791
6其它企业	Others	214484	426145
在总计中:亏损企业	Loss	33548259	26536869
在总计中:国有控股企业	State-holding	49895547	82647932
其中:亏损企业	Loss	28510357	18440658
其中:中央企业	Central Enterprises	26050671	13117371
在总计中:新建企业	Newly-built Enterprises	12272	1769034
在总计中:大中型工业	Large and medium-sized Enterprises	65732991	107045805
其中:国有控股企业	State-holding	46387638	78832755
其中:亏损企业	Loss	27880148	17737038
在总计中:1国有控股	State-holding	49895547	82647932
2集体控股	Collective-holding	4247841	2272569
3私人控股	Private-holding	16483315	26383527
4港澳台商控股	Hong Kong,Macao and Taiwan-holding	754131	1481363
5外商控股	Foreign-holding	3633055	10302068
6其他	Others	6254395	9172204
在总计中:轻工业	Light Industry	16707802	22339087
重工业	Heavy Industry	64560482	109920575
在总计中:大型企业	Large-sized Enterprises	51111814	84667647
中型企业	Medium-sized Enterprises	14621177	22378158
小型企业	Small-sized Enterprises	14205392	23190830
微型企业	Mini-sized Enterprises	1329901	2023028
在总计中:中央企业	Central Enterprises	41427752	70432560
地方企业	Local Enterprises	39840532	61827103
在总计中:民营工业	Private industry	26985550	37828299
在总计中:非公有工业	Non state-owned industry	27124896	47339161

continued

unit: 10000 yuan

营业成本 Business Cost	销售费用 Selling Cost	管理费用 Management Cost	财务费用 Financial Cost	利息费用 Interest Cost
108448918	**5579482**	**5073621**	**1290127**	**1306358**
6060939	234207	648145	−23749	128146
26297	130	6139	−131	−148
7349	258	620	12	12
59267803	3034174	3071791	1242042	1073670
42698836	2306598	1336302	65398	99488
387696	4116	10623	6554	5190
25670499	869553	1752941	716857	768187
67942993	3092882	2839152	430594	628772
18152292	506151	1186325	257065	397440
12943974	421124	925205	87441	234484
1584242	206461	103240	10851	4440
87579459	4527055	3812209	717713	853824
64858298	2971017	2676374	261253	466929
17454469	487561	1100954	223022	350309
67942993	3092882	2839152	430594	628772
1668005	209247	112968	17616	29150
21568690	1362903	1230440	613031	473460
1267418	76927	78984	46919	46987
8579016	364017	441833	26244	35273
7422796	473507	370245	155723	92717
15908256	2099320	962676	393452	350469
92540662	3480162	4110945	896674	955889
69589503	3264103	2767902	253834	429283
17989956	1262953	1044306	463879	424542
19198832	1020362	1146586	443596	354306
1670627	32065	114826	128817	98228
57377847	2730745	2269452	128315	349497
51071071	2848737	2804168	1161812	956862
30659491	2045657	1713652	786369	595327
38837920	2277354	2121502	841917	648437

13－1 续表 2

单位：万元

项　　目	Item	利润总额 Total Profits	亏损企业亏损总额 Total Loss
总计	**Total**	**5739852**	**4330023**
在总计中:1国有企业	State-owned Enterprises	-741756	808069
2集体企业	Collective-owned Enterprises	-316	2103
3股份合作制企业	Cooperative Enterprises	376	
4股份制企业	Share-holding Enterprises	1488650	3278550
5外商及港澳台投资企业	Enterprises with funds from Hong Kong,Macao,Taiwan and Foreign Countries	4981949	236140
6其它企业	Others	10949	5161
在总计中:亏损企业	Loss	-4330023	4330023
在总计中:国有控股企业	State-holding	2693190	3210395
其中:亏损企业	Loss	-3210395	3210395
其中:中央企业	Central Enterprises	-2774407	2774407
在总计中:新建企业	Newly-built Enterprises	-251842	300895
在总计中:大中型工业	Large and medium-sized Enterprises	4496797	3682566
其中:国有控股企业	State-holding	2427951	3066960
其中:亏损企业	Loss	-3066960	3066960
在总计中:1国有控股	State-holding	2693190	3210395
2集体控股	Collective-holding	412472	6445
3私人控股	Private-holding	1254382	713650
4港澳台商控股	Hong Kong,Macao and Taiwan-holding	-21959	114921
5外商控股	Foreign-holding	632910	102205
6其他	Others	768858	182407
在总计中:轻工业	Light Industry	1969981	454589
重工业	Heavy Industry	3769870	3875434
在总计中:大型企业	Large-sized Enterprises	3495884	2829325
中型企业	Medium-sized Enterprises	1000912	853241
小型企业	Small-sized Enterprises	1189871	499955
微型企业	Mini-sized Enterprises	53184	147503
在总计中:中央企业	Central Enterprises	2303372	2779270
地方企业	Local Enterprises	3436480	1550752
在总计中:民营工业	Private industry	2435711	902502
在总计中:非公有工业	Non state-owned industry	2634190	1113183

continued

unit: 10000 yuan

从业人员平均人数（人）Average Number of Employees	资产负债率（%）Assets-liability Ratio(%)	营业收入利润率（%）Business Revenue Ratio（%）	人均营业收入（万元/人）Business Revenue Per Capita
755737	**52.9**	**4.3**	**173.5**
33594	23.8	-11.2	196.1
843	23.7	-1.0	36.0
259	58.4	4.4	32.6
592440	58.2	2.1	119.8
124936	62.3	9.3	423.1
3665	75.3	2.6	114.3
259796	54.0	-16.3	101.2
332166	49.2	3.3	250.0
155979	43.4	-17.4	117.8
89510	34.6	-21.2	147.8
7958	99.3	-14.2	213.3
542091	49.5	4.2	197.7
309425	47.2	3.1	256.3
146021	41.1	-17.3	121.3
332166	49.2	3.3	250.0
18724	24.4	18.2	121.2
277230	60.3	4.8	94.0
11540	79.3	-1.5	126.5
46388	61.3	6.1	217.3
69689	55.3	8.4	125.1
194388	51.1	8.8	113.4
561349	53.3	3.4	194.4
334845	45.3	4.1	253.7
207246	60.2	4.5	107.7
203961	61.1	5.1	112.8
9685	74.5	2.6	132.5
209616	45.2	3.3	337.3
546121	58.8	5.6	111.7
365643	55.8	6.4	101.5
404847	60.4	5.6	114.6

13－2 按行业分规模以上工业企业主要指标（2020年）

单位：万元

项 目	Item	企业单位数(个) Number of Enterprises (unit)	#亏损企业 Loss－making Enterprises
总计	**Total**	**3043**	**789**
煤炭开采和洗选业	Mining and Washing of Coal	26	14
石油和天然气开采业	Extraction of Petroleum and Natural Gas	17	13
黑色金属矿采选业	Mining and Processing of Ferrous Metal Ores	21	4
有色金属矿采选业	Mining and Processing of Non-ferrous Metal Ores	22	9
非金属矿采选业	Mining and Processing of Nonmetal Ores	14	1
开采辅助活动	Support Activities for Mining	9	4
其他采矿业	Mining of Other Ores		
农副食品加工业	Processing of Food from Agricultural Products	487	96
食品制造业	Manufacture of Food	87	31
酒、饮料和精制茶制造业	Manufacture of Liquor,Beverages and Refined Tea	64	18
烟草制品业	Manufacture of Tobacco	4	
纺织业	Manufacture of Textile	14	4
纺织服装、服饰业	Manufacture of Textile and Apparel	49	17
皮革、毛皮、羽毛及其制品和制鞋业	Manufacture of Leather,Fur,Feathers and Related Products and Footwear	6	3
木材加工和木、竹、藤、棕、草制品业	Processing of Timber，Manufacture of Wood，Bamboo，Rattan，Palm and Straw Products	71	27
家具制造业	Manufacture of Furniture	17	6
造纸和纸制品业	Manufacture of Paper and Paper Products	35	16
印刷和记录媒介复制业	Printing，Reproduction of Recording Media	25	8
文教、工美、体育和娱乐用品制造业	Manufacture of Culture Education ,Art,Sports and Entertainment Activities	8	4
石油、煤炭及其他燃料加工业	Processing of Petroleum,Coal and other fuel	18	6
化学原料和化学制品制造业	Manufacture of Raw Chemical Materials and Chemical Products	156	38
医药制造业	Manufacture of Medicines	252	86
化学纤维制造业	Manufacture of Chemical Fibers	6	2
橡胶和塑料制品业	Manufacture of Rubber and Plastic Products	103	12
非金属矿物制品业	Manufacture of Non-metallic Mineral Products	270	85
黑色金属冶炼和压延加工业	Smelting and Pressing of Ferrous Metals	34	13
有色金属冶炼和压延加工业	Smelting and Pressing of Non- ferrous Metals	16	6
金属制品业	Manufacture of Metal Products	69	22
通用设备制造业	Manufacture of General Purpose Machinery	84	25
专用设备制造业	Manufacture of Special Purpose Machinery	112	20
汽车制造业	Manufacture of Automobiles	456	77
铁路、船舶、航空航天和其他运输设备制造业	Manufacture of Railway,Ship,Aerospace and Other Transport Equipment	37	5
电气机械和器材制造业	Manufacture of Electrical Machinery and Apparatus	63	13
计算机、通信和其他电子设备制造业	Manufacture of Computer,Communication and Other Electronic Equipment	29	7
仪器仪表制造业	Manufacture of Measuring Instrument	15	2
其他制造业	Other Manufacture	6	1
废弃资源综合利用业	Waste Resources Utilization	11	3
金属制品、机械和设备修理业	Repair of Metal Products,Machinery and Equipment	6	
电力、热力生产和供应业	Production and Supply of Electric Power and Heat Power	268	76
燃气生产和供应业	Production and Supply of Gas	34	9
水的生产和供应业	Production and Supply of Water	22	6

Main Indicators of Industrial Enterprises above Designated Size by Industrial Sector (2020)

unit: 10000 yuan

产成品 Finished Goods	资产总计 Total Assets	流动资产合计 Total Current Assets	应收帐款 Account Receivable	负债合计 Total Liabilities
5083992	**172920308**	**74613332**	**15629244**	**91396137**
39556	2124495	650542	109810	1898287
23268	4152619	23622	27545	2753375
17847	1363808	307270	52633	674790
11673	1023915	397362	66738	596813
2328	66827	31506	12170	48474
46420	794984	294267	89541	793786
411606	7594474	4617560	607154	5087651
121486	2470291	1163465	222606	1632972
112737	2894283	1333801	139953	1899170
27799	1145310	735641	31203	338991
30108	212291	131636	22616	170428
41541	601537	403319	89753	349070
16282	41937	31124	4208	27078
59299	845371	515536	72541	578596
5154	121676	39527	10061	86104
19636	615333	202461	43945	385318
13279	256955	151796	54406	134032
4003	70299	43088	8711	50307
48583	752270	316901	35896	574887
339474	7835016	3443724	482601	5065317
462199	14765417	7228372	1500342	4972921
37524	1453448	609355	62940	1136771
84139	1475288	834125	285491	874315
150699	5744351	3268407	1078900	3774609
116203	7620404	1646449	173464	4960498
50519	1437480	909110	153371	716925
66376	930682	615625	229531	675791
71721	1515883	1039131	374457	942039
84020	1772471	1282504	340156	1116734
2363118	65404831	29287037	5356105	26283145
41470	6921785	5152427	1972551	4128807
40694	1040697	640225	256566	420135
56391	1309406	748707	148779	498034
5313	214652	139411	36574	44118
1733	52121	39044	18215	21109
2832	140782	86995	11809	67398
10080	68946	43919	14407	51477
36586	23347931	5283790	1329381	15882477
9493	1356780	336643	70519	836088
806	1363266	587909	31592	847302

13－2 续表 1

单位：万元

项　目	Item	所有者权益合计 Total Owners' Equities	营业收入 Business Revenue
总计	**Total**	**81268284**	**132259662**
煤炭开采和洗选业	Mining and Washing of Coal	226208	646845
石油和天然气开采业	Extraction of Petroleum and Natural Gas	1392700	1176876
黑色金属矿采选业	Mining and Processing of Ferrous Metal Ores	689018	371791
有色金属矿采选业	Mining and Processing of Non-ferrous Metal Ores	427102	424349
非金属矿采选业	Mining and Processing of Nonmetal Ores	18352	47782
开采辅助活动	Support Activities for Mining	1198	580280
其他采矿业	Mining of Other Ores		
农副食品加工业	Processing of Food from Agricultural Products	2494546	9025784
食品制造业	Manufacture of Food	821477	1242550
酒、饮料和精制茶制造业	Manufacture of Liquor,Beverages and Refined Tea	993821	1725342
烟草制品业	Manufacture of Tobacco	806319	1686869
纺织业	Manufacture of Textile	41862	99127
纺织服装、服饰业	Manufacture of Textile and Apparel	251991	400964
皮革、毛皮、羽毛及其制品和制鞋业	Manufacture of Leather,Fur,Feathers and Related Products and Footwear	13791	24606
木材加工和木、竹、藤、棕、草制品业	Processing of Timber，Manufacture of Wood，Bamboo，Rattan，Palm and Straw Products	260753	442679
家具制造业	Manufacture of Furniture	31363	47318
造纸和纸制品业	Manufacture of Paper and Paper Products	216564	409526
印刷和记录媒介复制业	Printing，Reproduction of Recording Media	121939	149307
文教、工美、体育和娱乐用品制造业	Manufacture of Culture Education ,Art,Sports and Entertainment Activities	19991	26665
石油、煤炭及其他燃料加工业	Processing of Petroleum,Coal and other fuel	177383	635616
化学原料和化学制品制造业	Manufacture of Raw Chemical Materials and Chemical Products	2766196	8228649
医药制造业	Manufacture of Medicines	9792991	5133419
化学纤维制造业	Manufacture of Chemical Fibers	316677	704968
橡胶和塑料制品业	Manufacture of Rubber and Plastic Products	596624	1332194
非金属矿物制品业	Manufacture of Non-metallic Mineral Products	1974840	2797752
黑色金属冶炼和压延加工业	Smelting and Pressing of Ferrous Metals	2659225	6626521
有色金属冶炼和压延加工业	Smelting and Pressing of Non- ferrous Metals	720448	1309957
金属制品业	Manufacture of Metal Products	254255	744472
通用设备制造业	Manufacture of General Purpose Machinery	573159	765546
专用设备制造业	Manufacture of Special Purpose Machinery	655133	1010753
汽车制造业	Manufacture of Automobiles	38933816	68136773
铁路、船舶、航空航天和其他运输设备制造业	Manufacture of Railway,Ship,Aerospace and Other Transport Equipment	2792977	4370860
电气机械和器材制造业	Manufacture of Electrical Machinery and Apparatus	620561	514450
计算机、通信和其他电子设备制造业	Manufacture of Computer,Communication and Other Electronic Equipment	810874	571875
仪器仪表制造业	Manufacture of Measuring Instrument	170534	81277
其他制造业	Other Manufacture	30637	22341
废弃资源综合利用业	Waste Resources Utilization	73384	176060
金属制品、机械和设备修理业	Repair of Metal Products,Machinery and Equipment	17470	54002
电力、热力生产和供应业	Production and Supply of Electric Power and Heat Power	7465452	9645603
燃气生产和供应业	Production and Supply of Gas	520691	628131
水的生产和供应业	Production and Supply of Water	515964	239785

continued

unit: 10000 yuan

营业成本 Business Cost	销售费用 Selling Cost	管理费用 Management Cost	财务费用 Financial Cost	利息费用 Interest Cost
108448918	**5579482**	**5073621**	**1290127**	**1306358**
585090	12560	105999	47017	43182
1373368	20350	202175	31737	38031
293699	5627	31280	12102	12458
226348	719	44007	13084	12358
34057	4630	1802	1175	918
605641	53	18340	2120	1565
8306554	186276	172494	121180	103858
1000363	60923	70920	28676	26187
1377536	102325	89150	34952	34246
497843	31999	95213	3492	5314
79601	2781	5924	3472	3204
311432	10520	32362	3668	4578
21274	124	2682	289	1
390475	10977	22285	5721	13338
38392	1419	5862	4385	4226
382891	12291	19816	8287	7027
120265	2749	10885	3005	1617
23338	1355	2712	1637	939
614609	8865	21760	12017	9807
6569421	160900	361803	74967	40280
1699403	1622490	349527	105302	106459
644037	17037	22959	54544	39272
1151478	21998	56175	11883	9445
2367724	129831	145788	80312	78560
6189580	108713	102956	127651	38751
1196292	18470	40445	83342	77910
662913	16557	32637	19593	13644
613098	35349	56298	12976	12160
755661	42690	68487	13382	10356
55881264	2692744	2237313	-93173	154104
3622635	125603	165085	8206	13143
409759	17249	33247	6574	5774
435175	15406	39300	9374	10492
55353	4556	9497	-156	275
18875	449	1629	494	231
163353	1127	5345	102	83
43804	549	5410	40	
9006091	8742	304960	408441	347433
509117	42439	33184	18079	14132
171113	20041	45909	10179	11002

13－2 续表 2

单位：万元

项 目	Item	利润总额 Total Profits	亏损企业 亏损总额 Total Loss
总计	**Total**	**5739852**	**4330023**
煤炭开采和洗选业	Mining and Washing of Coal	–71683	97715
石油和天然气开采业	Extraction of Petroleum and Natural Gas	–1602809	1623165
黑色金属矿采选业	Mining and Processing of Ferrous Metal Ores	26248	15711
有色金属矿采选业	Mining and Processing of Non–ferrous Metal Ores	143104	26175
非金属矿采选业	Mining and Processing of Nonmetal Ores	4979	112
开采辅助活动	Support Activities for Mining	–30038	36190
其他采矿业	Mining of Other Ores		
农副食品加工业	Processing of Food from Agricultural Products	212157	127037
食品制造业	Manufacture of Food	81693	61842
酒、饮料和精制茶制造业	Manufacture of Liquor,Beverages and Refined Tea	82144	30861
烟草制品业	Manufacture of Tobacco	125761	
纺织业	Manufacture of Textile	7621	1539
纺织服装、服饰业	Manufacture of Textile and Apparel	55380	12850
皮革、毛皮、羽毛及其制品和制鞋业	Manufacture of Leather,Fur,Feathers and Related Products and Footwear	826	40
木材加工和木、竹、藤、棕、草制品业	Processing of Timber，Manufacture of Wood，Bamboo，Rattan，Palm and Straw Products	–9726	26691
家具制造业	Manufacture of Furniture	2998	1590
造纸和纸制品业	Manufacture of Paper and Paper Products	–8778	16073
印刷和记录媒介复制业	Printing，Reproduction of Recording Media	11257	2239
文教、工美、体育和娱乐用品制造业	Manufacture of Culture Education ,Art,Sports and Entertainment Activities	–2731	2930
石油、煤炭及其他燃料加工业	Processing of Petroleum,Coal and other fuel	–38887	50800
化学原料和化学制品制造业	Manufacture of Raw Chemical Materials and Chemical Products	115604	111810
医药制造业	Manufacture of Medicines	1351714	123529
化学纤维制造业	Manufacture of Chemical Fibers	–34679	35838
橡胶和塑料制品业	Manufacture of Rubber and Plastic Products	70015	21203
非金属矿物制品业	Manufacture of Non–metallic Mineral Products	83311	57345
黑色金属冶炼和压延加工业	Smelting and Pressing of Ferrous Metals	75664	100724
有色金属冶炼和压延加工业	Smelting and Pressing of Non– ferrous Metals	–205986	237715
金属制品业	Manufacture of Metal Products	5633	18836
通用设备制造业	Manufacture of General Purpose Machinery	20510	9425
专用设备制造业	Manufacture of Special Purpose Machinery	82329	15198
汽车制造业	Manufacture of Automobiles	4660149	1003625
铁路、船舶、航空航天和其他运输设备制造业	Manufacture of Railway,Ship,Aerospace and Other Transport Equipment	326506	43124
电气机械和器材制造业	Manufacture of Electrical Machinery and Apparatus	40923	4316
计算机、通信和其他电子设备制造业	Manufacture of Computer,Communication and Other Electronic Equipment	54644	1072
仪器仪表制造业	Manufacture of Measuring Instrument	10249	1470
其他制造业	Other Manufacture	75	778
废弃资源综合利用业	Waste Resources Utilization	8004	193
金属制品、机械和设备修理业	Repair of Metal Products,Machinery and Equipment	3973	
电力、热力生产和供应业	Production and Supply of Electric Power and Heat Power	49276	390116
燃气生产和供应业	Production and Supply of Gas	32559	4474
水的生产和供应业	Production and Supply of Water	–139	15673

continued

unit: 10000 yuan

从业人员平均人数（人）Average Number of Employees	资产负债率（%）Assets-liability Ratio(%)	营业收入利润率（%）Business Revenue Ratio（%）	人均营业收入（万元/人）Business Revenue Per Capita
755737	**52.9**	**4.3**	**173.5**
34564	89.4	-11.1	21.3
27991	66.3	-136.2	41.8
3878	49.5	7.1	93.0
8660	58.3	33.7	52.9
702	72.5	10.4	66.6
15058	99.9	-5.2	39.7
44942	67.0	2.4	197.6
15620	66.1	6.6	77.7
13852	65.6	4.8	124.2
4135	29.6	7.5	408.1
2780	80.3	7.7	35.5
18732	58.0	13.8	21.2
1580	64.6	3.4	15.6
7678	68.4	-2.2	57.4
1290	70.8	6.3	33.6
3677	62.6	-2.1	93.1
2879	52.2	7.5	51.0
971	71.6	-10.2	25.0
4231	76.4	-6.1	149.4
46510	64.7	1.4	175.7
58075	33.7	26.3	88.4
8723	78.2	-4.9	80.8
11914	59.3	5.3	109.1
25049	65.7	3.0	111.2
24397	65.1	1.1	245.8
6234	49.9	-15.7	208.8
7491	72.6	0.8	92.9
11691	62.1	2.7	66.5
14341	63.0	8.2	70.5
196082	40.2	6.8	340.2
22220	59.7	7.5	197.1
5750	40.4	8.0	88.6
6992	38.0	9.6	81.0
2098	20.6	12.6	38.5
341	40.5	0.3	63.7
814	47.9	4.6	211.1
1795	74.7	7.4	29.6
77133	68.0	0.5	123.0
5720	61.6	5.2	109.5
9147	62.2	-0.1	26.7

13－3 按行业分大中型工业企业主要指标（2020年）

单位：万元

项目	Item	企业单位数(个) Number of Enterprises (unit)	#亏损企业 Loss－making Enterprises
总计	**Total**	**445**	**112**
煤炭开采和洗选业	Mining and Washing of Coal	12	4
石油和天然气开采业	Extraction of Petroleum and Natural Gas	4	3
黑色金属矿采选业	Mining and Processing of Ferrous Metal Ores	3	
有色金属矿采选业	Mining and Processing of Non-ferrous Metal Ores	12	4
非金属矿采选业	Mining and Processing of Nonmetal Ores		
开采辅助活动	Support Activities for Mining	4	3
其他采矿业	Mining of Other Ores		
农副食品加工业	Processing of Food from Agricultural Products	30	10
食品制造业	Manufacture of Food	13	2
酒、饮料和精制茶制造业	Manufacture of Liquor,Beverages and Refined Tea	13	4
烟草制品业	Manufacture of Tobacco	2	
纺织业	Manufacture of Textile	3	2
纺织服装、服饰业	Manufacture of Textile and Apparel	16	6
皮革、毛皮、羽毛及其制品和制鞋业	Manufacture of Leather,Fur,Feathers and Related Products and Footwear	2	1
木材加工和木、竹、藤、棕、草制品业	Processing of Timber，Manufacture of Wood，Bamboo，Rattan，Palm and Straw Products	8	3
家具制造业	Manufacture of Furniture		
造纸和纸制品业	Manufacture of Paper and Paper Products	2	1
印刷和记录媒介复制业	Printing，Reproduction of Recording Media	1	1
文教、工美、体育和娱乐用品制造业	Manufacture of Culture Education ,Art,Sports and Entertainment Activities		
石油、煤炭及其他燃料加工业	Processing of Petroleum,Coal and other fuel	5	4
化学原料和化学制品制造业	Manufacture of Raw Chemical Materials and Chemical Products	17	6
医药制造业	Manufacture of Medicines	49	8
化学纤维制造业	Manufacture of Chemical Fibers	1	1
橡胶和塑料制品业	Manufacture of Rubber and Plastic Products	10	1
非金属矿物制品业	Manufacture of Non-metallic Mineral Products	14	2
黑色金属冶炼和压延加工业	Smelting and Pressing of Ferrous Metals	9	3
有色金属冶炼和压延加工业	Smelting and Pressing of Non- ferrous Metals	4	3
金属制品业	Manufacture of Metal Products	7	2
通用设备制造业	Manufacture of General Purpose Machinery	9	2
专用设备制造业	Manufacture of Special Purpose Machinery	7	1
汽车制造业	Manufacture of Automobiles	105	10
铁路、船舶、航空航天和其他运输设备制造业	Manufacture of Railway,Ship,Aerospace and Other Transport Equipment	11	2
电气机械和器材制造业	Manufacture of Electrical Machinery and Apparatus	6	1
计算机、通信和其他电子设备制造业	Manufacture of Computer,Communication and Other Electronic Equipment	7	
仪器仪表制造业	Manufacture of Measuring Instrument	1	
其他制造业	Other Manufacture		
废弃资源综合利用业	Waste Resources Utilization	1	
金属制品、机械和设备修理业	Repair of Metal Products,Machinery and Equipment	2	
电力、热力生产和供应业	Production and Supply of Electric Power and Heat Power	42	17
燃气生产和供应业	Production and Supply of Gas	4	1
水的生产和供应业	Production and Supply of Water	9	4

Main Indicators of Large and Medium-sized Industrial Enterprises by Industrial Sector (2020)

unit: 10000 yuan

产成品 Finished Goods	资产总计 Total Assets	流动资产合计 Total Current Assets	应收帐款 Account Receivable	负债合计 Total Liabilities
3396664	**130191906**	**53125430**	**9916268**	**64458912**
30925	1763366	576248	82523	1469557
22191	3979280	-96506	11990	2606582
5088	320679	32973	15578	121429
7701	726091	312063	62035	296685
44276	700934	223561	70217	728896
151609	2970582	1753547	236577	1924234
7111	1008195	348071	65929	600408
89911	1735995	901336	91514	1215082
27799	1133777	727871	26009	337402
22884	118712	65853	9896	112801
14375	372432	253051	69223	229068
600	4353	3658	798	1146
34760	163887	110709	26594	100328
5902	359639	68208	5455	236411
1076	31755	2524	211	30459
39246	393460	190301	4944	503808
170717	5194639	2052568	203632	3138558
192359	10948799	4953875	997435	3160966
34020	1375673	589316	56693	1121072
37444	640975	337264	98169	369279
40840	2689882	1617756	278399	1726033
79924	7051152	1308074	86152	4685037
42206	1298299	834443	130415	600541
31140	284297	159918	67564	196173
33208	748695	480958	150575	378973
15897	660376	497638	123122	463720
2119208	60172205	26002205	4384752	23297908
12932	6606285	4916432	1879631	3978676
13928	560904	303555	107796	161323
36154	919071	508023	94754	407914
2731	91124	53470	14289	5956
	66793	50644	7586	46289
2794	41132	21493	12901	29076
25224	13210181	2283311	405823	9032970
437	861373	180105	21240	521325
51	986918	500916	15850	622830

单位：万元

13－3 续表 1

项　　目	Item	所有者权益合计 Total Owners' Equities	营业收入 Business Revenue
总计	**Total**	**65732991**	**107045805**
煤炭开采和洗选业	Mining and Washing of Coal	293809	557130
石油和天然气开采业	Extraction of Petroleum and Natural Gas	1372699	1144519
黑色金属矿采选业	Mining and Processing of Ferrous Metal Ores	199250	146332
有色金属矿采选业	Mining and Processing of Non-ferrous Metal Ores	429406	386450
非金属矿采选业	Mining and Processing of Nonmetal Ores		
开采辅助活动	Support Activities for Mining	-27961	528976
其他采矿业	Mining of Other Ores		
农副食品加工业	Processing of Food from Agricultural Products	1046347	2940129
食品制造业	Manufacture of Food	407787	616821
酒、饮料和精制茶制造业	Manufacture of Liquor,Beverages and Refined Tea	520914	1380367
烟草制品业	Manufacture of Tobacco	796375	1672853
纺织业	Manufacture of Textile	5911	21232
纺织服装、服饰业	Manufacture of Textile and Apparel	143364	289333
皮革、毛皮、羽毛及其制品和制鞋业	Manufacture of Leather,Fur,Feathers and Related Products and Footwear	3207	12050
木材加工和木、竹、藤、棕、草制品业	Processing of Timber, Manufacture of Wood, Bamboo, Rattan, Palm and Straw Products	63559	180219
家具制造业	Manufacture of Furniture		
造纸和纸制品业	Manufacture of Paper and Paper Products	123228	177830
印刷和记录媒介复制业	Printing, Reproduction of Recording Media	1296	6563
文教、工美、体育和娱乐用品制造业	Manufacture of Culture Education ,Art,Sports and Entertainment Activities		
石油、煤炭及其他燃料加工业	Processing of Petroleum,Coal and other fuel	-110347	458682
化学原料和化学制品制造业	Manufacture of Raw Chemical Materials and Chemical Products	2056081	6313725
医药制造业	Manufacture of Medicines	7787832	3608869
化学纤维制造业	Manufacture of Chemical Fibers	254601	687093
橡胶和塑料制品业	Manufacture of Rubber and Plastic Products	271696	554690
非金属矿物制品业	Manufacture of Non-metallic Mineral Products	963849	816179
黑色金属冶炼和压延加工业	Smelting and Pressing of Ferrous Metals	2366115	5734686
有色金属冶炼和压延加工业	Smelting and Pressing of Non- ferrous Metals	697758	1189819
金属制品业	Manufacture of Metal Products	88124	157477
通用设备制造业	Manufacture of General Purpose Machinery	369722	248677
专用设备制造业	Manufacture of Special Purpose Machinery	196655	346560
汽车制造业	Manufacture of Automobiles	36874296	63781267
铁路、船舶、航空航天和其他运输设备制造业	Manufacture of Railway,Ship,Aerospace and Other Transport Equipment	2627609	4153792
电气机械和器材制造业	Manufacture of Electrical Machinery and Apparatus	399581	182695
计算机、通信和其他电子设备制造业	Manufacture of Computer,Communication and Other Electronic Equipment	511156	420899
仪器仪表制造业	Manufacture of Measuring Instrument	85168	27586
其他制造业	Other Manufacture		
废弃资源综合利用业	Waste Resources Utilization	20504	114090
金属制品、机械和设备修理业	Repair of Metal Products,Machinery and Equipment	12056	27084
电力、热力生产和供应业	Production and Supply of Electric Power and Heat Power	4177211	7660055
燃气生产和供应业	Production and Supply of Gas	340048	314739
水的生产和供应业	Production and Supply of Water	364087	186340

continued

unit: 10000 yuan

营业成本 Business Cost	销售费用 Selling Cost	管理费用 Management Cost	财务费用 Financial Cost	利息费用 Interest Cost
87579459	**4527055**	**3812209**	**717713**	**853824**
501731	10030	82635	42761	41443
1340669	19695	196024	32382	36913
110182	182	10670	−25	
191790	320	35371	4675	5751
563340	48	15634	1371	917
2707027	71401	58098	37021	38006
513356	35837	22284	3590	2201
1133722	74871	61477	31317	30633
488993	31999	92838	3509	5314
21881	500	1296	734	734
218957	8322	15841	2719	2791
9042		2410		
160818	4747	7716	1801	828
161470	7256	8062	4727	5119
4235	413	1902	567	568
466142	5150	10521	10672	8529
4908134	88246	266147	42449	32282
1000721	1164634	213385	69194	77209
630999	16737	19652	54341	39207
491845	5437	26157	3924	4241
683398	40614	40370	45890	49740
5342470	100998	87847	122176	33967
1085384	16957	36451	78782	73330
134251	7783	8080	6626	5059
187845	17352	22414	3960	3949
282001	5583	17883	3535	3062
52241831	2609846	1986020	−129780	133886
3460773	115477	149427	7039	12294
140813	8787	9530	1842	2061
322051	10817	26328	9376	10008
19203	722	2628	−125	
110448	45	2474	52	
21872		3064	35	
7530076	3303	214146	208068	179858
251015	25231	18263	10895	11002
140980	17719	39166	1616	2924

13－3 续表 2

单位：万元

项　　目	Item	利润总额 Total Profits	亏损企业亏损总额 Total Loss
总计	**Total**	**4496797**	**3682566**
煤炭开采和洗选业	Mining and Washing of Coal	-47543	71980
石油和天然气开采业	Extraction of Petroleum and Natural Gas	-1595494	1613889
黑色金属矿采选业	Mining and Processing of Ferrous Metal Ores	25647	
有色金属矿采选业	Mining and Processing of Non-ferrous Metal Ores	158218	9895
非金属矿采选业	Mining and Processing of Nonmetal Ores		
开采辅助活动	Support Activities for Mining	-34721	34975
其他采矿业	Mining of Other Ores		
农副食品加工业	Processing of Food from Agricultural Products	54575	52425
食品制造业	Manufacture of Food	48354	4140
酒、饮料和精制茶制造业	Manufacture of Liquor,Beverages and Refined Tea	39050	23828
烟草制品业	Manufacture of Tobacco	123105	
纺织业	Manufacture of Textile	-910	1252
纺织服装、服饰业	Manufacture of Textile and Apparel	47032	6883
皮革、毛皮、羽毛及其制品和制鞋业	Manufacture of Leather,Fur,Feathers and Related Products and Footwear	501	20
木材加工和木、竹、藤、棕、草制品业	Processing of Timber, Manufacture of Wood, Bamboo, Rattan, Palm and Straw Products	-11534	15286
家具制造业	Manufacture of Furniture		
造纸和纸制品业	Manufacture of Paper and Paper Products	-4208	7836
印刷和记录媒介复制业	Printing, Reproduction of Recording Media	-681	681
文教、工美、体育和娱乐用品制造业	Manufacture of Culture Education ,Art,Sports and Entertainment Activities		
石油、煤炭及其他燃料加工业	Processing of Petroleum,Coal and other fuel	-50009	50665
化学原料和化学制品制造业	Manufacture of Raw Chemical Materials and Chemical Products	90037	48921
医药制造业	Manufacture of Medicines	1205940	56828
化学纤维制造业	Manufacture of Chemical Fibers	-35328	35328
橡胶和塑料制品业	Manufacture of Rubber and Plastic Products	18643	11896
非金属矿物制品业	Manufacture of Non-metallic Mineral Products	39085	1128
黑色金属冶炼和压延加工业	Smelting and Pressing of Ferrous Metals	70616	89133
有色金属冶炼和压延加工业	Smelting and Pressing of Non- ferrous Metals	-202241	229470
金属制品业	Manufacture of Metal Products	-1819	4884
通用设备制造业	Manufacture of General Purpose Machinery	6353	2716
专用设备制造业	Manufacture of Special Purpose Machinery	14924	16
汽车制造业	Manufacture of Automobiles	4374803	956165
铁路、船舶、航空航天和其他运输设备制造业	Manufacture of Railway,Ship,Aerospace and Other Transport Equipment	302330	38213
电气机械和器材制造业	Manufacture of Electrical Machinery and Apparatus	22005	290
计算机、通信和其他电子设备制造业	Manufacture of Computer,Communication and Other Electronic Equipment	36381	
仪器仪表制造业	Manufacture of Measuring Instrument	5224	
其他制造业	Other Manufacture		
废弃资源综合利用业	Waste Resources Utilization	2591	
金属制品、机械和设备修理业	Repair of Metal Products,Machinery and Equipment	1948	
电力、热力生产和供应业	Production and Supply of Electric Power and Heat Power	-214616	298431
燃气生产和供应业	Production and Supply of Gas	16892	616
水的生产和供应业	Production and Supply of Water	-8356	14778

continued

unit: 10000 yuan

从业人员平均人数（人）Average Number of Employees	资产负债率（%）Assets-liability Ratio(%)	营业收入利润率（%）Business Revenue Ratio（%）	人均营业收入（万元/人）Business Revenue Per Capita
542091	**49.5**	**4.2**	**197.7**
30959	83.3	-8.5	20.8
26740	65.5	-139.4	42.9
2131	37.9	17.5	68.7
7493	40.9	40.9	56.3
14755	104.0	-6.6	37.0
20645	64.8	1.9	137.3
8619	59.6	7.8	70.1
9724	70.0	2.8	143.1
3673	29.8	7.4	455.7
1473	95.0	-4.3	14.4
15284	61.5	16.3	19.1
1140	26.3	4.2	10.6
3127	61.2	-6.4	62.4
1133	65.7	-2.4	159.8
373	95.9	-10.4	17.6
3430	128.1	-10.9	133.1
34970	60.4	1.4	181.4
34018	28.9	33.4	106.1
8391	81.5	-5.1	81.9
5701	57.6	3.4	96.4
7524	64.2	4.8	107.9
22141	66.4	1.2	233.1
5279	46.3	-17.0	225.1
2790	69.0	-1.2	56.1
5858	50.6	2.6	44.0
4912	70.2	4.3	70.6
158334	38.7	6.9	400.5
19747	60.2	7.3	209.9
2003	28.8	12.0	86.0
4693	44.4	8.6	91.0
767	6.5	18.9	35.6
327	69.3	2.3	345.7
1180	70.7	7.2	22.6
61626	68.4	-2.8	121.8
3317	60.5	5.4	94.4
7814	63.1	-4.5	24.5

13－4　按行业分国有控股工业企业主要指标（2020年）

单位：万元

项　　目	Item	企业单位数(个) Number of Enterprises (unit)	#亏损企业 Loss－making Enterprises
总计	**Total**	**338**	**109**
煤炭开采和洗选业	Mining and Washing of Coal	7	6
石油和天然气开采业	Extraction of Petroleum and Natural Gas	6	6
黑色金属矿采选业	Mining and Processing of Ferrous Metal Ores	4	2
有色金属矿采选业	Mining and Processing of Non-ferrous Metal Ores	5	2
非金属矿采选业	Mining and Processing of Nonmetal Ores		
开采辅助活动	Support Activities for Mining	2	2
其他采矿业	Mining of Other Ores		
农副食品加工业	Processing of Food from Agricultural Products	12	5
食品制造业	Manufacture of Food		
酒、饮料和精制茶制造业	Manufacture of Liquor,Beverages and Refined Tea	4	1
烟草制品业	Manufacture of Tobacco	4	
纺织业	Manufacture of Textile		
纺织服装、服饰业	Manufacture of Textile and Apparel	3	2
皮革、毛皮、羽毛及其制品和制鞋业	Manufacture of Leather,Fur,Feathers and Related Products and Footwear		
木材加工和木、竹、藤、棕、草制品业	Processing of Timber，Manufacture of Wood，Bamboo，Rattan，Palm and Straw Products	5	3
家具制造业	Manufacture of Furniture	1	
造纸和纸制品业	Manufacture of Paper and Paper Products	1	
印刷和记录媒介复制业	Printing，Reproduction of Recording Media	1	1
文教、工美、体育和娱乐用品制造业	Manufacture of Culture Education ,Art,Sports and Entertainment Activities		
石油、煤炭及其他燃料加工业	Processing of Petroleum,Coal and other fuel	1	
化学原料和化学制品制造业	Manufacture of Raw Chemical Materials and Chemical Products	5	1
医药制造业	Manufacture of Medicines	15	2
化学纤维制造业	Manufacture of Chemical Fibers	1	1
橡胶和塑料制品业	Manufacture of Rubber and Plastic Products	4	1
非金属矿物制品业	Manufacture of Non-metallic Mineral Products	26	12
黑色金属冶炼和压延加工业	Smelting and Pressing of Ferrous Metals	8	3
有色金属冶炼和压延加工业	Smelting and Pressing of Non- ferrous Metals	2	1
金属制品业	Manufacture of Metal Products	4	1
通用设备制造业	Manufacture of General Purpose Machinery	7	4
专用设备制造业	Manufacture of Special Purpose Machinery	7	3
汽车制造业	Manufacture of Automobiles	24	6
铁路、船舶、航空航天和其他运输设备制造业	Manufacture of Railway,Ship,Aerospace and Other Transport Equipment	5	
电气机械和器材制造业	Manufacture of Electrical Machinery and Apparatus	4	2
计算机、通信和其他电子设备制造业	Manufacture of Computer,Communication and Other Electronic Equipment	6	1
仪器仪表制造业	Manufacture of Measuring Instrument	2	
其他制造业	Other Manufacture		
废弃资源综合利用业	Waste Resources Utilization		
金属制品、机械和设备修理业	Repair of Metal Products,Machinery and Equipment		
电力、热力生产和供应业	Production and Supply of Electric Power and Heat Power	139	33
燃气生产和供应业	Production and Supply of Gas	8	2
水的生产和供应业	Production and Supply of Water	15	6

The main Indicators of State-owned and State holding Industrial Enterprises in the Industry（2020）

unit: 10000 yuan

产成品 Finished Goods	资产总计 Total Assets	流动资产合计 Total Current Assets	应收帐款 Account Receivable	负债合计 Total Liabilities
2289573	**98225832**	**35291102**	**5678365**	**48324805**
13797	1826506	520254	68512	1658652
19061	3872099	-126869	11283	2523246
4465	680231	25864	17089	370432
190	273117	96163	58317	151766
41798	469259	210076	65753	540530
32028	742742	528541	13158	628299
23646	697145	405799	32486	562998
27799	1145310	735641	31203	338991
7838	86918	45535	11953	25065
4811	424088	224183	9597	305704
4013	4961	1795	269	6012
3811	291211	56084	3603	150281
1076	31755	2524	211	30459
	29644	22493	4406	820
130138	3103139	1278477	46672	1341720
27364	1148148	595453	151371	313351
34020	1375673	589316	56693	1121072
3233	58996	38531	8489	43786
15065	1268317	622233	235743	740881
29427	2378268	472552	74342	1602378
1687	390246	253532	12751	281505
27308	218201	130722	33721	133144
32142	724822	460331	156457	502933
23941	526903	395393	98084	363618
1733809	49359471	18678297	1519229	17249428
2270	5949502	4534524	1809228	3711572
3529	333225	168259	36213	76062
10505	105936	82321	19923	23268
3222	145118	87231	22161	24286
24705	18503749	3429554	1023902	12250921
2458	892005	197300	22208	531490
419	1169129	528994	23340	720137

13－4 续表 1

单位：万元

项　　目	Item	所有者权益合计 Total Owners' Equities	营业收入 Business Revenue
总计	**Total**	**49895547**	**82647932**
煤炭开采和洗选业	Mining and Washing of Coal	167854	480898
石油和天然气开采业	Extraction of Petroleum and Natural Gas	1342310	1097078
黑色金属矿采选业	Mining and Processing of Ferrous Metal Ores	309799	174289
有色金属矿采选业	Mining and Processing of Non-ferrous Metal Ores	121351	210193
非金属矿采选业	Mining and Processing of Nonmetal Ores		
开采辅助活动	Support Activities for Mining	-71271	508928
其他采矿业	Mining of Other Ores		
农副食品加工业	Processing of Food from Agricultural Products	114443	932205
食品制造业	Manufacture of Food		
酒、饮料和精制茶制造业	Manufacture of Liquor,Beverages and Refined Tea	134148	586620
烟草制品业	Manufacture of Tobacco	806319	1686869
纺织业	Manufacture of Textile		
纺织服装、服饰业	Manufacture of Textile and Apparel	61853	24595
皮革、毛皮、羽毛及其制品和制鞋业	Manufacture of Leather,Fur,Feathers and Related Products and Footwear		
木材加工和木、竹、藤、棕、草制品业	Processing of Timber, Manufacture of Wood, Bamboo, Rattan, Palm and Straw Products	119451	63412
家具制造业	Manufacture of Furniture	-1051	1539
造纸和纸制品业	Manufacture of Paper and Paper Products	140931	120228
印刷和记录媒介复制业	Printing, Reproduction of Recording Media	1296	6563
文教、工美、体育和娱乐用品制造业	Manufacture of Culture Education ,Art,Sports and Entertainment Activities		
石油、煤炭及其他燃料加工业	Processing of Petroleum,Coal and other fuel	28824	28615
化学原料和化学制品制造业	Manufacture of Raw Chemical Materials and Chemical Products	1761419	5626410
医药制造业	Manufacture of Medicines	834797	904618
化学纤维制造业	Manufacture of Chemical Fibers	254601	687093
橡胶和塑料制品业	Manufacture of Rubber and Plastic Products	15210	56924
非金属矿物制品业	Manufacture of Non-metallic Mineral Products	527437	595263
黑色金属冶炼和压延加工业	Smelting and Pressing of Ferrous Metals	775889	1950585
有色金属冶炼和压延加工业	Smelting and Pressing of Non- ferrous Metals	108742	863737
金属制品业	Manufacture of Metal Products	85056	104400
通用设备制造业	Manufacture of General Purpose Machinery	221889	343533
专用设备制造业	Manufacture of Special Purpose Machinery	163285	266075
汽车制造业	Manufacture of Automobiles	32110043	52149710
铁路、船舶、航空航天和其他运输设备制造业	Manufacture of Railway,Ship,Aerospace and Other Transport Equipment	2237931	4022905
电气机械和器材制造业	Manufacture of Electrical Machinery and Apparatus	257164	75685
计算机、通信和其他电子设备制造业	Manufacture of Computer,Communication and Other Electronic Equipment	82667	75802
仪器仪表制造业	Manufacture of Measuring Instrument	120832	44665
其他制造业	Other Manufacture		
废弃资源综合利用业	Waste Resources Utilization		
金属制品、机械和设备修理业	Repair of Metal Products,Machinery and Equipment		
电力、热力生产和供应业	Production and Supply of Electric Power and Heat Power	6252827	8449018
燃气生产和供应业	Production and Supply of Gas	360514	298350
水的生产和供应业	Production and Supply of Water	448991	211130

continued

unit: 10000 yuan

营业成本 Business Cost	销售费用 Selling Cost	管理费用 Management Cost	财务费用 Financial Cost	利息费用 Interest Cost
67942993	**3092882**	**2839152**	**430594**	**628772**
445177	7265	95593	44160	41454
1308669	18135	195374	40067	36893
146031	471	17596	5695	5724
122362	16	17830	3480	3529
542489	4	13279	703	407
886608	8493	11598	18451	14492
511079	3903	19619	16036	16429
497843	31999	95213	3492	5314
21444	683	5294	71	70
56183	1340	8491	–1565	9694
1802	96	423	650	717
104320	5246	6353	838	1230
4235	413	1902	567	568
24098	223	526	–58	
4306276	58761	218552	19603	7370
134007	305738	37428	–1135	1387
630999	16737	19652	54341	39207
51502	1774	2860	138	139
493779	36598	35698	20793	21904
1925685	20640	22661	23465	24327
833847	5154	7067	5418	4258
88435	4853	5514	2340	2330
298968	9413	16303	7365	7469
226017	3374	15206	2075	1963
42374464	2383345	1532490	–158037	96392
3362721	109400	134502	–3602	1852
61151	4403	4450	1424	1614
55732	2362	6891	132	91
31216	2207	4542	–168	5
8004927	2131	224618	309502	266720
233931	28269	19043	10219	10147
156998	19441	42586	4137	5076

13－4 续表 2

单位：万元

项　　目	Item	利润总额 Total Profits	亏损企业亏损总额 Total Loss
总计	**Total**	**2693190**	**3210395**
煤炭开采和洗选业	Mining and Washing of Coal	-75816	90794
石油和天然气开采业	Extraction of Petroleum and Natural Gas	-1617967	1617967
黑色金属矿采选业	Mining and Processing of Ferrous Metal Ores	5657	13293
有色金属矿采选业	Mining and Processing of Non-ferrous Metal Ores	59149	7414
非金属矿采选业	Mining and Processing of Nonmetal Ores		
开采辅助活动	Support Activities for Mining	-31565	31565
其他采矿业	Mining of Other Ores		
农副食品加工业	Processing of Food from Agricultural Products	3618	21667
食品制造业	Manufacture of Food		
酒、饮料和精制茶制造业	Manufacture of Liquor,Beverages and Refined Tea	22941	2668
烟草制品业	Manufacture of Tobacco	125761	
纺织业	Manufacture of Textile		
纺织服装、服饰业	Manufacture of Textile and Apparel	5654	1849
皮革、毛皮、羽毛及其制品和制鞋业	Manufacture of Leather,Fur,Feathers and Related Products and Footwear		
木材加工和木、竹、藤、棕、草制品业	Processing of Timber， Manufacture of Wood， Bamboo，Rattan，Palm and Straw Products	-20736	21474
家具制造业	Manufacture of Furniture	1779	
造纸和纸制品业	Manufacture of Paper and Paper Products	3629	
印刷和记录媒介复制业	Printing，Reproduction of Recording Media	-681	681
文教、工美、体育和娱乐用品制造业	Manufacture of Culture Education ,Art,Sports and Entertainment Activities		
石油、煤炭及其他燃料加工业	Processing of Petroleum,Coal and other fuel	3852	
化学原料和化学制品制造业	Manufacture of Raw Chemical Materials and Chemical Products	103724	9870
医药制造业	Manufacture of Medicines	374615	8702
化学纤维制造业	Manufacture of Chemical Fibers	-35328	35328
橡胶和塑料制品业	Manufacture of Rubber and Plastic Products	-1063	1916
非金属矿物制品业	Manufacture of Non-metallic Mineral Products	-3735	17949
黑色金属冶炼和压延加工业	Smelting and Pressing of Ferrous Metals	-53409	63452
有色金属冶炼和压延加工业	Smelting and Pressing of Non- ferrous Metals	-10549	11440
金属制品业	Manufacture of Metal Products	301	1689
通用设备制造业	Manufacture of General Purpose Machinery	-1161	2899
专用设备制造业	Manufacture of Special Purpose Machinery	623	1004
汽车制造业	Manufacture of Automobiles	3473192	883531
铁路、船舶、航空航天和其他运输设备制造业	Manufacture of Railway,Ship,Aerospace and Other Transport Equipment	329709	
电气机械和器材制造业	Manufacture of Electrical Machinery and Apparatus	9796	766
计算机、通信和其他电子设备制造业	Manufacture of Computer,Communication and Other Electronic Equipment	7537	45
仪器仪表制造业	Manufacture of Measuring Instrument	7365	
其他制造业	Other Manufacture		
废弃资源综合利用业	Waste Resources Utilization		
金属制品、机械和设备修理业	Repair of Metal Products,Machinery and Equipment		
电力、热力生产和供应业	Production and Supply of Electric Power and Heat Power	-3656	346110
燃气生产和供应业	Production and Supply of Gas	14768	652
水的生产和供应业	Production and Supply of Water	-4811	15673

continued

unit: 10000 yuan

从业人员平均人数（人）Average Number of Employees	资产负债率（%）Assets-liability Ratio(%)	营业收入利润率（%）Business Revenue Ratio（%）	人均营业收入（万元/人）Business Revenue Per Capita
332166	**49.2**	**3.3**	**250.0**
28223	90.8	-15.8	19.9
25680	65.2	-147.5	42.4
1876	54.5	3.3	90.0
3529	55.6	28.1	75.0
12831	115.2	-6.2	41.1
2427	84.6	0.4	383.3
2980	80.8	3.9	196.9
4135	29.6	7.5	408.1
763	28.8	23.0	31.7
1520	72.1	-32.7	43.9
133	121.2	115.6	10.1
663	51.6	3.0	188.4
373	95.9	-10.4	17.6
53	2.8	13.5	622.1
29562	43.2	1.8	190.4
4684	27.3	41.4	191.7
8391	81.5	-5.1	81.9
425	74.2	-1.9	137.8
4032	58.4	-0.6	150.7
6609	67.4	-2.7	220.3
676	72.1	-1.2	1266.5
1288	61.0	0.3	84.5
3992	69.4	-0.3	91.7
2627	69.0	0.2	101.1
90366	35.0	6.7	573.4
16287	62.4	8.2	247.0
574	22.8	12.9	138.4
1279	22.0	9.9	60.6
1054	16.7	16.5	42.1
63025	66.2	0.0	131.6
3361	59.6	5.0	88.3
8743	61.6	-2.3	24.7

13－5　按行业分私人控股工业企业主要指标（2020年）

单位：万元

项　　目	Item	企业单位数(个) Number of Enterprises (unit)	#亏损企业 Loss－making Enterprises
总计	**Total**	**2268**	**570**
煤炭开采和洗选业	Mining and Washing of Coal	19	8
石油和天然气开采业	Extraction of Petroleum and Natural Gas	9	6
黑色金属矿采选业	Mining and Processing of Ferrous Metal Ores	16	2
有色金属矿采选业	Mining and Processing of Non-ferrous Metal Ores	11	5
非金属矿采选业	Mining and Processing of Nonmetal Ores	14	1
开采辅助活动	Support Activities for Mining	7	2
其他采矿业	Mining of Other Ores		
农副食品加工业	Processing of Food from Agricultural Products	438	82
食品制造业	Manufacture of Food	68	22
酒、饮料和精制茶制造业	Manufacture of Liquor,Beverages and Refined Tea	40	12
烟草制品业	Manufacture of Tobacco		
纺织业	Manufacture of Textile	11	3
纺织服装、服饰业	Manufacture of Textile and Apparel	41	12
皮革、毛皮、羽毛及其制品和制鞋业	Manufacture of Leather,Fur,Feathers and Related Products and Footwear	6	3
木材加工和木、竹、藤、棕、草制品业	Processing of Timber，Manufacture of Wood，Bamboo，Rattan，Palm and Straw Products	61	24
家具制造业	Manufacture of Furniture	15	5
造纸和纸制品业	Manufacture of Paper and Paper Products	32	14
印刷和记录媒介复制业	Printing，Reproduction of Recording Media	18	7
文教、工美、体育和娱乐用品制造业	Manufacture of Culture Education ,Art,Sports and Entertainment Activities	7	4
石油、煤炭及其他燃料加工业	Processing of Petroleum,Coal and other fuel	15	5
化学原料和化学制品制造业	Manufacture of Raw Chemical Materials and Chemical Products	120	26
医药制造业	Manufacture of Medicines	196	71
化学纤维制造业	Manufacture of Chemical Fibers	5	1
橡胶和塑料制品业	Manufacture of Rubber and Plastic Products	87	9
非金属矿物制品业	Manufacture of Non-metallic Mineral Products	221	66
黑色金属冶炼和压延加工业	Smelting and Pressing of Ferrous Metals	20	7
有色金属冶炼和压延加工业	Smelting and Pressing of Non- ferrous Metals	12	5
金属制品业	Manufacture of Metal Products	55	19
通用设备制造业	Manufacture of General Purpose Machinery	69	19
专用设备制造业	Manufacture of Special Purpose Machinery	95	14
汽车制造业	Manufacture of Automobiles	297	52
铁路、船舶、航空航天和其他运输设备制造业	Manufacture of Railway,Ship,Aerospace and Other Transport Equipment	30	3
电气机械和器材制造业	Manufacture of Electrical Machinery and Apparatus	54	10
计算机、通信和其他电子设备制造业	Manufacture of Computer,Communication and Other Electronic Equipment	17	5
仪器仪表制造业	Manufacture of Measuring Instrument	9	1
其他制造业	Other Manufacture	6	1
废弃资源综合利用业	Waste Resources Utilization	10	3
金属制品、机械和设备修理业	Repair of Metal Products,Machinery and Equipment	2	
电力、热力生产和供应业	Production and Supply of Electric Power and Heat Power	111	35
燃气生产和供应业	Production and Supply of Gas	20	6
水的生产和供应业	Production and Supply of Water	4	

Main Indicators of Private Industrial Enterprises by Industrial Sector (2020)

unit: 10000 yuan

产成品 Finished Goods	资产总计 Total Assets	流动资产合计 Total Current Assets	应收帐款 Account Receivable	负债合计 Total Liabilities
1832074	**41621805**	**22834841**	**5177891**	**25081690**
25759	297989	130288	41298	239635
965	194684	103873	11012	129897
12226	673018	276578	32327	299413
7607	394683	204399	3813	305147
2328	66827	31506	12170	48474
4622	325725	84191	23789	253256
265118	3867411	2394130	321420	2508143
94351	1682284	717610	137045	941744
57632	1226154	500138	18789	730929
9630	112953	70922	14797	66660
23762	429461	299440	71995	284093
16282	41937	31124	4208	27078
28856	322098	220516	37819	240490
1141	112536	36331	9754	76275
15589	287055	132022	38750	201266
7538	124144	72001	27256	75204
3865	67350	40845	8612	48511
17214	482982	158170	18766	301721
122278	2788240	1245805	290933	2362914
331119	7953729	4735184	976586	3648922
3505	77775	20039	6247	15698
58215	830763	467287	192561	487482
108152	3051820	1793784	563289	2018925
38360	1737520	720997	71267	1304338
46574	1025519	639431	137909	425454
20372	546474	383713	147042	373479
23618	526815	372407	135648	293849
49611	1133220	820881	232859	676869
313882	4566616	2952689	839495	2520009
39200	579011	446671	142571	242949
33470	620169	423968	202196	305078
24969	1029387	564212	92025	404024
1562	39821	30563	9721	15858
1733	52121	39044	18215	21109
2832	133218	84000	10716	66318
	5500	5039	1371	2089
11881	3802472	1454405	237788	2831171
5960	325696	101165	29402	224945
300	86631	29473	6434	62272

单位：万元

13－5 续表 1

项　　目	Item	所有者权益合计 Total Owners' Equities	营业收入 Business Revenue
总计	**Total**	**16483315**	**26383527**
煤炭开采和洗选业	Mining and Washing of Coal	58354	165946
石油和天然气开采业	Extraction of Petroleum and Natural Gas	64787	26361
黑色金属矿采选业	Mining and Processing of Ferrous Metal Ores	373604	189355
有色金属矿采选业	Mining and Processing of Non-ferrous Metal Ores	89536	82128
非金属矿采选业	Mining and Processing of Nonmetal Ores	18352	47782
开采辅助活动	Support Activities for Mining	72469	71352
其他采矿业	Mining of Other Ores		
农副食品加工业	Processing of Food from Agricultural Products	1347001	5379230
食品制造业	Manufacture of Food	735196	850690
酒、饮料和精制茶制造业	Manufacture of Liquor,Beverages and Refined Tea	493933	726456
烟草制品业	Manufacture of Tobacco		
纺织业	Manufacture of Textile	46293	70413
纺织服装、服饰业	Manufacture of Textile and Apparel	144892	341650
皮革、毛皮、羽毛及其制品和制鞋业	Manufacture of Leather,Fur,Feathers and Related Products and Footwear	13791	24606
木材加工和木、竹、藤、棕、草制品业	Processing of Timber，Manufacture of Wood，Bamboo，Rattan，Palm and Straw Products	74520	249800
家具制造业	Manufacture of Furniture	32414	45443
造纸和纸制品业	Manufacture of Paper and Paper Products	72339	263750
印刷和记录媒介复制业	Printing，Reproduction of Recording Media	47957	84076
文教、工美、体育和娱乐用品制造业	Manufacture of Culture Education ,Art,Sports and Entertainment Activities	18838	23767
石油、煤炭及其他燃料加工业	Processing of Petroleum,Coal and other fuel	181261	427053
化学原料和化学制品制造业	Manufacture of Raw Chemical Materials and Chemical Products	421823	1361445
医药制造业	Manufacture of Medicines	4305303	2708109
化学纤维制造业	Manufacture of Chemical Fibers	62077	17875
橡胶和塑料制品业	Manufacture of Rubber and Plastic Products	338931	715761
非金属矿物制品业	Manufacture of Non-metallic Mineral Products	1037994	1698655
黑色金属冶炼和压延加工业	Smelting and Pressing of Ferrous Metals	432502	2345576
有色金属冶炼和压延加工业	Smelting and Pressing of Non- ferrous Metals	599957	413120
金属制品业	Manufacture of Metal Products	172358	477446
通用设备制造业	Manufacture of General Purpose Machinery	232281	306962
专用设备制造业	Manufacture of Special Purpose Machinery	455746	672811
汽车制造业	Manufacture of Automobiles	2041473	4172514
铁路、船舶、航空航天和其他运输设备制造业	Manufacture of Railway,Ship,Aerospace and Other Transport Equipment	336061	319575
电气机械和器材制造业	Manufacture of Electrical Machinery and Apparatus	315090	396921
计算机、通信和其他电子设备制造业	Manufacture of Computer,Communication and Other Electronic Equipment	624864	355121
仪器仪表制造业	Manufacture of Measuring Instrument	23963	24187
其他制造业	Other Manufacture	30637	22341
废弃资源综合利用业	Waste Resources Utilization	66900	164925
金属制品、机械和设备修理业	Repair of Metal Products,Machinery and Equipment	3412	11017
电力、热力生产和供应业	Production and Supply of Electric Power and Heat Power	971299	930579
燃气生产和供应业	Production and Supply of Gas	100751	181137
水的生产和供应业	Production and Supply of Water	24359	17595

continued

unit: 10000 yuan

营业成本 Business Cost	销售费用 Selling Cost	管理费用 Management Cost	财务费用 Financial Cost	利息费用 Interest Cost
21568690	**1362903**	**1230440**	**613031**	**473460**
139913	5295	10407	2857	1728
26593	508	3706	-1905	23
142042	5157	13243	6415	6733
42243	403	12743	5141	4928
34057	4630	1802	1175	918
63152	49	5061	1416	1158
4937777	105630	96485	70398	54218
699420	33158	37909	8665	5578
593356	32479	35106	16976	13874
55893	2279	4489	3373	3098
262906	8160	21929	3836	4017
21274	124	2682	289	1
220943	5739	10049	6344	3644
36272	1317	5069	3728	3509
250388	6634	12811	7397	5797
74120	1964	5197	2623	1059
20813	1297	2424	1636	939
392917	6761	15337	9847	9807
1201512	46197	71874	38887	18888
1084936	783623	196384	92862	82327
13039	300	3306	204	65
615036	14475	29833	9758	5072
1450505	72570	86276	37528	33232
2218034	27750	50678	27854	6916
333036	13099	32343	77409	73138
426501	9249	19754	10667	6068
233365	15497	31790	4470	3515
470997	34827	47077	10079	7232
3542536	75174	214193	47882	33121
232866	8636	26533	2460	1969
320398	12425	23419	5220	3808
270240	8500	20825	8829	9907
15837	1757	1926	410	269
18875	449	1629	494	231
154171	1127	4804	109	83
9104	2	877	13	
787180	6602	58166	77980	60916
146762	8462	10105	5818	1904
9684	600	2199	3889	3770

单位：万元

13－5 续表 2

项　　目	Item	利润总额 Total Profits	亏损企业 亏损总额 Total Loss
总计	**Total**	**1254382**	**713650**
煤炭开采和洗选业	Mining and Washing of Coal	4134	6921
石油和天然气开采业	Extraction of Petroleum and Natural Gas	-1519	3479
黑色金属矿采选业	Mining and Processing of Ferrous Metal Ores	18636	2418
有色金属矿采选业	Mining and Processing of Non-ferrous Metal Ores	19182	14799
非金属矿采选业	Mining and Processing of Nonmetal Ores	4979	112
开采辅助活动	Support Activities for Mining	1527	4626
其他采矿业	Mining of Other Ores		
农副食品加工业	Processing of Food from Agricultural Products	152004	52125
食品制造业	Manufacture of Food	78686	11026
酒、饮料和精制茶制造业	Manufacture of Liquor,Beverages and Refined Tea	45448	10018
烟草制品业	Manufacture of Tobacco		
纺织业	Manufacture of Textile	5926	776
纺织服装、服饰业	Manufacture of Textile and Apparel	47148	9573
皮革、毛皮、羽毛及其制品和制鞋业	Manufacture of Leather,Fur,Feathers and Related Products and Footwear	826	40
木材加工和木、竹、藤、棕、草制品业	Processing of Timber，Manufacture of Wood，Bamboo，Rattan，Palm and Straw Products	4305	5217
家具制造业	Manufacture of Furniture	1543	1267
造纸和纸制品业	Manufacture of Paper and Paper Products	-9208	12874
印刷和记录媒介复制业	Printing，Reproduction of Recording Media	-43	1558
文教、工美、体育和娱乐用品制造业	Manufacture of Culture Education ,Art,Sports and Entertainment Activities	-2746	2930
石油、煤炭及其他燃料加工业	Processing of Petroleum,Coal and other fuel	-11160	18565
化学原料和化学制品制造业	Manufacture of Raw Chemical Materials and Chemical Products	-8142	58929
医药制造业	Manufacture of Medicines	472419	87809
化学纤维制造业	Manufacture of Chemical Fibers	649	510
橡胶和塑料制品业	Manufacture of Rubber and Plastic Products	34432	16133
非金属矿物制品业	Manufacture of Non-metallic Mineral Products	71855	32634
黑色金属冶炼和压延加工业	Smelting and Pressing of Ferrous Metals	6252	36493
有色金属冶炼和压延加工业	Smelting and Pressing of Non- ferrous Metals	-197361	226275
金属制品业	Manufacture of Metal Products	6086	12483
通用设备制造业	Manufacture of General Purpose Machinery	14280	5560
专用设备制造业	Manufacture of Special Purpose Machinery	87935	5463
汽车制造业	Manufacture of Automobiles	254283	28480
铁路、船舶、航空航天和其他运输设备制造业	Manufacture of Railway,Ship,Aerospace and Other Transport Equipment	39025	896
电气机械和器材制造业	Manufacture of Electrical Machinery and Apparatus	24562	3316
计算机、通信和其他电子设备制造业	Manufacture of Computer,Communication and Other Electronic Equipment	37493	1016
仪器仪表制造业	Manufacture of Measuring Instrument	2473	706
其他制造业	Other Manufacture	75	778
废弃资源综合利用业	Waste Resources Utilization	6330	193
金属制品、机械和设备修理业	Repair of Metal Products,Machinery and Equipment	867	
电力、热力生产和供应业	Production and Supply of Electric Power and Heat Power	30054	34751
燃气生产和供应业	Production and Supply of Gas	9858	2903
水的生产和供应业	Production and Supply of Water	1290	

continued

unit: 10000 yuan

从业人员平均人数（人） Average Number of Employees	资产负债率（%） Assets-liability Ratio(%)	营业收入利润率（%） Business Revenue Ratio（%）	人均营业收入（万元/人） Business Revenue Per Capita
277230	**60.3**	**4.8**	**94.0**
6335	80.4	2.5	26.5
1264	66.7	–5.8	20.9
1921	44.5	9.8	95.5
2472	77.3	23.4	32.1
702	72.5	10.4	66.6
2227	77.8	2.1	32.1
30573	64.9	2.8	172.8
9043	56.0	9.3	91.6
6267	59.6	6.3	118.7
2099	59.0	8.4	33.4
16656	66.2	13.8	20.3
1580	64.6	3.4	15.6
4863	74.7	1.7	50.0
1157	67.8	3.4	37.3
2713	70.1	–3.5	76.3
1675	60.6	–0.1	48.0
837	72.0	–11.6	25.3
2695	62.5	–2.6	156.5
11399	84.8	–0.6	115.3
38613	45.9	17.4	70.2
332	20.2	3.6	53.5
7212	58.7	4.8	95.6
16675	66.2	4.2	101.1
11048	75.1	0.3	217.2
5460	41.5	–47.8	75.2
4835	68.3	1.3	89.5
5898	55.8	4.7	51.5
11005	59.7	13.1	61.1
41566	55.2	6.1	100.6
5393	42.0	12.2	59.7
4474	49.2	6.2	87.1
4433	39.3	10.6	78.6
677	39.8	10.2	35.4
341	40.5	0.3	63.7
726	49.8	3.8	221.1
409	38.0	7.9	26.0
10049	74.5	3.2	91.0
1414	69.1	5.4	127.9
188	71.9	7.3	85.4

13－6 按行业分外商控股和港澳台商控股工业企业主要指标（2020年）

单位：万元

项目	Item	企业单位数(个) Number of Enterprises (unit)	#亏损企业 Loss－making Enterprises
总计	**Total**	**178**	**49**
煤炭开采和洗选业	Mining and Washing of Coal		
石油和天然气开采业	Extraction of Petroleum and Natural Gas	1	1
黑色金属矿采选业	Mining and Processing of Ferrous Metal Ores		
有色金属矿采选业	Mining and Processing of Non-ferrous Metal Ores	1	1
非金属矿采选业	Mining and Processing of Nonmetal Ores		
开采辅助活动	Support Activities for Mining		
其他采矿业	Mining of Other Ores		
农副食品加工业	Processing of Food from Agricultural Products	21	6
食品制造业	Manufacture of Food	9	5
酒、饮料和精制茶制造业	Manufacture of Liquor,Beverages and Refined Tea	15	3
烟草制品业	Manufacture of Tobacco		
纺织业	Manufacture of Textile	1	
纺织服装、服饰业	Manufacture of Textile and Apparel	1	
皮革、毛皮、羽毛及其制品和制鞋业	Manufacture of Leather,Fur,Feathers and Related Products and Footwear		
木材加工和木、竹、藤、棕、草制品业	Processing of Timber，Manufacture of Wood，Bamboo，Rattan，Palm and Straw Products	3	
家具制造业	Manufacture of Furniture	1	1
造纸和纸制品业	Manufacture of Paper and Paper Products		
印刷和记录媒介复制业	Printing，Reproduction of Recording Media	1	
文教、工美、体育和娱乐用品制造业	Manufacture of Culture Education ,Art,Sports and Entertainment Activities	1	
石油、煤炭及其他燃料加工业	Processing of Petroleum,Coal and other fuel		
化学原料和化学制品制造业	Manufacture of Raw Chemical Materials and Chemical Products	11	4
医药制造业	Manufacture of Medicines	11	3
化学纤维制造业	Manufacture of Chemical Fibers		
橡胶和塑料制品业	Manufacture of Rubber and Plastic Products	4	1
非金属矿物制品业	Manufacture of Non-metallic Mineral Products	4	2
黑色金属冶炼和压延加工业	Smelting and Pressing of Ferrous Metals	2	2
有色金属冶炼和压延加工业	Smelting and Pressing of Non- ferrous Metals	1	
金属制品业	Manufacture of Metal Products	3	
通用设备制造业	Manufacture of General Purpose Machinery	2	1
专用设备制造业	Manufacture of Special Purpose Machinery	5	2
汽车制造业	Manufacture of Automobiles	67	11
铁路、船舶、航空航天和其他运输设备制造业	Manufacture of Railway,Ship,Aerospace and Other Transport Equipment		
电气机械和器材制造业	Manufacture of Electrical Machinery and Apparatus	2	1
计算机、通信和其他电子设备制造业	Manufacture of Computer,Communication and Other Electronic Equipment	1	
仪器仪表制造业	Manufacture of Measuring Instrument	1	1
其他制造业	Other Manufacture		
废弃资源综合利用业	Waste Resources Utilization		
金属制品、机械和设备修理业	Repair of Metal Products,Machinery and Equipment		
电力、热力生产和供应业	Production and Supply of Electric Power and Heat Power	5	3
燃气生产和供应业	Production and Supply of Gas	4	1
水的生产和供应业	Production and Supply of Water		

The Main Indicators of Industrial Enterprises by Foreign Investment and Hong Kong, Macao and Taiwan Investment by Industrial Sector（2020）

unit: 10000 yuan

产成品 Finished Goods	资产总计 Total Assets	流动资产合计 Total Current Assets	应收帐款 Account Receivable	负债合计 Total Liabilities
405219	**13040336**	**7909247**	**3100154**	**8652777**
	16424	14001	226	30820
1157	40351	8073	1020	31228
65416	1806127	752816	183558	1300325
22659	549425	345411	53757	567354
26237	806312	326697	79693	539408
88	1907	1555	263	911
629	21832	12249	2655	16286
19191	60764	46515	17918	22591
	4178	1402	39	3817
2768	39865	33417	7621	1875
138	2949	2244	99	1796
68187	1428886	616449	99104	1086537
7280	326677	143966	44610	115350
6272	176172	45716	11992	93816
4267	44827	19774	4391	30157
512	51646	29249	10208	32343
1535	11321	8173	514	8785
9079	75653	54773	28754	75603
4196	102513	90532	41478	41781
1120	34520	29442	3014	28521
154344	6984930	5196250	2434150	4332935
3320	49939	32243	12484	34473
5853	45227	20046	15933	25118
	2406	1715	119	494
	240547	50579	33242	158248
971	114938	25961	13313	72208

单位：万元

13－6 续表 1

项 目	Item	所有者权益合计 Total Owners' Equities	营业收入 Business Revenue
总计	**Total**	**4387187**	**11783431**
煤炭开采和洗选业	Mining and Washing of Coal		
石油和天然气开采业	Extraction of Petroleum and Natural Gas	-14396	3412
黑色金属矿采选业	Mining and Processing of Ferrous Metal Ores		
有色金属矿采选业	Mining and Processing of Non-ferrous Metal Ores	9123	3328
非金属矿采选业	Mining and Processing of Nonmetal Ores		
开采辅助活动	Support Activities for Mining		
其他采矿业	Mining of Other Ores		
农副食品加工业	Processing of Food from Agricultural Products	505792	1566179
食品制造业	Manufacture of Food	-17929	170108
酒、饮料和精制茶制造业	Manufacture of Liquor,Beverages and Refined Tea	266904	360496
烟草制品业	Manufacture of Tobacco		
纺织业	Manufacture of Textile	996	992
纺织服装、服饰业	Manufacture of Textile and Apparel	5546	16566
皮革、毛皮、羽毛及其制品和制鞋业	Manufacture of Leather,Fur,Feathers and Related Products and Footwear		
木材加工和木、竹、藤、棕、草制品业	Processing of Timber, Manufacture of Wood, Bamboo, Rattan, Palm and Straw Products	38173	92968
家具制造业	Manufacture of Furniture		337
造纸和纸制品业	Manufacture of Paper and Paper Products		
印刷和记录媒介复制业	Printing, Reproduction of Recording Media	37991	20241
文教、工美、体育和娱乐用品制造业	Manufacture of Culture Education ,Art,Sports and Entertainment Activities	1153	2897
石油、煤炭及其他燃料加工业	Processing of Petroleum,Coal and other fuel		
化学原料和化学制品制造业	Manufacture of Raw Chemical Materials and Chemical Products	342349	578303
医药制造业	Manufacture of Medicines	211327	229133
化学纤维制造业	Manufacture of Chemical Fibers		
橡胶和塑料制品业	Manufacture of Rubber and Plastic Products	82356	84155
非金属矿物制品业	Manufacture of Non-metallic Mineral Products	14670	29291
黑色金属冶炼和压延加工业	Smelting and Pressing of Ferrous Metals	19304	51687
有色金属冶炼和压延加工业	Smelting and Pressing of Non- ferrous Metals	2536	29341
金属制品业	Manufacture of Metal Products	50	105237
通用设备制造业	Manufacture of General Purpose Machinery	60732	41395
专用设备制造业	Manufacture of Special Purpose Machinery	6000	16389
汽车制造业	Manufacture of Automobiles	2651994	8168434
铁路、船舶、航空航天和其他运输设备制造业	Manufacture of Railway,Ship,Aerospace and Other Transport Equipment		
电气机械和器材制造业	Manufacture of Electrical Machinery and Apparatus	15467	18509
计算机、通信和其他电子设备制造业	Manufacture of Computer,Communication and Other Electronic Equipment	20109	62954
仪器仪表制造业	Manufacture of Measuring Instrument	1912	2242
其他制造业	Other Manufacture		
废弃资源综合利用业	Waste Resources Utilization		
金属制品、机械和设备修理业	Repair of Metal Products,Machinery and Equipment		
电力、热力生产和供应业	Production and Supply of Electric Power and Heat Power	82299	39833
燃气生产和供应业	Production and Supply of Gas	42730	89001
水的生产和供应业	Production and Supply of Water		

continued

unit: 10000 yuan

营业成本 Business Cost	销售费用 Selling Cost	管理费用 Management Cost	财务费用 Financial Cost	利息费用 Interest Cost
9846434	**440944**	**520817**	**73163**	**82260**
2952	104	939	1115	1115
5070	7	1585	404	161
1444626	55452	54087	22307	21525
139320	9319	25834	18378	20314
234021	61138	29065	1853	3943
827	21	64		
14899	715	693	-254	232
83978	2520	1977	599	
318	6	370	8	
11900	228	1054	-116	
2525	58	288	1	
476391	39636	32516	14623	12856
96639	101955	11467	992	1259
71875	992	7375	1661	3478
21054	3827	2176	1059	937
48932	1611	1223	802	
27459	133	642	516	515
95927	964	2363	2108	1756
28447	5436	2295	156	232
12810	689	2443	613	594
6857654	150265	325172	-13	6900
9118	278	4418	-400	
49898	1087	6552	-24	
2480	22	463	28	
33123		2464	4859	4459
74191	4481	3297	1890	1986

13－6 续表 2

单位：万元

项　　目	Item	利润总额 Total Profits	亏损企业 亏损总额 Total Loss
总计	**Total**	**610951**	**217125**
煤炭开采和洗选业	Mining and Washing of Coal		
石油和天然气开采业	Extraction of Petroleum and Natural Gas	-1719	1719
黑色金属矿采选业	Mining and Processing of Ferrous Metal Ores		
有色金属矿采选业	Mining and Processing of Non-ferrous Metal Ores	-3714	3714
非金属矿采选业	Mining and Processing of Nonmetal Ores		
开采辅助活动	Support Activities for Mining		
其他采矿业	Mining of Other Ores		
农副食品加工业	Processing of Food from Agricultural Products	-14658	52041
食品制造业	Manufacture of Food	-30943	49394
酒、饮料和精制茶制造业	Manufacture of Liquor,Beverages and Refined Tea	12424	15609
烟草制品业	Manufacture of Tobacco		
纺织业	Manufacture of Textile	69	
纺织服装、服饰业	Manufacture of Textile and Apparel	743	
皮革、毛皮、羽毛及其制品和制鞋业	Manufacture of Leather,Fur,Feathers and Related Products and Footwear		
木材加工和木、竹、藤、棕、草制品业	Processing of Timber, Manufacture of Wood, Bamboo, Rattan, Palm and Straw Products	3230	
家具制造业	Manufacture of Furniture	-323	323
造纸和纸制品业	Manufacture of Paper and Paper Products		
印刷和记录媒介复制业	Printing, Reproduction of Recording Media	6523	
文教、工美、体育和娱乐用品制造业	Manufacture of Culture Education ,Art,Sports and Entertainment Activities	15	
石油、煤炭及其他燃料加工业	Processing of Petroleum,Coal and other fuel		
化学原料和化学制品制造业	Manufacture of Raw Chemical Materials and Chemical Products	4608	32978
医药制造业	Manufacture of Medicines	10681	19633
化学纤维制造业	Manufacture of Chemical Fibers		
橡胶和塑料制品业	Manufacture of Rubber and Plastic Products	1929	3106
非金属矿物制品业	Manufacture of Non-metallic Mineral Products	1371	340
黑色金属冶炼和压延加工业	Smelting and Pressing of Ferrous Metals	-778	778
有色金属冶炼和压延加工业	Smelting and Pressing of Non- ferrous Metals	552	
金属制品业	Manufacture of Metal Products	3376	
通用设备制造业	Manufacture of General Purpose Machinery	667	866
专用设备制造业	Manufacture of Special Purpose Machinery	-6340	7066
汽车制造业	Manufacture of Automobiles	608537	24577
铁路、船舶、航空航天和其他运输设备制造业	Manufacture of Railway,Ship,Aerospace and Other Transport Equipment		
电气机械和器材制造业	Manufacture of Electrical Machinery and Apparatus	5054	234
计算机、通信和其他电子设备制造业	Manufacture of Computer,Communication and Other Electronic Equipment	1018	
仪器仪表制造业	Manufacture of Measuring Instrument	-764	764
其他制造业	Other Manufacture		
废弃资源综合利用业	Waste Resources Utilization		
金属制品、机械和设备修理业	Repair of Metal Products,Machinery and Equipment		
电力、热力生产和供应业	Production and Supply of Electric Power and Heat Power	4677	3066
燃气生产和供应业	Production and Supply of Gas	4715	918
水的生产和供应业	Production and Supply of Water		

continued

unit: 10000 yuan

从业人员平均人数（人）Average Number of Employees	资产负债率（%）Assets-liability Ratio(%)	营业收入利润率（%）Business Revenue Ratio（%）	人均营业收入（万元/人）Business Revenue Per Capita
57928	**66.4**	**5.2**	**199.3**
97	187.7	-50.4	35.9
30	77.4	-111.6	110.9
9141	72.0	-0.9	168.7
2334	103.3	-18.2	72.9
3625	66.9	3.5	92.1
88	47.8	7.0	11.3
542	74.6	4.5	30.6
836	37.2	3.5	113.2
	91.4	-95.8	9.4
147	4.7	32.2	140.6
134	60.9	0.5	22.8
2447	76.0	0.8	239.5
1860	35.3	4.7	123.5
1282	53.3	2.3	65.4
308	67.3	4.7	95.4
63	62.6	-1.5	820.4
72	77.6	1.9	407.5
471	99.9	3.2	200.8
461	40.8	1.6	89.2
196	82.6	-38.7	83.2
32079	62.0	7.5	248.9
230	69.0	27.3	80.8
321	55.5	1.6	209.9
99	20.5	-34.1	22.7
283	65.8	11.7	142.3
782	62.8	5.3	113.8

13－7　按行业分集体控股工业企业主要指标（2020年）

单位：万元

项　目	Item	企业单位数(个) Number of Enterprises (unit)	#亏损企业 Loss－making Enterprises
总计	**Total**	**49**	**9**
煤炭开采和洗选业	Mining and Washing of Coal		
石油和天然气开采业	Extraction of Petroleum and Natural Gas		
黑色金属矿采选业	Mining and Processing of Ferrous Metal Ores	1	
有色金属矿采选业	Mining and Processing of Non-ferrous Metal Ores	2	1
非金属矿采选业	Mining and Processing of Nonmetal Ores		
开采辅助活动	Support Activities for Mining		
其他采矿业	Mining of Other Ores		
农副食品加工业	Processing of Food from Agricultural Products	2	1
食品制造业	Manufacture of Food		
酒、饮料和精制茶制造业	Manufacture of Liquor,Beverages and Refined Tea		
烟草制品业	Manufacture of Tobacco		
纺织业	Manufacture of Textile		
纺织服装、服饰业	Manufacture of Textile and Apparel	1	1
皮革、毛皮、羽毛及其制品和制鞋业	Manufacture of Leather,Fur,Feathers and Related Products and Footwear		
木材加工和木、竹、藤、棕、草制品业	Processing of Timber，Manufacture of Wood，Bamboo，Rattan，Palm and Straw Products	1	
家具制造业	Manufacture of Furniture		
造纸和纸制品业	Manufacture of Paper and Paper Products		
印刷和记录媒介复制业	Printing，Reproduction of Recording Media	3	
文教、工美、体育和娱乐用品制造业	Manufacture of Culture Education ,Art,Sports and Entertainment Activities		
石油、煤炭及其他燃料加工业	Processing of Petroleum,Coal and other fuel	1	
化学原料和化学制品制造业	Manufacture of Raw Chemical Materials and Chemical Products	10	2
医药制造业	Manufacture of Medicines	5	1
化学纤维制造业	Manufacture of Chemical Fibers		
橡胶和塑料制品业	Manufacture of Rubber and Plastic Products	2	
非金属矿物制品业	Manufacture of Non-metallic Mineral Products	2	
黑色金属冶炼和压延加工业	Smelting and Pressing of Ferrous Metals		
有色金属冶炼和压延加工业	Smelting and Pressing of Non- ferrous Metals		
金属制品业	Manufacture of Metal Products	4	1
通用设备制造业	Manufacture of General Purpose Machinery	1	
专用设备制造业	Manufacture of Special Purpose Machinery	1	1
汽车制造业	Manufacture of Automobiles	9	
铁路、船舶、航空航天和其他运输设备制造业	Manufacture of Railway,Ship,Aerospace and Other Transport Equipment		
电气机械和器材制造业	Manufacture of Electrical Machinery and Apparatus		
计算机、通信和其他电子设备制造业	Manufacture of Computer,Communication and Other Electronic Equipment		
仪器仪表制造业	Manufacture of Measuring Instrument		
其他制造业	Other Manufacture		
废弃资源综合利用业	Waste Resources Utilization		
金属制品、机械和设备修理业	Repair of Metal Products,Machinery and Equipment	2	
电力、热力生产和供应业	Production and Supply of Electric Power and Heat Power	1	1
燃气生产和供应业	Production and Supply of Gas		
水的生产和供应业	Production and Supply of Water	1	

Main Indicators of Collective Industrial Enterprises by Industrial Sector (2020)

unit: 10000 yuan

产成品 Finished Goods	资产总计 Total Assets	流动资产合计 Total Current Assets	应收帐款 Account Receivable	负债合计 Total Liabilities
122427	**5617192**	**2094638**	**320863**	**1369351**
1157	10560	4828	3217	4945
	104791	16426		21524
25315	834903	705637	60663	446001
	3434	2222	56	1320
5144	28347	15456	1597	9906
586	31256	27898	9888	11362
1369	13249	11448	78	4557
8933	171485	130415	19369	39908
33329	3759756	836405	99334	420918
7900	33031	22707	5761	16050
158	215585	132458	53812	152947
6678	36456	16096	3530	16361
1284	3459	3391	535	2756
3	22446	1093	79	7921
30485	302142	152699	51719	182238
	35750	12063	10974	26809
	5394	1923	225	2720
88	5149	1472	26	1111

13－7 续表 1

单位：万元

项　　目	Item	所有者权益合计 Total Owners' Equities	营业收入 Business Revenue
总计	**Total**	**4247841**	**2272569**
煤炭开采和洗选业	Mining and Washing of Coal		
石油和天然气开采业	Extraction of Petroleum and Natural Gas		
黑色金属矿采选业	Mining and Processing of Ferrous Metal Ores	5615	8148
有色金属矿采选业	Mining and Processing of Non-ferrous Metal Ores	83268	73908
非金属矿采选业	Mining and Processing of Nonmetal Ores		
开采辅助活动	Support Activities for Mining		
其他采矿业	Mining of Other Ores		
农副食品加工业	Processing of Food from Agricultural Products	388902	788480
食品制造业	Manufacture of Food		
酒、饮料和精制茶制造业	Manufacture of Liquor,Beverages and Refined Tea		
烟草制品业	Manufacture of Tobacco		
纺织业	Manufacture of Textile		
纺织服装、服饰业	Manufacture of Textile and Apparel	2115	2037
皮革、毛皮、羽毛及其制品和制鞋业	Manufacture of Leather,Fur,Feathers and Related Products and Footwear		
木材加工和木、竹、藤、棕、草制品业	Processing of Timber， Manufacture of Wood， Bamboo， Rattan， Palm and Straw Products	18441	14171
家具制造业	Manufacture of Furniture		
造纸和纸制品业	Manufacture of Paper and Paper Products		
印刷和记录媒介复制业	Printing， Reproduction of Recording Media	19894	10127
文教、工美、体育和娱乐用品制造业	Manufacture of Culture Education ,Art,Sports and Entertainment Activities		
石油、煤炭及其他燃料加工业	Processing of Petroleum,Coal and other fuel	8692	29757
化学原料和化学制品制造业	Manufacture of Raw Chemical Materials and Chemical Products	131578	310392
医药制造业	Manufacture of Medicines	3338838	543788
化学纤维制造业	Manufacture of Chemical Fibers		
橡胶和塑料制品业	Manufacture of Rubber and Plastic Products	16982	22429
非金属矿物制品业	Manufacture of Non-metallic Mineral Products	62637	70524
黑色金属冶炼和压延加工业	Smelting and Pressing of Ferrous Metals		
有色金属冶炼和压延加工业	Smelting and Pressing of Non- ferrous Metals		
金属制品业	Manufacture of Metal Products	20095	26346
通用设备制造业	Manufacture of General Purpose Machinery	703	2878
专用设备制造业	Manufacture of Special Purpose Machinery	14526	6561
汽车制造业	Manufacture of Automobiles	119904	337715
铁路、船舶、航空航天和其他运输设备制造业	Manufacture of Railway,Ship,Aerospace and Other Transport Equipment		
电气机械和器材制造业	Manufacture of Electrical Machinery and Apparatus		
计算机、通信和其他电子设备制造业	Manufacture of Computer,Communication and Other Electronic Equipment		
仪器仪表制造业	Manufacture of Measuring Instrument		
其他制造业	Other Manufacture		
废弃资源综合利用业	Waste Resources Utilization		
金属制品、机械和设备修理业	Repair of Metal Products,Machinery and Equipment	8941	19269
电力、热力生产和供应业	Production and Supply of Electric Power and Heat Power	2675	3428
燃气生产和供应业	Production and Supply of Gas		
水的生产和供应业	Production and Supply of Water	4038	2612

continued

unit: 10000 yuan

营业成本 Business Cost	销售费用 Selling Cost	管理费用 Management Cost	财务费用 Financial Cost	利息费用 Interest Cost
1668005	**209247**	**112968**	**17616**	**29150**
5626		441	–8	
27652	12	2398	1427	1433
717228	8393	6483	1774	5350
1701		398	67	66
11635	554	1163	463	
7555	25	1665	–147	–154
25528	753	2525	1	1
269909	7284	22183	27	212
170550	185306	53739	4968	13602
20168	256	1060	553	603
59588	974	1451	3100	3122
23708	654	1796	676	36
2052	122	513	–7	
6200	21	932	–20	
298952	4894	12345	4691	4873
15984		2537	33	
2645		756	18	
1325		584	3	6

13－7 续表 2

单位：万元

项目	Item	利润总额 Total Profits	亏损企业亏损总额 Total Loss
总计	**Total**	**412472**	**6445**
煤炭开采和洗选业	Mining and Washing of Coal		
石油和天然气开采业	Extraction of Petroleum and Natural Gas		
黑色金属矿采选业	Mining and Processing of Ferrous Metal Ores	1955	
有色金属矿采选业	Mining and Processing of Non-ferrous Metal Ores	40375	248
非金属矿采选业	Mining and Processing of Nonmetal Ores		
开采辅助活动	Support Activities for Mining		
其他采矿业	Mining of Other Ores		
农副食品加工业	Processing of Food from Agricultural Products	53775	174
食品制造业	Manufacture of Food		
酒、饮料和精制茶制造业	Manufacture of Liquor,Beverages and Refined Tea		
烟草制品业	Manufacture of Tobacco		
纺织业	Manufacture of Textile		
纺织服装、服饰业	Manufacture of Textile and Apparel	-142	142
皮革、毛皮、羽毛及其制品和制鞋业	Manufacture of Leather,Fur,Feathers and Related Products and Footwear		
木材加工和木、竹、藤、棕、草制品业	Processing of Timber, Manufacture of Wood, Bamboo, Rattan, Palm and Straw Products	414	
家具制造业	Manufacture of Furniture		
造纸和纸制品业	Manufacture of Paper and Paper Products		
印刷和记录媒介复制业	Printing, Reproduction of Recording Media	908	
文教、工美、体育和娱乐用品制造业	Manufacture of Culture Education ,Art,Sports and Entertainment Activities		
石油、煤炭及其他燃料加工业	Processing of Petroleum,Coal and other fuel	657	
化学原料和化学制品制造业	Manufacture of Raw Chemical Materials and Chemical Products	9585	3435
医药制造业	Manufacture of Medicines	289054	703
化学纤维制造业	Manufacture of Chemical Fibers		
橡胶和塑料制品业	Manufacture of Rubber and Plastic Products	590	
非金属矿物制品业	Manufacture of Non-metallic Mineral Products	2397	
黑色金属冶炼和压延加工业	Smelting and Pressing of Ferrous Metals		
有色金属冶炼和压延加工业	Smelting and Pressing of Non- ferrous Metals		
金属制品业	Manufacture of Metal Products	243	76
通用设备制造业	Manufacture of General Purpose Machinery	205	
专用设备制造业	Manufacture of Special Purpose Machinery	-1665	1665
汽车制造业	Manufacture of Automobiles	12633	
铁路、船舶、航空航天和其他运输设备制造业	Manufacture of Railway,Ship,Aerospace and Other Transport Equipment		
电气机械和器材制造业	Manufacture of Electrical Machinery and Apparatus		
计算机、通信和其他电子设备制造业	Manufacture of Computer,Communication and Other Electronic Equipment		
仪器仪表制造业	Manufacture of Measuring Instrument		
其他制造业	Other Manufacture		
废弃资源综合利用业	Waste Resources Utilization		
金属制品、机械和设备修理业	Repair of Metal Products,Machinery and Equipment	748	
电力、热力生产和供应业	Production and Supply of Electric Power and Heat Power	-2	2
燃气生产和供应业	Production and Supply of Gas		
水的生产和供应业	Production and Supply of Water	741	

continued

unit: 10000 yuan

从业人员平均人数（人）Average Number of Employees	资产负债率（%）Assets-liability Ratio(%)	营业收入利润率（%）Business Revenue Ratio（%）	人均营业收入（万元/人）Business Revenue Per Capita
18724	**24.4**	**18.2**	**121.2**
81	46.8	24.0	104.5
812	20.5	54.6	91.0
1509	53.4	6.8	520.1
194	38.4	-7.0	10.5
324	35.0	2.9	43.7
379	36.4	9.0	26.7
406	34.4	2.2	73.3
2181	23.3	3.1	144.8
6233	11.2	53.2	87.3
401	48.6	2.6	50.9
433	71.0	3.4	141.6
542	44.9	0.9	46.6
115	79.7	7.1	25.0
149	35.3	-25.4	44.0
4008	60.3	3.7	85.5
744	75.0	3.9	26.0
64	50.4	-0.1	53.6
149	21.6	28.4	17.5

13－8 工业企业产品产量

Output of Industrial Enterprises Major Products

项 目	Item	2018	2019	2020
原煤（吨）	Coal (ton)	15177074	12170166	10016420
无烟煤（吨）	Anthracite(ton)	1170357	179008	
烟煤（吨）	Bituminous Coal(ton)	8589208	3341865	
一般烟煤	General Bituminous Coal	8589208	3341865	2602395
褐煤（吨）	Wood Coal(ton)	5417509	8649293	7414025
洗煤（吨）	Washed Coal(ton)	4267496	2164656	1324030
#洗精煤	Cleaned Coal	411497	576697	436411
天然原油（吨）	Crude Petroleum Oil(ton)	3878080	3856953	3949820
天然气（万立方米）	Natural Gas(10000 cu.m)	184285	103258	198143
铁矿石原矿（吨）	Iron Ore(ton)	4316403	5037931	6083027
铜金属含量（吨）	Copper Content(ton)	16102	17249	15295
铅金属含量（吨）	Lead Metal Content(ton)	2494	2758	2806
锌金属含量（吨）	Zinc Content(ton)	9567	8368	8240
稀有稀土金属矿（吨）	Rare Earth Metal Ore (ton)	6637	6101	7861
钼精矿折合量（折纯钼45%）（吨）	Molybdenum in Quantity(ton)	6637	6101	7861
石灰石（吨）	Limestone (ton)	729273	2434747	4368759
建筑用天然石料（吨）（立方米）	Natual Stone for Building (ton)(cu.m)	2191	12783	557329
小麦粉（吨）	Wheat Flour(ton)		4199	
大米（吨）	Rice(ton)	2999453	3655848	3908952
饲料（吨）	Feed(ton)	5110585	5631423	5507917
#配合饲料（吨）	Compound Feed(ton)	2149842	2095597	2080576
混合饲料（吨）	Mixed Feed(ton)	1594939	1158080	1102603
精制食用植物油（吨）	Refined Edible Vegetable Oil(ton)	298642	450821	518605
鲜、冷藏肉（吨）	Fresh, Chilled Meat(ton)	685834	761314	629055
冻肉（吨）	Frozen Meat (ton)	90656	272690	429655
冷冻水产品（吨）	Frozen Aquatic Products (ton)	39482	51560	39873
膨化食品（吨）	Puffed Foods (ton)		932	1253
速冻食品（吨）	Quick Frozen Foods (ton)	68162	258502	40877
速冻米面食品（吨）	Frozen Rice food(ton)	18802	3500	3766
方便面（吨）	Instant Noodles(ton)	4900		
乳制品（吨）	Dairy(ton)	170516	206387	182886
#液体乳（吨）	Liquid Milk(ton)	161325	167139	146437
固体及半固体乳制品（吨）	Solid and Semi-solid Dairy Products (ton)	9192	39248	36449
乳粉（吨）	Milk Powder(ton)	9192	17785	5463
罐头（吨）	Canned Foods(ton)	93	12654	14183
酱油（吨）	Soy Sauce(ton)	63523	7407	19003
营养、保健食品（吨）	Nutrition and Health Foods (ton)	18684	14084	6452
冷冻饮品（吨）	Frozen Drinks(ton)	61111	63567	66669
食品添加剂（吨）	Food Additives(ton)	3834	12091	10797
饲料添加剂（吨）	Feed Additives (ton)	11416	628404	639370
发酵酒精（折96度，商品量）（千升）	Fermentation Alcohol(Thousands Litres)	1641408	1649242	1721238
饮料酒（千升）	Potable Spirit(Thousands Litres)	1140674	953390	760330
#白酒（折65度，商品量）（千升）	Chinese Liquor(Thousands Litres)	193901	22631	11533
啤酒（千升）	Beer(Thousands Litres)	921728	905608	724345
葡萄酒（千升）	Wine(Thousands Litres)	21393	21369	20894

13－8 续表 1 continued

项 目	Item	2018	2019	2020
果酒及配制酒（千升）	Fruit Wine and Liquor Preparation (1000 litres)	960	1371	2001
饮料（吨）	Drink(ton)	5702205	5691313	4437242
#碳酸饮料类（汽水）（吨）	Carbonated Drink (soft drink)(ton)	363317	592969	504590
包装饮用水类（吨）	Packaged Water(ton)	4758821	4714610	3625754
果汁和蔬菜汁饮料类（吨）	Fruit and Vegetable Juice Drinks(ton)	119345	117025	85460
卷烟(万支）	Cigarette(10000)	5162846	5286500	5282250
纱（吨）	Yarn(ton)	22578	22814	15283
棉纱（吨）	Cotton Yarn(ton)	7456	8367	6309
棉混纺纱（吨）	Blended Yarn(ton)	1618	701	
化学纤维纱（吨）	Chemical Fiber Yarn(ton)	13504	13746	8974
布（万米）	Cloth(10000 meters)	3275	3279	2461
#棉布（万米）	Cotton(10000 meters)	3275	3279	2461
毛机织物（呢绒）（万米）	Wool Fabrics(10000 meters)	490	276	278
非织造布（无纺布）（吨）	Non-wove Fabrics(ton)	711	5401	11700
服装（万件）	Clothing(10000 pieces)	5402	5009	5992
梭织服装（万件）	Woven Garments(10000 pieces)	2464	2412	2673
西服套装（万件）	Suits(10000 pieces)	57	79	82
衬衫（万件）	Shirt(10000 pieces)	685	627	632
针织服装（万件）	Knitwear(10000 pieces)	2938	2598	3319
轻革（平方米）	Light Leather(sq.m)	104892	140147	
人造板（立方米）	Wood-based Panels(cu.m)	634661	546881	437086
#胶合板（立方米）	Plywood(cu.m)	120858	91256	105553
纤维板（立方米）	Fiberboard(cu.m)	9393		
刨花板（立方米）	Particleboard(cu.m)	104020	52653	54803
人造板表面装饰板（立方米）	Plywood Cladding(cu.m)	5022	11779	1036
细木工板（立方米）	Core-board (cu.m)	54662	95786	26305
实木木地板（立方米）	Solid Wood Flooring(cu.m)	1810890	2346165	2154382
复合木地板（立方米）	Laminate Flooring(cu.m)	8532513	9690356	9616400
家具（件）	Furniture(set)	510837	637860	700388
#木质家具（件）	Wood Furniture (set)	460121	528957	588663
金属家具（件）	Metal Furniture (set)	634	900	
软体家具（件）	Upholstered Furniture (set)	13822	9506	
纸浆（原生浆及废纸浆）（吨）	Pulp(ton)	8751	3288	
机制纸及纸板（外购原纸加工除外）（吨	Machine-made Paper and Paperboard (ton)	647611	515901	522445
涂布类印刷用纸（吨）	Coated Printing Paper	234018		
包装用纸及纸板（吨）	Packaging Paper and Paperboard (ton)		3768	
纸制品（吨）	Paper Products(ton)	291422	361490	317133
#瓦楞纸箱	Corrugated Container	274901	260877	247500
单色印刷品（令）	Monochrome Printing(ream)		54170	
多色印刷品（对开色令）	Multi-color Print(ream)	2013125	2683307	2368673
原油加工量（吨）	Crude Oil Processing Volume (ton)	9193725	10199199	9549651
汽油（吨）	Gasoline(ton)	2053742	2387180	2099303
柴油（吨）	Diesel Oil(ton)	2835979	2992852	2618786
燃料油（吨）	Fuel Oil(ton)	277978	288587	326864

13－8 续表 2 continued

项 目	Item	2018	2019	2020
石脑油	Naphtha	845021	957852	907697
液化石油气（吨）	Liquefied Petroleum Gas(ton)	366860	282934	233806
石油焦（吨）	Petroleum Coke(ton)	175848	209624	204303
焦炭（吨）	Coke(ton)	2979240	3376076	3686528
#机焦	Machine-processed Coke	2979240	3376076	3686528
硫酸（折100%）（吨）	Sulfuric Acid(ton)	797838	859992	799139
盐酸（氯化氢,含量31%）（吨）	Hydrochloric Acid(ton)	37267	87764	103398
浓硝酸（折100%）（吨）	Concentrated Nitric Acid(ton)	22546	27652	31581
磷酸（含量85%）（吨）	Phosphoric Acid (85% vol)(ton)			
烧碱（折100%）（吨）	Caustic Soda(ton)	21674	26136	25772
#离子膜法烧碱（折100%）（吨）	Ion-exchange Membrane Caustic Soda(ton)	21674	26136	25772
乙烯（吨）	Ethylene(ton)	766823	867241	859974
纯苯（吨）	Benzene(ton)	235544	267640	272681
精甲醇（吨）	Refined Methanol(ton)	23903	5162	
合成氨（无水氨）（吨）	Synthesis Ammonia(ton)	461582	469643	519619
农用氮、磷、钾化学肥料总计（折纯）（吨）	Agricultural Nitrogen, Phosphorus and Potassium Fertilizers Total(ton)	164342	464700	218181
氮肥（折含N100%）（吨）	Nitrogenous Fertilizer(ton)	164342	196627	123767
#尿素（折含N100%）（吨）	Urea(ton)	39516	31755	35408
磷肥（折五氧化二磷100%）	Phosphate		5042	22800
化学农药原药（折有效成分100%）（吨）	Chemical Pesticides(ton)	16660	22241	18171
涂料（吨）	Paint(ton)	71853	60783	55271
初级形态的塑料（吨）	Primary Plastic(ton)	1170518	1277125	1351025
高密度聚乙烯树酯（HDPE）（吨）	High Density Polyethylene Resin(ton)	242233	286384	282270
线性低密度聚乙烯树酯（LLDPE）（吨）	Linear Low Density Polyethylene Resin(ton)	229823	261349	246051
ABS树脂（吨）	ABS Resin(ton)	549785	603418	607996
合成橡胶（吨）	Synthetic Rubber(ton)	132058	164789	163204
合成纤维单体（吨）	Synthetic Fiber Monomers(ton)	438876	434645	431284
化学试剂（吨）	Chemical Reagents(ton)	82	16205	4968
合成洗涤剂（吨）	Synthetic Detergent(ton)	153959	145419	140872
#合成洗衣粉（吨）	Synthetic Detergent Powder(ton)	48437	41137	37825
化学药品原药（吨）	Chemical Medicines(ton)	8338	20370	26753
中成药（吨）	Traditional Chinese Medicine (ton)	110043	81898	88657
兽用药品（吨）	Veterinary Drugs (ton)	266	3207	2389
化学纤维（吨）	Chemical Fiber(ton)	369199	321825	402773
#人造纤维（纤维素纤维）（吨）	Man-made Fibers(ton)	133497	76606	146031
#粘胶短纤维（吨）	Viscose Staple Fibre(ton)	73826	12360	77631
粘胶纤维长丝（吨）	Viscose Filament(ton)	59671	64246	68400
合成纤维（吨）	Synthetic Fiber(ton)	233722	240648	249445
涤纶纤维（吨）	Polyester Fiber(ton)			
腈纶纤维（吨）	Acrylic Fiber(ton)	233722	237028	246399
橡胶轮胎外胎（条）	Rubber Tire(piece)	3169507	2412458	2526875

13－8 续表 3 continued

项　　目	Item	2018	2019	2020
#子午线轮胎外胎（条）	Radial Tire	3169507	2412458	2526875
塑料制品（吨）	Plastic Products(ton)	340359	317278	323710
#塑料薄膜（吨）	Plastic Film(ton)	89321	58456	32936
#农用薄膜（吨）	Agricultural Film(ton)	44225	44224	20954
泡沫塑料（吨）	Foam(ton)	12675	6517	34109
塑料人造革、合成革（吨）	Plastic Artificial Leather, Synthetic Leather(ton)	1719	710	3545
日用塑料制品（吨）	Household Plastic Products(ton)	9075	22070	15887
硅酸盐水泥熟料（吨）	Portland Cement Clinker(ton)	12439567	16852535	18658180
#窑外分解窑水泥熟料（吨）	Precal-cining Cement Clinker(ton)	12050191	15484474	11887247
水泥（吨）	Cement(ton)	15044814	20572622	19911355
#强度等级42.5水泥（含R型）（吨）	Strength Grade 42.5 Cement(ton)	4738757	10292464	6733795
商品混凝土（立方米）	Commercial Concrete (cu.m)	4887190	10786017	13532366
水泥混凝土排水管（千米）	Concrete Drainage Pipes(km)	596	688	448
水泥混凝土电杆（根）	Cement Concrete Pole(piece)	40891	85983	50892
预应力混凝土桩（米）	Prestressed Concrete Piles(meter)	1138140	2476758	3731806
砖（万块）	Brick(10000 piece)	136119	51817	34788
瓦（万片）	Tile(10000 piece)	37872	1825	270
天然花岗石建筑板材（平方米）	Natural Granite Building Boards(sq.m)		141890	
沥青和改性沥青防水卷材（平方米）	Asphalt and Modified Bitumen Membrane(sq.m)	6399824	3201825	13446891
平板玻璃（重量箱）	Plate Glass(box)	11091704	11762261	11990238
夹层玻璃（平方米）	Laminated Glass(sq.m)		40343	10068518
中空玻璃（平方米）	Insulating Glass (sq.m)	77970	397083	199570
日用玻璃制品（吨）	Household Glass Products (ton)	2915	754	254
玻璃包装容器（吨）	Glass Containers(ton)	104812	51739	186806
玻璃纤维纱（吨）	Glass Fiber Yarn (ton)		2902	22646
耐火材料制品（吨）	Fire-resisting Materials (ton)	40164	123978	73801
石墨及炭素制品（吨）	Graphite and Carbon Products(ton)	148271	191247	160137
生铁（吨）	Pig Iron(ton)	11622296	12570711	14077389
粗钢（吨）	Crude Steel(ton)	12045771	14976243	15256149
铸铁件（吨）	Iron Casting(ton)	279289	242430	252256
铸钢件（吨）	Steel Casting(ton)	2676	44825	34705
钢材（吨）	Rolled Steel(ton)	13008498	15442408	16616249
大型型钢（吨）	Heavy Section(ton)	61215	67195	73733
中小型型钢（吨）	Medium,Small Section(ton)		707758	750184
棒材（吨）	Bar(ton)	397531	280047	292399
钢筋（吨）	Steel Bar(ton)	2623304	2978860	2482334
线材（盘条）（吨）	Wire Rod(ton)	1684383	2057363	2045375
中板（吨）	Medium Board (ton)	2583	1496	1889
热轧薄板（吨）	Hot Pressed Sheet (ton)	30619	7208	13997
冷轧薄板（吨）	Cold Rolled Sheet(ton)	97779	89947	12188
中厚宽钢带（吨）	Medium Wide Steel Belt(ton)	6755275	3318556	4223245
热轧薄宽钢带（吨）	Hot-rolled Thin Wide Steel Belt(ton)	566527	4690772	4336225
热轧窄钢带（吨）	Hot-rolled Narrow Steel Belt(ton)			

13－8 续表 4 continued

项　　目	Item	2018	2019	2020
冷轧窄钢带（吨）	Cold-rolled Narrow Steel Belt(ton)			
无缝钢管（吨）	Seamless Steel Pipe(ton)	216935	144801	130868
焊接钢管（吨）	Welded Steel Pipe(ton)	549377	960794	1568585
其他钢材（吨）	Other Steel (ton)		2504	5667
用外购国产钢材再加工生产的钢材（吨）	Domestically Produced Steel Used for Re-processing Production Steel(ton)	263697	288175	279148
用进口钢材再加工生产钢材（吨）	Re-processing of Imported Steel Products (ton)	193237	95189	266428
用外购钢材再加工生产钢材（吨）	Steel Processing Production of Outsourcing Steel (ton)	70460	383364	12720
铁合金（吨）	Ferroalloy(ton)	79059	19932	4457
十种有色金属（吨）	Ten Kind of Ferrous Metals (ton)	125986	130718	126048
镁（吨）	Magnesium(ton)			
黄金（千克）	Gold(kg)	2620	4055	4279
铝材（吨）	Aluminum Product(ton)	86571	86594	87006
钢结构（吨）	Steel Structure (ton)	5842	72470	43198
金属门窗及类似制品（吨）	Metal Doors,Windows and related Products(ton)	17224	34891	35695
金属切削工具（万件）	Metal Cutting Tools(10000 piece)	677	212	281
锻件（吨）	Forging Piece(ton)	15387	17439	143940
工业锅炉（蒸发量吨）	Industrial Boiler(Evaporation ton)	24490	5103	5693
发动机（千瓦）	Engine(kW)	331999131	365471554	95263200
其中：汽车用发动机（千瓦）	Automotive Engine	331999131	365471554	95263200
金属切削机床（台）	Metal Cutting Machine Tool		14	17
电焊机（台）	Electric Welding Machine	4656	313	305
起重机（吨）	Crane(ton)	1502	1176	
输送机械（输送机和提升机）（吨）	Transportation Machinery(ton)	35301	41782	38318
泵（台）	Pump(set)	18378	17859	10377
气体压缩机（台）	Gas Compressor(set)	10869	12100	92696
#制冷设备用压缩机（台）	Compressors for Refrigerating	3060	56	76240
非制冷设备用压缩机（台）	Compressors not for Refrigerating	7809	12044	16456
阀门（吨）	Valve(ton)	669		10231
滚动轴承（万套）	Antifriction Bearing(10000 set)	380	4908	1159
齿轮（吨）	Gear(ton)	3611	855	
风机（台）	Exhaust Fan(set)	774	988	959
气体分离及液化设备（台）	Gas Separation and Liquefaction Equipment (set)	1989	1963	2268
衡器（秤）（台）	Weighting Instrument		33	
包装专用设备（台）	Special Equipment for Packaging	4458	4651	4106
矿山专用设备（吨）	Mine Equipment(ton)	16518	14683	14296
石油钻井设备（台（套））	Oil Drilling Equipment(set)	3724	152	118
金属冶炼设备（吨）	Metal Smelting Equipment(ton)	25111	6818	
模具（套）	Mold(set)	34256	30513	4704
农产品初加工机械（台）	Primary Processing Machinery for Agriculture Products (set)			
印刷专用设备（吨）	Special Printing Equipment (ton)	45	6	
电子工业专用设备	Special Equipment for Electronic Industry			
大型拖拉机（台）	Large Tractor(unit)			
中型拖拉机（台）	Medium-sized Tractors(unit)	94		
小型拖拉机（台）	Small Tractors(unit)			
机械化农业及园艺机具（台）	Mechanization of Agriculture and Horticulture (set)	4701	18784	9987
其中：土壤耕整机械（台）	Soil Tillage Machine (set)	471	3120	98

13－8 续表 5 continued

项　　目	Item	2018	2019	2020
种植施肥机械（台）	Planting and Fertilizing Machine (set)	384	5626	370
收获机械（台）	Harvesting Machinery(unit)	625	1544	1100
#谷物收获机械（台）	Grain Harvesting Machinery(unit)	103		
玉米收获机械（台）	Maize Harvester(unit)	522	1236	825
收获后处理机械（台）	Post Harvest Processing Machinery(unit)	2868		
环境污染防治专用设备（台、套）	Pollution Prevention Special Equipment(unit)	16		
#大气污染防治设备（台）	Air Pollution Control Equipment (unit)	16		
汽车（辆）	Motor Vehicle(coach)	2814991	2911537	2654569
#基本型乘用车（轿车）（辆）	Car(coach)	1812608	1582650	1439656
1升<排量≤1.6升（辆）	1 Litre < Displacement ≤ 1.6 Litres(coach)	1191606	993217	873183
1.6升<排量≤2.0升（辆	1.6Litres < Displacement ≤ 2.0 Litres(coach)	557687	527525	538190
2.0升<排量≤2.5升（辆	2.0 Litres< Displacement ≤ 2.5 Litres(coach)	62672	38169	20244
多功能乘用车（MPV）（辆）	Multi-Purpose Vehicle(coach)	40366		
运动型多用途乘用车（SUV）（辆）	Sports Utility Vehicle(coach)	625570	921757	941919
客车（辆）	Bus(coach)	4487	290	962
大型客车（车长>10米）（辆）	Large Bus(coach)	91	259	962
中型客车（7米<车长≤10米）（辆	Medium Bus(coach)	2953	31	
轻型客车（车长≤7米）（辆）	Light Bus(coach)	1443		
载货汽车（辆）	Lorry(coach)	328435	383981	222986
改装汽车（辆）	Modified Car(coach)	5876	4402	1438
动车组（辆）	High Speed Rail Train(coach)	816	622	640
铁路客车（辆）	Railway Passenger Train(coach)	260	358	380
城市轨道车辆（辆）	Urban Rail Vehicle (set)	2029	2354	3157
发电机组（发电设备）（千瓦）	Generating Set (kW)	55	82	233190
风力发电机组	Wind Turbine Generator		82	
变压器（千伏安）	Transformer(KVA)	10442592	10248795	12078690
#电力变压器(额定容量≥8000kVA，电压≥500kV)(千伏	Power Transformer(KVA)	1007845	989520	1335080
高压开关板（面）	High-voltage Switch Board(piece)	4899	4014	4227
低压开关板（面）	Low-voltage Switch Board(piece)	17251	23671	47230
高压开关设备（11万伏以上）（台）	High-voltage Switchgear(set)	5118	2557	1514
通信及电子网络用电缆（对千米）	Communications and Electronic Networks Used Cable	698		
电力电缆（千米）	Power Cable(km)	186129	181072	254075
绝缘制品（吨）	Insulation Products(ton)	1075	2329	1985
灯具及照明装置（套、台、个）	Lamps and Lighting Fittings(set)	429374	272728	12766
半导体分立器件（万只）	Semiconductor Discrete Devices(set)	403805	360938	274517
光电子器件（万只、片、套）	Optoelectronic Devices(set)	67278	63107	2751
电子元件（万支）	Eletronic Component (10000 sets)	28	99	31773
工业自动调节仪表与控制系统（台、套）	Automatically Adjusting Industrial Instrumentation and Control Systems	22863	23403	17213
电工仪器仪表（台）	Electric Instruments(set)		457	531
分析仪器及装置（台、套）	Analytical Instruments and Devices(set)	969	969	
环境监测专用仪器仪表（台）	Environ ment Monitoring Special Instrumentation(set)	9173	4746	47
汽车仪器仪表（台）	Automotive Instrumentation(set)	12789		98
光学仪器（台、个）	Optical Instrument(set)	1051253	1051807	1144279
眼镜成镜（副）	Spectacle Lens (set)	2303710		
发电量（万千瓦小时）	Generating Capacity(10000 kWh)	8229201	8717594	9446744
#火力发电量	Thermal Power Capacity	6712199	7193932	7499129
水力发电量	Hydraulic Power Capacity	585187	498497	738562
风力发电量	Wind Power Capacity	847281	913540	975499
煤气生产量（万立方米）	Gas Production(10000 cu.m)	1424712	2248420	2294284
自来水生产量（万立方米）	Tap Water Production(10000 cu.m)	69177	68528	71496

13－9 各地区主要工业产品产量（2020年）

Output of Major Industrial Products by Region（2020）

地 区	Region	原煤（万吨）Coal (10000tons)	天然原油（万吨）Crude Oil (10000tons)	原油加工（万吨）Crude Oil Processing Volume (10000 tons)	发电量(亿千瓦小时) Electricity (100 million kWh)	汽车（万辆）Motor Vehicle (10000 sen)	轿车（万辆）Car (Coach)	水泥（万吨）Cement (10000tons)	粗钢（万吨）Crude Steel (10000tons)	钢材（万吨）Steel (10000tons)
长 春	Changchun	115.82	4.41	44.16	303.23	265.42	143.97	662.92		9.55
吉 林	Jilin	14.54		883.09	138.65			459.06	542.62	820.20
四 平	Siping		10.68		111.47			325.61	170.40	143.32
辽 源	Liaoyuan	204.81			41.89			64.91	396.13	269.51
通 化	Tonghua				41.45			163.08	416.47	417.64
白 山	Baishan	189.43			37.14			107.43		
松 原	Songyuan		329.66	27.71	68.53			157.80		
白 城	Baicheng		50.23		151.42			27.89		
延 边	Yanbian	477.04			50.90	0.03		119.04		

地 区	Region	焦炭（万吨）Coke (10000 tons)	机制纸及纸板(万吨) Machinemade Paper and Paperboard (10000 tons)	化学纤维（万吨）Chemical Fibers (10000 tons)	乙烯（万吨）Ethylene (10000 tons)	合成氨（万吨）Synthetic Ammonia (10000 tons)	农用化肥（万吨）Chemical Fertilizer (10000 tons)	中成药（万吨）Traditional Chinese Medicine (10000 tons)	实木地板(万立方米) Solid Wood Flooring (10000 du.m)	服装（万件）Garments (10000 pieces)
长 春	Changchun			0.02				1.27	153.00	320.60
吉 林	Jilin	121.20	23.20	39.87	86.00	31.56	15.26	0.18	42.41	31.00
四 平	Siping							0.83		441.10
辽 源	Liaoyuan			0.30				0.07		
通 化	Tonghua	195.70		0.09				3.00		
白 山	Baishan	51.75	26.10					0.35	16.28	32.20
松 原	Songyuan		2.02			20.40	6.56	0.26		29.40
白 城	Baicheng							0.18		
延 边	Yanbian							1.52	3.74	5137.90

第十四篇

CHAPTER ▶ 14

建 筑 业

Construction

资料整理人员：

王 辉

14－1 历年建筑业企业主要指标

Main Indicators on Construction Enterprises Over the Years

年 份 Year	资产合计（亿元）Total Assets (100 million yuan)	利润总额（亿元）Total Profits (100 million yuan)	税金总额（亿元）Total Tax (100 million yuan)	按总产值计算劳动生产率（元/人）Overall Labor Productivity by Gross Output Value (yuan/person)	房屋建筑面积（万平方米）Floor Space of Building Construction (10 000 sq.m)	
					施工面积 Under Construction	竣工面积 Completed
1978					388	194
1979					560	280
1980		0.34			673	329
1981		0.76			643	312
1982		0.54			726	342
1983		0.80			872	479
1984		0.64			886	503
1985		0.69			970	508
1986		0.83			989	493
1987		1.04			1007	538
1988		1.65			1135	629
1989		1.31			1041	584
1990		0.78			913	546
1991		1.30			1121	645
1992		1.85			1446	866
1993	96.15	2.53	3.52	23739	1685	995
1994	117.35	1.49	3.60	23759	1526	916
1995	150.59	0.62	3.88	29820	1311	755
1996	169.31	-0.73	4.25	35488	1345	803
1997	184.94	1.15	4.37	38556	1290	826
1998	187.96	-1.65	4.69	42695	1290	814
1999	201.87	0.07	5.34	47832	1447	929
2000	252.92	1.73	7.09	61177	2209	1440
2001	323.16	3.69	9.97	70159	2474	1716
2002	383.14	2.44	11.29	69734	2476	1597
2003	405.14	2.35	14.63	76978	2532	1629
2004	461.69	4.24	13.52	96414	2823	1750
2005	490.03	2.47	18.67	109612	3166	1745
2006	525.68	7.52	21.66	128476	3638	1933
2007	519.78	10.27	22.56	128949	4586	2543
2008	663.52	41.25	37.16	140431	5436	3378
2009	652.23	38.56	39.34	158801	5369	3956
2010	895.92	46.18	45.86	170784	5901	4273
2011	1128.60	88.93	57.39	244299	7447	4195
2012	1943.52	73.61	68.12	313780	11321	6034
2013	2065.64	89.10	73.28	390827	12519	6344
2014	2086.41	109.15	87.28	311540	13993	7372
2015	2415.25	98.85	73.14	250282	12237	5603
2016	2553.62	91.92	64.60	283854	10634	5211
2017	2540.65	90.48	31.68	356333	9336	3834
2018	2758.68	88.10	26.85	393540	8504	3132
2019	2899.67	80.35	19.16	440074	7988	2943
2020	3152.61	64.44	16.68	521496	8447	2892

14－2　建筑施工企业生产情况（2020年）

项　　目	Item	按经济类型分 Grouped by Type of Economy 总计 Total	内资企业 Domestic Funded	国有 State-owned
企业个数（个）	Number of Enterprises(unit)	3026	3020	37
建筑业总产值（万元）	Gross Output Value (10000 yuan)	20057838	20015976	350075
1.建筑工程	Construction Engineering	16444403	16423299	322690
2.安装工程	Installation Engineering	2340787	2321391	7035
3.其他产值	Other	1272649	1271286	20349
竣工产值(万元)	Output Value of Building Completed(10000 yuan)	10713601	10707932	114397
房屋建筑施工面积(平方米)	Floor Space of Buildings under Construction(sq.m)	84473170	84437170	359240
# 本年新开工	#New Starting This Year	44301203	44265203	113112
年末自有施工机械设备净值(万元)	Net Value of Machinery and Equipment Owned at Year end (10000 yuan)	481330	480870	12190
年末自有施工机械设备总台数(台)	Number of Machinery and Equipment Owned at Year end (set)	52152	51504	1064
年末自有施工机械设备总功率(千瓦)	Total Power of Machinery and Equipment Owned at Year end (kW)	1352959	1325438	79785
从事建筑业活动的平均人数	Average number of employed person engaged in construction activities	384621	384195	4780

Production Situation of Construction Enterprises（2020）

按经济类型分 Grouped by Type of Economy				
集体 Collective-owned	股份合作企业 Joint Venture	私营企业 Private Enterprises	港澳台商投资企业 Funded from Hong Kong Macao and Taiwan	外商投资企业 Foreign Funded
23	4	1648	5	1
154626	9072	10988964	41862	
68895	5709	9343291	21104	
80436	3363	983544	19396	
5296		662129	1362	
116223	8977	6160249	5669	
57866		48150302	36000	
57266		29058059	36000	
598	1073	269027	461	
359	50	24657	648	
3886	2130	651541	27521	
3891	364	235227	426	

14－2　续表

项　　目	Item	按行业类别分 Grouped by Sector 房屋建筑业 Construction of Buildings	土木工程建筑业 Civil Engineering	建筑安装业 Construction Installation
企业个数（个）	Number of Enterprises(unit)	1269	873	526
建筑业总产值（万元）	Gross Output Value (10000 yuan)	11301174	6404070	1626935
1.建筑工程	Construction Engineering	10313823	5074940	596374
2.安装工程	Installation Engineering	415193	819609	926572
3.其他产值	Other	572158	509521	103989
竣工产值(万元)	Output Value of Building Completed(10000 yuan)	6630436	2623103	994938
房屋建筑施工面积(平方米)	Floor Space of Buildings under Construction(sq.m)	74524630	3677309	4438645
# 本年新开工	#New Starting This Year	40072815	1633563	1481295
年末自有施工机械设备净值(万元)	Net Value of Machinery and Equipment Owned at Year end (10000 yuan)	238265	217589	21799
年末自有施工机械设备总台数(台)	Number of Machinery and Equipment Owned at Year end (set)	20793	19403	8326
年末自有施工机械设备总功率(千瓦)	Total Power of Machinery and Equipment Owned at Year end (kW)	448956	693391	129280
从事建筑业活动的平均人数	Average number of employed person engaged in construction activities	228328	95872	37560

continued

建筑装饰业 Building Decoration and Other Constructions	按隶属关系分 Grouped by Subordinate Relationship		
	中央 National	地方 Local	其他 Others
358	28	621	2377
725659	1945612	3566448	14545778
459265	1415862	3051628	11976912
179413	517241	322695	1500851
86981	12508	192126	1068015
465124	336271	2258860	8118470
1832586	1840884	19745604	62886682
1113530	1450420	7909113	34941670
3677	55055	118416	307860
3630	9738	10789	31625
81332	268508	293022	791429
22861	20087	62654	301880

14-3 建筑施工企业财务状况（2020年）

单位: 万元

项目	Item	总计 Total	内资企业 Domestic Funded	国有 State-owned
		按经济类型分 Grouped by Type of Economy		
资产合计	Total Assets	31526146	31422929	623856
流动资产合计	Total Current Assets	25690916	25604047	542935
固定资产原价	Original Value of Fixed Assets	3626685	3601628	89965
流动负债合计	Total Current Liabilities	19539049	19468928	465969
负债合计	Total Liabilities	21048229	20978102	511615
所有者权益合计	Total Owners Equities	10477916	10444827	112242
营业收入	Operating Revenue	19528542	19484584	422827
营业成本	Operating Costs	17845760	17803917	396770
税金及附加	Tax and Extra Charges	166775	166481	1650
管理费用	Management Expenses	739959	738402	14676
财务费用	Financial Expense	201678	201654	1435
营业利润	Operating Profit	639031	638822	5549
营业外支出	Non-business Expenditure	32341	32340	636
利润总额	Total Profits	644395	643776	6068
应交增值税	Income Tax Payable	568883	567720	7939

Building Construction Company Financial Position（2020）

unit:10000 yuan

					按行业类别分 Grouped by Sector			
集 体 Collective-owned	股份合作企业 Stock Cooperation	私营[illegible]业 Priv[illegible]e Enter[illegible]ses	港澳台商投资企业 Funded from Hong Kong Macao and Taiwan	外商投资企业 Foreign Funded	房屋建筑业 Building Construction	土木工程建筑业 Civil Engineering	建筑安装业 Construction Installation	建筑装饰业 Building Decoration and Other Constructions
197405	13704	15[illegible]9820	99552	3665	15465077	12200015	2821813	1039240
167155	11335	13[illegible]0832	83408	3462	13716018	8664850	2430472	879576
23845	5413	1[illegible]7266	25006	51	854847	2390037	265182	116619
163686	7466	9[illegible]9236	66659	3462	10581196	6593318	1767901	596633
167823	7510	9[illegible]1912	66666	3462	11252980	7320372	1855903	618974
29582	6194	5[illegible]7908	32886	203	4212097	4879643	965910	420266
209120	9243	10[illegible]2865	43958		10795070	6177362	1729108	827002
194146	7706	9[illegible]7890	41843		10049571	5522401	1546784	727004
1027	40	[illegible]2477	294		104702	43803	12121	6149
16924	1443	[illegible]7199	1476	80	246699	313360	121473	58427
79		[illegible]1253	23	2	92754	90222	11409	7294
1822	117	[illegible]7161	291	-82	362281	224270	30884	21596
989	2	[illegible]7094	1		16251	11616	2838	1638
2899	131	[illegible]5000	701	-82	359425	227832	35569	21569
3940	225	[illegible]8902	1163		329185	171847	48614	19238

14－3　续表

项　　目	Item	按隶属关系分 Grouped by Subordinate Relationship		
		中央 National	地方 Local	其他 Others
资产合计	Total Assets	1892036	7372772	22261337
流动资产合计	Total Current Assets	1522932	5339175	18828809
固定资产原价	Original Value of Fixed Assets	293277	1548387	1785021
流动负债合计	Total Current Liabilities	1370447	4083693	14084909
负债合计	Total Liabilities	1485568	4486416	15076245
所有者权益合计	Total Owners Equities	406468	2886356	7185092
营业收入	Operating Revenue	1911648	3540595	14076299
营业成本	Operating Costs	1787817	3224487	12833456
税金及附加	Tax and Extra Charges	5578	21341	139856
管理费用	Management Expenses	52838	134061	553060
财务费用	Financial Expense	7192	36655	157831
营业利润	Operating Profit	19534	159142	460356
营业外支出	Non-business Expenditure	3689	4984	23669
利润总额	Total Profits	24479	159667	460249
应交增值税	Income Tax Payable	36191	93514	439178

continued

按企业资质登记分组 Grouped by Enterprise Qualification							
施工总承包 Construction General Contract				专业承包 Specialized Contraction			
特级 Special Grade	一级 First Grade	二级 Second Grade	三级 Third Grade		一级 First Grade	二级 Second Grade	三级 Third Grade
2390654	7798311	8032522	9234129	3722699	1001598	1196489	1489331
2091839	6337706	6778867	7031357	3125977	865620	1024025	1219841
218680	718460	728690	1533088	403454	83746	146943	170993
1718720	5403386	5322007	4769759	2063074	594343	674371	785082
1814274	5704626	5612685	5468652	2184168	627630	689910	844208
576380	2093685	2419838	3765478	1538531	373968	506578	645123
1377580	5302581	4615183	5450934	2629063	799298	974380	822329
1304320	4904803	4222504	4975950	2300239	711430	863634	694946
4785	36651	35548	72430	16331	4056	5098	6916
25280	137856	155980	222472	187510	49002	66081	70429
12604	61265	58582	46804	19822	4677	7337	7616
34608	179170	166389	183721	71775	12995	26900	31242
458	7568	9138	11016	3866	598	1437	1818
38183	178694	167068	180919	76293	12817	32637	30212
20537	193164	138183	148941	64875	19287	28026	16990

14－4　各地区建筑业基本情况（2020年）
Basic Situation of Construction by Region（2020）

单位：万元　　unit：10000 yuan

地　区	Region	企业单位数（个）Number of Enterprises	有工作量的建筑企业个数（个）Enterprises with Projects	签订的合同额 Contract Amount Value	#上年结转合同额 Value of Contracts Signed in Last Year	建筑业总产值 Value of Construction output	建筑工程 Construction Engineering
总　计	**Total**	**3026**	**2511**	**42054410**	**15753448**	**20057838**	**16444403**
长　春	Changchun	1530	1258	28957182	11651781	12877880	10664851
吉　林	Jilin	392	326	5171304	1925347	2191019	1539217
四　平	Siping	137	116	1156139	391119	625079	558595
辽　源	Liaoyuan	122	90	579292	159817	357147	286463
通　化	Tonghua	218	192	1789602	320123	1294641	1055151
白　山	Baishan	119	105	522289	204200	374651	331776
松　原	Songyuan	180	153	1186918	206646	844688	671126
白　城	Baicheng	81	67	474281	184762	312860	243242
延　边	Yanbian	235	196	2179994	690098	1162367	1078406
长白山	Changbaishan	12	8	37409	19555	17508	15577

地　区	Region	安装工程 Installation Engineering	其他产值 Other	竣工产值 Output Value of Building	房屋建筑施工面积（平方米）Floor Space of Building under Construction(sq.m)	其中：本年新开工 New Starting This Year
总　计	**Total**	**2340787**	**1272649**	**10713601**	**84473170**	**44301203**
长　春	Changchun	1300240	912790	6309159	61035986	30346575
吉　林	Jilin	592876	58925	1238776	5602368	3058847
四　平	Siping	62627	3856	327437	1455223	909443
辽　源	Liaoyuan	55524	15161	197436	1445669	1026650
通　化	Tonghua	81846	157644	862664	3065573	1782807
白　山	Baishan	9626	33249	255646	867125	480136
松　原	Songyuan	121643	51919	503143	1843423	1526846
白　城	Baicheng	54869	14749	248154	977710	405186
延　边	Yanbian	61535	22425	760143	8116867	4701487
长白山	Changbaishan		1931	11044	63226	63226

14－5 各地区的建筑业企业房屋竣工价值（2020年）
Value of Buildings Completed of Construction Enterprises by Region（2020）

单位：万元 unit：10000 yuan

地 区	Region	合计 Total	住宅 Residential	商业及服务用房 Houses for Business Use	办公用 Office Buildings	科研、教育、医疗用房屋 Scientific Research Education Medical Use	厂房及建筑物 Factory Buildings
总 计	**Total**	**4754029**	**3574659**	**166959**	**208557**	**198847**	**416660**
长 春	Changchun	3065810	2404771	68344	136586	154312	267880
吉 林	Jilin	647233	513771	17702	30336	4079	33852
四 平	Siping	85580	45197	10128	6707	1000	10854
辽 源	Liaoyuan	67280	48758	317	7469	3768	6218
通 化	Tonghua	310442	212631	24070	5551	981	24963
白 山	Baishan	100374	85025	3125	659	5336	2488
松 原	Songyuan	135091	67986	24558	3978	4306	5901
白 城	Baicheng	61146	46209	1149	1392	2330	9072
延 边	Yanbian	271551	140789	17565	15879	22737	55431
长白山	Changbaishan	9522	9522				

14－5 各地区建筑企业财务情况（2020年）
Financial Situation of Construction Enterprises by Region（2020）

单位：万元 unit：10000 yuan

地 区	Region	资产合计 Total Assets	营业收入 Operating Revenue	营业成本 Operating Costs	营业税金及附加 Taxes and other Charges on Principal Business	管理费用 Management Expenses	营业利润 Operating Profit	利润总额 Total Profits	应付职工薪酬（本年贷方累计发生额）Employee Benefits Payable（the total amount of credit this year）
总 计	**Total**	**31526146**	**19528542**	**17845760**	**166775**	**739959**	**639031**	**644395**	**1465423**
长 春	Changchun	19863561	12707833	11577755	89882	430428	479404	481099	947375
吉 林	Jilin	3164390	2204640	2050565	12582	99628	31820	38586	196723
四 平	Siping	761381	603046	537571	6656	29446	34679	35075	32318
辽 源	Liaoyuan	1484880	397452	347382	5321	18636	9806	8917	42877
通 化	Tonghua	1544724	924911	846606	17606	43773	16178	16970	66471
白 山	Baishan	830087	421162	382374	3812	19346	12644	11250	27376
松 原	Songyuan	939881	849905	774076	18977	23670	37327	36386	57459
白 城	Baicheng	633887	371963	346260	4386	27216	4139	3403	36508
延 边	Yanbian	2215011	1017897	955061	7395	46817	12811	12578	56985
长白山	Changbaishan	88343	29733	28110	157	999	223	131	1330

第十五篇

CHAPTER ▶ 15

交通运输和邮电通信业

Transportation Postal and Telecommunications Services

资料整理人员：

于　迪

15－1 历年交通运输基本情况

Basic Conditions of Transportation

年 份 Year	铁路里程（公里）Length of Railways (km)	公路里程（公里）Length of Highways (km)	客运量（万人）Passenger Traffic (10000 persons)	#铁路 Railways	#公路 Highways	#水运 Waterways	货运量（万吨）Freight Traffic (10000 tons)	#铁路 Railways	#公路 Highways	#水运 Waterways
1978	4283	23836	11876	7790	4080	3	10666	5048	5602	16
1979	3474	23545	12476	8080	4390	4	11480	6235	5228	17
1980	3467	23545	13205	8380	4819	5	9249	5169	4071	9
1981	3470	24026	14216	8959	5250	5	9023	5191	3821	11
1982	3471	24047	15539	9583	5948	7	9913	5436	4464	13
1983	3382	24114	16530	9917	6605	7	10167	5645	4511	11
1984	3389	24271	17869	10203	7657	7	10812	5459	5339	14
1985	3390	24271	17181	9432	7744	4	11680	5762	5902	16
1986	3383	24625	19299	9145	10142	5	18047	5662	12369	16
1987	3393	24688	21783	9399	12369	6	21172	5842	15311	19
1988	3389	24966	26641	10139	16483	7	22218	6213	15980	25
1989	3389	25326	21403	9421	11956	14	20589	6493	14076	20
1990	3373	26468	18731	7810	10889	17	23149	6122	17005	22
1991	3374	27110	19259	7408	11810	20	23591	6317	17253	21
1992	3374	27192	21447	7630	13770	22	24055	6516	17519	20
1993	3374	28374	18668	7973	10657	13	23497	6844	16629	24
1994	3388	29581	20717	8305	12311	64	25885	6531	19286	68
1995	3381	31321	21367	7894	13371	48	26655	6123	20477	55
1996	3480	32098	20620	6781	13728	52	27604	6154	21394	56
1997	3480	33075	20502	5578	14821	47	27251	6152	21020	79
1998	3375	33812	22026	5499	16431	46	28116	5829	22221	66
1999	3378	34516	23203	5734	17352	60	32130	5753	22261	58
2000	3376	35216	23339	5040	18170	62	33018	5461	23640	46
2001	3376	39747	24378	5232	19001	70	32787	5399	23649	60
2002	3376	41095	24925	4860	19904	78	34066	5556	24777	79
2003	3475	44007	24513	4232	20112	87	34670	5910	25211	72
2004	3475	47255	27192	4687	22293	108	36516	6385	26659	75
2005	3475	50308	27724	4618	22870	113	37369	6474	27441	87
2006	3475	84444	29050	4590	24198	115	38829	6107	28965	89
2007	3475	85445	31651	4855	26506	116	41560	6199	31573	84
2008	3589	87099	56225	5320	50511	198	34373	7118	23558	125
2009	3766	88430	58823	5687	52723	170	38646	7164	27032	261
2010	3877	90437	64782	5770	58577	139	44977	7674	33013	226
2011	3840	91754	68498	6138	61830	219	51531	7505	39308	268
2012	4223	93208	73037	6261	66175	241	59335	6922	47130	331
2013	4222	94218	34562	6628	27403	116	49470	6202	38063	232
2014	4346	96041	35465	6935	27866	203	53023	5761	41830	407
2015	4877	97326	36895	7158	29013	188	47900	4071	38708	193
2016	4877	102484	35490	7566	27186	156	49721	3669	40777	339
2017	4869	103896	33687	7662	25203	123	54289	4790	44728	78
2018	4877	105399	32734	8446	23372	139	57650	5370	46520	22
2019	4877	106660	32429	8623	22881	94	48797	5679	37217	14
2020	4877	107848	15837	3832	11438	38	50517	6574	38274	

15－2 历年旅客周转量和货物周转量
Passenger－Kilometers and Freight Ton－Kilometers

年 份 Year	旅客周转量 （百万人公里） Passenger－Kilometers (million passenger－km)	#铁路 Railways	#公路 Highways	#水运 Waterways	货物周转量 （百万吨公里） Freight Ton－Kilometers (million ton－km)	#铁路 Railways	#公路 Highways	#水运 Waterways
1978	7802	6514	1286	1.77	25782	25042	687	53.36
1979	8181	6812	1366	2.43			655	54.30
1980	8429	6946	1480	3.12	24558	23967	562	28.98
1981	9169	7555	1611	3.28	24663	24009	613	41.61
1982	9947	8085	1859	3.19	28038	27212	778	48.10
1983	10931	8857	2071	3.14	31576	30747	790	39.08
1984	12392	9817	2572	2.99	31882	30726	1095	60.46
1985	13464	[illegible]0671	2791	2.28	34316	33077	1160	78.89
1986	15113	[illegible]1209	3901	2.55	38130	33556	4491	82.58
1987	16753	[illegible]2259	4491	2.68	42257	35992	6162	103.01
1988	18773	[illegible]3976	4794	2.90	43373	36865	6370	137.89
1989	17649	[illegible]2968	4675	5.94	46623	39838	6658	127.22
1990	14788	[illegible]0430	4350	7.49	43471	37858	5480	132.74
1991	15511	[illegible]0625	4878	8.32	45028	38760	6148	119.96
1992	17352	[illegible]1721	5623	8.56	46776	40599	6087	90.05
1993	17171	[illegible]2812	4352	6.85	47980	41146	6731	102.76
1994	17809	[illegible]3059	4733	16.29	49471	41350	8000	121.80
1995	17711	[illegible]2552	5148	10.52	49731	42023	7600	107.26
1996	16821	[illegible]1398	5411	11.44	50188	42230	7850	107.66
1997	17609	[illegible]1717	5882	10.28	52070	44132	7827	110.64
1998	18409	[illegible]1616	6786	7.25	59094	38543	7872	69.12
1999	19683	[illegible]2347	7329	7.09	61781	40971	8128	70.68
2000	20667	[illegible]2952	7679	5.89	61204	40621	8564	26.57
2001	21223	[illegible]3263	7951	9.12	61394	41372	8601	35.81
2002	23232	[illegible]3274	8417	7.00	61552	40916	9294	30.00
2003	21249	[illegible]505	8442	8.11	62017	42255	9057	21.29
2004	25615	[illegible]4680	9002	11.79	69865	49934	9593	13.00
2005	26603	[illegible]5185	9280	9.00	70780	50623	9875	43.00
2006	28063	[illegible]6262	10024	9.20	72212	50464	10625	48.94
2007	32247	[illegible]8184	11249	13.52	76403	52988	12400	57.07
2008	43235	[illegible]9120	21293	43.05	126314	59118	56358	123.14
2009	45600	[illegible]9771	22858	26.59	128119	56788	59621	141.86
2010	51131	[illegible]0593	26958	20.05	139194	59590	68314	126.92
2011	55188	[illegible]2894	28653	28.65	157965	63320	81600	121.44
2012	57232	[illegible]2914	30676	32.54	172878	61855	97406	108.32
2013	45517	[illegible]4476	16870	24.90	181356	57730	110000	134.23
2014	47266	[illegible]5095	17327	24.83	186154	50981	119078	138.16
2015	48358	[illegible]5222	17782	27.49	157931	37116	105122	59.13
2016	48657	[illegible]6233	16872	21.50	163084	39124	108477	62.00
2017	48446	[illegible]6221	16299	16.56	177864	48083	115159	20.47
2018	49268	[illegible]7333	15377	17.83	188650	51359	118923	20.14
2019	49383	[illegible]7615	14859	14.33	198756	53796	126277	5.76
2020	24026	[illegible]2090	7792	3.95	204757	57024	129481	

15－3 交通运输里程
Length of Transportation Routes

单位：公里 unit：km

项 目	Item	2018	2019	2020
一、铁路	Railways			
正线延展里程	Extension Length of the Track Lines	6921	6926	6926
营业里程	Length of Railways in Operation	4877	4877	4877
二、公路通车里程	Length of Highways	105399	106660	107848
等级路	Expressway and Class I to IV Highways	100599	101967	103670
高速公路	Express way	3298	3584	4306
一级	First Class	2163	2204	2222
二级	Second Class	9642	9760	9770
三级	Third Class	9165	9226	9359
四级	Fourth Class	76330	77192	78013
等外路	Highways Below Class IV	4799	4693	4178
三、内河通航里程	Length of Navigable Inland Waterways	1621	1621	1621

15－4 客运量及旅客周转量
Passenger Traffic and Passenger－kilometers

项 目	Item	客运量（万人）Passenger Traffic (10000 persons)			旅客周转量（万人公里）Passenger－kilometers (10000 passenger－km)		
		2018	2019	2020	2018	2019	2020
全社会总计	**Total**	**32734**	**32429**	**15837**	**4926832**	**4938272**	**2402582**
铁 路	Railways	8446	8623	3832	2733326	2761519	1209011
公 路	Highways	23372	22881	11438	1537688	1485925	779176
水 运	Waterways	139	94	38	1783	1433	395
民 航	Civil Aviation	777	830	529	654035	689395	414000

15－5　货运量及货物周转量

Freight Transport Quantity and Freight Ton-Kilometers

项　目	Item	货运量（万吨） Freight Traffic (10000 tons)			货物周转量（万吨公里） Freight Ton－kilometers (10000 ton-km)		
		2018	2019	2020	2018	2019	2020
全社会总计	**Total**	**57650**	**48797**	**50517**	**18865044**	**19875587**	**20475658**
铁路	Railways	5370	5681	6574	5135901	5379641	5702421
#地方铁路	Local Railways	242	280	312	15098	17625	19547
公路	Highways	46520	37217	38274	11892270	12627745	12948147
民航	Civil Aviation	3.03	3.24	3.26	4821	5225	4370
管道	Pipelines	5735	5881	5666	1830038	1862400	1820720
水运	Waterways	22	14		2014	576	

15－6　各地区公路客货运输量

Passenger and Freight Traffic by Region

地　区	Region	客运量（万人） Passenger Traffic (10000 Persons)		旅客周转量（万人公里） Passenger－kilometers (10000 passenger－km)		货运量（万吨） Freight Traffic (10000 tons)		货物周转量（万吨公里） Freight ton－kilometers (10000 ton－km)	
		2019	2020	2019	2020	2019	2020	2019	2020
全　省	**Total**	**22881**	**11438**	**1485925**	**779176**	**37217**	**38274**	**12627745**	**12948147**
长春	Changchun	5986	3399	388441	229457	11649	14998	3952243	5069130
吉林	Jilin	3232	1637	197044	104364	4098	4131	1389886	1419442
四平	Siping	2793	972	162291	58235	10826	8159	3673246	2753671
辽源	Liaoyuan	793	425	65491	34425	1280	1319	434506	447526
通化	Tonghua	2105	1042	154070	79965	1516	1566	514121	529558
白山	Baishan	1474	753	90555	48476	958	1004	325402	329913
松原	Songyuan	2383	1144	134852	68330	4609	4742	1564314	1605557
白城	Baicheng	1266	626	85552	46050	592	607	200943	206322
延边	Yanbian	1942	993	190812	101317	1626	1679	551884	567369
长白山	Changbaishan	907	447	16817	8557	63	69	21200	19659

15－7　民用汽车拥有量
Possession of Civil Vehicles

单位：辆　　　　unit：coach

项　　目	Item	2018	2019	2020
民用汽车合计	**Total**	**4234420**	**4523314**	**4832021**
载客汽车	Passenger Vehicles	3753886	4021008	4292851
#大型	Large	35903	36095	36167
轿车	Minicar	2534630	2723142	2891847
载货汽车	Trucks	445711	469195	516318
在合计中	**In Total**			
私人汽车	**Private Vehicles**	**3823390**	**4092616**	**4367179**
载客汽车	Passenger Vehicles	3480403	3737087	3995030
#大型	Large	4131	3969	3632
轿车	Minicar	2388629	2569906	2730682
载货汽车	Trucks	321164	336164	364014

15－8　各地区民用汽车拥有量（2020年）
Possession of Civil Vehicles by Region（2020）

单位：辆　　　　unit：coach

地　　区	Region	民用汽车 Civil Vehicles	#私人 Private	载客汽车 Passenger Vehicles	#私人 Private	载货汽车 Trucks	#私人 Private
长　春	Changchun	2104660	1877104	1893564	1744225	201082	129350
吉　林	Jilin	647684	594206	586051	552581	58830	40582
四　平	Siping	321148	291082	271458	257989	48609	32641
辽　源	Liaoyuan	164061	152420	144286	137318	19210	14887
通　化	Tonghua	273963	251212	242008	227149	30855	23631
白　山	Baishan	156612	139944	135207	124384	20628	15288
松　原	Songyuan	489046	451582	425639	403894	60127	46740
白　城	Baicheng	305672	284804	268161	253342	36300	31031
延　边	Yanbian	343589	312221	302961	283030	38737	28411

注：各地区相加不等于全省总计。
Note：The sum of the regions is not equal with the whole province.

15－9 民用车辆拥有量分组（2020年）

Civil Vehicles Possession by Group（2020）

单位：辆　　　　　unit：coach

项　目	Item	总计 Total	#个人 Individual	#营运 Working	#非营运 Non－Working	#预约出租客运 Booking Passenger Transport	#校车 School Bus
合计	**Total**	**7101901**	**5312718**	**551569**	**5273151**	**7081**	**6201**
汽车	**Vehicles**	**4832021**	**4367179**	**467438**	**4351301**	**7081**	**6201**
载客汽车	Passenger Vehicles	4292851	3995030	105093	4174476	7081	6201
#大型	Large	36167	3632	22842	8135		5190
中型	Medium	12734	4224	2790	8933		1011
小型	Small	4213971	3958024	79458	4127432	7081	
微型	Mini car	29979	29150	3	29976		
#轿车	Car	2891847	2730682	78186	2807236	6425	
载货汽车	Trucks	516318	364014	357664	158654		
#重型	Heavy	169092	78234	161588	7504		
中型	Medium	17153	12079	14819	2334		
轻型	Light	319922	263910	173355	146567		
微型	Mini	135	122	72	63		
三轮汽车	Three-wheeler	6299	6169	5140	1159		
低速货车	Low-speed	3717	3500	2690	1027		
摩托车	**Motorcycles**	**932203**	**923228**	**12084**	**920119**		
#普通	Ordinary	919461	910566	12075	907386		
轻型	Light	12742	12662	9	12733		
拖拉机	**Tractor**	**1263904**					
挂车	**Trailers**	**72763**	**21887**	**71876**	**887**		
其他类型车	**Others**	**1010**	**419**	**166**	**844**		

15－10 历年邮电通信业务情况

Postal and Telecommunication Services over the Years

年　份 Year	邮电业务总量（万元）Business Volume of Post and Telecommunications (10 000 yuan)	邮政业务总量 Business Volume of Post	电信业务总量 Business Volume of Telecommunications	函件（万件）Number of Letters (10 000 pcs)	本地电话用户（万户）Subscribers of Local Telephone (10 000 subscribers)	移动电话用户（万户）Subscribers of Mobile Telephone (10 000 subscribers)	本地电话局用交换机容量（门）Capacity of Local Telephone Exchanges (line)	长途光缆线路长度（公里）Length of Optical Cable Lines (km)	电话普及率（含移动）（部/百人）Popularization Rate of Telephone (sets/100 persons)
1978	3853			7478	4.4				0.2
1979	3999			8167	4.8				0.2
1980	4055			8333	5.0				0.2
1981	6057			8309	5.4				0.2
1982	6293			8237	5.9				0.3
1983	6779			8646	6.4				0.3
1984	7517			9953	7.2				0.3
1985	8886			12114	8.1		185556		0.4
1986	9503			13278	9.3		200493		0.4
1987	10540			13933	10.7		233586		0.5
1988	13539			16269	13.3		266321		0.6
1989	17046			16545	16.8		335172		0.7
1990	41556			15805	20.3		391408		0.8
1991	51394			13151	25.0		465565		1.0
1992	70063			12369	33.0		564261		1.3
1993	106797			13831	49.9		896393		2.0
1994	155114			15416	75.9		1791260		3.0
1995	212153			15333	107.8		2501105		4.2
1996	290041			14045	137.6		3189912	3793	5.3
1997	375102			11518	164.5		3551886	4493	6.3
1998	538459			10405	192.6		3656308	4702	7.4
1999	839500	85500	754000	9838	223.0	110.0	4060000	5086	12.7
2000	1163500	91500	1072000	9500	260.0	203.3	5560000	5461	17.6
2001	929592	91900	837692	10900	423.2	339.9	5652500	12785	24.0
2002	1163966	100300	1063666	16086	478.5	461.3	6053000	12722	36.5
2003	1546608	112900	1433708	17200	598.0	633.2	8410000	16044	45.5
2004	2133256	112800	2020456	7154	664.7	763.8	9956871	18668	46.4
2005	2858444	133100	2725344	6300	768.6	915.7	10379611	19197	63.0
2006	3382254	155600	3226654	6200	733.7	1137.8	11320000	19805	69.5
2007	4131841	165800	3966041	6600	745.5	1311.1	7059352	19834	74.9
2008	4559978	177600	4382378	6937	621.6	1441.2	5707271	16275	77.7
2009	5329996	211700	5118296	8088	581.3	1574.2	5690608	20161	78.9
2010	6539520	249600	6289920	9319	595.2	1805.4	8370000	21801	87.6
2011	2385540	183600	2201940	6579	579.3	2004.1	7974000	21843	94.1
2012	2627968	223000	2404968	5006	578.8	2257.0	9167000	22704	103.2
2013	2772764	258400	2514364	4373	579.0	2372.1	9038000	23431	107.4
2014	3281861	306600	2975261	3034	574.8	2612.3	8857000	23544	118.0
2015	3894776	361300	3533476	1923	572.3	2604.1	5912000	23877	115.5
2016	5752169	460300	5291869	1523	520.3	2654.8	4893000	23396	115.3
2017	5577487	577900	4999587	1717	497.6	2868.8	4133966	23444	123.2
2018	11504357	726398	10777959	1297	477.9	3001.1	3216977	33747	128.0
2019	18638585	945490	17693095	961	457.4	2897.6	2449000	26395	124.0
2020	22418799	1221927	21196872	787	417.8	2870.1	2723000	26743	122.2

15－11 邮电业务总量
Business Volume of Postal and Telecommunication Services

项 目	Item	2018	2019	2020
包裹（万件）	Package(10000 pcs)	34	22	15
订销报纸期发数（万份）	Issue of Newspapers(10000 pcs)	114	106	100
订销杂志期发数（万份）	Issue of Magazines(10000 pcs)	53	52	64
邮政储蓄平均余额（亿元）	Postal Deposits Balance(100 million yuan)	1086	1210	1365
集邮业务（万枚）	Stamps for Collection(10000 pcs)	3018	2268	1459
移动电话用户（万户）	Mobile Telephone Subscribers(10000 subscribers)	3001	2898	2870
#4G移动电话用户（万户）	4G mobile phone users(10000 subscribers)	2130	2218	2322
互联网络宽带接入用户（万户）	Internet Broad Band Users(10000 subscribers)	588.2	618.3	654.2
手机上网用户	Mobile Internet user	2328.9	2274.8	2412.9
固定互联网光纤宽带接入端口（万个）	Fixed Optical Fiber Broad Band Subscribers Port of Internet (10000 unit)	1275.9	1686.6	1525.9
固定互联网光纤宽带接入用户（万户）	Fixed Optical Fiber Broad Band Subscribers of Internet(10000 Subscribers)	520.6	558.2	604.9
移动互联网接入流量（亿G）	Flow Accessed to Mobile Internet (100 million G)	13.56	21.90	28.21
邮政局、所（处）	Postal and Postal Offices(unit)	1005	1002	1011
#农村	#Rural	722	717	719
邮路长度（公里）	Length of Postal Routes(km)	186120	186052	192750
#铁路邮路	#Railway Routes	2996	15	1366
航空邮路	Aviation Routes	145878	146625	134865
汽车邮路	Highway Routes	37246	39412	56519
本地网中继光缆线路长度（公里）	Local Network Length of Optical Cable Lines(km)	553192	464887	455543
火车邮箱（辆）	Railway Postal Boxes(coach)	6	6	
邮政汽车（辆）	Postal Vehicles(coach)	1931	1955	1986

第十六篇

CHAPTER ▶ 16

批发零售贸易和餐饮业

Wholesale, Retail Trade and Catering Services

资料整理人员：

钟炽慧

16－1　历年社会消费品零售总额
Total Retail Sales of Consumer Goods

单位：万元　　　　unit：10000 yuan

年　份 Year	社会消费品零售总额 Total Retail Sales of Consumer Goods	按城乡分 Grouped by Urban and Rural		按行业分 Grouped by Sector		
		城　镇 Urban	乡　村 Rural	批发零售贸易业 Wholesale and Retail Trades	住宿和餐饮业 Hotels and Catering Services	其他行业 Others
1978	385620	291514	94106	346032	15854	23734
1979	453079	316707	136372	388943	18937	45199
1980	528330	377198	151132	438715	24509	65106
1981	592590	430405	162185	481611	29934	81045
1982	670226	490219	180007	531540	38307	100379
1983	755406	555884	199522	589343	46380	119683
1984	914002	662759	251243	711368	52394	150240
1985	1119958	843468	276490	862671	65462	191825
1986	1278126	979384	298742	972965	71948	233213
1987	1454974	1131042	323932	1086680	81881	286413
1988	1808111	1441649	366462	1344761	104819	358531
1989	1982953	1592980	389973	1479969	112779	390205
1990	1989470	1607039	382431	1478528	108295	402647
1991	2236919	1840771	396148	1666612	117840	452467
1992	2614745	2199504	415241	1924394	143653	546698
1993	3254435	2787451	466984	2359417	200302	694716
1994	3861244	3305331	555914	2686160	295038	880046
1995	4562405	3956697	605708	3090909	362382	1109115
1996	5124454	4353625	770828	3323019	528554	1272881
1997	5558604	4754906	803698	3538749	509242	1510612
1998	5943204	5160605	782600	3723836	541591	1677777
1999	6241516	4948280	1293236	5351966	620699	268851
2000	6712747	5397708	1315039	5584420	817534	310793
2001	7304493	5960465	1344028	6100491	964340	239662
2002	7905744	6593321	1312423	6582716	1112756	210272
2003	8471846	7116371	1355474	7261367	1168347	42132
2004	9339943	7889327	1450616	8276073	1027421	36448
2005	10388686	8831464	1557222	9005191	1349634	33861
2006	11675594	9973601	1701993	10033042	1602952	39600
2007	13645575	11643451	2002125	11724910	1889653	31012
2008	16613799	14285383	2328416	14230655	2371905	11239
2009	18750711	16031993	2718719	17107438	1623620	19653
2010	21609017	19156802	2452215	19434252	2155652	19113
2011	24687672	22015045	2672627	22339919	2325581	22172
2012	27823948	24694731	3129218	24616389	3207559	
2013	30775485	27261316	3514169	27244382	3531102	
2014	33540538	29703830	3836708	29787414	3753124	
2015	35717304	31545630	4171674	31618224	4099080	
2016	38128874	34186290	3942585	33426816	4702059	
2017	39922790	35796282	4126508	34820684	5102106	
2018	40737858	36186641	4551217	35240308	5497550	
2019	42129273	37727893	4401380	36466197	5663076	
2020	38239511	34257885	3981626	33108384	5131127	

16－2 社会消费品零售总额

Total Retail Sales of Consumer Goods

单位：万元 unit：10000 yuan

项　　目	Item	2019	2020
社会消费品零售总额	**Total Retail Sales of Consumer Goods**	**42129273**	**38239511**
一、按销售地区分	Grouped by Region		
城镇的零售额	Urban Retail Sales	37727893	34257885
乡村的零售额	Rural Retail Sales	4401380	3981626
二、按行业分	Grouped by Sector		
批发、零售贸易业	Wholesale and Retail Trades	36466197	33108384
限额以上	Above Designated Size	12876449	12683802
限额以下及个体户	Under Designated Size and Individual	23589748	20424582
住宿和餐饮业	Hotels and Catering Services	5663076	5131127
星级（限额以上）企业	Above Designated Size	254270	224757
星级以外（限额以下）企业和个体户	Below Designated Size and Individual	5408806	4906370

16－3 各地区社会消费品零售总额

Total Retail Sales of Consumer Goods by Region

单位：亿元 unit：100 million yuan

地　区	Region	2014	2015	2016	2017	2018	2019	2020
长　春	Changchun	[illegible]	1644.55	1771.83	1913.24	1990.43	2066.26	2003.11
吉　林	Jilin	[illegible]	508.59	535.33	542.61	540.40	557.50	480.01
四　平	Siping	[illegible]	240.02	253.25	260.59	261.09	269.18	171.99
辽　源	Liaoyuan	[illegible]	112.54	119.41	122.43	122.53	125.36	108.25
通　化	Tonghua	[illegible]	234.26	249.01	252.75	252.48	259.93	179.91
白　山	Baishan	[illegible]	141.06	150.27	154.30	156.95	161.02	138.23
松　原	Songyuan	[illegible]	219.57	229.44	230.43	228.32	236.12	218.66
白　城	Baicheng	[illegible]	153.39	162.33	164.21	163.19	167.42	143.62
延　边	Yanbian	[illegible]	310.73	335.08	345.05	352.03	363.60	318.83

16－4 限额以上批发零售贸易业商品购进、销售、库存总额（2020年）

单位：万元

项 目	Item	法人企业数（个）Number of Corporation Units (unit)	从业人数（人）Number of Person Employed (person)
总 计	**Total**	**2207**	**118449**
按国民经济行业分	**Grouped by Sector**		
批发业合计	Total Wholesale Trade	1002	40162
农、林、牧、渔产品批发业	Wholesale of Agricultural,Forestry,Live Stock and Fishery Products	158	4751
食品、饮料及烟草制品批发业	Food, Beverage and Tobaccos	94	7037
#米、面制品及食用油批发业	Rice, Flour and Edible Oil	21	816
烟草制品批发业	Tobaccos	10	4055
纺织、服装及日用品批发业	Textiles Garment and Daily Consumer Articles	35	1123
#服装批发业	Garment	7	304
日用家电批发	Household Electrical Appliances	9	293
文化、体育用品及器材批发业	Culture, Sports Appliances and Equipments	14	1321
医药及医疗器材批发业	Medicines and Medical Appliances	228	12566
矿产品、建材及化工产品批发业	Mineral Products, Building Materials and Chemical Products	263	5986
#煤炭及制品批发业	Coal and related Products	29	372
石油及制品批发业	Petroleum and Related Products	35	3250
金属及金属矿批发业	Metals and Mineral Products	78	800
建材批发业	Construction Materials	72	756
化肥批发业	Chemical Fertilizer	12	199
机械设备、五金交电及电子产品批发业	Machinery,Hardware and Electronic Equipment	185	6658
汽车及零配件批发	Motor Vehicles and Their Parts	82	2614
摩托车及零配件批发	Motorcycle and Spare Parts	4	84
计算机、软件及辅助设备批发	Computer, Software and Assistant Appliances	12	1649
贸易经纪与代理	Trade Broker and Agency	5	27
其他批发业	Others	20	693
零售业合计	**Total Retail Trade**	1205	78287
综合零售业	Synthesize Retail Trade	148	19908
#百货零售业	General Merchandise	90	10713
超级市场零售业	Supermarkets	53	8954
食品、饮料及烟草制品专门零售业	Food Beverage and Tobaccos	61	4308
纺织、服装及日用品专门零售业	Textile, Garments, Daily Consumer Articles	32	1794
纺织品及针织品零售	Textile and Knitwear Retail	3	36

Total Purchases,Sales and Inventory of Enterprises above Designated Size of Wholesale and Retail Trade（2020）

unit：10000 yuan

购进总额 Total Goods Purchase	#进口 Import	销售总额 Total Sales	批发 Wholesale	#出口 Export	零售 Retail Trade	年末库存总额 Inventory (year－end)
33756998	**375674**	**39458843**	**26714127**	**84293**	**12683802**	**3912549**
24233383	126939	26933291	25482655	84263	1389844	2692866
2617303	2984	3083536	2928736	4532	151691	1434488
3303317	2512	4215395	4159700	79	38428	196638
1296144		1396075	1396043	79	32	36073
1610578	2512	2338559	2338559			110098
253256	30477	308506	273925	8570	34337	34216
30384	132	61237	31247	8158	29990	437
33827		35256	31639		3374	14622
176339		235095	227318		7776	74885
3535457	10716	4098869	3902487	24017	196004	364726
7362780	33543	7277641	6690391	13918	549984	327431
418189	25508	463987	463091		896	17770
2134446	620	1829525	1283458		546068	54805
3136530	7269	3231619	3213655	13918	500	102371
631501		676327	655657		1174	35260
375399		367100	367100			83276
6863186	45451	7585340	7175106	18999	407706	249904
5872696	16999	6470741	6134817	10368	335924	135882
31937	16543	39979	39979	7958		4159
134859		176449	175576		873	6619
2084		2243	2243			237
119661	1258	126668	122748	14148	3920	10341
9523615	248735	12525552	1231472	30	11293958	1219683
1333640	358	2114023	22462		2091562	164094
744141	9	1435071	20360		1414711	109637
576762	350	664248	2102		662145	52007
311721	2626	359238	33883		325356	39609
108144		151257	3816		147441	96687
2569		2830	862		1967	1690

单位：万元

16－4　续表

项　　目	Item	法人企业数（个）Number of Corporation Units (unit)	从业人数（人）Number of Person Employed (person)
#服装零售业	Garments	19	972
文化、体育用品及器材专门零售业	Culture, Sports Appliances and Equipments	70	2516
体育用品及器材零售	Sports Goods and Equipment Retail	5	86
图书、报刊零售业	Books and Newspapers	45	1768
医药及医疗器材专门零售业	Medicines and Medical Appliances	124	18370
#西药零售	Western Medicine	96	16704
中药零售	Traditional Chinese Medicine	18	1404
汽车、摩托车、燃料及零配件专门零售业	Motor Vehicles, Motorcycles, Fuel and Parts	544	26958
#汽车新车零售	New Automobile	376	15359
汽车旧车零售	Used Automobile	25	356
机动车燃油零售	Automobile Petrol	114	10257
机动车燃气零售	Automobile Gas	11	489
家用电器及电子产品专门零售业	Household Electric Appliances and Electronic Products	123	3222
#家用视听设备零售业	Household Electric Appliance	3	171
计算机、软件及辅助设备零售业	Computer, Software and Assistant Appliances	34	734
通讯设备零售业	Telecommunication Equipment	31	640
五金、家具及室内装修材料专门零售业	Hardware, Furniture and Decoration Material	51	627
货摊、无店铺及其他零售业	Stall Goods, Non- shop and Others Retail	52	584
#邮购及电视、电话零售	Distribution of Post and E- commerce Sales	1	1
按登记注册类型分	**Grouped by Status of Registration**		
内资企业	Domestic Enterprises	1183	74517
国有企业	State- owned Enterprises	14	2584
集体企业	Collective- owned Enterprises	5	63
股份合作企业	Cooperative Enterprises	5	100
联营企业	Joint Venture Enterprises		
有限责任公司	Limited Liability Corporations	295	29446
股份有限公司	Company Limited by Shares	24	8215
私营企业	Private Enterprises	838	34073
其他企业	Others	2	36
港、澳、台商投资企业	Hong Kong Macao and Taiwan Funded Enterprises	17	3438
外商投资企业	Foreign Funded Enterprises	5	332

continued

unit：10000 yuan

购进总额 Total Goods Purchase	#进口 Import	销售总额 Total Sales	批发 Wholesale	#出口 Export	零售 Retail Trade	年末库存总额 Inventory (year – end)
67047		94128	1453		92675	73731
172402		138108	6036		132073	77583
6904		10107	221		9886	2491
87998		89955			89955	27781
789533	290	1032234	173227		859007	153687
684213	43	900528	159992		740536	134827
72488		89918	5627		84291	15623
5837989	24204	7676452	871303		6805148	560868
4368592	21479	4629987	114206		4515782	446507
24463	149	45737	14256		31480	1090
1244287		2779340	686536		2092805	91148
67600		81957	18866		63091	5136
541628	80	596201	75169		521031	101087
100642		124262	36910		87351	7785
46766		61324	4144		57180	9600
93448	80	104962	221		104741	21537
66879		79736	11555	30	68181	14317
361679		378304	34022		344159	11751
295360		295408	28760		266648	48
9035415	20842	11830825	1215444	30	10615259	1180298
60008		344308	112869		231439	14745
6562		7408	245		7163	974
9211		11340			11340	769
2811934	6839	4472671	329433		4143238	445964
978329		1230077	128414		1101663	106353
5167500	14002	5762569	644483	30	5117964	610680
1870		2452			2452	813
409926	4031	613871	11567		602305	35005
78274		80856	4462		76394	4381

16－5 限额以上批发零售企业财务状况（2020年）

单位：万元

项　　目	Item	流动资产合计 Total Current Assets	固定资产原价 Original Value of Fixed Assets	累计折旧 Depreciation	#本年折旧 Depreciation This Year
批发、零售贸易企业总计	**Total**	**19151198**	**4908010**	**1832320**	**307413**
一、批发企业	**Wholesale Trade**	**12440026**	**1787789**	**696446**	**119219**
（一）按国民经济行业分组	Grouped by Sector				
农、林、牧、渔产品批发	Wholesale of Agricultural,Forestry,Live Stock and Fishery Products	3116757	414618	160042	23727
食品、饮料及烟草制品批发	Food, Beverage and Tobaccos	1020404	315725	160792	17342
#米、面制品及食用油批发	Rice, Flour and Edible Oil	233715	11341	4600	834
烟草制品批发	Tobaccos	551975	262821	145365	13783
纺织、服装及日用品批发	Textiles, Garment and Daily Consumer Articles	125179	11319	3086	528
#服装批发	Garment	14083	196	46	18
家用电器批发	Household Electric Appliances	32238	4369	832	137
文化、体育用品及器材批发	Culture, Sports Goods and Appliances	148878	28472	12171	1016
医药及医疗器材批发	Medicines and Medical Appliances	2730396	130471	50195	10054
矿产品、建材及化工产品批发	Mineral,Construction and Chemical Products	3324282	733007	234721	55572
#煤炭及制品批发	Coal and Related Products	209301	18689	6351	1892
石油及制品批发	Petroleum and Related Products	301887	280790	134957	37855
金属及金属矿批发	Metals and Mineral Products	1364097	62867	29001	3268
建材批发	Construction Materials	626505	339925	50104	8065
化肥批发	Chemical Fertilizer	696301	18537	6018	960
机械设备、五金交电及电子产品批发	Machinery, Hardware and Electronic Equipment	1906780	129624	67603	9675
汽车零配件批发	Motor Vehicles and Their Parts	1381099	34343	18141	2849
摩托车及零配件批发	Motorcycle and Spare Parts	23673	5958	3559	225
计算机、软件及辅助设备批发	Computer,Software and Assistant Appliances	191261	54439	31848	4058
贸易经纪与代理	Trade Broker and Agency	834	513	21	5
其他批发	Others	66515	24041	7816	1301
（二）按登记注册类型分组	Grouped by Status of Registration				
内资企业	Domestic Investment Enterprises	12182346	1767725	684175	119121
国有企业	State- owned Enterprises	1600656	380611	194965	18800
集体企业	Collective- owned Enterprises	1848	50	4	4
股份合作企业	Stock Cooperative Enterprises				
联营企业	Joint Venture Enterprises				
有限责任公司	Limited Liability Corporations	6069391	807904	232389	36549
股份有限公司	Joint Stock Corporations	1432943	275380	130932	37745
私营企业	Private Enterprises	3077509	303780	125886	26024
其他企业	Others				

Main Financial Indicators of Enterprises Above Designated Size of Wholesale and Retail Trades (2020)

unit: 10000 yuan

资产总计 Total Assets	负债合计 Total Liabilities	实收资本 Paid - up Capital	营业收入 Operating Revenue	主营业务收入 Revenue from Principal Business	营业成本 Operating Cost	税金及附加 Tax and Extra
25468175	**1897060**	**4353290**	**35614362**	**34778618**	**32204708**	**421736**
14937845	**1114717**	**2911654**	**24490878**	**24102806**	**22454828**	**379921**
3494273	305501	290985	2981959	2964506	2912706	30638
1319796	49919	142974	3821634	3780302	3114368	317786
318993	22821	91643	1273976	1268962	1243337	29884
703460	6555	11201	2092664	2091131	1490839	286691
165126	14607	13980	276562	254566	247467	436
16144	1635	2190	54390	34402	46259	122
37188	4072	1799	32129	31859	29151	56
190935	12158	38848	212970	210586	188477	490
2903057	240740	529162	3684909	3674889	3200510	10131
4687831	324007	701277	6563385	6312520	6350044	9360
241182	20730	24011	418430	418367	393430	1107
621964	35938	244584	1666014	1465146	1602031	2937
1917975	133390	377091	2886192	2863344	2833895	2667
989320	47052	18442	614919	589111	590488	1663
740067	71372	19700	342208	341962	326055	297
2078441	159550	1182221	6838414	6795015	6337983	10760
1445882	120652	1079686	5749860	5714686	5361060	7318
30165	835	3608	37228	36293	32309	149
252138	11235	54718	218957	218957	197182	2139
1326	171	13	1985	1985	1816	11
97060	8042	12194	109060	108438	101457	311
14644153	1107873	2681961	23263454	22877284	21331699	377741
1919060	115241	136953	3589978	3581326	2960798	287833
1894	175		29591	25951	28373	12
7095123	564105	837606	10692105	10615178	10124067	16313
2099420	151013	223971	2043666	2013968	1932162	4291
3528656	277337	1483432	6908114	6640861	6286299	69293

16－5 续表 1

单位：万元

项　　目	Item	流动资产合计 Total Current Assets	固定资产原价 Original Value of Fixed Assets	累计折旧 Depreciation	#本年折旧 Depreciation This Year
港、澳、台商投资企业	Hong Kong Macao and Taiwan Investment Enterprises	3100	5		
外商投资企业	Foreign Investment Enterprises	254579	20059	12271	98
二、零售企业	**Total of Retail Trade**	**6711172**	**3120221**	**1135874**	**188194**
（一）按国民经济行业分组	Grouped by Sector				
综合零售	Synthesize Retail Trade	1694229	1735877	587151	66086
#百货零售	General Merchandise	1361783	1452111	479716	52930
超级市场零售	Supermarket	326674	275664	106686	12842
食品、饮料及烟草制品专门零售	Food Beverage and Tobaccos	222861	35879	14007	2213
纺织、服装及日用品专门零售	Textiles, Garments,Daily Consumer Articles	107449	54147	16527	2610
#服装零售	Garments	64015	46920	12252	2088
文化、体育用品及器材专门零售	Culture, Sports Appliances and Equipments	165062	45347	23006	1987
#体育用品零售	Sports Goods and Equipment Retail	4881	8500	2500	558
图书、报刊零售	Books and Newspapers	66197	31950	18316	1207
医药及医疗器材专门零售	Medicines and Medical Appliances	708885	62927	22238	4767
#西药零售	Western Medicine	660322	41877	18289	3525
中药零售	Traditional Chinese Medicine	31623	6453	1992	414
汽车、摩托车、燃料及零配件专门零售	Motor Vehicles Fuel and Parts	2901084	1122758	444129	95114
#汽车新车零售	New Automobile	1694519	472004	179890	44410
汽车旧车零售	Used Automobile	13079	2503	710	110
汽车零配件零售	Motor Vehicles Parts Retail	56188	7560	3464	1431
摩托车及零配件零售	Motorcycle and Spare Parts	441	828	324	67
家用电器及电子产品专门零售	Household Electric Appliances and Electronic Products	356810	44726	21030	13530
#家用视听设备零售	Household Audio-visual equipment Retail	51358	25686	11595	11412
日用家电设备零售	Household Appliances Retail	148276	9532	6054	1635
计算机、软件及辅助设备零售	Computer, Software and Assistant Appliances	44917	5983	1963	216
通信设备零售	Telecommunication Equipment	53150	2945	1094	153
五金、家具及室内装修材料专门零售	Hardware, Furniture and Decoration Materials	65496	5067	2272	734
货摊、无店铺及其他零售	Stall Goods, Non- shop and Others Retail	489296	13493	5514	1153
#邮购及电视、电话零售	Distribution of Post and E-commerce Sales	370870			
（二）按登记注册类型分组	Grouped by Status of Registration				
内资企业	Domestic Investment Enterprises	6306115	2875706	985063	176393
国有企业	State- owned Enterprises	666084	54764	20726	19088
集体企业	Collective- owned Enterprises	2327	225	130	38
股份合作企业	Stock Cooperative Enterprises	3296	1156	647	57
联营企业	Joint Venture Enterprises				
有限责任公司	Limited Liability Corporations	1844501	1661173	493799	70978
股份有限公司	Joint Stock Corporations	681839	410182	173974	20099
私营企业	Private Enterprises	3106531	746993	295510	66069
其他企业	Others	1537	1213	277	64
港、澳、台商投资企业	Hong Kong Macao and Taiwan Investment Enterprises	396205	209448	142336	10092
外商投资企业	Foreign Investment Enterprises	8852	35067	8475	1709

continued

unit：10000 yuan

资产总计 Total Assets	负债合计 Total Liabilities	实收资本 Paid – up Capital	营业收入 Operating Revenue	主营业务收入 Revenue from Principal Business	营业成本 Operating Cost	税金及附加 Tax and Extra
3106	5464	3516	1151	1151	1127	
290586	62980	226177	1226273	1224372	1122002	2180
10530330	**7823431**	**1441636**	**11123484**	**10675812**	**9749881**	**41815**
3612999	2642139	513306	1651288	1427905	1222464	19982
3031592	2171147	414542	1045927	868975	749464	16751
567693	459171	98034	591667	545527	460738	3186
319293	252977	46737	337518	330477	276991	843
170598	122919	23273	128716	115338	98660	834
122368	78802	19585	77047	64963	58689	690
202123	145356	43411	133004	130591	100300	1063
14564	13679	6000	9679	9677	7209	63
90097	55088	14716	88857	86469	65011	646
807437	697381	69103	942272	929742	733978	3518
737423	646661	60776	825719	813261	635967	2895
36911	25195	4489	77320	77248	64419	249
4407770	3103077	627390	6973884	6798333	6456687	13840
2389359	1787886	490784	4362044	4273305	4052137	9439
15771	10733	1978	43568	41583	36376	130
61439	48937	7192	134779	130700	125272	174
1627	1504	200	1371	1371	1233	7
418792	297314	92694	541964	537743	486257	937
79177	44817	16167	109966	109966	98897	281
164632	127445	40762	242534	239374	216868	414
47742	23537	13367	57107	56187	48845	128
63538	53783	10896	95702	95646	88740	54
71180	54261	14680	73795	72527	66361	212
520138	508007	11042	341044	333157	308183	587
370870	381049		262695	262695	241134	364
9901274	7174298	1384552	10469182	10039690	9186696	37789
741538	42945	8383	325342	319569	307709	719
2484	1112	37	6744	6744	5972	15
8746	7945	871	10077	10076	9238	22
4011375	3257141	693800	3665510	3415224	3097522	21123
1040395	491605	65487	1109155	1038553	954474	4746
4093791	3372859	615726	5349902	5247073	4810404	11164
2944	692	248	2452	2452	1377	
549552	541631	48068	575689	559308	489521	3843
79505	107502	9016	78614	76813	73664	184

16－5　续表　2

单位：万元

项　　目	Item	其他业务利润 Profits of Other Business	销售费用 Sales Expenses
批发、零售贸易企业总计	**Total**	**156749**	**1745291**
一、批发企业	**Wholesale Trade**	**64081**	**1016368**
（一）按国民经济行业分组	Grouped by Sector		
农、林、牧、渔产品批发	Wholesale of Agricultural,Forestry,Live Stock and Fishery Products	22531	99263
食品、饮料及烟草制品批发	Food, Beverage and Tobaccos	3370	121705
#米、面制品及食用油批发	Rice, Flour and Edible Oil	1358	16050
烟草制品批发	Tobaccos	382	63259
纺织、服装及日用品批发	Textiles, Garment and Daily Consumer Articles	63	16967
#服装批发	Garment	63	7712
家用电器批发	Household Electric Appliances		1962
文化、体育用品及器材批发	Culture, Sports Goods and Appliances	675	8456
医药及医疗器材批发	Medicines and Medical Appliances	5248	264678
矿产品、建材及化工产品批发	Mineral,Construction and Chemical Products	9478	126131
#煤炭及制品批发	Coal and Related Products		9894
石油及制品批发	Petroleum and Related Products	2798	71937
金属及金属矿批发	Metals and Mineral Products	43	19362
建材批发	Construction Materials	1725	11249
化肥批发	Chemical Fertilizer	139	3425
机械设备、五金交电及电子产品批发	Machinery, Hardware and Electronic Equipment	22097	377131
汽车零配件批发	Motor Vehicles and Their Parts	19303	327237
摩托车及零配件批发	Motorcycle and Spare Parts	275	1566
计算机、软件及辅助设备批发	Computer,Software and Assistant Appliances		3726
贸易经纪与代理	Trade Broker and Agency		62
其他批发	Others	620	1975
（二）按登记注册类型分组	Grouped by Status of Registration		
内资企业	Domestic Investment Enterprises	64087	907960
国有企业	State- owned Enterprises	4255	105139
集体企业	Collective- owned Enterprises		616
股份合作企业	Stock Cooperative Enterprises		
联营企业	Joint Venture Enterprises		
有限责任公司	Limited Liability Corporations	43594	378523
股份有限公司	Joint Stock Corporations	3644	73329
私营企业	Private Enterprises	12595	350353
其他企业	Others		

continued

unit：10000 yuan

管理费用 Management Expenses	营业利润 Operating Profits	利润总额 Total Profit	所得税费用 Expense of Income Tax	应付工资 Wages Payable	本年应交增值税 Value－added Tax Payable
860926	**[illegible]5459**	**502234**	**122866**	**777482**	**465098**
376221	**[illegible]9951**	**494896**	**101323**	**371538**	**235552**
31158	11104	20995	2527	29141	−11501
102867	[illegible]6175	206696	54427	105821	86863
7331	907	1476	556	6097	2762
78464	[illegible]5484	183835	47635	83991	78087
7460	694	1315	408	4883	2353
1904	−1035	−1023	−35	905	372
904	43	81	15	922	179
9671	6109	8283	980	9483	1098
88495	[illegible]8838	41695	21177	79283	73979
63125	[illegible]9466	160191	9665	59464	38081
8926	1415	2467	1611	3039	2766
11916	[illegible]0177	29117	3223	38505	20471
15375	[illegible]0718	30895	3360	6034	7642
12152	[illegible]3668	95965	403	4869	4386
2790	[illegible]5097	−4359	98	2436	438
66050	[illegible]7000	65112	12052	79988	43367
28087	[illegible]7554	38012	9088	36889	29392
849	[illegible]2131	2146	537	570	533
11815	[illegible]7509	15210	1240	28434	7076
79	−37	−37	1	95	57
7316	[illegible]399	−9353	87	3381	1255
369237	3[illegible]506	448274	96617	355458	230148
87126	1[illegible]955	184223	48985	100249	77159
493	85	80	4	536	79
100399	10[illegible]595	204711	28200	93630	65283
17593	[illegible]550	−12663	1494	64976	24575
163626	6[illegible]522	71924	17934	96066	63052

单位：万元

16－5 续表 3

项　　目	Item	其他业务利润 Profits of Other Business	销售费用 Sales Expenses
港、澳、台商投资企业	Hong Kong Macao and Taiwan Investment Enterprises		128
外商投资企业	Foreign Investment Enterprises	-6	108281
二、零售企业	**Total of Retail Trade**	**92668**	**728922**
（一）按国民经济行业分组	Grouped by Sector		
综合零售	Synthesize Retail Trade	49667	143919
#百货零售	General Merchandise	39050	72379
超级市场零售	Supermarket	10617	70227
食品、饮料及烟草制品专门零售	Food Beverage and Tobaccos	2646	36112
纺织、服装及日用品专门零售	Textiles, Garments,Daily Consumer Articles	521	18560
#服装零售	Garments	92	10895
文化、体育用品及器材专门零售	Culture, Sports Appliances and Equipments	1407	11716
#体育用品零售	Sports Goods and Equipment Retail	154	2769
图书、报刊零售	Books and Newspapers	1253	8349
医药及医疗器材专门零售	Medicines and Medical Appliances	5732	146149
#西药零售	Western Medicine	4449	136586
中药零售	Traditional Chinese Medicine	17	7499
汽车、摩托车、燃料及零配件专门零售	Motor Vehicles Fuel and Parts	31850	309188
#汽车新车零售	New Automobile	27084	124925
汽车旧车零售	Used Automobile	58	2294
汽车零配件零售	Motor Vehicles Parts Retail	1031	4077
摩托车及零配件零售	Motorcycle and Spare Parts		25
家用电器及电子产品专门零售	Household Electric Appliances and Electronic Products	636	34501
#家用视听设备零售	Household Audio-visual equipment Retail		4471
日用家电设备零售	Household Appliances Retail	489	24234
计算机、软件及辅助设备零售	Computer, Software and Assistant Appliances	126	2356
通信设备零售	Telecommunication Equipment	22	2313
五金、家具及室内装修材料专门零售	Hardware, Furniture and Decoration Materials	68	1803
货摊、无店铺及其他零售	Stall Goods, Non- shop and Others Retail	141	26973
#邮购及电视、电话零售	Distribution of Post and E-commerce Sales		21297
（二）按登记注册类型分组	Grouped by Status of Registration		
内资企业	Domestic Investment Enterprises	89606	672072
国有企业	State- owned Enterprises	345	14085
集体企业	Collective- owned Enterprises		386
股份合作企业	Stock Cooperative Enterprises		123
联营企业	Joint Venture Enterprises		
有限责任公司	Limited Liability Corporations	53828	270296
股份有限公司	Joint Stock Corporations	6943	126513
私营企业	Private Enterprises	28051	260387
其他企业	Others	439	284
港、澳、台商投资企业	Hong Kong Macao and Taiwan Investment Enterprises	2940	46459
外商投资企业	Foreign Investment Enterprises	121	10391

continued

unit: 10000 yuan

管理费用 Management Expenses	营业利润 Operating Profits	利润总额 Total Profit	所得税费用 Expense of Income Tax	应付工资 Wages Payable	本年应交增值税 Value - added Tax Payable
36	-325	-323		107	
6948	45770	46945	4706	15973	5404
484705	**-24493**	**7338**	**21543**	**405944**	**229545**
200467	15202	17204	1474	98398	25514
158470	5327	7029	-692	57625	19019
40634	10266	10501	2297	39934	6439
15177	3145	3046	2451	10975	1715
11374	-3194	-2231	5	6865	2330
7755	-3279	-2234	-125	2711	1558
16648	1041	1649	62	13952	395
509	-1166	-1192	29	261	2
12595	2085	2646	12	11445	265
53805	-3701	-2941	3296	78373	21268
48040	-5821	-5304	2918	71989	18268
3409	596	867	147	5377	2978
155457	-33225	-8814	12350	176741	166806
117425	2232	7563	9662	88237	30321
1346	2312	2310	154	2132	341
3760	2272	2233	370	2145	1497
197	-92	-92		28	123
21255	-1377	2038	1344	15179	6319
3711	2365	2276	589	883	633
8243	-3208	-3131	378	7891	1937
4525	835	1128	279	3341	963
3923	-134	322	17	2415	2541
5475	-271	-484	87	2695	1148
5047	-2113	-2129	475	2765	4050
	-102	-102		11	2982
467652	-12389	19515	22018	386977	226916
8137	-5727	-5428	122	4868	10161
185	40	51	6	295	85
839	-87	-181	3	397	276
223912	12386	33219	7013	165977	118558
27237	-12136	-8668	4382	70230	48087
207172	-7439	-251	10493	145080	49749
171	573	773		130	
15616	-4063	-4128	-498	17025	1351
1437	-3041	-8049	24	1943	1278

16－6　限额以上住宿和餐饮企业主要财务状况（2020年）

单位：万元

项　目	Item	流动资产合计 Total Current Assets	固定资产原价 Original Value of Fixed Assets	累计折旧 Depreciation	#本年折旧 Depreciation This Year
总　计	**Total**	**582615**	**1265022**	**474910**	**60523**
一、住宿业	**Hotels**	**434796**	**1145988**	**439532**	**51231**
（一）按国民行业分组	Grouped by Sector				
旅游饭店	Tour Restaurant	374124	1021146	394911	41424
一般旅馆	General Restaurant	50863	112969	42096	9478
其他住宿服务	Other Hotel Services	9810	11873	2525	328
（二）按登记注册类型分组	Grouped by Status of Registration				
内资企业	Domestic Investment Enterprises	420636	1041895	371654	46871
国有企业	State- owned Enterprises	61274	300750	97966	12008
集体企业	Collective- owned Enterprises				
股份合作企业	Stock Cooperative Enterprises	102	16		
联营企业	Joint Venture Enterprises				
有限责任公司	Limited Liability Corporations	184226	381395	174035	17473
股份有限公司	Joint Stock Corporations	7464	24344	11767	904
私营企业	Private Enterprises	167570	335391	87887	16486
其他企业	Others				
港、澳、台商投资企业	Hong Kong Macao and Taiwan Investment Enterprises	10539	13655	11578	718
外商投资企业	Foreign Investment Enterprises	3622	90437	56300	3642
二、餐饮业	**Catering Services**	147818	119035	35378	9293
（一）按国民行业分组	Grouped by Sector				
正餐服务	Restaurant	127897	104215	29915	8278
快餐服务	Fast Food	3306	6283	4162	481
饮料及冷饮服务	Beverages and Cold Drinks	43	27	2	
其他餐饮服务	Others	16573	8510	1300	533
（二）按注册类型分组	Grouped by Status of Registration				
内资企业	Domestic Investment Enterprises	147646	118601	35247	9262
国有企业	State- owned Enterprises	2768	7854	5200	483
集体企业	Collective- owned Enterprises	270	50		
股份合作企业	Stock Cooperative Enterprises				
联营企业	Joint Venture Enterprises				
有限责任公司	Limited Liability Corporations	48307	5680	2899	414
股份有限公司	Joint Stock Corporations	2521	835	174	174
私营企业	Private Enterprises	93779	104181	26974	8191
其他企业	Others				
港、澳、台商投资企业	Hong Kong Macao and Taiwan Investment Enterprises				
外商投资企业	Foreign Investment Enterprises	172	434	131	31

Main Financial Indicators of Enterprises above Designated Size of Catering and Hotels (2020)

unit: 10000 yuan

资产总计 Total Assets	负债合计 Total Liabilities	实收资本 Paid－up Capital	营业收入 Operating Revenue	主营业务收入 Revenue from Principal Business	营业成本 Operating Cost
1723845	**14[illegible]1552**	**381905**	**366827**	**359078**	**190802**
1441050	**11[illegible]7657**	**341118**	**187934**	**181943**	**78602**
1274383	1[illegible]8084	300080	145706	140561	60436
139454	[illegible]3803	38068	35501	34753	15021
27214	[illegible]5770	2970	6728	6629	3146
1336774	1[illegible]7916	307670	176271	170462	73402
295154	[illegible]3745	74035	43658	42959	14362
225	973		211	211	134
522604	[illegible]0790	123065	53421	50592	25856
20937	[illegible]0536	1700	3504	3504	317
497855	[illegible]1872	108871	75477	73197	32733
49735	[illegible]9818	16703	1359	1359	440
54541	[illegible]9923	16746	10304	10121	4761
282794	2[illegible]3895	40787	178893	177136	112200
246758	2[illegible]1544	31806	131257	130060	79908
10827	[illegible]877	5180	17730	17730	7461
83			228	228	144
25127	[illegible]475	3801	29677	29118	24687
282492	2[illegible]817	40787	178684	176927	112130
5547	1984	2210	2515	2509	1275
320	822	48	263	263	154
61162	[illegible]899	11096	44557	44050	34665
3768	[illegible]423	209	5074	5074	2789
211695	1[illegible]688	27224	126275	125031	73247
303	78		208	208	70

单位：万元

16－6 续表1

项　　目	Item	税金及附加 Tax and Extra	其他业务利润 Profits of Other Business	销售费用 Sales Expenses
总　　计	**Total**	**4600**	**5089**	**122348**
一、住宿业	**Hotels**	**3895**	**2175**	**74645**
（一）按国民行业分组	Grouped by Sector			
旅游饭店	Tour Restaurant	3388	1763	60799
一般旅馆	General Restaurant	493	412	11895
其他住宿服务	Other Hotel Services	14		1951
（二）按登记注册类型分组	Grouped by Status of Registration			
内资企业	Domestic Investment Enterprises	3409	2169	68609
国有企业	State- owned Enterprises	485	161	18368
集体企业	Collective- owned Enterprises			
股份合作企业	Stock Cooperative Enterprises	3		35
联营企业	Joint Venture Enterprises			
有限责任公司	Limited Liability Corporations	1649	120	22389
股份有限公司	Joint Stock Corporations	187		2468
私营企业	Private Enterprises	1084	1888	25350
其他企业	Others			
港、澳、台商投资企业	Hong Kong Macao and Taiwan Investment Enterprises	112	6	464
外商投资企业	Foreign Investment Enterprises	375		5571
二、餐饮业	**Catering Services**	705	2914	47704
（一）按国民行业分组	Grouped by Sector			
正餐服务	Restaurant	658	2716	37015
快餐服务	Fast Food	5		9332
饮料及冷饮服务	Beverages and Cold Drinks	6		29
其他餐饮服务	Others	35	198	1328
（二）按注册类型分组	Grouped by Status of Registration			
内资企业	Domestic Investment Enterprises	702	2914	47702
国有企业	State- owned Enterprises	70		1280
集体企业	Collective- owned Enterprises	1	6	145
股份合作企业	Stock Cooperative Enterprises			
联营企业	Joint Venture Enterprises			
有限责任公司	Limited Liability Corporations	105	8	6354
股份有限公司	Joint Stock Corporations	3		2373
私营企业	Private Enterprises	523	2900	37549
其他企业	Others			
港、澳、台商投资企业	Hong Kong Macao and Taiwan Investment Enterprises			
外商投资企业	Foreign Investment Enterprises	3		2

continued

unit：10000 yuan

管理费用 Management Expenses	营业利润 Operating Profits	利润总额 Total Profit	所得税费用 Expense of Income Tax	应付工资 Wages Payable
119903	**−99127**	**−88711**	**234**	**85228**
94028	**−87874**	**−79470**	**66**	**57394**
75606	−76619	−68712	46	45200
15539	−9923	−9354	11	11060
2884	−1332	−1404	9	1135
90214	−82349	−74396	66	53966
25415	−18170	−13969	10	19008
256	−217	−215		69
28790	−38738	−36462	24	17155
459	17	13		283
35294	−25241	−23763	32	17452
1598	−3000	−2636		322
2215	−2525	−2438		3106
25875	−11254	−9242	168	27834
21354	−10612	−8730	142	22709
865	−73	−51	11	2534
	27	27		19
3656	−595	−487	15	2573
25802	−11314	−9302	167	27726
930	−1026	−956		1080
	−39	10		98
6086	−3325	−2859	110	7422
1119	−132	−82	1	522
17667	−6792	−5416	57	18604
73	60	60	1	109

16－7 限额以上批发零售贸易业、星级住宿业和限额以上餐饮业基本情况

Basic Conditions of Wholesale,Retail Trades,Star-ranking Hotels and Catering Services above Designated Size

项　　目	Item	法人企业数（个）Number of Corporation Units (unit)		从业人数（人）Number of Person Employed (person)	
		2019	2020	2019	2020
总　计	**Total**	**2472**	**2559**	**143344**	**141575**
一、批发业	**Wholesale Trade**	**904**	**1002**	**42164**	**40162**
内资企业	Domestic Investment Enterprises	901	996	41766	39416
国有企业	State- owned Enterprises	21	40	4731	5705
集体企业	Collective- owned Enterprises		1		189
股份合作企业	Stock Cooperative Enterprises				
联营企业	Joint Venture Enterprises				
有限责任公司	Limited Liability Corporations	342	238	15485	10996
股份有限公司	Joint Stock Corporations	29	21	6329	4236
私营企业	Private Enterprises	509	696	15221	18290
其他企业	Others				
港、澳、台商投资企业	Hong Kong Macao and Taiwan Investment Enterprises		1		21
外商投资企业	Foreign Investment Enterprises	3	5	398	725
二、零售业	**Retail Trade**	**1192**	**1205**	**74869**	**78287**
内资企业	Domestic Investment Enterprises	1169	**1183**	71267	**74517**
国有企业	State- owned Enterprises	7	14	507	2584
集体企业	Collective- owned Enterprises	4	5	58	63
股份合作企业	Stock Cooperative Enterprises	1	5	59	100
联营企业	Joint Venture Enterprises				
有限责任公司	Limited Liability Corporations	475	295	36048	29446
股份有限公司	Joint Stock Corporations	41	24	8575	8215
私营企业	Private Enterprises	639	838	25984	34073
其他企业	Others	2	2	36	36
港、澳、台商投资企业	Hong Kong Macao and Taiwan Investment Enterprises	15	17	3084	3438
外商投资企业	Foreign Investment Enterprises	8	5	518	332
三、住宿业	**Hotels**	**210**	**197**	**17539**	**14862**
内资企业	Domestic Investment Enterprises	206	193	16630	14209
国有企业	State- owned Enterprises	34	29	4821	4223
集体企业	Collective- owned Enterprises				
股份合作企业	Stock Cooperative Enterprises	1	1	16	15
联营企业	Joint Venture Enterprises				
有限责任公司	Limited Liability Corporations	90	58	7067	4419
股份有限公司	Joint Stock Corporations	4	2	302	170
私营企业	Private Enterprises	77	103	4424	5382
其他企业	Others				
港、澳、台商投资企业	Hong Kong Macao and Taiwan Investment Enterprises	3	2	340	148
外商投资企业	Foreign Investment Enterprises	1	2	569	505
四、餐饮业	**Catering Services**	**166**	**155**	**8772**	**8264**
内资企业	Domestic Investment Enterprises	165	154	8751	8243
国有企业	State- owned Enterprises	5	5	389	317
集体企业	Collective- owned Enterprises	1	1	32	32
股份合作企业	Stock Cooperative Enterprises				
联营企业	Joint Venture Enterprises				
有限责任公司	Limited Liability Corporations	56	26	4440	2390
股份有限公司	Joint Stock Corporations	7	3	258	178
私营企业	Private Enterprises	96	119	3632	5326
其他企业	Others				
港、澳、台商投资企业	Hong Kong Macao and Taiwan Investment Enterprises				
外商投资企业	Foreign Investment Enterprises	1	1	21	21

16－8　限额以上住宿和餐饮企业主要经营情况

Main Business of Enterprises above Designated Size of Catering and Hotels

单位：万元　　　　unit：10000 yuan

项　　目	Item	法人企业（个）Corporation Units(unit)		营业额 Business Revenue		餐费收入 Catering Income	
		2019	2020	2019	2020	2019	2020
总　　计	**Total**	**369**	**352**	**464377**	**372032**	**249078**	**221677**
一、住宿业	**Hotels**	**206**	**197**	**286585**	**190979**	**100630**	**63875**
按国民行业分组	Grouped by Sector						
旅游饭店	Tour Restaurant	139	127	235028	148255	83628	52675
一般旅馆	General Restaurant	61	58	45250	35952	14917	9693
其他住宿服务	Other Hotel Services	6	12	6307	6772	2086	1507
二、餐饮业	**Catering Services**	**163**	**155**	**177792**	**181053**	**148448**	**157802**
按国民行业分组	Grouped by Sector						
正餐服务	Restaurant	142	133	135126	132269	114394	114906
快餐服务	Fast Food	5	5	20504	18517	20504	18517
饮料及冷饮服务	Beverages and Drinks	1	1	279	238	279	238
其他餐饮服务	Others	15	16	21883	30028	13271	24140

16－9　各地区限额以上批发零售贸易情况（1）

Basic Conditions on Wholesale and Retail Trades above Designated Size by Region（1）

地　区	Region	批发零售贸易业法人企业（个）Wholesale and Retail Trades Corporation Units (unit)		#零售贸易业 Retail Trade		批发零售贸易从业人员（人）Wholesale and Retail Trades Employees (person)		#零售贸易业 Retail Trade	
		2019	2020	2019	2020	2019	2020	2019	2020
全　省	**Total**	**2084**	**2207**	**1188**	**1205**	**116913**	**118449**	**74869**	**78287**
长　春	Changchun	1134	1202	533	542	63850	68130	40000	44411
吉　林	Jilin	261	274	162	159	12404	12682	7792	8084
四　平	Siping	128	122	87	77	7433	5573	5685	4030
辽　源	Liaoyuan	46	59	34	39	2970	3261	2205	2366
通　化	Tonghua	140	136	93	94	7528	6912	3724	3466
白　山	Baishan	59	57	49	45	3201	2991	2631	2423
松　原	Songyuan	118	136	84	89	7891	6555	3809	3715
白　城	Baicheng	49	56	33	40	3549	3927	2544	3009
延　边	Yanbian	146	162	110	117	7999	8313	6391	6678

16－10 各地区限额以上批发零售贸易情况（2）（2020年）
Basic Conditions on Wholesale and Retail Trades above Designated Size by Region（2）（2020）

地区	Region	批发零售贸易业购进总额（万元）Total Purchases (10000 yuan)	批发零售贸易销售总额（万元）Total Sales (10000 yuan)	#批发 Wholesale	#零售 Retail Trade	批发零售贸易业库存总额（万元）Inventories (10000 yuan)
全省	**Total**	**33756998**	**39458843**	**26933291**	**12525552**	**3912549**
长春	Changchun	22913554	26454004	18123376	8330629	1927505
吉林	Jilin	3721467	4274015	3176435	1097580	494046
四平	Siping	1158658	1297267	707767	589500	162168
辽源	Liaoyuan	549695	776837	524828	252009	134186
通化	Tonghua	1419727	1725752	1369774	355979	141073
白山	Baishan	430527	528659	287249	241409	28129
松原	Songyuan	1664152	1911342	1490811	420531	419791
白城	Baicheng	727914	927269	593269	334000	388194
延边	Yanbian	1167482	1558584	659782	898801	216506

注：全省包含长白山数据。
Note：The data of whole province contains that of Changbaishan.

16-11 个体工商户基本情况

Basic Statistics on Urban and Rural Individual Economy

行业	Item	户数（户）Households (subscribers)		注册资金（万元）Registered Funds (10000 yuan)	
		2019	2020	2019	2020
合计	**Total**	**1872515**	2021026	**35567550**	32704854
按行业分	**Grouped by Sector**				
农林牧渔业	Agriculture,Forestry,Animal Husbandry and Fishery	120274	138347	9649958	6141612
采矿业	Mining	838	903	37422	40016
制造业	Manufacturing	75310	79456	3120999	3312587
电力、热力、燃气及水的生产和供应业	Production and Supply for Electricity Heat, Gas and Water	362	376	13843	14916
建筑业	Construction	10233	14283	807477	814709
交通运输、仓储业和邮政业	Transport,Storage and Post	151603	181021	2816701	2541126
信息传输、计算机服务和软件业	Information Transmission,Computer Service and Software	6097	6434	36420	41525
批发零售业	Wholesale and Retail Trades	941452	1010770	12398998	12789956
住宿和餐饮业	Hotels and Catering Services	278977	280393	3644255	3540628
房地产业	Real Estate	4238	4927	35897	43020
租赁和商务服务业	Leasing and Business Services	24410	31648	458006	623722
居民服务和其他服务业	Services to Households and Other Services	206543	219795	1960447	1960982
卫生、社会保障社会福利业	Health,Social Security and Social Welfare	12734	13876	160051	182226
文化体育和娱乐业	Culture,Sports and Entertainment	14226	15985	210093	470846
其他行业	Others	25218	22812	216983	186984

16-12 私营企业基本情况

Basic Statistics on Urban and Rural Private Enterprises

行业	Item	户数(户) Household (subscribers)			注册资金(万元) Registered Funds (10000 yuan)		
		2018	2019	2020	2018	2019	2020
合计	**Total**	**396071**	**432334**	**491874**	**278668658**	**315915033**	**1291009576**
按经济类型分	**Grouped by Ownership**						
独资企业	Foreign Funded	28556	31351	35768	3955953	4886453	4444432
合伙企业	Partnership Enterprises	1995	2050	2212	12221150	13484054	13466345
有限责任公司	Limited Liability Corporation	362983	396422	451395	254399712	289095790	1264825166
股份有限公司	Joint Stock Corporations	2537	2511	2499	8091843	8448735	8273633
按行业分	**Grouped by Sector**						
农林牧渔业	Farming,Forestry,Animal Husbandry and Fishery	22002	23200	25314	11148216	16935966	12989805
采矿业	Mining	1836	1927	2033	2244499	2444959	2714941
制造业	Manufacturing	36903	37734	39632	29949679	28284647	30424969
电力、热力、燃气及水的生产和供应业	Production and Supply for Electricity Heat,Gas and Water	2563	2526	2555	4304601	4273246	4389304
建筑业	Construction	31063	36304	45147	44203816	54094170	214339604
交通运输、仓储业和邮政业	Transport,Storage and Post	14538	15416	16906	9534643	10361613	11337383
信息传输、计算机服务和软件业	Information,Transmission Computer Service and Software	18961	21033	23900	10649067	11675645	12938690
批发零售业	Wholesale and Retail Trade	136857	147338	169582	44648487	55593844	60434496
住宿和餐饮业	Hotels and Catering Services	5516	6189	6876	2047487	3513583	2702224
房地产业	Real Estate	13737	15860	18081	12012112	14639251	16746476
租赁和商务服务业	Leasing and Business Services	47043	51150	57228	47102572	51075054	853837595
居民服务和其他服务业	Household Services and Other Services	12000	12889	14318	9211820	8051365	8359244
卫生、社会保障社会福利业	Health,Social Security and Social Welfare	1458	2175	2763	2201179	2516500	3205308
文化体育和娱乐业	Culture Sports and Entertainment	14110	14812	15819	6375405	6790389	6728554
其他行业	Others	37484	43781	51720	43035075	45664802	49860983

16－13 各地区限额以上批发零售贸易企业按商品类别分社会消费品零售总额（2020年）

Total Retail Sales of Social Consumer Goods by Category of Enterprises above Designated Size（2020）

单位：万元 unit：(10000 yuan)

地 区 Region		社会消费品零售总额 Total Retail Sales of Consumer Goods	食品类 Food	粮油、肉禽蛋 Grain,Oil, Meat,Poultry and Eggs	其他食品类 Other Food	烟、酒、茶、饮料 Tobacco, Liquor,Tea and Beverages	衣着类 Clothing	针、纺织品 Knitwear and Textiles	服装鞋帽类 Clothing, Shoes and Hats	用品类 Articles
全 省	**Total**	**12295226**	**1402858**	**507024**	**512320**	**383515**	**854278**	**80936**	**773342**	**7299332**
长 春	Changchun	7755294	844462	311066	259969	273427	587981	57629	530352	5162809
吉 林	Jilin	1248845	126598	48443	61883	16273	88053	5956	82098	700595
四 平	Siping	535473	37820	8549	22382	6889	15785	1714	14071	187338
辽 源	Liaoyuan	216488	23288	8460	6703	8125	16402	349	16054	110685
通 化	Tonghua	532118	66509	22723	26976	16810	29593	1128	28465	282914
白 山	Baishan	235547	50908	9780	11201	29927	10490	1274	9216	76407
松 原	Songyuan	630467	94256	68909	16525	8822	13562	929	12632	277370
白 城	Baicheng	247767	31833	11134	12238	8461	7324	1131	6193	77393
延 边	Yanbian	884806	123461	17313	92490	13657	84579	10791	73788	422054
长白山	Changbaishan	8423	3725	647	1953	1125	510	36	473	1768

16－13 续表 continued

地 区 Region		#日用品 Articles for Daily Use	#生活电器 Household Appliances	#文化体育娱乐 Culture and Sports Articles	#化妆品 Cosmetics	#金银珠宝 Jewelry	#中西药品 Traditional Chinese and Western Medicines	#书报杂志 Newspaper and Magazines	#建筑材料 Construction Material	燃料类 Fuel
全 省	**Total**	**2[illegible]157**	**840259**	**153820**	**130243**	**148508**	**926001**	**89866**	**47071**	**2738758**
长 春	Changchun	1[illegible]165	543884	105417	106411	74737	622694	41503	29796	1160042
吉 林	Jilin	[illegible]313	121729	10343	6663	39360	60859	11946	1059	333599
四 平	Siping	[illegible]490	22266	3501	758	9125	31599	7338	515	294530
辽 源	Liaoyuan	[illegible]992	16077	2608	1465	768	31695	2544		66113
通 化	Tonghua	1527	28881	8219	3109	2243	38958	7116	6407	153102
白 山	Baishan	1745	13299	702	1590	3319	19018	2276	519	97742
松 原	Songyuan	[illegible]337	29791	6372	2489	5307	21584	6994	1529	245280
白 城	Baicheng	[illegible]088	12589	2324	1293	1720	21469	4352	29	131217
延 边	Yanbian	[illegible]8053	50584	14278	6432	11870	78125	5796	7218	254713
长白山	Changbaishan	448	1160	55	35	59				2421

16－14　按登记注册类型分连锁零售企业基本情况（2020年）

行　　业	Item	总店数 (个) Number of head office	门店总数 (个) Total Number of Store(unit)
合　　计	**Total**	**44**	**3166**
内资企业	Domestic Funded Enterprises	43	3141
国有企业	State-owned Enterprises		
集体企业	Collective-owned Enterprises		
股份合作企业	Cooperative Enterprises	1	206
联营企业	Joint Venture Enterprises		
国有联营企业	State Owned Joint Venture Enterprises		
集体联营企业	Collective Owned Joint Venture Enterprises		
国有与集体联营企业	State Owned and Collective Owned Joint Venture Enterprises		
其他联营企业	Others		
有限责任公司	Limited Liability Corporations	19	1028
国有独资公司	State Owned Enterprise		
其他有限责任公司	Other Limited Liability Corporations	19	1028
股份有限公司	Share-holding Corporations Limited	1	943
私营企业	Private Enterprise	22	964
私营独资企业	Private-funded Enterprises		
私营合伙企业	Private Partnership Enterprises		
私营有限责任公司	Private Limited Liability Company	22	964
私营股份有限公司	Private Share-holding Corporations Ltd		
其他企业	Others		
港、澳、台商投资企业	Hong Kong Macao and Taiwan Invested Enterprises	1	25
合资经营企业	Joint Venture Enterprises		
合作经营企业	Cooperative Enterprises		
独资经营企业	Solely Invested Enterprise	1	25
投资股份有限公司	Investment Limited by share Ltd		
其他港澳台商投资企业	Other Hong Kong Macao and Taiwan Investment Enterprises		
外商投资企业	Foreign Invested Enterprises		
中外合资经营企业	Joint-venture Enterprises		
中外合作经营企业	Cooperative Enterprises		
外资企业	Enterprises with Sole Funds		
外商投资股份有限公司	Companies Limited by Shares with Foreign Investment		
其他外商投资企业	Other Foreign Invested Enterprises		

The Basic Situation of Chain Retail Enterprises by the of Registration (2020)

年末从业人数 (人) Number of Employees at the end of the year (person)	年末零售营业面积 (万平方米) Retail Sales Area at the end of the year(10000 sq.m)	商品销售额 (亿元) Commodity sales (100 million yuan)	商品购进总额 (亿元) Total Commodity Purchase (100 million yuan)	统一配送商品购进额 (亿元) Centralized Purchase and Delivery(100 million yuan)
18477	**62**	**174**	**71**	**65**
18378	61	174	71	65
2091	2	89		
7696	32	40	36	35
7696	32	40	36	35
3851	15	20	14	14
4740	13	25	21	17
4740	13	25	21	17
99				
99				

16－15 按行业和业态分连锁零售企业基本情况（2020年）

行　　业	Item	总店数（个）Number of Head office	门店总数（个）Total Number of Store(unit)
总计	**Total**	**44**	**3166**
按行业分	Grouped by Sector		
综合零售	General Retail Trade	3	83
食品、饮料及烟草制品专门零售	Food Beverage and Tobaccos	3	145
纺织、服装及日用品专门零售	Textiles, Garments, Daily Consumer Articles	1	25
文化、体育用品及器材专门零售	Culture,Sports Appliances and Equipments	3	88
医药及医疗器材专门零售	Medicines and Medical Appliances	27	2569
汽车、摩托车、燃料及零配件专门零售	Motor Vehicles Fuel and Parts	1	206
家用电器及电子产品专门零售	Household Electric Appliances and Electronic Products	5	48
五金、家具及室内装饰材料专门零售	Hardware, Furniture and Decoration Materials		
货摊、无店铺及其他零售业	Stall Non-shop and Others Retail	1	2
按业态分	**According to Business Categories**		
便利店	Convenience Store		
折扣店	Discount Store		
超市	Supermarket	3	83
大型超市	Large Supermarket		
仓储会员店	Warehouse Club		
百货店	Department Stores		
专业店	Specialty Store	30	2554
其中：加油站	Gas Station	1	206
专卖店	Franchised Store	9	357
家居建材商店	Building Material Store		
厂家直销中心	Factory Outlets Center		
其他	Others	2	172

Basic Situation of Retail Enterprises by Industry and Retail Industry（2020）

年末从业人数 (人) Number of Employees at the end of the year (person)	年末零售营业面积 (万平方米) Retail Sales area at the end of the year (10000 sq.m)	商品销售额 (亿元) Commodity sales (100 million yuan)	商品购进总额 (亿元) Total Commodity Purchase (100 million yuan)	统一配送商品购进额 (亿元) Centralized Purchase and Delivery(100 million yuan)
18477	**62**	**174**	**71**	**65**
1487	6	9	7	7
3522	4	19	18	18
99				
103	2	1		
10580	32	44	33	31
2091	2	89		
572	15	11	12	9
23				
1487	6	9	7	7
12188	47	142	44	38
2091	2	89		
4214	6	22	19	19
588	2	1	1	1

16 - 16 亿元以上商品交易市场基本情况（2020年）

Basic Statistics on Commodity Exchange Markets of Transaction Value Over 100 Million Yuan（2020）

行　业	Item	市场数量（个）Number of Market (unit)	摊位数（个）Booth Number (unit)	营业面积（万平方米）Business Area (10000 sq.m)	成交额（亿元）Turnover (100 million yuan)
总计	**Total**	**39**	**33900**	**331**	**348**
一、综合市场	Comprehensive Market	13	17473	191	77
综合贸易市场	Integrated trade Market	13	17473	191	77
生产资料综合市场	Production Synthesis Market	1	3596	20	10
工业消费品综合市场	Industrial Consumer Goods Integrated Market	5	8798	137	31
农产品综合市场	Agricultural Products Integrated Market	4	1431	20	26
其他综合市场	Other Integrated Markets	3	3648	13	11
二、专业市场	Professional Market	26	16427	140	271
生产资料市场	Means of Production Market	7	1815	15	12
农业生产用具市场	Agricultural Production Equipment Market				
农用生产资料市场	Agricultural Production Market	1	56	1	2
煤炭市场	Coal Market				
木材市场	Timber Market				
建材市场	Building Materials Market	3	494	10	6
化工材料及制品市场	Chemical Materials and Products Market				
金属材料市场	Metal Material Market				
机械设备市场	Machinery Market				
其他生产资料市场	Other	3	1265	5	4
农产品市场	Agricultural Market	7	3966	36	73
粮油市场	Grain and Oil Market	1	56	3	7
肉禽蛋市场	Meat and Poultry Market				
水产品市场	Aquatic Product Market	1	1195	12	40
蔬菜市场	Vegetable Market	1	371	3	8
干鲜果品市场	Dried and Fresh Fruit Market	1	230	3	8
棉麻土畜、烟叶市场	Cotton,Hemp,Local,Livestock Tobacco Market				
其他农产品市场	Other Agricultural Market	3	2114	15	9
食品、饮料及烟酒市场	Food,Beverage and Tobacco Alcohol Market	1	127		1
食品饮料市场	Food,Beverage Market				
茶叶市场	Tea Market				
烟酒市场	Tobacco Alcohol Market				
其他食品饮料及烟酒市场	Others	1	127		1
纺织、服装、鞋帽市场	Textile,Clothing Shoes and hat Market	4	4818	10	14
布料及纺织品市场	Cloth and Textiles Markets				
服装市场	Clothing Market	3	3829	7	13
鞋帽市场	Shoes and hat Market				
其他纺织服装鞋帽市场	Others	1	989	3	1
日用品及文化用品市场	Daily Use Commodities and Cultural Good Markets				
小商品市场	Small Commodity Market				

16－16 续表 continued

行 业	Item	市场数量(个) Number of Market (unit)	摊位数(个) Booth Number (unit)	营业面积(万平方米) Business Area (10000 sq.m)	成交额(亿元) Turnover (100 million yuan)
箱包市场	Luggage Market				
玩具市场	Toy Market				
文具市场	Stationery Market				
图书、报刊市场	Books,Newspapers and Magazines				
音像制品及电子出版物市场	Market for Audio and Video Products and Electronic Publications				
体育用品市场	Sports Market				
其他日用品及文化用品市场	Other				
黄金、珠宝、玉器等首饰市场	Gold,Jewelry and Jade Market				
电器、通讯器材、电子设备市场	Electronic,Communication Equipment,Electronic Equipment Market	1	203	1	5
家电市场	Home Appliance Market				
通讯器材市场	Communication Equipment Market				
照相、摄像器材市场	Photography,Camera Market				
计算机及辅助设备市场	Computer and Auxiliary Equipment Market	1	203	1	5
其他电器、通讯器材、电子设备市场	Other				
医药、医疗用品及器材市场	Medicine,Medical Supplies and Equipment	2	1496	10	60
中药材市场	Chinese Medicine Market	2	1496	10	60
其他医药、医疗用品及器材市场	Other				
家具、五金及装饰材料市场	Furniture,Hardware and Decorative Material Market	2	2227	35	10
家具市场	Furniture Market	1	1097	15	4
装饰材料市场	Decorative Material Market				
灯具市场	Lamps Market				
厨具、盥洗设备市场	Kitchenware,Bathroom Equipment Market				
五金材料市场	Hardware Market	1	1130	20	6
其他装修市场	Other Decorative Markets				
汽车、摩托车及零配件市场	Automobile,Motorcycle and Parts Market	2	1775	34	96
汽车市场	Automobile Market	2	1775	34	96
摩托车市场	Motorcycle Market				
机动车零配件市场	Vehicle Parts Market				
花、鸟、鱼、虫市场	Flower,Bird,Fish and Insects Markets				
花卉市场	Flower Market				
鸟市场	Birds Market				
观赏鱼市场	Fish Market				
其他花鸟鱼虫市场	Others				
旧货市场	Flea Market				
古玩、古董、字画市场	Antique,Calligraphy and Painting Market				
邮票、硬币市场	Stamp and Coin Market				
其他旧货市场	Others				
其他专业市场	Other Professional Market				

16-17 亿元以上商品交易市场摊位分类情况

Classification of Commodity Exchange Markets of Transaction Value Over 100 Million Yuan

行业	Item	2018		2019		2020	
		摊位数(个) Number of Booths (Unit)	成交额(亿元) Turnover (100 million yuan)	摊位数(个) Number of Booths (Unit)	成交额(亿元) Turnover (100 million yuan)	摊位数(个) Number of Booths (Unit)	成交额(亿元) Turnover (100 million yuan)
总计	**Total**	**40800**	**399**	**39660**	**438**	**33900**	**348**
粮油、食品类	Grain,Beverage,Tobacco	7658	109	7508	121	6998	101
粮油类	Grain and oil	522	9	901	11	792	10
肉禽蛋类	Meat,Poultry and Eggs	1022	9	1085	7	890	6
水产品类	Aquatic Products	953	50	980	51	814	32
蔬菜类	Vegetable	1691	16	1424	20	1517	24
干鲜果品类	Dry and Fresh Fruit	1058	15	1030	26	935	26
饮料类	Beverage	211	1	189	1	194	1
烟酒类	Tobacco	478	1	462	1	434	1
服装、鞋帽、针纺织品类	Clothing Shoes and Hats,Knitwear Textiles	14834	51	12300	37	10094	27
化妆品类	Cosmetics	501	2	483	2	405	1
金银珠宝类	Jewellery	81	2	100	2	83	2
日用品类	Daily Use Article	1166	3	871	3	1041	4
五金、电料类	Hardware,Electrical Meterials	3047	15	2590	9	2013	7
体育、娱乐用品类	Sports and Entertainment Products	66		65		65	
照相器材类	Photographic Equipment						
书报杂志类	Books and Magazines	32		28		26	
电子出版物及音像制品类	Electronic Publications and Video Product	210	1	56		8	
家用电器和音像器材类	Household Appliances and Video Equipment	187	1	547	2	526	2
中西药品类	Traditional and Western Medicine	803	29	1516	81	1506	60
西药类	Western Medicine					6	
中草药及中成药类	Traditional Chinese Medicine	782	29	1498	80	1498	60
文化办公用品类	Office Supply	487	6	455	5	447	4
计算机及其配套产品	Computer and Related Products	137	5	176	5	199	4
家具类	Furniture	2010	13	1713	6	1863	9
通讯器材类	Communication Equipment	233	4	164	4	154	2
煤炭及制品类	Coal and Products						
木材及制品类	Wood and Products	277	1	277	1	277	1
石油及制品类	Petroleum and Products					74	
化工材料及制品类	Chemical Materials and Products	1122	4	1112	3	799	3
化肥类	Chemical Fertilizer	874	3	890	3	748	3
金属材料类	Metallic Materials	890	3	1005	3	409	2
建筑及装潢材料类	Construction and Decoration Materials	1807	18	1642	17	1501	12
机电产品及设备类	Mechanical and Electrical Products and Equipment	218	2	995	3	489	2
农机类	Agricultural Machinery	118	1	118	1	118	1
汽车类	Automobile	1689	108	1889	113	1872	97
种子饲料类	Seed and Feedstuff	278	1	274	1	274	1
棉麻类	Cotton and Hemp	3		211		21	
其他类	Other	2512	22	3208	21	2327	11

第十七篇

CHAPTER ▶ 17

教育、科技和文化事业

Education, Technology and Culture

资料整理人员：

张 蕾　李 闯

17－1 历年教育基本情况

Basic Statistics on Education

年 份 Year	在校学生数（万人） Student Enrollment（10000 persons）				专任教师数（人） Number of Full－time Teachers（person）			
	普通高等学校 Regular Institutions of Higher Education	中等学校 Secondary Schools	#普通中学 Regular Secondary Schools	小学 Primary Schools	普通高等学校 Regular Institutions of Higher Education	中等学校 Secondary Schools	#普通中学 Regular Secondary Schools	小学 Primary Schools
1978	3.00	209.10	205.95	342.97	7221	101705	96732	124978
1979	3.57	196.57	192.26	350.41	7931	106588	100814	133875
1980	3.80	189.29	183.14	355.29	8468	103427	96189	133402
1981	4.65	173.87	169.21	349.30	8641	100443	93508	134664
1982	4.14	165.14	156.42	330.98	9670	98244	89129	133796
1983	4.54	156.39	143.60	306.12	10570	95818	84399	129288
1984	5.10	158.24	141.89	300.88	10956	94443	81494	132786
1985	5.95	158.47	138.70	299.81	12443	96294	82201	134515
1986	6.55	154.42	133.77	306.90	13580	97188	82108	137499
1987	6.87	154.49	133.45	299.39	13752	99868	83609	142040
1988	7.29	152.31	129.77	291.02	14707	102334	84897	144864
1989	7.31	141.80	120.18	283.42	14726	102626	85211	147118
1990	7.28	140.41	119.57	276.12	14791	101692	84492	145952
1991	7.25	145.32	124.02	267.24	14664	104064	86460	147729
1992	7.57	152.36	129.80	259.95	14706	104489	86962	146337
1993	8.63	152.95	129.46	257.35	14864	105149	87622	147678
1994	9.52	151.47	126.64	264.19	14956	106326	88238	150242
1995	10.08	155.18	128.74	269.03	15024	107533	88908	152734
1996	10.50	156.82	128.71	274.91	15497	109883	91241	153537
1997	11.02	158.49	129.00	280.07	15610	110514	92019	149396
1998	11.79	158.35	127.89	274.27	15531	110651	92482	151758
1999	13.96	162.14	133.68	260.38	15166	108245	90943	152052
2000	17.53	167.75	143.12	241.59	17476	106110	90007	150291
2001	21.78	169.18	148.81	221.01	18194	103631	88921	145092
2002	26.47	173.36	155.20	202.22	19975	104834	91291	144586
2003	31.95	177.38	157.76	183.31	21824	109079	92338	141363
2004	36.22	180.51	159.96	174.14	25011	110318	93056	140904
2005	40.73	176.43	154.74	162.52	28129	111590	94248	137675
2006	43.51	174.81	149.01	155.60	29918	113603	94619	134450
2007	47.02	170.55	144.68	153.67	31667	113703	94464	131475
2008	50.41	167.32	139.46	150.07	32539	114192	94202	129118
2009	53.10	166.88	133.76	146.11	33239	115160	95614	128301
2010	54.44	159.03	128.84	144.46	33982	114622	94666	124502
2011	56.28	149.63	122.41	143.92	35647	123544	104417	111487
2012	57.89	140.22	116.96	142.37	37022	124482	105467	108035
2013	59.95	129.08	109.79	136.19	38003	124565	106386	103035
2014	61.82	118.87	103.83	126.89	38549	125464	107839	100146
2015	63.27	113.60	100.15	127.98	39152	122988	106636	96841
2016	64.23	113.83	100.81	126.42	39823	122262	107627	95884
2017	64.39	116.43	103.21	122.82	40097	122130	108581	94305
2018	65.83	119.00	106.87	120.19	40328	125054	111537	91550
2019	70.01	119.08	107.30	118.57	40298	127396	113475	89468
2020	72.70	116.97	105.08	118.75	41447	130198	116828	88281

17－2 各级各类教育基本情况（2020年）

Basic Statistics on Education by Level and Type（2020）

学校类别	Item	学校数(所) Number of Schools (unit)	教职工数(人) Teachers and Staff (person) 合计 Total	其中：专任教师 Fill－time Teachers	毕业生数（人）Graduates (person)	招生数（人）New Students Enrollment (person)	在校学生数（人）Students Enrollment (person)
一、研究生	Postgraduate	21			22647	29585	84074
科研机构	Scientific Research Institutions	2			69	59	167
普通高校	Regular Institutions of Higher Education	19			22578	29526	83907
# 地方所属	Local-owned	17			9550	14834	36743
二、高等教育	Higher Education	77	65503	42595	234365	317480	912545
普通高校	Regular Institutions of Higher Education	64	63666	41447	176893	208542	726957
# 地方属	Local-owned	62	50664	35120	162369	194703	670531
成人高等学校	Adult Institutions	13	1837	1148	57472	108938	185588
# 地方属	Local-owned	13	1837	1148	57472	108938	185588
三、高中阶段教育	Senior Secondary Education	501	63840	52071	180214	196331	547321
普通高中教育	Regular Senior Secondary Education	257	46167	38701	139803	151566	428406
中等职业教育	Vocational Secondary Education	244	17673	13370	40411	44765	118915
中等技术学校	Technical Secondary Schools	35	3831	2997	10909	10577	26756
中等师范学校	Teacher Training Schools						
成人中等专业学校	Specialized Secondary Schools for Adults	69	4189	3385	1008	1615	2755
职业高中	Vocational Senior Secondary Schools	140	8483	6151	20717	27222	68920
其他机构（不计校数）	Others (Regardless of number of school)	21	1170	837	3418	1192	6932
附设中职班（不计校数）	Secondary Vocational School(Regardless of number of school)				4359	4159	13552
四、初中阶段教育	Junior Secondary Education	1187	93732	78127	221110	188411	622419
普通初中	Regular Junior Secondary Schools	1182	93592	78034	220898	188315	621980
职业初中	Junior Secondary Vocational Schools	5	140	93	212	96	439
五、小学教育	Primary Education	3464	104290	88281	189659	190858	1187540
六、特殊教育	Special Education	51	1907	1648	1554	2153	12442
七、工读学校	Correctional Work-Study Schools	3	41	31	25	14	35
八、幼儿园	Kindergartens	3848	57717	29215	162074	132911	406327

17－3　各级各类成人学校基本情况

单位：人

项　　目	Item	招生数New
		2019
一、成人高等学校	**Higher Education Schools for Adults**	**8956**
成人本科	Regular College for Adults	3820
成人专科	Junior College for Adults	5136
广播电视大学	Radio and TV Universities	116
职工高等学校	Schools of Higher Education for Staff and Workers	2836
农民高等学校	Schools of Higher Education for Peasants	256
管理干部学院	College for Management Cadres	2489
教育学院	Pedagogical Colleges	3259
二、成人中专学校	**Secondary Schools for Adults**	**1510**
三、成人技术培训学校	**Technical Training Schools for Adults**	
四、成人中小学	**Primary Schools for Adults**	
职工中学	The middle School	
农民中学	Secondary Schools for Peasants	
职工小学	The Primary School	
农民小学	Primary School for Peasants	
其中：扫盲班	Literacy Classes	

Student Enrollment in Adult Schools by Level and Type

unit: person

Students Enrollment	在校生数 Students Enrollment		毕业生数 Graduates	
2020	2019	2020	2019	2020
13322	**13643**	**22301**	**3509**	**4573**
5660	4824	9508	1552	966
7662	8819	12793	1957	3607
247	211	363	83	95
4500	4893	7323	2452	1995
853	697	1109	346	441
23	2924	2512	246	435
7699	4918	10994	382	1607
1615	**2884**	**2755**	**1349**	**1008**
	97497	**201781**	**49160**	**155154**
	1779	**1101**	**1180**	**1101**
	1779	1101	1180	1101
	1779	1101	1180	1101

17－4 高等学校分学科研究生情况

Basic Statistics on Postgraduates in Institution of Higher Education by Field of Study

单位：人　　　　unit：person

指　标	Item	研究生合计 Total Postgraduates			博士学位 Doctor			硕士学位 Master		
		2018	2019	2020	2018	2019	2020	2018	2019	2020
招生数	**New Students Enrollment**									
总计	**Total**	**24189**	**25613**	**29585**	**2658**	**2900**	**3210**	**21531**	**22713**	**26375**
哲　学	Philosophy	162	147	143	43	34	34	119	113	109
经济学	Economics	754	1029	1074	125	113	103	629	916	971
法　学	Law	1962	2107	2382	255	268	305	1707	1839	2077
教育学	Education	3566	3693	4027	133	145	170	3433	3548	3857
文　学	Literature	1352	1360	1486	129	117	104	1223	1243	1382
历史学	History	451	427	523	104	101	119	347	326	404
理　学	Science	3006	2982	3349	632	663	743	2374	2319	2606
工　学	Engineering	5372	5823	6941	637	784	894	4735	5039	6047
农　学	Agriculture	1215	1305	1752	116	121	144	1099	1184	1608
医　学	Medicine	2764	2886	3650	332	443	494	2432	2443	3156
军事学	Military									
管理学	Management	2611	2802	2999	136	96	82	2475	2706	2917
艺术学	Art	974	1052	1259	16	15	18	958	1037	1241
#学术型学位	Academic Degree	12433	12918	14143	2568	2661	2857	9865	10257	11286
#专业学位	Professional Degree	11756	12695	15442	90	239	353	11666	12456	15089
在校学生数	**Students Enrollment**									
总计	**Total**	**68806**	**74671**	**84074**	**10991**	**11688**	**13576**	**57815**	**62983**	**70498**
哲　学	Philosophy	563	534	521	198	180	183	365	354	338
经济学	Economics	2499	2830	3008	781	765	805	1718	2065	2203
法　学	Law	6316	6876	7340	1209	1374	1556	5107	5502	5784
教育学	Education	8725	10389	12986	274	350	685	8451	10039	12301
文　学	Literature	3934	4031	4413	583	560	676	3351	3471	3737
历史学	History	1364	1403	1638	398	396	534	966	1007	1104
理　学	Science	8392	8887	9828	2176	2336	2752	6216	6551	7076
工　学	Engineering	15994	17015	18820	2695	2924	3309	13299	14091	15511
农　学	Agriculture	3112	3528	4218	435	484	558	2677	3044	3660
医　学	Medicine	8454	8825	9852	1487	1597	1764	6967	7228	8088
军事学	Military	2						2		
管理学	Management	6667	7360	8052	705	674	647	5962	6686	7405
艺术学	Art	2784	2993	3398	50	48	107	2734	2945	3291
#学术型学位	Academic Degree	39692	41123	44201	10845	11313	12833	28847	29810	31368
#专业学位	Professional Degree	29114	33548	39873	146	375	743	28968	33173	39130
预计毕业生数	Expected Graduate	22816	26502	31198	5918	6129	7410	16898	20373	23788
毕业生数	Graduate	18263	19250	22647	1853	1938	2051	16410	17312	20596

17－5 高等学校研究生情况
Basic Statistics on Postgraduates in Institutions of Higher Education

单位：人　　　　　　　　　　　　　　　　　　　　　　　　　　　　　unit：person

指标	Item	研究生合计 Total Postgraduates			博士学位 Doctor			硕士学位 Master		
		2018	2019	2020	2018	2019	2020	2018	2019	2020
毕业生数	Graduates	18263	19250	22647	1853	1938	2051	16410	17312	20596
招生数	New Student Enrollment	24189	25613	29585	2658	2900	3210	21531	22713	26375
在学研究生数	Number of Postgraduate Enrollment	68806	74671	84074	10991	11688	13576	57815	62983	70498
毕业班学生数	Students in Graduating Class	22816	26502	31198	5918	6129	7410	16898	20373	23788

17－6 幼儿园基本情况
Basic Statistics on Kindergartens

指标	Item	2018	2019	2020
园数(所)	Number of Kindergartens(unit)	3617	3605	3848
在园幼儿数（万人）	Students Enrollment(10000 person)	42	41	41
教职工数（人）	Teachers and Staff(person)	54973	57360	57717
#专任教师数	Number of Full-time Teachers	28503	28848	29215

17－7 特殊教育基本情况
Basic Statistics on Special Education

指　　标	Item	2018	2019	2020
学校数(所）	Number of Schools(unit)	50	49	51
招生数（人）	New Students Enrollment(person)	1867	2095	2153
在校学生数（人）	Students Enrollment(person)	9649	11313	12442
毕业生数（人）	Graduates(person)	1094	1410	1554
教职工数（人）	Teachers and Staff(person)	1937	1935	1907
# 专任教师数	Number of Full-time Teachers	1662	1649	1648

17－8 小学净入学率
Net Primary School Enrollment Ratio

指　　标	Item	2018	2019	2020
校内外学龄人口数(万人）	Number of School-age Population in and out of School(10000 person)	118.04	117.26	117.17
在校学龄人口数（万人）	School Age Population(10000 person)	118.00	116.41	116.59
净入学率（%）	Net Enrollment Ratio(%)	99.97	99.28	99.50
#其中：女	Female	99.97	99.22	99.50

17－9　普通高等教育普通本科在校学生数

General Higher Education Undergraduate Students

单位：人　　　　　　　　　　　　　　　　　　　　　　　　　　　　unit：person

项　目	Item	招生 New Students Enrollment			在校生 Students Enrollment			毕业生 Graduates		
		2018	2019	2020	2018	2019	2020	2018	2019	2020
总计	**Total**	**1[illegible]5698**	**126718**	**130311**	**486973**	**493437**	**500763**	**113143**	**116628**	**120607**
哲学	Philosophy	68	69	42	263	268	243	59	66	67
经济学	Economics	5502	6291	6321	26224	26051	25580	6396	6511	6838
法学	Law	3747	3911	4070	14048	14426	14982	3422	3414	3504
教育学	Education	5427	5662	6722	20355	21013	22441	4824	4861	5290
文学	Literature	[illegible]1966	12286	12986	47075	48642	49919	11013	11000	11660
#外语	Foreign Language	7164	7388	7697	28102	29038	29729	6462	6498	6873
历史学	History	696	786	786	2580	2782	2880	597	602	592
理学	Science	[illegible]137	8227	8327	32539	33380	33359	7584	7910	8222
工学	Engineering	[illegible]3363	44013	44102	163681	166620	170047	36472	38892	39589
农学	Agriculture	3103	2865	3291	11847	11501	11732	2894	2869	2724
医学	Medicine	[illegible]196	8329	9231	32295	33416	34895	6350	6922	7691
管理学	Management	[illegible]9129	18736	18683	75115	74305	73084	18417	18579	19522
艺术学	Art	[illegible]5364	15543	15750	60951	61033	61601	15115	15002	14908
总计中：师范生	Normal university student	[illegible]844	12930	13731	48280	51237	54503	11568	12510	13781

17－10　普通高等教育分科专任教师数（2020年）

Numbers of Full Time Teacher by Field of Study in Regular Higher Educational Institutions（2020）

单位：人　　　　　　　　　　　　　　　　　　　　　　　　　　　　unit：person

项　目	Item	合计 Total	正高级 Senior Title	副高级 Sub-Senior Title	中级 Middle Title	初级 Junior Title	无职称 No Rank
总计	**Total**	**42595**	**7209**	**14188**	**15211**	**4914**	**1073**
#女	Female	24262	3323	8050	9084	3113	692
哲学	Philosophy	1225	203	356	429	183	54
经济学	Economics	1814	331	676	539	227	41
法学	Law	2209	386	631	817	352	23
教育学	Education	3986	435	1353	1529	554	115
#体育	Sports	1771	161	601	726	250	33
文学	Literature	5900	725	1961	2485	596	133
#外语	Foreign Language	3857	419	1297	1711	367	63
历史学	History	511	134	194	134	42	7
理学	Science	4884	1164	1710	1563	338	109
工学	Engineering	11115	2035	3869	3867	1091	253
#计算机	Computer	2317	278	863	906	220	50
农学	Agriculture	1216	305	428	396	72	15
#林学	Forestry	172	21	53	76	19	3
医学	Medicine	2945	620	885	848	397	195
管理学	Management	3211	525	1153	1114	371	48
艺术	Art	3579	346	972	1490	691	80

17－11 各级学校生师比
Student-teacher Ratio by Level of School

（教师人数=1） (Number of Teachers=1)

指 标	Item	2018	2019	2020
普通高校	**Institutions of Higher Education**			
专任教师数	Number of Full-lime Teachers	40328	40298	41447
生师比	Student-faculty Ratios	17.98	18.96	19.36
中等学校	**Secondary School**			
专任教师数	Full-time Number	125054	127396	130198
生师比	Student-faculty Ratios	10.81	10.64	10.34
小学	**Primary School**			
专任教师数	Full-time Number	91550	89468	88281
生师比	Student-faculty Rations	11.27	11.29	11.28

17－12 平均每万人口在校学生数
Student Enrollment per 10000 Population

指 标	Item	2018	2019	2020
各级学校在校生数占全省人口比重(%)	Students as Percentage of Total Population(%)	13.6	13.8	14.1
平均每万人口中（人）	Per 10000 Population(person)			
高等学校	Institutions of Higher Education	313	337	371
高中阶段	Senior Secondary	208	213	220
初中阶段	Junior Secondary	243	242	231
小 学	Primary Secondary	442	439	441
幼儿园	Kindergartens	154	152	151

17－13 职业技术培训机构情况（2020年）
Vocational Technical Training Institutions（2020）

单位：人

unit：person

项　目	Item	学校数(所) School of Number(unit)	教职工数 Teachers and staff	#专任教师 Number of Full-time teachers	结业学生数 Graduates	注册学生数 Number of Registered students
总　计	**Total**	**1213**	**6922**	**4698**	**155154**	**201781**
职工技术培训学校(机构)	**Staff technical training school(Institution)**	6	438	241	3954	4359
教育部门办	Education Department	5	278	186	3954	4359
其他部门办	other	1	160	55		
民办	Private					
农村成人文化技术培训学校(机构)	**Rural Adult Cultural and technical training school(Institution)**	128	354	214	16825	18897
教育部门办	Education Department	127	318	178	14825	16897
#县办	County	6	120	94	1517	1517
乡办	Township	44	119	64	9511	10673
村办	Village	77	79	20	3797	4707
其他部门办	Other	1	36	36	2000	2000
民办	Private					
其他培训机构(含社会培训机构)	**Other training Institutions**	1079	6130	4243	134375	178525
教育部门办	Education Department	34	323	199	1018	3671
其他部门办	Other					
民办	Private	1045	5807	4044	133357	174854

17－14 中等职业学校(机构)情况（2020年）
Secondary Vocational School(Institutions)（2020）

单位：个

unit：unit

项　目	Item	总计 Total	中央部门 Central Department	地方 local			民办 Private
				教育部门 Education Department	其他部门 Other	地方企业 Local Enterprises	
中等职业学校	Secondary vocational school	244		149	28		67
普通中等专业学校	General secondary vocational school	35		20	10		5
成人中等专业学校	Adult secondary specialized school	69		58	11		
职业高中学校	Vocational high school	140		71	7		62
其他中职机构&(不计校数)	Other vocational Institutions	21		16	3		2
附设中职班(不计校数)	Secondary Vocational school (Excluding the number of schools)	35		26	3		6

注：中等职业学校未含技工学校数据(相关表同)。
Note: Secondary Vocational school has not included the data of technical school(The same applies to the relevant tables following).

17－15　中等职业学校分学科学生情况（2020年）
Students in Secondary Vocational School by Subject（2020）

单位：人　　unit：person

项　目	Item	毕业生数 Graduates	#获得职业资格证书 Obtain professional qualification certificate	招生数 New student Enrollment	在校学生数 Students Enrollment
总　计	**Total**	**40411**	**15823**	**44765**	**118915**
农林牧渔类	Agriculture,Forestry,Animal, Husbandry and Fishery	5522	2217	4380	12901
资源环境类	Resource Environment	61	59	7	146
能源与新能源类	Energy and New Energy	18		33	100
土木水利类	Civil Engineering Water Conservancy	1339	240	1228	3344
加工制造类	Manufacturing	4590	2871	5900	14186
石油化工类	Petroleum Chemical Industry	50	37	77	209
轻纺食品类	Textile Food	71	24	49	176
交通运输类	Transportation	6045	2746	6120	16643
信息技术类	Information Technology	4937	1937	5996	15434
医药卫生类	Medical Science	6291	1483	7827	19557
休闲保健类	Leisure Health	366	22	106	360
财经商贸类	Finance and Trade	2351	1025	2328	6134
旅游服务类	Tourism Service	1513	628	1397	4736
文化艺术类	Culture and Art	1314	274	1448	4178
体育与健身	Sports and Fitness	544	337	748	2066
教育类	Education	4826	1754	5130	14415
司法服务类	Judicial Service			53	53
公共管理与服务类	Public Management and Service	483	139	1450	3040
其他	Other	90	30	488	1237

17－16 科技事业发展情况
Development of Science and Technology

指标	Item	2014	2015	2016	2017	2018	2019	2020
研究与实验发展(R&D)活动	**R&D Activities**							
研究与实验发展折合全时人员（人年）	Full-time Equivalent of R&D Personnel(man-year)	49774	49276	48252	45530	36376	42323	44472
研究与实验发展经费支出（亿元）	Expenditure on R&D(100 million yuan)	130.7	141.4	139.7	128.0	115.0	148.4	159.50
研究与实验发展经费支出占地区生产总值比重（%）	R&D Expenditure as GDP Proportion(%)	1.31	1.41	1.34	1.17	1.02	1.27	1.30
技术成果	**Technological Achievement and Natural Awards**							
科技成果总数（项）	Number of Achievements in Science and Technology(Item)	696	816	717	600	674	552	526
#应用技术成果（项）	Application of Technology Results(Item)	592	639	588	527	602	478	456
国家奖励	**National Awards**							
#国家自然科学奖（项）	State Natural Science Award(Item)	5	3	1	1		2	1
国家技术发明奖（项）	State Technological Invention Award(Item)	2	1	1			2	
国家科技进步奖（项）	Number of National Scientific and Technological Progress Prizes Awarded(Item)	2	6	2	5	4	4	1
技术市场成交额（亿元）	**Technical Market(100 million yuan)**	**28.2**	**26.4**	**115.4**	**219.8**	**341.9**	**474.1**	**462.2**
科技服务	**Technology Services**							
气象观测站点(气象台站总数)（个）	Meteorological Observation Site(unit)	55	55	54	54	54	54	55
地震台站（个）	Seismic Stations(unit)	37	37	37	37	37	37	37
质量监督	**Quality Supervision**							
产品质量检验机构（个）	Product Quality Inspection Agency(unit)	823	85	859	915	1016	1003	1181
监督抽查产品（种）	Quality Checks of Products(kind)	30	33	35	37	39	43	119
监督抽查产品（批次）	Supervision and Checking of Products(batch)	625	668	726	690	807	665	4643
专利	**Patents**							
专利申请受理量（件）	Number of Patents Application Accepted(piece)	11933	14800	18922	20450	27034	31052	
专利申请授权量（件）	Number of Patents Application Granted(piece)	6696	8878	9995	11090	13885	15579	23951

注：2015年产品质量检验机构统计口径有变更，2014年以前为全省口径数据，2015年仅为吉林省质量技术监督局所掌握数据。
Note: The statistical coverage of the reporting system of the quality supervision and inspection department changed in 2015.Data of 2014 and previous years are figures of the whole province.Since 2015,the data are only those surveyed by Administration of quality supervision and inspection of Jilin province.

17－17　全部规模以上工业企业R&D项目(课题)情况（2020年）

Industrial Enterprises R&D Projects Situation（2020）

项　　目	Item	项目（课题）数（项）Number of Project (Thesis)	项目（课题）参加人员折合全时当量（人年）Full-time Equivalent of Project(Thesis) Engaged Person(Person-year)	项目（课题）经费内部支出（万元）Internal Expenditure of Project (Thesis)
总计	**Total**	**2481**	**10879**	**716183**
一、按项目来源分组	**Grouped by Projects (topic) Source**			
本企业自选项目	Self-selected Projects	2312	10204	678666
政府部门科技项目	Government Department Technical Projects	118	555	18846
其他企业（单位）委托项目	Enterprises Entrust Technological Projects	30	83	8798
境外项目	Foreign Projects	8	5	1006
其他项目	Others	13	33	8867
二、项目开展形式	Grouped by Carrying Out Methods			
自主完成	Independently Completed	2059	8656	547478
与境内研究机构合作	Cooperated with Domestic Research Institution	126	538	34173
与境内高等院校合作	Cooperated with Domestic Universities	105	532	29439
与境内其他企业或单位合作	Cooperated with Domestic Other Enterprises or Institution	176	1105	97411
与境外机构合作	Cooperated with Foreign Institution	14	50	7666
委托其他企业或单位合作	Entrusted other Enterprises or Cooperated with other Institution			
其他形式	Others	1		17
三、按项目活动类型分组	**Grouped by Projects (topic) Activities Types**			
基础研究	Basic Research	8	94	2689

17－17 续表 continued

项　　目	Item	项目（课题）数（项）Number of Project (Thesis)	项目（课题）参加人员折合全时当量（人年）Full-time Equivalent of Project(Thesis) Engaged Person(Person-year)	项目（课题）经费内部支出（万元）Internal Expenditure of Project (Thesis)
应用研究	Applied Research	340	1539	37237
试验发展	Experimental Development	2133	9247	676257
四、按学科分类分组	**Grouped by Subjects**			
自然科学	Natural Science			
农业科学	Agricultural science			
医药科学	Medical Science			
工程与技术科学	Engineering and Technical Sciences	2481	10879	716183
人文与社会科学	Humanities and Social Sciences			
五、按隶属关系分组	**Group by Administration**			
中央	National	658	4106	397219
地方	City	1823	6773	318964
六、按行业分组	Group by Sector			
采矿业	Mining	87	787	27418
制造业	Manufacturing	2292	9635	680387
电力、热力、燃气及水生产和供应业	Production and Supply of Electricity,Gas and Water	102	457	8378

17－18 规模以上工业企业R&D人员情况（2020年）

项　　目	Item	研究与试验发展(R&D)人员（人）Research and Development (R&D) Personnel(person)
总计	**Total**	**19919**
一、按企业规模分组	**Group by Size of Enterprises**	
大　型	Large-sized Enterprise	12403
中　型	Medium-sized Enterprise	3954
小　型	Small-sized Enterprise	3472
微　型	Mini-sized Enterprise	90
二、按隶属关系分组	**Group by Administration**	
中　央	National	9179
地　方	City	10740
三、按登记注册类型分组	**Grouped by Status Registration**	
内资企业	Domestic Funded	17059
港、澳、台商投资企业	Enterprises with Funds from Hong Kong,Macao and Taiwan	127
外商投资企业	Foreign Funded Enterprises	2733
四、按新国民经济行业大类分组	**Grouping by National Economy Industry**	
采矿业	Mining	1009
制造业	Manufacturing	17480
电力、热力、燃气及水的生产和供应业	Production and Supply of Electricity,Gas and Water	1430
五、按企业控股情况分组	**Grouping by Enterprises Share Holding Situation**	
国有控股	State-owned Holding	11307
集体控股	Collective Holding	369
私人控股	Private Holding	4907
港澳台商控股	Hong Kong, Macao and Taiwan Funded Holding	47
外商控股	Foreign Holdings	853
其　他	Others	2436
六、按地区分组	**Grouped by Region**	
长　春	Changchun	13030
吉　林	Jilin	2821
四　平	Siping	324
辽　源	Liaoyuan	267
通　化	Tonghua	1579
白　山	Baishan	71
松　原	Songyuan	917
白　城	Baicheng	235
延　边	Yanbian	675

Main Indicators of Industrial Enterprises R&D Human Resource Situation （2020）

其中 Major Breakdown				其中 Major Breakdown
#本年度参加项目人员 Personnel Involved in the Project This Year	#科技管理和服务人员 S&T Management and Service Personnel	#女性 Female	#研究人员 Researchers	全时人员 Full-time Personnel
18429	**1490**	**5242**	**8605**	**13881**
11774	629	2988	5822	8090
3570	384	1160	1597	2974
3005	467	1060	1147	2747
80	10	34	39	70
8644	535	2149	4222	5333
9785	955	3093	4383	8548
15728	1331	4671	7190	11373
117	10	18	51	113
2584	149	553	1364	2395
899	110	424	543	908
16202	1278	4352	7313	12540
1328	102	466	749	433
10591	716	2625	5182	7063
347	22	205	147	286
4334	573	1657	1807	3795
44	3	11	26	43
800	53	150	441	749
2313	123	594	1002	1945
12226	804	2988	5886	8434
2583	238	689	1059	2153
301	23	99	124	281
227	40	62	88	185
1412	167	714	621	1247
60	11	32	27	32
793	124	342	438	822
196	39	99	51	177
631	44	217	311	550

项　　目	Item	非全时人员 Part–time Personnel
总计	**Total**	**6038**
一、按企业规模分组	**Group by Size of Enterprises**	
大 型	Large–sized Enterprise	4313
中 型	Medium–sized Enterprise	980
小 型	Small–sized Enterprise	725
微 型	Mini–sized Enterprise	20
二、按隶属关系分组	**Group by Administration**	
中 央	National	3846
地 方	City	2192
三、按登记注册类型分组	**Grouped by Status Registration**	
内资企业	Domestic Funded	5686
港、澳、台商投资企业	Enterprises with Funds from Hong Kong,Macao and Taiwan	14
外商投资企业	Foreign Funded Enterprises	338
四、按新国民经济行业大类分组	**Grouping by National Economy Industry**	
采矿业	Mining	101
制造业	Manufacturing	4940
电力、热力、燃气及水的生产和供应业	Production and Supply of Electricity,Gas and Water	997
五、按企业控股情况分组	**Grouping by Enterprises Share Holding Situation**	
国有控股	State–owned Holding	4244
集体控股	Collective Holding	83
私人控股	Private Holding	1112
港澳台商控股	Hong Kong, Macao and Taiwan Funded Holding	4
外商控股	Foreign Holdings	104
其 他	Others	491
六、按地区分组	**Grouped by Region**	
长 春	Changchun	4596
吉 林	Jilin	668
四 平	Siping	43
辽 源	Liaoyuan	82
通 化	Tonghua	332
白 山	Baishan	39
松 原	Songyuan	95
白 城	Baicheng	58
延 边	Yanbian	125

continued

R&D人员折合全时当量（人年） Full-time Equivalent of R&D Personnel (person-year)		其中 Major Breakdown		
	#研究人员 Researchers	基础研究 Basic Research	应用研究人员 Applied Researchers	试验发展人员 Personnel of Experimental Development
11806	**5386**	**139**	**1942**	**9725**
7150	3613	125	1790	5234
2444	1014	8	39	2397
2148	727	6	112	2031
63	32		1	62
4495	2286	125	1714	2656
7311	3100	14	229	7069
9672	4314	139	1917	7616
90	37			90
2044	1035		25	2019
892	499	107	267	518
10441	4632	32	1307	9103
472	256		368	104
5870	2927	125	1799	3946
155	60		1	154
3101	1223	3	102	2996
38	21			38
754	397			754
1888	758	11	40	1837
6997	3344	11	1476	5510
2042	810	21	118	1902
175	73		42	133
135	39			135
958	386		5	954
30	13		3	27
754	408	107	270	377
146	38			146
568	277		28	540

17－19　规模以上工业企业R&D经费情况（2020年）

单位：万元

项　　目	Item	R&D经费内部支出合计 R&D Internal Expenditures
总计	**Total**	**776448**
一、按企业规模分组	**Group by Size of Enterprises**	
大　型	Large-sized Enterprise	602214
中　型	Medium-sized Enterprise	109669
小　型	Small-sized Enterprise	62894
微　型	Mini-sized Enterprise	1672
二、按隶属关系分组	**Group by Administration**	
中　央	National	475395
地　方	City	301052
三、按登记注册类型分组	**Grouped by Status Registration**	
内资企业	Domestic Funded	457643
港、澳、台商投资企业	Enterprises with Funds from Hong Kong,Macao and Taiwan	6743
外商投资企业	Foreign Funded Enterprises	312061
四、按新国民经济行业大类分组	**Grouping by National Economy Industry**	
采矿业	Mining	25986
制造业	Manufacturing	744227
电力、热力、燃气及水的生产和供应业	Production and Supply of Electricity，Gas and Water	6234
五、按企业控股情况分组	**Grouping by Enterprises Share Holding Situation**	
国有控股	State-owned Holding	552886
集体控股	Collective Holding	4683
私人控股	Private Holding	88308
港澳台商控股	Hong Kong, Macao and Taiwan Funded Holding	2900
外商控股	Foreign Holdings	52252
其　他	Others	75418
六、按地区分组	**Grouped by Region**	
长　春	Changchun	626571
吉　林	Jilin	61705
四　平	Siping	6549
辽　源	Liaoyuan	3346
通　化	Tonghua	34815
白　山	Baishan	858
松　原	Songyuan	24442
白　城	Baicheng	2791
延　边	Yanbian	15372

Main Indicators of I-dustrial Enterprises R&D Expenditure Situation（2020）

unit: 10000 yuan

经常费支出 Ordinary Expenditure	#人员劳务费 Labor Costs	资产性支出 Assets Expenditure	政府资金 Government Funds
722441	**212799**	**54007**	**10954**
570981	170052	31233	4163
91582	28549	18087	4106
58218	14021	4676	2479
1661	178	11	206
459483	134817	15913	3330
262958	77982	38094	7624
427505	163712	30139	10662
5920	1035	824	
289016	48052	23045	292
25662	19129	324	998
690570	191989	53658	9939
6209	1680	25	18
530540	155992	22346	4696
4645	1518	38	74
82934	22862	5374	3211
2376	587	525	
42730	14501	9522	
59216	17339	16202	2973
583843	161935	42729	7284
55125	16334	6580	490
6371	1402	177	31
3149	686	197	
32767	9602	2048	640
811	181	46	117
24134	16148	308	1015
2415	472	377	406
13827	6040	1545	970

17－19　续表

单位：万元

项　　目	Item	企业资金 Enterprise Funds	国外资金 Foreign Funds
总计	**Total**	**763626**	**714**
一、按企业规模分组	**Group by Size of Enterprises**		
大　型	Large–sized Enterprise	598050	
中　型	Medium–sized Enterprise	103780	714
小　型	Small–sized Enterprise	60330	
微　型	Mini–sized Enterprise	1466	
二、按隶属关系分组	**Group by Administration**		
中　央	National	472065	
地　方	City	291560	714
三、按登记注册类型分组	**Grouped by Status Registration**		
内资企业	Domestic Funded	446896	
港、澳、台商投资企业	Enterprises with Funds from Hong Kong,Macao and Taiwan	6743	
外商投资企业	Foreign Funded Enterprises	309986	714
四、按新国民经济行业大类分组	**Grouping by National Economy Industry**		
采矿业	Mining	24989	
制造业	Manufacturing	732421	714
电力、热力、燃气及水的生产和供应业	Production and Supply of Electricity, Gas and Water	6217	
五、按企业控股情况分组	**Grouping by Enterprises Share Holding Situation**		
国有控股	State–owned Holding	548191	
集体控股	Collective Holding	4610	
私人控股	Private Holding	85097	
港澳台商控股	Hong Kong, Macao and Taiwan Funded Holding	2900	
外商控股	Foreign Holdings	50490	714
其　他	Others	72339	
六、按地区分组	**Grouped by Region**		
长　春	Changchun	617419	714
吉　林	Jilin	61214	
四　平	Siping	6517	
辽　源	Liaoyuan	3346	
通　化	Tonghua	34175	
白　山	Baishan	740	
松　原	Songyuan	23427	
白　城	Baicheng	2386	
延　边	Yanbian	14402	

continued

unit: 10000 yuan

其他资金 Others	R&D经费外部支出合计 R&D Exterior Expenditures	#对境内研究机构支出 Expenditure on domestic Research Institutions	#对境内高等学校支出 Expenditure on Domestic Colleges and Universities
1154	**239359**	**36266**	**5523**
	202444	20918	4105
1069	27564	10447	932
85	8855	4743	324
	496	158	162
	89090	13071	4492
1154	150270	23195	1031
85	79334	31282	5523
	51		
1069	159975	4985	
	4547	684	2116
1154	232946	35314	2653
	1867	268	754
	94936	18848	4505
	1339	1335	4
	15258	4178	966
	51		
1048	103764	2326	
106	24011	9580	49
1154	209440	26581	3209
	5524	262	443
	301	289	12
	22	2	
	13050	7134	60
	24		
	3506	18	1741
	1733	1628	
	5759	351	59

17－20　规模以上工业企业办研究机构情况（2020年）

项　　目	Item	机构数（个）Number of Institutions (Unit)	机构人员（人）Agency Personnel (Person)
总计	**Total**	**190**	**14291**
一、按企业规模分组	**Group by Size of Enterprises**		
大　型	Large-sized Enterprise	43	9338
中　型	Medium-sized Enterprise	45	2412
小　型	Small-sized Enterprise	95	2495
微　型	Mini-sized Enterprise	7	46
二、按隶属关系分组	**Group by Administration**		
中　央	National	27	5876
地　方	City	163	8415
三、按登记注册类型分组	**Grouped by Status Registration**		
内资企业	Domestic Funded	180	13487
港、澳、台商投资企业	Enterprises with Funds from Hong Kong,Macao and Taiwan	4	189
外商投资企业	Foreign Funded Enterprises	6	615
四、按新国民经济行业大类分组	**Grouping by National Economy Industry**		
采矿业	Mining	7	1689
制造业	Manufacturing	183	12602
电力、热力、燃气及水的生产和供应业	Production and Supply of Electricity，Gas and Water		
五、按企业控股情况分组	**Grouping by Enterprises Share Holding Situation**		
国有控股	State-owned Holding	47	7581
集体控股	Collective Holding	2	455
私人控股	Private Holding	111	4311
港澳台商控股	Hong Kong, Macao and Taiwan Funded Holding	2	29
外商控股	Foreign Holdings	4	358
其　他	Others	24	1557
六、按地区分组	**Grouped by Region**		
长　春	Changchun	84	6642
吉　林	Jilin	44	3303
四　平	Siping	9	302
辽　源	Liaoyuan	7	253
通　化	Tonghua	20	1359
白　山	Baishan	3	78
松　原	Songyuan	5	1443
白　城	Baicheng	4	120
延　边	Yanbian	14	791

Main Indicators of The Situation of Research Institutions of Industrial Enterprises（2020）

#博士毕业 PHD Graduate	#硕士毕业 Master Graduate	机构经费支出 (万元) Agency Expenditure (10000 yuan)	#仪器设备原价 Equipment Original Cost
311	**2825**	**827214**	**708876**
186	2277	691994	593751
47	349	78235	58618
74	194	55343	56248
4	5	1642	259
141	1908	519055	407049
170	917	308159	301828
304	2754	794841	654130
3	1	4243	2730
4	70	28131	52016
19	378	37002	40916
292	2447	790212	667960
189	2366	627247	528354
8	43	9673	9790
95	266	94148	115229
	1	1268	508
	12	10827	24197
19	137	84052	30798
184	1926	557788	428898
68	438	168704	179849
6	19	2969	3574
2	18	6038	4048
30	77	39750	31740
	1	823	2437
15	261	31661	30034
3	17	7002	7075
3	68	12479	21221

17－21 规模以上工业企业自主知识产权保护情况（2020年）

项　　目	Item	专利申请数（件）Number of Patent Applications(piece)	#发明专利 Invention Patents
总计	**Total**	**6476**	**2764**
一、按企业规模分组	**Group by Size of Enterprises**		
大 型	Large-sized Enterprise	4010	1967
中 型	Medium-sized Enterprise	1002	338
小 型	Small-sized Enterprise	1427	451
微 型	Mini-sized Enterprise	37	8
二、按隶属关系分组	**Group by Administration**		
中 央	National	3544	1828
地 方	City	2932	936
三、按登记注册类型分组	**Grouped by Status Registration**		
内资企业	Domestic Funded	5852	2628
港、澳、台商投资企业	Enterprises with Funds from Hong Kong,Macao and Taiwan	66	6
外商投资企业	Foreign Funded Enterprises	558	130
四、按新国民经济行业大类分组	**Grouping by National Economy Industry**		
采矿业	Mining	51	32
制造业	Manufacturing	6107	2610
电力、热力、燃气及水的生产和供应业	Production and Supply of Electricity，Gas and Water	318	122
五、按企业控股情况分组	**Grouping by Enterprises Share Holding Situation**		
国有控股	State-owned Holding	3979	1935
集体控股	Collective Holding	34	15
私人控股	Private Holding	1642	562
港澳台商控股	Hong Kong, Macao and Taiwan Funded Holding	34	5
外商控股	Foreign Holdings	144	23
其 他	Others	643	224
六、按地区分组	**Grouped by Region**		
长 春	Changchun	5408	2447
吉 林	Jilin	469	139
四 平	Siping	65	8
辽 源	Liaoyuan	87	25
通 化	Tonghua	151	45
白 山	Baishan	22	2
松 原	Songyuan	80	24
白 城	Baicheng	55	21
延 边	Yanbian	139	53

Main Indicators of Industrial Enterprise Independent Intellectual Property Rights Protection（2020）

有效发明专利数（件）Inventions (piece)	#已被实施 Implemented	发表科技论文(篇) S&T Thesis Issued (piece)	拥有注册商标数(件) Number of Registered Trademarks (pieces)	形成国家或行业标准数(项) Formation of National or Industry Standard Digital (item)
6696	**4498**	**1123**	**9327**	**203**
3504	2579	721	6454	105
1166	699	274	1445	24
1970	1198	128	1388	71
56	22		40	3
2866	2018	745	5461	83
3830	2480	378	3866	120
6047	4154	1075	8940	199
101	79	36	13	
548	265	12	374	4
45	12	45		
6238	4145	888	9327	203
413	341	190		
3192	2295	896	5681	111
35	12		89	2
2337	1478	52	3080	83
86	64	36	13	
407	174	5	242	2
639	475	134	222	5
4608	3165	777	5982	144
998	628	166	319	21
122	56	3	313	4
85	64		58	
393	237	85	2091	19
11	2	12	89	
50	13	15	3	3
120	88	36	116	2
309	245	29	356	10

17－22　规模以上工业企业新产品开发和经费支出情况

Expenditures for New Product Development and Funding of Main Indicators of Industrial Enterprises

单位：万元　　　　unit: 10000 yuan

项　　目	Item	2019		2020	
		新产品开发项目数 Number of New Products Development Projects	新产品开发经费支出 Expenditure on New Products Development	新产品开发项目数 Number of New Products Development Projects	新产品开发经费支出 Expenditure on New Products Development
总计	**Total**	**3511**	**1769661**	**3741**	**1788921**
一、按企业规模分组	**Group by Size of Enterprises**				
大　型	Large-sized Enterprise	825	1320515	874	1398606
中　型	Medium-sized Enterprise	1144	192246	1178	209631
小　型	Small-sized Enterprise	1524	157215	1654	178560
微　型	Mini-sized Enterprise	18	99685	35	2124
二、按隶属关系分组	**Group by Administration**				
中　央	National	538	1043598	520	1092645
地　方	City	2973	726064	3221	696276
三、按登记注册类型分组	**Grouped by Status Registration**				
内资企业	Domestic Funded	3061	1521549	3298	1107002
港、澳、台商投资企业	Enterprises with Funds from Hong Kong,Macao and Taiwan	52	18976	49	16006
外商投资企业	Foreign Funded Enterprises	398	229137	394	665913
四、按新国民经济行业大类分组	**Grouping by National Economy Industry**				
采矿业	Mining	9	4754	10	3877
制造业	Manufacturing	3493	1764261	3717	1783847
电力、热力、燃气及水的生产和供应业	Production and Supply of Electricity，Gas and Water	9	646	14	1196
五、按企业控股情况分组	**Grouping by Enterprises Share Holding Situation**				
国有控股	State-owned Holding	928	1198637	941	1270525
集体控股	Collective Holding	51	9694	65	26130
私人控股	Private Holding	1735	247461	2066	216535
港澳台商控股	Hong Kong, Macao and Taiwan Funded Holding	52	15530	34	9648
外商控股	Foreign Holdings	183	171848	171	117158
其　他	Others	562	126491	464	148925
六、按地区分组	**Grouped by Region**				
长　春	Changchun	2049	1451998	2153	1501560
吉　林	Jilin	536	136128	613	130460
四　平	Siping	180	20630	132	12864
辽　源	Liaoyuan	101	35725	108	12269
通　化	Tonghua	433	75657	476	85635
白　山	Baishan	41	8222	80	4988
松　原	Songyuan	45	9298	45	6347
白　城	Baicheng	43	9814	43	12781
延　边	Yanbian	83	22189	91	22018

17－23 规模以上工业企业技术获取和技术改造情况
Main Indicators of Industrial Enterprises Technology Acquiring and Technology Transforming Situation

单位：万元 unit: 10000 yuan

项目	Item	2019			2020		
		引进国外技术经费支出 Expenditure for Import Foreign Technology	购买国内技术经费支出 Expenditures for Inner Technology	技术改造经费支出 Expenditures for Technical Renovation	引进国外技术经费支出 Expenditure for Import Foreign Technology	购买国内技术经费支出 Expenditures for Inner Technology	技术改造经费支出 Expenditures for Technical Renovation
总计	**Total**	**201313**	**482382**	**3897277**	**255527**	**156176**	**155310**
一、按企业规模分组	**Group by Size of Enterprises**						
大　型	Large-sized Enterprise	195838	482170	3884898	255123	144405	138984
中　型	Medium-sized Enterprise	630	4	4979		8543	8211
小　型	Small-sized Enterprise	4845	209	6754	404	3228	4920
微　型	Mini-sized Enterprise			645			3196
二、按隶属关系分组	**Group by Administration**						
中　央	National	191174	482215	3823297	255412	144405	105413
地　方	City	10138	167	73981	115	11772	49898
三、按登记注册类型分组	**Grouped by Status Registration**						
内资企业	Domestic Funded	201242	482382	3896818	1518	150223	103943
港、澳、台商投资企业	Enterprises with Funds from Hong Kong,Macao and Taiwan	71		459			162
外商投资企业	Foreign Funded Enterprises				254009	5953	51205
四、按新国民经济行业大类分组	**Grouping by National Economy Industry**						
采矿业	Mining			261			
制造业	Manufacturing	201313	482382	3891660	255527	156176	149622
电力、热力、燃气及水的生产和供应业	Production and Supply of Electricity, Gas and Water			5357			5688
五、按企业控股情况分组	**Grouping by Enterprises Share Holding Situation**						
国有控股	State-owned Holding	195838	482215	3886611	255412	144477	141284
集体控股	Collective Holding			159			
私人控股	Private Holding	4844	154	9290	115	2746	12987
港澳台商控股	Hong Kong, Macao and Taiwan Funded Holding	71		459			162
外商控股	Foreign Holding					5953	760
其　他	Others	560	14	759		3000	117
六、按地区分组	**Grouped by Region**						
长　春	Changchun	191675	482334	3813606	255238	137506	73888
吉　林	Jilin	9365	45	18879	289	1745	22558
四　平	Siping		4	32			200
辽　源	Liaoyuan	10		46		10	61
通　化	Tonghua	19		62068			36253
白　山	Baishan			685			680
松　原	Songyuan			1271			2074
白　城	Baicheng	244		529		210	2684
延　边	Yanbian			162		16706	16912

17－24 群众文化事业基本情况
Basic Statistics on Mass Culture

指　　标	Item	2018	2019	2020
机构数（个）	**Number of Institutions(unit)**	**980**	**981**	**989**
群众艺术馆	Mass Art Centers	14	14	13
文化馆	Cultural Centers	65	65	66
文化站	Cultural Stations	901	902	910
从业人员数（人）	**Employment(person)**	**4405**	**4364**	**4313**
文化活动情况	**Cultural Activities**			
举办展览（次）	Number of Exhibitions(time)	1873	1841	1214
组织文艺活动（次）	Organization of Artistic Activities(time)	15267	15842	10142
举办训练班（班）	Training Courses(class)	16055	15236	5899

17－25 公共图书馆、博物馆和文物保护单位基本情况
Basic Statistics on Public Libraries, Museums and Cultural Relic Agencies

指　　标	Item	单位 unit	2018	2019	2020
公共图书馆	**Public Libraries**				
单位数	Institutions	个 unit	66	66	66
从业人员数	Number of Employed Persons	人 person	1556	1566	1471
藏书	Collections	万册/件 10000volume/pcs	2052	2168	2258
阅览室座席	Seating Capacity of Reading Rooms	千个 1000seats	22	23	23
建筑面积	Floor Space of Public Buildings	千平方米 1000sq.m	288	307	309
# 阅览室	Reading Room	千平方米 1000sq.m	90	98	102
书库	Stack Rooms	千平方米 1000sq.m	48	50	51
借阅人次	Total Number of Circulation	万人次 10000 person-times	416	358	145
借阅册次	Number of Books Borrowed by Reader	万册次 10000 volume-times	757	710	363
博物馆	**Museums**				
单位数	Institutions	个 unit	107	107	107
从业人员数	Number of Employed Persons	人 person	1548	1586	1993
文物藏品	Number of Collections	万件 10000pcs	62	64	65
举办展览	Number of Exhibitions	次 time	559	568	474
参观人次	Number of Visitors	千人次 1000 person-times	10408	11207	3325
文物保护单位	**Agencies of Historical Relics Preservation**				
单位数	Institutions	个 unit	52	52	52
从业人员	Number of Person Employed	人 person	177	158	302
藏品	Number of Collections	万件 10000pcs	0.5	0.5	0.6

17－26　电影事业基本情况
Basic Statistics on Film

指　　标	Item	2019	2020
全年农村公益电影放映场次（万场）	Number of Rural Non-profit Film shows(10000 times)	12.4	11.8
电影制片厂(个)	Number of Film Studios (unit)	1	13
电影发行放映管理机构(个)	Film Administrations(unit)	52	71
专业电影放映单位(个)	Film Projection Institutions(unit)	1006	1006
电影院（个）	Cinemas(unit)	210	210
农村电影放映队（个）	Rural Film Projection Teams(unit)	796	796
放映场次合计（千场）	Number of Shows(1000 times)	1975	1014
观众人次（千人次）	Number of Spectators(1000 person-times)	24391	13157

17－27　图书出版
Books Published

指　　标	Item	种类（种） Number of Publications(kind)			总印数（万册） Total Printed Copies(10000 copies)		
		2018	2019	2020	2018	2019	2020
总计	**Total**	**27824**	**25170**	**24577**	**23733**	**27335**	**27255**
书籍	Books	27824	25170	24577	23733	27335	27255

17－28 期刊出版
Magazines Published

指　　标	Item	种类（种） Number of Publications(kind)			总印数（万册） Total Printed Copies (10000 copies)			总印张（万印张） Printed Sheets (10000 sheets)		
		2018	2019	2020	2018	2019	2020	2018	2019	2020
总计	**Total**	**238**	**238**	**239**	**5688**	**5019**	**3878**	**26977**	**23954**	**18664**
综合	General Books	3	3	3	35	23	24	244	161	169
哲学、社会科学	Philosophy and Social Sciences	62	62	62	1317	1578	1200	6232	7718	5874
自然科学、技术	Natural Sciences and Technology	102	102	103	298	214	178	2765	1914	1589
文化、教育	Culture and Education	45	45	45	933	891	830	3677	3522	3308
文学、艺术	Literature and Arts	26	26	26	3104	2314	1646	14058	10639	7725
少年儿童读物	Children Books	6	5	5	372	104	93	1501	409	393
画刊	Illustrated Periodical	1	1	1	7	4	4	57	32	28

17－29 报纸出版
Newspapers Published

指　　标	Item	种类（种） Number of Publications(kind)			总印数（万份） Total Printed Copies (10000 copies)			总印张（千印张） Printed Sheets (1000 sheets)		
		2018	2019	2020	2018	2019	2020	2018	2019	2020
总计	**Total**	**51**	**51**	**51**	**69801**	**64422**	**57398**	**1454380**	**1104378**	**868991**
综合报	General Newspapers	22	22	22	25678	21773	16079	803195	546719	359587
专业报	Specialized Newspapers	17	17	17	42352	41272	40152	613634	537802	493943
省级报纸合计	Total Newspapers of Provincial Level	24	24	24	53625	48858	43365	1049212	811326	636894
综合报	General Newspapers	4	4	4	12630	9245	5103	420395	271815	146188
专业报	Specialized Newspapers	12	12	12	39465	38392	37176	596966	522006	476161
市级报纸合计	Total Newspapers of Municipal Level	27	27	27	16176	15564	14033	405168	293053	232097
综合报	General Newspapers	18	18	18	13048	12529	10976	382800	274905	213400
专业报	Specialized Newspapers	5	5	5	2886	2880	2976	16668	15797	17782

17－30　工会基本情况

Basic Statistics on Trade Union

指　　标	Item	2018	2019	2020
基层工会组织数（个）	Number of Grassroots Trade Unions (unit)	26582	26959	28564
职工人数（万人）	Staff and Workers(10000 persons)	337	345.81	354
#女职工人数	Female Workers	127	132.72	140
会员人数（万人）	Membership(10000 persons)	325	334.32	343
#女会员人数	Female Members	124	127.91	135
女职工工作委员会（个）	Female Worker's Committee(unit)	24217	23307	24216
建立工会经费审查组织（个）	Investigating Expenses of Trade Union Organizations(unit)	9063	11796	14090
建立职工代表大会制度的单位（个）	Staff and Worker's Congress Regulation (unit)	21290	21027	19119
实行厂务公开的单位（个）	Opening Service Unit(unit)	19142	18144	17939
建立工会劳动保护监督检查委员会（个	Labor Protective Supervising and Investigating Committee(unit)	10826	10256	10807
建立工会劳动法律监督组织（个）	Labor Law Supervising Organizations (unit)	6885	6772	6195
建立劳动争议调解委员会的单位（个）	Labor Dispute Mediating Commission (unit)	7636	6969	5482

第十八篇

CHAPTER ▶ 18

体育、卫生和其他事业

Sports, Public Health and Others

资料整理人员：

张　蕾

18－1 体育系统体育工作者
Personnel of Physical Culture and Sports Commissions

单位：人　　unit：person

项　目	Item	2018	2019	2020
合计	**Total**	**4099**	**4149**	**4229**
专职教练员	Full-time Coaches	786	820	761
运动员	Athletes	482	537	531
管理干部	Administrative Cadre	805	848	945
文化教师	Full-time Teachers	455	409	477
科技人员	Scientific and Technical Personnel	43	48	42
医务人员	Medical Personnel	30	26	28
公务员	Civil Servants	542	535	566
公勤人员	Logistics Workers	276	246	244
其他	Others	680	680	635

18－2 运动员获奖情况
Players Awards

单位：次　　（unit：time）

项　目	Item	获得金牌 Gold			获得银牌 Silver			获得铜牌 Bronze		
		2018	2019	2020	2018	2019	2020	2018	2019	2020
全国比赛	National Competitions	86	81	19	97	99	16	105	91	25
竞技体育在世界大赛中	Sports in the World Series	17	17	2	6	16	0	11	18	0

18－3 裁判员、运动员发展人数

Athletes and Referees in Grades by Type of Sports

单位：人　　unit：person

指　　标	Item	2018	2019	2020
等级裁判员合计	**Number of Referees in Grades**	**80**	**85**	**400**
一级裁判员	First Grade Referees			280
二级裁判员	Second Grade Referees	80	85	120
等级运动员合计	**Number of Athletes in Grades**	**957**	**1653**	**706**
国际级运动健将	International Master of Sports	6	15	3
国家级运动健将	National Master of Sports	40	34	20
一级运动员	First Grade Athletes	315	529	139
二级运动员	Second Grade Athletes	596	1075	544

18－4 历年卫生事业基本情况

Basic Statistics on Health

年 份 Year	卫生机构数（个） Number of Health Institutions (unit)	# 医院、卫生院 Hospitals and Health Centers	卫生机构床位数（万张） Number of Beds in Health Institutions (10000 beds)	# 医院、卫生院 Hospitals and Health Centers	卫生技术人员数（万人） Medical Technical Personnel (10000 persons)	执业（助理）医师 Certified (Assistant) Doctors	每万人口 Per10000persons 床位数（张） Number of Beds(bed)	每万人口 Per10000persons 医生数（人） Number of Doctors (person)
1978	3889	12[illegible]	6.27	5.80	7.36	3.03	29.2	14.1
1979	4263	12[illegible]	6.57	5.97	8.19	3.15	30.1	14.5
1980	4274	12[illegible]	6.71	6.06	8.57	3.45	30.4	15.6
1981	4565	12[illegible]	6.84	6.17	9.44	3.60	30.7	16.1
1982	4494	12[illegible]	7.20	6.49	9.70	3.66	31.9	16.2
1983	4540	12[illegible]	7.38	6.61	9.99	3.77	32.5	16.7
1984	4557	12[illegible]	7.69	6.83	10.35	3.90	33.6	17.1
1985	4568	12[illegible]	7.88	6.97	10.54	3.98	34.3	17.3
1986	4539	12[illegible]	8.23	7.30	10.79	4.01	35.5	17.3
1987	4566	12[illegible]	8.65	7.61	11.04	4.11	37.0	17.6
1988	4447	12[illegible]	8.93	7.82	11.34	4.60	37.9	19.5
1989	4425	12[illegible]	9.07	7.95	11.70	4.79	37.8	20.0
1990	4407	12[illegible]	9.21	8.06	12.00	5.03	37.8	20.6
1991	4369	12[illegible]	9.27	8.14	12.43	5.13	37.7	20.8
1992	4189	12[illegible]	9.49	8.40	12.77	5.15	38.3	20.8
1993	4006	13[illegible]	9.65	8.58	12.91	5.26	38.7	21.0
1994	3920	13[illegible]	9.47	8.45	13.23	5.39	37.7	21.3
1995	3891	13[illegible]	9.66	8.41	13.42	5.61	37.9	22.0
1996	3720	13[illegible]	9.49	8.41	13.42	5.56	36.8	21.6
1997	3663	13[illegible]	9.50	8.44	13.51	5.63	36.5	21.6
1998	3832	13[illegible]	9.32	8.33	13.56	5.89	35.8	22.6
1999	3912	13[illegible]	9.21	8.27	13.71	6.15	35.2	23.5
2000	3323	12[illegible]	8.93	8.05	13.20	5.97	34.0	22.7
2001	7417	12[illegible]	9.15	8.25	13.37	6.17	34.7	23.4
2002	2080	14[illegible]	8.51	7.97	11.63	4.21	32.1	19.3
2003	7695	14[illegible]	8.61	8.18	12.86	4.76	32.4	21.5
2004	8219	14[illegible]	8.64	8.11	12.87	5.83	32.5	21.9
2005	8755	13[illegible]	8.77	8.21	12.57	5.64	32.3	18.5
2006	9696	13[illegible]	9.09	8.55	12.85	5.91	33.4	21.7
2007	9683	13[illegible]	9.44	8.92	12.58	5.70	34.6	20.9
2008	9659	13[illegible]	9.93	9.35	12.79	5.75	36.3	21.1
2009	9565	13[illegible]	10.83	10.07	13.10	5.87	39.6	21.4
2010	9532	13[illegible]	11.51	10.65	13.84	6.21	41.9	22.6
2011	8178	13[illegible]	12.14	9.54	13.91	5.96	44.2	21.7
2012	19729	13[illegible]	12.81	11.87	14.41	6.15	46.6	22.4
2013	19913	13[illegible]	13.32	12.41	14.60	6.20	48.4	22.5
2014	19891	13[illegible]	14.11	13.20	15.14	6.32	51.3	23.0
2015	20619	13[illegible]	14.47	13.54	15.91	6.73	52.6	24.4
2016	20828	14[illegible]	15.12	14.23	16.65	6.96	55.3	25.5
2017	20827	14[illegible]	15.36	14.46	16.81	7.06	56.5	26.0
2018	22648	15[illegible]	16.67	15.82	18.33	7.69	61.7	28.4
2019	22178	15[illegible]	17.06	16.24	18.83	7.87	63.4	29.3
2020	25626	15[illegible]	17.31	16.52	21.21	8.51	71.9	35.4

18－5　卫生机构、床位、技术人员情况（2020年）

单位：人

项　　目	Item	卫生机构（个）Number of Health Institutions (unit)	卫生机构实有床位（张）Number of Bed in Health Institutions (Bed)	卫生技术人员 Health teachnical Personnel	执业（助理）医师 Certified (Assistant) Doctors	执业医师 Certified Doctors
总 计	**Total**	**25626**	**173143**	**212140**	**85123**	**73733**
一、医 院	Hospital	812	148846	136153	47372	44279
综合医院	General Hospital	419	94230	91961	32055	30209
中医医院	Traditional Chinese Medicine Hospital	122	19227	19483	7374	6805
中西医结合医院	Synthetical Hospital	10	2100	2213	872	828
民族医院	National Hospital	3	150	156	72	70
专科医院	Specialized Hospital	252	32619	22214	6962	6332
二、基层医疗卫生机构	Basic Medical Institutions	24434	19647	63410	32788	25043
社区卫生服务中心(站)	Community Health Service Centers(stations)	302	3141	8547	3356	2766
乡镇卫生院	Health Center of Township	760	16303	18143	8447	5841
中心卫生院	Central Health Center	204	7019	7428	3426	2499
乡卫生院	Health Center of Township	556	9284	10715	5021	3342
村卫生室	Village Health Clinic	9640		2645	2370	871
门诊部	Clinics	1443	167	11327	5838	4716
三、专业公共卫生机构	Professional Public Health Institutions	314	2852	11545	4547	4039
疾病预防控制中心	Disease Precaution and Control Centre	67		3279	1589	1363
专科疾病防治所(站、中心)	Special Disease Prevention and Cure Hospital	50	393	755	367	317
妇幼保健院(所、站)	Maternity and Child Health Care Centre	70	1892	4816	2175	1972
卫生监督所(中心)	Health Supervision Stations	44		1294		

注：各项相加不等于总计。
Note: The subentry figures do not add up to the total.

Health Institution, Beds, Technical Personnel（2020）

unit：person

注册护士 Registered Nurses	药师（士）Pharmacists（Person）	技师（士）Technicians（Person）	检验师（士）Examiner（Person）	其他 Other	见习医师 Trainee Doctors	其他技术人员 Other Technical Personnel
95392	**8717**	**10290**	**6604**	**12624**	**1569**	**11866**
70388	5954	7306	4362	5133	1148	7503
48420	3627	4953	2910	2906	651	4325
8639	1352	1046	638	1072	260	1317
1047	108	123	76	63	16	68
46	19	7	5	12	9	5
12157	845	1170	729	1080	212	1782
21724	2430	1599	1023	4875	313	2589
3697	495	401	285	598	87	747
5544	1001	866	542	2291	153	1339
2324	425	407	245	846	76	424
3220	576	459	297	1445	77	915
275						
4765	313	273	169	138	23	200
2974	309	1225	1086	2490	87	1357
334	60	591	556	705	61	408
183	50	86	64	69	4	83
1823	159	347	269	312	21	491
				1294		105

18－6 各地区卫生机构情况（2020年）
Basic Statistics on Health Institutions by Region（2020）

单位: 个 （unit）

地 区	Region	卫生机构 Number of Health Institutions	医院 Hospital	卫生院 Health Center	妇幼机构 Maternity and Child Care Centers	疾病控制机构 Disease Control Center
全 省	**Total**	**25626**	**812**	**761**	**70**	**67**
长 春	Changchun	7966	229	147	14	15
吉 林	Jilin	3845	172	97	11	11
四 平	Siping	1667	64	71	6	3
辽 源	Liaoyuan	1051	40	42	3	3
通 化	Tonghua	1652	44	70	7	5
白 山	Baishan	1306	40	61	7	6
松 原	Songyuan	3167	84	88	6	7
白 城	Baicheng	1980	46	92	6	6
延 边	Yanbian	2397	68	72	9	9
长白山	Changbaishan	37	1	2	0	1
梅河口市	Meihekou	558	24	19	1	1

注：卫生机构包含乡卫生室。
Note: Health Institutions include Township clinic.

18－7 各地区卫生床位、人员情况（2020年）
Beds and Employed Personnel by Region（2020）

单位: 张、人 unit：bed，person

地 区	Region	卫生机构实有床位 Health Institutions Beds	医院床位 Hospital Beds	卫生技术人员 Medical Technical Personnel	执业(助理)医师 Certified (Assistants) Physicians	注册护士 Registered Nurses
全 省	**Total**	**173143**	**148846**	**212140**	**85123**	**95392**
长 春	Changchun	64901	58936	80477	31873	37623
吉 林	Jilin	30758	26869	34758	14068	16007
四 平	Siping	13370	11371	14743	6040	6334
辽 源	Liaoyuan	8097	6153	8515	3312	3872
通 化	Tonghua	10285	8099	10474	4551	4217
白 山	Baishan	10264	8249	9917	3775	4292
松 原	Songyuan	11919	10335	17829	7013	7244
白 城	Baicheng	9516	7274	14051	5464	6712
延 边	Yanbian	10498	8889	16227	6731	6934
长白山	Changbaishan	272	180	464	181	208
梅河口市	Meihekou	3263	2491	4685	2115	1949

注：医院床位数为实际营业数。
Note:the number of hospital beds is actual operating figures.

18－8　各地区医疗卫生机构住院服务情况（2020年）
Medical and Health Institutions in Various Regions of Hospital（2020）

项目	Item	入院人数（万人）Admission Number (10000 Persons)	出院人数（万人）Discharge Number (10000 Persons)	住院病人手术人次（万人次）Number of Patients hospitalized (10000 Persons /time)	死亡率（%）Death Rate (%)	病床工作日（日）Bed working day(day)	每百门急诊入院人数（人）Number of Admission Per hundred out patient and Emergency Department (person)	居民年住院率（%）Residents Annual Hospitalization Rate(%)
全　省	**Total**	**30[illegible]67**	**304.75**	**72.82**	**1.19**	**223.60**	**3.70**	**12.74**
长　春	Changchun	1[illegible].16	125.47	33.44	0.86	227.80	3.71	13.91
吉　林	Jilin	[illegible].02	49.87	13.43	1.72	228.10	4.24	13.80
四　平	Siping	[illegible].57	19.25	4.24	1.36	219.70	3.62	10.78
辽　源	Liaoyuan	[illegible].42	15.26	1.87	1.09	272.40	5.66	15.47
通　化	Tonghua	[illegible].49	15.31	3.18	1.64	197.60	3.50	11.89
白　山	Baishan	[illegible].42	13.11	1.81	1.59	207.10	4.76	14.10
松　原	Songyuan	[illegible].14	25.07	5.06	0.82	215.50	3.82	11.16
白　城	Baicheng	[illegible].94	14.81	2.59	1.67	210.60	3.55	9.63
延　边	Yanbian	[illegible].59	19.64	4.95	1.32	206.70	2.38	10.09
长白山	Changbaishan	[illegible].43	0.44	0.10	1.42	223.3	2.21	7.10
梅河口市	Meihekou	[illegible].48	6.51	2.15	1.15	263.6	2.61	12.72

注：居民年住院率为入院人数除以当地人口数。表中使用的人口数为公安厅统计结果。
Note: Resident' s annual Rate of hospitalization for admission are admission number divided by the number of local population.

18－9　医疗机构运营情况（2020年）
Operation of Medial Institutions（2020）

项目	Item	合计 Total	医院 Hospitals	卫生院 Health centers	门诊部 out-patient Department	妇幼保健院 Mother and Child Health Care Hospital	专科疾病防治院(所、站) Specialist Disease Prevention and treatment Institute
门诊服务	**Outpatient Service**						
诊疗人次（万人次）	Person(10000 person/time)	9301.77	4842.81	733.38	234.93	135.15	15.13
#门诊	Outpatient	7734.86	4069.62	669.32	193.90	131.09	14.92
#急诊	Emergency Treatment	553.72	513.97	14.15		1.09	0.00
住院服务	**Admission service**						
入院人数（万人）	Admission Number(10000 person)	306.67	292.27	9.33	0.16	2.78	0.45
住院病人手术人次（万人）	Patient Operation(10000 person)	72.82	71.89			0.92	
每百门急诊的入院人数（人）	Number of Admission Per hundred outpatient and Emergency Department(person)	3.70	6.38	1.36	0.08	2.11	3.00
床位利用	**Bed utilization**						
平均床位周转率（次）	Average Bed turnover Rate(time)	18.8	20.7	6.4		17.5	5.6
平均床位工作日（日）	Average Bed working days(Day)	205.60	223.60	75.60		97.20	186.90
床位使用率(%)	**Bed Utilization(%)**	**56.16**	**61.10**	**20.65**		**26.56**	**51.08**
出院者平均住院日（日）	Average length of hospital stay(day)	9.90	10.00	7.60		5.50	31.90

18－10 残疾人事业基本情况
Basic Information of Person with Disabilities

项　　目	Item	2020
残疾人基本康复服务（人）	Basic Rehabilitation Services for the Disabled (person)	147041
残疾人辅助器具配适（人）	Adaptation of Assistive Devices for the Disabled (person)	44804
残疾儿童康复救助（人）	Rehabilitation Assistance for Disabled Children (person)	2651
未入学适龄残疾儿童少年（人）	Unenrolled Children with Disabilities(person)	1158
按比例就业（人）	Scale Employment(person)	7860
集中就业（人）	Concentrated Employment(person)	4557
个体就业（人）	Individual Employment(person)	18366
就业（人）	Employment(person)	180084
保健按摩员培训（人）	Health Massager Training (person)	158
医疗按摩员培训（人）	Medical Massager Training(person)	297
本年扶持贫困残疾人（人次）	Supporting Poor People with Disabilities This Year (person time)	13097
全省残疾人总数（万人）	Total Number of Disabled Persons in the Province(10000 person)	193
残疾人工作者（人）	Disabled Worker(person)	2562
残疾人来信（件）	Letter from Disabled Persons (piece)	122
个人访（人次）	Personal Visit (person time)	1022
集体访（批次）	Collective Visit (batch)	30
集体访（人次）	Collective Visit (person time)	475

18－11　律师、调解工作基本情况
Basic Statistics on Lawyers and Mediation

项　　目	Item	2018	2019	2020
律师工作	**Lawyers**			
律师机构（处）	Law Offices(unit)	532	557	589
# 律师（人）	# Full-time Lawyers(person)	5002	6578	6841
聘请担任常年法律顾问单位（处）	Number of Units with Permanent Legal Advisors(unit)	5251	6375	5920
民事代理（件）	Agent of Civil Cases(piece)	32666	37398	52678
刑事辩护、代理（件）	Defender of Criminal Cases(piece)	11694	12158	10425
非诉讼法律事务（件）	Agent of Non-litigious Legal Affairs(piece)	2272	7631	5855
解答法律咨询（件）	Agent of Legal Advisory Services(piece)			
代写法律事务文书（件）	Agent of Legal Documents Written on Behalf of Clients(piece)			
办理各类法律事务件数（件）	Handled various legal affairs (piece)	72265	89409	109001
咨询和代书（件）	Consultation and proxy (pieces)	9505	26541	36681
仲裁业务（件）	Arbitration business(piece)	554	864	1395
人民调解工作	**People' s Mediation Work**			
专职司法助理员（人）	Full-time Judical Assistants(person)			
人民调解委员会（个）	People' s Mediation Committees(unit)	14717	14380	14468
调解人员（人）	Mediators(person)	62186	61533	61972
调解民间纠纷（件）	Civil Disputes Mediated(piece)	215314	186387	165325
司法所工作人员（人）	Staff of the Judicial Office(person)	4675	4394	4109

18－12　婚姻登记情况（2020年）
Basic Statistics on Marriage Registrations and Divorces（2020）

项　　目	Item	单位 Unit	数量 Amount
国内结婚登记	Marriage Registration of Mainland Residents	万对 (10000 couples)	13.70
国内离婚登记	Divorces Registration of Mainland Residents	万对 (10000 couples)	9.40
涉外、港澳台及华侨结婚登记	Marriage Registration Involving Foreigners,or Residents of Hong Kong,Macao,Taiwan and overseas Chinese	对 (couples)	211
涉外、港澳台及华侨离婚登记	Divorces Registration Involving Foreigners or Residents of Hong Kong,Macao,Taiwan and overseas Chinese	对(couples)	33

18－13 公证工作基本情况
Basic Statistics on Notarization

项　　目	Item	2018	2019	2020
公证机构和人员	**Institutions and Personnel**			
公证处（个）	**Notarial Offices (unit)**	**73**	**73**	**73**
公证人员（人）	**Notarial Personnel (person)**	**862**	**951**	**964**
#公 证 员	# Notaries	376	375	383
助理公证员	Assistant Notaries	308	351	356
办理公证（项目）	Notarized Documents (piece)			
办理公证（项目）总计（件）	**Notarized Documents (piece)**	**492162**	**554792**	**458363**
国内公证合计	Domestic Justice Total	333761	347278	303644
涉外公证合计	International Justice Total	157611	206302	154272
涉台、港、澳公证合计	Relate to Taiwan, Hong Kong and Macao Notarization Summation	790	1212	447
涉台公证合计	Relate to Taiwan Notarization Summation	360	897	221
涉港澳公证合计	Relate to Hong Kong and Macao Notarization Summation	430	315	226

18－14 社会救助情况（2020年）
Basic Statistics on Social Relief（2020）

项　　目	Item	单位 Unit	数量 Amount
城市最低生活保障人数	The Number of Urban Residents Receiving Minimum Living Allowance	人 (person)	397588
农村最低生活保障人数	The Number of Rural Residents Receiving Minimum Living Allowance	人 (person)	543450
城市特困人数	Urban Household in Extreme Difficulty	人 (person)	7988
农村特困人数	Rural Household in Extreme Difficulty	人 (person)	77001
城乡医疗救助人次数	The Number of Urban and Rural Medical Assistance People	万人次 (10000 person-times)	215.82

18－15　交通事故情况
Traffic Accident Situation

项目	Item	单位 unit	2014	2015	2016	2017	2018	2019	2020
交通事故数	**Number of Traffic Accidents**	**起(Case)**	**2792**	**2801**	**6541**	**7833**	**7548**	**6663**	**11780**
城市	City	起(Case)	1392	1429	3105	4030	4564	4400	6753
农村	Rural	起(Case)	1400	1372	3436	3803	2984	2263	5027
机动车	Motor Vehicle	起(Case)	2727	2695	6317	7242	6654	5525	16419
汽车	Automobile	起(Case)	2177	2127	5109	5642	4898	4484	13131
摩托车	Motorcycle	起(Case)	500	517	1085	1434	1496	820	2930
拖拉机	Tractor	起(Case)	25	37	79	95	123	121	224
其他	Other	起(Case)	25	14	44	71	137	100	134
非机动车	Non-motor Vehicles	起(Case)	57	62	194	439	391	1138	1237
# 自行车	Bicycle	起(Case)	10	21	38	240	178	192	321
行人、乘车人	Pedestrian,Passenger	起(Case)	8	13	28	67	498	897	203
其他	Other	起(Case)	5	4	2	1	5	49	7
死亡人数	**Number of deaths**	**人(Person)**	**1323**	**1308**	**2704**	**2480**	**1366**	**1126**	**2024**
城市	City	人 (Person)	428	465	773	713	529	605	793
农村	Rural	人(Person)	895	843	1931	1767	837	521	1231
受伤人数	**Number of Injured**	**人(Person)**	**2688**	**2721**	**6645**	**8060**	**8913**	**7801**	**13030**
城市	City	人(Person)	1336	1315	2977	4082	4659	5226	7079
农村	Rural	人(Person)	1352	1406	3668	3978	4254	2575	5951
损失金额	**Amount of Loss**	**万元(10000Yuan)**	**3447**	**3207**	**6053**	**5733**	**4245**	**3249**	**4471**
城市	City	万元(10000Yuan)	1628	1191	2643	3053	2493	2524	2036
农村	Rural	万元(10000Yuan)	1819	2016	3410	2680	1752	725	2435

18－16 人民法院审理刑事一审案件收结案情况
First Trial Criminal Cases Accepted and Concluded by Courts

单位: 件 (case)

项目	Item	收案 Cases Accepted			结案 Cases Concluded		
		2018	2019	2020	2018	2019	2020
合计	**Total**	**26042**	**24683**	**21408**	**24182**	**25823**	**21737**
危害公共安全罪	Crimes of Endangering Public Security	8419	8043	7167	8098	8351	7209
破坏社会主义市场经济秩序罪	Crimes of Disrupting the Order of the Socialist Market Economy	1388	1365	1368	1252	1310	1369
侵犯公民人身权利民主权利罪	Crimes of Infringing upon Citizens' Right of the Person and Democratic Rights	3753	3218	2580	3448	3446	2629
侵犯财产罪	Crimes of Property Violation	6522	5972	5195	6070	6294	5248
妨害社会管理秩序罪	Crimes of Obstructing Administration of Public Order	5388	5402	4673	4847	5717	4785
危害国防利益罪	Crimes of Impairing the Interests of National Defence	17	19	16	16	19	16
贪污贿赂罪	Crimes of Corruption and Bribery	484	569	351	361	600	414
渎职罪	Crimes of Dereliction of Duty	71	92	57	90	86	65
其他	Others		3	1			2
合计中含自诉案件	Private Prosecution of Total	240	154	101	204	144	94

注：结案中含上年旧存（以下各表同）。
Note: Data of cases settled include cases turned over from previous year (The same applies to the tables following).

18－17 人民法院审理婚姻家庭、继承一审案件收结案情况（2020年）
First Trial Civil Cases of Marriages, Family Affairs and Inheritance Accepted and Concluded by Courts（2020）

单位: 件 (case)

项目	Item	收案 Cases Accepted	结案 Cases Concluded	调解 Mediation	判决 Judgement	驳回 Reject	撤诉 Withdrawal	其他 Other
合计	**Total**	**23755**	**24141**	**9547**	**8333**	**804**	**3886**	**1571**
婚姻家庭、继承纠纷	Disputes of Marriage,Family and Inheritance	31	31	15	10	1	3	2
婚姻家庭	Marriages and Family Affairs	20266	20582	7137	7610	695	3631	1509
离婚	Divorce	15090	15336	5004	5793	482	2819	1238
离婚后财产纠纷	Property Disputes after Divorce	940	965	275	389	65	172	64
同居关系纠纷	Cohabitation Disputes	355	362	140	123	22	47	30
抚养纠纷	Upbringing Disputes	2864	2892	1454	850	91	384	113
赡养纠纷	Support Disputes	529	522	124	210	12	134	42
扶养纠纷	Fostering Disputes	38	38	21	12	0	4	1
其他	Others	450	467	119	233	23	71	21
继承	Inheritance	3458	3528	2395	713	108	252	60
法定继承	Legal Inheritance	421	420	327	54	15	19	5
遗嘱继承	Testament Inheritance	81	82	34	31	4	11	2
其他	Others	2956	3026	2034	628	89	222	53

18－18 人民法院审理合同、无因管理、不当得利纠纷一审案件收结案情况（2020年）

First Trial Cases of Disputes of Contract, Unjust Enrichment and Negotiorum Gestio Affairs Accepted and Concluded by Courts （2020）

单位：件 (case)

项目	Item	收案 Cases Accepted	结案 Cases Concluded	调解 Mediation	判决 Judgement	驳回 Reject	撤诉 Withdrawal	其他 Other
合计	**Total**	**140454**	**143608**	**26725**	**49646**	**9936**	**38480**	**18821**
借款合同	Loan Contracts	58037	59563	12844	22849	4436	11532	7902
买卖合同	Trade Contracts	16417	16798	4007	6505	1282	3712	1292
追偿权纠纷	Recourse Right Disputes	3483	3558	643	1843	452	442	178
租赁合同	Lease Contracts	3999	4083	725	1990	237	877	254
劳务合同	Labor Contracts	4760	4813	1622	1691	287	893	320
房屋买卖合同	Housing Contracts	6304	6470	1336	2610	386	1203	935
供用动力合同	Labor Contracts	1872	1878	106	141	26	1218	387
建设工程合同	Construction Contracts	4771	4878	979	2299	446	918	236
农村承包合同	Rural Contracts	1141	1204	160	587	123	302	32
承揽合同	Contracts for Work	1268	1342	378	527	67	303	67
服务合同	Service Contracts	22352	22413	997	1904	821	13114	5577
运输合同	Transport Contracts	656	661	202	277	32	128	22
不当得利纠纷	Unjust Enrichment Disputes	1289	1332	188	579	149	330	86
无因管理纠纷	Negotiorum Gestio Disputes	29	29	5	11	4	8	1
其他	Others	14076	14586	2533	5833	1188	3500	1532

18－19 人民法院审理权属、侵权纠纷及其他民事一审案件收结案情况（2020年）

First Trial Cases of Disputes of Right, Infringement of Right and Other Civil Affairs Accepted and Concluded by Courts（2020）

单位：件 (case)

项目	Item	收案 Cases Accepted	结案 Cases Concluded	调解 Mediation	判决 Judgement	驳回 Reject	撤诉 Withdrawal	其他 Other
合计	**Total**	**44775**	**45950**	**6450**	**22412**	**3004**	**9359**	**4725**
人格权纠纷	Personality Disputes	3172	3290	656	1753	122	675	84
物权纠纷	Property Rights Disputes	5888	6113	833	2490	813	1658	319
知识产权与竞争纠纷	Intellectual Property Rights and Competition Disputes	5379	5302	53	943	93	1960	2253
劳动争议	Labor Disputes	11936	12141	2386	6216	866	1705	968
票据、证券、股票纠纷	Bills,Securities,Shares Disputes	4036	4088	463	2084	385	705	451
侵权责任纠纷	Tort Liability Disputes	12478	13017	2056	7641	479	2294	547
特殊程序	Special Procedures	1882	1996	3	1283	246	361	103
其他	Others	4	3		2		1	

注：结案中含上年旧存。
Note: Data of cases settled include cases turned over from previous year.

第十九篇

CHAPTER ▶ 19

市（州）和县（市）概况

General Survey of City (State) and County (City)

资料整理人员：

刘冠群　张海超　沈永生　任秀玲　刘重阳

秦一宁　许　赓　吴　璇　史晓强　钟炽慧

张　蕾

19－1 城市社会经济基本情况（2020年）

指 标	Item	长春市 Changchun 全市 Total
一、水资源	**Water Resources**	
水资源总量（万立方米）	Total Amount of Water Resources（10000 cu.m）	514593
二、人口与就业	**Population and Employment**	
年末户籍人口（万人）	Household Registered Population at Year-end	853.40
户籍人口城镇化率（%）	Proportion of Urban Household Registered Population	46.8
从业人员期末人数(城镇)(万人)	Number of employees at Year-end (urban)(10000 persons)	1102433
第一产业(农、林、牧、渔业)	Primary Industry (Agriculture, Forestry, Animal Husbandry and Fishery)	3195
第二产业	Secondary Industry	395926
(1)采矿业	Mining	995
(2)制造业	Manufacturing	262783
(3)电力、热力、燃气及水的生产和供应业	Production and Supply of Electricity,Heat,Gas and Water	52864
(4)建筑业	Construction	79284
第三产业	Tertiary Industry	703312
(1)批发和零售业	Wholesale and Retail Trades	58111
(2)交通运输、仓储及邮政业	Transportation, Storage and Post	65309
(3)住宿和餐饮业	Hotels and Catering Services	11518
(4)信息传输、软件和信息技术服务业	Information Transmission, Computer Services and Software	23220
(5)金融业	Financial Intermediation	68971
(6)房地产业	Real Estate	33977
(7)租赁和商业服务业	Leasing and Business Services	25099
(8)科学研究和技术服务业	Scientific Research and Technical Services	48674
(9)水利、环境和公共设施管理业	Management of Water Conservancy, Environment and Public Facilities	25769
(10)居民服务、修理和其他服务业	Neighborhood Service Repair and other Services	14260
(11)教育	Education	137970
(12)卫生和社会工作	Health and Social Work	78593
(13)文化、体育和娱乐业	Culture, Sports and Entertainment	13203
(14)公共管理、社会保障和社会组织	Public Management, Social Security and Social Organizations	98638
(15)国际组织	International Organization	
城镇登记失业人员数(人)	Urban Registered Unemployed Persons（person）	72891
城镇登记失业率（%）	Unemployment Rate in Urban Area(%)	3.33

市区 District	吉林市 Jilin 全市 Total	吉林市 Jilin 市区 District	四平市 Siping 全市 Total	四平市 Siping 市区 District	辽源市 Liaoyuan 全市 Total	辽源市 Liaoyuan 市区 District
	1161086		238206		172886	
432.79	404.47	177.27	212.80	66.70	114.76	44.17
	52.8		42.3		50.2	
	338283		140544		77961	
	9982		756		191	
	101550		21885		23359	
	4073		596		10248	
	71066		13687		8054	
	9144		3929		2176	
	17267		3672		2881	
	226751		117904		54411	
	7383		4047		1796	
	10118		5422		2811	
	1902		780		231	
	4778		2490		1435	
	29929		22006		5047	
	4682		3212		1086	
	7840		4440		1142	
	6362		2507		1441	
	7724		3647		2913	
	1070		452		231	
	53814		25582		11735	
	35157		16622		7719	
	2786		1057		782	
	53206		25641		16042	
50415	33797	22081	13950	5745	12986	7708
	3.77	3.94	3.37	2.98	3.94	4.20

指　　标	Item	长春市 Changchun 全市 Total
三、综合经济	**Comprehensive Economy**	
(一）财政（万元）	Finance（10000 Yuan）	
地方一般公共预算支出	General Public Budget Expenditure	10841364
文化旅游体育与传媒支出	Expenditure for Culture,Tourism,Sport and Media	146486
城乡社区支出	Expenditure for Urban and Rural Community Affairs	1515685
交通运输支出	Transportation Expenses	311830
住房保障支出	Housing Security Expenses	457046
(二)金融（万元）	Finance（10000 yuan）	
年末金融机构人民币各项存款余额	Deposits of Banking System	141557000
其中：住户存款余额	Deposits of Household	68963000
年末金融机构人民币各项贷款余额	Loans of Banking System	145257000
四、规模以上工业法人企业	**Industrial Enterprises Above Designated Size**	
企业个数（个）	Number of Industrial Enterprises	1214
(1)内资企业	Domestic Investment Enterprises	1054
其中：国有企业	State-owned Enterprises	16
私营企业	Private Enterprises	711
(2)港、澳、台商投资企业	Fundsfrom Hong Kong, Macao and Taiwan	31
(3)外商投资企业	Foreign Investment	129
五、交通运输、通讯与能源	**Transport,Post,Telecommunication and Power**	
(一)交通运输	Transport	
公路客运量（全社会）（万人）	Highway Passenger Traffic (Whole Society)(10000 persons)	3399
公路货运量（全社会）（万吨）	Highway Freight Traffic (Whole Society)(10000 tons)	14998
水运客运量（全社会）（万人）	Waterway Passenger Traffic (Whole Society)(10000 persons)	4.46
民用航空客运量（万人）	Civil Aviation Passenger Traffic(10000 persons)	474.05
民用航空货邮运量（吨）	Civil Aviation Cargo Traffic(ton)	30505
境内公路总里程（公里）	Length of Highways(km)	27790
其中：高速公路里程	Expressway	606
(二)邮电通信	Post and Telecommunications	
年末邮政局(所)数（处）	Number of Postal Offices at Year-end (unit)	205
邮政业务收入（万元）	Revenue of Postal Services (10000 yuan)	465322
电信业务收入（万元）	Revenue of Telecommunication (10000 yuan)	643300
(三)能源电力	Energy Power	

continued

	吉林市 Jilin		四平市 Siping		辽源市 Liaoyuan	
市区 District	全市 Total	市区 District	全市 Total	市区 District	全市 Total	市区 District
7449016	4459881	2232415	2572962	924070	1379763	604552
110344	65733	45478	50572	30238	17491	6032
	398785	195342	235117	153312	55286	20295
	111783	29938	77881	8767	32288	9189
	154538	68146	96215	35304	50910	14534
129375500	33055423	19744094	17928294	6105591	7238470	4119217
55828000	26150770	0	14767554	4765955	6090512	3398280
138994000	24032655	15963735	10017090	4175107	4614138	2752296
854	425	241	170	96	104	61
714	405	224	163	92	100	59
13	5	3	2	2	0	0
440	297	158	100	51	71	40
24	4	2	6	4	2	1
116	16	15	1	0	2	1
	1637		972		425	
	4131		8159		1319	
	16.71					
	15394		7685		5183	
	474		409		243	
86	143	56	112	21	52	10
	125338		86733		34538	
	211878		139596		50472	

指　　标	Item	长春市 Changchun 全市 Total
全社会用电量（万千瓦时）	Total Electricity Consumption(million kWh)	2631588
其中：工业用电	Industrial Electricity	1328040
城乡居民生活用电	Urban and Rural Residents Electricity Consumption	464400
六、贸易、外经与旅游	**Trade, Foreign Economic and Tourism**	
(一)贸易	Trade	
限额以上批发零售业法人企业数（个）	Number of Corporate Enterprises above Designated Size of Wholesale and Retail Trade(unit)	1202
其中：零售业	Retail Trades	542
(二)外经	Foreign Economic	
货物进口额（万元）	Total Imports (10000yuan)	8922264
货物出口额（万元）	Total Exports (10000yuan)	1353741
(三)旅游	Tourism	
入境游客（人）	Number of Overseas Visitor Arrivals (person)	147700
入境旅游收入（万美元）	Earnings from Overseas Visitors Arrivals (10000 dollars)	6865
国内游客（万人）	Number of Domestic Visitors (10000 persons)	7223.48
国内旅游收入（亿元）	Earnings from Domestic Tourism (100 million yuan)	1381.52
七、固定资产投资	**Fixed Asset Investment**	
房地产开发投资（万元）	Investment for Real Estate Development (10000yuan)	9959287
商品房销售面积	Floor Space of Commercialized Buildings Sold	1054.41
其中：住宅	Residence	936.39
商品房销售额	Total Sale of Commercialized Buildings Sold	9575059
其中：住宅	Residence	8547089
八、教育、文化和卫生	**Education,Culture and Health**	
(一)教育	Education	
普通高等学校数（所）	Regular Institutions of Higher Education(unit)	41
普通高等学校专任教师数（人）	The Number of Full-time Teachers in Higher Education(person)	28726
普通本专科在校学生数（人）	The Number of Student in College(person)	483034
幼儿园数（所）	Kindergarten(unit)	870
幼儿园专任教师数（人）	Full-time Teachers in Kindergarten(person)	10857
幼儿园在园幼儿数（人）	Number of Enrollment Children in Kindergarten(person)	113413
(二)文化	Culture	
体育场馆数（个）	Stadium Number(unit)	286
剧场、影剧院数（个）	Theater Number(unit)	29
公共图书馆数（个）	Number of Public Library(unit)	14
公共图书馆图书总藏量（万册）	Total Storage Quantity of Public Library Books(10000 Volume)	1142.93
博物馆数（个）	Number of Museums(unit)	27

continued

	吉林市 Jilin		四平市 Siping		辽源市 Liaoyuan	
市区 District	全市 Total	市区 District	全市 Total	市区 District	全市 Total	市区 District
	1581987		519844		332722	
	1157833		295837		231649	
	208200		99377		54874	
1127	266	198	122	59	59	40
516	157	126	77	45	39	30
	173672		20669		30020	
	372442		26783		159155	
	13127		143		221	
	512		2		2	
	3730		373		288	
	547.16		61.57		29.36	
9235890	1104550	751622	448021	410520	198045	129154
961.81	227.40	146.12	103.59	76.81	40.94	35.09
849.23	212.60	137.24	87.76	64.67	40.20	34.66
9163667	1369447	965718	489707	403060	180504	151286
8159731	1240412	889982	391968	320111	175365	148355
	8		4		1	
	5683		2284		332	
	116377		42892		8469	
685	799	394	437	150	188	77
9235	3835	1958	2541	1042	1354	722
93885	65814	35082	43564	11609	19167	9688
75	27	20	14	9	1	1
24	2	1	2	1	0	0
8	10	5	4	1	3	1
1031.15	373.89	201.01	68.17	46.91	52.41	37.54
18	16	10	5	2	8	4

19－1 续表 3

指　　标	Item	长春市 Changchun
		全市 Total
(三)卫生	Health	
医疗卫生机构数（个）	Number of Health Care Institutions (unit)	7964
医疗卫生机构床位数（张）	Number of Beds in Health Care Institutions (bed)	64901
卫生技术人员数（人）	Number of Medical Technical Personnel (person)	80530
九、社会保障	**Social Insurance**	
城镇职工基本养老保险参保人数（人）	Town Workers Basic Endowment Insurance Insured Number (person)	2761830
城乡居民基本养老保险参保人数（人）	Basic Endowment Insurance for Urban and Rural Residents (person)	
失业保险参保人数（人）	Unemployment Insurance(person)	1273000
工伤保险参保人数（人）	Number of Insurance for Work-Related Injury Insurance(person)	1613621
城市居民最低生活保障人数（人）	Urban Residents Minimum Living Security(person)	65640
十、公共安全	**Public Management**	
交通事故死亡人数（人）	Traffic Accident Death Toll(person)	526
交通事故直接财产损失（万元）	Traffic Accident Direct Property Loss(10000 yuan)	1142
刑事案件立案数（起）	Number of Criminal Case Registered (unit)	27083
十一、市政公用事业	**Municipal Utility**	
(一)生活设施	Living Facility	
公共供水总量（万吨）	Volume of Public Water Supply (10000 tons)	40244
供气总量(人工煤气、天然气)（万立方米）	Total Gas Supply (Artificial Gas, Natural Gas)(10000 cu.m)	
其中：家庭用量	Household Usage	
液化石油气供气总量（吨）	Liquefied Petroleum Gas Supply(ton)	
其中：家庭用量	Household Usage	
(二)公共交通	Public Transportation	
年末实有公共汽(电)车营运车辆数（辆）	Number of Public Bus and Trolley Bus under Operation at Year-end	
公共汽(电)车客运总量（万人次）	Passengers Transported by Public Bus and Trolley Bus	
年末实有出租汽车运营车数（辆）	Number of Taxi under Operation at Year-end (unit)	
轨道交通运营线路总长度（公里）	Subways, Light Rail Length under Operation (km)	118
轨道交通客运总量（万人次）	Passengers Transported by Subways,Light Rails(10000 person-times)	16435.9
十二、环境保护	**Environmental Protection**	
工业废气排放量（万立方米）	Industrial Emissions(10000 cu.m)	147672169
一般工业固体废物综合利用率（%）	General Industrial Solid Waste Comprehensive Utilization(%)	92.15
污水处理率(%)	Treatment Rate of Urban Waste Water(%)	95.80
污水处理厂集中处理率(%)	Centralized Treatment Rate of Sewage Treatment Plant(%)	96.00
空气质量优良天数比例(%)	Ratio of Days of Air Quality Equal to or Above Grade Ⅱ（%）	83.30

continued

市区 District	吉林市 Jilin 全市 Total	市区 District	四平市 Siping 全市 Total	市区 District	辽源市 Liaoyuan 全市 Total	市区 District
4268	3845	3397	1667	919	1051	382
43988	30758	28216	13370	9128	8097	4572
59831	34758	31743	14734	9824	8515	5073
2006115	1337037	750765	632170	297508	345812	196905
	1480920	418267	1191950	102059	427821	82720
1093347	363959	253685	142730	85010	84701	49732
1378442	650169	517697	158054	89843	131849	83368
41956	57295	29106	25525	10484	37760	25942
331			160	35		
790			526	199		
23061			4772	1984		
37506		20420			2583	
86620		69575				
21692		6262				
38853		52020				
5574		313				
5034		1290		342		348
47150		14701		2804		3665
18534		4663		2975		1201
118						
16435.9						
			12612113		4850848	
			80.46		83.15	
			95.88		96.23	
			95.88		96.23	
			84.40		81.70	

指 标	Item	通化市 Tonghua 全市 Total
一、水资源	**Water Resources**	
水资源总量（万立方米）	Total Amount of Water Resources（10000 cu.m）	732138
二、人口与就业	**Population and Employment**	
年末户籍人口（万人）	Household Registered Population at Year-end	211.90
户籍人口城镇化率（%）	Proportion of Urban Household Registered Population	51.4
从业人员期末人数(城镇) (万人)	Number of employees at Year-end (urban)(10000 persons)	182574
第一产业(农、林、牧、渔业)	Primary Industry (Agriculture, Forestry, Animal Husbandry and Fishery)	2606
第二产业	Secondary Industry	49642
(1)采矿业	Mining	235
(2)制造业	Manufacturing	32634
(3)电力、热力、燃气及水的生产和供应业	Production and Supply of Electricity,Heat,Gas and Water	5784
(4)建筑业	Construction	10989
第三产业	Tertiary Industry	130326
(1)批发和零售业	Wholesale and Retail Trades	3661
(2)交通运输、仓储及邮政业	Transportation, Storage and Post	5994
(3)住宿和餐饮业	Hotels and Catering Services	881
(4)信息传输、软件和信息技术服务业	Information Transmission, Computer Services and Software	2559
(5)金融业	Financial Intermediation	15975
(6)房地产业	Real Estate	3594
(7)租赁和商业服务业	Leasing and Business Services	3071
(8)科学研究和技术服务业	Scientific Research and Technical Services	3756
(9)水利、环境和公共设施管理业	Management of Water Conservancy, Environment and Public Facilities	4416
(10)居民服务、修理和其他服务业	Neighborhood Service Repair and other Services	880
(11)教育	Education	25845
(12)卫生和社会工作	Health and Social Work	16146
(13)文化、体育和娱乐业	Culture, Sports and Entertainment	2059
(14)公共管理、社会保障和社会组织	Public Management, Social Security and Social Organizations	41489
(15)国际组织	International Organization	
城镇登记失业人员数(人)	Urban Registered Unemployed Persons（person）	13213
城镇登记失业率（%）	Unemployment Rate in Urban Area(%)	3.58

continued

	白山市 Baishan		松原市 Songyuan		白城市 Baicheng	
市区 District	全市 Total	市区 District	全市 Total	市区 District	全市 Total	市区 District
	894526		234521		400732	
42.90	114.94	51.67	273.26	55.86	186.21	47.87
	73.7		32.5		43.6	
	136307		194066		123532	
	13815		2933		2909	
	29808		55911		22400	
	13219		38137		0	
	7837		8503		12484	
	4312		4699		4138	
	4440		4572		5778	
	92684		135222		98223	
	2520		5798		4182	
	3272		4287		3825	
	656		967		732	
	1852		2733		2253	
	13125		15193		16316	
	1343		2513		1019	
	2256		3863		1174	
	1338		2876		2731	
	3056		1159		2332	
	217		454		400	
	16799		31039		24524	
	9915		16998		12813	
	2592		2052		1105	
	33743		45290		24817	
5767	11998	6689	12851	5401	9952	2824
3.30	3.97	4.10	3.54	3.67	3.13	2.15

19－1　续表 6

指　　标	Item	通化市 Tonghua 全市 Total
三、综合经济	**Comprehensive Economy**	
(一）财政（万元）	Finance（10000 Yuan）	
地方一般公共预算支出	General Public Budget Expenditure	2843932
文化旅游体育与传媒支出	Expenditure for Culture,Tourism,Sport and Media	45122
城乡社区支出	Expenditure for Urban and Rural Community Affairs	255489
交通运输支出	Transportation Expenses	133753
住房保障支出	Housing Security Expenses	110730
(二)金融（万元）	Finance（10000 yuan）	
年末金融机构人民币各项存款余额	Deposits of Banking System	15893330
其中：住户存款余额	Deposits of Household	12594875
年末金融机构人民币各项贷款余额	Loans of Banking System	9509363
四、规模以上工业法人企业	**Industrial Enterprises Above Designated Size**	
企业个数（个）	Number of Industrial Enterprises	333
(1)内资企业	Domestic Investment Enterprises	322
其中：国有企业	State-owned Enterprises	4
私营企业	Private Enterprises	217
(2)港、澳、台商投资企业	Fundsfrom Hong Kong, Macao and Taiwan	2
(3)外商投资企业	Foreign Investment	9
五、交通运输、通讯与能源	**Transport,Post,Telecommunication and Power**	
(一)交通运输	Transport	
公路客运量（全社会）（万人）	Highway Passenger Traffic (Whole Society)(10000 persons)	1042
公路货运量（全社会）（万吨）	Highway Freight Traffic (Whole Society)(10000 tons)	1566
水运客运量（全社会）（万人）	Waterway Passenger Traffic (Whole Society)(10000 persons)	8.45
民用航空客运量（万人）	Civil Aviation Passenger Traffic(10000 persons)	4.99
民用航空货邮运量（吨）	Civil Aviation Cargo Traffic(ton)	
境内公路总里程（公里）	Length of Highways(km)	7686
其中：高速公路里程	Expressway	520
(二)邮电通信	Post and Telecommunications	
年末邮政局(所)数（处）	Number of Postal Offices at Year-end (unit)	114
邮政业务收入（万元）	Revenue of Postal Services (10000 yuan)	68641
电信业务收入（万元）	Revenue of Telecommunication (10000 yuan)	108355
(三)能源电力	Energy Power	

continued

	白山市 Baishan		松原市 Songyuan		白城市 Baicheng	
市区 District	全市 Total	市区 District	全市 Total	市区 District	全市 Total	市区 District
	2030031	914167	2974000	679847	2803285	697817
	30114	11729	34836	10705	28733	8263
	150266	52866	173038	67445	206609	49963
	173410	99037	192655	27698	99420	21803
	118980	75514	102791	19764	112874	25956
	8886589	4759068	16033236	5739142	10182104	4010464
3701141	6566136	3400839	11940566	4242866	7430173	2722715
	5530394	3207847	9182260	3087283	7078744	2779312
79	159	66	209	83	156	51
77	150	64	200	80	143	45
2	6	3	2	2	5	2
36	74	26	140	56	60	16
0	2	1	2	0	4	3
2	7	1	7	3	9	3
	753		1144		626	
	1004		4742		607	
	1.83		5.72			
	10.95		10.04		7.38	
	5		0		1	
	6942		13611		12840	
	261		576		572	
19	62	9	100	11	89	20
	43032		47700		42835	
	59589		121749		89975	

19－1 续表 7

指 标	Item	通化市 Tonghua
		全市 Total
全社会用电量（万千瓦时）	Total Electricity Consumption(million kWh)	463554
其中：工业用电	Industrial Electricity	302122
城乡居民生活用电	Urban and Rural Residents Electricity Consumption	84195
六、贸易、外经与旅游	**Trade, Foreign Economic and Tourism**	
(一)贸易	Trade	
限额以上批发零售业法人企业数（个）	Number of Corporate Enterprises above Designated Size of Wholesale and Retail Trade(unit)	136
其中：零售业	Retail Trades	94
(二)外经	Foreign Economic	
货物进口额（万元）	Total Imports (10000yuan)	80370
货物出口额（万元）	Total Exports (10000yuan)	90605
(三)旅游	Tourism	
入境游客（人）	Number of Overseas Visitor Arrivals (person)	8500
入境旅游收入（万美元）	Earnings from Overseas Visitors Arrivals (10000 dollars)	169
国内游客（万人）	Number of Domestic Visitors (10000 persons)	1004
国内旅游收入（亿元）	Earnings from Domestic Tourism (100 million yuan)	66.8
七、固定资产投资	**Fixed Asset Investment**	
房地产开发投资（万元）	Investment for Real Estate Development (10000yuan)	1084983
商品房销售面积	Floor Space of Commercialized Buildings Sold	163.53
其中：住宅	Residence	152.62
商品房销售额	Total Sale of Commercialized Buildings Sold	975390
其中：住宅	Residence	898893
八、教育、文化和卫生	**Education,Culture and Health**	
(一)教育	Education	
普通高等学校数（所）	Regular Institutions of Higher Education(unit)	1
普通高等学校专任教师数（人）	The Number of Full-time Teachers in Higher Education(person)	743
普通本专科在校学生数（人）	The Number of Student in College(person)	13035
幼儿园数（所）	Kindergarten(unit)	327
幼儿园专任教师数（人）	Full-time Teachers in Kindergarten(person)	2290
幼儿园在园幼儿数（人）	Number of Enrollment Children in Kindergarten(person)	36737
(二)文化	Culture	
体育场馆数（个）	Stadium Number(unit)	28
剧场、影剧院数（个）	Theater Number(unit)	1
公共图书馆数（个）	Number of Public Library(unit)	7
公共图书馆图书总藏量（万册）	Total Storage Quantity of Public Library Books(10000 Volume)	81.85
博物馆数（个）	Number of Museums(unit)	9

continued

	白山市 Baishan		松原市 Songyuan		白城市 Baicheng	
市区 District	全市 Total	市区 District	全市 Total	市区 District	全市 Total	市区 District
	329358		631431		526308	
	182812		347279		267041	
	74461		114900		99904	
67	57	36	134	65	53	23
46	45	29	88	46	39	19
	25233				16578	
	78497				138123	
	1520		9066			
	102		650			
	476		6514434		154	
	79.9		76.24		26.72	
164519	153567	79139	472801	287721	140390	75765
39.01	29.11	13.16	55.61	21.44	11.90	4.60
35.83	25.11	12.02	49.00	18.68	10.60	4.50
227426	94509	46975	246493	116362	42940	25123
210325	76054	41849	218354	103638	38657	24214
	1		1		3	
	245		359		162	
	3657				2850	
76	159	65	471	181	312	104
601	1036	464	2587	1162	1909	809
8281	15977	6715	44731	15841	29770	9791
12	20	8	16	13	19	2
0	1	0	1	1	4	2
4	6	2	5	2	6	2
46.58	110.07	32.75	101.21	66.09	63.13	33.96
5	13	6	7	4	6	2

指　　标	Item	通化市 Tonghua
		全市 Total
(三)卫生	Health	
医疗卫生机构数（个）	Number of Health Care Institutions (unit)	2210
医疗卫生机构床位数（张）	Number of Beds in Health Care Institutions (bed)	13548
卫生技术人员数（人）	Number of Medical Technical Personnel (person)	15159
九、社会保障	**Social Insurance**	
城镇职工基本养老保险参保人数（人）	Town Workers Basic Endowment Insurance Insured Number (person)	729114
城乡居民基本养老保险参保人数（人）	Basic Endowment Insurance for Urban and Rural Residents (person)	726041
失业保险参保人数（人）	Unemployment Insurance(person)	177064
工伤保险参保人数（人）	Number of Insurance for Work-Related Injury Insurance(person)	250460
城市居民最低生活保障人数（人）	Urban Residents Minimum Living Security(person)	
十、公共安全	**Public Management**	
交通事故死亡人数（人）	Traffic Accident Death Toll(person)	
交通事故直接财产损失（万元）	Traffic Accident Direct Property Loss(10000 yuan)	
刑事案件立案数（起）	Number of Criminal Case Registered (unit)	
十一、市政公用事业	**Municipal Utility**	
(一)生活设施	Living Facility	
公共供水总量（万吨）	Volume of Public Water Supply (10000 tons)	
供气总量(人工煤气、天然气)（万立方米）	Total Gas Supply (Artificial Gas, Natural Gas)(10000 cu.m)	
其中：家庭用量	Household Usage	
液化石油气供气总量（吨）	Liquefied Petroleum Gas Supply(ton)	
其中：家庭用量	Household Usage	
(二)公共交通	Public Transportation	
年末实有公共汽(电)车营运车辆数（辆）	Number of Public Bus and Trolley Bus under Operation at Year-end	
公共汽(电)车客运总量（万人次）	Passengers Transported by Public Bus and Trolley Bus	
年末实有出租汽车运营车数（辆）	Number of Taxi under Operation at Year-end (unit)	
轨道交通运营线路总长度（公里）	Subways, Light Rail Length under Operation (km)	
轨道交通客运总量（万人次）	Passengers Transported by Subways,Light Rails(10000 person-times)	
十二、环境保护	**Environmental Protection**	
工业废气排放量（万立方米）	Industrial Emissions(10000 cu.m)	
一般工业固体废物综合利用率（%）	General Industrial Solid Waste Comprehensive Utilization(%)	
污水处理率(%)	Treatment Rate of Urban Waste Water(%)	
污水处理厂集中处理率(%)	Centralized Treatment Rate of Sewage Treatment Plant(%)	
空气质量优良天数比例(%)	Ratio of Days of Air Quality Equal to or Above Grade Ⅱ（%）	

continued

市区 District	白山市 Baishan 全市 Total	白山市 Baishan 市区 District	松原市 Songyuan 全市 Total	松原市 Songyuan 市区 District	白城市 Baicheng 全市 Total	白城市 Baicheng 市区 District
592	1343	697	3167	817	1890	1284
6012	10536	7170	11899	4728	9516	7236
6126	10381	6383	17811	7499	14044	10176
260174	503120	130316	477505	225182	477728	138537
50557	272259	52418	1213662	166171	791549	151185
81831			186047	112654	124107	61855
96350			306900	220108	128610	57061
	55692	29347	22020	11074	39362	
			268	49	180	51
			4702620	2653118	76	20
			5753	2067		
			5725	4812	3490	1806
				11000		1801
				3080		102
				3300		1545
				1650		1545
352		392		392		142
4440		2643		2960		496
1504		1402		2177		1815
			75119			
			100.00			
			100.00		95.99	
			100.00		95.99	
			88.20			

19－2 各市县生产总值（2020年）

Gross Domestic Product by City and County（2020）

单位:万元 unit:10000 yuan

市、县 City，County		各市县生产总值 Gross Domestic Product by City and County	第一产业 Primary Industry	第二产业 Secondary Industry	第三产业 Tertiary Industry	人均生产总值（元） Per Capita CDP(yuan)
长春市	**Changchun**	**66380302**	**5338157**	**27581240**	**33460905**	**77634**
榆树市	Yushu	2694494	1289008	282018	1123468	22192
德惠市	Dehui	2493425	892636	346492	1254297	28504
公主岭市	Gongzhuling	3147476	855788	675994	1615694	30816
农安县	Nong' an	2923069	1381435	352966	1188668	26075
吉林市	**Jilin**	**14525505**	**2013771**	**5107594**	**7404140**	**35588**
桦甸市	Huadian	1015031	343056	208209	463766	24568
蛟河市	Jiaohe	966999	279621	203371	484007	23430
磐石市	Panshi	1293137	377068	332260	583809	25902
舒兰市	Shulan	1276944	571248	186508	519188	21361
永吉县	Yongji	679402	136617	196682	346103	20756
四平市	**Siping**	**5265703**	**1827014**	**1025452**	**2413237**	**24586**
双辽市	Shuangliao	961488	431402	135116	394970	24722
梨树县	Lishu	1547470	857977	139477	550016	20960
伊通满族自治县	Yitong	991638	475595	70245	445797	22261
辽源市	**Liaoyuan**	**4299003**	**498416**	**1209922**	**2590665**	**37171**
东丰县	Dongfeng	1389289	258371	308784	822134	36378
东辽县	Dongliao	917687	212248	157369	548069	27782
通化市	**Tonghua**	**5316937**	**664532**	**1512526**	**3139879**	**34338**
梅河口市	Meihekou	2174675	226872	884529	1063274	37163
集安市	Ji' an	680721	78006	148764	453951	32503
通化县	Tonghua	796947	105548	299285	392114	34576
辉南县	Huinan	884749	227468	214135	443146	27464
柳河县	Liuhe	799220	211759	186296	401165	22485

注：各市县相加不等于地区数。
Note：The sum of data by city and county is not equal to the region.

单位: 万元

19－2 续表 continued

市、县 City，County		各市县生产总值 Gross Domestic Product by City and County	第一产业 Primary Industry	第二产业 Secondary Industry	第三产业 Tertiary Industry	人均生产总值（元） Per Capita CDP(yuan)
白山市	**Baishan**	**5094239**	**642133**	**1305335**	**3146771**	**44021**
临江市	Linjiang	784536	82796	219589	482150	51809
抚松县	Fusong	1070895	236428	162820	671648	38681
靖宇县	Jingyu	636877	75006	157113	404758	47801
长白朝鲜族自治县	Changbai	362925	55865	76962	230099	47677
松原市	**Songyuan**	**7528833**	**2202397**	**1378857**	**3947579**	**27487**
扶余市	Fuyu	1484301	611151	126534	746616	20924
长岭县	Changling	1510924	625923	163935	721066	24036
前郭尔罗斯蒙古族自治县	Qianguo	1500714	634750	177788	688176	26299
乾安县	Qian' an	680724	200170	155990	324564	25217
白城市	**Baicheng**	**5101783**	**1449270**	**833283**	**2819230**	**27230**
洮南市	Taonan	885607	318640	67327	499640	21854
大安市	Da' an	918953	241826	177212	499915	24502
镇赉县	Zhenlai	826384	346922	87008	392454	31693
通榆县	Tongyu	834562	259562	126984	448016	23744
延边朝鲜族自治州	**Yanbian**	**7268564**	**662748**	**2416792**	**4189024**	**35296**
延吉市	Yanji	3145571	43909	1081538	2020124	56463
图们市	Tumen	254745	16870	79081	158794	23983
敦化市	Dunhua	1372281	233519	424872	713890	30531
珲春市	Hunchun	911089	64753	445019	401317	40165
龙井市	Longjing	317696	44512	82922	190262	21289
和龙市	Helong	333381	52246	86878	194257	20548
汪清县	Wangqing	537311	138262	96207	302842	25029
安图县	Antu	396490	68677	120275	207538	25876

19－3　各市县生产总值指数（2020年）

Gross Domestic Product and Indices by City and County（2020）

单位: %

市、县 City, County		各市县生产总值 Gross Domestic Product by City and County	第一产业 Primary Industry	第二产业 Secondary Industry	第三产业 Tertiary Industry	人均生产总值（元）Per Capita CDP(yuan)
长春市	**Changchun**	**103.6**	**97.6**	**108.0**	**100.3**	**103.6**
榆树市	Yushu	102.3	100.6	120.9	99.5	103.3
德惠市	Dehui	98.0	96.8	101.0	97.9	98.7
公主岭市	Gongzhuling	97.4	90.1	100.3	99.3	98.3
农安县	Nong' an	101.9	100.4	104.6	102.3	102.3
吉林市	**Jilin**	**100.6**	**102.7**	**103.0**	**98.1**	**101.6**
桦甸市	Huadian	102.8	103.5	107.2	100.1	104.3
蛟河市	Jiaohe	102.7	102.6	112.1	98.8	104.4
磐石市	Panshi	102.8	102.9	107.9	99.5	103.9
舒兰市	Shulan	101.6	103.1	109.7	97.2	102.9
永吉县	Yongji	102.4	102.1	106.4	100.1	102.9
四平市	**Siping**	**103.3**	**104.0**	**105.2**	**101.9**	**104.1**
双辽市	Shuangliao	102.6	104.1	107.5	98.8	103.4
梨树县	Lishu	103.5	103.9	112.6	100.4	104.1
伊通满族自治县	Yitong	103.2	103.0	126.3	100.9	103.8
辽源市	**Liaoyuan**	**103.7**	**103.1**	**108.2**	**101.4**	**104.8**
东丰县	Dongfeng	109.9	100.8	140.8	101.3	110.8
东辽县	Dongliao	103.3	104.0	108.8	101.3	104.7
通化市	**Tonghua**	**102.1**	**102.0**	**106.2**	**100.1**	**103.1**
梅河口市	Meihekou	100.3	98.6	98.7	102.3	101.0
集安市	Ji' an	101.6	103.3	110.4	99.0	102.5
通化县	Tonghua	103.9	104.0	110.6	98.6	106.1
辉南县	Huinan	100.5	101.5	99.9	100.3	101.7
柳河县	Liuhe	102.2	102.5	107.6	99.9	102.9

单位: %

19－3 续表 continued

市、县 City，County		各市县生产总值 Gross Domestic Product by City and County	第一产业 Primary Industry	第二产业 Secondary Industry	第三产业 Tertiary Industry	人均生产总值（元） Per Capita CDP(yuan)
白山市	**Baishan**	**100.1**	**103.5**	**96.2**	**101.1**	**101.4**
临江市	Linjiang	103.5	103.1	116.3	98.6	104.8
抚松县	Fusong	99.8	103.7	94.7	99.5	101.1
靖宇县	Jingyu	101.1	103.6	101.6	100.2	102.0
长白朝鲜族自治县	Changbai	100.7	103.2	104.5	98.8	102.3
松原市	**Songyuan**	**102.1**	**103.1**	**102.8**	**101.1**	**102.4**
扶余市	Fuyu	99.8	102.6	94.2	98.3	102.1
长岭县	Changling	103.5	103.3	112.4	101.7	103.8
前郭尔罗斯蒙古族自治县	Qianguo	102.9	103.3	110.2	100.6	103.2
乾安县	Qian' an	102.4	103.2	105.5	100.0	102.6
白城市	**Baicheng**	**101.4**	**102.2**	**106.4**	**99.5**	**102.4**
洮南市	Taonan	98.2	103.3	67.4	101.6	99.1
大安市	Da' an	98.6	102.4	94.6	98.7	100.0
镇赉县	Zhenlai	102.4	101.9	113.8	100.5	103.6
通榆县	Tongyu	106.9	103.1	143.9	99.4	107.8
延边朝鲜族自治州	**Yanbian**	**100.5**	**102.2**	**100.5**	**100.1**	**101.4**
延吉市	Yanji	99.6	92.3	98.3	100.6	99.2
图们市	Tumen	103.8	118.2	109.0	99.7	106.6
敦化市	Dunhua	102.3	102.3	105.7	100.1	103.4
珲春市	Hunchun	97.6	100.9	98.4	96.2	98.2
龙井市	Longjing	104.3	103.7	113.2	100.6	106.7
和龙市	Helong	101.8	102.3	102.2	101.4	104.2
汪清县	Wangqing	101.4	104.5	96.3	101.7	102.8
安图县	Antu	100.7	101.6	100.8	100.3	102.2

19－4　各市县户数和人口数（2020年末）

Households and Population by City and County（end of 2020）

市、县	City, County	总户数（万户）Total Households (10000 households)	按城乡分(万人) Grouped by Urban and Rural (10000 persons)		总人口（万人）Population (10000 persons)	按性别分(万人) Grouped by Sex（10000 Persons）	
			城镇人口 Urban Population	乡村人口 Rural Population		男 Male	女 Female
全 省	**Total**	**1025.02**	**1266.52**	**1310.58**	**2577.10**	**1292.39**	**1284.71**
长春市	**Changchun**	**322.72**	**399.05**	**454.35**	**853.40**	**427.15**	**426.25**
市辖区	Municipal District	179.56	321.24	125.56	446.80	220.38	226.42
南关区	Nanguan	31.65	72.12	5.81	77.93	37.76	40.16
宽城区	Kuancheng	27.82	45.37	21.86	67.24	33.23	34.01
朝阳区	Chaoyang	29.86	72.37	4.56	76.92	37.40	39.53
二道区	Erdao	23.75	42.77	14.92	57.69	28.30	29.39
绿园区	Lvyuan	27.05	60.85	3.87	64.72	31.81	32.91
双阳区	Shuangyang	14.34	9.37	26.73	36.10	18.19	17.91
九台区	Jiutai	25.09	18.38	47.81	66.20	33.69	32.50
农安县	Nong' an	35.89	18.54	86.55	105.10	53.75	51.35
榆树市	Yushu	42.82	20.82	99.66	120.48	61.61	58.87
德惠市	Dehui	26.87	14.36	65.27	79.63	40.37	39.27
公主岭市	Gongzhuling	37.58	24.09	77.30	101.39	51.05	50.34
吉林市	**Jilin**	**156.97**	**213.71**	**191.01**	**404.71**	**202.42**	**202.30**
市辖区	Municipal District	70.73	133.13	44.18	177.31	86.83	90.48
昌邑区	Changyi	24.27	48.45	11.52	59.97	29.37	30.60
龙潭区	Longtan	16.74	27.69	14.30	41.99	20.73	21.27
船营区	Chuanying	17.55	35.51	9.66	45.17	22.04	23.13
丰满区	Fengman	12.17	21.48	8.70	30.18	14.70	15.48
永吉县	Yongji	13.42	9.58	27.24	36.82	18.62	18.20
蛟河市	Jiaohe	14.16	16.88	23.93	40.81	20.67	20.14
桦甸市	Huadian	16.13	20.50	20.44	40.94	20.80	20.14
舒兰市	Shulan	24.36	16.05	43.27	59.31	30.20	29.11
磐石市	Panshi	18.17	17.57	31.96	49.52	25.31	24.22
四平市	**Siping**	**85.94**	**90.16**	**122.90**	**213.06**	**107.56**	**105.50**
市辖区	Municipal District	30.46	47.54	19.22	66.76	33.05	33.70
铁西区	Tiexi	15.62	24.44	10.96	35.40	17.49	17.91
铁东区	Tiedong	14.84	23.10	8.26	31.35	15.56	15.79
梨树县	Lishu	23.21	16.25	47.07	63.32	32.41	30.91
伊通满族自治县	Yitong	16.13	10.59	33.77	44.36	22.66	21.70
双辽市	Shuangliao	16.14	15.79	22.84	38.63	19.44	19.19
辽源市	**Liaoyuan**	**45.01**	**57.63**	**57.13**	**114.76**	**58.09**	**56.67**
市辖区	Municipal District	19.90	38.51	5.66	44.17	21.81	22.36
龙山区	Longshan	12.46	25.75	3.84	29.60	14.47	15.12
西安区	Xi' an	7.44	12.75	1.82	14.57	7.34	7.24
东丰县	Dongfeng	13.06	12.07	25.85	37.93	19.43	18.50
东辽县	Dongliao	12.05	7.05	25.62	32.67	16.85	15.82

注：表内数据为公安部门户籍人口数。表内数据四舍五入。
Note:Data were obtained from the annual reports of the public security department.Data were rounded.

市、县	City, County	总户数（万户）Total Households (10000 households)	按城乡分(万人) Grouped by Urban and Rural (10000 persons)		总人口（万人）Population (10000 persons)	按性别分(万人) Grouped by Sex（10000 Persons）	
			城镇人口 Urban Population	乡村人口 Rural Population		男 Male	女 Female
通化市	**Tonghua**	**85.17**	**109.02**	**102.95**	**211.97**	**107.09**	**104.88**
市辖区	Municipal District	18.10	40.38	2.59	42.97	21.13	21.84
东昌区	Dongchang	12.86	30.36	1.39	31.75	15.55	16.19
二道江区	Erdaojiang	5.23	10.02	1.20	11.23	5.57	5.65
通化县	Tonghua	9.55	8.42	14.22	22.64	11.51	11.12
辉南县	Huinan	12.74	14.31	17.66	31.96	16.26	15.70
柳河县	Liuhe	13.20	11.32	24.06	35.39	18.20	17.18
梅河口市	Meihekou	23.17	25.93	32.30	58.23	29.49	28.75
集安市	Ji' an	8.42	8.66	12.12	20.78	10.50	10.28
白山市	**Baishan**	**55.91**	**84.79**	**30.27**	**115.06**	**57.91**	**57.16**
市辖区	Municipal District	25.03	42.82	8.88	51.70	25.97	25.73
浑江区	Hunjiang	15.16	27.84	4.43	32.27	16.05	16.22
江源区	Jiangyuan	9.87	14.98	4.45	19.43	9.92	9.51
抚松县	Fusong	12.85	20.32	7.19	27.51	13.83	13.68
靖宇县	Jingyu	7.06	7.09	6.17	13.26	6.77	6.50
长白朝鲜族自治县	Changbai	3.88	4.52	3.03	7.55	3.78	3.77
临江市	Linjiang	7.09	10.04	5.00	15.04	7.56	7.48
松原市	**Songyuan**	**106.50**	**88.84**	**184.42**	**273.26**	**137.43**	**135.83**
市辖区	Municipal District	24.23	41.70	14.16	55.86	27.64	28.22
宁江区	Ningjiang	24.23	41.70	14.16	55.86	27.64	28.22
前郭尔罗斯蒙古族自治县	Qianguo	23.21	13.66	43.26	56.92	28.56	28.36
长岭县	Changling	23.27	14.09	48.64	62.73	32.13	30.60
乾安县	Qian' an	11.97	7.90	19.02	26.92	13.51	13.41
扶余市	Fuyu	23.81	11.49	59.35	70.84	35.59	35.24
白城市	**Baicheng**	**85.65**	**81.17**	**105.04**	**186.21**	**93.47**	**92.74**
市辖区	Municipal District	22.02	29.96	17.91	47.87	23.67	24.20
洮北区	Taobei	22.02	29.96	17.91	47.87	23.67	24.20
镇赉县	Zhenlai	12.53	10.36	15.52	25.87	13.05	12.83
通榆县	Tongyu	15.30	11.35	23.69	35.04	17.60	17.44
洮南市	Taonan	18.08	14.51	25.75	40.26	20.32	19.94
大安市	Da' an	17.72	14.99	22.18	37.17	18.84	18.33
延边朝鲜族自治州	**Yanbian**	**81.15**	**142.16**	**62.50**	**204.66**	**101.27**	**103.39**
延吉市	Yanji	21.61	48.20	7.59	55.78	26.90	28.89
图们市	Tumen	4.37	8.57	1.88	10.46	5.11	5.35
敦化市	Dunhua	17.10	24.48	20.14	44.62	22.34	22.29
珲春市	Hunchun	7.89	17.74	4.81	22.55	11.18	11.37
龙井市	Longjing	6.13	9.69	5.05	14.74	7.28	7.46
和龙市	Helong	6.70	9.88	6.13	16.01	8.08	7.92
汪清县	Wangqing	9.71	12.24	9.06	21.30	10.70	10.60
安图县	Antu	7.65	11.35	7.84	19.19	9.68	9.52

19－5　各市县分年龄人口情况（2020年末）

Age Composition of Population by City and County（end of 2020）

单位：万人　　unit:10000 persons

市、县	City, County	总人口 Total Population	18岁以下 Age0-17	18-34岁 Age18-34	35-60岁 Age35-60	60岁以上 Age Over 60
全　省	**Total**	**2577.10**	**356.35**	**505.33**	**1110.30**	**605.12**
长春市	**Changchun**	**853.40**	**127.22**	**176.69**	**355.06**	**194.42**
市辖区	Municipal District	446.80	68.64	88.87	187.35	101.94
南关区	Nanguan	77.93	12.77	15.44	32.23	17.49
宽城区	Kuancheng	67.24	10.70	14.06	27.71	14.75
朝阳区	Chaoyang	76.92	13.31	14.46	32.34	16.81
二道区	Erdao	57.69	8.69	11.48	24.68	12.84
绿园区	Lvyuan	64.72	9.33	12.50	27.34	15.56
双阳区	Shuangyang	36.10	4.95	7.26	15.32	8.58
九台区	Jiutai	66.20	8.89	13.67	27.73	15.90
农安县	Nong ' an	105.10	14.93	22.90	42.77	24.50
榆树市	Yushu	120.48	16.50	25.42	51.36	27.21
德惠市	Dehui	79.63	11.38	18.29	32.39	17.57
公主岭市	Gongzhuling	101.39	15.77	21.21	41.20	23.20
吉林市	**Jilin**	**404.71**	**50.54**	**73.15**	**178.27**	**102.75**
市辖区	Municipal District	177.31	20.96	30.26	77.68	48.41
昌邑区	Changyi	59.97	6.80	9.87	26.28	17.02
龙潭区	Longtan	41.99	4.44	7.13	18.60	11.82
船营区	Chuanying	45.17	5.69	7.60	19.69	12.19
丰满区	Fengman	30.18	4.03	5.66	13.11	7.38
永吉县	Yongji	36.82	4.64	7.19	16.12	8.87
蛟河市	Jiaohe	40.81	5.28	7.21	18.04	10.29
桦甸市	Huadian	40.94	5.83	7.97	18.10	9.04
舒兰市	Shulan	59.31	7.45	10.99	26.66	14.22
磐石市	Panshi	49.52	6.39	9.55	21.67	11.92
四平市	**Siping**	**213.06**	**29.96**	**41.78**	**90.62**	**50.71**
市辖区	Municipal District	66.76	8.13	12.75	28.74	17.14
铁西区	Tiexi	35.40	4.59	6.71	15.26	8.85
铁东区	Tiedong	31.35	3.54	6.04	13.48	8.30
梨树县	Lishu	63.32	9.91	13.00	26.01	14.39
伊通满族自治县	Yitong	44.36	6.16	8.50	18.87	10.83
双辽市	Shuangliao	38.63	5.76	7.53	16.99	8.34
辽源市	**Liaoyuan**	**114.76**	**14.31**	**21.49**	**50.99**	**27.98**
市辖区	Municipal District	44.17	4.92	7.78	19.83	11.64
龙山区	Longshan	29.60	3.82	5.35	13.15	7.27
西安区	Xi' an	14.57	1.09	2.43	6.68	4.37

注：表内数据为公安部门户籍人口数。表内数据四舍五入。
Note:Data were obtained from the annual reports of the public security department.Data were rounded.

19－5 续表 continued

市、县	City, County	总人口 Total Population	18岁以下 Age0-17	18-34岁 Age18-34	35-60岁 Age35-60	60岁以上 Age Over 60
东丰县	Dongfeng	37.93	5.11	7.31	16.65	8.86
东辽县	Dongliao	32.67	4.28	6.40	14.51	7.48
通化市	**Tonghua**	**211.97**	**27.65**	**39.36**	**93.44**	**51.53**
市辖区	Municipal District	42.97	4.81	7.19	19.49	11.49
东昌区	Dongchang	31.75	3.79	5.37	14.26	8.33
二道江区	Erdaojiang	11.23	1.02	1.82	5.23	3.16
通化县	Tonghua	22.64	2.99	4.36	9.97	5.31
辉南县	Huinan	31.96	4.26	5.71	14.24	7.75
柳河县	Liuhe	35.39	5.13	7.12	15.08	8.06
梅河口市	Meihekou	58.23	7.98	11.24	25.31	13.70
集安市	Ji' an	20.78	2.48	3.74	9.35	5.21
白山市	**Baishan**	**115.06**	**14.24**	**20.62**	**51.94**	**28.27**
市辖区	Municipal District	51.70	5.81	9.04	23.61	13.23
浑江区	Hunjiang	32.27	3.93	5.75	14.70	7.89
江源区	Jiangyuan	19.43	1.89	3.30	8.91	5.34
抚松县	Fusong	27.51	3.81	5.06	12.25	6.39
靖宇县	Jingyu	13.26	2.03	2.53	5.86	2.85
长白朝鲜族自治县	Changbai	7.55	0.88	1.30	3.47	1.91
临江市	Linjiang	15.04	1.72	2.69	6.74	3.89
松原市	**Songyuan**	**273.26**	**43.32**	**60.20**	**114.32**	**55.42**
市辖区	Municipal District	55.86	7.88	11.07	24.55	12.36
宁江区	Ningjiang	55.86	7.88	11.07	24.55	12.36
前郭尔罗斯蒙古族自治县	Qianguo	56.92	9.18	12.31	24.62	10.80
长岭县	Changling	62.73	10.18	14.35	25.72	12.49
乾安县	Qian' an	26.92	3.60	5.49	11.98	5.86
扶余市	Fuyu	70.84	12.48	16.98	27.46	13.91
白城市	**Baicheng**	**186.21**	**23.60**	**35.17**	**84.77**	**42.67**
市辖区	Municipal District	47.87	6.06	8.97	21.38	11.45
洮北区	Taobei	47.87	6.06	8.97	21.38	11.45
镇赉县	Zhenlai	25.87	3.16	4.69	11.94	6.08
通榆县	Tongyu	35.04	4.93	7.04	15.94	7.14
洮南市	Taonan	40.26	5.38	7.86	18.12	8.90
大安市	Da' an	37.17	4.07	6.61	17.39	9.10
延边朝鲜族自治州	**Yanbian**	**204.66**	**25.51**	**36.88**	**90.89**	**51.38**
延吉市	Yanji	55.78	7.87	10.22	24.70	12.99
图们市	Tumen	10.46	0.87	1.70	4.64	3.24
敦化市	Dunhua	44.62	5.89	8.12	19.73	10.88
珲春市	Hunchun	22.55	3.06	4.29	10.12	5.09
龙井市	Longjing	14.74	1.32	2.36	6.50	4.56
和龙市	Helong	16.01	1.56	2.74	7.16	4.54
汪清县	Wangqing	21.30	2.38	3.79	9.70	5.44
安图县	Antu	19.19	2.57	3.65	8.34	4.64

19－6 各市县人口自然变动情况（2020年末）

Basic Statistics on Natural Population Changes by City and County（end of 2020）

单位: 人 unit:person

市、县	City, County	年平均人口 Annual Average Population	出生 Birth		死亡 Death		自然增长 Natural Growth	
			人数 Number of Birth	出生率（‰）Birth Rate（‰）	人数 Number of Death	死亡率（‰）Death Rate（‰）	人数 Number of Natural Growth	自然增长率（‰）Natural Growth Rate(‰)
全　省	**Total**	**25893743**	**130517**	**5.04**	**288812**	**11.15**	**–158295**	**–6.11**
长春市	**Changchun**	**8550420**	**51279**	**6.00**	**89696**	**10.49**	**–38417**	**–4.49**
市辖区	Municipal District	4459389	32621	7.32	36869	8.27	–4248	–0.95
南关区	Nanguan	771717	7444	9.65	5756	7.46	1688	2.19
宽城区	Kuancheng	667688	5207	7.80	5554	8.32	–347	–0.52
朝阳区	Chaoyang	764114	6169	8.07	5254	6.88	915	1.20
二道区	Erdao	578600	4266	7.37	5332	9.22	–1066	–1.84
绿园区	Lvyuan	649420	4698	7.23	5564	8.57	–866	–1.33
双阳区	Shuangyang	362903	1780	4.90	3762	10.37	–1982	–5.46
九台区	Jiutai	664948	3057	4.60	5647	8.49	–2590	–3.90
农安县	Nong' an	1054567	5007	4.75	7632	7.24	–2625	–2.49
榆树市	Yushu	1214177	4815	3.97	17127	14.11	–12312	–10.14
德惠市	Dehui	800901	3710	4.63	9561	11.94	–5851	–7.31
公主岭市	Gongzhuling	1021387	5126	5.02	18507	18.12	–13381	–13.10
吉林市	**Jilin**	**4081611**	**17871**	**4.38**	**63419**	**15.54**	**–45548**	**–11.16**
市辖区	Municipal District	1786158	8728	4.89	30596	17.13	–21868	–12.24
昌邑区	Changyi	604502	2875	4.76	10401	17.21	–7526	–12.45
龙潭区	Longtan	425759	1599	3.76	7634	17.93	–6035	–14.17
船营区	Chuanying	455814	2161	4.74	8217	18.03	–6056	–13.29
丰满区	Fengman	300084	2093	6.97	4344	14.48	–2251	–7.50
永吉县	Yongji	372574	1640	4.40	7846	21.06	–6206	–16.66
蛟河市	Jiaohe	412711	1586	3.84	7075	17.14	–5489	–13.30
桦甸市	Huadian	413157	1657	4.01	5317	12.87	–3660	–8.86
舒兰市	Shulan	597776	2167	3.63	6219	10.40	–4052	–6.78
磐石市	Panshi	499236	2093	4.19	6366	12.75	–4273	–8.56
四平市	**Siping**	**2141761**	**8960**	**4.18**	**21227**	**9.91**	**–12267**	**–5.73**
市辖区	Municipal District	671034	2918	4.35	5932	8.84	–3014	–4.49
铁西区	Tiexi	355768	1680	4.72	3616	10.16	–1936	–5.44
铁东区	Tiedong	315266	1238	3.93	2316	7.35	–1078	–3.42
梨树县	Lishu	636348	2508	3.94	6077	9.55	–3569	–5.61
伊通满族自治县	Yitong	445454	1872	4.20	3995	8.97	–2123	–4.77
双辽市	Shuangliao	388926	1662	4.27	5223	13.43	–3561	–9.16
辽源市	**Liaoyuan**	**1156552**	**5102**	**4.41**	**16737**	**14.47**	**–11635**	**–10.06**
市辖区	Municipal District	444341	2030	4.57	4760	10.71	–2730	–6.14
龙山区	Longshan	297071	1588	5.35	3179	10.70	–1591	–5.36
西安区	Xi' an	147270	442	3.00	1581	10.74	–1139	–7.73
东丰县	Dongfeng	381900	1647	4.31	5004	13.10	–3357	–8.79
东辽县	Dongliao	330312	1425	4.31	6973	21.11	–5548	–16.80
通化市	**Tonghua**	**2133584**	**10327**	**4.84**	**26100**	**12.23**	**–15773**	**–7.39**

注：表内数据为公安部门户籍人口数。表内数据四舍五入。
Note:Data were obtained from the annual reports of the public security department.Data were rounded.

19－6 续表 continued

单位: 人 unit:person

市、县	City, County	年平均人口 Annual Average Population	出生 Birth		死亡 Death		自然增长 Natural Growth	
			人数 Number of Birth	出生率（‰） Birth Rate（‰）	人数 Number of Death	死亡率（‰） Death Rate（‰）	人数 Number of Natural Growth	自然增长率（‰） Natural Growth Rate(‰)
市辖区	Municipal Distric	430895	2036	4.73	8184	18.99	−6148	−14.27
东昌区	Dongchang	316928	1700	5.36	5935	18.73	−4235	−13.36
二道江区	Erdaojiang	113967	336	2.95	2249	19.73	−1913	−16.79
通化县	Tonghua	230492	1221	5.30	2520	10.93	−1299	−5.64
辉南县	Huinan	322144	1252	3.89	3650	11.33	−2398	−7.44
柳河县	Liuhe	355440	1890	5.32	2942	8.28	−1052	−2.96
梅河口市	Meihekou	585178	2857	4.88	5592	9.56	−2735	−4.67
集安市	Ji' an	209436	1071	5.11	3212	15.34	−2141	−10.22
白山市	**Baishan**	**1157871**	**5321**	**4.60**	**9969**	**8.61**	**−4648**	**−4.01**
市辖区	Municipal Distric	520231	2202	4.23	4255	8.18	−2053	−3.95
浑江区	Hunjiang	323818	1579	4.88	2438	7.53	−859	−2.65
江源区	Jiangyuan	196413	623	3.17	1817	9.25	−1194	−6.08
抚松县	Fusong	276854	1357	4.90	2520	9.10	−1163	−4.20
靖宇县	Jingyu	133236	799	6.00	936	7.03	−137	−1.03
长白朝鲜族自治县	Changbai	76121	320	4.20	803	10.55	−483	−6.35
临江市	Linjiang	151430	643	4.25	1455	9.61	−812	−5.36
松原市	**Songyuan**	**2739072**	**12957**	**4.73**	**15709**	**5.74**	**−2752**	**−1.00**
市辖区	Municipal Distric	560508	2845	5.08	4457	7.95	−1612	−2.88
宁江区	Ningjiang	560508	2845	5.08	4457	7.95	−1612	−2.88
前郭尔罗斯蒙古族自治县	Qianguo	570631	2820	4.94	3868	6.78	−1048	−1.84
长岭县	Changling	628617	3082	4.90	2883	4.59	199	0.32
乾安县	Qian' an	269947	1197	4.43	1331	4.93	−134	−0.50
扶余市	Fuyu	709370	3013	4.25	3170	4.47	−157	−0.22
白城市	**Baicheng**	**1873571**	**7970**	**4.25**	**22383**	**11.95**	**−14413**	**−7.69**
市辖区	Municipal Distric	481048	2290	4.76	4828	10.04	−2538	−5.28
洮北区	Taobei	481048	2290	4.76	4828	10.04	−2538	−5.28
镇赉县	Zhenlai	260747	1037	3.98	3882	14.89	−2845	−10.91
通榆县	Tongyu	351489	1635	4.65	2739	7.79	−1104	−3.14
洮南市	Taonan	405239	1643	4.05	4943	12.20	−3300	−8.14
大安市	Da' an	375049	1365	3.64	5991	15.97	−4626	−12.33
延边朝鲜族自治州	**Yanbian**	**2059303**	**10730**	**5.21**	**23572**	**11.45**	**−12842**	**−6.24**
延吉市	Yanji	557107	3538	6.35	4846	8.70	−1308	−2.35
图们市	Tumen	106221	351	3.30	1570	14.78	−1219	−11.48
敦化市	Dunhua	449477	2241	4.99	5566	12.38	−3325	−7.40
珲春市	Hunchun	226835	1280	5.64	2814	12.41	−1534	−6.76
龙井市	Longjing	149231	575	3.85	2055	13.77	−1480	−9.92
和龙市	Helong	162245	690	4.25	2223	13.70	−1533	−9.45
汪清县	Wangqing	214674	994	4.63	2396	11.16	−1402	−6.53
安图县	Antu	193515	1061	5.48	2102	10.86	−1041	−5.38

19－7 各市县固定资产投资（不含农户）（2020年）

City and County of Investment in Fixed Assets (Excluding Rural)（2020）

单位：%　　　　unit:%

市、县	City, County	增速 Growth Rate
全　省	**Total**	**8.3**
长 春 市	**Changchun**	**8.8**
市　区	District	8.4
农 安 县	Nong' an	27.0
榆 树 市	Yushu	3.7
德 惠 市	Dehui	7.6
公主岭市	Gongzhuling	–54.3
吉 林 市	**Jilin**	**8.3**
市　区	District	4.3
永 吉 县	Yongji	14.7
蛟 河 市	Jiaohe	6.7
桦 甸 市	Huadian	31.5
舒 兰 市	Shulan	15.0
磐 石 市	Panshi	15.0
四 平 市	**Siping**	**10.1**
市　区	District	16.6
梨 树 县	Lishu	14.2
伊通满族自治县	Yitong	30.9
双 辽 市	Shuangliao	15.1
辽 源 市	**Liaoyuan**	**10.5**
市　区	District	10.8
东 丰 县	Dongfeng	10.1
东 辽 县	Dongliao	10.4
通 化 市	**Tonghua**	**8.7**
市　区	District	14.4
通 化 县	Tonghua	22.2
辉 南 县	Huinan	11.2

19－7　续表

单位：%　　unit:%

市、县	City, County	增速 Growth Rate
柳 河 县	Liuhe	31.5
梅河口市	Meihekou	9.6
集 安 市	ji' an	–22.7
白 山 市	**Baishan**	**6.0**
市　　区	District	11.1
抚 松 县	Fusong	–3.3
靖 宇 县	Jingyu	17.9
长白朝鲜族自治县	Changbai	–30.9
临 江 市	Linjiang	17.1
松 原 市	**Songyuan**	**3.3**
市　　区	District	8.1
前郭尔罗斯蒙古族自治县	Qianguo	23.4
长 岭 县	Changling	8.5
乾 安 县	Qian' an	19.6
扶 余 县	Fuyu	–39.8
白 城 市	**Baicheng**	**8.4**
市　　区	District	–9.5
镇 赉 县	Zhenlai	18.5
通 榆 县	Tongyu	–1.5
洮 南 市	Taonan	94.1
大 安 市	Da' an	29.3
延边朝鲜族自治州	**Yanbian**	**9.5**
延 吉 市	Yanji	9.0
图 们 市	Tumen	7.8
敦 化 市	Dunhua	3.5
珲 春 市	Hunchun	7.4
龙 井 市	Longjing	8.7
和 龙 市	Helong	15.8
汪 清 县	Wangqing	12.6
安 图 县	Antu	18.3
长 白 山	**Changbaishan**	**8.0**

19－8　各市县地方公共财政收入（2020年）

Local Public Finance Revenue in Cities and Counties（2020）

单位: 万元　　　　unit:10000 yuan

市、县 City，County		地方公共财政收入 Local Government Revenue	税收收入 Tax revenue	#增值税 Value-added Tax	#企业所得税 Corporate Income Tax	#个人所得税 Individual Income Tax	#城市维护建设税 Urban Maintenance and Construction tax	#耕地占用税 Farmland Occupied Tax	#非税收入 Non Tax Revenue
长春市	**Changchun**	**4252280**	**3390104**	**840769**	**541245**	**129436**	**359521**	**98553**	**862176**
市本级	District	3293871	2670906	686611	442750	94602	339986	47370	622965
榆树市	Yushu	66653	46968	10127	4023	932	2598	6870	19685
德惠市	Dehui	90624	53304	14652	5419	591	3199	864	37320
农安县	Nong' an	123741	74885	15697	4040	1711	3058	1977	48856
吉林市	**Jilin**	**850129**	**597947**	**178132**	**48001**	**15479**	**72526**	**12638**	**252182**
市本级	District	448992	318843	82793	22041	7573	36842	6125	130149
桦甸市	Huadian	38522	26878	7253	1595	740	1786	149	11644
蛟河市	Jiaohe	37299	21776	6495	1305	646	2015	92	15523
舒兰市	Shulan	37129	15957	3264	751	405	876	1392	21172
磐石市	Panshi	74566	45884	11945	5843	2029	3433	679	28682
永吉县	Yongji	32745	20073	5959	1600	433	1053	1446	12672
四平市	**Siping**	**490008**	**317973**	**80129**	**23498**	**7919**	**29508**	**16879**	**172035**
市本级	District	180432	103747	26251	6591	1543	18912	254	76685
公主岭市	Gongzhuling	152017	122982	29681	9184	3238	4687	8823	29035
双辽市	Shuangliao	50908	23741	6207	1260	527	1705	5163	27167
梨树县	Lishu	45684	19741	5686	2221	592	1143	450	25943
伊通满族自治县	Yitong	30209	18928	4823	1499	476	1120	831	11281
辽源市	**Liaoyuan**	**170338**	**107190**	**25473**	**8602**	**2089**	**7668**	**2080**	**63148**
市本级	District	81997	46828	12081	3184	763	5524	33	35169
东丰县	Dongfeng	40585	26057	4618	2693	484	999	551	14528
东辽县	Dongliao	24033	15222	4834	1349	395	1145	229	8811
通化市	**Tonghua**	**535197**	**320622**	**84572**	**29038**	**8618**	**22648**	**44108**	**214575**
市本级	District	90055	45489	16592	3811	1518	5553	1738	44566
梅河口市	Meihekou	195672	128296	34043	12499	2291	9150	34879	67376
集安市	Ji' an	37734	23242	5835	1035	383	1564	1362	14492
通化县	Tonghua	40188	25026	7455	5941	1854	854	258	15162
辉南县	Huinan	50390	21900	7044	2085	840	1375	359	28490
柳河县	Liuhe	51277	21009	3973	1070	630	715	2871	30268

注：1、各市、县相加不等于地区数。2、本年统计口径未调整完成，公主岭市仍在四平地区。

Note:①The sum of data by every city and county is not equal to the total.②Gongzhuling City is still in Siping area.

单位: 万元

19－8 续表 continued

unit:10000 yuan

市、县 City, County		地方公共财政收入 Local Government Revenue	税收收入 Tax Revenue	#增值税 Value-added Tax	#企业所得税 Corporate Income Tax	#个人所得税 Individual Income Tax	#城市维护建设税 Urban Maintenance and Construction tax	#耕地占用税 Farmland Occupied Tax	#非税收入 Non Tax Revenue
白山市	**Baishan**	**23438[illegible]**	**127529**	**35930**	**20016**	**9504**	**9531**	**2452**	**106856**
市本级	District	9186[illegible]	47525	12531	12947	5649	4262	126	44341
临江市	Linjiang	2683[illegible]	14259	3021	1687	736	789	1506	12576
抚松县	Fusong	3396[illegible]	19572	7104	1302	574	1428	60	14390
靖宇县	Jingyu	2124[illegible]	12506	3652	2109	538	708	94	8740
长白朝鲜族自治县	Changbai	1314[illegible]	4434	1216	162	143	234	43	8710
松原市	**Songyuan**	**50262[illegible]**	**221170**	**45249**	**12571**	**5669**	**12958**	**9031**	**281455**
市本级	District	19460[illegible]	79980	17540	3776	2258	7478	264	114625
长岭县	Changling	7089[illegible]	24013	4895	2465	525	1236	308	46884
前郭尔罗斯蒙古族自治县	Qianguo	8949[illegible]	37979	8147	1737	843	2154	234	51512
乾安县	Qian' an	6489[illegible]	22308	3718	1715	451	861	564	42582
扶余市	Fuyu	4220[illegible]	28956	4456	1586	425	1229	7660	13244
白城市	**Baicheng**	**40790[illegible]**	**133325**	**32393**	**16860**	**5063**	**11275**	**3544**	**274583**
市本级	District	12305[illegible]	47175	10499	4127	1683	5288	2444	75883
洮南市	Taonan	6153[illegible]	17002	4625	2205	704	1573	231	44532
大安市	Da' an	8411[illegible]	27848	7645	3632	907	1993	318	56271
镇赉县	Zhenlai	4439[illegible]	15191	2394	4224	534	788	12	29208
通榆县	Tongyu	7709[illegible]	14402	4872	1931	661	923	480	62697
延边朝鲜族自治州	**Yanbian**	**58710[illegible]**	**368536**	**98921**	**38440**	**13990**	**54010**	**18681**	**218568**
州本级	District	4392[illegible]							43920
延吉市	Yanji	23793[illegible]	193708	42691	18870	4863	39914	8814	44224
图们市	Tumen	1457[illegible]	8239	3156	658	143	910	213	6337
敦化市	Dunhua	9393[illegible]	54831	18794	6717	5394	5437	949	39106
龙井市	Longjing	2707[illegible]	9893	3368	764	325	814	1077	17185
珲春市	Hunchun	7362[illegible]	53001	14619	6957	1188	3666	2510	20623
和龙市	Helong	2192[illegible]	12164	5099	1275	360	1193	298	9761
汪清县	Wangqing	4140[illegible]	18556	5728	1635	1158	1101	835	22849
安图县	Antu	3270[illegible]	18144	5466	1564	559	975	3985	14563

19－9 各市县公共财政支出（2020年）

Local Government Expenditure by City and County（2020）

单位:万元　　unit:10000 yuan

市、县 City, County		财政支出 Government Expenditure	#一般公共服务 General Public Services	#公共安全 Public Safety	#教育 Education	#科学技术 Science and Technology	#社会保障和就业 Social Security and Employment	#医疗卫生与计划生育 Health and Family Planning	#节能保护 Energy Saving and Environmental Protection	#农林水事务 Agriculture, Forestry, Water Affairs
长春市	**Changchun**	**9906356**	**1035285**	**449828**	**1403057**	**181916**	**1348457**	**828746**	**293329**	**1094548**
市本级	District	4419032	442198	313840	450087	142339	457079	354403	130300	104385
榆树市	Yushu	906387	40253	18050	144669	96	212660	93036	25354	242552
德惠市	Dehui	704293	35165	22528	107923	1213	129839	84066	13214	196891
农安县	Nong' an	846660	39817	20663	148923	1580	172101	78954	14601	181251
吉林市	**Jilin**	**4459881**	**304664**	**199169**	**572710**	**12396**	**1359386**	**326041**	**85089**	**573069**
市本级	District	1601764	119735	135408	149458	10327	684250	67806	21298	69201
桦甸市	Huadian	475209	22992	12620	58800	208	106456	31723	10090	79316
蛟河市	Jiaohe	423683	26503	12235	60147	188	117313	35527	19011	93955
舒兰市	Shulan	508377	28065	13087	68177	149	137207	47134	10825	120523
磐石市	Panshi	475209	27311	11992	79570	442	94284	47011	10366	89267
永吉县	Yongji	344988	21680	9040	43638	163	79597	36863	4207	76416
四平市	**Siping**	**3507970**	**220601**	**118132**	**410410**	**6139**	**792257**	**317762**	**164438**	**724123**
市本级	District	723048	61267	43388	31725	1781	199842	44947	64767	33031
公主岭市	Gongzhuling	935008	53572	27233	119873	3576	190252	99516	39261	221492
双辽市	Shuangliao	490194	25617	13400	57653	202	102803	47755	18693	154815
梨树县	Lishu	642776	31842	18231	78685	337	148796	60294	18910	173267
伊通满族自治县	Yitong	515922	27932	14365	74006	174	90927	48725	15864	125366
辽源市	**Liaoyuan**	**1379763**	**86075**	**54485**	**170708**	**1969**	**378256**	**117855**	**82861**	**210418**
市本级	District	471611	32041	33113	40902	1001	184892	31627	41157	13765
东丰县	Dongfeng	382345	22124	10650	51044	247	81701	38466	2948	87955
东辽县	Dongliao	392866	18561	9445	54025	306	65964	36977	33331	98014
通化市	**Tonghua**	**2843932**	**224323**	**95940**	**383299**	**27043**	**697387**	**232799**	**52118**	**374187**
市本级	District	559931	48729	33412	62007	5178	172380	30078	8940	12979
梅河口市	Meihekou	706322	53292	17234	126373	12336	171600	62883	9573	101111
集安市	Ji' an	347573	25344	8209	38519	1707	67694	23994	5291	37723
通化县	Tonghua	311167	24091	9688	35030	2947	72337	28429	15185	52034
辉南县	Huinan	366972	22935	13928	51756	747	78520	34169	7245	80425
柳河县	Liuhe	348111	22236	9851	39253	1544	80407	33522	5131	75482

注：1、各市、县相加不等于地区数。2、本年统计口径未调整完成，公主岭市仍在四平地区。
Note:①The sum of data by every city and county is not equal to the total.②Gongzhuling City is still in Siping area.

单位: 万元

19－9 续表 continued

unit:10000 yuan

市、县 City，County		财政支出 Government Expenditure	#一般公共服务 General Public Services	#公共安全 Public Safety	#教育 Education	#科学技术 Science and Technology	#社会保障和就业 Social Security and Employment	#医疗卫生与计划生育 Health and Family Planning	#节能保护 Energy Saving and Environmental Protection	#农林水事务 Agriculture, Forestry, Water Affairs
白山市	**Baishan**	**20300[illegible]**	**157001**	**73276**	**222930**	**4528**	**517970**	**140202**	**61530**	**245406**
市本级	District	4190[illegible]	43361	27100	30009	1887	111594	25610	20974	13162
临江市	Linjiang	2613[illegible]	18978	7199	32053	67	71922	16929	11368	44581
抚松县	Fusong	4117[illegible]	25220	10599	61757	1264	96191	28004	10147	49743
靖宇县	Jingyu	2418[illegible]	20525	7674	25206	474	48564	19611	8125	62215
长白朝鲜族自治县	Changbai	2008[illegible]	20275	11992	19945	692	49507	15461	3402	25677
松原市	**Songyuan**	**29739[illegible]**	**198555**	**98960**	**362593**	**4022**	**482973**	**252084**	**67748**	**806662**
市本级	District	4657[illegible]	65980	38330	54022	2857	66903	23222	5800	49417
长岭县	Changling	6901[illegible]	30339	15463	73461	164	128246	59513	9093	194468
前郭尔罗斯蒙古族自治县	Qianguo	6722[illegible]	34114	15507	78215	287	98648	61867	33317	214119
乾安县	Qian' an	3865[illegible]	20011	9655	41381	322	66214	33449	7885	135847
扶余市	Fuyu	5451[illegible]	27648	17302	70159	218	78379	51837	7452	169796
白城市	**Baicheng**	**28032[illegible]**	**179320**	**87009**	**324377**	**8065**	**553345**	**221501**	**51810**	**770487**
市本级	District	4349[illegible]	46139	32907	30992	4385	95208	37420	24314	26689
洮南市	Taonan	5369[illegible]	23596	11803	48150	2344	132083	47008	5820	164409
大安市	Da' an	5242[illegible]	26289	13538	74132	448	108725	41348	7963	146214
镇赉县	Zhenlai	4301[illegible]	43397	15942	47300	243	74333	34051	2677	130759
通榆县	Tongyu	614[illegible]	22696	11736	62128	335	94561	46667	9231	206661
延边朝鲜族自治州	**Yanbian**	**38573[illegible]**	**314535**	**131353**	**371550**	**11548**	**861847**	**252634**	**73224**	**675576**
州本级	District	322[illegible]	49254	20699	23540	1361	56425	24762	1283	14087
延吉市	Yanji	613[illegible]9	33028	25187	79382	6236	150177	39301	8881	28914
图们市	Tumen	2774[illegible]0	19274	8312	17752	336	70706	17170	3991	55027
敦化市	Dunhua	654[illegible]9	64231	16446	78893	1976	153705	42583	15792	127526
龙井市	Longjing	341[illegible]1	21998	9401	20750	277	85068	20835	3854	67000
珲春市	Hunchun	436[illegible]3	30666	24014	41159	401	75822	35637	4171	71508
和龙市	Helong	359[illegible]3	21063	9922	26301	335	101816	22730	4464	92698
汪清县	Wangqing	489[illegible]4	39694	9894	43295	388	103576	26886	15708	140319
安图县	Antu	363[illegible]8	35327	7478	40478	238	64552	22730	15080	78497

19－10 各市县农村基层组织和乡村建设情况（2020年）

The Situation of Rural Primary Organizations and Rural Construction in the Cities and Counties（2020）

市、县 City，County		乡村户数（户） Number of Rural Households (household)	乡村人口（人） Rural Population (person)	村民委员会（个） Number of Villager' s Committees(unit)
全　省	**Total**	**4268330**	**13841340**	**9327**
长春市	**Changchun**	**1339514**	**4374971**	**2085**
市　区	District	372078	1062215	625
农安县	Nong' an	285600	976729	377
榆树市	Yushu	286975	903151	383
德惠市	Dehui	196372	718531	296
公主岭市	Gongzhuling	198489	714345	404
吉林市	**Jilin**	**610564**	**2137205**	**1385**
市　区	District	178429	604308	372
永吉县	Yongji	80460	258141	123
蛟河市	Jiaohe	83143	280702	256
桦甸市	Huadian	65879	227115	156
舒兰市	Shulan	120894	448109	210
磐石市	Panshi	81759	318830	268
四平市	**Siping**	**430842**	**1445586**	**755**
市　区	District	47747	158145	74
梨树县	Lishu	190218	619341	304
伊通满族自治县	Yitong	107836	378542	187
双辽市	Shuangliao	85041	289558	190
辽源市	**Liaoyuan**	**201130**	**664180**	**518**
市　区	District	28113	91375	54
东丰县	Dongfeng	88216	297470	229
东辽县	Dongliao	84801	275335	235
通化市	**Tonghua**	**270978**	**839088**	**685**
市　区	District	25154	68137	43
通化县	Tonghua	54908	151622	153
辉南县	Huinan	66117	213878	143
柳河县	Liuhe	71851	249811	219

注：全省村委会个数包含未报表空壳村。

Note: The number of village's committees contains the villages whose data is null.

19－10 续表 continued

市、县 City, County		乡村户数（户）Number of Rural Households (household)	乡村人口（人）Rural Population (person)	村民委员会（个）Number of Villager' s Committees(unit)
集安市	Ji' an	52948	155640	127
白山市	**Baishan**	**118948**	**334404**	**504**
市区	District	39560	108419	115
抚松县	Fusong	25505	78680	131
靖宇县	Jingyu	24451	63297	111
长白朝鲜族自治县	Changbai	10822	29641	77
临江市	Linjiang	18610	54367	70
松原市	**Songyuan**	**579607**	**2005130**	**1119**
市区	District	66885	212530	114
前郭尔罗斯蒙古族自治县	Qianguo	127895	427645	234
长岭县	Changling	154835	528306	232
乾安县	Qian' an	70440	211135	164
扶余市	Fuyu	159552	625514	375
白城市	**Baicheng**	**395628**	**1059113**	**919**
市区	District	79108	227185	162
镇赉县	Zhenlai	63869	152373	141
通榆县	Tongyu	67071	220996	172
洮南市	Taonan	98939	250566	221
大安市	Da' an	86641	207993	223
延边朝鲜族自治州	**Yanbian**	**224548**	**668027**	**1049**
延吉市	Yanji	24708	70472	54
图们市	Tumen	5685	13788	50
敦化市	Dunhua	64806	209215	303
珲春市	Hunchun	26076	77130	121
龙井市	Longjing	18178	53360	65
和龙市	Helong	25762	70708	76
汪清县	Wangqing	31219	80487	200
安图县	Antu	28114	92867	180
长白山	**Changbaishan**	**3271**	**6915**	**5**
梅河口市	**Meihekou**	**93300**	**306721**	**303**

19－11 各市县农林牧渔总产值（2020年）

Output Value of Agriculture,Forestry,Animal Husbandry and Fishery by City and County（2020）

单位：万元　　　　unit: 10000yuan

市、县	City，County	农林牧渔业总产值 Total	农业 Farming	林业 Forestry	牧业 Animal Husbandry	渔业 Fishery	农林牧渔业总产值指数 Indices
全　省	**Total**	**29759983**	**12318446**	**719197**	**15473787**	**414257**	**101.8**
长春市	**Changchun**	**9808322**	**3221369**	**54936**	**6208117**	**62685**	**97.7**
市　区	District	1691062	637668	12846	967566	20550	98.0
农安县	Nong' an	2585882	708124	18099	1790247	12978	100.7
榆树市	Yushu	2460862	754391	11576	1627230	11885	100.9
德惠市	Dehui	1591359	443303	2989	1084907	13027	96.9
公主岭市	Gongzhuling	1479157	677883	9426	738167	4245	90.5
吉林市	**Jilin**	**3897665**	**1318987**	**155896**	**2226345**	**58259**	**103.7**
市　区	District	604279	218761	10073	331260	9596	102.0
永吉县	Yongji	269892	108909	16570	121816	4377	103.1
蛟河市	Jiaohe	515172	207474	42871	251269	9053	103.8
桦甸市	Huadian	657646	254105	48398	320137	13885	104.3
舒兰市	Shulan	1119906	290221	32913	755059	11270	104.4
磐石市	Panshi	730770	239516	5071	446805	10078	103.9
四平市	**Siping**	**3851388**	**1157991**	**54557**	**2562241**	**8537**	**105.6**
市　区	District	128927	49538	4958	67612	2346	106.5
梨树县	Lishu	1703431	620393	28785	1018014	1689	105.9
伊通满族自治县	Yitong	1087795	212317	12885	841146	3203	104.9
双辽市	Shuangliao	931235	275743	7929	635469	1299	105.7
辽源市	**Liaoyuan**	**951990**	**373893**	**23043**	**535034**	**5153**	**104.5**
市　区	District	54936	16427	490	35634	659	108.5
东丰县	Dongfeng	488069	204215	14748	261585	2760	102.5
东辽县	Dongliao	408985	153251	7805	237815	1734	106.4
通化市	**Tonghua**	**1240947**	**652029**	**64703**	**435464**	**29858**	**103.0**
市　区	District	78776	28482	3146	45624	245	93.6
通化县	Tonghua	200475	97891	12878	79961	7184	107.5
辉南县	Huinan	422819	221754	9353	164309	8382	101.8
柳河县	Liuhe	394661	214057	30803	113704	4526	103.6

19－11 续表 continued

单位：万元 unit: 10000yuan

市、县	City，County	农林牧渔业总产值 Total	农业 Farming	林业 Forestry	牧业 Animal Husbandry	渔业 Fishery	农林牧渔业总产值指数 Indices
集安市	Ji' an	144216	89845	8523	31866	9521	104.3
白山市	**Baishan**	**1158319**	**677088**	**161314**	**268776**	**33596**	**105.1**
市区	District	355771	149705	68149	116147	13438	108.4
抚松县	Fusong	416968	285149	47819	75301	5369	113.9
靖宇县	Jingyu	137257	84518	11081	32225	6646	107.0
长白朝鲜族自治县	Changbai	97005	66435	9610	17045	2757	119.9
临江市	Linjiang	151316	91281	24655	28057	5385	104.3
松原市	**Songyuan**	**4412718**	**2479304**	**53227**	**1659320**	**101609**	**104.2**
市区	District	253222	148440	4199	82236	11426	103.9
前郭尔罗斯蒙古族自治县	Qianguo	1266172	707536	17252	462896	41516	104.5
长岭县	Changling	1254253	668551	10200	549973	3705	104.5
乾安县	Qian' an	399051	240277	5847	132113	8459	104.2
扶余市	Fuyu	1240020	714500	15729	432102	36503	103.7
白城市	**Baicheng**	**2742627**	**1545001**	**70691**	**950271**	**87597**	**103.1**
市区	District	492745	277579	12700	170726	15738	103.0
镇赉县	Zhenlai	646107	363944	16655	223885	20639	96.9
通榆县	Tongyu	462975	260796	11933	160406	14786	105.0
洮南市	Taonan	642341	361832	16558	222590	20518	107.8
大安市	Da' an	498459	280850	12845	172664	15916	104.4
延边朝鲜族自治州	**Yanbian**	**1242098**	**685699**	**72468**	**439017**	**15444**	**103.2**
延吉市	Yanji	84133	52225	3506	22085	679	93.2
图们市	Tumen	32091	15725	798	14922	275	121.5
敦化市	Dunhua	451535	227742	12636	189008	7946	103.7
珲春市	Hunchun	118155	66265	6148	40978	2967	100.5
龙井市	Longjing	84816	39526	1099	42746	587	105.4
和龙市	Helong	98687	39982	10347	46492	589	103.8
汪清县	Wangqing	245692	158469	33820	49369	847	105.0
安图县	Antu	126989	85765	4114	33417	1554	102.9
长白山	**Changbaishan**	**8882**	**3114**	**4683**	**729**	**232**	**77.2**
梅河口市	**Meihekou**	**445031**	**203969**	**3680**	**188474**	**11287**	**98.9**

19－12 各市县主要农业机械拥有量（2020年）

Possession of Major Agricultural Machinery by City and County（2020）

市、县 City，County	农业机械总动力（万千瓦） Total Power of Agricultural Machinery (10000kW)	大中型农用拖拉机（混合台） Large and Medium Tractors Towing Farm Machinery (unit)	农用小型拖拉机（台） Small Farm Machinery (unit)	大中型机引农具（部） Large and Medium Tractors Towing Farm Machinery (unit)	农用排灌动力机械（台） Irrigating Machinery (unit)	谷物联合收割机（台） Combine Harvester (unit)	水稻插秧机（台） Mobile Rice Transplanter (unit)	粮食加工机械（台） Machine of Grain Processing (unit)
全　省　Total	**3896.9**	**384688**	**879185**	**108297**	**457300**	**113302**	**106743**	**122567**
长春市　Changchun	**1040.8**	**106658**	**161585**	**33212**	**89580**	**32336**	**25016**	**37942**
市　区　District	221.7	18970	40080	7397	29038	6354	5564	7771
农安县　Nong' an	213.1	18710	48913	6100	9924	6220	1215	5610
榆树市　Yushu	269.9	35943	22464	7321	14604	8931	9880	8952
德惠市　Dehui	160.5	15950	20250	6765	21209	4782	7093	7400
公主岭市　Gongzhuling	175.5	17085	29878	5629	14805	6049	1264	8209
吉林市　Jilin	**463.9**	**28684**	**196045**	**3861**	**68256**	**18872**	**19953**	**22291**
市　区　District	85.7	4802	36327	1370	8502	2452	3399	8975
永吉县　Yongji	54.9	2561	21066	159	5545	2057	1839	3681
蛟河市　Jiaohe	70.3	7302	22986	257	12071	3283	1226	2703
桦甸市　Huadian	58.6	2067	28289	526	2528	3002	480	2302
舒兰市　Shulan	135.2	9278	47253	1002	34170	4098	10991	2230
磐石市　Panshi	59.2	2674	40124	547	5440	3980	2018	2400
四平市　Siping	**308.6**	**28748**	**35300**	**11981**	**55583**	**9343**	**5510**	**3101**
市　区　District	13.3	942	851	502	4756	319	5	473
梨树县　Lishu	142.6	13393	12143	7479	27475	3428	1453	73
伊通满族自治县　Yitong	63.1	6149	9296	1000	4170	2308	458	1255
双辽市　Shuangliao	89.7	8264	13010	3000	19182	3288	3594	1300
辽源市　Liaoyuan	**146.6**	**9319**	**40119**	**2473**	**34040**	**3665**	**1230**	**5638**
市　区　District	4.0	128	2930		600	34		372
东丰县　Dongfeng	76.1	6988	11950	1003	22549	2318	1012	3078
东辽县　Dongliao	66.4	2203	25239	1470	10891	1313	218	2188
通化市　Tonghua	**128.9**	**9745**	**50533**	**5441**	**16528**	**5341**	**3304**	**10101**
市　区　District	5.7	199	785		2233	44	14	447
通化县　Tonghua	20.4	1392	6585	158	2150	325	207	3782
辉南县　Huinan	47.0	3900	19928	4840	6078	2594	1610	1840
柳河县　Liuhe	42.5	3915	18966		4171	2244	1436	1496
集安市　Ji' an	13.3	339	4269	443	1896	134	37	2536

19－12 续表 continued

市、县 City, County		农业机械总动力（万千瓦）Total Power of Agricultural Machinery (10000kW)	大中型农用拖拉机（混合台）Large and Medium Tractors Towing Farm Machinery (unit)	农用小型拖拉机（台）Small Farm Machinery (unit)	大中型机引农具（部）Large and Medium Tractors Towing Farm Machinery (unit)	农用排灌动力机械（台）Irrigating Machinery (unit)	谷物联合收割机（台）Combine Harvester (unit)	水稻插秧机（台）Mobile Rice Transplanter (unit)	粮食加工机械（台）Machine of Grain Processing (unit)
白 山 市	**Baishan**	**25.9**	**2660**	**2562**	**385**	**2978**	**197**	**5**	**4101**
市　区	District	7.[illegible]	199	448	37	1863	36	1	2129
抚 松 县	Fusong	4.[illegible]	602	712	138	302	61		390
靖 宇 县	Jingyu	6.8	1245	592	124	81	42	4	175
长白朝鲜族自治县	Changbai	1.9	252	90	20	170	11		309
临 江 市	Linjiang	5.6	362	720	66	562	47		1098
松 原 市	**Songyuan**	**796.9**	**81632**	**204128**	**24260**	**68079**	**17954**	**15596**	**19314**
市　区	District	97.8	10433	16518	6542	13615	1503	1509	1459
前郭尔罗斯蒙古族自治县	Qianguo	194.[illegible]	15855	50821	6200	15300	6622	9743	4000
长 岭 县	Changling	206.0	17822	68650	4185	9879	4105	166	2257
乾 安 县	Qian' an	125.[illegible]	14708	30016	5100	6751	2420	196	1580
扶 余 市	Fuyu	173.[illegible]	22814	38123	2233	22534	3304	3982	10018
白 城 市	**Baicheng**	**628.9**	**56823**	**127555**	**10575**	**105218**	**14759**	**26665**	**13658**
市　区	District	150.[illegible]	11829	23338		34429	5653	3364	2620
镇 赉 县	Zhenlai	113.[illegible]	12043	19157	1031	19158	2692	16670	1906
通 榆 县	Tongyu	148.[illegible]	13967	34902	4219	16590	1378	58	5603
洮 南 市	Taonan	128.[illegible]	11754	28088	3200	23960	2736	2870	2365
大 安 市	Da' an	89.[illegible]	7230	22070	2125	11081	2300	3703	1164
延边朝鲜族自治州	**Yanbian**	**283.[illegible]**	**51349**	**45435**	**1216**	**7484**	**7949**	**7005**	**5320**
延 吉 市	Yanji	15.[illegible]	2473	2944	35	651	415	611	301
图 们 市	Tumen	10.[illegible]	2076	1122	24	124	481	238	226
敦 化 市	Dunhua	106.[illegible]	16404	22410	615	3150	2424	630	2388
珲 春 市	Hunchun	27.[illegible]	4691	5301	95	73	1179	1590	213
龙 井 市	Longjing	23.[illegible]	3891	2725	101	137	811	1016	512
和 龙 市	Helong	25.[illegible]	3961	4325		37	991	1760	718
汪 清 县	Wangqing	40.[illegible]	10344	2159	196	2664	825	679	720
安 图 县	Antu	34.[illegible]	7509	4449	150	648	823	481	242
梅河口市	**Meihekou**	**72.[illegible]**	**9070**	**15923**	**14893**	**9554**	**2886**	**2459**	**1101**

19－13 各市县农业现代化水平（2020年）

Agricultural Modernizing Level of the City and County（2020）

市、县	City，County	机耕面积（千公顷）Area of Machinery Cultivated Land (1000ha)	机播面积（千公顷）Area of Machinery Sowed Land (1000ha)	农村用电量（千千瓦小时）Electrical Consumption in Rural (1000kWh)	有效灌溉面积（千公顷）Effective Irrigated Area (1000ha)	配套机电井（规模以上机电井，眼）Electrical Machinery of Well (unit)	化肥施用量（实物量）（吨）Consumption of Chemical Fertilizer (ton)	#氮肥 Nitrogenous Fertilizers	#磷肥 Phosphate Fertilizer
全　省	**Total**	**4692.2**	**5599.4**	**5655962**	**1934.11**	**204287**	**4078917**	**1198876**	**355253**
长春市	**Changchun**	**1190.3**	**1517.2**	**1430063**	**284.69**	**36510**	**1218837**	**313496**	**96739**
市　区	District	251.4	293.9	636505	90.04	10782	243951	57148	12931
农安县	Nong' an	250.3	353.5	195152	49.25	5264	283272	73804	27831
榆树市	Yushu	273.8	362.0	202256	53.85	8545	304788	92942	33498
德惠市	Dehui	155.5	190.7	156583	59.66	6570	136691	51852	16493
公主岭市	Gongzhuling	259.3	317.1	239568	31.89	5349	250136	37750	5986
吉林市	**Jilin**	**663.8**	**622.9**	**572825**	**161.70**	**9541**	**549143**	**178777**	**47154**
市　区	District	101.8	83.8	176946	39.39	4186	99763	42816	9051
永吉县	Yongji	84.2	80.0	74053	31.32	2591	68006	18356	6136
蛟河市	Jiaohe	107.5	104.5	85821	15.48	377	98997	29247	14631
桦甸市	Huadian	117.1	109.0	80841	8.76	397	76654	32947	3489
舒兰市	Shulan	139.2	133.8	90126	40.86	1309	108986	29593	10226
磐石市	Panshi	114.0	111.9	65038	25.89	681	96737	25818	3621
四平市	**Siping**	**320.4**	**549.6**	**461872**	**166.55**	**15089**	**435447**	**35860**	**3931**
市　区	District	26.3	26.6	146213	19.30	523	18487	2737	510
梨树县	Lishu	123.6	246.7	182111	59.57	3017	203953	5250	241
伊通满族自治县	Yitong	106.7	114.9	25990	10.09	1781	108643	2060	1560
双辽市	Shuangliao	63.8	161.4	107558	77.59	9768	104364	25813	1620
辽源市	**Liaoyuan**	**235.4**	**235.0**	**170289**	**22.88**	**5592**	**170748**	**29710**	**8809**
市　区	District	10.1	10.3	12175	0.32	150	8235	2263	391
东丰县	Dongfeng	125.2	121.6	104234	18.00	4611	104674	22482	6347
东辽县	Dongliao	99.8	103.1	53880	4.56	831	57840	4965	2071
通化市	**Tonghua**	**198.9**	**148.4**	**258839**	**56.70**	**768**	**165218**	**70319**	**17377**
市　区	District	3.9	1.7	42983	1.47	84	5453	3709	284
通化县	Tonghua	24.2	18.7	45674	5.89	44	17028	8118	1060
辉南县	Huinan	76.1	62.4	49522	25.46	145	53657	23597	3587
柳河县	Liuhe	80.5	63.3	66808	19.47	368	75088	28403	10636
集安市	Ji' an	14.2	2.3	53852	4.41	127	13992	6492	1810

注：农机、水利数据来源于部门，长白山数据还未进行单独统计。

Note: Data of Agricultural Machinery and Irrigation are from other departments.Data of Changbaishan has not been independently counted.

19－13 续表 continued

市、县 City，County		机耕面积（千公顷）Area of Machinery Cultivated Land (1000ha)	机播面积（千公顷）Area of Machinery Sowed Land (1000ha)	农村用电量（千千瓦小时）Electrical Consumption in Rural (1000kWh)	有效灌溉面积（千公顷）Effective Irrigated Area (1000ha)	配套机电井（规模以上机电井，眼）Electrical Machinery of Well (unit)	化肥施用量（实物量）（吨）Consumption of Chemical Fertilizer (ton)	#氮肥 Nitrogenous Fertilizers	#磷肥 Phosphate Fertilizer
白山市	**Baishan**	**39.6**	**21.6**	**99933**	**1.85**	**473**	**27563**	**11250**	**753**
市区	District	7.2	4.0	36812	0.22	170	5462	2344	258
抚松县	Fusong	13.4	8.2	22955	0.29	123	9055	2756	85
靖宇县	Jingyu	9.7	5.5	17210	0.44	107	5640	2124	50
长白朝鲜族自治县	Changbai	3.6	1.5	7885	0.56	6	1928	1092	21
临江市	Linjiang	5.8	2.4	15071	0.34	67	5478	2935	339
松原市	**Songyuan**	**[illegible]9.3**	**1275.6**	**690650**	**559.94**	**65929**	**727501**	**288235**	**105084**
市区	District	[illegible]9.1	88.3	81539	39.02	4875	47417	15523	6408
前郭尔罗斯蒙古族自治县	Qianguo	[illegible]5.8	366.3	192561	136.87	16080	166455	60928	24953
长岭县	Changling	[illegible]7.8	293.3	215569	148.38	22187	217798	94812	47062
乾安县	Qian' an	[illegible]3.7	159.5	67012	116.74	10776	118403	41769	7051
扶余市	Fuyu	[illegible]2.9	368.2	133969	118.93	12011	177428	75203	19610
白城市	**Baicheng**	**[illegible]2.8**	**801.2**	**560008**	**576.59**	**68054**	**530012**	**197859**	**49011**
市区	District	[illegible]9.4	136.0	62346	105.08	16696	79162	36712	7033
镇赉县	Zhenlai	[illegible]9.4	171.1	149059	131.90	8616	104111	35384	6785
通榆县	Tongyu	[illegible]4.1	203.7	57530	124.62	18337	108587	35474	15153
洮南市	Taonan	[illegible]0.1	170.9	138121	102.01	5494	138539	52662	15352
大安市	Da' an	[illegible]9.9	119.5	152952	112.98	18911	99613	37627	4688
延边朝鲜族自治州	**Yanbian**	**3[illegible].5**	**331.1**	**1314249**	**70.26**	**1284**	**152724**	**47326**	**15698**
延吉市	Yanji	[illegible].2	17.6	317663	4.60	236	9417	1865	1015
图们市	Tumen	[illegible].2	9.6	73027	1.95	35	8054	520	170
敦化市	Dunhua	1[illegible].6	134.4	350155	16.10	531	48365	14909	6086
珲春市	Hunchun	[illegible].5	30.0	130208	12.29	161	16746	6026	1820
龙井市	Longjing	[illegible].4	26.2	105707	6.22	147	20069	5449	702
和龙市	Helong	[illegible].1	26.2	154864	13.64	44	12462	7509	1486
汪清县	Wangqing	[illegible].6	54.4	134327	11.73	64	24278	7226	2804
安图县	Antu	[illegible].8	32.7	48299	3.73	66	13333	3822	1615
长白山	**Changbaishan**			**1188**			**119**	**43**	**1**
梅河口市	**Meihekou**	**9[illegible].3**	**96.8**	**96045**	**32.95**	**1047**	**101604**	**26000**	**10699**

19－14 各市县总播种面积和产量（2020年）

Total Sown Areas and Output of Major Farm Crops by City and County（2020）

市、县	City，County	总播种面积（公顷）Total Sown Area (ha)	粮食 Grain Crops		#稻谷 Rice		#玉米 Corn	
			播种面积 Sown Area（公顷）(ha)	总产量 Output（吨）(ton)	播种面积 Sown Area（公顷）(ha)	总产量 Output（吨）(ton)	播种面积 Sown Area（公顷）(ha)	总产量 Output（吨）(ton)
长春市	**Changchun**	**1633238**	**1565826**	**11638969**	**183932**	**1518802**	**1334797**	**9902263**
南关区	Nanguan							
宽城区	Kuancheng	3141	2721	16954	131	857	2576	16069
朝阳区	Chaoyang	8967	8521	53576	1367	8953	7154	44623
二道区	Erdao	598	565	3502			560	3492
绿园区	Lvyuan	7989	5825	36303	308	2017	5464	34082
双阳区	Shuangyang	87600	84157	609040	14235	107953	68048	494394
九台区	Jiutai	175883	167769	1197508	19326	158381	141305	1018806
净月潭旅游开发区	Jingyue Tan Tourism Development Zone	33129	6353	39684	206	1352	6145	38329
经济开发区	Economic Development Zone	1784	1681	10487			1681	10487
高新开发区	Gaoxin Development Zone	8461	8404	52467	951	6230	7394	46119
汽车产业开发区	Automotive Industry Development Zone	1751	1643	10241	141	923	1483	9251
莲花山生态旅游度假区	Lianhuashan	12897	12721	78973	502	3285	12080	75347
农安县	Nong' an	371332	371291	2638372	15202	126870	346987	2470717
榆树市	Yushu	382681	378069	2965746	73103	637480	289433	2253184
德惠市	Dehui	218011	208720	1422494	47127	362727	155213	1020776
公主岭市	Gongzhuling	319017	307388	2503623	11333	101772	289275	2366589
吉林市	**Jilin**	**673662**	**656331**	**4261839**	**133421**	**1019472**	**486060**	**3138643**
昌邑区	Changyi	32303	31850	196245	13067	120176	18582	75742
龙潭区	Longtan	28382	27459	189486	5711	35953	20753	149281
船营区	Chuanying	20350	19930	113554	4842	30572	14647	82215
丰满区	Fengman	10522	9237	61664	1236	9232	7693	51698
高新区	Gaoxin	4952	4817	33585	1929	14508	2697	18583
开发区	Kaifaqu	2702	2639	18915	768	5381	1843	13475
中新食品区	Zhongxin food area	11190	10092	97318	5139	47954	4953	49364
永吉县	Yongji	76364	75546	472459	17170	119707	56650	346876
蛟河市	Jiaohe	108897	105502	623164	9401	70766	82522	513774
桦甸市	Huadian	122453	118799	711609	7522	49610	104860	648743
舒兰市	Shulan	139558	137888	987587	48850	388907	79238	570918
磐石市	Panshi	115987	112571	756254	17787	126707	91621	617975
四平市	**Siping**	**617554**	**581777**	**4440922**	**43753**	**372218**	**512726**	**3981466**
铁西区	Tiexi	9168	8675	60212	12	65	8615	60049
铁东区	Tiedong	20181	19780	135073	146	1215	19113	132265
梨树县	Lishu	264963	247919	2000204	11646	104382	224860	1847982
伊通满族自治县	Yitong	133344	131706	1041992	6844	58165	122927	975553
双辽市	Shuangliao	189896	173697	1203440	25105	208391	137211	965617
辽源市	**Liaoyuan**	**231218**	**226220**	**1513142**	**18797**	**144503**	**199084**	**1338978**
龙山区	Longshan	4709	4500	26632	213	1326	4263	25171
西安区	Xi,an	4902	4714	27878	133	829	4581	27049
民营经济开发区	Private Economic Development Zone	181	164	973	21	128	143	845

注：1.薯类及马铃薯产量为折粮产量；2.蔬菜产量包含食用菌。

Note: ①Output of Tubers and Potatoes are converted in to those of Grain.

②Vegetable Production Includes Edible Fungi.

19－14 续表 1 continued

市、县 City, County		总播种面积（公顷）Total Sown Area (ha)	粮食 Grain Crops					
			播种面积 Sown Area（公顷）(ha)	总产量 Output（吨）(ton)	#稻谷 Rice		#玉米 Corn	
					播种面积 Sown Area（公顷）(ha)	总产量 Output（吨）(ton)	播种面积 Sown Area（公顷）(ha)	总产量 Output（吨）(ton)
东丰县	Dongfeng	124964	122432	840968	15065	119991	104048	709541
东辽县	Dongliao	96462	94409	616692	3365	22231	86049	576371
通化市	**Tonghua**	**231323**	**210658**	**1350403**	**58134**	**421044**	**141169**	**897535**
东昌区	Dongchang	2643	1366	7432	32	194	986	6438
二道江区	Erdaojiang	2343	1996	12055	146	936	1600	10448
通化经济开发区	Tonghua Economic Development Zone	228	191	1137	14	84	148	967
通化县	Tonghua	36891	31247	177576	4340	27355	21761	138111
辉南县	Huinan	79553	75300	516157	31333	236569	42636	275264
柳河县	Liuhe	93524	88350	566801	20180	140984	65610	417911
集安市	Ji' an	16140	12208	69245	2089	14923	8428	48396
白山市	**Baishan**	**81949**	**68120**	**297816**	**389**	**2931**	**36896**	**231755**
八道江区	Badaojiang	10320	8135	39610	64	450	5419	33289
江源区	Jiangyuan	7560	6434	27808	2	5	3536	21940
抚松县	Fusong	21862	19156	82624			9925	64815
靖宇县	Jingyu	22682	18908	81918	1	4	10514	63972
长白朝鲜族自治县	Changbai	6451	4576	20859	146	1017	2491	15239
临江市	Linjiang	13075	10911	44998	176	1454	5011	32500
松原市	**Songyuan**	**1216238**	**999514**	**7046251**	**129125**	**1128024**	**790886**	**5664789**
宁江区	Ningjiang	79724	64302	477266	18603	161947	41723	304506
前郭尔罗斯蒙古族自治县	Qianguo	322881	249666	1944849	72839	649547	153900	1240647
长岭县	Changling	308611	278546	1736893	6167	51942	245839	1602260
乾安县	Qian' an	171252	162898	1101002	6305	52028	149206	1023810
扶余市	Fuyu	333771	244103	1786241	25211	212562	200218	1493567
白城市	**Baicheng**	**980892**	**910772**	**5093357**	**203369**	**1600486**	**516222**	**2879000**
洮北区	Taobei	150266	139169	1005675	63783	527224	68847	457602
镇赉县	Zhenlai	174508	170455	1160504	82319	636742	72084	467094
通榆县	Tongyu	280806	261666	899761	2239	16012	134341	476270
洮南市	Taonan	221384	201189	1161520	27591	212741	144385	875096
大安市	Da' an	153928	138294	865897	27437	207769	96565	602939
延边朝鲜族自治州	**Yanbian**	**381008**	**361516**	**1710070**	**37493**	**242218**	**200114**	**1239193**
延吉市	Yanji	18172	16655	101166	2608	17078	11906	79442
图们市	Tumen	11107	10551	65471	1098	6592	8720	57716
敦化市	Dunhua	155576	150294	620580	5522	33427	76191	457883
珲春市	Hunchun	35976	33722	178556	8973	56926	18920	113360
龙井市	Longjing	28854	28326	172688	4801	31688	20558	134907
和龙市	Helong	32344	30859	168293	7740	51473	18236	108315
汪清县	Wangqing	59006	55655	241931	4561	30122	28025	170662
安图县	Antu	39972	35454	161384	2190	14914	17558	116907
长白山	**Changbaishan**	**478**	**363**	**1146**			**122**	**676**
梅河口市	**Meihekou**	**103427**	**100685**	**677739**	**28730**	**204616**	**69166**	**460100**

19－14 续表 2 continued

市、县 City，County		粮 食 Grain Crops					
		#大 豆 Soybean		#薯 类 Tuber		#马铃薯 Potato	
		播种面积 Sown Area（公顷）(ha)	总产量 Output（吨）(ton)	播种面积 Sown Area（公顷）(ha)	总产量 Output（吨）(ton)	播种面积 Sown Area（公顷）(ha)	总产量 Output（吨）(ton)
长 春 市	**Changchun**	**26982**	**71768**	**16117**	**624648**	**16052**	**623060**
南 关 区	Nanguan						
宽 城 区	Kuancheng	14	28				
朝 阳 区	Chaoyang						
二 道 区	Erdao	5	10				
绿 园 区	Lvyuan	3	6	45	808	45	808
双 阳 区	Shuangyang	1000	2631	863	20099	863	20099
九 台 区	Jiutai	2848	5637	3501	54961	3501	54961
净月潭旅游开发区	Jingyue Tan Tourism Development Zone	2	4				
经济开发区	Economic Development Zone						
高新开发区	Gaoxin Development Zone	53	108				
汽车产业开发区	Automotive Industry Development Zone			19	335	19	335
莲花山生态旅游度假区	Lianhuashan	123	251				
农 安 县	Nong' an	5077	13952	1403	68693	1351	67348
榆 树 市	Yushu	11171	32191	4162	207627	4162	207627
德 惠 市	Dehui	3647	9575	2628	142585	2628	142585
公主岭市	Gongzhuling	3040	7375	3497	129540	3484	129297
吉 林 市	**Jilin**	**31591**	**75876**	**3772**	**114959**	**3101**	**93124**
昌 邑 区	Changyi	201	326				
龙 潭 区	Longtan	584	1704				
船 营 区	Chuanying	442	768				
丰 满 区	Fengman	293	649				
高 新 区	Gaoxin	191	494				
开 发 区	Kaifaqu	27	59				
中新食品区	Zhongxin food area						
永 吉 县	Yongji	1548	4135	158	8034	158	8034
蛟 河 市	Jiaohe	12068	31015	1081	32812	566	16387
桦 甸 市	Huadian	5867	11672	239	5867	217	5311
舒 兰 市	Shulan	8298	20154	1325	35950	1325	35950
磐 石 市	Panshi	2073	4901	969	32296	835	27443
四 平 市	**Siping**	**16338**	**41655**	**4753**	**155230**	**4038**	**138997**
铁 西 区	Tiexi	48	98				
铁 东 区	Tiedong	353	559	22	441	22	441
梨 树 县	Lishu	7062	19155	3837	129573	3395	121634
伊通满族自治县	Yitong	1429	5377	390	10741	253	7050
双 辽 市	Shuangliao	7446	16467	504	14475	368	9872
辽 源 市	**Liaoyuan**	**5396**	**14874**	**2562**	**64761**	**2292**	**58620**
龙 山 区	Longshan	2	4	22	651	21	624
西 安 区	Xi,an						
民营经济开发区	Private Economic Development Zone						

19－14 续表 3 continued

市、县	City，County	粮食 Grain Crops					
		#大豆 Soybean		#薯类 Tuber		#马铃薯 Potato	
		播种面积 Sown Area（公顷）(ha)	总产量 Output（吨）(ton)	播种面积 Sown Area（公顷）(ha)	总产量 Output（吨）(ton)	播种面积 Sown Area（公顷）(ha)	总产量 Output（吨）(ton)
东丰县	Dongfeng	2030	5518	1174	28710	1019	25391
东辽县	Dongliao	3364	9352	1366	35401	1251	32605
通化市	**Tonghua**	**8811**	**19007**	**2425**	**62761**	**2086**	**53261**
东昌区	Dongchang	318	676	30	618	28	586
二道江区	Erdaojiang	192	435	55	1114	47	976
通化经济开发区	Tonghua Economic Developmen Zone	15	33	14	265	8	166
通化县	Tonghua	4410	8000	674	19799	590	17062
辉南县	Huinan	818	1652	477	12962	432	11667
柳河县	Liuhe	1936	5489	621	12070	493	9943
集安市	Ji' an	1122	2722	553	15933	488	12862
白山市	**Baishan**	**29401**	**58122**	**847**	**17248**	**607**	**12631**
八道江区	Badaojiang	2535	5372	114	2462	102	2245
江源区	Jiangyuan	2815	5579	64	1244	64	1244
抚松县	Fusong	8966	16875	96	2132	69	1557
靖宇县	Jingyu	7905	16260	244	5127	175	3714
长白朝鲜族自治县	Changbai	1674	3625	195	3790	92	2011
临江市	Linjiang	5506	10410	133	2493	105	1860
松原市	**Songyuan**	**47898**	**91476**	**9235**	**404196**	**9095**	**396747**
宁江区	Ningjiang	2739	5065	260	9755	252	9453
前郭尔罗斯蒙古族自治县	Qianguo	17497	34059	169	2999	169	2999
长岭县	Changling	12974	21796	3321	135108	3320	135068
乾安县	Qian' an	2221	4032	175	7497	175	7497
扶余市	Fuyu	12467	26525	5311	248837	5180	241730
白城市	**Baicheng**	**32150**	**48843**	**1543**	**47361**	**1221**	**41848**
洮北区	Taobei	1262	1851	835	27112	549	22248
镇赉县	Zhenlai	5458	10510	43	1943	43	1943
通榆县	Tongyu	9568	9189	247	6473	247	6473
洮南市	Taonan	10155	15632	293	9316	293	9316
大安市	Da' an	5707	11661	125	2517	89	1868
延边朝鲜族自治州	**Yanbian**	**120699**	**216471**	**2004**	**52776**	**1988**	**52528**
延吉市	Yanji	1930	3557	204	5419	199	5347
图们市	Tumen	699	1045	27	514	17	364
敦化市	Dunhua	67304	122537	1041	32260	1041	32260
珲春市	Hunchun	5424	7077	260	5264	260	5264
龙井市	Longjing	2757	5503	59	1322	58	1297
和龙市	Helong	4819	8275	43	881	43	881
汪清县	Wangqing	22902	40767	95	1357	95	1357
安图县	Antu	14864	27710	275	5757	275	5757
长白山	**Changbaishan**	**228**	**425**	**9**	**211**	**9**	**211**
梅河口市	**Meihekou**	**1631**	**3818**	**1140**	**45800**	**1035**	**41724**

市、县 City，County		油料 Oil-bearing		甜菜 Beetroots		烟叶 Tobacco	
		播种面积 Sown Area（公顷）(ha)	总产量 Output（吨）(ton)	播种面积 Sown Area（公顷）(ha)	总产量 Output（吨）(ton)	播种面积 Sown Area（公顷）(ha)	总产量 Output（吨）(ton)
长春市	**Changchun**	**11262**	**30124**	**91**	**4749**	**1263**	**4843**
南关区	Nanguan						
宽城区	Kuancheng						
朝阳区	Chaoyang						
二道区	Erdao						
绿园区	Lvyuan						
双阳区	Shuangyang						
九台区	Jiutai	51	190			12	30
净月潭旅游开发区	Jingyue Tan Tourism Development Zone	10638	28035	60	2734	1034	4125
经济开发区	Economic Development Zone	8	20				
高新开发区	Gaoxin Development Zone						
汽车产业开发区	Automotive Industry Development Zone						
莲花山生态旅游度假区	Lianhuashan						
农安县	Nong' an						
榆树市	Yushu	47	213	31	2015	147	442
德惠市	Dehui	102	420			70	246
公主岭市	Gongzhuling	416	1246				
吉林市	**Jilin**	**2784**	**4750**			**1141**	**3250**
昌邑区	Changyi						
龙潭区	Longtan						
船营区	Chuanying	21	36				
丰满区	Fengman						
高新区	Gaoxin						
开发区	Kaifaqu						
中新食品区	Zhongxin food area	947	1477				
永吉县	Yongji	301	443				
蛟河市	Jiaohe	123	213			1111	3177
桦甸市	Huadian	1190	2061			1	2
舒兰市	Shulan						
磐石市	Panshi	202	520			29	71
四平市	**Siping**	**19166**	**77587**				
铁西区	Tiexi						
铁东区	Tiedong						
梨树县	Lishu	5101	21899				
伊通满族自治县	Yitong	1	5				
双辽市	Shuangliao	14064	55684				
辽源市	**Liaoyuan**	**77**	**203**				
龙山区	Longshan	1	4				
西安区	Xi,an						
民营经济开发区	Private Economic Development Zone						

19－14 续表 5 continued

市、县 City, County		油料 Oil-bearing 播种面积 Sown Area (公顷) (ha)	油料 Oil-bearing 总产量 Output (吨) (ton)	甜菜 Beetroots 播种面积 Sown Area (公顷) (ha)	甜菜 Beetroots 总产量 Output (吨) (ton)	烟叶 Tobacco 播种面积 Sown Area (公顷) (ha)	烟叶 Tobacco 总产量 Output (吨) (ton)
东丰县	Dongfeng						
东辽县	Dongliao	76	200				
通化市	**Tonghua**	**420**	**907**			**2607**	**7435**
东昌区	Dongchang	4	20				
二道江区	Erdaojiang	4	18			0	1
通化经济开发区	Tonghua Economic Development Zone						
通化县	Tonghua	49	146			261	706
辉南县	Huinan	31	115			1308	3858
柳河县	Liuhe	80	261			1036	2869
集安市	Ji' an	252	347			1	1
白山市	**Baishan**	**1665**	**3927**			**369**	**948**
八道江区	Badaojiang	42	91			10	40
江源区	Jiangyuan	322	1328			21	58
抚松县	Fusong	515	947			34	83
靖宇县	Jingyu	614	1088				
长白朝鲜族自治县	Changbai	29	68			25	86
临江市	Linjiang	143	405			279	681
松原市	**Songyuan**	**179300**	**578515**	**393**	**19955**	**36**	**87**
宁江区	Ningjiang	11959	58358				
前郭尔罗斯蒙古族自治县	Qianguo	62925	159132	255	13770		
长岭县	Changling	15635	46779	133	5985		
乾安县	Qian' an	4216	18323	5	200		
扶余市	Fuyu	84565	295924			36	87
白城市	**Baicheng**	**39923**	**115673**	**610**	**16798**	**2191**	**3446**
洮北区	Taobei	7337	24413	25	1135	46	105
镇赉县	Zhenlai	2430	10481			213	445
通榆县	Tongyu	10002	20867	442	10423		
洮南市	Taonan	13054	42108	126	5020		
大安市	Da' an	7100	17805	17	220	1932	2896
延边朝鲜族自治州	**Yanbian**	**1742**	**2406**			**1020**	**2562**
延吉市	Yanji					22	54
图们市	Tumen	69	54			9	16
敦化市	Dunhua	25	36			515	1204
珲春市	Hunchun	118	289			3	8
龙井市	Longjing					11	23
和龙市	Helong						
汪清县	Wangqing					428	1167
安图县	Antu	1529	2026			32	90
长白山	**Changbaishan**	**6**	**8**				
梅河口市	**Meihekou**	**2**	**10**			**2**	**7**

市、县 City，County		人参 Garden Ginseng		蔬菜 Vegetables		瓜果类 Melon class		葵花籽 Sunflower Seed	
		播种面积 Sown Area（公顷）(ha)	总产量 Output（吨）(ton)	播种面积 Sown Area（公顷）(ha)	总产量 Output（吨）(ton)	播种面积 Sown Area（公顷）(ha)	总产量 Output（吨）(ton)	播种面积 Sown Area（公顷）(ha)	总产量 Output（吨）(ton)
长春市	**Changchun**	**3**		**44026**	**1640008**	**9512**	**254075**	**3054**	**9211**
南关区	Nanguan								
宽城区	Kuancheng			410	14949	10	38		
朝阳区	Chaoyang			362	7052	64	1371		
二道区	Erdao			33	720				
绿园区	Lvyuan			2058	72409	106	3729		
双阳区	Shuangyang			2188	42083	125	928		
九台区	Jiutai	3		7732	306800	316	8799	1	1
净月潭旅游开发区	Jingyue Tan Tourism Development Zone			9206	307113	5838	128517	2960	8840
经济开发区	Economic Development Zone			28	349	20	164		
高新开发区	Gaoxin Development Zone			57	2850				
汽车产业开发区	Automotive Industry Development Zone			42	768	11	280		
莲花山生态旅游度假区	Lianhuashan			156	2761	20	710		
农安县	Nong' an			41	717				
榆树市	Yushu			3891	249030	495	15491		
德惠市	Dehui			8248	214105	868	17668	92	368
公主岭市	Gongzhuling			9574	418303	1639	76380	1	2
吉林市	**Jilin**	**463**	**202**	**10881**	**492922**	**1205**	**34015**	**75**	**203**
昌邑区	Changyi			431	19790	22	478		
龙潭区	Longtan			831	37282	92	3294		
船营区	Chuanying			387	15197	8	79		
丰满区	Fengman			1255	41018	30	565		
高新区	Gaoxin			116	4768	19	112		
开发区	Kaifaqu			62	2961	1	20		
中新食品区	Zhongxin food area			149	1945	2	25		
永吉县	Yongji			467	7080	50	938		
蛟河市	Jiaohe	106	64	1473	70136	412	3980	9	20
桦甸市	Huadian	151	127	1809	79140	110	2749	17	43
舒兰市	Shulan	31	5	1542	99535	97	5539		
磐石市	Panshi	175	6	2359	114069	362	16236	49	140
四平市	**Siping**			**13840**	**528420**	**2071**	**70564**	**152**	**240**
铁西区	Tiexi			473	16282	20	462		
铁东区	Tiedong			324	7900	77	1486		
梨树县	Lishu			10585	443005	1335	48481	29	62
伊通满族自治县	Yitong			940	19733	41	958		
双辽市	Shuangliao			1517	41501	598	19177	123	178
辽源市	**Liaoyuan**	**26**	**23**	**3047**	**102013**	**215**	**5467**		
龙山区	Longshan			170	7039	5	169		
西安区	Xi,an			180	4384	8	186		
民营经济开发区	Private Economic Development Zone			17	380				

19 – 14 续表 7 continued

市、县 City，County		人参 Garden Ginseng		蔬菜 Vegetables		瓜果类 Melon class		葵花籽 Sunflower Seed	
		播种面积 Sown Area （公顷） (ha)	总产量 Output （吨） (ton)	播种面积 Sown Area （公顷） (ha)	总产量 Output （吨） (ton)	播种面积 Sown Area （公顷） (ha)	总产量 Output （吨） (ton)	播种面积 Sown Area （公顷） (ha)	总产量 Output （吨） (ton)
东丰县	Dongfeng	25	22	1505	39126	116	2416		
东辽县	Dongliao	1	1	1175	51084	86	2696		
通化市	**Tonghua**	**3972**	**8899**	**7338**	**225332**	**875**	**23314**	**86**	**205**
东昌区	Dongchang	23	11	962	26566	51	386	0	0
二道江区	Erdaojiang	70	45	192	8254	11	363	1	2
通化经济开发区	Tonghua Economic Development Zone			37	1054				
通化县	Tonghua	1436	2302	1685	53076	145	6712	33	70
辉南县	Huinan	196	21	1867	56408	428	9691	21	63
柳河县	Liuhe	1021	721	1674	53336	115	2970	25	53
集安市	Ji' an	1225	5799	920	26638	127	3192	7	18
白山市	**Baishan**	**3677**	**18309**	**3328**	**144820**	**650**	**12709**	**269**	**700**
八道江区	Badaojiang	626	195	849	36039	83	1482	8	19
江源区	Jiangyuan	135	455	346	13986	85	1690	37	83
抚松县	Fusong	1026	11892	716	33341	55	1843	93	266
靖宇县	Jingyu	1083	3555	600	27010	92	1606	8	16
长白朝鲜族自治县	Changbai	431	1108	222	7269	80	2247	8	29
临江市	Linjiang	377	1105	594	27175	256	3841	115	287
松原市	**Songyuan**			**26254**	**931045**	**9731**	**482450**	**1488**	**3941**
宁江区	Ningjiang			3065	81640	378	9326	1	3
前郭尔罗斯蒙古族自治县	Qianguo			6902	234284	2421	108640	187	455
长岭县	Changling			10438	298569	3779	166675	833	2596
乾安县	Qian' an			1211	82618	2722	181262	433	819
扶余市	Fuyu			4637	233934	430	16548	34	68
白城市	**Baicheng**			**9073**	**316702**	**10636**	**283971**	**4579**	**5542**
洮北区	Taobei			3368	127496	315	12173	94	246
镇赉县	Zhenlai			333	9444	623	19262	46	124
通榆县	Tongyu			1270	36226	3865	87503	3125	2765
洮南市	Taonan			3420	111646	2314	52988	182	302
大安市	Da' an			682	31890	3520	112045	1132	2105
延边朝鲜族自治州	**Yanbian**	**2730**	**4711**	**6853**	**186182**	**1210**	**31617**	**70**	**85**
延吉市	Yanji	29	4	1182	36621	51	1015		
图们市	Tumen	13		303	6521	16	411		
敦化市	Dunhua	1716	2055	1514	45780	24	201	3	2
珲春市	Hunchun	257	400	1397	21251	64	258	8	1
龙井市	Longjing			353	11066	99	553		
和龙市	Helong	10		338	9342	8	152		
汪清县	Wangqing	304	507	889	35907	38	950		
安图县	Antu	401	1746	875	19694	909	28077	59	82
长白山	**Changbaishan**	**59**	269	**21**	**412**	**28**	**197**	**6**	**8**
梅河口市	**Meihekou**	**343**	**30**	**1988**	**80858**	**71**	**2570**		

19－15 各市县畜牧业生产情况（2020年）

Production of Livestock in Various Cities and Counties (2020)

市、县 City，County		年底大牲畜头数（头） Large Animals (head) (year-end)	猪年末存栏（头） Hogs (head) (year-end)	羊年底只数（只） Sheep and Goats (head) (year-end)	肉猪出栏头数（头） Slaughtered Fattened Hogs (head)	肉类总产量（吨） Output of Meat (ton)	#猪 Hogs	#牛 Cattle	#羊 Sheep	禽蛋产量（吨） Poultry Eggs (ton)
全　　省	**Total**	**2945137**	**8990692**	**4573547**	**13215906**	**2373574**	**1050307**	**386950**	**51877**	**1219507**
长 春 市	**Changchun**	**609007**	**3129865**	**544271**	**4716075**	**1062317**	**377728**	**141659**	**5791**	**421741**
市　　区	District	118861	377630	26047	751616	130472	59356	16457	473	107606
农 安 县	Nong' an	197282	755089	316897	1210286	324730	96922	53421	3186	134394
榆 树 市	Yushu	105016	662616	28316	826570	228835	66304	47655	353	65693
德 惠 市	Dehui	60791	598829	49729	836303	268648	67088	11685	398	77239
公主岭市	Gongzhuling	127057	735701	123282	1091300	109633	88059	12441	1381	36809
吉 林 市	**Jilin**	**494960**	**1270019**	**43592**	**1915220**	**315389**	**151043**	**59120**	**460**	**114439**
市　　区	District	43227	296430	12276	311546	47429	24579	3076	122	33450
永 吉 县	Yongji	23659	156900	4550	211007	30972	14664	292	16	7700
蛟 河 市	Jiaohe	113314	100100	5006	230725	37221	18530	9250	43	4148
桦 甸 市	Huadian	103268	85494	6000	91273	17841	7271	8456	84	14900
舒 兰 市	Shulan	164710	460835	9284	880632	155675	71195	32369	69	17053
磐 石 市	Panshi	46782	170260	6476	190037	26251	14804	5677	126	37188
四 平 市	**Siping**	**580510**	**1624343**	**647879**	**2325025**	**321276**	**183149**	**70122**	**8135**	**263002**
市　　区	District	22169	57383	22398	71654	10818	6015	1560	215	11477
梨 树 县	Lishu	172123	790930	177172	1106545	139025	88246	20087	1896	91704
伊通满族自治县	Yitong	298281	475819	53955	767377	107787	58349	33058	994	126010
双 辽 市	Shuangliao	87937	300211	394354	379449	63646	30539	15417	5030	33811
辽 源 市	**Liaoyuan**	**166586**	**202282**	**38781**	**412512**	**85231**	**32370**	**22241**	**461**	**100086**
市　　区	District	8192	24131	7956	57971	6714	4539	480	91	5761
东 丰 县	Dongfeng	93387	74080	18258	221232	42124	17467	12685	202	14329
东 辽 县	Dongliao	65007	104071	12567	133309	36393	10364	9076	168	79996
通 化 市	**Tonghua**	**94073**	**230519**	**55178**	**279578**	**71824**	**23051**	**10535**	**506**	**28263**
市　　区	District	4964	37945	4748	42355	5482	3435	900	39	6067
通 化 县	Tonghua	30649	66825	17964	67973	12114	5734	2325	149	7247
辉 南 县	Huinan	20087	49948	6208	71362	25117	6137	4887	74	5584
柳 河 县	Liuhe	31289	49803	17472	65861	24460	5234	1410	157	7683
集 安 市	Ji' an	7084	25998	8786	32027	4651	2511	1013	87	1682
白 山 市	**Baishan**	**77311**	**140407**	**22550**	**166154**	**24667**	**13052**	**6755**	**355**	**11534**

19－15 续表 continued

市、县 City，County		年底大牲畜头数（头）Large Animals (head) (year-end)	猪年末存栏（头）Hogs (head) (year-end)	羊年底只数（只）Sheep and Goats (head) (year-end)	肉猪出栏头数（头）Slaughtered Fattened Hogs (head)	肉类总产量（吨）Output of Meat (ton)	#猪 Hogs	#牛 Cattle	#羊 Sheep	禽蛋产量（吨）Poultry Eggs (ton)
市　区	District	25639	39582	10631	57974	9544	4559	2621	188	4799
抚松县	Fusong	10461	46835	2926	50927	5230	4023	789	42	2299
靖宇县	Jingyu	17056	22976	2354	22162	3882	1716	1302	42	1543
长白朝鲜族自治县	Changbai	9851	7724	2202	10579	1838	793	741	44	1521
临江市	Linjiang	14304	23290	4437	24512	4173	1960	1301	39	1372
松原市	**Songyuan**	**270658**	**1500114**	**1763214**	**2249361**	**271728**	**177891**	**33110**	**19555**	**129300**
市　区	District	20030	59222	45244	192335	23040	14393	3993	561	6957
前郭尔罗斯蒙古族自治县	Qianguo	62217	360500	542590	641436	81465	51315	9305	6564	32588
长岭县	Changling	91619	600100	745335	687183	86753	54975	8390	7136	49243
乾安县	Qian' an	48311	120092	356654	197026	26112	14698	4733	4231	5581
扶余市	Fuyu	48481	360200	73391	531381	54358	42510	6689	1063	34931
白城市	**Baicheng**	**293740**	**523436**	**1330382**	**660579**	**110182**	**52540**	**16316**	**14982**	**99820**
市　区	District	15125	34170	120440	62946	6435	4076	1039	596	8074
镇赉县	Zhenlai	65367	42720	127800	55769	8619	4202	1894	1143	10266
通榆县	Tongyu	136982	265520	525803	206406	31770	17121	5756	7989	4891
洮南市	Taonan	34363	75248	315530	105892	10187	6616	1336	1392	26949
大安市	Da' an	41903	105778	240809	229566	53171	20525	6291	3862	49640
延边朝鲜族自治州	**Yanbian**	**342288**	**217738**	**120518**	**335605**	**78462**	**26468**	**21178**	**1546**	**42165**
延吉市	Yanji	16069	11434	6717	12768	4922	1205	687	40	3587
图们市	Tumen	8868	17732	5408	24712	3083	1915	714	95	1392
敦化市	Dunhua	120588	71514	57109	129601	31476	10199	7474	728	20748
珲春市	Hunchun	27097	23239	8129	32615	6286	2622	1354	40	5623
龙井市	Longjing	24406	30319	14434	32133	12464	2515	2156	315	884
和龙市	Helong	46908	24414	7502	46094	8672	3570	3686	117	3314
汪清县	Wangqing	62969	16965	9344	25200	6868	2047	3670	109	1922
安图县	Antu	35383	22121	11875	32482	4690	2396	1437	102	4695
长白山	**Changbaishan**	**42**	**1582**	**65**	**771**	**131**	**75**			**426**
梅河口市	**Meihekou**	**15962**	**250387**	**7117**	**155026**	**32367**	**12938**	**5914**	**86**	**8732**

19－16 各市县规模以上工业企业主要指标（2020年）

单位：万元

市、县	City，County	企业单位数(个) Number of Enterprises (unit)	#亏损企业 Loss－making Enterprises
吉 林 省	**Jilin**	**3043**	**789**
长 春 市	**Changchun**	**1214**	**225**
市区（含双阳、九台）	District	854	152
农 安 县	Nong' an	78	20
榆 树 市	Yushu	49	14
德 惠 市	Dehui	63	15
公主岭市	Gongzhuling	170	24
吉 林 市	**Jilin**	**425**	**148**
市 区	District	247	94
永 吉 县	Yongji	35	6
蛟 河 市	Jiaohe	20	11
桦 甸 市	Huadian	29	12
舒 兰 市	Shulan	49	11
磐 石 市	Panshi	45	14
四 平 市	**Siping**	**170**	**50**
市 区	District	96	33
梨 树 县	Lishu	36	12
伊通满族自治县	Yitong	14	2
双 辽 市	Shuangliao	24	3
辽 源 市	**Liaoyuan**	**104**	**42**
市 区	District	61	22
东 丰 县	Dongfeng	22	11
东 辽 县	Dongliao	21	9
通 化 市	**Tonghua**	**333**	**83**
市 区	District	79	25
通 化 县	Tonghua	45	20
辉 南 县	Huinan	27	10
柳 河 县	Liuhe	17	5
梅河口市	Meihekou	138	9

注：各地区相加不等于全省总计。
Note:The sum of data by every city is not equal to the total.

Main Indicators of Industrial Enterprises above Designated Size by City and County (2020)

unit: 10000 yuan

产成品 Finished Goods	资产总计 Total Assets	流动资产合计 Total Current Assets	应收帐款 Account Receivable	负债合计 Total Liabilities
5083992	**172920308**	**74613332**	**15629244**	**91396137**
3032995	**98560505**	**45777609**	**9302882**	**46134639**
2798205	93458022	43056400	8628103	42575573
51773	1588985	852527	213560	1089900
28330	758157	327659	66135	527031
49191	1025621	606261	156868	907762
105496	1729721	934763	238215	1034372
595448	**21569799**	**7868238**	**1130039**	**13608087**
413794	16811489	5645655	730474	10704744
17884	677148	299919	75731	360218
12310	660710	291762	56584	382069
17052	1030208	313892	57881	759551
38422	491594	233196	45919	293637
95986	1898650	1083814	163450	1107869
143207	**4600195**	**2151883**	**521453**	**2776923**
101470	2665975	1408378	361705	1465449
22705	537159	298135	58456	365265
4483	260233	128861	22815	173353
14549	1136829	316510	78478	772855
153995	**4926087**	**2100115**	**441843**	**3694663**
82075	2747516	1248687	218746	2017048
40706	1323843	427409	36357	1099992
31213	854728	424019	186741	577623
379037	**11629569**	**5174618**	**982154**	**6614322**
96895	5388920	1953185	418300	3192533
73522	1605759	585048	124941	912513
12272	650458	335101	79392	332258
55035	1061477	742641	83577	639918
87826	2039483	1118383	200623	990870

19－16 续表 1

单位：万元

市、县	City，County	企业单位数(个) Number of Enterprises (unit)	#亏损企业 Loss-making Enterprises
集安市	Ji' an	27	14
白山市	**Baishan**	**159**	**46**
市区（含江源区）	District	66	25
抚松县	Fusong	35	7
靖宇县	Jingyu	29	4
长白朝鲜族自治县	Changbai	6	1
临江市	Linjiang	23	9
松原市	**Songyuan**	**209**	**63**
市区	District	83	29
前郭尔罗斯蒙古族自治县	Qianguo	50	7
长岭县	Changling	28	5
乾安县	Qian' an	10	3
扶余市	Fuyu	38	19
白城市	**Baicheng**	**156**	**40**
市区	District	51	18
镇赉县	Zhenlai	30	8
通榆县	Tongyu	24	3
洮南市	Taonan	25	6
大安市	Da' an	26	5
延边朝鲜族自治州	**Yanbian**	**270**	**91**
延吉市	Yanji	48	9
图们市	Tumen	20	7
敦化市	Dunhua	80	27
珲春市	Hunchun	56	25
龙井市	Longjing	16	8
和龙市	Helong	22	7
汪清县	Wangqing	13	3
安图县	Antu	15	5
长白山	Changbaishan	2	1

continued

unit: 10000 yuan

产成品 Finished Goods	资产总计 Total Assets	流动资产合计 Total Current Assets	应收帐款 Account Receivable	负债合计 Total Liabilities
53487	883472	440260	75321	546230
129120	**4588218**	**1803000**	**459806**	**3126666**
43402	2571520	924289	318958	1898717
30997	849468	315533	42316	491072
44220	815600	446218	69051	534864
1024	57906	22642	4327	26534
9477	293724	94318	25155	175479
255565	**8610829**	**2278392**	**530471**	**6211168**
133861	5410888	873424	238287	3914842
28946	888299	284690	76028	714369
26581	1291424	718278	111668	853075
3743	322473	116869	61663	235552
62434	697745	285131	42825	493331
95552	**7099998**	**2879585**	**1552782**	**4425732**
34408	2701001	1421736	936515	1562395
12021	949575	370307	146348	692276
13047	1345234	358339	152225	851668
3529	722744	238204	100429	413803
32548	1381443	490999	217265	905590
283007	**8260140**	**3971309**	**663854**	**4406516**
63996	2200639	1272587	137537	882569
7551	188076	83662	8534	138436
107403	2038126	976726	187419	998195
73308	1794612	885205	224934	1230586
5371	201577	119204	16001	85449
16988	633281	268096	34875	345229
4817	617053	178235	38628	364244
3573	586775	187594	15927	361807
340	23870	18656	3072	36411

19－16 续表 2

单位：万元

市、县	City，County	所有者权益合计 Total Owners' Equities	营业收入 Business Revenue
吉 林 省	**Jilin**	**81268284**	**132259662**
长 春 市	**Changchun**	**52213903**	**91096993**
市区（含双阳、九台）	District	50692978	86344787
农 安 县	Nong' an	498739	1300351
榆 树 市	Yushu	231126	703888
德 惠 市	Dehui	114772	1011396
公主岭市	Gongzhuling	676288	1736572
吉 林 市	**Jilin**	**7964875**	**14783133**
市 区	District	6109910	11265427
永 吉 县	Yongji	316929	309143
蛟 河 市	Jiaohe	278641	438661
桦 甸 市	Huadian	270657	339110
舒 兰 市	Shulan	197956	509882
磐 石 市	Panshi	790781	1920910
四 平 市	**Siping**	**1813916**	**3296402**
市 区	District	1201669	2115322
梨 树 县	Lishu	161395	556901
伊通满族自治县	Yitong	86879	110622
双 辽 市	Shuangliao	363973	513556
辽 源 市	**Liaoyuan**	**1231428**	**2541024**
市 区	District	730471	950799
东 丰 县	Dongfeng	223851	1221307
东 辽 县	Dongliao	277106	368918
通 化 市	**Tonghua**	**5000224**	**6727251**
市 区	District	2196024	2346836
通 化 县	Tonghua	693246	468056
辉 南 县	Huinan	318199	372433
柳 河 县	Liuhe	421559	226777
梅河口市	Meihekou	1033954	3092258

continued

unit: 10000 yuan

营业成本 Business Cost	销售费用 Selling Cost	管理费用 Management Cost	财务费用 Finance Cost	利息费用 Interest Cost
108448918	**5579482**	**5073621**	**1290127**	**1306358**
75240317	**3655879**	**3144842**	**200755**	**452848**
70941711	3561151	2974596	120363	382445
1188553	16355	43377	32873	28613
671553	12138	20490	9131	8169
903481	27983	41066	23154	23069
1535019	38254	65313	15235	10552
12150690	**449240**	**652865**	**347129**	**223644**
9229382	257525	507981	267540	154688
228821	9367	22145	9539	8339
298875	83647	11934	14180	13026
269544	11606	35597	13750	12746
470621	9872	14566	10027	6760
1653448	77224	60643	32093	28085
2649536	**93110**	**132549**	**69170**	**59555**
1609739	74003	101803	38668	31660
500497	11149	20478	6166	3654
94199	4259	3864	1596	2831
445101	3698	6404	22741	21411
2338390	**72589**	**142926**	**140765**	**108708**
843563	42741	95091	103792	95823
1167792	17920	36063	22303	2789
327035	11929	11772	14670	10096
5080974	**709392**	**239271**	**160331**	**133863**
2063921	135651	78758	68268	64842
175106	106479	40685	24929	8498
287329	36086	14147	9165	8046
183930	12319	12618	25172	25149
2221279	369824	74204	24413	19761

单位：万元

19－16 续表 3

市、县	City，County	所有者权益合计 Total Owners' Equities	营业收入 Business Revenue
集安市	Ji' an	337243	220892
白山市	**Baishan**	**1462619**	**1957283**
市区（含江源区）	District	673870	1223977
抚松县	Fusong	358395	264593
靖宇县	Jingyu	280736	304553
长白朝鲜族自治县	Changbai	31372	22770
临江市	Linjiang	118246	141390
松原市	**Songyuan**	**2393107**	**4173260**
市区	District	1489503	2359172
前郭尔罗斯蒙古族自治县	Qianguo	173930	514875
长岭县	Changling	438339	787868
乾安县	Qian' an	86921	100010
扶余市	Fuyu	204414	411336
白城市	**Baicheng**	**2674263**	**2435262**
市区	District	1138606	1122943
镇赉县	Zhenlai	257298	361065
通榆县	Tongyu	493565	232478
洮南市	Taonan	308941	191469
大安市	Da' an	475853	527308
延边朝鲜族自治州	**Yanbian**	**3836405**	**5020425**
延吉市	Yanji	1318069	1798278
图们市	Tumen	39542	171939
敦化市	Dunhua	1032812	770777
珲春市	Hunchun	564026	1727708
龙井市	Longjing	116128	138033
和龙市	Helong	288052	160824
汪清县	Wangqing	252810	125658
安图县	Antu	224968	127208
长白山	Changbaishan	−12541	7074

continued

unit: 10000 yuan

营业成本 Business Cost	销售费用 Selling Cost	管理费用 Management Cost	财务费用 Finance Cost	利息费用 Interest Cost
149409	49035	18859	8385	7567
1354463	**162822**	**124861**	**76397**	**68886**
806896	138047	83873	55806	52821
185653	5784	16860	12994	11918
240523	6912	11549	3728	1382
17642	1070	1376	552	506
103748	11008	11204	3316	2260
4248591	**85214**	**256981**	**110247**	**84674**
2606748	55475	222596	53657	49168
486384	8248	10939	12588	11272
708924	13620	10315	27982	11224
77669	1666	2590	7155	6094
368867	6204	10541	8865	6916
1952234	**53502**	**72257**	**99747**	**86471**
990911	19165	28219	26452	21189
276060	7687	13855	20154	14877
144363	1632	5414	22637	17979
123162	15874	14469	10687	11236
417738	9144	10300	19816	21190
3323081	**222508**	**277040**	**80704**	**75730**
714046	63416	116709	17638	18555
162390	2068	9405	1232	570
510301	104708	53361	18356	16608
1514365	15208	57421	23605	19384
114643	5296	7651	428	1424
125186	10666	7909	8289	8615
95097	8937	10021	8064	6176
87053	12209	14564	3093	4398
9532		343		

19－16　续表　4

单位：万元

市、县	City，County	利润总额 Total Profits	亏损企业亏损额 Total Loss
吉林省	**Jilin**	**5739852**	**4330023**
长春市	**Changchun**	**5719026**	**1524111**
市区（含双阳、九台）	District	5651019	1407325
农安县	Nong' an	2685	38284
榆树市	Yushu	-18776	26479
德惠市	Dehui	14969	45039
公主岭市	Gongzhuling	69128	6985
吉林市	**Jilin**	**127534**	**410384**
市　区	District	61449	265585
永吉县	Yongji	28890	2634
蛟河市	Jiaohe	20929	10761
桦甸市	Huadian	13365	17094
舒兰市	Shulan	5569	10550
磐石市	Panshi	-2667	103761
四平市	**Siping**	**181660**	**39907**
市　区	District	121573	29929
梨树县	Lishu	20527	8613
伊通满族自治县	Yitong	7288	676
双辽市	Shuangliao	32272	690
辽源市	**Liaoyuan**	**-226253**	**279039**
市　区	District	-196350	242392
东丰县	Dongfeng	-29785	32740
东辽县	Dongliao	-118	3907
通化市	**Tonghua**	**448501**	**207490**
市　区	District	-4018	96860
通化县	Tonghua	138035	27318
辉南县	Huinan	5493	15787
柳河县	Liuhe	-2149	17149
梅河口市	Meihekou	318668	23676

continued

unit: 10000 yuan

从业人员平均人数（人）Average Number of Employees	资产负债率（%）Assets-liability Ratio（%）	营业收入利润率（%）Operating Profit Margin（%）	人均营业收入（万元/人）Business Revenue Per Capita
755737	**52.9**	**4.3**	**173.5**
363485	**46.8**	**6.3**	**247.6**
321679	45.6	6.5	265.7
10218	68.6	0.2	126.8
4591	69.5	−2.7	147.8
11109	88.5	1.5	90.1
15888	59.8	4.0	104.2
111238	**63.1**	**0.9**	**132.7**
80972	63.7	0.6	137.9
4162	53.2	9.4	74.8
2815	57.8	4.8	153.8
7734	73.7	3.9	47.2
3412	59.7	1.1	149.7
12143	58.4	−0.1	158.0
26538	**60.4**	**5.5**	**121.5**
19135	55.0	5.8	111.1
3701	68.0	3.7	128.1
1243	66.6	6.6	89.2
2459	68.0	6.3	206.3
33759	**75.0**	**−8.9**	**75.8**
22031	73.4	−20.7	43.0
8333	83.1	−2.4	152.0
3395	67.6	0.0	108.8
51642	**56.9**	**6.7**	**123.9**
19077	59.2	−0.2	108.9
7941	56.8	29.5	60.0
4184	51.1	1.5	90.6
2556	60.3	−1.0	83.0
12974	48.6	10.3	232.1

单位：万元

19－16 续表 5

市、县	City，County	利润总额 Total Profits	亏损企业亏损额 Total Loss
集安市	Ji' an	–7528	26700
白山市	**Baishan**	**263593**	**81767**
市区（含江源区）	District	162215	73484
抚松县	Fusong	42388	2247
靖宇县	Jingyu	48249	1637
长白朝鲜族自治县	Changbai	1243	510
临江市	Linjiang	9498	3889
松原市	**Songyuan**	**–1514204**	**1652084**
市区	District	–1578529	1611261
前郭尔罗斯蒙古族自治县	Qianguo	2384	24346
长岭县	Changling	27800	4668
乾安县	Qian' an	14386	2080
扶余市	Fuyu	19756	9729
白城市	**Baicheng**	**248675**	**46519**
市区	District	41869	27254
镇赉县	Zhenlai	51634	11422
通榆县	Tongyu	59364	759
洮南市	Taonan	30803	4964
大安市	Da' an	65005	2120
延边朝鲜族自治州	**Yanbian**	**321706**	**86036**
延吉市	Yanji	100973	15229
图们市	Tumen	–541	5588
敦化市	Dunhua	78549	29272
珲春市	Hunchun	104050	22485
龙井市	Longjing	9466	2930
和龙市	Helong	7754	713
汪清县	Wangqing	12057	3532
安图县	Antu	9399	6287
长白山	Changbaishan	–2651	2686

continued

unit: 10000 yuan

从业人员平均人数（人）Average Number of Employees	资产负债率（%）Assets-liability Ratio（%）	营业收入利润率（%）Operating Profit Margin（%）	人均营业收入（万元/人）Business Revenue Per Capita
4910	61.8	-3.4	46.3
31940	**68.2**	**13.5**	**69.0**
22687	73.8	13.3	62.9
3490	57.8	16.0	78.1
2783	65.6	15.8	120.3
381	45.8	5.5	57.1
2599	59.7	6.7	53.9
56134	**72.1**	**-36.3**	**74.2**
46870	72.4	-66.9	50.5
3962	80.4	0.5	121.2
1708	66.1	3.5	449.4
713	73.1	14.4	137.2
2881	70.7	4.8	143.9
16395	**62.3**	**10.2**	**149.0**
8371	57.9	3.7	136.3
1848	72.9	14.3	195.3
1220	63.3	25.5	173.1
2037	57.3	16.1	94.0
2919	65.6	12.3	183.3
61353	**53.4**	**6.4**	**78.6**
9326	40.1	5.6	193.9
5493	73.6	-0.3	28.0
14872	49.0	10.2	46.2
22737	68.6	6.0	75.5
3223	42.4	6.9	42.7
2614	54.5	4.8	61.2
1303	59.0	9.6	97.6
1785	61.7	7.4	71.6
278	152.5	-37.5	25.5

19－17 各市县社会消费品零售总额（2020年）

Total Retail Sales of Consumer Goods by City and County（2020）

单位：万元 unit：10000 yuan

市、县	City, County	社会消费品零售总额 Total Retail Sales of Consumer Goods	按销售地区分 Grouped by Region		按行业分 Grouped by Sector	
			城镇 Urban	乡村 Rural	批发零售贸易业 Wholesale and Retail Trades	住宿和餐饮业 Hotels and Catering Services
全省	**Total**	**38239511**	**34257885**	**3981626**	**33108384**	**5131127**
长春市	**Changchun**	**20031109**	**18207392**	**1823718**	**17531384**	**2499726**
市区	District	17844470	16135881	1708589	15830081	2014389
榆树市	Yushu	588063	491621	96442	457513	130550
德惠市	Dehui	565846	487732	78114	426648	139198
公主岭市	Gongzhuling	710749	675212	35537	635904	74845
农安县	Nong' an	321982	208257	113726	208001	113982
吉林市	**Jilin**	**4800075**	**4299897**	**500178**	**4220397**	**579678**
市区	District	3570816	3406578	164238	3158415	412401
桦甸市	Huadian	278500	205904	72596	246723	31777
蛟河市	Jiaohe	264048	193465	70584	215123	48926
舒兰市	Shulan	264906	198248	66658	231299	33607
磐石市	Panshi	287367	209662	77704	249298	38068
永吉县	Yongji	134437	86040	48397	119538	14898
四平市	**Siping**	**1719916**	**1367351**	**352565**	**1243860**	**476056**
市区	District	965142	815509	149633	719821	245320
双辽市	Shuangliao	218761	196471	22290	156963	61798
梨树县	Lishu	312694	197728	114967	216290	96404
伊通满族自治县	Yitong	223320	157644	65675	150786	72534
辽源市	**Liaoyuan**	**1082482**	**891087**	**191395**	**909361**	**173121**
市区	District	695120	637903	57217	589728	105393
东丰县	Dongfeng	245542	151761	93781	202310	43232
东辽县	Dongliao	141820	101424	40397	117324	24497
通化市	**Tonghua**	**1799091**	**1578713**	**220379**	**1549982**	**249109**
市区	District	972613	835447	137166	832262	140351
集安市	Ji' an	195635	174519	21116	168696	26939
通化县	Tonghua	202661	183303	19358	176660	26000
辉南县	Huinan	196890	177602	19289	174944	21946
柳河县	Liuhe	231292	207842	23450	197420	33872

19－17 续表 continued

单位：万元 unit：10000 yuan

市、县	City, County	社会消费品零售总额 Total Retail Sales of Consumer Goods	按销售地区分 Grouped by Region 城镇 Urban	乡村 Rural	按行业分 Grouped by Sector 批发零售贸易业 Wholesale and Retail Trades	住宿和餐饮业 Hotels and Catering Services
白山市	**Baishan**	**1382274**	**1248526**	**133749**	**1202863**	**179411**
市区	District	643266	583938	59328	596418	46848
临江市	Linjiang	122160	110944	11216	98546	23614
抚松县	Fusong	272432	245188	27244	223062	49370
靖宇县	Jingyu	121750	107575	14175	102816	18934
长白朝鲜族自治县	Changbai	71015	62911	8104	56912	14104
江源县	Jiangyuan	151650	137969	13682	125109	26541
松原市	**Songyuan**	**2186573**	**1935910**	**250663**	**1924895**	**261678**
市区	District	1072332	951368	120965	931168	141164
长岭县	Changling	330288	289658	40630	293600	36688
前郭尔罗斯蒙古族自治县	Qianguo	350011	309580	40431	307301	42710
乾安县	Qian' an	119083	105909	13173	98617	20466
扶余市	Fuyu	314860	279395	35465	294210	20650
白城市	**Baicheng**	**1436202**	**1287610**	**148592**	**1178846**	**257356**
市区	District	790248	714144	76104	677442	112806
洮南市	Taonan	239207	207877	31330	179809	59398
大安市	Da' an	147825	132505	15321	119672	28153
镇赉县	Zhenlai	126200	112095	14106	94098	32103
通榆县	Tongyu	132721	120990	11731	107825	24896
延边朝鲜族自治州	**Yanbian**	**3188306**	**2900070**	**288237**	**2803103**	**385203**
延吉市	Yanji	1996104	1940492	55611	1715746	280358
图们市	Tumen	72196	63333	8864	64698	7498
敦化市	Dunhua	386995	315693	71303	357846	29149
龙井市	Longjing	80909	75245	5664	68792	12117
珲春市	Hunchun	292371	258554	33816	273717	18654
和龙市	Helong	121086	96630	24456	106128	14958
汪清县	Wangqing	147797	129354	18443	135402	12395
安图县	Antu	90849	70295	20553	80774	10075
长白山	**Changbaishan**	**55065**	**49003**	**6063**	**47745**	**7321**
梅河口市	**Meihekou**	**558417**	**492329**	**66089**	**495949**	**62468**

19－18 各市县各级各类教育基本情况（2020年）
Basic Statistics on Education by Type of City and County（2020）

市、县	City，County	小学 Primary Schools									
		学校数（所） Number of Schools (unit)	#乡村 Rural	毕业生（人） Graduates (person)	#乡村 Rural	招生数（人） New Student Enrollment (person)	#乡村 Rural	在校学生数（人） Students Enrollment (person)	#乡村 Rural	专任教师数（人） Number of Full－time Teachers (person)	#乡村 Rural
全　　省	**Total**	**3464**	**2432**	**189659**	**39153**	**190858**	**21777**	**1187540**	**182692**	**88281**	**25613**
长春市	**Changchun**	**835**	**593**	**65543**	**14748**	**70718**	**6593**	**410035**	**59251**	**24622**	**7874**
市　区	District	353	183	39739	4018	53144	2419	276693	17044	13183	1431
农安县	Nong' an	78	57	9587	4317	6387	1847	48798	17495	3843	2310
榆树市	Yushu	242	211	9877	3828	5837	1193	45026	13032	4543	2453
德惠市	Dehui	162	142	6340	2585	5350	1134	39518	11680	3053	1680
吉林市	**Jilin**	**556**	**383**	**26591**	**4764**	**27361**	**2340**	**167952**	**20512**	**12937**	**2864**
市　区	District	131	60	10779	919	14559	546	81145	4768	5099	577
永吉县	Yongji	30	17	2504	432	1928	169	12903	1622	907	94
蛟河市	Jiaohe	99	84	2365	600	2227	330	14926	2809	1107	353
桦甸市	Huadian	93	67	3484	952	2816	489	18163	3939	1794	593
舒兰市	Shulan	96	70	4282	1114	2832	442	20533	4052	1988	567
磐石市	Panshi	107	85	3177	747	2999	364	20282	3322	2042	680
四平市	**Siping**	**828**	**681**	**22883**	**5720**	**20897**	**3576**	**149832**	**30273**	**12465**	**4356**
市　区	District	75	35	3157	57	4607	10	27235	235	2336	155
梨树县	Lishu	207	169	4755	1313	3772	859	31561	7695	2556	996
伊通县	Yitong	149	133	3115	1462	2238	601	16995	5900	2038	1155
公主岭市	Gongzhuling	226	194	8877	1821	7416	1173	55107	9943	3386	992
双辽市	Shuangliao	171	150	2979	1067	2864	933	18934	6500	2149	1058
辽源市	**Liaoyuan**	**76**	**27**	**6952**	**1918**	**7580**	**1228**	**45194**	**9315**	**5086**	**2009**
市　区	District	36	14	2362	148	3628	91	19508	852	1398	186
东丰县	Dongfeng	21	4	2635	869	2495	597	15455	4352	1816	828
东辽县	Dongliao	19	9	1955	901	1457	540	10231	4111	1872	995
通化市	**Tonghua**	**180**	**97**	**12691**	**1833**	**14022**	**2091**	**85196**	**13843**	**6180**	**1456**
市　区	District	31	3	2485	17	3338		17776	31	1255	10

19－18 续表 1 continued

市、县	City，County	小学 Primary Schools 学校数（所）Number of Schools (unit)	#乡村 Rural	毕业生（人）Graduates (person)	#乡村 Rural	招生数（人）New Student Enrollment (person)	#乡村 Rural	在校学生数（人）Students Enrollment (person)	#乡村 Rural	专任教师数（人）Number of Full－time Teachers (person)	#乡村 Rural
通化县	Tonghua	24	16	1261	305	1331	173	8204	1479	565	183
辉南县	Huinan	32	17	1942	297	1758	239	12059	1873	1231	334
柳河县	Liuhe	22	9	2460	296	2309	177	15042	1440	974	143
梅河口市	Meihekou	41	29	3418	700	4137	1383	25313	8032	1452	587
集安市	Ji' an	30	23	1125	218	1149	119	6802	988	703	199
白山市	**Baishan**	**120**	**50**	**6155**	**402**	**7474**	**263**	**42696**	**2202**	**3332**	**293**
市区	District	35	7	2475	90	3280	34	18286	401	1070	96
抚松县	Fusong	20	2	1774	132	2008	81	11317	692	1066	42
靖宇县	Jingyu	5	1	867	103	991	103	5763	768	354	76
长白县	Changbai	27	17	396	25	369	9	2269	75	379	20
临江市	Linjiang	33	23	643	52	826	36	5061	266	463	59
松原市	**Songyuan**	**660**	**558**	**22538**	**6557**	**17638**	**3471**	**129858**	**30917**	**10093**	**4387**
市区	District	88	60	5954	894	5798	512	38757	3987	2379	614
前郭县	Qianguo	141	118	5096	2010	3381	893	25575	8500	2621	1390
长岭县	Changling	229	207	5014	1767	3838	974	29673	8796	2158	1093
乾安县	Qian' an	58	44	1624	353	1289	213	10173	2096	1106	489
扶余县	Fuyu	144	129	4850	1533	3332	879	25680	7538	1829	801
白城市	**Baicheng**	**97**	**25**	**12788**	**2332**	**10804**	**1645**	**72719**	**12138**	**6760**	**1807**
市区	District	21	2	3752	311	3367	176	21214	1505	1319	86
镇赉县	Zhenlai	16	3	1722	369	1464	282	10088	1846	1091	423
通榆县	Tongyu	13	1	2612	456	2259	306	15018	2286	1234	110
洮南市	Taonan	23	10	2560	731	2247	576	15753	4323	1483	576
大安市	Da' an	24	9	2142	465	1467	305	10646	2178	1633	612
延边州	**Yanbian**	**112**	**18**	**13518**	**879**	**14364**	**570**	**84058**	**4241**	**6806**	**567**
延吉市	Yanji	25	3	4810	34	5665	15	31834	148	1836	59
图们市	Tumen	7		461		375		2205		286	
敦化市	Dunhua	18		3442	321	2904	199	17674	1341	1301	61
珲春市	Hunchun	12	3	1639	51	2142	37	11698	236	989	52
龙井市	Longjing	5		507	24	466	11	3293	97	376	
和龙市	Helong	13	4	560	41	578	22	3647	164	529	97
汪清县	Wangqing	19	5	991	124	990	59	6293	578	739	96
安图县	Antu	13	3	1108	284	1244	227	7414	1677	750	202

19－18 续表 2 continued

市、县	City，County	普通中学 学校数（所）Number of Schools (unit)	#乡村 Rural	毕业生（人）Graduates (person)	#乡村 Rural	招生数（人）New Student Enrollment (person)	#乡村 Rural	在校学生数（人）Students Enrollment (person)	#乡村 Rural	专任教师数（人）Number of Full－time Teachers (person)	#乡村 Rural
全　省	**Total**	**1444**	**427**	**360913**	**39680**	**339977**	**30966**	**1050825**	**102318**	**116828**	**19469**
长春市	**Changchun**	**355**	**112**	**108614**	**13128**	**111901**	**11472**	**326878**	**34509**	**36659**	**5452**
市　区	District	209	36	62882	3981	65677	3481	193172	10379	25423	2255
农安县	Nong' an	50	24	15915	4162	18600	4415	50750	12205	4111	1256
榆树市	Yushu	54	28	16915	2237	15954	1957	46273	5905	3705	913
德惠市	Dehui	42	24	12902	2748	11670	1619	36683	6020	3420	1028
吉林市	**Jilin**	**185**	**40**	**49633**	**3894**	**46143**	**3285**	**144531**	**10415**	**15698**	**2044**
市　区	District	75	15	20603	1188	19374	1002	61815	3118	6868	640
永吉县	Yongji	17	3	3999	265	3895	246	11531	716	1393	195
蛟河市	Jiaohe	23	6	5659	585	4684	346	15296	1317	1921	358
桦甸市	Huadian	18	4	6500	641	5743	545	17868	1773	1613	223
舒兰市	Shulan	27	7	7096	858	7009	777	20714	2377	1949	361
磐石市	Panshi	25	5	5776	357	5438	369	17307	1114	1954	267
四平市	**Siping**	**185**	**55**	**49646**	**5989**	**43588**	**4264**	**141775**	**15666**	**12612**	**2031**
市　区	District	28	1	9177	15	7488	7	25461	27	2533	26
梨树县	Lishu	46	14	9570	1557	8227	929	27633	3970	2370	441
伊通县	Yitong	30	15	6718	1652	6211	1437	18940	4439	2078	786
公主岭市	Gongzhuling	51	13	18393	1925	16955	1413	54164	5415	4089	507
双辽市	Shuangliao	30	12	5788	840	4707	478	15577	1815	1542	271
辽源市	**Liaoyuan**	**61**	**21**	**16073**	**2188**	**13505**	**1474**	**43389**	**4976**	**4531**	**972**
市　区	District	17	3	5913	225	5225	121	16889	440	1528	93
东丰县	Dongfeng	25	9	5717	775	4742	521	15135	1841	1689	461
东辽县	Dongliao	19	9	4443	1188	3538	832	11365	2695	1314	418
通化市	**Tonghua**	**133**	**34**	**26506**	**2832**	**23626**	**2627**	**77648**	**8877**	**10473**	**1855**
市　区	District	19		5119		4819		15462		1748	

19－18 续表 3 continued

市、县	City，County	普通中学 学校数（所）Number of Schools (unit)	#乡村 Rural	毕业生（人）Graduates (person)	#乡村 Rural	招生数（人）New Student Enrollment (person)	#乡村 Rural	在校学生数（人）Students Enrollment (person)	#乡村 Rural	专任教师数（人）Number of Full－time Teachers (person)	#乡村 Rural
通化县	Tonghua	2[illegible]	7	2900	377	2370	215	7617	769	1317	217
辉南县	Huinan	2[illegible]	5	4709	375	3652	223	13179	1011	1461	180
柳河县	Liuhe	2[illegible]	6	4129	263	3908	209	12263	696	1289	149
梅河口市	Meihekou	3[illegible]	11	7358	1687	6909	1865	22618	6037	3417	1033
集安市	Ji' an	1[illegible]	5	2291	130	1968	115	6509	364	1241	276
白山市	**Baishan**	**10[illegible]**	**20**	**14402**	**419**	**12411**	**272**	**40151**	**1047**	**7104**	**734**
市区	District	3[illegible]	3	5906	38	4920	22	16280	97	2645	93
抚松县	Fusong	2[illegible]	6	4220	183	3900	116	12114	390	1974	241
靖宇县	Jingyu	1[illegible]	6	1554	123	1375	76	4551	369	1142	302
长白县	Changbai	1[illegible]	3	833	18	698	15	2112	56	414	43
临江市	Linjiang	1[illegible]	2	1889	57	1518	43	5094	135	929	55
松原市	**Songyuan**	**15[illegible]**	**65**	**46712**	**6422**	**43100**	**4585**	**133061**	**16429**	**11233**	**2469**
市区	District	3[illegible]	6	13881	650	14453	375	42754	1295	3137	194
前郭县	Qianguo	3[illegible]	21	9035	2302	8367	1930	25299	6154	2350	810
长岭县	Changling	4[illegible]	18	9751	1691	8106	1166	27629	4535	2037	501
乾安县	Qian' an	1[illegible]	7	3328	400	3049	273	9715	1023	1133	244
扶余县	Fuyu	3[illegible]	13	10717	1379	9125	841	27664	3422	2576	720
白城市	**Baicheng**	**12[illegible]**	**44**	**26430**	**3104**	**23261**	**2040**	**73587**	**7290**	**9355**	**2694**
市区	District	3[illegible]	8	7885	586	7652	296	23368	1188	2395	403
镇赉县	Zhenlai	1[illegible]	6	3707	311	3098	271	10063	884	1414	443
通榆县	Tongyu	2[illegible]	9	5469	546	4785	382	14676	1116	2331	770
洮南市	Taonan	1[illegible]	7	5198	933	3952	592	13701	2252	1485	433
大安市	Da' an	3	14	4171	728	3774	499	11779	1850	1730	645
延边州	**Yanbian**	**14[illegible]**	**36**	**22897**	**1704**	**22442**	**947**	**69805**	**3109**	**9163**	**1218**
延吉市	Yanji	2[illegible]	1	7734	429	8172	5	25080	22	2238	37
图们市	Tumen	[illegible]		623		644		1830		394	
敦化市	Dunhua	2[illegible]	8	5768	649	5605	456	16971	1527	2128	495
珲春市	Hunchun	1[illegible]	3	2693	29	2596	33	8341	102	1115	43
龙井市	Longjing	1[illegible]	5	833	22	794	22	2461	55	578	73
和龙市	Helong	1[illegible]	6	982	39	893	22	3030	88	789	140
汪清县	Wangqing	2[illegible]	6	2003	133	1708	113	5613	343	904	110
安图县	Antu	1[illegible]	7	2261	403	2030	296	6479	972	1017	320

19－18 续表 4 continued

市、县 City, County		普通高中									
		学校数（所）Number of Schools (unit)	#乡村 Rural	毕业生（人）Graduates (person)	#乡村 Rural	招生数（人）New Student Enrollment (person)	#乡村 Rural	在校学生数（人）Students Enrollment (person)	#乡村 Rural	专任教师数（人）Number of Full-time Teachers (person)	#乡村 Rural
全　省	**Total**	**257**	**13**	**139803**	**3246**	**151566**	**4391**	**428406**	**11761**	**38701**	**1248**
长春市	**Changchun**	**74**	**4**	**40773**	**868**	**46141**	**1903**	**127608**	**4070**	**12184**	**512**
市　区	District	52	2	23972	352	25349	493	72138	1223	8201	177
农安县	Nong' an	11	2	6315	516	9033	1410	22298	2847	1884	335
榆树市	Yushu	6		5703		6015		18116		1011	
德惠市	Dehui	5		4783		5744		15056		1088	
吉林市	**Jilin**	**39**	**1**	**19487**	**266**	**19908**	**298**	**57908**	**801**	**5664**	**68**
市　区	District	20	1	8503	266	8648	298	25010	801	2881	68
永吉县	Yongji	3		1694		1513		4625		488	
蛟河市	Jiaohe	4		2022		2348		6542		496	
桦甸市	Huadian	3		2397		2310		6908		559	
舒兰市	Shulan	5		2636		2778		7902		620	
磐石市	Panshi	4		2235		2311		6921		620	
四平市	**Siping**	**29**	**4**	**18530**	**1119**	**21245**	**1119**	**58103**	**3719**	**4545**	**320**
市　区	District	4		4001		3948		11209		867	
梨树县	Lishu	7		3016		4059		10617		815	
伊通县	Yitong	6	3	2636	243	3185	480	8528	1081	774	222
公主岭市	Gongzhuling	9	1	7228	876	8139	639	22458	2638	1694	98
双辽市	Shuangliao	3		1649		1914		5291		395	
辽源市	**Liaoyuan**	**8**		**6660**		**6662**		**19514**		**1394**	
市　区	District	4		2858		2883		8216		599	
东丰县	Dongfeng	2		2163		2126		6389		427	
东辽县	Dongliao	2		1639		1653		4909		368	
通化市	**Tonghua**	**21**	**2**	**10542**	**993**	**11015**	**1029**	**32880**	**3129**	**3202**	**302**
市　区	District	6		2292		2309		6918		820	

19－18 续表 5 continued

市、县	City，County	普通高中 学校数（所）Number of Schools (unit)	#乡村 Rural	毕业生（人）Graduates (person)	#乡村 Rural	招生数（人）New Student Enrollment (person)	#乡村 Rural	在校学生数（人）Students Enrollment (person)	#乡村 Rural	专任教师数（人）Number of Full－time Teachers (person)	#乡村 Rural
通化县	Tonghua	[illegible]		1126		1122		3205		293	
辉南县	Huinan	[illegible]		1878		1730		5710		429	
柳河县	Liuhe	[illegible]		1440		1538		4328		282	
梅河口市	Meihekou	[illegible]	2	2941	993	3446	1029	9963	3129	1064	302
集安市	Ji' an	[illegible]		865		870		2756		314	
白山市	**Baishan**	**1[illegible]**		**6408**		**6292**		**18470**		**1980**	
市区	District	[illegible]		2743		2447		7370		744	
抚松县	Fusong	[illegible]		1965		2150		6151		629	
靖宇县	Jingyu	[illegible]		488		512		1534		175	
长白县	Changbai	[illegible]		335		312		898		159	
临江市	Linjiang	[illegible]		877		871		2517		273	
松原市	**Songyuan**	**2[illegible]**	**1**	**18642**		**20599**	**42**	**56530**	**42**	**4225**	**7**
市区	District	1[illegible]	1	6168		8087	42	21022	42	1603	7
前郭县	Qianguo	[illegible]		2887		3280		9128		708	
长岭县	Changling	[illegible]		3368		3083		9676		617	
乾安县	Qian' an	[illegible]		1278		1493		4221		370	
扶余县	Fuyu	[illegible]		4941		4656		12483		927	
白城市	**Baicheng**	**1[illegible]**	**1**	**9884**		**10574**		**30555**		**2571**	**39**
市区	District	[illegible]	1	3065		3546		9807		851	39
镇赉县	Zhenlai	[illegible]		1467		1459		4155		384	
通榆县	Tongyu	[illegible]		1991		2166		6454		648	
洮南市	Taonan	[illegible]		1742		1689		5142		331	
大安市	Da' an	[illegible]		1619		1714		4997		357	
延边州	**Yanbian**	**2[illegible]**		**8877**		**9130**		**26838**		**2936**	
延吉市	Yanji	[illegible]		3150		3283		9549		799	
图们市	Tumen	[illegible]		250		218		674		127	
敦化市	Dunhua	[illegible]		2048		2198		6409		793	
珲春市	Hunchun	[illegible]		1050		1040		3143		324	
龙井市	Longjing	[illegible]		345		327		985		195	
和龙市	Helong	[illegible]		406		366		1139		175	
汪清县	Wangqing	[illegible]		779		719		2129		257	
安图县	Antu	[illegible]		849		979		2810		266	

附　　录

Appendix

主 要 统 计 指 标 解 释

行政区划　指国家对行政区域的划分。根据宪法规定，我国的行政区域划分如下：(1)全国分为省、自治区、直辖市；(2)省、自治区分为自治州、县、自治县、市；(3)自治州分为县、自治县、市；(4)县、自治县分为乡、民族乡、镇；(5)直辖市和较大的市分为区、县；(6)国家在必要时设立的特别行政区。

气候　指地球与大气之间长期能量交换与质量交换所形成的一种自然环境状态，它是多种因素综合作用的结果。气候既是人类生活和生产的环境要素之一，又是供给人类生活和生产的重要资源。气温、降水、湿度等气象要素的多年平均值是用来描述一个地区气候状况的主要参数，而各种气象要素某年、某月的平均值(或总量)则可以反映出该时期天气气候状况的重要特征。

自然资源　指人类可以直接从自然界获得，并用于生产和生活的物质资源。自然资源一般可以分成可再生资源和非再生资源两大类。可再生资源指在较短时间内可以再生、可以循环利用的资源，包括土地资源、水资源、气候资源、生物资源和海洋资源等。非再生资源指在使用后不能再生的资源，包括矿产资源和地热能源。

土地资源　土地指陆地的表层部分，它主要由岩石、岩石的风化物和土壤构成。土地资源按利用类型可以分为农用地、建筑用地和未利用地。农用地包括耕地、园地、林地、牧草地和水面。建筑用地包括居民点及工矿用地、交通用地和水利设施用地。未利用地指农用地和建筑用地以外的土地，包括滩涂、荒漠、戈壁、冰川和石山等。

耕地面积　指经过开垦用以种植农作物并经常进行耕耘的土地面积。包括种有作物的土地面积、休闲地、新开荒地和抛荒未满三年的土地面积。

林业用地面积　指生长乔木、竹类、灌木、沿海红树林等林木的土地面积，包括有林地、灌木林、疏林地、未成林造林地、迹地、苗圃等。

草地面积　指牧区和农区用于放牧牲畜或割草，植被盖度在5%以上的草原、草坡、草山等面积。包括天然的和人工种植或改良的草地面积。

森林资源　指森林、林木、林地以及依托森林、林木、林地生存的野生动物、植物和微生物。林木指树木和竹子。森林指以乔木为主体的生物群落，是集生的乔木及与共同作用的植物、动物、微生物和土壤、气候等的总体。

活立木总蓄积量　指一定范围内土地上全部树木蓄积的总量，包括森林蓄积、疏林蓄积、散生木蓄积和四旁树蓄积。

森林面积　指由乔木树种构成，郁闭度0.2以上(含0.2)的林地或冠幅宽度10米以上的林带的面积，即有林地面积。森林面积包括天然起源和人工起源的针叶林面积、阔叶林面积、针阔混交林面积和竹林面积，不包括灌木林地面积和疏林地面积。

森林蓄积量　指一定森林面积上存在着的林木树干部分的总材积。它是反映一个国家或地区森林资源总规模和水平的基本指标之一，也是反映森林资源的丰富程度、衡量森林生态环境优劣的重要依据。

森林覆盖率　指一个国家或地区森林面积占土地总面积的百分比。森林覆盖率是反映森林资源的丰富程度和生态平衡状况的重要指标。在计算森林覆盖率时，森林面积包括郁闭度0.2以上的乔木林地面积和竹林地面积，国家特别规定的灌木林地面积、农田林网以及四旁(村旁、路旁、水旁、宅旁)林木的覆盖面积。计算公式为：

森林覆盖率（%）=森林面积/土地总面积×100%

水资源 水在自然界中以固体、液体和气态三种聚集状态存在，分布于海洋、陆地(包括土壤)以及大气之中，通过水循环形成水资源。水资源包括经人类控制并直接可供灌溉、发电、给水、航运、养殖等用途的地表水和地下水，以及江河、湖泊、井、泉、潮汐、港湾和养殖水域等。水资源是发展国民经济不可缺少的重要自然资源。

地表水和地下水 陆地上的水因空间分布不同，分为地表水和地下水。地表水指分别存在于河流、湖泊、沼泽、冰川和冰盖等水体中水分的总称，又称陆地水。地下水指储存在地面以下饱和岩土孔隙、裂隙及溶洞中的水。

径流 指陆地上接受降水后扣除损耗外，从地表和地下向流域出口断面汇集的水流。径流可分为地表径流、地下径流和壤中流。地表径流指沿地表向河流、湖泊、沼泽、海洋等汇集的水流；地下径流指沿潜水层或隔水层间的含水层，向河流、湖泊、沼泽、海洋等汇集的地下水水流。

径流量 指在一定时段内通过河流某一过水断面的水量，用以反映一个国家或地区水资源的丰歉程度。计算公式为：

径流量=降水量–蒸发量

矿产资源 矿产指由地质作用形成，富集于地壳中或出露于地表达到工农业利用要求的有用矿物。矿产是一种重要的自然资源，是社会发展的重要物质基础。

矿产基础储量 基础储量是查明矿产资源的一部分。它能满足现行采矿和生产所需的指标要求，是控制的、探明的并通过可行性或预可行性研究认为属于经济的、边界经济的部分，用未扣除设计、采矿损失的数量表示。

流域 每条河流都有自己的干流和支流，干支流共同组成这条河流的水系。每条河流都有自己的集水区域，这个集水区域就称为该河流的流域。

气温 指空气的温度，我国一般以摄氏度(℃)为单位表示。气象观测的温度表是放在离地面约1.5米处通风良好的百叶箱里测量的，因此，通常说的气温指的是离地面1.5米处百叶箱中的温度。其统计计算方法为：

月平均气温是将全月各日的平均气温相加，除以该月的天数而得。

年平均气温是将12个月的月平均气温累加后除以12而得。

相对湿度 指空气中实际所含水蒸气密度和同温度下饱和水蒸气密度的百分比值。其统计方法与气温相同。

降水量 指从天空降落到地面的液态或固态(经融化后)水，未经蒸发、渗透、流失而在地面上积聚的深度。其统计计算方法为：

月降水量是将全月各日的降水量累加而得。

年降水量是将12个月的月降水量累加而得。

日照时数 指太阳实际照射地面的时间。其统计方法与降水量相同

水资源总量 一定区域内的水资源总量指当地降水形成的地表和地下产水量，即地表径流量与降水入渗补给量之和，不包括过境水量。

地表水资源量 指河流、湖泊、冰川等地表水体中由当地降水形成的、可以逐年更新的动态水量，即天然

河川径流量。

地下水资源量 指当地降水和地表水对饱水岩土层的补给量。

地表水与地下水资源重复计算量 指地表水和地下水相互转化的部分，即在河川径流量中包括一部分地下水排泄量，地下水补给量中包括一部分来源于地表水的入渗量。

可比价格 指计算各种总量指标所采用的扣除了价格变动因素的价格，可进行不同时期总量指标的对比。按可比价格计算总量指标有两种方法：一种是直接用产品产量乘某一年的不变价格计算；另一种是用价格指数进行缩减。

不变价格 指以同类产品某年的平均价格作为固定价格，用于计算各年的产品价值。按不变价格计算的产品价值消除了价格变动因素，不同时期对比可以反映生产的发展速度。新中国成立后，随着工农业产品价格水平的变化，国家统计局先后五次制定了全国统一的工业产品不变价格和农业产品不变价格。从1952年到1957年使用1952年工(农)业产品不变价格，从1957年到1970年使用1957年不变价格，从1971年到1980年使用1970年不变价格，从1981年到1990年使用1980年不变价格，从1991年开始使用1990年不变价格。

平均增长速度 我国计算平均增长速度有两种方法：一种是习惯上经常使用的“水平法”，又称几何平均法，是以间隔期最后一年的水平同基期水平对比来计算平均每年增长(或下降)速度；另一种是“累计法”，又称代数平均法或方程法，是以间隔期内各年水平的总和同基期水平对比来计算平均每年增长(或下降)速度。在一般正常情况下，两种方法计算的平均每年增长速度比较接近；但在经济发展不平衡、出现大起大落时，两种方法计算的结果差别较大。

国民经济行业分类 自2017年年报和2018年定期报表开始使用新的《国民经济行业分类》（GB/T4754-2017）。该分类是由国家统计局组织修订，原国家质量监督检验检疫总局和中国国家标准化管理委员会于2017年6月30日发布。这次修订是在2011年分类标准的基础上，结合我国经济活动特点，参照联合国《全部经济活动的国际标准产业分类》（ISIC/Rev.4）进行的。修订后的《国民经济行业分类》（GB/T4754-2017）共有门类20个，大类97个，中类473个，小类1382个。

企业(单位)登记注册类型 是以在工商行政管理机关登记注册的各类企业为划分对象，以工商行政管理部门对企业登记注册的类型为依据，将企业登记注册类型分为内资企业、港澳台商投资企业和外商投资企业三大类。内资企业包括国有企业、集体企业、股份合作企业、联营企业、有限责任公司、股份有限公司、私营公司和其他企业；港澳台商投资企业和外商投资企业分别包括合资经营企业、合作经营企业、独资经营企业和股份有限公司。对不在工商行政管理部门进行登记注册的行政机关、事业单位和社会团体，主要按其经费来源和管理方式进行划分。

国有企业 指企业全部资产归国家所有，并按《中华人民共和国企业法人登记管理条例》规定登记注册的非公司制的经济组织。不包括有限责任公司中的国有独资公司。

集体企业 指企业资产归集体所有，并按《中华人民共和国企业法人登记管理条例》规定登记注册的经济组织。

股份合作企业 指以合作制为基础，由企业职工共同出资入股，吸收一定比例的社会资产投资组建，实行自主经营，自负盈亏，共同劳动，民主管理，按劳分配与按股分红相结合的一种集体经济组织。

联营企业 指两个及两个以上相同或不同所有制性质的企业法人或事业单位法人，按自愿、平等、互利的原则，共同投资组成的经济组织。联营企业包括国有联营企业、集体联营企业、国有与集体联营企业和其他联营企业。

有限责任公司　指根据《中华人民共和国公司登记管理条例》规定登记注册，由两个以上、五十个以下的股东共同出资，每个股东以其所认缴的出资额对公司承担有限责任，公司以其全部资产对其债务承担责任的经济组织。有限责任公司包括国有独资公司以及其他有限责任公司。

股份有限公司　指根据《中华人民共和国公司登记管理条例》规定登记注册，其全部注册资本由等额股份构成并通过发行股票筹集资本，股东以其认购的股份对公司承担有限责任，公司以其全部资产对其债务承担责任的经济组织。

私营企业　指由自然人投资设立或由自然人控股，以雇佣劳动为基础的营利性经济组织。包括按照《公司法》《合伙企业法》《私营企业暂行条例》规定登记注册的私营有限责任公司、私营股份有限公司、私营合伙企业和私营独资企业。

其他企业　指上述企业之外的其他内资经济组织。

与港澳台商合资经营企业　指港澳台地区投资者与内地企业依照《中华人民共和国中外合资经营企业法》及有关法律的规定，按合同规定的比例投资设立、分享利润和分担风险的企业。

与港澳台商合作经营企业　指港澳台地区投资者与内地企业依照《中华人民共和国中外合作经营企业法》及有关法律的规定，依照合作合同的约定进行投资或提供条件设立、分配利润和分担风险的企业。

港澳台商独资经营企业　指依照《中华人民共和国外资企业法》及有关法律的规定，在内地由港澳台地区投资者全额投资设立的企业。

港澳台商投资股份有限公司　指根据国家有关规定，经原外经贸部依法批准设立，其中港、澳、台商的股本占公司注册资本的比例达25%以上的股份有限公司。凡其中港、澳、台商的股本占公司注册资本的比例小于25%的，属于内资企业中的股份有限公司。

中外合资经营企业　指外国企业或外国人与中国内地企业依照《中华人民共和国中外合资经营企业法》及有关法律的规定，按合同规定的比例投资设立、分享利润和分担风险的企业。

中外合作经营企业　指外国企业或外国人与中国内地企业依照《中华人民共和国中外合作经营企业法》及有关法律的规定，依照合作合同的约定进行投资或提供条件设立、分配利润和分担风险的企业。

外资企业　指依照《中华人民共和国外资企业法》及有关法律的规定，在中国内地由外国投资者全额投资设立的企业。

外商投资股份有限公司　指根据国家有关规定，经原外经贸部依法批准设立，其中外资的股本占公司注册资本的比例达25%以上的股份有限公司。凡其中外资股本占公司注册资本的比例小于25%的，属于内资企业中的股份有限公司。

行政机关、事业单位和社会团体　参照企业登记注册类型，主要按其经费来源和管理方式划分。具体规定如下：

⑴行政机关：包括国家机关和政党机关，原则上均列为“国有”。但有特殊规定的，如供销社等，则列为“集体”。

⑵事业单位：包括经国家机构编制部门和有关业务主管部门批准成立的各类事业单位，不包括实行企业化管理的事业单位。事业单位的划分办法如下：

①由国家财政预算拨款或列入财政预算外资金管理以及经费主要来源于国有主管部门或国有上级单位的事业单位，列为“国有”。

②经费主要来源于集体单位的事业单位，列为“集体”。

③公民个人(或个人合伙)开办的事业单位，列为“私营”。

④上述以外的其他事业单位，如果其经费来源不明确，按管理方式进行归类。

⑶社会团体：包括经民政部门批准成立以及未纳入社会团体管理条例范围的工会、妇联等各类社会团体。社会团体的划分办法如下：

①未纳入民政部社会团体管理条例范围的工会、妇联、共青团、青联、工商联、科协、侨联等社会团体，国家拨款设立的基金会或基金管理组织以及经费主要来源于国有业务主管部门或国有上级单位的社会团体，列为“国有”。

②经费主要来源于集体单位的社会团体，列为“集体”。

③公民个人(或个人合伙)开办的社会团体，划为“私营”。

④上述以外的其他社会团体，如果其经费来源不明确，改按管理方式进行归类。

地区生产总值(GDP) 指按市场价格计算的一个国家(或地区)所有常住单位在一定时期内生产活动的最终成果。地区生产总值有三种表现形态，即价值形态、收入形态和产品形态。

从价值形态看，它是所有常住单位在一定时期内生产的全部货物和服务价值超过同期投入的全部非固定资产货物和服务价值的差额，即所有常住单位的增加值之和；从收入形态看，它是所有常住单位在一定时期内创造并分配给常住单位和非常住单位的初次收入之和；从产品形态看，它是所有常住单位在一定时期内最终使用的货物和服务价值减去货物和服务进口价值。在实际核算中，地区生产总值有三种计算方法，即生产法、收入法和支出法。三种方法分别从不同的方面反映地区生产总值及其构成。

三次产业 三产业的划分是世界上较为常用的产业结构分类，但各国的划分不尽一致。我国的三次产业划分是：

第一产业是指农、林、牧、渔业。

第二产业是指采矿业，制造业，电力、煤气及水的生产和供应业，建筑业。

第三产业是指除第一、二产业以外的其他行业。

支出法地区生产总值 是从最终使用的角度反映一个国家(或地区)一定时期内生产活动最终成果的一种方法，包括最终消费、资本形成总额及货物和服务净出口三部分。计算公式为：

支出法地区生产总值=最终消费+资本形成总额+货物和服务净出口

最终消费 指常住单位为满足物质、文化和精神生活的需要，从本国经济领土和国外购买的货物和服务的支出。它不包括非常住单位在本国经济领土内的消费支出。最终消费分为居民消费和政府消费。

居民消费 指常住住户在一定时期内对于货物和服务的全部最终消费支出。居民消费除了直接以货币形式购买的货物和服务的消费支出外，还包括以其他方式获得的货物和服务的消费支出，即所谓的虚拟消费支出。居民虚拟消费支出包括如下几种类型：单位以实物报酬及实物转移的形式提供给劳动者的货物和服务；住户生产并由本住户消费了的货物和服务，其中的服务仅指住户的自有住房服务和付酬的家庭雇员提供的家庭和个人服务；金融机构提供的金融媒介服务；保险公司提供的保险服务。

政府消费 指政府部门为全社会提供的公共服务的消费支出和免费或以较低的价格向居民住户提供的货物和服务的净支出，前者等于政府服务的产出价值减去政府单位所获得的经营收入的价值，后者等于政府部门免费或以较低价格向居民住户提供的货物和服务的市场价值减去向住户收取的价值。

资本形成总额 指常住单位在一定时期内获得减去处置的固定资产和存货的净额，包括固定资本形成总额和存货增加两部分。

固定资本形成总额 指生产者在一定时期内获得的固定资产减处置的固定资产的价值总额。固定资产是通过生产活动生产出来的，且其使用年限在一年以上、单位价值在规定标准以上的资产，不包括自然资产。可分为有形固定资本形成总额和无形固定资本形成总额。有形固定资本形成总额包括一定时期内完成的建筑工程、安装工程和设备工器具购置(减处置)价值，以及土地改良、新增役、种、奶、毛、娱乐用牲畜和新增经济林木价值。无形固定资本形成总额包括矿藏的勘探、计算机软件等获得减处置。

存货增加 指常住单位在一定时期内存货实物量变动的市场价值，即期末价值减期初价值的差额，再扣除当期由于价格变动而产生的持有收益。存货增加可以是正值，也可以是负值，正值表示存货上升，负值表示存货下降。存货包括生产单位购进的原材料、燃料和储备物资等存货，以及生产单位生产的产成品、在制品和半成品等存货。

货物和服务净出口 指货物和服务出口减货物和服务进口的差额。出口包括常住单位向非常住单位出售或无偿转让的各种货物和服务的价值；进口包括常住单位从非常住单位购买或无偿得到的各种货物和服务的价值。由于服务活动的提供与使用同时发生，一般把常住单位从非常住单位得到的服务作为进口，非常住单位从常住单位得到的服务作为出口。货物的出口和进口都按离岸价格计算。

人口数 指一定时点、一定地区范围内有生命的个人总和。

城镇人口和乡村人口的划分 城镇人口是指居住在城镇范围内的全部人口；乡村人口是除上述人口以外的全部人口。

历年城乡人口数据是按照当时国家《关于统计上划分城乡的规定》计算的。

三次普查之间年份的城乡人口根据1990年和2000年人口普查数据进行了调整。

出生率(又称粗出生率) 指在一定时期内(通常为一年)一定地区的出生人数与同期内平均人数(或期中人数)之比，用千分率表示。本资料中的出生率指年出生率，其计算公式为：

$$出生率=年出生人数/年平均人数\times 1000‰$$

式中：出生人数指活产婴儿，即胎儿脱离母体时(不管怀孕月数)，有过呼吸或其他生命现象。年平均人数指年初、年底人口数的平均数，也可用年中人口数代替。

死亡率(又称粗死亡率) 指在一定时期内(通常为一年)一定地区的死亡人数与同期内平均人数(或期中人数)之比，用千分率表示。本资料中的死亡率指年死亡率，其计算公式为：

$$死亡率=年死亡人数/年平均人数\times 1000‰$$

人口自然增长率 指在一定时期内(通常为一年)人口自然增加数(出生人数减死亡人数)与该时期内平均人数(或期中人数)之比，用千分率表示。计算公式为：

人口自然增长率=(本年出生人数−本年死亡人数)/年平均人数 × 1000‰=人口出生率−人口死亡率

总负担系数 指人口总体中非劳动年龄人口数与劳动年龄人口数之比。通常用百分比表示。说明每100名劳动年龄人口大致要负担多少名非劳动年龄人口。用于从人口角度反映人口与经济发展的基本关系。计算公式为：

$$GDR=(P_{0\sim14}+P_{65+})/P15\sim64\times 100\%$$

其中：GDP为总抚养比；

$P_{0\sim14}$为0～14岁少年儿童人口数；

P_{65+}为65岁及65岁以上的老年人口数；

$P_{15\sim64}$为15～64岁劳动年龄人口数。

老年人口抚养比 也称老年人口抚养系数。指某一人口中老年人口数与劳动年龄人口数之比。通常用百分比表示。用以表明每100名劳动年龄人口要负担多少名老年人。老年人口抚养比是从经济角度反映人口老化社会后果的指标之一。计算公式为：

$$ODR=P_{65}+/P_{15\sim64}\times100\%$$

其中：ODR为老年人口抚养比；

P_{65}+为65岁及65岁以上的老年人口数；

$P_{15\sim64}$为15～64岁的劳动年龄人口数。

少年儿童抚养比 也称少年儿童抚养系数。指某一人口中少年儿童人口数与劳动年龄人口数之比。通常用百分比表示。以反映每100名劳动年龄人口要负担多少名少年儿童。计算公式为：

$$CDR=P_{0\sim14}/P_{15\sim64}\times100\%$$

其中：CDR为少年儿童抚养比；

$P_{0\sim14}$为0～14岁少年儿童人口数；

$P_{15\sim64}$为15～64岁劳动年龄人口数。

经济活动人口 指在16岁以上，有劳动能力，参加或要求参加社会经济活动的人口。包括就业人员和失业人员。

就业人员 指从事一定社会劳动并取得劳动报酬或经营收入的人员，包括在岗职工、再就业的离退休人员、私营业主、个体户主、私营和个体就业人员、乡镇企业就业人员、农村就业人员、其他就业人员(包括民办教师、宗教职业者、现役军人等)。这一指标反映了一定时期内全部劳动力资源的实际利用情况，是研究我国基本国情国力的重要指标。

各单位的就业人员 指在各级国家机关、政党机关、社会团体及企业、事业单位中工作，取得工资或其他形式的劳动报酬的全部人员。包括在岗职工、再就业的离退休人员、民办教师以及在各单位中工作的外方人员和港澳台方人员、兼职人员、借用的外单位人员和第二职业者。不包括离开本单位仍保留劳动关系的职工。各单位的就业人员反映了各单位实际参加生产或工作的全部劳动力。

城镇私营和个体就业人员 城镇私营就业人员指在工商管理部门注册登记，其经营地址设在县城关镇(含县城关镇)以上的私营企业就业人员，包括私营企业投资者和雇工。城镇个体就业人员指在工商管理部门注册登记，并持有城镇户口或在城镇长期居住，经批准从事个体工商经营的就业人员，包括个体经营者和在个体工商户劳动的家庭帮工和雇工。

城镇登记失业人员 指有非农业户口，在一定的劳动年龄内(16岁以上及男50岁以下、女45岁以下)，有劳动能力，无业而要求就业，并在当地就业服务机构进行求职登记的人员。

城镇登记失业率 城镇登记失业人员与城镇单位就业人员(扣除使用的农村劳动力、聘用的离退休人员、港澳台及外方人员)、城镇单位中的不在岗职工、城镇私营业主、个体户主、城镇私营企业和个体就业人员、城镇登记失业人员之和的比。计算公式为：

城镇登记失业率=城镇登记失业人数/［（城镇单位就业人员–使用的农村劳动力–聘用的离退休人员–聘用的港澳台及外方人员）+不在岗职工+城镇私营业主+城镇个体户主+城镇私营企业及个体就业人员+城镇登记失业人数］×100%

职工 指在国有、城镇集体、联营、股份制、外商和港、澳、台投资、其他单位及其附属机构工作，并由其支付工资的各类人员。不包括下列人员：(1)乡镇企业就业人员；(2)私营企业就业人员；(3)城镇个体劳动者；

(4)离休、退休、退职人员；(5)再就业的离、退休人员；(6)民办教师；(7)在城镇单位中工作的外方及港、澳、台人员；(8)其他按有关规定不列入职工统计范围的人员。(1998年及以后的数据均为在岗职工数据，其他相关指标如职工工资总额，职工平均工资等指标也从1998年按此口径进行了相应调整)。

国有单位 指资产归国家所有的经济组织。包括按《中华人民共和国企业法人登记管理条例》规定登记注册的非公司制的经济组织，以及中央、地方各级国家机关、事业单位和社会团体。

集体单位 指生产资料归集体所有，并按《中华人民共和国企业法人登记管理条例》规定登记注册的经济组织。

其他单位 包括股份合作单位、联营单位、有限责任公司、股份有限公司、港澳台商投资单位以及外商投资单位等其他登记注册类型单位。

在岗职工 指在本单位工作并由单位支付工资的人员，以及有工作岗位，但由于学习、病伤产假等原因暂未工作，仍由单位支付工资的人员。

工资总额 指各单位在一定时期内直接支付给本单位全部职工的劳动报酬总额。工资总额的计算原则应以直接支付给职工的全部劳动报酬为根据。各单位支付给职工的劳动报酬以及其他根据有关规定支付的工资，不论是计入成本的还是不计入成本的，不论是按国家规定列入计征奖金税项目的，还是未列入计征奖金税项目的，不论是以货币形式支付的还是以实物形式支付的，均包括在工资总额内。

平均工资 指企业、事业、机关单位的职工在一定时期内平均每人所得的货币工资额。它表明一定时期职工工资收入的高低程度，是反映职工工资水平的主要指标。计算公式为:

平均工资=报告期实际支付的全部职工工资总额/报告期全部职工平均人数

平均工资指数 指报告期职工平均工资与基期职工平均工资的比率，是反映不同时期职工货币工资水平变动情况的相对数。计算公式为:

平均工资指数=报告期职工平均工资/基期职工平均工资×100%

平均实际工资指数 职工平均实际工资指扣除物价变动因素后的职工平均工资。职工平均实际工资指数是反映实际工资变动情况的相对数，表明职工实际工资水平提高或降低的程度。计算公式为:

平均实际工资指数=报告期职工平均工资指数/报告期城镇居民消费价格指数×100%

全社会固定资产投资 以货币形式表现的在一定时期内全社会建造和购置固定资产的工作量以及与此有关的费用的总称。该指标是反映固定资产投资规模、结构和发展速度的综合性指标,又是观察工程进度和考核投资效果的重要依据。全社会固定资产投资按登记注册类型可分为国有、集体、个体、联营、股份制、外商、港澳台商、其他等。

固定资产投资按国民经济行业分 建设项目归哪个行业，按其建成投产后的主要产品或主要用途及社会经济活动性质来确定。基本建设按建设项目划分国民经济行业，更新改造、其他固定资产投资根据整个企业、事业单位所属的行业来划分。一般情况下，一个建设项目或一个企业、事业单位只能属于一种国民经济行业。为了更准确地反映国民经济各行业之间的比例关系，联合企业(总厂)所属分厂属于不同行业的，原则上按分厂划分行业。

固定资产投资按建设性质分 建设项目的性质一般分为新建、扩建、改建、迁建、恢复。房地产开发单位、农村投资、城镇工矿区私人建房投资不划分建设性质。基本建设按建设项目划分建设性质，更新改造、国有经济中其他固定资产投资及城镇集体投资等按整个企业、事业单位的建设情况确定建设性质。

(1)新建：一般指从无到有“平地起家”开始建设的企业、事业和行政单位或独立的工程。现有企业、事业、行政单位一般不属于新建。但如有的单位原有基础很小，经过建设后新增的固定资产价值超过该企、事业、行政单位原有固定资产价值(原值)三倍以上的也应作为新建。

(2)扩建：指在厂内或其他地点，为扩大原有产品的生产能力(或效益)或增加新的产品生产能力，而增建主要的生产车间(或主要工程)、分厂、独立的生产线。行政、事业单位在原单位增建业务用房(如学校增建教学用房、医院增建门诊部、病房等)也作为扩建。现有企、事业单位为扩大原有主要产品生产能力或增加新的产品生产能力，增建一个或几个主要生产车间(或主要工程)、分厂，同时进行一些更新改造工程的，也应作为扩建。

(3)改建：指对原有设施进行技术改造或更新(包括相应配套的辅助性生产、生活福利设施)，没有增建主要生产车间、分厂等。现有企、事业单位为适应市场变化的需要，而改变企业的主要产品种类(如军工企业转产民品等)，或原有产品生产作业线由于各工序(车间)之间能力不平衡，为填平补齐充分发挥原有生产能力而增建不增加本企业主要产品设计能力的车间，也应作为改建。

固定资产投资按构成分 固定资产投资活动按其工作内容和实现方式分为建筑安装工程，设备、工具、器具购置，其他费用三个部分。

(1)建筑安装工程(建筑安装工作量)：指各种房屋、建筑物的建造工程和各种设备、装置的安装工程。包括各种房屋建造工程，各种用途设备基础和各种工业窑炉的砌筑工程及金属结构工程；为施工而进行的各种准备工作和临时工程以及完工后的清理工作等；铁路、道路的铺设，矿井的开凿及石油管道的架设等；水利工程；防空地下建筑等特殊工程；列入房屋工程预算内的暖气、卫生、通风、照明、煤气等设备的价值及装设油饰工程；列入建筑工程预算内的各种管道(蒸汽、压缩空气、石油、给排水等管道)、电力、电讯电缆导线等的敷设工程；以及各种机械设备的安装工程；为测定安装工程质量，对设备进行的试运工作；房地产开发单位进行的商品房屋开发建设工程、土地开发工程。在安装工程中，不包括被安装设备本身的价值。

(2)设备、工具、器具购置：指建设单位或企、事业单位购置或自制的，达到固定资产标准的设备、工具、器具的价值。新建单位及扩建单位的新建车间，按照设计或计划要求购置或自制的全部设备、工具、器具，不论是否达到固定资产标准均计入“设备、工具、器具购置”中。

(3)其他费用：指在固定资产建造和购置过程中发生的，除上述几项内容以外的各种应分摊计入固定资产的费用。

基本建设项目按大中小型划分 基本建设划分大中小型项目原则上应按照上级批准的设计任务书或初步设计所确定的总规模或总投资划分，没有正式批准设计任务书或初步设计的，按国家或省、自治区、直辖市年度基本建设投资计划中所列的总规模或总投资划分。上述两条均不具备的，按本年计划施工工程的建设总规模或总投资划分。生产单一产品的工业项目，按产品的设计能力划分；生产多种产品的工业项目，按其主要产品的设计能力划分。品种繁多，难以按生产能力划分的，按全部计划总投资划分。划分标准以国家颁发的《大中小型建设项目划分标准》为依据。国家曾在1953年、1962年、1972年、1977年和1979年先后五次修订《大中小型建设项目划分标准》，因此各历史时期的大中型项目数不完全可比。

财政收入 指国家财政参与社会产品分配所取得的收入，是实现国家职能的财力保证。财政收入所包括的内容几经变化，目前主要包括：

(1)各项税收：包括增值税、营业税、消费税、土地增值税、城市维护建设税、资源税、城市土地使用税、企业所得税、个人所得税、关税、证券交易印花税、车辆购置税、农牧业税和耕地占用税等。

(2)专项收入：包括排污费收入、城市水资源费收入、矿产资源补偿费收入、教育费附加收入等。

(3)其他收入：包括利息收入、基本建设贷款归还收入、基本建设收入、捐赠收入等。

(4)国有企业亏损补贴：此项为负收入，冲减财政收入。主要包括对工业企业、商业企业、粮食企业的补贴。

财政支出 国家财政将筹集起来的资金进行分配使用，以满足经济建设和各项事业的需要，主要包括：

(1)基本建设支出：指按国家有关规定，属于基本建设范围内的基本建设有偿使用、拨款、资本金支出以及经国家批准对专项和政策性基建投资贷款，在部门的基建投资额中统筹支付的贴息支出。

(2)企业挖潜改造资金：指国家预算内拨给的用于企业挖潜、革新和改造方面的资金。包括各部门企业挖潜改造资金和企业挖潜改造贷款资金，为农业服务的县办“五小”企业技术改造补助，挖潜改造贷款贴息资金。

(3)地质勘探费用：指国家预算用于地质勘探单位的勘探工作费用，包括地质勘探管理机构及其事业单位经费、地质勘探经费。

(4)科技三项费用：指国家预算用于科技支出的费用，包括新产品试制费、中间试验费、重要科学研究补助费。

(5)支援农村生产支出：指国家财政支援农村集体(户)各项生产的支出。包括对农村举办的小型农田水利和打井、喷灌等的补助费，对农村水土保持措施的补助费，对农村举办的小水电站的补助费，特大抗旱的补助费，农村开荒补助费，扶持乡镇企业资金，支援农村合作生产组织资金、农村农技推广和植保补助费，农村草场和畜禽保护补助费，农村造林和林木保护补助费，农村水产补助费，发展粮食生产专项资金。

(6)农林水利气象等部门的事业费用：指国家财政用于农垦、农场、农业、畜牧、农机、林业、森工、水利、水产、气象、乡镇企业的技术推广、良种推广(示范)、动植物(畜禽、森林)保护、水质监测、勘探设计、资源调查、干部训练等项费用，园艺特产场补助费，中等专业学校经费，飞播牧草试验补助费，营林机构、气象机构经费，渔政费以及农业管理事业费等。

(7)工业交通商业等部门的事业费：指国家预算支付给工交商各部门用于事业发展的人员和公用经费支出，包括勘探设计费、中等专业学校经费、技术学校经费、干部训练费。

(8)文教科学卫生事业费：指国家预算用于文化、出版、文物、教育、卫生、中医、公费医疗、体育、档案、地震、海洋、通讯、电影电视、计划生育、党政群干部训练、自然科学、社会科学、科协等项事业的人员和公用经费支出以及高技术研究专项经费。主要包括工资、补助工资、福利费、离退休费、助学金、公务费、设备购置费、修缮费、业务费、差额补助费。

(9)抚恤和社会福利救济费：指国家预算用于抚恤和社会福利救济事业的经费。包括由民政部门开支的烈士家属和牺牲病残人员家属的一次性、定期抚恤金，革命伤残人员的抚恤金，各种伤残补助费，烈军属、复员退伍军人生活补助费，退伍军人安置费，优抚事业单位经费，烈士纪念建筑物管理、维修费，自然灾害救济事业费和特大自然灾害灾后重建补助费等。

(10)行政事业单位离退休支出：指实行归口管理的行政事业单位离退休经费。

(11)社会保障补助支出：指国家预算用于社会保障的补助支出，包括对社会保险基金的补助、促进就业补助、国有企业下岗职工补助、补充全国社会保障基金等。

(12)国防支出：指国家预算用于国防建设和保卫国家安全的支出，包括国防费、国防科研事业费、民兵建设以及专项工程支出等。

(13)行政管理费：包括行政管理支出，党派团体补助支出，外交支出，公安安全支出，司法支出，法院支出，检察院支出和公检法办案费用补助。

(14)政策性补贴支出：指经国家批准，由国家财政拨给用于粮棉油等产品的价格补贴支出。主要包括粮、棉、油差价补贴，平抑物价和储备糖补贴，农业生产资料价差补贴，粮食风险基金，副食品风险基金，地方煤炭风险基金等。

(15)债务利息支出：指国家预算中用于偿还国内外债务利息的支出。

中央财政收入和地方财政收入 指按现行分税制财政体制划分的中央本级收入和地方本级收入。1994年实行分税制财政体制以后，属于中央财政的收入包括关税、海关代征消费税和增值税，消费税，中央企业所得税，地方银行和外资银行及非银行金融企业所得税，铁道部门、各银行总行、各保险总公司等集中缴纳的营业税、利润和城市维护建设税，车辆购置税，船舶吨税，增值税的75%部分，证券交易税(印花税)94%部分，个人所得税中的利息所得税，利息所得税之外的个人所得税中央分享的部分，海洋石油资源税。属于地方财政的收入包括营业税，地方企业所得税，利息所得税之外的个人所得税地方分享的部分，城镇土地使用税，固定资产投资方向调节税，城镇维护建设税，房产税，车船使用税，印花税，屠宰税，农牧业税，农业特产税，耕地占用税，契税，土地增值税、国有土地有偿使用收入，增值税25%部分，证券交易税(印花税)6%部分和除海洋石油资源税以外的其他资源税。

中央财政支出和地方财政支出 指根据政府在经济和社会活动中的不同职责，划分中央和地方政府的责权，按照政府的责权划分确定的支出。中央财政支出包括国防支出，武装警察部队支出，中央级行政管理费和各项事业费，重点建设支出以及中央政府调整国民经济结构、协调地区发展、实施宏观调控的支出。地方财政支出主要包括地方行政管理和各项事业费，地方统筹的基本建设、技术改造支出，支援农村生产支出，城市维护和建设经费，价格补贴支出等。

预算外资金收支 预算外资金指国家机关、事业单位和社会团体为履行或代行政府职能，依据国家法律、法规和具有法律效力的规章而收取、提取和安排使用的未纳入国家预算管理的各种财政性资金。其范围主要包括：法律、法规规定的行政事业性收费、政府性基金和附加收入等；国务院或省级人民政府及其财政、计划（物价）部门审批的行政事业性收费；国务院及财政部审批建立的政府性基金、附加收入等；主管部门所属单位集中上缴资金；用于乡镇政府开支的乡自筹和乡统筹资金；其他未纳入预算管理的财政性资金。社会保障基金在国家财政尚未建立社会保障预算制度以前，先按预算外资金管理制度进行管理，专款专用。财政部门在银行开设统一的专户，用于预算外资金收入和支出管理。部门和单位的预算外收入必须上缴同级财政专户，支出由同级财政按预算外资金收支计划和单位财务收支计划统筹安排，从财政专户中拨付，实行收支两条线管理。

信贷资金 指金融机构以信用方式积聚和分配的货币资金。金融机构信贷资金的来源有各项存款、金融债券发行、应付及暂收款、对国际金融机构负债、流通中货币、各项准备、所有者权益和其他项目等；信贷资金的运用有各项贷款、有价证券及投资、应收及预付款、委托投资、金银占款、外汇占款、库存现金、财政借款及在国际金融机构中的资产等。

存款 指企业、机关、团体或居民根据资金必须收回的原则，把货币资金存入银行或其他信贷机构保管并取得一定利息的一种信用活动形式。根据存款对象或性质的不同可划分为企业存款、财政存款、机关团体存款、基本建设存款、储蓄存款、农村存款、委托存款、其他存款等科目。它是银行信贷资金的主要来源。

贷款 指银行或其他信贷机构根据资金必须归还的原则，按一定利率，为企业、个人等提供资金的一种信用活动形式。我国银行贷款分为短期贷款、中期流动资金贷款、中长期贷款、信托贷款、融资租赁、委托贷款、票据融资、各项垫款等。

保险公司 在中国境内的、经过保险监督管理部门批准设立，并依法登记注册的各类商业保险公司。

保险金额 指保险人承担赔偿或者给付保险金责任的最高限额。

保费 指投保人为取得保险人在约定范围内所承担赔偿责任而支付给保险人的费用。

赔款 指保险人根据保险合同的规定，向被保险人支付的赔偿保险责任损失的金额。

给付 包括死伤医疗给付和满期给付。死伤医疗给付是指保险人根据人寿保险及长期健康保险合同的规定，因被保险人在保险期内发生保险责任范围内的保险事故支付给被保险人(或受益人)的金额。满期给付是指被保险人生存期满，保险人按人寿保险合同规定支付给被保险人的满期保险金额。

居民消费价格指数 是反映一定时期内城乡居民所购买的生活消费品价格和服务项目价格变动趋势和程度的相对数，是对城市居民消费价格指数和农村居民消费价格指数进行综合汇总计算的结果。该指数可以观察和分析消费品的零售价格和服务价格变动对城乡居民实际生活费支出的影响程度。

城市居民消费价格指数 是反映一定时期内城市居民家庭所购买的生活消费品价格和服务项目价格变动趋势和程度的相对数。该指数可以观察和分析消费品的零售价格和服务项目价格变动对职工货币工资的影响，作为研究职工生活和确定工资政策的依据。

农村居民消费价格指数 是反映一定时期内农村居民家庭所购买的生活消费品价格和服务项目价格变动趋势和程度的相对数。该指数可以观察农村消费品的零售价格和服务项目价格变动对农村居民生活消费支出的影响，直接反映农民生活水平的实际变化情况，为分析和研究农村居民生活问题提供依据。

商品零售价格指数 是反映一定时期内城乡商品零售价格变动趋势和程度的相对数。商品零售物价的变动直接影响到城乡居民的生活支出和国家的财政收入，影响居民购买力和市场供需的平衡，影响到消费与积累的比例关系。因此，该指数可以从一个侧面对上述经济活动进行观察和分析。

农业生产资料价格指数 指反映一定时期内农业生产资料价格变动趋势和程度的相对数。农业生产资料价格指数分为小农具、饲料、幼禽家畜、半机械化农具、机械化农具、化学肥料、农药及农药械、农机用油等八大类。其编制目的是了解农业生产中物质资料投入价格的变动状况，服务于国民经济核算。1994年以前，农业生产资料价格指数仅仅是商品零售价格指数的一个类别，此后，从商品零售价格指数中分离出来，单独编制。

农产品生产价格指数 是反映一定时期内，农产品生产者出售农产品价格水平变动趋势及幅度的相对数。该指数可以客观反映全国农产品生产价格水平和结构变动情况，满足农业与国民经济核算需要。其中某代表品生产价格指数是通过对全部有出售该产品行为的调查单位的个体指数进行几何平均求得的，类价格指数是通过对其所属的类（或代表品）的价格指数进行加权平均求得的。季度累计价格指数的计算方法与分季指数的计算方法相同。

工业品出厂价格指数 是反映一定时期内全部工业产品出厂价格总水平的变动趋势和程度的相对数，包括工业企业售给本企业以外所有单位的各种产品和直接售给居民用于生活消费的产品。该指数可以观察出厂价格变动对工业总产值及增加值的影响。

原材料、燃料和动力购进价格指数 是反映工业企业作为生产投入，而从物资交易市场和能源、原材料生产企业购买原材料、燃料和动力产品时，所支付的价格水平变动趋势和程度的统计指标，是扣除工业企业物质消耗成本中的价格变动影响的重要依据。

目前，我国编制的原材料、燃料和动力购进价格指数所调查的产品包括燃料动力、黑色金属、有色金属、化工、建材等九大类的900多种产品。

固定资产投资价格指数 是反映一定时期内固定资产投资品及项目的价格变动趋势和程度的相对数。固定资产投资额是由建筑安装工程投资完成额、设备工器具购置投资完成额和其他费用投资完成额三部分组成的。编制固定资产投资价格指数应首先分别编制上述三部分投资的价格指数，然后采用加权算术平均法求出固定资产投资价格总指数。

该指数可以准确地反映固定资产投资中涉及的各类投资品和取费项目价格变动趋势和变动幅度，消除按现价计算的固定资产投资指标中的价格变动因素，真实地反映固定资产投资的规模、速度、结构和效益，为国家科学地制定、检查固定资产投资计划并提高宏观调控水平，为完善国民经济核算体系提供科学的、可靠的依据。

城镇家庭人口 指居住在一起，经济上合在一起共同生活的家庭成员。凡计算为家庭人口的成员其全部收支都包括在本家庭中。

城镇就业面 指就业人口占家庭人口的百分比。

城镇就业者负担人数 指家庭人口与就业人口之比。

城市居民家庭总收入 指调查户中生活在一起的所有家庭成员在调查期得到的工薪收入、经营净收入、财产性收入、转移性收入的总和，不包括出售财物和借贷收入。收入的统计标准以实际发生的数额为准，无论收入是补发还是预发，只要是调查期得到的都应如实计算，不作分摊。

城市居民家庭可支配收入 指调查户可用于最终消费支出和其它非义务性支出以及储蓄的总和，即居民家庭可以用来自由支配的收入。它是家庭总收入扣除个人所得税、个人交纳的社会保障费以及调查户的记帐补贴后的收入。计算公式为：

可支配收入=家庭总收入–个人所得税–个人交纳的社会保障支出–记帐补贴

城市居民家庭总支出 指家庭除借贷支出以外的全部实际支出。包括消费性支出、购房建房支出、转移性支出、财产性支出、社会保障支出。支出统计是以实际购得的商品或服务的总价值填报，不论其付款方式是一次付清、分期付款，还是赊购，只要商品或服务已被消费就要按其总价值计量。如果采用分期付款或赊购形式，则要在借贷收入类相应的项目填入实付款与总的应付款的差额。

城市居民家庭消费支出 指调查户用于本家庭日常生活的全部支出，包括食品、衣着、家庭设备用品及服务、医疗保健、交通和通讯、娱乐教育文化服务、居住、杂项商品和服务八大类等。不包括用于赠送的商品或服务。消费支出按商品（服务）的用途分类。

城镇家庭服务性消费支出 指家庭用于支付社会提供的各种非商品性服务费用。

城镇家庭收入分组方法 将所有调查户依户人均可支配收入由低到高排队，按10%，10%，20%，20%，20%，10%，10%的比例依次分成：最低收入户、低收入户、中等偏下收入户、中等收入户、中等偏上收入户、高收入户、最高收入户等七组。总本中最低5%的户为困难户。

恩格尔系数 指食物支出金额在生活消费总支出金额中所占的比例。计算公式为：

恩格尔系数=食品支出金额/生活消费总支出金额×100%

农村住户 指农村常住户。农村常住户指长期(一年以上)居住在乡镇(不包括城关镇)行政管理区域内的住户，以及长期居住在城关镇所辖行政村范围内的农村住户。户口不在本地而在本地居住一年及以上的住户也包括在本地农村常住户范围内；有本地户口，但举家外出谋生一年以上的住户，无论是否保留承包耕地都不包括在本地农村住户范围内。

常住人口 指全年经常在家或在家居住6个月以上，而且经济和生活与本户连成一体的人口。外出从业人员在外居住时间虽然在6个月以上，但收入主要带回家中，经济与本户连为一体，仍视为家庭常住人口；在家居住，生活和本户连成一体的国家职工、退休人员也为家庭常住人口。但是现役军人、中专及以上(走读生除外)的在校学生以及常年在外(不包括探亲、看病等)且已有稳定的职业与居住场所的外出从业人员，不算家庭常住人口。家庭常住人口主要作为计算农村住户平均每人收入、消费和积累水平及分析家庭人口状况的依据。

整、半劳动力 整劳动力指男子18周岁到50周岁，女子18周岁到45周岁；半劳动力指男子16周岁到17周岁，51周岁到60周岁；女子16周岁到17周岁，46周岁到55周岁，同时具有劳动能力的人。虽然在劳动年龄之内，但已丧失劳动能力的人，不应算为劳动力；超过劳动年龄，但能经常参加劳动，计入半劳动力数内。常住人口中的职工，若这些职工为劳动力，就包括在本户的整半劳动力中。

总收入 指调查期内农村住户和住户成员从各种来源渠道得到的收入总和。按收入的性质划分为工资性收入、家庭经营收入、财产性收入和转移性收入。

工资性收入 指农村住户成员受雇于单位或个人，靠出卖劳动而获得的收入。家庭经营收入 指农村住户以家庭为生产经营单位进行生产筹划和管理而获得的收入。农村住户家庭经营活动按行业划分为农业、林业、牧业、渔业、工业、建筑业、交通运输业邮电业、批发和零售贸易餐饮业、社会服务业、文教卫生业和其他家庭经营。

财产性收入 指金融资产或有形非生产性资产的所有者向其他机构单位提供资金或将有形非生产性资产供其支配，作为回报而从中获得的收入。

转移性收入 指农村住户和住户成员无须付出任何对应物而获得的货物、服务、资金或资产所有权等，不包括无偿提供的用于固定资本形成的资金。一般情况下，是指农村住户在二次分配中的所有收入。

现金收入 指农村住户和住户成员在调查期内得到以现金形态表现的收入。按来源分成工资性收入、家庭经营现金收入、财产性收入、转移性收入。

纯收入 指农村住户当年从各个来源得到的总收入相应地扣除所发生的费用后的收入总和。计算方法：

纯收入=总收入-税费支出-家庭经营费用支出-生产性固定资产折旧-调查补贴-赠送农村外部亲友支出

纯收入主要用于再生产投入和当年生活消费支出，也可用于储蓄和各种非义务性支出。“农民人均纯收入”按人口平均的纯收入水平，反映的是一个地区或一个农户农村居民的平均收入水平。

总支出 指农村住户用于生产、生活和再分配的全部支出。家庭经营费用支出、购置生产性固定资产支出、生产性固定资产折旧、税费支出、生活消费支出、财产性支出和转移性支出。

供水综合生产能力 指按供水设施取水、净化、送水、出厂输水干管等环节设计能力计算的综合生产能力。包括在原设计能力的基础上，经挖、革、改增加的生产能力。计算时，以四个环节中最薄弱的环节为主确定能力。

年末供水管道长度 指从送水泵至用户水表之间所有管道的长度。不包括新安装尚未使用的管道。

全年供水总量 指报告期供水企业(单位)供出的全部水量。包括有效供水量和漏损水量。

生活用水量 包括公共服务用水和居民家庭用水。公共服务用水指为城市社会公共生活服务的用水。包括行政事业单位、部队营区和公共设施服务、社会服务业、批发零售贸易业、旅馆饮食业以及其他公共服务业等单位的用水。居民家庭用水指城市范围内所有居民家庭的日常生活用水。包括城市居民、农民家庭、公共供水站用水。

用水普及率 指城市用水人口数与城市人口总数的比率。计算公式：

用水普及率=城市用水人口数/城市人口总数×100%

人工煤气生产能力 指报告期末人工煤气生产厂制气、净化、输送等环节的综合生产能力，不包括备用设备能力。一般按设计能力计算，如果实际生产能力大于设计能力时，应按实际测定的生产能力计算。测定时应以制气、净化、输送三个环节中最薄弱的环节为主。

供气管道长度 指报告期末从气源厂压缩机的出口或门站出口至各类用户引入管之间的全部已经通气投入使用的管道长度。不包括煤气生产厂、输配站、液化气储存站、灌瓶站、储配站、气化站、混气站、供应站等厂(站)内的管道。

全年供气总量 指全年燃气企业(单位)向用户供应的燃气数量。包括销售量和损失量。

用气普及率 指报告期末使用燃气的城市人口数与城市人口总数的比率。计算公式为：

用气普及率=城市用气人口数/城市人口总数×100%

城市供热能力 指供热企业(单位)向城市热用户输送热能的设计能力。

城市供热总量 指在报告期供热企业(单位)向城市热用户输送全部蒸汽和热水的总热量。

城市供热管道长度 指从各类热源到热用户建筑物接入口之间的全部蒸汽和热水的管道长度。不包括各类热源厂内部的管道长度。

年末道路长度 指年末道路长度和与道路相通的广场、桥梁、隧道的长度，按车行道中心线计算。在统计时只统计路面宽度在3.5米(含3.5米)以上的各种铺装道路，包括开放型工业区和住宅区道路在内。

城市桥梁 指为跨越天然或人工障碍物而修建的构筑物。包括跨河桥、立交桥、人行天桥以及人行地下通道等。包括永久性桥和半永久性桥。

城市排水管道长度 指所有排水总管、干管、支管、检查井及连接井进出口等长度之和。

城市污水日处理能力 指污水处理厂(或处理装置)每昼夜处理污水量的设计能力。

年末运营车数 指年末公交企业(单位)用于运营业务的全部车辆数。以企业(单位)固定资产台帐中已投入运营的车辆数为准。

城市园林绿地面积 指报告期末用作园林和绿化的各种绿地面积。包括公共绿地、居住区绿地、单位附属绿地、防护绿地、生产绿地、道路绿地和风景林地面积。

不包括：

1.屋顶绿化、垂直绿化、阳台绿化和室内绿化。

2.以物质生产为主的林地、耕地、牧草地、果园和竹园等。

3.城市总体规划中不列入绿地的水域。

公共绿地 指向公众开放的市级、区级、居住区级各类公园、街旁游园，包括其范围内的水域。其中居住区级公园应不小于1万平方米，街旁游园的宽度不小于8米，面积不小于400平方米。

农林牧渔业总产值 指以货币表现的农、林、牧、渔业全部产品和对农林牧渔业生产活动进行的各种支持性服务活动的价值总量，它反映一定时期内农林牧渔业生产总规模和总成果。1957年以前的农林牧渔业总产值中包括了厩肥和农民自给性手工业(如农民自制衣服、鞋、袜，自己从事粮食初步加工等)。1958年及以后，林业中增加了村及村以下竹木采伐产值；牧业中取消了厩肥产值；副业中取消了农民自给性手工业产值，增加了村及村以下办的工业产值；渔业中增加了海洋捕捞水产品产值。1980年及以后，在副业中增加了农民家庭兼营工业商品部分的产值。从1984年起村及村以下工业产值划归工业。从1993年起取消副业，将野生动物的捕猎划入牧业、野生植物采集和农民家庭兼营商品性工业划归农业。从2003年起，执行新的国民经济行业分类标准，农林牧渔业总产值中包括了农林牧渔服务业产值。林业中增加了森林采运业产值。农业中取消了家庭兼营商品性工业产值，将野生林产品的采集划归林业。第一次农业普查以后，由于畜牧业产品年报数据与普查数据之间存在一定的差距，国家统计局农调总队对畜牧业年报数据与普查数据进行衔接，相应的畜牧业产值进行调整。

农林牧渔业总产值的计算方法通常是按农、林、牧、渔业产品及其副产品的产量分别乘以各自单位产品价格求得；少数生产周期较长，当年没有产品或产品产量不易统计的，则采用间接方法匡算其产值；然后将四业产品产值相加即为农林牧渔业总产值。

粮食产量　指全社会的产量。包括国有经济经营的、集体统一经营的和农民家庭经营的粮食产量，还包括工矿企业办的农场和其他生产单位的产量。粮食除包括稻谷、小麦、玉米、高粱、谷子及其他杂粮外，还包括薯类和豆类。其产量计算方法，豆类按去豆荚后的干豆计算；薯类(包括甘薯和马铃薯，不包括芋头和木薯)1963年以前按每4公斤鲜薯折1公斤粮食计算，从1964年开始改为按5公斤鲜薯折1公斤粮食计算。城市郊区作为蔬菜的薯类(如马铃薯等)按鲜品计算，并且不作粮食统计。其他粮食一律按脱粒后的原粮计算。

棉花产量　指全社会的产量。包括春播棉和夏播棉。产量按皮棉计算。3公斤籽棉折1公斤皮棉，不包括木棉。

油料产量　指全部油料作物的生产量。包括花生、油菜籽、芝麻、向日葵籽、胡麻籽（亚麻籽）和其他油料。不包括大豆、木本油料和野生油料。花生以带壳干花生计算。

水产品产量　指人工养殖的水产品和天然生长的水产品的捕捞量。包括海水的鱼类、虾蟹类、贝类和藻类以及内陆水域的鱼类、虾蟹类和贝类，不包括淡水生植物。

猪、牛、羊肉产量　指当年出栏并已屠宰、除去头蹄下水后带骨肉(即胴体重)的重量。期初(末)畜禽存栏头(只)数　指报告期初(末)农村各种合作经济组织和国营农场、农民个人、机关、团体、学校、工矿企业、部队等单位以及城镇居民饲养的大牲畜、猪、羊、家禽等畜禽的存栏数。数据上报方式及数据调整情况同猪、牛、羊肉产量。

常用耕地　是指耕地总资源中专门种植农作物并经常进行耕种、能够正常收获的土地。包括当年实际耕种的熟地；弃耕、休闲不满三年，随时可以复耕的地；开荒利用三年以上的土地。在统计口径上包括南方小于1米、北方小于2米宽的沟、渠、路和田埸。不包括临时种植农作物的坡度在25度以上的陡坡地；在河套、湖畔、库区临时开发的成片或零星土地；也不包括已列为国家和省（区、市）退耕计划但临时耕种的土地。常用耕地是国家需要重点保护的耕地，是反映我国农业综合生产能力的一个重要指标。

农作物播种面积　指实际播种或移植有农作物面积。凡是实际种植有农作物的面积，不论种植在耕地上还是种植在非耕地上，均包括在农作物播种面积中。在播种季节基本结束后，因遭灾而重新改种和补种的农作物面积，也包括在内。

有效灌溉面积　指具有一定的水源，地块比较平整，灌溉工程或设备已经配套，在一般年景下当年能够进行正常灌溉的耕地面积。在一般情况下，有效灌溉面积应等于灌溉工程或设备已经配备，能够进行正常灌溉的水田和水浇地面积之和。它是反映我国耕地抗旱能力的一个重要指标。

农用化肥施用量　指本年内实际用于农业生产的化肥数量，包括氮肥、磷肥、钾肥和复合肥。化肥施用量要求按折纯量计算数量。折纯量是指把氮肥、磷肥、钾肥分别按含氮、含五氧化二磷、含氧化钾的百分之百成分进行折算后的数量。复合肥按其所含主要成分折算。公式为：

折纯量=实物量×某种化肥有效成份含量的百分比

农业机械总动力　指主要用于农、林、牧、渔业的各种动力机械的动力总和。包括耕作机械、排灌机械、收获机械、农用运输机械、植物保护机械、牧业机械、林业机械、渔业机械和其他农业机械〔内燃机按引擎马力折成瓦(特)计算、电动机按功率折成瓦(特)计算〕。不包括专门用于乡、镇、村、组办工业、基本建设、非农业运输、科学试验和教学等非农业生产方面用的动力机械与作业机械。这个指标的统计数据主要来源于农机部门。

乡村从业人员　指乡村人口中劳动年龄在16周岁以上实际参加生产经营活动并取得实物或货币收入的人

员，包括劳动年龄内经常参加劳动的人员，也包括超过劳动年龄但经常参加劳动的人员，但不包括户口在家的在外学生、现役军人和丧失劳动能力的人，也不包括待业人员和家务劳动者。从业人员按从事主业时间最长（时间相同按收入）分为农业从业人员、工业从业人员、建筑业从业人员、交运仓储及邮电业从业人员、批零贸易及餐饮业从业人员、其他从业人员。

工业 指从事自然资源的开采，对采掘品和农产品进行加工和再加工的物质生产部门。具体包括：(1)对自然资源的开采，如采矿、晒盐等(但不包括禽兽捕猎和水产捕捞)；(2)对农副产品的加工、再加工，如粮油加工、食品加工、缫丝、纺织、制革等；(3)对采掘品的加工、再加工，如炼铁、炼钢、化工生产、石油加工、机器制造、木材加工等，以及电力、自来水、煤气的生产和供应等；(4)对工业品的修理、翻新，如机器设备的修理、交通运输工具(包括小卧车)的修理等。

1984年以前农村的村及村以下办工业归属农业，1984年以后划归工业。

工业统计调查单位为独立核算法人工业企业。

独立核算法人工业企业指从事工业生产经营活动的单位。独立核算法人工业企业应同时具备以下条件：①依法成立，有自己的名称、组织机构和场所，能够承担民事责任；②独立拥有和使用资产，承担负债，有权与其他单位签订合同；③独立核算盈亏，并能够编制资产负债表。本年鉴中涉及的企业登记注册类型：

国有及国有控股企业 指国有企业加上国有控股企业。国有企业(即原全民所有制工业或国营工业)指企业全部资产归国家所有，并按《中华人民共和国企业法人登记管理条例》规定登记注册的非公司制的经济组织。包括国有企业、国有独资公司和国有联营企业。1957年以前的公私合营和私营工业，后均改造为国营工业，1992年改为国有工业，这部分工业的资料不单独分列时，均包括在国有企业内。国有控股企业是对混合所有制经济的企业进行的“国有控股”分类。它是指这些企业的全部资产中国有资产(股份)相对其他所有者中的任何一个所有者占资(股)最多的企业。该分组反映了国有经济控股情况。

集体企业 指企业资产归集体所有，并按《中华人民共和国企业法人登记管理条例》规定登记注册的经济组织。是社会主义公有制经济的组成部分。包括城乡所有使用集体投资举办的企业，以及部分个人通过集资自愿放弃所有权并依法经工商行政管理机关认定为集体所有制的企业。

股份合作企业 指以合作制为基础，由企业职工共同出资入股，吸收一定比例的社会资产投资组建，实行自主经营，自负盈亏，共同劳动，民主管理，按劳分配与按股分红相结合的一种集体经济组织。

联营企业 指两个及两个以上相同或不同所有制性质的企业法人或事业单位法人，按自愿、平等、互利的原则，共同投资组成的经济组织。联营企业包括：

国有联营企业指国有企业与国有企业间的联营；

集体联营企业指集体企业与集体企业间的联营；

国有与集体联营企业指国有企业与集体企业间的联营。

有限责任公司 指根据《中华人民共和国公司登记管理条例》规定登记注册，由两个以上，五十个以下的股东共同出资，每个股东以其所认缴的出资额对公司承担有限责任，公司以其全部资产对其债务承担责任的经济组织。

有限责任公司包括国有独资公司以及其他有限责任公司。

股份有限公司 指根据《中华人民共和国企业法人登记管理条例》规定登记注册，其全部注册资本由等额股份构成并通过发行股票筹集资本，股东以其认购的股份对公司承担有限责任，公司以其全部资产对其债务承担责任的经济组织。

私营企业 指由自然人投资设立或由自然人控股，以雇佣劳动为基础的营利性经济组织。包括按照《公司法》《合伙企业法》《私营企业暂行条例》规定登记注册的私营有限责任公司、私营股份有限公司、私营合伙企业和私营独资企业。

港、澳、台商投资企业 指企业注册登记类型中的港、澳、台资合资、合作、独资经营企业和股份有限公司之和。

外商投资企业 指企业注册登记类型中的中外合资、合作经营企业、外资企业和外商投资股份有限公司之和。

“三资”企业系指港、澳、台商投资企业和外资企业的简称。

轻工业 指主要提供生活消费品和制作手工工具的工业。按其所使用的原料不同，可分为两大类：(1)以农产品为原料的轻工业，是指直接或间接以农产品为基本原料的轻工业。主要包括食品制造、饮料制造、烟草加工、纺织、缝纫、皮革和毛皮制作、造纸以及印刷等工业；(2)以非农产品为原料的轻工业，是指以工业品为原料的轻工业。主要包括文教体育用品、化学药品制造、合成纤维制造、日用化学制品、日用玻璃制品、日用金属制品、手工工具制造、医疗器械制造、文化和办公用机械制造等工业。

重工业 指为国民经济各部门提供物质技术基础的主要生产资料的工业。按其生产性质和产品用途，可以分为下列三类：(1)采掘(伐)工业，是指对自然资源的开采，包括石油开采、煤炭开采、金属矿开采、非金属矿开采等工业；(2)原材料工业，指向国民经济各部门提供基本材料、动力和燃料的工业。包括金属冶炼及加工、炼焦及焦炭、化学、化工原料、水泥、人造板以及电力、石油和煤炭加工等工业；(3)加工工业，是指对工业原材料进行再加工制造的工业。包括装备国民经济各部门的机械设备制造工业、金属结构、水泥制品等工业，以及为农业提供的生产资料如化肥、农药等工业。

根据上述划分原则，修理业中以重工业产品为修理作业对象的划为重工业，反之划为轻工业。

工业增加值 指工业企业在报告期内以货币表现的工业生产活动的最终成果。工业增加值有两种计算方法：一是生产法，即工业总产出减去工业中间投入加上应交增值税；二是收入法，即从收入的角度出发，根据生产要素在生产过程中应得到的收入份额计算，具体构成项目有固定资产折旧、劳动者报酬、生产税净额、营业盈余，这种方法也称要素分配法。本年鉴中的工业增加值是以生产法计算的。

生产法工业增加值的计算方法为：

工业增加值=工业总产出–工业中间投入+应交增值税

(1)工业总产出：指工业企业在一定时期内工业生产活动的总成果。工业总产出包括：成品生产价值，对外加工费收入，自制半成品、在产品期末期初差额价值。1995年后用新规定计算的工业总产值代替。

(2)工业中间投入：指工业企业在工业生产活动中消耗的外购物质产品和对外支付的服务费用。服务费用包括支付给物质生产部门(工业、农业、批发零售贸易业、建筑业、运输邮电业)的服务费用和支付给非物质生产部门(如保险、金融、文化教育、科学研究、医疗卫生、行政管理等)的服务费用。工业中间投入的确定须遵循以下原则：必须从外部购入的，并已计入工业总产出的产品和服务价值；必须是本期投入生产，并一次性消耗掉(包括本期摊销的低值易耗品等)的产品和服务价值。

工业中间投入包括直接材料费用、制造费用中的工业中间投入、管理费用中的工业中间投入、销售费用中的工业中间投入和利息支出五部分。

实收资本：指企业实际收到投资者的可作为长期周转使用的经营资金。根据现行会计制度规定，实收资本按投资主体分为：国家资本、集体资本、法人资本、个人资本、港澳台资本和外商资本。

国家资本：指有权代表国家投资的政府部门或者机构以国有资产投入企业形成的资本。

集体资本：指有权代表国家投资的集体部门或者机构以国有资产投入企业形成的资本。

法人资本：指其他法人单位以其依法可以支配的资产投入企业形成的资本。

个人资本：指社会个人或者本企业内部职工以个人合法财产投放到企业形成的资本。

港澳台资本：指我国香港、澳门和台湾地区投资者以各种形式的资产进行投资形成的资本。

外商资本：指外国投资者对企业投资形成的资本。

资产总计 指企业拥有或控制的能以货币计量的经济资源，包括各种财产、债权和其他权利。资产按流动性分为流动资产、长期投资、固定资产、无形资产、递延资产和其他资产。该指标根据企业会计“资产负债表”中“资产总计”项目的期末数增列。

流动资产合计 指可以在一年或者超过一年的一个营业周期内变现或者耗用的资产，包括现金及各种存款、短期投资、应收及预付货款 存款等。

流动资产平均余额 指企业在报告期内全部流动资产的平均余额。

固定资产原价 指企业在建造、购置、安装、改建、扩建、技术改造某项固定资产时所支出的全部货币总额。它一般包括买价、包装费、运杂费和安装费等。

固定资产净值年平均余额 指固定资产净值在报告期内余额的平均数。计算公式为：

固定资产净值年平均余额=1至12月各月月初、月末固定资产净值之和/24

该指标根据“资产负债表”中“固定资产原价”“累计折旧”指标的期初、期末数计算填列。

固定资产净值指固定资产原价减去历年已提折旧额后的净额。计算公式为：

固定资产净值=固定资产原价–累计折旧

流动负债合计 指将在一年或超过一年的一个营业周期内偿还的债务。流动负债包括短期负债、应付票据、应付帐款、预收帐款、应付工资、应付福利费、应交税金、应付利润、其他应付款、预提费用等。

流动负债具有偿还期限短，在债权人提出要求时即期偿付，或在一年内必须偿还的特点。

长期负债合计 指偿还期在一年或超过一年的一个营业周期以上的债务，它是除了投资人投入企业的资本以外，企业向债权人筹集、可供企业长期使用的资金，是企业必须以资产或劳务偿还的经济责任，包括长期借款、应付债款、长期应付款、其他长期负债等。与流动负债相比，长期负债具有为数较大、偿还期限较长的特点，且对投资者来说可带来更大的利益。

所有者权益 指企业投资人对企业净资产的所有权。企业净资产等于企业全部资产减去全部负债后的余额，包括企业投资人对企业的最初投入的实际到位的资产及资本公积金、盈余公积金和未分配利润。所有者权益合计数小于零，表示企业资不抵债。

产品销售收入 指企业在报告期内生产的成品、自制半成品和工业性劳务取得的收入。

产品销售成本 指企业在报告期内销售本企业生产的成品、自制半成品和工业性劳务等的实际成本。

产品销售税金及附加 指企业在报告期内销售产品、提供的劳务等主要经营业务应负担的城市维护建设税、消费税、资源税和教育费附加等。

利润总额 指企业生产经营活动的最终成果，是企业在一定时期内实现的盈亏相抵后的利润总额(亏损以“–”号表示)，它等于营业利润加上补贴收入加上投资收益加上营业外净收入再加上以前年度损益调整。

本年应交增值税 指企业在报告期内应交纳的增值税额。它等于本年销项税额加上出口退税加上进项税额转出数减去本年进项税额。小规模纳税企业直接按全年计税销售额乘以征收率计算取得。

年末从业人员平均人数 从业人员是指在企业工作并取得劳动报酬的全部人员数。包括在岗职工、再就业的离退休人员、民办教师及在企业工作的外方人员和港澳台方人员、兼职人员、借用的外单位人员和第二职业者。不包括离开本单位但仍保留劳动关系的职工。

从业人员平均人数是指报告期内每天拥有的从业人员人数。其计算公式为：

月平均人数=报告月内每天实有人数之和/报告月日历日数

季平均人数=季内各月平均人数之和/3

年平均人数=年内各月平均人数之和/12

总资产贡献率 反映企业全部资产的获利能力，是企业经营业绩和管理水平的集中体现，是评价和考核企业盈利能力的核心指标。计算公式为：

总资产贡献率（%）=利润总额+税金总额+利息支出/平均资金总额×100%

公式中：税金总额为产品销售税金及附加与应交增值税之和；平均资产总额为期初期末资产之和的算术平均值。

资产负债率 该指标既反映企业经营风险的大小，也反映企业利用债权人提供的资金从事经营活动的能力。计算公式为：

资产负债率（%）=负债总额/资产总额×100%

资产与负债均为报告期期末数。

流动资产周转次数 指一定时期内流动资产完成的周转次数，反映投入工业企业流动资金的周转速度。计算公式为：

流动资产周转次数=产品销售收入/全部流动资产平均余额

公式中：全部流动资产平均余额为期初和期末的流动资产之和的算术平均值。

成本费用利润率 反映企业投入的生产成本及费用的经济效益，同时也反映企业降低成本所取得的经济效益。计算公式为：

成本费用利润（%）=利润总额/成本费用总额×100%

公式中：成本费用总额为产品销售成本、销售费用、管理费用、财务费用之和。

全员劳动生产率 该指标反映企业的生产效率和劳动投入的经济效益。计算公式为：

全员劳动生产率（元/人）=工业增加值/全部从业人员平均人数

产品销售率 该指标反映工业产品已实现销售的程度，是分析工业产销衔接情况、研究工业产品满足社会需求的指标。计算公式为：

产品销售率（%）=工业销售产值/工业总产值（现价）×100%

建筑业统计单位 指从事房屋、构筑物建造和设备安装活动的法人企业。建筑业法人企业应具有建筑业资质并能够独立核算；同时应具备以下条件：①依法成立，有自己的名称、组织机构和场所，能够承担民事责任；②独立拥有和使用资产，承担负债，有权与其他单位签订合同；③独立核算盈亏，能够编制资产负债表。

建筑业总产值 是以货币形式表现的建筑业企业在一定时期内生产的建筑业产品和提供的服务的总和。建筑业总产值包括：

⑴建筑工程产值：指列入建筑工程预算内的各种工程价值。

⑵安装工程产值：指设备安装工程价值，不包括被安装设备本身的价值。

⑶其他产值：建筑业总产值中除建筑工程、安装工程以外的产值。包括房屋构筑物修理产值、非标准设备

制造产值、总包企业向分包企业收取的管理费以及不能明确划分的施工活动所完成的产值。

a.房屋构筑物修理产值：指房屋和构筑物修理所完成的产值，但不包括被修理房屋、构筑物本身价值和生产设备的修理产值。

b.非标准设备制造产值：指加工制造没有定型的非标准生产设备的加工费和原材料价值(如化工厂、炼油厂用的各种罐、槽，矿井生产统一使用的各种漏斗、三角槽、阀门等)以及附属加工厂为本企业承建工程制作的非标准设备的价值。

建筑业增加值　指建筑业企业在报告期内以货币形式表现的建筑业生产经营活动的最终成果。目前建筑业增加值采用分配法(收入法)计算，即从收入的角度出发，根据生产要素在生产过程中应得的收入份额计算。具体计算公式为：

建筑业增加值=本年提取的固定资产折旧+应付工资+应付福利费+管理费用中的劳动待业保险费、税金+工程结算税金及附加+营业利润

房屋建筑施工面积　指在报告期内施过工的全部房屋建筑面积，包括本期新开工的房屋面积、上期施工跨入本期继续施工的房屋面积、上期停缓建在本期恢复施工的房屋面积、本期竣工的房屋面积及本期施工后又停缓建的房屋面积。

房屋建筑竣工面积　指在报告期内房屋建筑按照设计要求全部完工，达到了使用条件，经验收鉴定合格，正式移交使用单位的房屋建筑面积。

自有机械设备年末总台数　指归本企业所有，属于本企业固定资产的生产性机械设备年末总台数。包括施工机械、生产设备、运输设备以及其他设备。

自有机械设备年末总功率　指本企业自有施工机械、生产设备、运输设备以及其他设备等列为在册固定资产的生产性机械设备年末总功率。按设定能力或查定能力计算。包括机械本身的动力和为该机械服务的单独动力设备，如电动机等。计算单位用千瓦，动力换算可按1马力＝0.735千瓦折合成千瓦数。电焊机、变压器、锅炉不计算动力。

工程结算收入　指企业承包工程实现的工程价款结算收入，以及向发包单位收取的除工程价款以外的按规定列作营业收入的各种款项，如临时设施费、劳动保险费、施工机械调迁费等以及向发包单位收取的各种索赔款。

工程结算利润　指已结算工程实现的利润，如亏损以“–”号表示。计算公式为：

工程结算利润=工程结算收入–工程结算成本–工税结算税金及附加

企业总收入　指与企业生产经营直接有关的各项收入，包括工程结算收入和其他业务收入。计算公式为：

企业总收入=工程结算收入+其他业务收入

铁路营业里程　又称营业长度(包括正式营业和临时营业里程)，指办理客货运输业务的铁路正线总长度。凡是全线或部分建成双线及以上的线路，以第一线的实际长度计算；复线、站线、段管线、岔线和特殊用途线以及不计算运费的联络线都不计算营业里程。该指标可以反映铁路运输业基础设施的发展水平，也是计算客货周转量、运输密度和机车车辆运用效率等指标的基础资料。

铁路电气化里程　指在全部铁路营业里程中已安装了供电线路及设备，可以供电力机车牵引列车运行的区段的总里程。

铁路自动、半自动闭塞里程　指装有列车自动或人工完成闭塞状态的铁路设备里程。为保证列车安全运行，在一个区间、同一时间内，一般只允许一列列车运行，这种保证列车在这个区间安全间隔运行的技术方法

称为“闭塞”。自动或半自动闭塞里程占铁路营业里程的比重是反映铁路现代化的重要标志之一。

公路里程 指在一定时期内实际达到《公路工程[WTBZ]技术标准JTJ01-88》规定的等级公路，并经公路主管部门正式验收交付使用的公路里程数。包括大中城市的郊区公路以及通过小城镇街道部分的公路里程和桥梁、渡口的长度，不包括大中城市的街道、厂矿、林区生产用道和农业生产用道的里程。两条或多条公路共同经由同一路段，只计算一次，不得重复计算里程长度。该指标可以反映公路建设的发展规模，也是计算运输网密度等指标的基础资料。

内河航道里程 也称内河通航里程，指在一定时期内，能通航运输船舶及排筏的天然河流、

湖泊水库、运河及通航渠道的长度。包括全年季节性通航累计三个月以上的航道，不包括仅供零散流放竹、木排的河道。该指标可以反映内河水运网的规模、水平和发展情况。

民用航空航线里程 指民航运输定期班机飞行的航线长度的总和。航线长度按机场之间的距离计算，通常有两种计算方法：一是将每条航线长度相加称为重复计算航线里程；一是将两线或两条以上航线经过同一区段里程，只计算一次航线长度称为不重复计算航线里程。一般常用的是后者，该指标可以确切反映民航运输网的规模，是表明民航事业为国民经济服务和方便人民生活程度的主要指标。

输油(气)管道长度 也称输油(气)里程，指油品(或天然气)的实际输送距离，一般按输油(气)管道的单线长度计算。若包括复线和备用线长度则称为输油(气)管道延展长度，是指管道铺设的实际长度。我们通常使用的是不包括复线的“输油(气)管道里程”，该指标可以反映管道运输的发展规模和水平。

货(客)运量 指在一定时期内，各种运输工具实际运送的货物(旅客)数量。该指标是反映运输业为国民经济和人民生活服务的数量指标，也是制定和检查运输生产计划、研究运输发展规模和速度的重要指标。货运按吨计算，客运按人计算。货物不论运输距离长短、货物类别，均按实际重量统计。旅客不论行程远近或票价多少，均按一人一次客运量统计；半价票、小孩票也按一人统计。

货(客)运密度 指在一定时期内某种运输方式在营运线路的某一区段平均每公里线路通过的货物(旅客)运输周转量。计算公式为：

货（客）运密度=货物（旅客）周转量/营业线路长度

该指标可以反映交通运输线路上的货物(旅客)运输量运输繁忙程度，是平衡运输线路运输能力和通过能力，规划线路建设及改造、配备技术设备，研究运输网布局的重要依据。

货物(旅客)周转量 指在一定时期内，由各种运输工具运送的货物(旅客)数量与其相应运输距离的乘积之总和。该指标可以反映运输业生产的总成果，也是编制和检查运输生产计划，计算运输效率、劳动生产率以及核算运输单位成本的主要基础资料。计算货物周转量通常按发出站与到达站之间的最短距离，也就是计费距离计算。计算公式为：

货物（旅客）周转量=∑货物（旅客）运输量×运输距离

铁路货车平均静载重 指铁路货车在始发站静止状态下平均每车装载的货物重量，用以分析货车完成装车时车辆载重力的利用情况。计算公式为：

货车平均静载量=货物发送吨数/装车数

静载重的多少取决于运送货物的性质、种类、车辆的类型和装载技术的高低。根据货车的平均标记载重与静载重进行对比，可以反映货车载重能力的利用程度。计算公式为：

货车载重力利用率（%）=货车平均静载重/货车平均标记载重×100%

铁路货运机车日产量 指在一定时期内，平均每台货运机车在一昼夜内所完成的总重吨公里数，包括载运

货物的重量和车辆本身的自重。该指标从时间和牵引能力两方面反映了机车运用效率。计算公式为：

货运机车平均日产量=货运总重吨公里数/货运机车台日数

沿海主要港口货物吞吐量 指经水运进出沿海主要港区范围，并经过装卸的货物数量，包括邮件及办理托运手续的行李、包裹以及补给运输船舶的燃、物料和淡水。货物吞吐量按货物流向分为进口、出口吞吐量，按货物交流性质分为外贸货物吞吐量和国内贸易货物吞吐量。货物吞吐量的货类构成及其流向，是衡量港口生产能力大小的重要指标。

民用汽车拥有量 指报告期末，在公安交通管理部门按照《机动车注册登记工作规范》，已注册登记领有民用车辆牌照的全部汽车数量。汽车拥有量统计的主要分类：根据汽车结构分为载客汽车、载货汽车及其他汽车；根据汽车所有者不同分为个人(私人)汽车、单位汽车；根据汽车的使用性质分为营运汽车、非营运汽车和特种汽车；根据汽车大小规格不同载客汽车分为大型、中型、小型和微型，载货汽车分为重型、中型、轻型和微型。

邮电业务总量 指以价值量形式表现的邮电通信企业为社会提供各类邮电通信服务的总数量。邮电业务量按专业分类包括函件、包件、汇票、报刊发行、邮政快件、特快专递、邮政储蓄、集邮、公众电报、用户电报、传真、长途电话、出租电路、无线寻呼、移动电话、分组交换数据通信、出租代维等。计算方法为各类产品乘以相应的平均单价(不变价)之和，再加上出租电路和设备、代用户维护电话交换机和线路等的服务收入。该指标综合反映了一定时期邮电业务发展的总成果，是研究邮电业务量构成和发展趋势的重要指标。计算公式为：

邮电业务总量=Σ（各类邮电业务量×不变单价）+出租代维及其他业务收入=邮电业务总量+电信业务总量

移动电话用户 指通过移动电话交换机进入移动电话网、占用移动电话号码的各类电话用户。包括签约用户和智能网预付费用户。一个移动电话号码统计为一户。

互联网上网人数 指平均每周使用互联网至少1小时的中国公民人数。

本地电话用户 指接入本地电信运营商固定电话网上的电话用户。包括：住宅用户、单位用户、公用电话用户等。按电话用户位置又分为市内电话用户和农村电话用户。1997年以前，“市内电话用户”是指接入县城及县以上城市的电话网上的电话用户；“农村电话用户”是指接入县邮电局农话台及县以下农村电话交换点，以县城为中心(除市话用户外)联通县、乡(镇)、行政村、村民小组的用户。从1997年起，电话用户数分组调整为以用户所在区域划分为“城市电话用户”和“乡村电话用户”，与过去的按市内电话和农村电话划分方法不同。而电话用户总数、电话机总部数统计范围不变。

城市电话用户 指直辖市、省辖市、地级市、县级市的市区、市郊区及县城(包括县人民政府所在地的县城关区或行政建制相当于县人民政府所在地的镇)范围内接入局用交换机的电话用户数，包括分布在农村地区的独立工矿区、林区、驻军等电话用户数。

乡村电话用户 指按行政区划属于城市范围以外的乡(镇)、村的电话用户数。

住宅电话用户 指安装在居民住宅或农民家里并按照住宅电话用户登记注册和收费的电话用户。包括私人付费、单位付费和按规定免费安装的住宅电话用户。

长途电话交换机容量 指用于接入长途电话网的电话交换机设备的额定容量，包括国际电话交换机容量。

局用交换机容量 指安装在电信运营企业内用于接续本地固定电话的电话交换机容量，包括现用和备用的人工或自动交换机的全部容量。不包括用户交换机容量。

移动电话交换机容量 指移动电话交换机根据一定话务模型和交换机处理能力计算出来的最大同时服务用

户的数量。

社会消费品零售总额 批发和零售业、餐饮业、新闻出版业、邮政业和其他服务业等，售予城乡居民用于生活消费的商品和社会集团用于公共消费的商品之总量。社会消费品零售总额包括：

一、批发和零售业企业（单位）：

1.售予城乡居民的各种生活消费品；

2.售予入境旅游的外国人、华侨、港澳台同胞的各类商品；

3.售予行政事业单位、社会团体、军队和武警等机构的商品，以及以零售方式售予各类企业的商品。具体包括：用于非生产和社会交往的办公用品，如通讯设备、计算器具和设备、电讯网络设备、文印设备、音像视听器材和设备、纸张、本册、文具及装订文印材料、家具、日用电器、针纺织品、清洁卫生用品、文体用品、奖品、纪念品、礼品等；供内部人员乘坐的交通工具和燃料；用于办公设施修缮的各类配件、材料、工具等；用于取暖和防暑降温的设备、燃料、材料及食品等；专用于教学的用品和设备；非营利医疗机构的中、西药品、中药材和医疗设备器材；非专用的劳动保护用品；不对外营业的内部食堂用的餐具、炊具、设备、清洁卫生工具和食品、燃料等；军队、武警用于其人员生活的衣着品和个人用品；其他各类非生产性设备和用品。

二、餐饮业出售的主食、菜肴、烟酒饮料和其他商品。

三、新闻出版业、邮政业售予城乡居民、企事业单位、军队和武警等机构的书报杂志、音像制品、邮品等。

四、其他服务业出售的食品、烟酒饮料、服装鞋帽、日常生活用品、医药保健用品、艺术品、工艺美术品、玩具、殡葬用品以及其他消费品。

进出口总额 指实际进出我国国境的货物总金额。包括对外贸易实际进出口货物，来料加工装配进出口货物，国家间、联合国及国际组织无偿援助物资和赠送品，华侨、港澳台同胞和外籍华人捐赠品，租赁期满归承租人所有的租赁货物，进料加工进出口货物，边境地方贸易及边境地区小额贸易进出口货物(边民互市贸易除外)，中外合资企业、中外合作经营企业、外商独资经营企业进出口货物和公用物品，到、离岸价格在规定限额以上的进出口货样和广告品(无商业价值、无使用价值和免费提供出口的除外)，从保税仓库提取在中国境内销售的进口货物，以及其他进出口货物。该指标可以观察一个国家在对外贸易方面的总规模。我国规定出口货物按离岸价格统计，进口货物按到岸价格统计。

商品经营单位所在地进、出口额 指所在地海关注册登记的有进出口经营权的企业实际进、出口额。

商品目的地进口额和商品货源地出口额 目的地进口额指进口货物的消费、使用或最终抵运地的实际进口额，货源地出口额指出口货物的产地或原始发货地的实际出口额。

对外承包工程 指各对外承包公司以招标议标承包方式承揽的下列业务：(1)承包国外工程建设项目；(2)承包我国对外经援项目；(3)承包我国驻外机构的工程建设项目；(4)承包我国境内利用外资进行建设的工程项目；(5)与外国承包公司合营或联合承包工程项目时我国公司分包部分；(6)对外承包兼营的房屋开发业务。对外承包工程的营业额是以货币表现的本期内完成的对外承包工程的工作量，包括以前年度签订的合同和本年度新签订的合同在报告期内完成的工作量。

对外劳务合作 指以收取工资的形式向业主或承包商提供技术和劳动服务的活动。我国对外承包公司在境外开办的合营企业，中国公司同时又提供劳务的，其劳务部分也纳入劳务合作统计。劳务合作营业额按报告期内向雇主提交的结算数(包括工资、加班费和奖金等)统计。

对外设计咨询 指以服务成果向业主收费的技术服务项目。包括承担地形地貌测绘，地质资源勘探与普查，建设区域规划，提供设计文件、图纸、生产工艺技术资料和工程技术经济咨询，工程项目的可行性考察、研究和评估，进行技术指导和培训人员等；也包括承担国(境)内利用外资建设工程项目中的设计咨询项目内收取外币部分。

旅游者人数

(1)入境国际旅游者人数：指来中国参观、访问、旅行、探亲、访友、休养、考察、参加会议和从事经济、科技、文化、教育、宗教等活动的外国人、华侨、港澳同胞和台湾同胞的人数。不包括外国在我国的常驻机构，如使领馆、通讯社、企业办事处的工作人员;来我国常住的外国专家、留学生以及在岸逗留不过夜人员。

(2)出境居民人数：指大陆居民因公务活动或私人事务短期出境的人数。公务活动出境居民人数包括在国际交通工具上的中国服务员工，因私出境居民人数不包括在国际交通工具上的中国服务员工。

(3)国内旅游者人数：指我国大陆居民和在我国常住1年以上的外国人、华侨、港澳台同胞离开常住地在境内其他地方的旅游设施内至少停留一夜，最长不超过6个月的人数。

国际旅游(外汇)收入　指入境旅游的外国人、华侨、港澳同胞和台湾同胞在中国大陆旅游过程中发生的一切旅游支出，对于国家来说就是国际旅游(外汇)收入。

国际旅行社　指经营对外招徕并接待外国人、华侨、港澳同胞和台湾同胞来中国、归国或回内地旅游业务的旅行社。

国内旅行社　指负责经营招徕、组团、接待国内旅客的旅游业务，以及不对外招徕，负责经营接待国际旅行社或其他涉外部门组织的外国人、华侨、港澳同胞和台湾同胞来中国、归国或回内地的旅游业务的旅行社。

星级饭店　指已评定星级的饭店。

普通高等学校　指按照国家规定的设置标准和审批程序批准举办的，通过全国普通高等学校统一招生考试，招收高中毕业生为主要培养对象，实施高等教育的全日制大学、独立设置的学院和高等专科学校、高等职业学校和其他机构。

大学、独立设置的学院主要实施本科层次以上教育，高等专科学校、高等职业学校实施专科层次教育，其他机构是承担国家普通招生计划任务不计校数的机构。包括普通高等学校分校和批准筹建的普通高等学校等。

成人高等学校　指按照国家规定的设置标准和审批程序批准举办的，通过全国成人高等学校统一招生考试，招收具有高中毕业或同等学历的在职从业人员为主要培养对象，利用函授、业余、脱产等多种形式对其实施高等学历教育的学校。包括职工高等学校、农民高等学校、管理干部学院、教育学院、独立函授学院、广播电视大学、其他机构等。其他机构是承担国家成人招生计划任务不计校数的机构。

小学学龄儿童入学率　指调查范围内已入小学学习的学龄儿童占校内外学龄儿童总数(包括弱智儿童，不包括盲聋哑儿童)的比重。计算公式为：

小学学龄儿童入学率=已入学的小学学龄儿童数/校内外小学学龄儿童总数×100%

科技活动　指在自然科学、农业科学、医药科学、工程与技术科学、人文与社会科学领域(简称科学技术领域)中，与科技知识的产生、发展、传播和应用密切相关的有组织的活动。

可分为研究与试验发展(R&D)、研究与试验发展成果应用及相关的科技服务三类活动。该定义是联合国教科文组织考虑成员国特别是发展中国家开展科技统计工作的需要，而对科技活动所作的统计界定。

科技活动人员　指直接从事科技活动以及专门从事科技活动管理和为科技活动提供直接服务，累计的实际工作时间占全年制度工作时间10%及以上的人员。(1)直接从事科技活动的人员包括：在独立核算的科学研究与技术开发机构、高等学校、各类企业及其他事业单位内设的研究室、实验室、技术开发中心及中试车间(基地)

等机构中从事科技活动的研究人员、工程技术人员、技术工人及其他人员；虽不在上述机构工作，但编入科技活动项目(课题)组的人员；科技信息与文献机构中的专业技术人员；从事论文设计的研究生等。(2)专门从事科技活动管理和为科技活动提供直接服务的人员，包括：独立核算的科学研究与技术开发机构、科技信息与文献机构、高等学校、各类企业及其他事业单位主管科技工作的负责人，专门从事科技活动的计划、行政、人事、财务、物资供应、设备维护、图书资料管理等工作的各类人员，但不包括保卫、医疗保健人员、司机、食堂人员、茶炉工、水暖工、清洁工等为科技活动提供间接服务的人员。该指标用来反映投入科技活动人力的规模。

科学家与工程师 指科技活动人员中具有高、中级技术职称(职务)的人员和不具有高、中级技术职称(职务)的大学本科及以上学历人员。该指标用来反映投入科技活动人力的素质。

研究与试验发展(R&D) 指在科学技术领域，为增加知识总量以及运用这些知识去创造新的应用进行的系统的创造性的活动，包括基础研究、应用研究、试验发展三类活动。国际上通常采用R&D活动的规模和强度指标反映一国的科技实力和核心竞争力。

基础研究 指为了获得关于现象和可观察事实的基本原理的新知识(揭示客观事物的本质、运动规律，获得新发现、新学说)而进行的实验性或理论性研究，它不以任何专门或特定的应用或使用为目的。其成果以科学论文和科学著作为主要形式。用来反映知识的原始创新能力。

应用研究 指为获得新知识而进行的创造性研究，主要针对某一特定的目的或目标。应用研究是为了确定基础研究成果可能的用途，或是为达到预定的目标探索应采取的新方法(原理性)或新途径。其成果形式以科学论文、专著、原理性模型或发明专利为主。用来反映对基础研究成果应用途径的探索。

试验发展 指利用从基础研究、应用研究和实际经验所获得的现有知识，为产生新的产品、材料和装置，建立新的工艺、系统和服务，以及对已产生和建立的上述各项作实质性的改进而进行的系统性工作。其成果形式主要是专利、专有技术、具有新产品基本特征的产品原型或具有新装置基本特征的原始样机等。在社会科学领域，试验发展是指把通过基础研究、应用研究获得的知识转变成可以实施的计划(包括为进行检验和评估实施示范项目)的过程。人文科学领域没有对应的试验发展活动。主要反映将科研成果转化为技术和产品的能力，是科技推动经济社会发展的物化成果。

研究与试验发展人员 指参与研究与试验发展项目研究、管理和辅助工作的人员，包括项目(课题)组人员，企业科技行政管理人员和直接为项目(课题)活动提供服务的辅助人员。反映投入从事拥有自主知识产权的研究开发活动的人力规模。

专业技术人员 指从事专业技术工作和专业技术管理工作的人员，即企事业单位中已经聘任专业技术职务从事专业技术工作和专业技术管理工作的人员，以及未聘任专业技术职务，现在专业技术岗位上工作的人员。包括工程技术人员，农业技术人员，科学研究人员，卫生技术人员，教学人员，经济人员，会计人员，统计人员，翻译人员，图书资料、档案、文博人员，新闻出版人员，律师、公证人员，广播电视播音人员，工艺美术人员，体育人员，艺术人员及企业政治思想工作人员，共十七个专业技术职务类别。用来反映科技人力资源情况。

科技活动经费筹集指从各种渠道筹集到的计划用于科技活动的经费，包括政府资金、企业资金、事业单位资金、金融机构贷款、国外资金和其他资金等。反映各社会经济主体对促进科技进步所做的努力。

政府资金 指从各级政府部门获得的计划用于科技活动的经费，包括科学事业费、科技三项费、科研基建费、科学基金、教育等部门事业费中计划用于科技活动的经费以及政府部门预算外资金中计划用于科技活动的经费等。

企业资金 指从自有资金中提取或接受其他企业委托的、科研院所和高校等事业单位接受企业委托获得的，计划用于科研和技术开发的经费。不包括来自政府、金融机构及国外的计划用于科技活动的资金。

金融机构贷款 指从各类金融机构获得的用于科技活动的贷款。

科技活动经费内部支出 指报告年内用于科技活动的实际支出，包括劳务费、科研业务费、科研管理费，非基建投资购建的固定资产、科研基建支出以及其他用于科技活动的支出。不包括生产性活动支出、归还贷款支出及转拨外单位支出。反映科技投入实际完成情况。

劳务费 指以货币或实物形式直接或间接支付给从事科技活动人员的劳动报酬及各种费用。包括各种形式的工资、津贴、奖金、福利、离退休人员费用、人民助学金等。反映改善科技人员待遇情况。

固定资产购建费 指报告年内使用非基建投资购建的固定资产和用于科研基建投资的实际支出额，即固定资产实际支出和科研基建投资实际完成额之和。固定资产是指长期使用而不改变原有实物形态的主要物资设备、图书资料、实验材料和标本以及其他设备和家具、房屋、建筑物。反映用于改善科研条件和科研手段方面的投入情况。

新产品 指采用新技术原理、新设计构思研制、生产的全新产品，或在结构、材质、工艺等某一方面比原有产品有明显改进，从而显著提高了产品性能或扩大了使用功能的产品。既包括政府有关部门认定并在有效期内的新产品，也包括企业自行研制开发，未经政府有关部门认定，从投产之日起一年之内的新产品。用来反映科技产出及对经济增长的直接贡献。

专利 是专利权的简称，是对发明人的发明创造经审查合格后，由专利局依据专利法授予发明人和设计人对该项发明创造享有的专有权。包括发明、实用新型和外观设计。反映拥有自主知识产权的科技和设计成果情况。

发明 指对产品、方法或者其改进所提出的新的技术方案。是国际通行的反映拥有自主知识产权技术的核心指标。

实用新型 指对产品的形状、构造或者其结合所提出的适于实用的新的技术方案。反映具有一定技术含量的技术成果情况。

外观设计 指对产品的形状、图案、色彩或者其结合所作出的富有美感并适于工业上应用的新设计。反映拥有自主知识产权的外观设计成果情况。

文化事业机构 指从事专业文化工作和为专业文化工作服务的独立建制的单位。不包括这些单位另外举办独立核算的其他机构和各部门的业余文化组织。该指标主要反映文化事业机构发展规模水平。

艺术表演团体 指从事戏曲、音乐、舞蹈、杂技等专业艺术表演，有独立帐户的单位，不包括半工半艺、半农半艺和民间职业剧团。

艺术表演观众人数(人次) 指售票、包场演出或民族地区免费演出的艺术表演观众人次数，不包括彩排审查和内部观摩演出的观看人次数。

等级运动员人数 指经考核正式批准授予等级运动员称号的人数。运动员等级分为国际级运动健将、运动健将、一级运动员、二级运动员、三级运动员、少年级运动员。该指标主要反映运动员队伍的技术质量水平。

等级裁判员人数 指经考核正式批准授予等级裁判员称号的人数。裁判员等级分为国际裁判、国家级裁判、一级裁判、二级裁判、三级裁判。该指标主要反映裁判员队伍的技术质量水平。

体育场 指有400米跑道(中心含足球场)，有固定道牙，跑道6条以上，并有固定看台的室外田径场地。体育场按看台容纳观众人数分为：甲级25000人以上，乙级15000–25000人，丙级5000–15000人，丁级5000人以下。

该指标主要反映大中型体育场数量水平。

体育馆 指有固定看台，可供篮球、排球、羽毛球、乒乓球、体操等项目训练比赛活动用的室内运动场地。体育馆按看台容纳观众人数分为：甲级6000人以上，乙级4000-6000人，丙级2000-4000人，丁级2000人以下。该指标主要反映大中型体育馆数量水平。

卫生机构 包括医疗机构、疾病预防控制中心(防疫站)、采供血机构、卫生监督及监测(检验)机构、医学科研和在职培训机构、健康教育所等。

医疗机构 包括医院、社区卫生服务中心(站)、疗养院、卫生院、门诊部、诊所(卫生所、医务室)、妇幼保健院(所、站)、专科疾病防治院(所、站)、急救中心(站)和临床检验中心。医疗机构分为非营利性医疗机构和营利性医疗机构。

医院 包括综合医院、中医医院、中西医结合医院、民族医院、各类专科医院和护理院。

卫生技术人员 指卫生机构中医生、护理人员、药剂人员、检验人员等卫生技术人员。

医生 指在医疗、预防保健机构工作且取得《执业医师证书》的执业医师和执业助理医师。

社会福利事业单位 指集中收养社会孤老、残、幼的机构，包括由民政部门管理的社会福利院、儿童福利院、精神病人福利院和城镇集体举办的福利院及农村集体举办的敬老院以及优抚医院和具有收养能力的社区服务中心等。该指标主要反映我国在社会福利性单位投入的水平。

社会福利事业单位收养人数 包括民政部门管理和城镇、农村集体举办的社会福利事业单位中收养的老人、少年儿童、缺乏生活自理能力的残疾人员和精神病人。该指标主要反映收养性社会福利单位的收养能力。

社会福利企业单位 指以安置城镇有一定劳动能力的盲、聋、哑和肢体残疾人员就业为目的，享受国家减免税待遇的国有或集体企业。包括福利工厂、福利商业和服务业、假肢厂和安置农场等单位。该指标主要反映我国对残疾人照顾的特殊政策。

农村五保户 指农村中既无劳动能力，又无经济来源的老、弱、孤、残的农民，其生活由集体供养，实行保吃、保穿、保住、保医、保葬(孤儿保教)，简称“五保”，享受五保待遇的家庭叫五保户。该指标主要反映农村弱势群体的人员数量。

律师 指依法取得律师执业证书，担任法律顾问，民事(刑事、行政)案件代理人、刑事案件辩护人、办理非诉讼业务，解答法律询问，代写法律事务文书等，为社会提供法律服务的人员。

公证人员 指在公证处工作的人员总称，包括公证处主任、副主任、公证员、公证员助理(助理公证员)和其他从事辅助性工作的人员。

公证文书 指公证处根据当事人申请，依照事实和法律，按照法定程序制作的，具有法律效力的司法证明文书。根据公证书用途和使用地，公证书分为国内公证书、国内经济公证书、涉外民事公证书、涉外经济公证书四类。

调解员 指在人民调解委员会担负调解民间纠纷工作的人员，包括调解委员会的委员和调解小组的调解员。该指标主要反映从事人民调解工作的人员数量。

调解民间纠纷 指调解委员会按照法律规定，根据自愿原则，用说服教育的方法调解民间发生的有关民事权利和义务争执的件数，包括调解成功数和调解未成功数。该指标主要反映人民调解委员会的工作量。

受理劳动争议案件数 指劳动争议仲裁委员会根据国家有关规定，对劳动争议当事人的申请予以审查，符合受理条件而正式立案、准备处理的劳动争议案件数。

基本养老保险

1.参加保险人数：指报告期末按照国家法律、法规和有关政策规定参加基本养老保险的职工人数。包括不能正常缴费、已中断缴费但未终止保险关系的职工人数。

2.社会统筹基金收入：指根据国家规定，由纳入基本养老保险范围的单位，按照国家规定的缴费基数和缴费比例缴纳的社会统筹基金，以及通过其他方式取得的形成基金来源的收入，包括：单位缴纳的社会统筹基金收入、财政补贴收入、利息收入、其他收入。

3.社会统筹基金支出：指按照国家政策规定的开支范围和开支标准从社会统筹基金中支付给参加基本养老保险的离休、退休、退职人员个人的养老金、丧葬抚恤补助，以及由于保险关系转移、上下级之间调剂资金等原因而发生的支出。包括：基础性养老金、过渡性养老金、离休金、退休金、退职金、补贴、丧葬抚恤补助、其他支出。

4.社会统筹基金结余：指截至报告期末基本养老保险的社会统筹基金结余金额。包括银行存款、财政专户、债券投资和其他。

离休、退休、退职人员　指正式办理了离休、退休、退职手续，并享受相应的离休、退休、退职待遇的人员。

保险福利费用总额　指各单位在工资以外支付给职工和离休、退休、退职人员个人和用于集体的保险福利费用，不包括用于职工的劳动保护费用，由保险福利费用开支的医务人员工资，集体福利机构工作人员和病伤休息期满6个月以上人员的工资。

离休、退休、退职人员保险福利费用包括：

1.离休金：指发给离休干部的工资和按1982年国务院《关于老干部离职休养制度的几项规定的通知》发给符合规定的离休干部相当于一至两个月标准工资的生活补贴及1988年增发的生活补贴。

2.退休金：指按照国家有关规定发给退休职工的退休费和1988年增发的生活补贴。

3.退职生活费：指按照1978年国务院《关于工人退休、退职的暂行办法》发给退职人员的生活费用和1988年增发的生活补贴。以上离退休、退职人员的离退休金、退职生活费还应包括发给离退休、退职人员的生活补贴和物价补贴。

4.医疗卫生费：指离休、退休、退职人员的医疗费、住院费以及住院伙食补助等费用。

5.其他：指上述费用以外的其他保险福利费用，如丧葬抚恤救济费、交通费补贴、冬季取暖补贴等。

民营经济　登记注册类型为股份合作企业、其他联营企业、非国有控股的其他责任公司和股份有限公司、私营企业、内资其他企业的企业法人和有固定经营场所并持有工商营业执照，或有固定经营场所但暂时没有领取工商营业执照的个体经营户。

EXPLANATORY NOTES ON MAIN STATISTICAL INDICATORS

Administrative Division refers to the division of administrative areas by the state. The Constitution of the People's Republic of China stipulates that the administrative areas in China are divided as: (1) The whole country is divided into provinces, autonomous regions and municipalities directly under the central government; (2) Provinces and autonomous regions are divided into autonomous prefectures, counties, autonomous counties and cities;(3) Autonomous prefectures are divided into counties, autonomous counties and cities; (4) Counties and autonomous counties are divided into townships, nationality townships and towns; (5) Municipalities and large cities are divided into districts and counties, (6) The state shall, when necessary, establish special administrative regions.

Climate refers to the natural environmental status formed by the long-term exchange of energy and mass between the earth and the air, and is the results of interaction of many factors. Climate is both one of the environment factors and the important resources for the living and production activities of the human being. The average values across several years of meteorological factors such as temperature, rainfall and humidity are used as important parameters to describe the climate of a region, while the average values (or total values) of a given year or month of meteorological factors reflect the key characteristics of climate for that period of time.

Natural Resources refer to material resources that could be obtained from the nature by human being and used for production and living. Natural resources in general can be classified as renewable resources and non-renewable resources. Renewable resources refer to resources that could be renewed and recycled during a relatively short period of time, including land resource, water resource, climate resource, biology resource and marine resource. Non-renewable resources include resources that could not be renewed, such as minerals and geothermal resource. Land Resource Land refers to the surface of the earth, consisting of mainly rocks and its weathering and earth. Land resource can be classified, by its utilization, as land for agriculture, land for construction and unused land. Land for agriculture includes cultivated land, plantation land, forestland, grassland and waters. Land for construction includes land for residential purpose, for manufacturing and mining, for transportation and for water-conservancy projects. Unused land refers to land other than land for agriculture and construction, including beaches, deserts, Gobi, glaciers and rock mountains.

Area of Cultivated Land refers to area of land reclaimed for the regular cultivation of various farm crops, including crop-cover land, fallow, newly reclaimed land and land laid idle for less than 3 years.

Area of Afforested Land refer to land for trees bam boo, bushes and mangrove, including forest-cover land, bush-covered land, sparse forest land, land planned for afforestation and nurseries of young trees.

Area of Grassland refers to areas of grassland, grass-slopes and grass-covered hills with a vegetation-covering rate of over 5% that are used for animal husbandry or harvesting of grass. It includes natural, cultivated and improved grassland areas.

Forest Resource refers to forests, trees, forestland and wild animals, plants and microorganism that live on forest and trees. Trees include trees and bamboo. Forest refers to the population of clusters of trees and other plants, animals and microorganism as well as the earth and climate that have interactions with the trees.

Total Standing Stock Volume refers to the total stock volume of trees growing in land, including trees in forest, tress in sparse forest, scattered trees and trees planted by the side of villages, farm houses and along roads and rivers. Forest Area refers to the area of forest where trees and bamboo grow with canopy density above 0.2, including land of natural woods and planted woods, but excluding bush land and thin forest land. It reflects the total areas of afforestation.

Stock Volume of Forest refers to total stock volume of wood growing in forest area, which shows the total size and level of forest resources of a country or a region.It is also an important indicator illustrating the richness of forest resource and the status of forest ecological environment.

Forest Coverage Rate refers to the ratio of area of afforested land to total land area. It is a very important indicator that reflects the status of abundance of forest resource and ecosystem balance. Forest area includes the area of trees and bamboo grow with canopy density above 0.2, the area of shrubby tree according to regulations of the government, the area of forest land inside farm land and the area of trees planted by the side of villages, farm houses and along roads and rivers. The formula for calculating forest coverage rate is as follows:

Forestry coverage rate (%)= (Area of Afforested Land/Area of Total Land)×100%

Water Resource Water exists in the nature in solid, liquid and gaseous states, is distributed in the ocean, land (including earth) and air, and constitutes the water resource through the circulation of water. Water resource includes the surface water and underground water that is controlled by the human being for irrigation, power-generation, water supply, navigation and cultivation. It also includes rivers, lakes, wells, springs, tides, gulf and water area for cultivation. Water resource as an important natural resource is indispensable for the development of the national economy.

Surface Water and Underground Water Water on earth can be divided into surface water and underground water according to its distribution. Surface water refers to moisture exists in rivers, lakes, swamps, glaciers, icecaps and so on. It is also called land water. The underground water refers to water deposited underground in the cranny and the hole of saturated rock soil and in the water-eroded cave.

Runoff refers to the water gathered at the way out of the cross section of drainage area either from the surface or underground after deducting the wastage of the precipitation on the land. Runoff can be divided into surface runoff, under ground runoff and within soil runoff. Surface runoff refers to water flow to the rivers, lakes, swamps, and seas on the surface of the earth. Underground runoff refers to water flow to rivers, lakes, swamps, and seas through the water-bearing stratum of confined layer or unconfined layer.

Volume of Runoff refers to the total volume of water running through a certain cross section of a river during a certain period of time, reflecting the water resource condition in a country or a region. The formula for calculating volume or runoff is as follows:

Runoff =Precipitation - Evaporation

Mineral Resources refer to useful minerals that can be used for industrial or agricultural purposes enriched in lithosphere or on earth due to the geological process. Minerals are important natural resources, and important material base for social development.

Ensured Mineral Reserves refer to the actual mineral reserves, which equal to the proven mineral reserves (including industrial reserves and prospective reserves) minus extracted parts and underground losses.

Drainage Area Each river has its own main stream and branches to form the water system of the river. Each river has its own catchment area, which is also called as the drainage area of the river.

Temperature refers to the air temperature. China uses centigrade as the unit.

The thermometer used for weather observation is put in a breezy shutter, which is 1.5 meters high from the ground. Therefore, the commonly used temperature refers to the temperature in the breezy shutter 1.5 meters away from the ground. The calculation method is as follows:

Monthly average temperature is the summation of average daily temperature of one month divided by the actual days of that particular month.

Annual average temperature is the summation of monthly average of a year divided by 12 months.

Relative Humidity refers to the ratio of actual water vapor pressure to the saturation water vapor density under the current temperature. The statistical method is the same as that of temperature.

Volume of Precipitation refers to the deepness of liquid state or solid state (thawed) water falling from the sky to the ground that has not been evaporated, infiltrated or run off. The calculation method is as follows:

Monthly precipitation is the summation of daily precipitation of a month.

Annual precipitation is the summation of 12 months precipitation of a year.

Sunshine Hours refer to the actual hours of sun irradiating the earth. The calculation method is the same as that of the precipitation.

Total Water Resources refers to total volume of water resources measured as run-off for surface water from rainfall and recharge for groundwater in a given area , excluding transit water.

Surface Water Resources refers to total renewable resources which exist in rivers, lakes, glaciers and other collectors from rainfall and are measured as run-off of rivers.

Groundwater Resources refers to replenishment of aquifers with rainfall and surface water.

Duplicated Measurement Between Surface Water and Groundwater refers to mutual exchange between surface water and groundwater, i.e. run-off of rivers includes some depletion with groundwater while groundwater includes some replenishment with surface water.

Comparable Prices refer to prices that are used to remove the factors of price change in calculating economic aggregates, so as to facilitate comparison of aggregates over time. Two methods are used for calculating economic aggregates at comparable prices: (1) Multiplying the output of products by their constant prices of certain year;(2) Deflating data at current prices by relevant price indices.

Constant Price refers to the average price of a given product in certain year, which is used for comparison of output value over time. As the output value at constant prices removes the factor of price changes, it reflects the trend of production development over time. Since 1949, with the changes in general price level, National Bureau of Statistics has issued nationally unified constant prices five times: the 1952 constant prices for 1949-1957; the 1957 constant prices for 1957-1971; the 1970 constant prices for 1971-1981; the 1980 constant prices for 1981-1990; and the 1990 constant prices have been used since 1991.

Average Annual Growth Rate Two methods for calculating average annual growth rate are applied in China, one is often called level approach, or the method of calculating geometric average, which is derived by comparing the level of the last year of the interval with that of the beginning year; the other is called accumulative approach or algebraic average or equation method, which is derived by the summation of the actual figure of each year in the interval divided by the figure in the base year.

Usually the results calculated by the two methods are fairly close, but they differed sharply when uneven economic development occurred with striking fluctuations in growth.

Industrial Classification of the National Economy The new *Industrial Classification of the National Economy* (GB/T 4754-2017) is introduced starting from the compilation of 2017 annual statistics and 2018 monthly or quarterly statistics. The revision, based on the 2011 classification, was organized by the National Bureau of Statistics taking into consideration of the characteristics of economic activities in China and the *International Standards of the Industrial Classification of All Economic Activities* (ISIC/Rev.4) of the United Nations. The new *Classification* was promulgated by the former National Administration of Quality Supervision, Inspection and Quarantine and the Standardization Administration of the People's Republic of China on June 30, 2017. The revised version of the *Industrial Classification of the National Economy* (GB/T 4754-2017) is composed of20 sections, 97 divisions, 473 groups and 1382 classes.

Registration Status of Enterprises Enterprises are classified into 3 categories, namely domestic-funded enterprises, enterprises with investment from Hong Kong, Macao and Taiwan, and enterprises with foreign investment, in the light of the registration status of an enterprise in industrial and commercial administration agencies. Domestic-funded enterprises include state-owned enterprises, collective-owned enterprises, cooperative enterprises, joint ownership enterprises, limited liability corporations, share-holding corporations Ltd., private enterprises and other enterprises.

Included in the enterprises with investment from Hong Kong, Macao and Taiwan and enterprises with foreign investment are joint-venture enterprises, cooperative enterprises, sole investment enterprises and share-holding corporations Ltd. For government agencies, institutions and social organizations which are not requested to be registered in industrial and commercial administration agencies, they are classified mainly by their sources of funds and way of management.

State–owned Enterprises refer to non-corporation economic units where the entire assets are owned by the state and which have registered in accordance with the Regulation of the People's Republic of China on the Management of Registration of Corporate Enterprises. Excluded from this category are sole state-funded corporations in the limited liability corporations.

Collective–owned Enterprises refer to economic units where the assets are owned collectively and which have registered in accordance with the Regulation of the People's Republic of China on the Management of Registration of Corporate Enterprises.

Cooperative Enterprises refer to a form of collective economic units (enterprises) where capitals come mainly from employees as their shares, with certain proportion of capital from the outside, where production is organized on the basis of independent operation, independent accounting for profits and losses, joint work, democratic management, and a distribution system that integrates remuneration according to work with dividend according to capital share.

Joint Ownership Enterprises refer to economic units established by two or more corporate enterprises or corporate institutions of the same or different ownership, through joint investment on the basis of equality, voluntary participation and mutual benefits. They include state joint ownership enterprises, collective joint ownership enterprises, joint state-collective enterprises, other joint ownership enterprises.

Limited Liability Corporations refer to economic units established with investment from 2-50 investors and registered in accordance with the Regulation of the People's Republic of China on the Management of Registration of Corporations, each investor bearing limited liability to the corporation depending on its share of investment, and the corporation bearing liability to its debt to the maximum of its total assets. Limited liability corporations include exclusive state-funded limited liability corporations and other limited liability corporations.

Share–holding Corporations Ltd. refer to economic units registered in accordance with the Regulation of the People's Republic of China on the Management of Registration of Corporations, with total registered capitals divided into equal shares and raised through issuing stocks. Each investor bears limited liability to the corporation depending on the holding of shares, and the corporation bears liability to its debt to the maximum of its total assets.

Private Enterprises refer to profit-making economic units invested and established by natural persons, or controlled by natural persons using employed labour. Included in this category are private limited liability corporations, private share-holding corporations Ltd., private partnership enterprises and private-funded enterprises registered in accordance with the Corporation Law, Partnership Enterprises Law and Interim Regulations on Private Enterprises .

Other Domestic–funded Enterprises refer to domestic-funded economic units other than those mentioned above.

Cooperative Enterprises with Funds from Hong Kong Macao and Taiwan established by investors from Hong Kong, Macao and Taiwan with enterprises in the mainland of China in accordance with the Law of the People's Republic of China on Sino-foreign Cooperative Enterprises and other relevant laws, where the investment or provision of facilities, and the share of profits and risks is stipulated in the cooperative contract.

Enterprises with Sole (exclusive) Investment from Hong Kong, Macao and Taiwan refer to enterprises established in the mainland of China with exclusive investment from investors from Hong Kong, Macao and Taiwan in accordance with the Law of the People's Republic of China on Foreign-Funded Enterprises and other relevant laws.

Share–holding Corporations Ltd. with Investment from Hong Kong, Macao and Taiwan refer to share-holding corporations Ltd. established with the approval from the former Ministry of Foreign Trade and Economic Relations in line with relevant state regulations, where the share of investment from Hong Kong, Macao or Taiwan businessmen exceeds 25% of the total registered capital of the corporation. In case the share of investment from Hong Kong, Macao or Taiwan is less than 25% of the total registered capital, the enterprise is to be classified as domestic-funded share-holding corporation Ltd.

Joint–venture Enterprises with Foreign Investment refer to enterprises jointly established by foreign enterprises or foreigners with enterprises in the mainland of China in accordance with the Law of the People's Republic of China on Sino-foreign Joint Venture Enterprises and other relevant laws, where the share of investment, profits and risks is stipulated in the contract.

Cooperation Enterprises with Foreign Investment refer to enterprises jointly established by foreign enterprises or foreigners with enterprises in the mainland of China in accordance with the Law of the People's Republic of China on Sino-foreign Cooperative Enterprises and other relevant laws, where the investment or provision of facilities, and the share of profits and risks is stipulated in the cooperative contract.

Enterprises with Sole (exclusive) Foreign Investment refer to enterprises established in the mainland of China with exclusive investment from foreign investors in accordance with the Law of the People's Republic of China on Foreign-Funded Enterprises and other relevant laws.

Share–holding Corporations Ltd. with Foreign Investment refer to share-holding corporations Ltd. established with the approval from the Ministry of Foreign Trade and Economic Relations in line with relevant state regulations, where the share of investment from foreign investors exceeds 25% of the total registered capital of the corporation. In case the share of foreign investment is less than 25% of the total registered capital, the enterprise is to be classified as domestic -funded share-holding corporation Ltd.

Government Agencies, Institutions and Social Organizations are classified into following categories by source of funds and way of management taking reference of the registration status of enterprises:

(1) Government agencies: include state and party agencies, classified in principle as state-owned. There are exceptions, such as supply and marketing cooperatives which are classified as collective-owned.

(2) Institutions: include institutions of various types established with the approval by organization and staffing departments of the government, but exclude institutions where enterprise management system is introduced. Institutions are further classified as follows:

(a) Institutions whose main budget is listed in the government budget appropriations or extra-budget funds, or allocated from the budget of their competent government agencies. Such institutions are classified as state-owned.

(b) Institutions whose budget mainly comes from collective units. Such institutions are classified as collective-owned.

(c) Institutions other than those mentioned above whose source of budget is not clear. Such institutions are classified by way of management.

(3) Social organizations: include social organizations established with the approval from the Ministry of Civil Affairs, and organizations that are not covered by social organization management regulations such as trade unions, women's federations etc.. Social organizations are further classified as follows:

(a) Social organizations that are not covered by social organization management regulations of the Ministry of Civil Affairs such as trade unions, women's federations, communist youth leagues, youth associations, industrial and commerce associations, scientists associations, overseas Chinese associations, etc., foundations and fund management organizations established with funds from the state, and social organizations whose funds mainly come from the budget of their competent government agencies. Such institutions are classified as state-owned.

(b) Social organizations whose budget mainly comes from collective units. Such institutions are classified as collective-owned.

(c) Social organizations established by individual or a group of citizens, which are classified as private.

(d) Social organizations other than those mentioned above whose source of budget is not clear. Such organizations are classified by way of management

Gross Domestic Product (GDP) refers to the final products at market prices produced by a ll resident units in a country (or a region) during a certain period of time. Gross domestic product is expressed in three different forms, i.e. value , income, and products respectively. GDP in its value form refers to the total value of all goods and services produced by all resident units during a certain period of time, minus the total value of input of goods and services of the nature of non-fixed assets; in order term, it is the sum of the value-added of all resident units. GDP in the form of income includes the income created by all resident units and distributed to resident and non-resident units. GDP in the form of products refers to the value of all goods and services for final consumption by all resident units minus the net exports of goods and services during a given period of time. In the practice of national accounting, gross domestic product is calculated with three approaches, i.e. production approach, income approach and expenditure approach, which reflect gross domestic product and its composition from different aspects.

Three Industries Classification of economic activities into three branches of industries is a common practice in the world, although the grouping varies to some extent form country to country. In China economic activities are categorized into following industries:

Primary industry: refers to agriculture, forestry, animal husbandry and fishery. Secondary industry: refers to mining and quarrying, manufacturing, production an d supply of electricity, water and gas, and construction. Tertiary industry: refers to all other economic activities not included in primary or secondary industry.

GDP by Expenditure Approach refers to the method of measuring the final results of production activities of a country (region) during a given period from the perspective of final use. It includes final consumption, total capital formation and net export of goods and services, i.e.:GDP by expenditure approach = final consumption + total capital formation + net export of goods and services Final Consumption refers to the total expenditure of resident units for purchases of goods and services from domestic economic territory and abroad to meet the requirements of material, cultural and spiritual life. It excludes the expenditure of non-resident units on consumption in the economic territory of the country. The final consumption is broken down into household consumption and government consumption.

Households Consumption refers to the total expenditure of resident households on the final consumption of goods and services. In addition to the consumption of goods and services bought by the households directly with money, the households consumption also includes expenditure on goods and services obtained by the households in other ways, i.e. the so-called imputed consumption expenditure, which includes the following: (a) the goods and services provided to the households by the employer in the form of payment in kind and transfer in kind; (b) goods and services produced and consumed by the households themselves, in which the services refer only to the owner-occupied housing and domestic and individual services provided by the paid household workers; (c) financial intermediate services provided by financial institutions; (d) insurance services provided by insurance companies.

Government Consumption refers to the expenditure on the consumption of the public services provided by the government to the whole society and the net expenditure on the goods and services provided by the government to the households free of charge or at low prices. The former equals to the output value of the government services minus the value of operating income obtained by the government departments. The latter equals to the market value of the goods and services provided by the government free of charge or at low prices to the households minus the value received by the government from the households.

Total Capital Formation refers to the fixed assets acquired minus those disposed of and the net value of inventory, including the total fixed capital formation and the increase in inventory.

Total Fixed Capital Formation refers to the value of fixed assets acquired minus those disposed of during a given period. Fixed assets are the assets produced through production activities with specified unit value which could be used for over one year, excluding natural assets. Total fixed capital formation can be categorized into total tangible capital formation and total intangible capital formation. The total tangible capital formation include the value of the construction projects, installation projects completed and the equipment, apparatus and instruments purchased as well as the value of land improved, the value of draught animals, breeding stock, animals for milk, wool and for recreational purpose, and the newly increased forest with economic value during a given period. The total intangible capital formation includes the prospecting of minerals, the acquisition of computer software minus the disposal of them.

Increase in Inventory refers to the market value of the change in inventory of resident units during a given period, i.e. the difference of value between the beginning and the end of the period minus the current gains due to the change in prices. The increase in inventory can be positive or negative. A positive value indicates the increase in inventory while a negative value indicates the decrease in stock. The inventory includes the raw materials, fuels and reserve materials purchased by the production units as well as the inventory of finished products, semi-finished products, work-in-progress, etc.

Net Export of Goods and Services refers to the difference of the exports of goods and services minus the imports of goods and services. The imports include the value of various goods and services sold or gratuitously transferred by the resident units to the non-resident units. The imports include the value of various goods and services purchased or gratuitously acquired by the resident units fr om the non-resident units. Because the provision of services and the use of them happen simultaneously, the acquisition of services by the resident units from a broad is usually treated as import while the acquisition of services by non-resident units in this country is usually treated as export. The export and import of goods are calculated at FOB.

Total Population refers to the total number of people alive at a certain point of time within a given area.

Urban Population and Rural Population Urban population refer to all people residing in cities and towns, while rural population refer to population other than urban population.

Statistics on urban and rural population over the years are compiled in line with the regulations of statistical classification on urban and rural population stipulated by the government, which were in effect at different times. Figures on urban/rural population for the years between the 3 censuses are adjusted in accordance with the 1990 and 2000 population census data.

Birth Rate or (Crude Birth Rate) refers to the ratio of the number of births to the average population (or mid-period population) during a certain period of time (usually a year), expressed in ‰. Birth rate in the chapter refers to annual birth rate. The following formula is used:

$$\text{Birth Rate} = (\text{Number of Births/Average Number of Population}) \times 1000‰$$

Number of births in the formula refers to live births, i.e. when a baby has breathed or showed any vital phenomena regardless of the length of pregnancy.

Annual average number of population is the average of the number of population at the beginning of the year and that at the end of the year. Sometimes it is substituted by the mid-year population.

Death Rate (or Crude Death Rate) refers to the ratio of the number of deaths to the average population (or mid-period population) during a certain period of time (usually a year), expressed in ‰. Death rate in the chapter refers to annual death rate. The following formula is used: Death Rate= (Number of Deaths/Annual Average Number of Population)×1000‰

Natural Growth Rate of Population refers to the ratio of natural increase in population (number of births minus number of deaths) in a certain period of time (usually a year) to the average population (or mid-period population) of the same period, expressed in ‰. The following formula is applied:

Natural Growth Rate of Population = [(Number of Births-Number of Deaths)/Average Number of Population] ×1000‰

Natural Growth Rate of Population = Birth Rate-Death Rate

Gross Dependency Ratio also called gross dependency coefficient, refers to the ratio of non-working-age population to the working-age population, express in %. Describing in general the number of non-working-age population that every 100 people at working ages will take care of, this indicator reflects the basic relation between population and economic development from the demographic perspective . The gross dependency ratio is calculated with the following formula:

$$GDR= (P_{0-14}+P_{65+})/P_{15-64} \times 100\%$$

Where: GDR is the gross dependency ratio

P_{0-14} is the population of children aged 0-14

P_{65+} is the elderly population aged 65 and over, and

P_{15-64} is the working-age population aged 15-64

Old Dependency Ratio also called old dependency coefficient, refers to the ratio of the elderly population to the working-age population, express in %. It describes the number of the elderly population that every 100 people at working ages will take care of. Old dependency ratio is one of the indicators reflecting the social implication of population aging from the economic perspective. The old dependency ratio is calculated with the following formula:

$$ODR=P_{65+}/P_{15-64} \times 100\%$$

Where: ODR is the old dependency ratio

P_{65+} is the elderly population aged 65 and over, and

P_{15-64} is the working-age population aged 15-64

Children Dependency Ratio also called children dependency coefficient, refers to the ratio of the children population to the working-age population, express in %. It describes the number of children population that every 100 people at working ages will take care of. The children dependency ratio is calculated with the following formula:

$$CDR=P_{0-14}/P_{15-64} \times 100\%$$

Where: CDR is the children dependency ratio

P_{0-14} is the children population aged 0-14, and

P_{15-64} is the working-age population aged 15-64

Economically Active Population refers to the population aged 16 and over who are capable to work, are participating in or willing to participate in economic activities, including employed persons and unemployed persons.

Employed Persons refer to the persons who are engaged in social working and receive remuneration payment or earn business income, including total staff and workers, re-employed retirees, employers of private enterprises, self-employed workers, employees in private enterprises and individual economy, employees in township enterprises, employed persons in the rural areas, and other employed persons (including teachers in the schools run by the local people, people engaged in religious profession and the servicemen, etc.). This indicator reflects the actual utilization of total labour force during a certain period of time and is often used for the research on China's economic situation and national power.

Persons Employed in Various Units refer to all the per sons working in government agencies of various levels, political and party organizations, social organizations, enterprises and institutions, and receiving wages or other forms of payment. They include fully-employed staff and workers, re-employed retirees, teachers in schools run by the local people, foreigners and Chinese compatriots from Hong Kong, Macao, and Taiwan working in various units, part-time employees, employees of other units working temporarily at current posts, and employees holding the second job, but exclude staff and workers who have left their working units while keeping their labour contract (employment relation) unchanged. This indicator reflects the total number of laborers actually engaged in production or other operations in various units.

Persons Employed in Private Enterprises and Self–Employed Individuals in Urban Areas Persons employed in private enterprises refer to the persons employed in the private enterprises which have been registered at the departments of industrial and commercial administration and are situated at a county town (i.e. a town where the county government is located) for business operation or at urban areas with the level higher than a county town. The self-employed individuals in urban areas refer to persons who hold the certificates of residence in urban areas or have resided in the urban areas for a long time and have been registered at the departments of industrial and commercial administration and approved to be engaged in individual industrial or commercial business, including self-employed persons as well as helpers and hired labourers who work in the individual households engaged in industrial or commercial business.

Registered Urban Unemployed Persons refer to the persons with non-agricultural household registration at certain working ages (16-50 years for male and 16-45 years for females), who are capable of work, unemployed and willing to work, and have been registered at the local employment service agencies to apply for a job.

Registered Urban Unemployment Rate refers to the ratio of the number of the registered unemployed persons to the sum of the number of persons employed in various units (minus the rural labour force, retirees, and Hong Kong, Macao, Taiwan or foreign employees they employ) laid-off workers in urban units, owners and employees in urban private enterprises, urban self-employed individuals and the registered urban unemployed persons. The formula is as follows:

Registered urban unemployment rate = number of registered urban unemployed persons÷(number of persons employed in urban units - rural labour force employed - retirees employed - Hong Kong, Macao, Taiwan or foreign employees employ + laid-o ff workers + owners and employees in urban private enterprises + self-employed individuals in urban areas + registered urban unemployed persons) × 100%.

Staff and Workers refer to persons working in, and receive payment from units of state ownership, collective ownership, joint ownership, share holding ownership, foreign ownership, and ownership by entrepreneurs from Hong Kong, Macao, and Taiwan, and other types of ownership and their affiliated units. They do not include (1) persons employed in township enterprises, (2) persons employed in private enterprises, (3) urban self-employed persons, (4) retirees, (5) re-employed retirees, (6) teachers in the schools run by the local people, (7) foreigners and persons from Hong Kong, Macao and Taiwan who work in urban units, and (8) other persons not to be included by relevant regulations. (Data of 1998 and afterward refer to fully employed staff and workers. Other related statistics such as total wage bill and average wage are adjusted since 1998 accordingly).

State–owned Units refer to economic units whose assets are owned by the state. Included are non-corporation units registered according to Regulation of the People's Republic of China on the Registration of Enterprises and Corporations, state organs, institutions and social organizations at the central and local levels .

Collective Units refer to economic units registered according to Regulation of the People's Republic of China on the Registration of Enterprises and Corporations where the means of production are collectively owned.

Units of Other Types of Ownership refer to units registered with other types of ownership, including cooperative units, joint ownership units, limited companies, share holding corporations, units invested by entrepreneurs from Hong Kong, Macao, and Taiwan, and foreign-invested units.

Fully Employed Staff and Workers refer to persons who work in, and receive wages from their working units, as well as persons who have their work posts, but a re temporarily absent from work for reasons of study or on sick, injury or maternal leave and still receive wages from their working units.

Total Wages Bill refer to the total remuneration payment to staff and workers in various units during a certain period of time. The calculation of total wages is based on the total remuneration payment to the staff and workers.

Therefore, all the wages and salaries and other payments to staff and workers are included in the total wages regardless of their sources, category, and forms (in kind or cash). (Total wages of staff and workers in this yearbook include only total wages of fully employed staff and workers, excluding the living allowances distributed to those who have left their working units while keeping their labour contract/employment relation unchanged).

Average Wage refers to the average wage in money terms per person during a certain period of time for staff and workers in enterprises, institutions and government agencies, which reflects the general level of wage income during a certain period of time and is calculated as follows:

Average Wage = Total Wages of Staff and Workers at Reference Time /Average Number of Staff and Workers at Reference Time.

Average Wage Indices refers to the ratio of average wage of staff and workers in the report period to that in the base period, which reflects the change of wage of staff and workers at the different period. It is calculated as follows:

Average Wage Indices = Average Wage of Staff and Workers at Reference Time / Average Wage of Staff and Workers at Base Period×100%

Average Real Wage Indices average real wage of staff and workers refers to the average wage of staff and workers after removing the effects of the price changes and average real wage indices of staff and workers refers to the change of real wage, which reflects the relative increasing or decreasing level of real wage of staff and workers, which is calculated as follows:

Average Real Wage Indices = Average Wage Indices of Staff and Workers at the Reference Time / Urban Consumer Price Indices at Reference Time×100%

Total Investment in Fixed Assets in the Whole Country refers to the volume of activities in construction and purchases of fixed assets and related fees, expressed in monetary terms. It is a comprehensive indicator which shows the size, structure and growth of the investment in fixed assets, providing basis for observing the progress of construction projects and evaluating results of investment. Total investment in fixed assets in the whole country includes, by type of owner ship, the investment by the state-owned units, collective units, individuals, joint ownership units, share-holding units, as well as investment by businessmen from foreign countries and from Hong Kong, Macao and Taiwan, and by other units.

Investment in Fixed Assets by Sector The classification of construction projects by sector is determined by the major products or the purpose of the projects when they are put into production or use, and by the nature of their social economic activities. The investment in capital construction is classified into different sectors of the national economy by the nature of construction projects, while investment in innovation and other investment are classified according to the sector to which the whole enterprise or institution belongs. In general, one project or one enterprise or institution can only be classified into one sector. In order to reflect more accurately the relation among various sectors, the branch factories of an integrated complex are classified into different sectors according to the economic activities of the branch factories.

Investment in Fixed Assets by Type of Construction The construction projects in general can be classified, by the type of construction, into new construction, expansion, reconstruction, moving and restoration. However, investment by type of construction is not applied to investment by real-estate development units, investment in rural areas and investment in housing by urban individuals. In capital construction, the type of construction is determined by the nature of the project. In investment in innovation, in other investment by state-owned units and investment by collective-owned units, the type of construction is determined by the condition of the whole enterprise or institutions.

(1) New construction in general refers to newly constructed enterprises, institutions, administrative agencies or independent projects from scratch. Construction in the existing enterprises, institutions or agencies is not considered as new construction. In case the assets of the existing unit is quite small, and the value of newly added fixed assets exceeds the original value of assets by three times, the expansion will be considered as new construction.

(2) Expansion refers to construction of new major production workshop, branch factory or independent production line within a factory or in other locations, for the purpose of increasing the production capacity (or improving efficiency) of the original products. Newly constructed houses for the operation of institutions and administrative organizations (such as the newly constructed buildings for teaching in schools, buildings for clinics or wards in hospitals, etc.) are also classified as expansion. Also included in the expansion are investments by existing enterprises or institutions in building major production line(s) or branch factories along with some work on innovation, for the purpose of expending the production capacity of original products or producing new products.

(3) Reconstruction refers to innovation or technical transformation of the existing facilities (including auxiliary production equipment and welfare facilities) , without building major new workshops or branch factories. Also considered as reconstruction is the construction of new workshops by the existing enterprises or institutions for improving the existing production capacity (improving or changing the variety of products to meet the market demand), rather than increasing the designed capacity of the main products.

Investment in Fixed Assets by Structure By their contents investment activities are classified into 3 categories, i.e. construction and installation, purchase of equipment and instrument, and other expenses.

(1) Construction and installation (work volume of construction and installation) refers to the construction of various houses and buildings and installation of various kinds of equipment and instruments. They include construction of various houses; equipment foundations, industrial kilns and stoves, and metal structure work; preparation works for project construction, and clearing up works post project construction; pavement of railways and roads, drilling of mines and putting up of oil pipes; construction of projects of water conservancy; construction of underground air-raid shelters and construction of other special projects; value of equipment for heating, sanitation, ventilation, lighting, gas, painting, etc. that are covered by the budget of housing projects; laying out of various pipelines (for steam, compressed air, petroleum, tap water and sewage) and lines for electric power and for communications; installation of various machinery equipment, testing operation for pre-testing the quality of installation projects, an d land and other development work conducted by real estate developers for commercial housing. The value of equipment installed is not included in the value of installation projects.

(2) Purchase of equipment and instruments refers to the total value of equipment , tools, and instruments purchased or self-produced which come up to standards for fixed assets by the construction units or investing enterprises or institutions. Equipment, tools and instruments purchased or self-produced for new workshops by newly established or expanded units are categorized as "purchase of equipment and instruments" no matter whether they come up to the standards for fixed as sets.

(3) Other expenses refer to expenses occurring during the construction or purchase of fixed assets other than those mentioned above.

Capital Construction Projects by Size The classification of size of capital construction projects should be determined according to the total scale or total in vestment set in the approved construction plan by higher responsible authorities or in the tentative design, otherwise according to the total scale or total investment set in the current capital construction plan of the state, provinces, autonomous regions, and municipalities directly under central government. Industrial projects which produce unitary products are classified according to its design capacity of products; projects which produce multi-products are classified by the design capacity of the major product or by the total planned investment. Standards for the Classification of Construction Projects into large, medium-sized and small ones issued by the government are the base for size division of construction projects, which was revised five times in 1958, 1962, 1972, 1977, and 197 9 respectively and therefore, data on projects by size are not entirely comparable from year to year.

Projects under Construction refer to projects with construction and installation activities undertaken in the reference period. All projects that have construction activities undertaken during the reference period are reported as projects under construction irrespective of the length of construction work. The number of projects under construction can reflect the actual size of investment in fixed assets during a given period, and when compared with the number of projects completed and put into use during the same period, it demonstrates the results of investment in fixed assets. Depending on the nature of construction activities, projects under construction can also be classified into projects under construction in current year, winding-up projects in current year and stopped or suspended projects in previous years (with preservation work in current year).

Total Energy Production refers to the total production of primary energy by all energy producing enterprises in the country in a given period of time. It is a comprehensive indicator to show the capacity, scale, composition and development of energy production of the country. The production of primary energy includes that of coal, crude oil, natural gas, hydropower and electricity generated by nuclear energy and other means such as wind power and geothermal power. However, it excludes the production of fuels of low calorific value, bio-energy, solar energy and the secondary energy converted from the primary energy.

Total Domestic Energy Consumption refers to the total consumption of energy of various kinds by material production sectors, non-material production sectors and households in the country in a given period of time. It is a comprehensive indicator to show the scale, composition and development of energy consumption. The total energy consumption includes that of coal, crude oil and their products, natural gas and electricity. However, it excludes the consumption of fuel of low calorific value, bio-energy and solar energy. Total domestic energy consumption can be divided into three parts:

(1)Final Energy Consumption: It refers to the total energy consumption by material production sectors, non-material production sectors and households in the country (region) in a given period of time, but excludes the consumption in conversion of the primary energy into the secondary energy and the loss in the process of energy conversion.

(2)Loss During the Process of Energy Conversion: It refers to the total input of various kinds of energy for conversion, minus the total output of various kinds of energy in the country in a given period of time. It is an indicator to show the loss that occurs during the process of energy conversion.

(3)Loss: It refers to the total of the loss of energy during the course of energy transport, distribution and storage and the loss caused by any objective reason in a given period of time. The loss of various kinds of gas due to gas discharges and stocktaking is excluded.

Elasticity Ratio of Energy Production is an indicator to show the relationship between the growth rate of energy production and the growth rate of the national economy. The formula is:

Elasticity Ratio of Energy Production = Average Annual Growth Rate of Energy Production / Average Annual Growth Rate of National Economy

The average annual growth rate of the national economy can be shown by the gross national product, gross domestic product and other indicators, depending upon the purposes or needs. The gross domestic product is used in calculation of the ratio in this chapter.

Government Revenue refers to the revenue of the government finance by means of participating in the distribution of the social products, which is the financial resources for ensuring the government to function. The contents of government revenue have been changed several times. Now it includes the following main items :

(1) Various tax revenues, including value added tax, business tax, consumption tax, land value added tax, tax on city maintenance and construction, resources tax, tax on use of urban land, enterprise income tax, personal income tax, tariff, stamp tax on security transactions, tax on purchase of motor vehicles, tax on agriculture and animal husbandry and tax on occupancy of cultivated land, etc.

(2) Special revenues, including revenues from the fee on sewage treatment, fee on urban water resources, fee for the compensation of mineral resources and extra -charges for education, etc.

(3) Other revenues, including revenue from interest, revenue from the repayment of capital construction loan, revenue from capital construction projects, and do nations and grants.

(4) Subsidies for the losses of the state-owned enterprises. This is an item of negative revenue, consisting of subsidies to industrial, commercial and grain purchasing and supply enterprises.

Government Expenditure refers to the distribution and use of the funds the government finance has raised, so as to meet the needs of economic construction and various causes. It includes the following main items:

(1) Expenditure for capital construction: It refers to the non-gratuitous use and appropriation of funds for capital construction in the range of capital construction, outlay of capital as well as the loans on capital construction approved by the government for special purpose or policy purpose and the expenditure with discount paid in an overall way within the amount of the funds appropriated to the departments for capital construction.

(2) Innovation funds of the enterprises: They refer to the funds appropriated fr om the government budget for the enterprises to tap the latent power, upgrade the technology and carry out innovation, including the innovation fund of the departments, loan of the enterprises for innovation, subsidies on the innovation of the small fertilizer plant, small cement plant, small coal mines, small machinery plant and small steel plant, the expenditure of interest for the loan for innovation.

(3) Geological prospecting expenses: They refer to the expenses appropriated from the government budget to the geological prospecting units for the expenditure of the prospecting work, including the expenditures of the administrative agencies for geological prospecting and their institutional units as well as the geological prospecting expenditure.

(4) expenditures for science and technology promotion: They refer to the expenses appropriated from the government budget for the scientific and technological expenditure, including new products development expenditure, expenditure for intermediate trial and subsidies on important scientific researches.

(5) Expenditure for supporting rural production: It refers to the expenditures appropriated from the government budget for supporting the various expenditures of the rural collective units or households for production, including the subsidies to the small water conservancy projects and well drilling, sprinkling irrigation projects run by the villages; subsidies on the rural water and soil conserving measures; subsidies to the small power stations run by the villages; subsidies to the expenditure for fighting against particularly severe droughts; subsidies on the rural waste land exclamation; fund for supporting the township enterprises; fund for supporting rural cooperative production organizations, subsidies to the expenditure for popularization of the agricultural technologies and plant protection in the rural areas; subsidies to the expenditure for the protection of grasslands and cattle and fowls; subsidies on afforestation and forest protection in rural areas; subsidies on the rural aquatic products industry; special fund for developing grain production.

(6) Operating expenses of the departments of farming, forestry, water conservancy and meteorology etc.: They refer to the expenses appropriated from the government budget for the expenditures of agricultural exclamation, farms, agriculture, animal husbandry, agricultural machinery, forestry, timber industry, water conservancy, aquatic products industry, meteorology, technology popularization in township enterprises, popularization (demonstration) of improved varieties, plant (cattle and fowls, forest) protection, water quality monitoring, prospecting and designing, resources investigation, cadres training, subsidies to horticulture gardens, expenditure of specialized secondary schools, subsidies on the experiments of sowing herbage seeds by flights, expenditures of afforestation agencies and meteorology agencies, expenses for fishery administration and operating expenses for agricultural administration, etc.

(7) Operating expenses of the departments of industry, transport and commerce: They refer to the expenses appropriated from the government budget to cover the expenditure on salaries and operational expenditure of the departments of industry, transport and commerce for the expenditure of business development, including expenses for prospecting and designing, expenditures of specialized secondary schools, expenditures of the technical training schools and expenditures for cadres training, etc.

(8) Operating expenses of the departments of culture, education, science and public health: They refer to the expenses appropriated from the government budget for the expenditures on salaries and operational expenditure of the causes of culture, publication, cultural relics, education, public health, traditional Chinese medical science, free medical services, sports, archives, earthquake, ocean, communications, broadcasting, film and television, family planning; expenditure for training of cadres of government, party and mass organization; expenditures for natural sciences, social sciences, associations for science and technology and the special expenditure for the high-tech researches. They include mainly wages, extra wages, welfare funds, pension for the retirees, stipend, expenses for official business, expenses for equipment purchases, expenses for repairs, business expenses and subsidies to the units which are unable to support their expenditures by their own earnings.

(9) Pension for the disabled or for the families of the bereaved and relief funds for social welfare: They refer to the funds appropriated from the government budget for the expenditures of pension for the disabled or for the families of the bereaved and relief funds for social welfare, including the lump-sum or regular pension paid by the departments of civil affairs to the members of martyrs families and families of those who died for the public interest, pension to the revolutionary disabled, subsidies for permanent disability of various kinds, subsidies to the military martyrs dependents and the demobilized servicemen, expenditure for settling down the demobilized servicemen, operating expenses of the consoling institutions, expenses for management and repair of the commemorative buildings for the martyrs, the expenses managed by the departments of civil affairs for the retirees and those who have quitted their work, expenses for social relief in rural and urban areas, operating expenses for providing relief to the areas of natural calamity and subsidies on the reconstruction after the particularly severe natural calamities, etc.

(10) Expenditure on retirees: It refers to the expenditure on retirees of government agencies and institutions that are covered by the state budget.

(11) Expenses on subsidies to social security system: It refers to expenditure from the state budget for subsidies to social security system, including subsidies to the social insurance fund, subsidies to promoting employment, subsidies to laid-off workers of state-owned enterprises, supplement to national social security funds, etc.

(12) Expenditures for national defence: They refer to the funds appropriated from the government budget for the expenditures for building up national defence an d safeguarding national security, including expenses of national defence, expenses of scientific researches on national defence, expenses for building up peoples militia and expenditure for special projects, etc.

(13) Administrative expenses: They include expenditure for administration, subsidies to the parties and mass organizations, diplomatic expenditure, expenditure for public security, judicial expenditure, law court expenditure, procuratorial expenditure and subsidies to the expenses for treating the cases by the public security departments, procuratorial organs and law courts.

(14) Expenditure on policy-related subsidies: It refers to the expenditure appropriated, with the approval of the government, from the state budget for price subsidies on such products as grain, cotton and edible oil. More specifically, it includes subsidies to the difference between the selling prices and purchasing prices of grains, cotton and edible oil, subsidies for curtaining prices and for sugar reserve, subsidies to the difference between the selling prices and purchasing prices of means pf agricultural production, risk fund for grains, risk fund for non-staple food, risk fund for local production of coal, etc.

(15) Expenditure on interest of debts: It refers to expenses from the state budget on paying interest of domestic and foreign debts.

Revenue of the central government and revenue of the local governments: refers to the revenue of the central government and that of the local governments as defined by the decentralized taxation system starting from 1994.

In accordance with this system, the revenue of the central government includes tariff, consumption tax and value added tax levied by the customs, consumption tax, income tax of the enterprises subordinate to the central government, income taxes of the local banks, foreign-funded banks and non-bank financial institutions, business tax and profits of railways, head offices of banks, head office of insurance company , which are handed over to the government in a centralized way, tax on city maintenance and construction, tax on purchasing motor vehicles, tonnage tax of ships , 75% of the value added tax, 94% of the tax on stock dealing (stamp tax), inter est income tax in the personal income tax, proportion of the personal income tax (other that interest income tax) to be shared by the central government, and tax on ocean petroleum resources,. The revenue of the local governments includes business tax, income tax of the enterprises subordinate to the local government, proportion of the personal income tax (other that interest income tax) to be shared by the central government, tax on the use of urban land, tax on the adjustment of the investment in fixed assets, tax on town maintenance and construction, tax on real estates, tax on the use of vehicles and ships, stamp tax, slaughter tax, tax on agriculture and animal husbandry, tax on special agricultural products, tax on the occupancy of cultivated land, contract tax, value-added tax on land, income from charges on use of state-owned land, 25% of the value added tax, 6% of the tax on stock dealing (stamp tax) and tax on resources other than the ocean petroleum resources.

Expenditure of the central government and expenditure of the local governments: according to the different functions of the central government and local governments in the economic and social activities, the rights of affairs administration are classified between the central government and local governments; and the classification of the expenditure between the central government and local governments are made on the basis of the classification of the rights of affairs administration between them. The expenditure of the central government includes the expenditure for national defence, expenditure for armed police forces, the administrative expenses and various operating expenses at the level of central government, expenditure for key projects and the expenditure of the central government for adjusting the national economic structure, coordinating the development among different regions and exercising the macro-economic regulation and control. The expenditure of the local governments includes mainly the administrative expenses and various operating expenses at the level of local governments, the expenditure for capital construction and technological innovation with the funds raised by the local government, expenditure for supporting rural production, expenditure for city maintenance and construction and expenditure for price subsidies, etc.

Extra–budgetary revenue and expenditure Extra-budgetary fund refers to financial fund of various types not covered by the regular government budgetary management, which is collected, allocated or arranged by government agencies, institutions and social organizations while performing duties delegated to them or on behalf of the government in accordance with laws, rules and regulations. It mainly covers following items: administrative and institutional fees, governmental funds and extra charges that are stipulated by laws and regulations; administrative and institutional fees approved by the State Council and provincial governments and their financial and planning (price management) departments; governmental funds and extra charges established by the State Council and the Ministry of Finance; funds turned over to competent departments by their subordinate institutions; self-raised and collected funds by township governments for their own expenditure; and other financial funds that are not covered in budgetary management. Social security funds are treated as extra-budget fund and managed for its exclusive use, given the circumstance that separate government budgetary system for social security is yet to be designed. Special accounts are opened by the financial departments in banks for the management of revenue and expenditure of extra-budgetary fund. Extra-budgetary revenue and expenditure is managed separately, namely, revenue of institutions and departments must enter into the special accounts of the financial departments at the same administrative level, and their extra-budgetary expenditure is arranged in line with the extra-budget plans and appropriated from these accounts.

Credit Funds refer to the funds issued as loans by banking institutions. The sources of credit funds of the banking institutions included deposits, issue of financial bonds, account-payable and temporary gathering, liabilities to international financial institutions, currency in circulation, various reserves, owners' rights and interests and other items. The credit funds can be used in forms of loans, securities and investment, account receivable and advance payment, entrusted investment, gold, foreign exchange, cash on hand, government debt and assets in the international financial institutions.

Deposit is a form of credit by which enterprises, institutions, organizations or households can put money into banks and other credit institutions for safekeeping and interest earning under the principle of free withdrawal. According to different depositors, deposits are divided into enterprise deposits, treasury deposits, deposits of government agencies and organizations, capital construction deposits, savings deposits, rural saving deposits, entrusted deposits and other deposits. Deposits are major sources of the credit funds of banks.

Loan is a form of credit by which banks and other credit institutions provide funds at certain interest rate to enterprises and individuals in the light of the principle of unconditional repayment. Loans from Chinese banks include circulating capital loans, fixed assets loans, loans to urban and rural individuals engaged in industrial and commercial business and agricultural loans.

Insurance Companies refer to commercial insurance companies of various forms registered by law and established in China with the approval of insurance regulatory agencies.

Amount Insured refers to the maximum that the insurant will get for the claim of the case insured.

Premium is the fee paid by the insurant to the insurer to obtain the obligation of compensation from the insurance within the agreed terms. Settled Claim is the compensation paid by the insurer to the insurant in accordance with the insurance contract.

Payment includes payment for death, injury or medical treatment and mature payment. Payment for death, injury or medical treatment refers to the money paid to the insurant (or the beneficiary) in accordance with the life or health insurance contract when the insurant encounters accidents within the insured period covered in the contract. Mature payment refers to the mature payment to the insurant in accordance with the life insurance contract at the end of the insured period.

Consumer Price Indices reflect the trend and degree of changes in prices of consumer goods and services purchased by urban and rural residents, and is a composite indices derived from the urban consumer price indices and the rural consumer price indices. Consumer price indices can be used to analyze the impact of consumer price change on actual expenditure for living cost of urban and rural residents.

Urban Consumer Price Indices reflect the trend and degree of changes in prices of consumer goods and services purchased by urban households during a given period. It can be used to observe and analyze the impact of price changes in consumer goods and services on wages (in monetary terms) of staff and workers, and provide basis for policy-making concerning the living cost and wages of staff and workers.

Rural Consumer Price Indices reflect the trend and degree of changes in prices of consumer goods and services purchased by rural households during a given period. It can be used to observe the impact of change in retail prices of consumer goods and service prices in rural areas on living expenditure of rural households, and to show the changes in the living standard of peasants. It provides basis for analysis and research on condition of life in rural areas.

Retail Price Indices reflect the trend and degree of change in retail prices of commodities during a given period. The change in retail prices of commodities directly affect the living expenditure of urban and rural residents, government revenue, purchasing power of residents and the equilibrium of market supply and demand, and the ratio of consumption to accumulation. Therefore, the retail price indices are useful to analyze the changes of the above economic activities.

Price Indices of Means of Agricultural Production reflect the trend and degree of changes in prices of means of agricultural production during a given period. Price indices of means of agricultural production are composed of 8 categories including small farm tools, feeds, young domestic animals and poultries, semi-mechanized farm machinery, mechanized farm machinery, chemical fertilizers, pesticides and spraying machinery, fuels for farm machinery. Compilation of these indices help to understand the changes in prices of input into agricultural production and facilitate the compilation of national account statistics. Before 1994, price indices of means of agricultural production was a sub-category in the in the retail price indices of commodities, and it has been compiled separately since 1994.

Indices of Producers´ Prices for Farm Products reflect the trend and degree of changes in producers' prices received by farmers when they sell farm products during a given period. These indices depict the change in the level and structure of producers' prices of farm products of the country and meet the needs of agriculture statistics and national account statistics. The producers' price index of a given product is calculated through geometrical mean of individual indices of all surveyed units who sell such product, and the indices of a product category is obtained through weighted mean of price indices of all products in the category. Method for calculating accumulative quarterly indices is the same as for calculating the distinctive quarterly indices.

Ex–factory Price Indices of Industrial Products reflect the trend and degree of changes in general ex-factory prices of all industrial products during a given period, including sales of industrial products by an industrial enterprise to all units outside the enterprise, as well as sales of consumer goods to residents. It can be used to analyze the impact of ex-factory prices on gross output value and value-added of the industrial sector.

Indices of Purchasing Prices of Raw Materials, Fuels and Power reflect changes in the level and degree of prices paid by industrial enterprises when they purchase production input such as raw materials, fuels and power from the market or from other energy or raw materials producing enterprises. These indices provide important basis for measuring the material consumption of industrial enterprises after removing influence of price changes.

At present, over 900 products in 9 categories, including fuels and power, ferrous metals, non-ferrous metals, chemicals, building materials, are covered in China for the survey to produce indices of purchasing prices of raw materials, fuels and power.

Price Indices of Investment in Fixed Assets reflect the trend and degree of changes in prices of investment goods and projects in fixed assets during a given period. The investment in fixed assets consists of three components, namely the investment in construction and installation, the investment in purchases of equipment and instrument, and the investment in other items. Price indices of investment in fixed assets are calculated as the weighted arithmetic mean of the price indices of the three components of investment in fixed assets.

Removing the factor of price change in the aggregates of investment at current prices, this indicator shows the changes in the prices of commodities and fees involved in the investment of fixed assets, and can be used to observe the actual size, growth, structure, and efficiency of investment in fixed assets and provides reliable and scientific data for government planning, management, decision-making, and further improving the current national accounting system.

I. Urban Households

Population of urban households refer to members of the household living and sharing economically together. All income and expenditure of the population of the household are included in the income and expenditure of the household.

Proportion of urban employment refer to the proportion of employed population to the population of urban households.

Number of dependents per urban employee refers to the ratio between number of persons in urban households and the number of dependents.

Total Income of Urban Households refers to the sum of wage and salary, net business income, income from properties, and income from transfers of members of the households, excluding income from selling of properties and income from borrowings.

Disposable Income of Urban Households refers to the actual income at the disposal of members of the households which can be used for final consumption, other non-compulsory expenditure and savings. This equals to total income minus income tax, personal contribution to social security and sample household subsidy for keeping dairies. Following formula is used:

Disposable income = total household income - income tax - personal contribution to social security - sample household subsidy for keeping dairies

Total expenditure of Urban Households refer to all expenditure of the households except expenditure on leading. It includes expenditure on consumption, on purchasing or building houses, on transfers, on properties and on social security.

Consumption Expenditure of Urban Households refers to total expenditure of the sample households for consumption in daily life, including expenditure on eight categories such as food, clothing, household appliances and services, health ca re and medical services, transport and communications, recreation, education and cultural services, housing, miscellaneous goods and services.

Expenditure of Urban Households on Consumption of Services refers to expenditure of households on services of various kinds provided by the society.

Urban Households by Income Group All households in the sample are grouped, by per capita disposable income of the household, into groups of lowest income, low income, lower middle income, middle income, upper middle income, high income and highest income, each group consisting of 10%, 10%, 20%, 20%, 20%, 10% and 10% of all households respectively. The lowest 5% of households are also referred to as poor households.

Engel Coefficient refers to the percentage of expenditure on food in the total consumption expenditure, using the following formula:

Engel Coefficient = (expenditure on food / total consumption expenditure) × 100%

II. Rural Households

Rural Households refer to resident households in rural areas. Resident households in rural areas are the households residing for more than one year in the areas under the jurisdiction of administration of township governments (excluding county towns), and in the areas under the jurisdiction of administration of villages in county towns. Migrated households residing in the current addresses for over one year with their household registration in other places are included in the resident households of their current addresses. For households with their household registration in one place but all members of the households moving away for living in another place for over one year, they will not be included in the rural households of the area where they are registered, irrespective of whether they still keep their contracted land.

Resident Population refers to population staying at home permanently or for over 6 months during a year and sharing life economically with the household. Members of the household staying away from the household for over 6 months but keeping a close economic relation with the household by sending the majority of income to the household are regarded as resident population of the household. Government staff and workers or retirees living as close members of the household are also considered as resident population. However, servicemen, students of secondary technical schools or schools of higher education and persons with stable jobs and residence outside the household (excluding those visiting relatives or seeking medical service) are not included as resident population of the household. Resident population is used in calculating income, consumption, accumulation on per capita basis of rural households and in analyzing composition of rural households.

Full/Semi Labour Force Full labour force refers to persons capable of work, age d 18-50 for males and 18-45 for females. Semi labour force refers to persons cap able of work, aged 16-17 and 51-60 for males and 16-17 and 46-55 for females. Persons at their working ages but not capable of work are not to be included as labour force. Persons not at working ages but participating regularly in work are included in semi labour force. For staff and workers as resident population of the household, they are included as full or semi labour force of the household if they are in the labour force.

Total Income refers to the sum of income earned from various sources by the rural households and their members during the reference period, and is classified as income from wages and salaries, income from household operations, income from properties and income from transfers.

Income from Wages and Salaries refers to income from labour earned by the members of rural households employed by other units or individuals.

Income from Household Operations refers to income by the rural households as units of production and operations. Operations by rural households are classified by economic activities as agriculture, forestry, animal husbandry, fishery, manufacturing, construction, transportation, post and telecommunications, wholesale, retail and catering, social service, culture, education, health, and other household operations.

Income from Properties refers to the income received as returns by owners of financial assets or tangible non-productive assets by providing capitals or tangible non-productive assets to other institutional units.

Income from Transfers refers to the receipt by rural households and their members of goods, services, capitals or rights of assets without giving or repaying accordingly, excluding capitals provided to them for the formation of fixed assets. In general, it refers to all income received by rural households through redistribution.

Cash Income refers to income received by rural households and their members in the form of cash during the reference period. It is classified, by source of income, into income from wages and salaries, cash income from household operations , income from properties and income from transfers

Net Income refers to the total income of rural households from all sources minus all corresponding expenses. The formula for calculation is as follows:

Net income = total income - household operation expenses - taxes and fees - depreciation of fixed assets for production - subsidy for participating in household survey - gifts to non-rural relatives Net income is mainly used as input for reproduction and as consumption expenditure of the year, and also used for savings and non-compulsory expenses of various forms. “Per capita net income of farmers” is the level of net income averaged by population which reflects the average income level of rural households in a given area.

Production Capacity of Water Supply refers to the designed comprehensive production capacity of water facilities, covering the 4 links of water collection, purification, conveyance, and outflow through trunk pipelines. Increase capacity through transformation and innovation projects are included as well. The capacity is determined mainly on the weakest of the above-mentioned 4 links.

Length of Water Supply Pipelines at the Year–end refers to the total length of all the pipelines between the water pumps and the user's water meters, excluding pipelines newly installed but not used yet.

Annual Volume of Water Supply refers to the total volume of water supplied by water-works (units) during the reference period, including both the effective water supply and loss during the water supply.

Consumption of Water for Residential Use refers to the water consumption of households for daily life and the water consumption of public service facilities. The latter refers to water consumption for urban public services, including the consumption of government agencies and public institutions, military barracks, public facilities, wholesale and retail outlets, restaurants, hotels, and other units providing public services. Household water consumption refers to consumption of water for daily life of all households in the boundary of cities, including households of urban residents and farmers, and public water supply stations.

Percentage of Urban Population with Access to Tap Water refers to the ratio of the urban population with access to tap water to the total urban population. The formula is:

Percentage of population with access to tap water= (Urban population with access to tap water) / (Urban population)×100%

Production Capacity of Artificial Coal Gas refers to the comprehensive production capacity of the urban artificial coal gas in gas generation, purification and delivery at the end of the reference period, excluding capacity of the reserved facilities. In general, it is determined by the designed capacity, and when actual production capacity is larger than the designed capacity, the capacity is determined by the actual measurement on the weakest link in the production, purification and delivery .

Length of Gas Pipelines refers to the total length of pipelines in use between the outlet of the compressor of gas-work or outlet of gas stations and the leading pipe of users, excluding pipelines within gasworks, delivery stations, LPG storage stations, refilling stations, gas-mixing stations and supply stations.

Volume of Gas Supply refers to the total volume of gas provided to users by gas -producing enterprises (units) in a year, including the volume sold and the volume lost.

Percentage of Urban Population with Access to Gas refers to the ratio of the urban population with access to gas to the total urban population at the end of the reference period. The formula is:

Percentage of population with access to gas = (Urban population with access to g as / Urban population) × 100%

Heating Capacity in Urban Area refers to the designed capacity of heating enterprises (units) in supplying heating energy to urban users during the reference period.

Quantity of Heat Supplied in Urban Area refers to the total quantity of heat from steam and hot water supplied to urban users by heating enterprises (units) during the reference period.

Length of Heating Pipelines refers to the total length of steam or hot water pipelines for sources of heat to the leading pipelines of the buildings of the users, excluding internal pipelines in heat generating enterprises.

Length of Paved Roads at the Year-end refers to the length of roads with paved surface including squares bridges and tunnels connected with roads by the end of the year. Length of the roads is measured by the central lines for vehicles for paved roads with a width of 3.5 meters and over, including roads in open-ended factory compounds and residential quarters.

Urban Bridges refer to bridges built to cross over natural or man-made barriers , including bridges over rivers, overpasses for traffic and for pedestrian, underpasses for pedestrian, etc. Both permanent and semi-permanent bridges are included.

Length of Urban Sewage Pipes refers to the total length of general drainage, trunks. branch and inspection wells, connection wells, inlets and outlets, etc.

Daily Disposal Capacity of Urban Sewage refers to the designed 24 hour capacity of sewage disposal by the sewage treatment works or facilities

Number of Vehicles under Operation at the Year-end refers to the total number of vehicles under operation by public transport enterprises (units) at the end of the year, based on the records of operational vehicles by the enterprises (units).

Area of Urban Gardens and Green Areas refers to the total area occupied for green projects at the end of the reference period, including public green land, green land in residential quarters, green land attached to institutions, protection green land, production green land, roadside green land and forest in scenic spots. It does not include the following:

(1) Greenery and plants on roofs, balconies, indoors and vertical green areas;

(2) Forest, cultivated land, grassland, orchards and bamboo grooves that are for production purpose; and

(3) Water areas that are not included in urban master plan as green land.

Public Green Area refers to green areas open to the public such as municipal, community and neighborhood parks and roadside parks, including waters within park s. Neighborhood parks should occupy an area larger than 10,000 square meters, and the width of roadside parks should occupy an area larger than 400 square meter s, with a width of more that 8 meters.

Gross Output Value of Farming, Forestry, Animal Husbandry and Fishery refers to the total value of products of farming, forestry, animal husbandry and fishery, and total value of services rendered to support farming, forestry, animal husbandry and fishery activities. It reflects the total scale and results of agricultural production during a given period. Prior to 1957, China's gross agricultural output value included barnyard manure and handicraft products for self-consumption (clothes, shoes, stockings, and initial grain processing undertaken by peasants). Since 1958, cutting and felling of bamboo and trees by villages and other cooperative organizations under villages have been included in forestry; value of barnyard manure has been excluded from animal husbandry; self consumed handicrafts has been excluded from sideline occupations, while the output value of industries run by villages and cooperative organizations under village had been included in sideline occupations and the output value of fish catches by motor fishing boats has been added to fishery. Since 1980, the value of handicraft products made for sale by individuals in households had been added to sideline occupations. Since 1984, industries run by villages and under villages have been included in the sector of industry. Since 1993, the subdivision of sideline occupations has been canceled, and the hunting of wild animals has been classified into animal husbandry, and the gathering of wild plants and commodity industry run by rural household have been included in farming. A new industrial classification of economic activities was introduced in 2003. Under the new classification, value of services to farming, forestry, animal husbandry and fishery is included in the gross output value of agriculture, value of wood felling and transport is included in forestry, value of industrial output by rural households is not included in agriculture, and the collection of wild forest products is taken from agriculture and included in the forestry. The first agriculture census of China revealed some discrepancy between the production of animal products from the annual reports and that from the census. Efforts were made by the Rural Socio-economic Survey Organization of NBS to adjust the output value of animal husbandry to make the figures from the annual reports consistent with the census data.

Gross output value of agriculture is obtained by first multiplying the output of each product or by product by its price, resulting in the output value of each single item. For a small number of products, annual output of which is not available or difficult to get due to the long production (growing) process involved, the output value is estimated through an indirect approach. The sum of output value of all products of farming, forestry, animal husbandry and fishery is then equal to the gross output value of agriculture.

Grain Output refers to the total output in the whole country including grains produced by state farms, collective units, rural households, as well as by farms affiliated to industrial and mining enterprises and other production units. Grain includes rice, wheat, corn, sorghum, millet and other miscellaneous grains as well as tubers and bean. Output of beans refers to dry beans without pods. The output of tubers (sweet potatoes and potatoes, not including taros and cassava) was converted into that of grain at the ratio 4:1, i.e. 4 kilograms of fresh tube rs was equivalent to 1 kilogram of grain up to 1963. Since 1964 the ratio for conversion has been 5:1. Tubers supplied as vegetables (such as potatoes) in cities and suburbs are calculated as fresh vegetables and their output is not include d in the output of grain. Output of all other grains refers to husked grain.

Output of Oil–bearing Crops refers to the total product ion of oil-bearing crops of various kinds, including peanuts, (dry, in shell) rapeseeds, sesame, sunflower seeds, flax seeds, and other oil-bearing crops. Soybeans, oil-bearing woody plants, and wild oil-bearing crops are not included.

Output of Aquatic Products refers to catches of both artificially cultured and naturally grown aquatic products, including fish, shrimps, crabs and shellfish in sea and inland water as well as seaweed. Freshwater plants are not included. Output of Pork, Beef, and Mutton refers to the meat of slaughtered hogs, cattle, sheep and goats with head, feet, and offal taken away.

Number of Livestock or Poultry in Stock at Beginning (or End) refers to the total number of large animals, pigs, sheep, fowls, etc. raised by rural cooperative organizations, state farms, rural individuals, government agencies, schools, industrial and mining enterprises, army, and urban residents at the beginning (or end) of the reference period. Data reporting system and data adjustment are the same as that in the output of pork, beef and mutton.

Regularly Cultivated Land refers to farmland among the total land resources, which is exclusively used for farming and is under regular cultivation with harvest in normal years. Included are currently cultivated land, land that has been abandoned or put in idle for less than 3 years and could be re-used for cultivation at any time, and new-claimed land that has been put into cultivation for more than 3 years. According to statistical coverage, it includes the gouges, dykes, roads and ridges of field with 1 meter wide in Southern areas and 2 meters wide in Northern areas. Excluded under this category are steep slope land over 25 degrees under temporary cultivation, land (large or small plots) that is claimed along river bends, lake sides or banks of reservoirs, as well as land that has been designated under the "Green for Grain" programme of the state and provincial governments but is still temporarily under cultivation. The regularly cultivated land is the key protection land of the nation, an important indicator reflecting the comprehensive productivity of agriculture of China.

Sown Area of Crops refers to area of land sown or trans planted with crops regardless of being in cultivated area or non-cultivated area. Area of land re-sown due to natural disasters is also included. This is an important indicator that can reflect the utilization condition of the cultivated land in China.

Irrigated Area refers to areas that are effectively irrigated, i.e. level land, which has water source and complete sets of irrigation facilities to lift and move adequate water for irrigation purpose under normal conditions. Under normal conditions, irrigated area is the sum of watered fields and irrigated fields where irrigation systems or equipment have been installed for regular irrigation purpose. This important indicator reflects drought resistance capacity of the cultivated land in China.

Consumption of Chemical Fertilizers in Agriculture refers to the quantity of chemical fertilizers applied in agriculture in the year, including nitrogenous fertilizer, phosphate fertilizer, potash fertilizer, and compound fertilizer. The consumption of chemical fertilizers is required in calculation to convert the gross weight into weight containing 100% effective component (e.g. 100% nitrogen content in nitrogenous fertilizer, 100% phosphorous pent oxide contents in phosphate fertilizer, 100% potassium oxide contents in potash fertilizer). Compound fertilizer is converted with its major component. The formula is :

Volume of effective component= physical quantity×effective component of certain chemical fertilizer (%)

Total Power of Farm Machinery refers to total mechanical power of machinery used in farming, forestry, animal husbandry, and fishery, including ploughing, irrigation and drainage, harvesting, transport, plant protection, stock breeding, forestry and fishery. The power of internal combustion engines is required to convert horsepower into watts and the power of electric motors is required to be converted into watts. Machinery employed for non-agricultural purposes, such as the machines used in township run and village-run industry, construction, non-agricultural transport, scientific experiments and teaching, is excluded. Data are mainly from agricultural machinery agencies.

Rural Employed Persons refer to rural labor forces aged over 16 years old who are engaged in real production and management activities and receive payment in kind or wages, including those covered within the age frame and regularly participating in production activities, and those who are out of the range of age frame and also participating in production activities regularly. Excluding students studying in other places with their permanent residence registered in local areas , servicemen and persons incapable of working; also excluding those who are waiting for jobs and those engaged in household work. Persons employed are classified as rural employed persons; industrial employed persons; construction industry employed persons; transport, storage and telecommunications industries employed persons; whole sales and retail sales trade and catering industry employed persons and others according to the longest period of employment in major activities (or using income indicator when period of employment is the same).

Industry refers to the material production sector which is engaged in extraction of natural resources and processing and reprocessing of minerals and agricultural products, including (1) extraction of natural resources, such as mining, salt production (but not including hunting and fishing); (2) processing and reprocessing of farm and sideline produces, such as rice husking, flour milling, wine making, oil pressing, silk reeling, spinning and weaving, and leather making; (3) manufacture of industrial products, such as steel making, iron smelting, chemicals manufacturing, petroleum processing, machine building, timber processing; water and gas production and electricity generation and supply; (4) repairing of industrial products such as the repairing of machinery and means of transport (including cars).

Prior to 1984, the rural industry run by villages and cooperative organizations under village was classified into agriculture. Since 1984, it has been grouped into industry.

Units of industrial statistics survey corporate industrial enterprises with independent accounting system.

Corporate industrial enterprises with independent accounting system refer to enterprises engaging in industrial production activities, which meet the following requirements: ①They are established legally, having their own names, organizations, location, able to take civil liability; ②They possess and use their assets independently, assume liabilities, and are entitled to sign contracts with other units; ③They are financially independent and compile their own balance sheets . Enterprises covered in the industrial statistics in the Yearbook include following categories by their registration:

State–owned Enterprises refer to industrial enterprises where the means of production or income are owned by the state. Joint state-private industries and private industries, which existed before 1957, have been transformed into state industries. Statistics on these enterprises has been included in the state-owned industries since 1957 when separation of data was no longer necessary.

Collective–owned Enterprises refer to industrial enterprises where the means of production are owned collectively, including urban and rural enterprises invested by collectives and some enterprises which were formerly owned privately but have been registered in industrial and commercial administration agency as collective units through raising fund from the public.

Share–holding Cooperative Enterprises refer to economic units set up on co operative basis, with funding partly from members of the enterprise and partly from outside investment, where the operation and management is decided by the members who also participate in the production, and the distribution of income is based both on work (labour input) and on shares (capital input).

Joint–operation Enterprises refer to economic units that are established by joint investment by two or more corporate enterprises or institutions of the same or different types of ownership on voluntary, equal and mutual-beneficial basis. They include:

(a) state-owned joint-operation enterprises (joint operation between state- owned enterprises);

(b) collective joint-operation enterprises (joint operation between collective enterprises; and

(c) state-collective joint-operation enterprises (joint operation between state and collective enterprises).

Limited Liability Corporations refer to economic units registered in accordance with the Regulation of the People's Republic of China on the Management of Registration of Corporations, with capitals from 2 to 49 investors, each investor bears limited liability to the corporation depending on his/her holding of shares, and the corporation bears liability to its debt to the maximum of its total assets.

Share–holding Corporations Ltd. refer to economic units registered in accordance with the Regulation of the People's Republic of China on the Management of Registration of Corporate Enterprises, with total registered capitals divided into equal shares and raised through issuing stocks. Each investor bears limited liability to the corporation depending on the holding of shares, and the corporation bears liability to its debt to the maximum of its total assets.

Private Enterprises refer to economic units invested or controlled (by holding the majority of the shares) by natural persons who hire labours for profit- making activities. Included in this category are private limited liability corporations, private share-holding corporations Ltd., private partnership enterprises and private sole investment enterprises registered in accordance with the Corp oration Law, Partnership Enterprise Law and Tentative Regulation on Private Enterprises.

Enterprises with Funds from Hong Kong, Macao and Taiwan refers to all industrial enterprises registered as the joint-venture, cooperative, sole (exclusive) investment industrial enterprises and limited liability corporations with funds from Hong Kong, Macao and Taiwan.

Foreign Funded Enterprises refers to all industrial enterprises registered as the joint-venture, cooperative, sole (exclusive) investment industrial enterprises and limited liability corporations with foreign funds.

Light Industry refers to the industry that produces consumer goods and hand tools. It consists of two categories, depending on the materials used:

(1) Industries using farm products as raw materials. These are branches of light industry which directly or indirectly use farm products as basic raw materials, including the manufacture of food and beverages, tobacco processing, textile, clothing, fur and leather manufacturing, paper making, printing, etc.

(2) Industries using non farm products as raw materials. These are branches of light industry which use manufactured goods as raw materials, including the manufacture of cultural, educational articles and sports goods, chemicals, synthetic fiber, chemical products for daily use, glass products for daily use, metal products for daily use, hand tools, medical apparatus and instruments, and the manufacture of cultural and clerical machinery.

Heavy Industry refers to the industry which produces capital goods, and provides various sectors of the national economy with necessary material and technical basis. It consists of the following three branches according to the purpose of production or the use of products

(1) Mining, quarrying and logging industry refers to the industry that extracts natural resources, including extraction of petroleum, coal, metal and non-metal ores.

(2) Raw materials industry refers to the industry that provides various sectors of the national economy with raw materials, fuels and power. It includes smelting and processing of metals, coking and coke chemistry, chemical materials and building materials such as cement, plywood, and power, petroleum refining and coal dressing.

(3) Manufacturing industry refers to the industry that processes raw materials. It includes machine building industry which equips sectors of the national economy, industries of metal structure and cement products, industries producing means of agricultural production, such as chemical fertilizers and pesticides. According to the above principle of classification, the repairing trades which are engaged primarily in repairing products of heavy industry are classified into heavy industry while these engaged in repairing products of light industry are classified into light industry.

Value-added of Industry refers to the final results of industrial production of industrial enterprises in money terms during the reference period.

Industrial value-added can be calculated by two approaches: the production approach, i.e. gross industrial output value minus intermediate input plus value-added tax, and the income approach, i.e. income for various factors used in the course of production, including depreciation of fixed assets, remuneration of labourers, net of production tax, and operating surplus. Value-added of industry in the Yearbook is calculated by production approach as following:

Value-added of industry = gross industrial output - industrial intermediate input + value-added tax

(1) Gross industrial output: refers to the total achievements of industrial production during a given period. Gross industrial output includes value of finished products, income from external processing, and value of change in semi-finished products at the end and at the beginning of the reference period. Since 1995, it was substituted by the gross industrial output value by new method.

(2) Industrial intermediate input: refers to purchased goods and paid services consumed during the industrial production of enterprises. Fees paid for services include fees paid for the services provided by material production sectors

(industry, agriculture, wholesale and retail trade, construction, transport, post and telecommunications) and by non-material production sectors (insurance, banking, culture, education, scientific research, health and medical care, public administration, etc.). The determination of industrial intermediate input follows the principle that the goods and services must be purchased from outside and included in the gross industrial output, and that the goods and services are inputted into production and consumed (include low-value consumables) during the reference period.

Industrial intermediate input includes 5 components, namely direct consumption of materials, industrial intermediate input in manufacturing cost, industrial intermediate input in management cost, industrial intermediate input in marketing cost and expenditure on interest.

Capitals Obtained refers to capital actually received by the enterprise from investors that could be used as operational capitals for a long period. According to the current accounting system, capitals obtained can be classified by investors as state capital, collective capital, corporate capital, individual capital, capital from Hong Kong, Macao and Taiwan and foreign capital.

State capital:refers to capital which is formed through state-owned investment into the enterprise by government agencies or institutions that could represent the state in the investment.

Collective capital: refers to capital which is formed through state-owned investment into the enterprise by collective institutions or units that could represent the state in the investment.

Corporate capital: refers to capital which is formed through investment by other corporate units using assets which is at their disposal by law.

Individual capital: refers to capital which is formed through investment by individuals outside the enterprise or employees of the enterprise using their personal legal properties.

Capital from Hong Kong, Macao and Taiwan refers to capital which is formed through investment by investors from Hong Kong, Macao and Taiwan of China using their assets of various forms.

Foreign capital: refers to capital which is formed through investment by foreign investors.

Total Assets refer to all economic resources, in monetary terms, that is owned or controlled by enterprises, including properties, creditors equity and other economic rights of all forms. Classified by the degree of equitability, total assets include circulating assets, long-term investment, fixed assets, intangible assets and deferred assets, and other assets. Data on this indicator can be obtained by the year-end figures of total assets in the Assets and Liability Table of accounting records of enterprises.

Total Working Capitals refer to capitals which can be cashed in or spent or consumed in an operating cycle of one year or over one year, including cash, all kinds of deposits, short term investment, receivable and payable payment for goods or deposits.

Average Value of Working Capitals refers to the average value of all working capitals of the enterprise during the reference period. Original Value of Fixed Assets refers to the value of payment by the enterprise in building, purchasing installing reconstructing, expending or transforming a particular item of fixed assets. In general, it includes value of purchase, cost for packaging, transportation, installation, etc.

Annual Average of Net Value of Fixed Assets refer to average of the net value of fixed assets during the reference period, calculated with the following formula:

Annual Average of Net Value of Fixed Assets = sum of net value of fixed assets at the beginning and at the end of each month from January to December / 24.

Information on this indicator can be obtained from the beginning and ending figures of the original value of fixed assets and cumulative depreciation from the Assets and Liability Table of enterprises.

Net value of fixed assets refers to the original value of fixed assets minus depreciation over the years, i.e.

Net value of fixed assets = original value of fixed assets - cumulative depreciation

Total Liquid Liabilities refer to enterprises' total debt payable within an operating cycle of one year or over one year, including short-term loans, notes and accounts payable, advance payments received, wages and welfare funds payable, taxes and profit payable, other payables, fees received by advance payment, etc. Liquid liabilities feature in the short term of payment, immediate payment at the request of creditors, or payable within one year.

Total Long–term Liabilities refers to the debt payable within an operating cycle of one year or over one year. It is the capital that enterprises raised from creditors for the long-term use of enterprises in addition to capitals put into the enterprise by investors, and constitutes the economic liabilities that enterprises have to repay by assets or labour services, including long-term loans, pay able liabilities, long-term payable, other long-term liabilities, etc. Compared with the liquid liabilities, the long-term liabilities feature in large volume, longer term for repayment, and larger benefits for investors.

Creditors´ Equity refers to investors ownership of net assets of the enterprise , which is equal to the total assets of the enterprise minus its total liabilities, including the primary input actually received at the enterprise from investors, capital accumulation fund, surplus accumulation fund and undistributed profit. When the total of creditors' equity is less than zero, that indicates the liability of the enterprise is larger that its assets.

Sales Revenue of Industrial Products refers to the revenue from the sales of finished and semi-finished products and from rendering of industrial services by industrial enterprises during the reference period.

Cost of Industrial Products Sold refers to the actual cost of finished and semi- finished products sold and industrial services rendered by industrial enterprises during the reference period.

Tax and Extra Charges on Sales of Products refer to the tax on city maintenance and construction, consumption tax, resources tax and extra charges for education, which should be borne by the enterprises in selling products and providing industrial services during the reference period.

Total Profits refer to the final achievements of production and operation of the enterprises, represented by the total profits after deducting losses (loss is expressed by the negative figure). It is the sum of profits from operation, income from subsidies, investment earnings, net income from activities other than operation, and adjustment of profits and losses of previous years.

Value–added Tax Payable refers to the amount of the value-added tax which should be paid by the enterprises during the reference period. It is the sum of tax on sales, export rebate, and transferred tax on purchases of the current year, minus the tax on purchases of the current year. Value-added tax payable of small-size enterprises is determined by the taxable sales of the year multiplied by the tax rate.

Average Annual Number of Employed Persons Employed persons refer to all those who are employed in enterprises and receive remunerations therefrom, including currently working employees, retirees who are re-employed, teachers of local-run schools, as well as foreigners, staff from Hong Kong, Macao and Taiwan, part-time employees and persons with second job who are employed by the enterprise, and employees of other units temporarily working in the enterprises, but excluding former employees who left the enterprise with their employment records still kept by the enterprises.

Average number of employed persons refers to the number of employees everyday during the reference period, calculated with the following formula:

Monthly average number = sum of actual employees everyday in reference month/number of calendar dates in reference month

Quarterly average number = sum of monthly average number in reference quarter/3

Annual average number = sum of monthly average number in reference year/12

Ratio of Profits, Taxes and Interests to Average Assets reflects the profit-making capability of all assets of the enterprise and is a key indicator manifesting the performance and management and evaluating the profit-making potential of the enterprise. It is calculated as follows:

Ratio of Profits, Taxes and Interests to Average Assets (%) = [(total profits + total taxes + interest payment) / average assets] ×100%

In the above formula, total taxes is the sum of tax and extra charges on the sales of products and value-added tax payable; and average assets is the arithmetic mean of the sum of beginning assets and ending assets.

Ratio of Debts to Assets reflect both the operation risk and the capability of the enterprise in making use of the capital from the creditors. It is calculated as follows:

Ratio of Debts to Assets (%) = (total debts / total assets)×100%

Both assets and debts are figures at the end of the reference period.

Turnover of Working Capital refers to the number of times of turnover of working capital in a given period of time, which reflects the speed of the turnover of working capital of industrial enterprises, and is calculated as follows:

Turnover of Working Capital=(sales revenue of products) / (average balance of total working capital)

In the above formula, average balance of total working capital refers to the arithmetic mean of the sum of working capital at the beginning and at the end of the reference period.

Ratio of Profits to Total Industrial Costs refers to the ratio of profits realized in a given period to the total costs in the same period, which reflects the economic efficiency of input cost and is calculated as follows:

Ratio of Profits to Total Industrial Cost(%)=(total profits/ total costs)×100%

Total costs in the above formula is the sum of cost of products sold, marketing cost, management cost and financial cost.

Overall Labour Productivity of Industrial Enterprises reflects efficiency of production and economic results of labour input of enterprises. The formula used is :

Overall Labour Productivity=(value added of industry) / (average number of staff and workers)

Ratio of Sales to Gross Output Value reflects the degree at which industrial products are sold. It helps to analyze the linkage between production and sales an d the extent of the needs of the society that has been met by the supply of industrial products. It is calculated as follows:

Ratio of Sales to Gross Output Value=(Industrial sales / Gross industrial output value at current prices) ×100%

Statistical Unit in Construction refers to corporate enterprise engaged in the construction of buildings and structures and in the installation of equipment. A corporate construction enterprise should have qualification certificates with in dependent accounting system, and should meet the following 3 requirements: ① being set up in line with relevant legal basis, having its full name, organization and location, and capable of taking civil liabilities; ② independently possessing and using its assets and assuming its liabilities, and entitled to sign contracts with other institutions; and ③ making independent accounts of its profits and losses, and capable of compiling its own balance sheet.

Gross Output Value of Construction refers to total of construction products and services, expressed in money terms, produced or rendered by construction and installation enterprises during a given period of time. It includes:

(1) Output value of construction projects, that is the value of projects covered by the project budgets;

(2) Output value of installation projects, that is the value of the installation of equipment, (excluding the value of the equipment to be installed);

(3) Output value of others, that is the output value of construction industry excluding that of construction projects and installation projects. It includes: output value of repair of buildings and structures; output value of non-standard equipment manufacturing; overhead expenses received by contracted enterprises to the sub-contracted enterprises and the completed output value of construction activities that have no clear definition.

a. Output value of repair of buildings and structures, that is the value created through the repairs of buildings or structures, but does not include the value of buildings or structures being repaired and the value of the repair of product ion equipment;

b. Output value of manufactured non-standard equipment, that is the value of non -standard production equipment including raw materials and manufacturing cost made for the construction project (i.e., chemical plant; kettles or tanks used by refineries; various fillers, triangle tanks, valves used by mines), and the output value of equipment manufactured by subsidiary workshops.

Value–added of Construction refers to the final result of the activities of production and management of construction industry in monetary terms in the reference period. At present, the value-added of construction is calculated with the income approach, that is to say, it is the sum of income of various production factors in the production process. The formula is as follows:

Value-added of Construction=depreciation of fixed assets in the year + wages pay able + welfare expenses payable + insurance premium and tax for waiting for employment in the administrative expenses + taxes and surcharges on project settlement + profit.

Floor Space of Buildings Under Construction refers to floor space of buildings under construction during the reference period, including newly started buildings , buildings started earlier and continued during the reference period, and buildings suspended earlier but restarted during the reference period, buildings completed during the reference period, and buildings under construction and then sus pended during the reference period.

Floor Space of Buildings Completed refers to the floor space of buildings that are completed in the reference period in accordance with the requirements of the design, up to the standard for putting them into use, and have been checked and accepted by concerned departments as qualified ones.

Total Number of Machinery and Equipment Owned by the End of Year refers to the number of machines and equipment owned by the enterprises, and listed as the fixed assets of the enterprises by the end of the year, including machinery and equipment for construction, production and transportation and other equipment.

Total Power of Machinery and Equipment Owned by the End of Year refers to the total power of machinery and equipment owned by the enterprises, and listed as the fixed assets of the enterprises by the end of the year, including machinery and equipment for construction, production and transportation and other equipment.

The power of the machinery is calculated on basis of the designed or verified capacity, covering the power of the machinery/equipment and the separate power equipment serving the machinery/equipment (such as electric motors), but excluding welders, transformers and boilers. The unit used for the calculation of power is kilowatt, with horsepower converted to kilowatt by 1 horsepower=0.735 kilowatt.

Income from Settlement of Projects refers to the income receive d by the construction enterprise from the contracted project through settlement procedures, and other charges to the contractee as operational costs in addition to the value of the project, such as temporary facility fee, labour insurance premium, moving co st of construction equipment, as well as various types of claims to the contractee.

Profit from Settlement of Projects refers to profit realized through settled projects. It is calculated with the following formula:

Profit from Settlement of Projects=Income from Settlement of Projects - Settled Cost - Settled Taxes and Other Cost

Total Revenue of Enterprises refers to the sum of income from production and operation of enterprises, including income from settlement of projects and other operational income, namely:

Total Revenue of Enterprises=Income from Settlement of Projects + Other Operational Income

Length of Railways in Operation refers to the total length of the trunk line under passenger and freight transportation (including both full operation and temporary operation). The calculation is based on the actual length of the first line even if this line has a full or partial double track or more tracks, excluding double tracks, station sidings, tracks under the charge of stations, branch lines, special-purpose lines and the non-payable connecting lines. The length of railways in operation is an important indicator to show the development of the infrastructure for the railway transport, and also the essential data to calculate volume of passenger freight transport, traffic density and utilization efficiency of the locomotives and carriages.

Length of Electrified Railways refers to the length of the section of railways in operation in which the power supply lines and other equipment are installed for the running of electrified locomotives. The proportion of the length of electrified railways to the total length of railways in operation is an important indicator to show the modernization of railways.

Automatic–blocking and Semi–automatic–blocking Length of Railways refer to length of railways installed with equipment to perform automatic or manual blocking of trains. Blocking is a spacing technique by which a section of the railway only allows one train to pass at a time in the aim of ensuring the traffic safety. the proportion of automatic/semi-automatic blocking length to the total length of railways in operation is an important indicator to show the modernization of railways.

Length of Highways refers to the length of highways which are built in conformity with the grades specified by the highway engineering standard formulated by the Ministry of Communications, and have been formally checked and accepted by the departments of highways and put into use. The length of highways includes that of the suburb highways at large and medium-sized cities, highways passing through streets at small cities and towns, and also the length of bridges and ferries. It does not include the length of streets in big and medium-sized cities and highways built for the production purpose at factories, mines, forest areas and agricultural areas. If two or more highways go the same section of the way, the length of the section is only calculated for once and no duplication is allowed . The length of highways is an important indicator to show the development of the highway construction and to provide essential information to calculate the transport network density.

Length of Navigable Inland Waterways it is an indicator reflecting the size and development of inland water network, it refers to the length of the natural rive rs, lakes, reservoirs, canals, and ditches open to navigation during a given period, which enables the transport by ships and rafts. It includes the channels op en to navigation for over an accumulative 3 months in a year, yet this does not include the river courses, which are only used to float odd logs and bamboo rafts. This indicator can reflect the scale, level and development situation of the inland waterway network.

Length of Civil Aviation Routes refers to the length of all routes for regular civil aviation flights. There are usually two ways to calculate the distance between airports connected by the route length: One is to put the length of all air routes together, called duplicated calculation of the length of the routes; the other is not to allow the duplication in calculation when two or more routes pas sing the same section of aviation routes. The latter is usually used, as it can precisely show the size of the civil aviation network and indicate the extent of civil aviation serving the national economy and the people.

Length of Oil (Gas) Pipelines used as an indicator to show the development, scale and level of the pipeline transportation, it refers to the actual transport distance of oil (or gas) products, and is in general calculated in the length of single pipeline. If the length of the double pipelines and alternate pipeline a re included, it is called the extension length of the oil (gas) pipelines, which indicates the actual length of the pipelines built, excluding double pipelines. Freight (Passenger) Traffic refers to the volume of freight (passenger) transported with various means. Freight transport is calculated in tons and passenger traffic is calculated in the number of persons. Despite the type of freight and traveling distance, the freight transport is calculated in the actual weight of the goods: and despite the traveling distance and ticket price, the passenger traffic is calculated by the principle that one person can be counted only once in one travel. The passengers who travel with a half price ticket or a child ticket is also calculated as one person. The freight (passenger) traffic provides a quantitative measure to show how the transport industry serves the national economy and people, and is also an important indicator for planning the transport industry and for studying the development scale and speed of the transport industry.

Freight (Passenger) Traffic Density refers to the freight (passenger) traffic volume carried by a particular means of transportation during a given period through one kilometer of a specific section of transportation route. The formula is as follows:

Freight (Passenger) traffic density= [freight ton-kilometers (passenger-kilometers)] / (length of route in operation)

Freight (passenger) traffic density reflects the degree of business of freight (passenger) traffic on transportation routes, and therefore provides important in formation for balancing transport capability, planning construction and upgrading of transport routes and studying the distribution of transport network.

Freight Ton-kilometers (Passenger-kilometers) refer to the sum of the products of the volume of transported cargo (passengers) multiplying by the transport distance. It is an important indicator to reflect the achievement of transportation industry. Normally, the shortest distance between the departure station and the destination station (i.e., the payable distance) is the basis to calculate the freight ton-kilometers. This is an important indicator to show the total results of the transport industry, to prepare and examine the transport plan and to measure the efficiency, the labour productivity and the unit cost of transport.

The formula is as follows:

Freight ton-kilometers (passenger-kilometers) =∑ {freight (passenger) traffic×distance of transportation}

Static Load of Freight Cars refers to the average cargo weight as loaded by each freight car under the static condition at the departure station. It is used to show the utilization extent of the loading capacity of the freight cars. The formula is:

Static load (ton) of freight car=(tonnage of goods dispatched) / (number of freight cars loaded)

The static load of freight cars is determined by the nature and type of goods loaded, the type of vehicles, and the technique of loading. The difference between the average marked load and the static load of freight cars reflects the utilization of loading capacity of freight cars. For its calculation the following formula is applied:

Utilization rate of capacity of freight cars(%)= [(Average static load) / (Average marked load)] ×100%

Average Daily Haul of Freight Locomotives refers to the average total ton-kilometers accomplished by each freight transport locomotive over day and night during a given period of time. It includes both the weight of the goods carried and the dead weight of the train itself. It is a comprehensive indicator reflecting the locomotive efficiency in terms of both time and the pulling force.

Average daily haul of freight transport locomotive (ton-kilometer)=(Total ton/kilometers of freight) / (Daily number of freight transport locomotive)

Volume of Freight Handled in Major Coastal Ports refers to the volume of cargo passing in and out the harbor area of the major coastal ports and having been loaded and unloaded. The volume includes that of the postal matters, registered luggage and fuel, materials and fresh water as supplies of the ships. The volume of freight handled may be classified by direction of flow as freight for import and freight for export, or by nature of cargo as freight for domestic trade and freight for foreign trade. As an important indicator, the volume of freight handled by type of cargo and by main flow direction reflects the production capacity of ports.

Possession of Civil Motor Vehicles refer to the total numbers of vehicles that are registered and received vehicles' license tags according to the Work Standard for Motor Vehicles Registration formulated by transport management office under department of public security at the end of reference period. They are divided into following categories according to the structure of motor vehicles: passenger vehicles, trucks and others; and private vehicles and vehicles for units use according to ownership; working vehicles, non-working vehicles and special motor vehicles according to kind of usage; large passenger vehicles, medium passenger vehicles and small passenger vehicles, heavy trucks, light-heavy trucks and light trucks according to sizes of vehicles.

Business Volume of Post and Telecommunications refers to the total amount of post and telecommunication services, expressed in value terms, provided by the post and telecommunications departments for the society. Post and telecommunication services can be classified as letters, parcels, remittance, issue of newspapers and magazines, fast mail service, express mail service, savings deposits, stamps for collection, public and individual telegraph service, facsimiles, long-distance telephone service, leasing of telephone lines, urban paging service, mobile telephone service, data transfer and transmission, etc. The accounting approach is to multiply the service products of all types with their average unit price (constant price) to get sum of business value, plus income from other services such as leasing of telephone lines and equipment, maintenance of telephone switchboards and lines on behalf of customers. This indicator reflects the overall results of post and telecommunications service during a given period, and is important to study the composition of business service and the development of post and telecommunications service.

The formula is as follows:

Business volume of post and telecommunications=∑(Transaction of post and telecommunication service × constant price) + Income from leasing, maintenance and other services

Mobile Telephone Subscribers refer to the persons who own mobile telephone numbers and are connected with the mobile telephone communication network through the mobile telephone switchboards, including contracted subscribers and pre-paid subscribers for intelligent network. One mobile telephone is taken as a subscriber .

Internet Users refer to the number of Chinese citizens who use Internet at least for one hour each week.

Local Telephone Subscribers refer to subscribers that a re connected to the local telecommunication service provider through fix line network, including household subscribers, institutional subscribers and public telephones. They are also classified as city subscribers and rural subscribers according to locations. Before 1997, city subscribers referred to those connected to city telephone networks in county towns and cities, while village subscribers referred to those connected to village telephone stations at and below counties. Since 1997, the classification of telephone subscribers was modified on the basis of physical location of the subscribers as urban telephone subscribers and rural telephone subscribers, which is different from the previous classification of categorizing local telephones and rural telephones, while the definition of total subscribers and total number of telephones remain unchanged.

Urban Telephone Subscribers refer to number of telephone subscribers, located at municipalities, cities under the jurisdiction of province, cities at prefecture level, downtown and suburb of city at county level town and county towns (including country towns where county government located, and towns of county level according to the administrative organizational system), that are connected to the public line telephone network, including rural mineral area, forest area, military area.

Rural Telephone Subscribers refer to telephone subscribers, located at counties (towns) and villages outside the range of cities according to administrative jurisdiction.

Household Telephone Subscribers refer to telephone sets installed in the dwelling units of urban or rural residents, and registered as residence subscribers for payment, including 3 types of payment for the service: private payment, public payment and free service.

Capacity of Long Distance Telephone Exchanges refer to the rated capacity of telephone exchanges to connect long distance telephone network, including capacity of international telephone exchanges.

Capacity of Office Telephone Exchanges refer to the capacity (measured in gate) of telephone exchanges installed in the offices of telecommunication service providers for communication between fixed telephones. It includes the capacity of both manual and automatic exchanges in use and for stand-by purpose, excluding the capacity of subscribers' exchanges.

Capacity of Mobile Telephone Exchanges refers to the capacity of the maximum services provided to subscribers at one time basing on a certain model and transacting capacity of the mobile telephone exchanges.

Total Retail Sales of Consumer Goods refer to the sum of retail sales of commodities sold by wholesale, retail, catering, publishing, post and telecommunications and other service industries to urban and rural households for private consumption and to social institutions for public consumption. Retail sales of consumer goods include:

A. Sales by wholesale and retail units:

1. of consumer goods sold to urban and rural households

2. of commodities sold to foreigners, overseas Chinese and Chinese compatriots from Hong Kong, Macao and Taiwan visiting in China

3. of commodities sold to government agencies, institutions, social organizations, military and armed police units, and commodities sold to enterprises in the form of retail sales. More specifically, they include: office facilities and articles for non-production purposes such as communications equipment, computing equipment and instruments, TV and network equipment, printing and copying equipment , audio-visual equipment and instruments, paper, notebooks, stationeries, furniture, electric appliances, knitwear, sanitation and cleaning articles, cultural and sport articles, articles for prizes, souvenirs, etc.; transport vehicles and fuels for employees; materials, spare parts and tools for the maintenance of office facilities; equipment, fuels, materials and food for winter heating or summer cooling purposes; articles and equipment for teaching purpose; Chinese and western medicines and medical equipment and facilities purchased by non profit-making medical institutes; non-specialized work safety articles; cooking utensils, tableware, equipment, cleaning articles, food and fuels purchased by internal cafeterias; clothes and personal articles purchased by military or armed police units for their officials and soldiers; and other equipment and articles for non-production purposes.

B. Sales of stable food, cooked dishes, beverages, tobaccos and other articles by catering units.

C. Sales of books, newspapers, magazines, audio-visual products and post products by publishing, post and telecommunications departments to urban and rural households and to enterprises, institutions, military and armed police units.

D. Sales of food, beverages, tobaccos, clothing, hats, footwear, articles for daily use, medicines, medical and health articles, work of art, handicrafts, toys, funeral articles and other articles by other service industries.

Total Purchases of Commodities refer to the total value of purchases of commodities by the enterprises (establishments) from other establishments or individuals (including direct import from abroad) for the purpose of re-selling, either with or without further processing of the commodities purchased. This indicator is used to show the total value of purchases of commodities by wholesale and retail establishments from domestic and overseas markets. The total purchases include: (1) agricultural and industrial products purchased from producers; (2) books, magazines and newspapers purchased from distribution departments of the publishers; (3) commodities purchased from wholesale and retail establishments of different status of registration; (4) commodities purchased from other units, such as surplus materials purchased from government agencies, enterprises or institutions , commodities purchased from catering and service establishments, confiscated goods purchased from customs authorities or market management agencies, second-hand goods and wastes purchased from residents; and (5) commodities directly imported from abroad. Excluded are commodities purchased by enterprises (establishments) for use in their own business operation, commodities obtained without buying or selling procedures, rejected commodities, etc.

Total Sales of Commodities refer to value of commodities sold by the establishments to other establishments and individuals (including direct export). This indicator is used to show the total value of sales of commodities at domestic markets and export. The total sales include: (1) commodities sold to urban and rural residents and social groups for their consumption; (2) commodities sold to establishments in industry, agriculture, construction, transportation,post and telecommunications, wholesale and retail trades, catering trade and public utility for their production and operation; (3) commodities sold to wholesale and retail establishments for reselling, with or without further processing; and

(4)commodities for direct export to other countries. Excluded are selling of waste packaging materials used by the establishments (units) themselves, commodities transfer red without buying or selling procedures, commission income from brokerage in transactions whose settlement is directly handled by buyers and sellers, rejected commodities in the purchase, loss in commodities, etc.

Commodity Stock of Wholesale and Retail Enterprises refers to total commodities possessed by wholesale and retail enterprises (units) of various types of registration status at the end of the reference period, which reflects the commodity stock level of various wholesale and retail enterprises and the potential for market supply. It includes: (1) commodities located in storage, garages, counters, and shelves of operating units (such as sale stores, wholesale centers, and operating offices) of wholesale and retail enterprises; (2) commodities in the process of selecting, sorting, and packing; (3) commodities not arrived but recorded as purchase in the account, i.e. commodities not arrived but payment receipts for the commodities from the sellers or the banks arrived; (4) commodities deposit ed in other places rather than places mentioned above, for instance: commodities in the hold of purchasers temporarily due to the refusal of payment and commodities not taken back after going through the formalities; (5) commodities entrust ed to other units to sell but not sold yet; (6) commodities purchased for other units but not delivered yet. Commodities not included as stock are those not owned by the enterprises (units), those allocated to financially independent factories rather than wholesale and retail enterprises for processing but not taken back yet, and finally those put in stock by wholesale and retail enterprises on behalf of the state material reserves units.

For the calculation of the value of commodities stock, the value is calculated at purchasing prices in agricultural goods purchasing units and wholesale units, and at the accounting prices in retail units.

Business Income of Catering Industry refer to the total turnover of catering businesses, establishments or individuals, including retail sales and other services income. It reflects the operational and managerial conditions and development trend of catering businesses, establishments and individuals in this sector.

Retail Sales of Commodities in Catering Industry refer to retail sales to residents and social groups by catering enterprises, establishments and individual, including: (1) various food sold after cooking and processing, such as: staple food, cooked dishes, cold and dressed dishes and so on. (2) re-selling commodities without further processing, such as beverages, tobaccos, cooked food, fruits and so on. (3) food and other commodities sold in affiliated shops without independent accounting system.

Volume of Transaction at Consumer Goods Markets refers to the value of transaction of all goods at consumer goods markets in the country, including both markets for farm and sideline products and for industrial consumption goods.

Volume of Transaction at Large Commodity Markets (with transaction value over 100 million yuan) refers to markets approved by the industrial and commercial administration departments, which specialize in wholesale and retail of commodities with an annual sales of over 100 million yuan. The sum of sales of all sellers in the markets makes up the transaction value of the markets.

Chain Enterprises (also called chain stores or chain corporations) refer to a form of joint economic entities under which scattered enterprises or establishments engaged in providing homogeneous commodities or services, with the central leadership of core enterprise or headquarters and guided by common policies, conduct centralized purchase and distributed selling of commodities, in order to gain better efficiency through standardized operation. Consisting of a number of bran ch stores, the chain stores have in general following features: (1) homogeneous commodities, (2) unique name of stores, (3) centralized purchase and delivery which is separated from distributed selling operation (most commodities are delivered from the headquarters except some items which, from logistics, quality or freshness considerations, might be delivered by the suppliers directly).

Chain stores have two categories:

(a) Chain stores under direct management: These are formal chain stores invested or controlled by the headquarters. They operate under the direct and unified management from the headquarters.

(b) Chain stores through license arrangement: Through contracts, chain stores (their owners) obtain licenses from the headquarters to use designated trade marks, names, operation know-how, and to sell the commodity developed by the headquarters. Under this arrangement, each store in the chain is an independent legal entity and operates under the guidance from the headquarters.

Total Imports and Exports at Customs refer to the real value of commodities imported into and exported from the boundary of China. They include the actual imports and exports through foreign trade, imported and exported goods under the processing and assembling trades and materials, supplies and gifts as aid given gratis between governments and by the United Nations and other international organizations, and contributions donated by overseas Chinese, compatriots in Hong Kong and Macao and Chinese with foreign citizenship, leasing commodities owned by tenant at the expiration of leasing period, the imported and exported commodities processed with imported materials, commodities trading in border areas (excluding mutual exchange goods), the imported and exported commodities and articles for public use of the Sino-foreign joint ventures, cooperative enterprises and ventures exclusively with foreign own investment. Also included are import or export of samples and advertising goods for whose CIF or FOB value are beyond the permitted ceiling (excluding goods of no trading or use value and free commodities for export), imported goods sold in China from bonded warehouses and other imported or exported goods. The indicator of the total imports and exports at customs can be used to observe the total size of external trade in a country. In accordance with the stipulation of the Chinese government, imports are calculated at CIF , while exports are calculated at FOB.

Import Export Value by Location of China's Foreign Trade Managing Units refers to actual value of imports and exports carried out by corporations which have been registered by the local customhouse and are vested with right to run import export business.

Import Value of Commodities by the Places of their Destination and Export Value of Commodities by the Places of their Origin in China: The former indicator refers to the value of import commodities of the places of their consumption, utilization or the places of their final destination. The latter indicator refers to the value of export commodities of the places of their origin or the places of the commodities dispatched.

Contracted Projects with Foreign Countries refer to projects undertaken by Chinese contractors (project contracting companies) through bidding process. They include: (1) overseas civil engineering construction projects financed by foreign investors; (2) overseas projects financed by the Chinese government through its foreign aid programs; (3) construction projects of Chinese diplomatic missions, trade offices and other institutions stationed abroad; (4)construction projects in China financed by foreign investment; (5) sub-contracted projects to be taken by Chinese contractors through a joint umbrella project with foreign contractor; (6) housing development projects. The business income from international contracted projects is the work volume of contracted projects completed during the reference period, expressed in monetary terms, including completed work on projects signed in previous years.

Service Cooperation with Foreign Countries refers to the activities of providing technology and labour services to employers or contractors in the forms of receiving salaries and wages. Labour services providing by contractual joint ventures of Chinese international contracting corporations should be included in the statistics of service co-operation with foreign countries. The business income of labour service cooperation is the income in the form of wages and salaries, overtime pay, bonuses and other remuneration received from the employers during the reference period.

Overseas Design and Consultation Service refers to projects with charges for technical services from overseas operators. It includes geographic and topographic mapping, geological resource prospecting and survey, planning of construction areas, provision of design documents, blueprints, materials on production process and techniques, as well as engineering, technical and economic consultation, and feasibility study, research and evaluation of projects. Also included under this category are the above-mentioned services of foreign-financed projects in Chin a that are paid in foreign currencies.

Number of Tourists

(1) International tourists refer to foreigners, overseas Chinese, Chinese compatriots from Hong Kong, Macao and Taiwan coming to China for sight-seeing, visits, tours, family reunions, vacations, study tours, conferences and other activities of a business, scientific and technological, cultural, educational and religious nature. It does not include representatives and employees of resident institutions of foreign countries in China such as embassies, consulates, news agencies and offices of foreign companies and organizations, nor does it include long-term foreign experts or students residing in China, or persons in transition without spending a night in China.

(2) Chinese residents going abroad refer to Chinese residents going abroad for short terms for either public business or private purposes. Chinese employees working on international transport carriers are included in those going abroad for public business purpose, not in those for private purpose.

(3) Domestic tourists refer to residents of the mainland of China who stay for one night at least but no more than 6 months at tourist facilities in other places than their permanent residence within the territory of the mainland China, including foreigners, overseas Chinese and Chinese compatriots from Hong Kong, Macao and Taiwan who have resided in China for over one year.

Foreign Exchange Earnings from International Tourism refer to the total expenditures of foreigners, overseas Chinese, Chinese compatriots from Hong Kong, Macao and Taiwan during their stay in the mainland of China, which are earnings of foreign exchange from international tourism from the point of view from China.

International Travel Agencies refer to travel agencies engaged in the promotion, solicitation, organization and reception of tours to the mainland of China by foreigners, overseas Chinese, Chinese compatriots from Hong Kong, Macao and Taiwan.

Domestic Travel Agencies refer to travel agencies engaged in the promotion, solicitation, organization and reception of domestic tourists, and in the reception of foreigners, overseas Chinese, Chinese compatriots from Hong Kong, Macao and Taiwan organized by international travel agencies or other departments concerned, without their own promotion and solicitation programme.

Star–Hotels refer to hotels rated with stars.

Regular Institutions of Higher Learning refer to educational establishments set up according to the government evaluation and approval procedures, enrolling graduates from senior secondary schools and providing higher education courses and training for senior professionals. They include full-time universities, colleges , high professional schools, high professional vocational schools and others.

Universities and colleges are mainly providing undergraduate courses; those high professional schools and high professional vocational schools are mainly providing professional training; and others refer to educational establishments, which are responsible for enrolling students but not covered in the total number of schools, including: branch schools of universities and colleges, and universities and colleges that have been proved and prepared to construct.

Institutions of Higher Learning for Adults refer to educational establishments, set up in line with relevant rules approved by the government, enrolling staff and workers with senior secondary school or equivalent education, and providing higher education courses in many forms of correspondence, spare time, or full time for adults. Professionals thus trained receive a qualification equivalent to graduates studying regular courses at regular universities, colleges and professional colleges. Institutions of higher learning for adults include schools of high education for staff and workers, schools of high education for peasants, colleges for management cadres, pedagogical colleges, independent correspondence colleges, Radio and TV universities and other educational establishments. Other educational establishments are responsible for enrolling adult students but not cove red in the number of schools.

Enrollment Rate of Primary School Age Children refers to the proportion of school age children enrolled at schools to the total number of school age children both in and outside schools (including retarded children, but excluding blind, deaf and mute children). The formula is:

Enrollment Rate of Primary School-age Children = (Total Primary School-age Children at Schools)/(Total Primary School age Children Both at and Outside Schools) × 100%

Scientific and Technological Activities (S&T Activities) refer to organized activities which are closely related with the creation, development, dissemination and application of the scientific and technical knowledge in the fields of natural sciences, agricultural science, medical science, engineering and technological science, humanities and social sciences (referred to as scientific and technological fields). S&T activities can be classified in to 3 categories: research and development (R&D) activities, application of R&D results, and related S&T services. This statistical definition is made by UNICHIEF for scientific and technological activities to meet the need of carrying out statistical work in this field for its member countries in particular those developing countries.

Personnel Engaged in S&T Activities refer to personnel directly engaged in S&T activities, in the management of S&T activities, and in providing direct service to S&T activities, who spend over 10% of the total working hours in a year in S&T activities. (1) Personnel directly engaged in S&T activities include researchers, engineers, technicians and other related personnel engaged in S&T activities in independent-accounting R&D institutions, institutions of higher learning, an d in research institutes, laboratories, technology development centers and central experiment workshops under enterprises and institutions. Also included are people working in S&T research project teams, professional and technical personnel working in S&T information archiving institutes, and graduate students working on the design of their thesis. (2) Personnel engaged in the management of S&T activities and in providing direct service to S&T activities include senior management people responsible for S&T activities in independent-accounting R&D institutions, S&T information archiving institutes, institutions of higher learning, and in enterprises and institutions where S&T activities are undertaken. Also included are people responsible for the planning, administration, personnel management, financial management, logistics supply, equipment maintenance, information and library management that are related with S&T activities. People providing indirect services are excluded, such as security, medical service, drivers, plumbers, cleaners and those providing catering and related service. This indicator reflects the size of personnel engaged in S&T activities.

Scientists and Engineers refer to persons engaged in S&T activities who have obtained titles of senior and middle level professional positions, and those without such position but have completed university or higher education. This indicator reflects the quality of personnel engaged in S&T activities.

Research and Development (R&D) refers to systematic and creative activities in the field of science and technology aiming at increasing the knowledge and using the knowledge for new application. R&D includes 3 categories of activities: basic research, applied research and experiments and development. The scale and intensity of R&D are widely used internationally to reflect the strength of S&T and the core competitiveness of a country in the world.

Basic Research refers to empirical or theoretical research aiming at obtaining new knowledge on the fundamental principles of phenomena of observable facts to reveal the nature and law of movement of objects and to acquire new discoveries or new theories. Basic research takes no specific or designated application as the aim of the research. Results of basic research are mainly released or disseminated in the form of scientific papers or monographs. This indicator reflects the original innovation capacity of knowledge.

Applied Research refers to creative research aiming at obtaining new knowledge on a specific objective or target. Purpose of the applied research is to identify the possible use of results from basic research, or to explore new (fundamental) methods or new approaches. Results of applied research are expressed in the form of scientific papers, monographs, fundamental models or invention patents. This indicator reflects the exploration of ways to apply the results of basic research.

Experiments and Development refer to systematic activities aiming at using the knowledge from basic and applied researches or from practical experience to develop new products, materials and equipment, to establish new production process, systems and services, or to make substantial improvement on the existing products , process or services. Results of experiment and development activities are embodied in patents, exclusive technology, and monotype of new products or equipment . In social sciences, experiment and development activities refer to the process of converting the knowledge from basic or applied researches into feasible programme (including conduct of demonstration projects for assessment and evaluation). There are no experiment and development activities in the science of humanities. This indicator reflects the capability of transferring the results of S&T into technique and products, which is the materialized measurement of S&T pushing forward the economic and social development.

R&D Personnel refer to persons engaged in research, management and supporting activities of R&D, including persons in the project teams, persons engaged in the management of S&T activities of enterprises and supporting staff providing direct service to the research projects. This indicator reflects the size of personnel engaged in R&D activities with independent intellectual property.

Professional and Technical Personnel refer to persons engaged in professional and technical work or in the management of professional and technical activities, i.e., people with professional or technical positions who are engaged in professional and technical work or in the management of professional and technical activities, and people without professional or technical positions but are working on professional or technical posts. They include professionals and technicians working in 17 categories of technical occupations including engineering, agriculture, scientific researches, medical service, teaching, economic research and application, accounting, statistics, translation, libraries, archives, cultural and museum service, journalism and publication, lawyers, notarization service, radio and television broadcasting, handicraft and fine arts, sports, performing art, and political workers in enterprises. This indicator reflects the condition of human resources in S&T.

Funding for S&T Activities refers to funds obtained from various sources for S&T activities, including government funds, self-raised funds by enterprises, self-raised funds by institutions, loans from financial institutions, foreign funds and other funds. This indicator reflects the efforts made by various social economic entities in promoting the development of S&T.

Government Funds refer to funds obtained from government agencies at all levels to be used for S&T activities, including fund for scientific undertakings, 3 kinds of fund for S&T activities, fund for capital construction for scientific researches, science fund, funds from education expenditures by education departments for S&T activities, and extra-budget fund from government agencies for S&T activities.

Self-raised Funds by Enterprises refers to self-raised funds by enterprises from their own expenditure or from other enterprises and funds received by universities or research institutions from enterprises for scientific research or technical development projects. Excluded in this category are funds from government agencies, financial institutions or from foreign institutions.

Loans from Financial Institutions refer to loans from various financial institutions for S&T activities.

Internal Expenditures on S&T activities refer to the actual expenditures on S&T activities during the reference year, including service fees, expenditure on research activities, expenditure on research management, purchase or construction of fixed assets not included in the investment for capital construction, expenditure on capital construction for scientific researches, and other expenditures on S&T activities. Not included are expenditure on production activities,repayment of loans and transfer expenditure. This indicator reflects the real accomplishment of input in S&T.

Service Fees refer to direct or indirect payment, in ca sh or in kind, made to personnel engaged in S&T activities as remuneration and other fees. They include, in various forms, salaries, subsidies, bonus, benefits, retirement pension, stipend, etc. This indicator reflects the improvement of treatment toward S&T personnel.

Purchase or Construction of Fixed Assets refers to the fixed assets purchased or constructed using funds other than the investment in capital construction, and the actual expenditure on capital construction for scientific researches. In other words, it is the sum of the actual expenditure on fixed assets and the accomplished investment in capital construction for scientific researches. Fixed assets refer to main materials and equipment, literature and documents in libraries, materials for experiments, specimen, instruments, furniture, buildings and constructions that can be used for a long time without changing the form and shape of those articles or constructions. This indicator reflects the input in improving the condition of S&T and the means of scientific research.

New Products refer to new products produced with new technology and new design, or products that represent noticeable improvement in terms of structure, material, or production process so as to improve significantly the character or function of the older versions. They include new products certified by relevant government agencies within the period of certification, as well as new products designed and produced by enterprises within a year without certification by government agencies. This indicator reflects the direct contribution of S&T output to economic growth.

Patent is an abbreviation for the patent right and refers to the exclusive right of ownership by the inventors or designers for the creation or inventions, given from the patent offices after due process of assessment and approval in accordance with the Patent Law. Patents are granted for inventions, utility models and designs. This indicator reflects the achievements of S&T and design with independent intellectual property.

Inventions refer to the new technical proposals to the products or methods or their modifications. This is universal core indicator reflecting the technologies with independent intellectual property.

Utility Models refer to the practical and new technical proposals on the shape and structure of the product or the combination of both. This indicator reflects the condition of technological results with certain technical content.

Designs refer to the aesthetics and industrially applicable new designs for the shape, pattern and color of the product, or their combinations. This indicator reflects the appearance design achievements with independent intellectual property.

Cultural Institutions refer to units, which have their own organizational system and independent accounting system and specialize in or serve cultural development. They exclude other establishments run by these cultural institutions and amateur cultural groups established by various departments. This indicator reflects the development of cultural units.

Art Troupe refers to the troupe which is engaged in drama, opera, music, dance, acrobatics or other art performance, opens independent accounts with banks and has self-supporting accounting system; excluding the troupes which are engaged partly in industrial or agricultural activities, partly in art performance and the professional troupes organized by the people.

Number of Audience at Art Performance refers to the number of attendants at commercial shows, completely booked shows or free shows given in minority national areas, and does not include the number of spectators at rehearsals for examination and internal shows for study.

Number of Athletes in Grades refers to the number of athletes who have been given titles through examination. The titles of athletes include international masters of sports, masters of sports, first-grade, second-grade and third-grade sportsmen and young athletes. This indicator reflects skill of the athletes.

Number of Referees in Grades refers to the number of referees who have been given titles after examination. They are classified as international referees, national referees and referees of the first, second and third grades. This indicator reflects the skill of referees.

Stadiums refer to stadiums for track and field events with six lane 400-meter tracks around soccer fields, permanent track marks and permanent bleachers. Stadiums are classified according to seating capacity. They include:

Class A stadiums have the capacity of seating 25000 people each. Class B stadiums have the capacity of seating 15000 to 25000 people each. Class C stadiums have the capacity of seating 5000 to 15000 people each, and Class D stadiums have the capacity of seating fewer than 5000 people. This indicator reflects numbers of large and medium-sized stadiums.

Gymnasiums refer to indoor sports grounds with permanent seats in which basketball, volleyball. badminton, table tennis and gymnastics competitions can be held. Gymnasiums are classified according to seating capacity. They include: Class A gymnasiums with seating over 6000 people. Class B gymnasiums with seating 4000 to 6000 people. Class C gymnasiums with seating 2000 to 4000 people, and Class D gymnasiums with eating fewer than 2000 people. This indicator reflects the total number of large and medium-sized gymnasiums.

Health Care Institutions include: medical institutions, disease prevention and control centers (epidemic prevention stations), blood gathering and supplying institutions, health supervision and inspection (check up) institutions, medicinal scientific research and on-job training institutions, health education and so on .

Medical Organizations include: hospitals, health service centers (stations) of communities, nursing homes, health centers, clinics, clinics (health stations and infirmaries), maternity and child care agencies (centers and stations), special disease prevention and curing agencies (centers and stations), first aid centers (stations) and clinical inspection centers. Medical organizations are grouped by two types: profit-making and non-profit-making medical organizations.

Hospitals include: polyclinics, traditional Chinese medical hospitals, hospitals integrated with traditional Chinese therapeutics and western therapeutics, ethical hospitals, various specialties hospitals and nursing hospitals.

Medical Technical Personnel refers to doctors, assistant nurses, pharmacists, and laboratory technicians working in medical institutions.

Doctors refer to certified physicians and certified assistant physicians with certifications working in medical and health care and prevention agencies.

Social Welfare Institutions refer to institutions taking care of old people with out children, handicapped people and orphans. They include social welfare institutions run by civil affairs departments, children welfare institutions, social welfare institutions for mental patients, collective-owned old peoples homes in rural areas, convalescent homes and community service centers with the capacity of receiving those people. This indicator reflects the input in social welfare institutions.

Number of People Taken in by Social Welfare Institutions refers to the number of old people, children, totally dependent handicapped people and mental patients taken in by social welfare institutions run by civil affairs departments and those run by collective units in urban and rural areas. This indicator reflects the capacity of social welfare institutions.

Social Welfare Enterprises are collective owned enterprises which employ the blind, deaf-mute, and other handicapped people who are able to work in cities and towns and enjoy exemption from state taxes, including welfare plants, welfare commercial services, artificial limb plants and farms, etc. This indicator reflects the preferential policies toward disabled persons.

Rural Households with Livelihood Guaranteed in Five Aspects refer to the households in which there are old people without child, orphans and handicapped people who are unable to work and without financial resources in rural areas. They are taken care of by the collective units and their food, clothing, housing, medical care, funeral expenses (or schooling for orphans) are guaranteed to be provided for. This indicator reflects the total number of disadvantageous groups of rural population.

Lawyers are certified legal workers according to law, and who a re employed by legal counseling firms to act as legal advisers, agents in criminal or civil lawsuits, or defenders in criminal lawsuits, or to handle non-litigious legal affairs , to advise on matters of law or to write legal papers for others, and provide service to the public.

Notary Personnel refers to people working for notary offices including: directors, deputy director, notaries, assistant notaries, and other people providing assistance.

Notary Documents refer to the judicatory notary documents drawn up by the request of the party and are in accordance with facts and laws and following certain legal proceedings. According to usage and locality, the notary documents are divided into following 4 types: domestic notary documents, domestic economic notary documents, foreign-related civil notary documents and foreign-related economic notary documents.

Mediators refer to workers on peoples mediation committees responsible for media ting in civil disputes and cases of slight infraction of the law. They include members of the mediation committees and mediators of mediation groups. This indicator reflects the number of people engaged in meditation.

Mediation of Civil Disputes refers to number of cases made by mediation committees in mediating in civil disputes concerning civil rights and duties through per suasion and education in accordance with the provisions of law on a voluntary basis, so as to solve disputes by helping the parties involved come to an agreement and understanding, including those unsuccessful ones. This indicator reflects the workload of the mediation committees.

Acceptance of Case refers to the decision made by the people's procuratorate office on reported cases, prosecution, impeachment, surrender, self-found criminal clues or suspects after initial investigation to confirm the act of crime and to start legal proceedings of the case as criminal case.

Number of Labour Dispute Cases Accepted refers to the number of cases of labour dispute submitted that, after being reviewed by the lab our dispute arbitration committees in line with the relevant state regulations, are accepted and registered for treatment.

Retired or Resigned Personnel refers to people who have formally gone through the formalities for their retirement or quitting work and enjoy the corresponding treatments.

Insurance and Welfare Funds refers to labour insurance and welfare fund paid by enterprises, organizations and institutions to their staff and workers as well as retired and resigned persons in addition to their wages and salaries, excluding labour protection fees, wages paid to medical workers from insurance and welfare fund and wages paid to staff members working in collective welfare agencies and to people with over 6 months of sick-leave.

Insurance and Welfare Funds for Retired and Resigned Staff and Workers covers:

1. Pensions for retired veteran cadres: They refer to pensions, other subsidies, and additional allowances paid to retired in line with relevant government documents.

2. Pensions for Retirement: They refer to living allowance; other subsidies and additional allowances paid to retired staff and workers in line with the relevant government documents.

3. Resignation Allowances for Living Expenses: They refer to living allowance, and additional allowances subsidies paid to resigned staff and workers in line with relevant government instructions.

It also includes living subsidies and prices subsidies paid to retired and resigned staff and workers.

4. Medical Care Allowance: refer to fee-for-service, cost of medical care and food subsidies during hospitalizations of retired and resigned staff and workers.

5. Others: They refer to other expenses, including other types of insurance and welfare fund, fees for funerals, traveling subsidies and heating subsidies during the winter time.

Private Economic Type of Registration for the joint-stock cooperative Enterprises,other joint venture Enterprise,Non-state holding other liability company and limited by shave Ltd.Private Enterprise,Domestic other enterprise legal person and has the fixed operating sites and holding the business license or has fixed management field,but do not receive business license of the self-employed households.

中国统计出版社有限公司最新图书简目

（仅供参考，以实际出版为准）

统计资料

中国统计年鉴　中国统计摘要　中国第三产业统计年鉴
中国第三次全国农业普查综合资料　国际统计年鉴　金砖国家联合统计手册
中国-东盟国家统计手册　中国农村统计年鉴　中国县域统计年鉴
中国农产品价格调查年鉴　中国城市统计年鉴　中国价格统计年鉴
中国贸易外经统计年鉴　中国零售和餐饮连锁企业统计年鉴　中国商品交易市场统计年鉴
大中型批发零售和住宿餐饮企业统计年鉴　中国住户调查年鉴　中国工业统计年鉴
中国环境统计年鉴　中国能源统计年鉴　中国建筑业统计年鉴
中国房地产统计年鉴　中国投资领域统计年鉴　长江经济带发展统计年鉴
中国人口和就业统计年鉴　中国劳动统计年鉴　中国社会统计年鉴
中国科技统计年鉴　中国高技术产业统计年鉴　全国企业创新调查年鉴
中国文化及相关产业统计年鉴　中国妇女儿童状况统计资料　中国青年发展状况统计年鉴
中国基本单位统计年鉴　中国教育统计年鉴　中国教育经费统计年鉴
中国民族统计年鉴　中国残疾人事业统计年鉴　中国电力统计年鉴

省级综合统计年鉴系列

北京 天津 河北 山西 内蒙古 辽宁 吉林 黑龙江 上海 江苏 浙江 安徽 福建 江西 山东 河南 湖北 湖南 广东 广西 海南 重庆 四川 贵州 云南 西藏 陕西 甘肃 青海 宁夏 新疆 新疆生产建设兵团

市(县)级综合统计年鉴系列

滨海新区 石家庄 唐山 邯郸 邢台 保定 承德 沧州 衡水 太原 大同 晋城 晋中 长治 忻州 朔州 临汾 运城 阳泉 吕梁 呼和浩特 包头 鄂尔多斯 赤峰 大连 长春 四平 延吉 延边 哈尔滨 齐齐哈尔 黑龙江垦区 浦东新区 南京 无锡 徐州 常州 苏州 南通 淮安 盐城 扬州 镇江 宿迁 江阴 丹阳 海门 张家港 通州 如东 杭州 宁波 绍兴 台州 温州 金华 嘉兴 湖州 丽水 舟山 合肥 安庆 福州 厦门 漳州 宁德 龙岩 莆田 泉州 三明 南平 思明 南昌 上饶 抚州 赣州 九江 景德镇 宁都 济南 青岛 枣庄 潍坊 聊城 郑州 洛阳 三门峡 南阳 商丘 平顶山 信阳 济源 武汉 宜昌 十堰 荆州 荆门 咸宁 黄冈 长沙 广州 东莞 惠州 深圳 汕尾 珠海 南宁 桂林 柳州 防城港 贵港 梧州 玉林 钦州 海口 三亚 儋州 成都 贵阳 毕节 黔南 昆明 文山 德宏 西安 安康 延安 汉中 渭南 商洛 榆林 银川 兰州 庆阳 乌鲁木齐

调查年鉴系列

天津 内蒙古 上海 河南 湖北 湖南 广西 重庆 四川 云南 甘肃 宁夏 南宁 桂林 贵港 昆明

统计方法应用/实用手册

Python数据分析基础（第二版）　非参数统计（第五版）　现代金融投资统计分析（第四版）
国民经济核算初级教程（第二版）　国民经济核算教程（第五版）　概率统计基础
全国统计专业技术资格考试系列考试用书：统计业务知识（第四版修订版）　统计业务知识学习指导与习题
全国统计专业技术资格考试系列考试用书：统计相关知识（第四版）　统计相关知识学习指导与习题

统计通俗读物/统计科普图书

领导干部统计知识问答（第二版）　统计公文写作及会议办理实用手册　大数据在统计工作中的应用案例汇编
中国国民经济核算知识问答（修订版）　地区生产总值核算国际比较研究　新中国统计制度方法的发展与改革

重点图书

第七次全国人口普查年鉴　第四次全国经济普查地图集　中国经济普查年鉴2018
新编英汉汉英统计大词典　中国国民经济核算体系2016　国民经济行业分类注释
挑大学选专业2020—考研择校指南　挑大学选专业2020—高考志愿填报指南　中华医学统计百科全书

吉林2021统计年鉴

JILIN STATISTICAL YEARBOOK 2021

吉林省统计局 国家统计局吉林调查总队 编

COMPILED BY JILIN PROVINCIAL BUREAU OF STATISTICS

SURVEY OFFICE OF THE NATIONAL BUREAU OF STATISTICS IN JILIN